Klaus Dörre
In der Warteschlange

Klaus Dörre ist seit 2005 Professor für Arbeits-, Industrie- und Wirtschaftssoziologie an der Friedrich-Schiller-Universität Jena, einer der Direktoren des DFG-Kollegs Postwachstumsgesellschaften und Mitherausgeber des *Berliner Journal für Soziologie* und des *Global Dialogue*. Seine Arbeitsschwerpunkte sind Kapitalismustheorie, Prekarisierung von Arbeit und Beschäftigung, Arbeitsbeziehungen, soziale Folgen der Digitalisierung sowie Rechtspopulismus.

Klaus Dörre

In der Warteschlange

Arbeiter*innen und die radikale Rechte

unter Mitarbeit von Livia Schubert

WESTFÄLISCHES DAMPFBOOT

Bibliografische Information der Deutschen Nationalbibliothek
Die Deutsche Nationalbibliothek verzeichnet diese Publikation in der Deutschen Nationalbibliografie; detaillierte bibliografische Daten sind im Internet über http://dnb.d-nb.de abrufbar.

2., korrigierte Auflage Münster 2023
© 2020 Verlag Westfälisches Dampfboot
Alle Rechte vorbehalten
Umschlag: Lütke Fahle Seifert AGD, Münster
Druck: Majuskel Medienproduktion GmbH, Wetzlar
Gedruckt auf FSC-zertifiziertem Papier
ISBN 978-3-89691-048-6

Für Edith Großpietsch, Udo Achten,
Petra Wolfram, Rolf Kulas, Werner Neumann,
Richard Rohnert und viele andere,
die sich in der politischen
Arbeiterbildung engagiert haben
und noch immer engagieren.

Inhalt

Vorwort   13

Einleitung: In der Warteschlange. Arbeiterschaft und radikale Rechte   15
1. Die These: Radikalisierung einer rechten Tiefengeschichte   16
2. Wegmarken der Radikalisierung   20
3. Abwertung in der demobilisierten Klassengesellschaft   24
4. Wer sind die Arbeiter*innen?   26
5. Welchen Platz hat die Arbeiterschaft in der Klassengesellschaft?   29
6. Industrie- und Produktionsarbeiter – Angehörige ausgebeuteter Klassen   35
7. Aufklärung statt Beleidigung   39

I. Nachwendezeit: Sehnsucht nach der alten Republik   43
1. Der Programmatik zum Trotz: Teile der Mitgliedschaft auf dem Weg nach rechts?   43
2. Reaktionen: Tabuisierung, Entwichtigung, symbolische Politik   46
3. Mitgliederbewusstsein: Vom Verteilungskampf zur Verteidigung der „Wohlstandsinsel"?   48
    3.1 Das Ressentiment   49
    3.2 Binäre Logik – Bipolares Denken   50
    3.3 Die rassistische Klassifikation   51
    3.4 Deutschland als „Wohlstandsinsel"   53
    3.5 Identitärer Zwiespalt   54
    3.6 Imaginäre Systemopposition   56
    3.7 Die Gewaltoption   57
    3.8 Positiver Rassismus   58
4. Sehnsucht nach der alten Republik?   59
5. Und die Gewerkschaften?   62

II. Jahrtausendwende: Kapital global, Arbeit national   66
1. Kampf der Kapitalismen   66

2. Eine neue Etappe internationaler Restrukturierung 69
   2.1 Die neunziger Jahre: Comeback des neoamerikanischen Modells 70
   2.2 Globalisierung als strategische Option multinationaler Unternehmen 74
3. Globalisierung, Nationalstaat, organisierte Arbeitsinteressen, Autoritarismus 77
   3.1 Globalisierung und Territorialisierung 78
   3.2 Transformation des Staates 79
   3.3 Dezentralisierung organisierter Arbeitsbeziehungen 82
   3.4 Übergänge zum Autoritarismus 83
4. Schlussfolgerungen: Internationaler Stakeholder-Kapitalismus als Alternative? 87

III. Nullerjahre: Prekarisierung der Arbeitsgesellschaft und neuer Rechtspopulismus 90

1. Prekarisierung und ihre subjektiven Verarbeitungsformen 92
2. Die rechtspopulistische Axiomatik 95
3. Arbeitserfahrungen, Prekarisierung, rechtspopulistische Orientierungen 98
4. Rebellischer, konservierender und konformistischer Rechtspopulismus 99
5. Wissenschaftliche und politische Schlussfolgerungen 101

IV. Finanzkrise 2007–09: Exklusive Solidarität und heimatloser Antikapitalismus 107

1. „Schlechte Gesellschaft": Die Alltagskritik von Lohnabhängigen 108
   1.1 Die kleine Welt des „guten Betriebs" 114
   1.2 Fragmentiertes Bewusstsein und Kapitalismuskritik 120
   1.3 Ein System von Bewährungsproben und die Kritik des „immer mehr" 123
   1.4 Exklusive Solidarität und Abgrenzung nach „unten" 126
   1.5 Antikapitalismus ohne politische Adressaten 132
   1.6 Fragile Vermittlungen zwischen kleiner und großer Welt 135
2. Grenzen der Landnahme – einige abschließende Überlegungen 137
   2.1 Feminisierung der Arbeit und die Grenze subjektiver Landnahmen 138
   2.2 Das „unternehmerische Selbst" als wirkmächtige Fiktion 142

2.3 Erwerbsarbeit, Männlichkeitskonstruktionen und soziale
    Reproduktion ... 146
2.4 Exklusive Solidarität und Möglichkeiten ihrer Überwindung ... 152
2.5 Demokratischer Klassenkampf und Ausbeutungskritik ... 154
2.6 Krisenerfahrungen, Wachstums- und Kapitalismuskritik ... 157

V. Verlorene Jahre: Fremd im eigenen Land ... 162
1. Tiefenbohrung im gewerkschaftlichen Arbeitermilieu ... 165
    1.1 Empirische Basis, Methodik ... 166
    1.2 Forschung als öffentliche Soziologie ... 168
3. Der heuristische Rahmen ... 170
    3.1 Von der Prekarität zur Bewährungsprobe des Lohns ... 171
    3.2 Rechtspopulismus und Ethnopluralismus ... 175
4. Alltagsbewusstsein und rechtspopulistische Orientierungen ... 178
    4.1 Dichotomie mit Zusatz: nicht „ganz unten" ... 178
    4.2 Unverschuldet anormal – Gründe für Unzufriedenheit ... 180
    4.3 Gefährliche Klassen, Ausschluss, Gewalt ... 183
5. Ansichten zu Demokratie, Volk und System ... 186
    5.1 Mehr Demokratie wagen ... 186
    5.2 Der Betrieb als demokratiefreie Zone und Ort widersprüchlicher
        Erfahrung ... 187
    5.3 Gesellschaftsbild ohne Gesellschaft ... 189
6. Die national-soziale Gefahr und wie ihr (nicht) zu begegnen ist ... 191

Exkurs I: Angst im Kapitalismus – Rohstoff einer autoritären Revolte ... 200
1. Was ist Angst? ... 202
2. Ungleichheit und Angst vor Abwertung ... 207
3. Unterklassenbildung und Angst vor Ausschluss ... 211
4. Migration und Angst vor Kontrollverlust ... 213
5. Wie wird Angst ausgebeutet? ... 215
    5.1 Umdefinition von Angstquellen ... 215
    5.2 Angstabwehr mittels Verschwörungstheorien ... 217

5.3 Radikalisierung von Ängsten	219
6. Wie mit Angst umgehen?	220

Exkurs II: Arbeiterschaft und Rechtspopulismus in Österreich – eine etwas andere deep story
(von Livia Schubert) 224

1. Problemaufriss und Diskussionslinien 225
2. Material und Methode 231
3. Motive der Abkehr von der SPÖ 232
   - 3.1 Klasseninstinkt, Benachteiligungsgefühle und Vertrauensverlust ... 232
   - 3.2 Demokratiedefizit und Berufsstolz 234
   - 3.3 Repräsentationsdefizit und kulturelle Identität 235
   - 3.4 Enttäuschung und Neid 236
4. Fazit: Selektiver Korporatismus und rechte deep story in Österreich ... 238

VI. Ausnahmeform Bonapartismus: Arbeiterschaft, Zangenkrise und Revolte von rechts ... 243

1. Rechte Sammlungsbewegungen und Arbeiterschaft ... 245
2. Bonapartismustheorien 249
3. Repulsive Globalisierung, Zangenkrise und blockierte Nachhaltigkeits-Revolution ... 253
4. Politisches Interregnum, Rechtsblock und demobilisierte Klassengesellschaft ... 266
   - 4.1 Der national-marktliberal-soziale Rechtsblock ... 267
   - 4.2 Demobilisierte Klassengesellschaft 273
   - 4.3 Die vergessene Arbeiterschaft 277
   - 4.4 Interregnum und rechter transformismo 280
5. Alltagsbewusstsein und rechte Tiefengeschichte 282
   - 5.1 Die soziale Frage als Innen-Außen-Konflikt 283
   - 5.2 Sehnsucht nach der intakten Gemeinschaft 285
   - 5.3 Die Doppelstruktur des Alltagsbewusstseins 287
6. Populäre Klassenpolitik versus imaginäre Revolte von rechts ... 288

6.1 Populäre Klassenpolitik statt Rechtspopulismus/-radikalismus	288
6.2 Konservierende Klassenpolitik – das Beispiel Braunkohle	293
6.3 Inklusive Klassenpolitik und transformierende Demokratie	298
7. Zum Schluss: Green New Deal – ein Klassenprojekt?	306
7.1 Exkurs: Eine Klassenheuristik	306
7.2 Mehrheiten gewinnen, aber wie?	308

Ausblick: Nach Corona – was wird aus der Arbeiterschaft?
(Klaus Dörre und Livia Schubert) — 317

1. Von Krise zu Krise — 317
2. Umgang mit der radikalen Rechten — 319
3. Klassenpolitik, Nachhaltigkeitsräte und sozialökologische Transformation — 321
4. Reflexionsräume für eine neue Aufklärung — 324

Literatur — 326
Originalquellen — 355

Vorwort

Der vorliegende Band versammelt Texte, die aus mehr als 30 Jahren Forschung zu rechtspopulistischen und -extremen Orientierungen unter Lohnabhängigen hervorgegangen sind. Im Zentrum stehen Industrie- und Produktionsarbeiter aus dem verarbeitenden Gewerbe, der analytische Blick wird aber auch auf andere Fraktionen lohnabhängiger Klassen gerichtet. Auf der Zeitleiste angeordnet, dokumentieren die Texte die allmähliche Radikalisierung einer Tiefengeschichte, die, jedenfalls in meinen Forschungen, im gewerkschaftsnahen Arbeitermilieu der alten Bundesrepublik beginnt und mit dem Aufstieg der AfD zur stärksten Oppositionspartei im Bundestag einen eigenständigen parteipolitischen Ausdruck erhalten hat. Ähnliche Fragestellungen und Erhebungsmethoden ermöglichen es, unterschiedliche Datensätze und Befunde in einer monographischen Erzählung zusammenzuführen. Die Kapitel I und II beruhen wesentlich auf Originaltexten; die Kapitel III und IV enthalten Texte, die in dieser Form noch nicht veröffentlicht waren, aber doch auf bereits publizierten Forschungen beruhen. Kapitel V präsentiert aktuelle Forschungen zur vermeintlichen Arbeiterbewegung von rechts, die mit Exkursen zum Angstrohstoff der populistischen Revolte und – von Livia Schubert eigens verfasst – zum Rechtspopulismus in Österreich erweitert werden. Kapitel VI und der Ausblick sind, ebenso wie die Einleitung, für das Buch neu geschrieben. Über die Ursprungstexte und deren Co-Autor*innen, die aus unterschiedlich zusammengesetzten Forschungsgruppen stammen, informiert ein Verzeichnis am Ende des Bandes.

Die älteren Texte wurden weitgehend im Originalzustand belassen. Das ist einer der Gründe, weshalb die geschlechtergerechte Schreibweise im Buch defensiv angewendet wird. Hinzu kommt, dass es aus meiner Sicht nicht opportun ist, die zitierte Sprache der radikalen Rechten mittels stilistischer Bearbeitung künstlich zu schönen. Deshalb wird das geschlechtergerechte Gendersternchen nur eingesetzt, wenn nicht zitiert oder paraphrasiert wird. Zusammengesetzte Begriffe bleiben ausgenommen und der Unterstrich kommt nur zum Einsatz, sofern nicht primär oder ausschließlich Männer gemeint sind. Die Texte dokumentieren Originalton, den es, auch wenn es schwerfällt, zur Kenntnis zu nehmen gilt, sofern der Austausch von Argumenten ermöglicht werden soll. Zur Kommunikationsfähigkeit mit Arbeiter*innen und Gewerkschaftsaktiven beizutragen, die glauben, ihren Protest an die äußerste Rechte delegieren zu müssen, ist ein Anliegen, das dieser Band unterstützen soll. Es war mein besonderer Wunsch, das Buch im Verlag Westfälisches Dampfboot veröffentlichen zu können. Vor nunmehr einem Vierteljahrhundert ist meine Dissertation in gekürzter Fassung im gleichen Verlag erschienen. Sie trug den durchaus programmatisch gemeinten Titel „Junge GewerkschafterInnen. Vom Klassenindividuum zum Aktivbürger?".

Heute würde ich sagen, dass sich das Klassenindividuum auch und gerade dann Geltung verschafft, wenn es öffentlich nicht mehr thematisiert wird. Deshalb widme ich dieses Buch all jenen, die sich in der gewerkschaftlichen Praxis und der politischen Bildung tagtäglich mit den Weltsichten und Gesellschaftsbildern von Lohnabhängigen auseinandersetzen. Einige von ihnen, die im IG Metall-Bildungszentrum Sprockhövel arbeiten oder gearbeitet haben, hebe ich in der Einleitung besonders hervor. Ihnen und vielen Ungenannten gebührt mein Respekt. Obwohl manches Kritische über die Gewerkschaften gesagt wird, geschieht dies doch aus einer anteilnehmenden Grundhaltung heraus. Die Studien sind Ergebnis einer organischen öffentlichen Soziologie (Michael Burawoy), die so nur im engen Austausch mit Gewerkschaftsaktiven möglich ist. Häufig sind Gewerkschaften und Betriebsräte die einzigen demokratisch-zivilgesellschaftlichen Akteure, die jene, die in der Warteschlange am Berg der Gerechtigkeit ausharren müssen, überhaupt noch erreichen. Daraus erwächst ihnen in der Auseinandersetzung mit der radikalen Rechten eine besondere Verantwortung.

Mein besonderer Dank gilt Prof. Hans-Günter Thien, der das Buchprojekt unterstützt, kritisch begleitet und seine Realisierung im Dampfboot-Verlag ermöglicht hat. Größten Dank schulde ich zudem Friederike Munde, die nun auch die Zweitauflage und die E-Book-Version hervorragend bearbeitet hat. Danken möchte ich auch dem Suhrkamp-Verlag, der die älteren Texte zur Wiederveröffentlichung freigegeben hat. Von der DFG-Kollegforschungsgruppe „Postwachstumsgesellschaften" und Christine Schickert unterstützt, konnte Livia Schubert hervorragende Arbeit nicht nur bei der Auswahl, Zusammenstellung und Bearbeitung der Texte leisten, sondern auch einen eigenen Artikel beisteuern. Genevieve Schreiber hat die Texte sorgfältig korrigiert und formatiert, Lena Haubner die Schaubilder in eine druckreife Form gebracht. Mareike Biesel hat die Druckfahnen und Ronja Wacker die E-Book-Version sehr gründlich lektoriert. Alle Arbeiten wurden mit gewohnt großem Überblick von Rebecca Sequeira koordiniert sowie von Julia Kaiser und Josephine Albrecht unterstützt. Ihnen allen gilt ein besonders herzlicher Dank, denn das Team hat auch in Corona-Zeiten großartig funktioniert! In den Band sind zahlreiche Anregungen aus dem Projekt Klassenanalyse Jena (PKJ) eingeflossen, das von Mario Candeias und der Rosa-Luxemburg-Stiftung unterstützt wird. Dass ich über viele Jahre hinweg zum Thema arbeiten konnte, verdanke ich auch der stets anregenden Kooperation mit Wilhelm Heitmeyer. Was aus der rechten Tiefengeschichte wird, ist noch nicht entschieden. Ich wäre glücklich, wenn das Buch ein wenig dazu beitragen könnte, die Debatte um rechte Arbeiter*innen von der Hermeneutik des Verdachts zu befreien, um jene Erkenntnisfortschritte zu ermöglichen, derer die demokratische Zivilgesellschaft beim Umgang mit der radikalen Rechten so dringend bedarf.

Klaus Dörre, Jena, August 2023

Einleitung: In der Warteschlange
Arbeiterschaft und radikale Rechte

„Bei den letzten Europawahlen habe ich Republikaner gewählt!", erklärte mir ein junger Gewerkschafter, den ich während eines Lehrgangs im IG-Metall-Bildungszentrum Sprockhövel befragen durfte. Das Eingeständnis kam überraschend. Eine Woche lang hatten sich etwa 30 junge Gewerkschaftsmitglieder an Grundbegriffen von Marx' Kritik der Politischen Ökonomie abgearbeitet. Behandelt wurden Wert und Mehrwert, Produzentenstolz, Ausbeutung und Klassen; auch die industrielle Reservearmee kam vor. Hauptziel des Lehrgangs war es, den Interessengegensatz zwischen Kapital und Arbeit in gemeinsamer Anstrengung zum Zentrum einer gewerkschaftlichen Kollektividentität zu machen, die für das Engagement in Betrieb und Gesellschaft handlungsleitend werden sollte. Das politökonomisch grundierte Bildungskonzept war innergewerkschaftlich hoch umstritten. Ich selbst begegnete ihm mit einer gewissen Skepsis, weil mir, an Antonio Gramscis Hegemonietheorie geschult, die Redeweise von dem einen Interessengegensatz stark simplifizierend erschien.

Die jungen Erwachsenen im Lehrgang nahmen am „einfachen" Interessengegensatz keinen Anstoß. Allesamt Gewerkschaftsmitglieder, waren sie in ihren Betrieben überwiegend bereits in Jugendvertretungen und gewerkschaftlichen Gremien aktiv. Zweifellos gehörten sie zum Funktionärsnachwuchs der IG Metall. Im Seminar verhielten sich die meisten von ihnen wie in der Schule. Sie nahmen am Unterricht teil, klinkten sich brav ein und aus, stellten mitunter Fragen, aber grundsätzliche Kritik an den Lehrinhalten oder gar größere inhaltliche Kontroversen blieben aus. Ressentiments der jungen Gewerkschaftsaktiven gegenüber der migrantischen Bevölkerung kamen nicht zur Sprache. Selbst beim Thema Arbeitslosigkeit wurde scheinbar fraglos akzeptiert, wenn das Lehrteam verbreitete Stereotype wie „Die Ausländer nehmen uns die Arbeitsplätze weg" kritisch hinterfragte.

Dann kam für mich, das Lehrteam war keineswegs überrascht, das Schockerlebnis während des Interviews. Mit einem aktiven Jugendvertreter, der keinen Hehl daraus machte, die Republikaner, kurz REPs, gewählt zu haben, hatte ich nicht gerechnet. Immerhin handelte es sich um eine Partei, die sich anschickte, das rechtsextreme Wählerpotential der Bundesrepublik zu sammeln, um zu einem einflussreichen Faktor im politischen System zu werden. Meine Verwunderung nahm noch zu, als sich herausstellte, dass es sich bei dem Jugendvertreter keineswegs um einen Einzelfall handelte. Andere Seminarteilnehmende hatten ebenfalls bereits „aus Protest" rechtspopulistisch oder -extrem gewählt. Am abendlichen Biertisch stießen ihre Begründungen teilweise auch bei Gewerkschaftsmitgliedern auf Zustimmung, die ein derartiges Wahlverhalten ablehnten. Für die große Mehrzahl der jungen Gewerkschaftsaktiven war ein Votum für REPs, NPD, DVU oder eine andere Rechtsaußenpartei hingegen ein schlichtes No-Go. Nazis mit allen legitimen Mitteln zu bekämpfen, gehörte genauso zur Gewerkschaftsidentität dieser jungen Erwachsenen wie der Interessengegensatz zwischen Lohnarbeit und Kapital. Die betont antifaschistische Mehrheit bestimmte das Meinungsklima im Seminar. Hätte sich besagter Jugendvertreter während des Seminarprogramms offen als REP-Wähler geoutet, wäre ihm kräftiger verbaler Gegenwind sicher gewesen. Deshalb zog er genauso wie ähnlich denkende Teilnehmende vor, bei anstößigen Themen lieber zu schweigen – ein Verhalten, das in der Gegenwart auch vom betrieblichen Anhang der AfD bekannt ist. Die eigene Meinung bekundet man offensiv nur dann, wenn man sich unter Gleichgesinnten wähnt oder zumindest hoffen kann, aus einer Auseinandersetzung siegreich hervorzugehen.

1. Die These: Radikalisierung einer rechten Tiefengeschichte

Der Jugendlehrgang, von dem ich hier berichte, fand vor mehr als dreißig Jahren statt. Die politische Bildung in den Gewerkschaften stand vor einer Neuausrichtung. Nach einer kurzen Blütezeit im Anschluss an die Achtundsechziger-Bewegungen waren Politische Ökonomie, Klassentheorie und -analyse in den Sozialwissenschaften der 1980er Jahre längst wieder passé. Wissenschaftlich wie politisch standen Arbeiterbewegungen und Gewerkschaften im Schatten neuer sozialer Bewegungen, die nicht an Klassengegensätzen, sondern an Reproduktionskonflikten aufbrachen. Die Grünen begannen sich im Parteiensystem zu etablieren. Das geschah ausgerechnet zu einer Zeit, als die Erwerbslosigkeit zu einem Massenphänomen geworden war. Infolge des gesellschaftlichen Umbruchs geriet eine Bildungsarbeit unter Druck, die sich im Anschluss an die 1968er-Proteste repolitisiert hatte.

Meine ursprüngliche Absicht war es, nachzuweisen, dass politische Bildung im Arbeiterbereich an einem weiten Interessenbegriff anzusetzen hatte. Dieser Interessenbegriff sollte zum „neuen Gesicht des Kapitalismus"[1] passen und die ökologische ebenso wie die Geschlechterachse sozialer Konflikte einschließen. Tatsächlich fiel es mir leicht, junge Gewerkschaftsaktive zu finden, die sich, bevor sie in die Betriebe gelangten, in der Anti-AKW-Bewegung, in Fraueninitiativen, Dritte-Welt-Grup-

---

1 Hirsch, Joachim/Roth, Roland (1986): Das neue Gesicht des Kapitalismus. Vom Fordismus zum Post-Fordismus. Hamburg: VSA.

pen, Schülervertretungen oder über die Ostermärsche und die Friedensbewegung politisiert hatten. Die meisten dieser jungen Erwachsenen blickten auf mehr oder minder erfolgreiche Bildungskarrieren zurück; sie verfügten über das Abitur oder vergleichbare Abschlüsse. Eine betriebliche Ausbildung hatten sie bewusst als Doppelqualifikation angestrebt. Kulturell, hinsichtlich ihrer Wertorientierungen und Lebensstile, verkörperten sie den Gegenpol zu jenen Lebensentwürfen, die für die rechtsaffinen Arbeiterjugendlichen erstrebenswert waren. Letztere hatte ich nicht gesucht; sie waren der Beifang einer empirischen Recherche, deren forschungsleitende Thesen in eine völlig andere Richtung zielten.[2]

Obwohl niemals im Zentrum meiner Forschungen, hat mich dieser Beifang seither nicht mehr losgelassen. Wie ist zu erklären, dass Teile der Arbeiterschaft, zumal betrieblich und gewerkschaftlich engagiert, sich politisch mit der radikalen Rechten einlassen? Welche Rolle spielen Gewerkschaften in der Auseinandersetzung mit rechtspopulistischen oder rechtsextremen Orientierungen unter Lohnabhängigen? Was kann getan werden, um sich mit Ressentiments, Fremdenfeindlichkeit und Alltagsrassismus wirksam auseinanderzusetzen? Diese Fragen haben mich während meines Wissenschaftlerlebens immer wieder beschäftigt.

Den Aufstieg der AfD zur stärksten Oppositionspartei im Bundestag vor Augen, erscheinen mir die Forschungen zu dieser Problematik, die ich allein oder mit unterschiedlich zusammengesetzten Wissenschaftlergruppen durchgeführt habe, brisanter denn je. Im Rückblick artikuliert sich in der Revolte von rechts, wie wir sie mit Pegida[3] und der AfD auch in Deutschland erleben, eine Tiefengeschichte, die, was meine Arbeiten angeht, in der alten Bundesrepublik der 1980er Jahre beginnt. Es ist, so die These des vorliegenden Buchs, die Geschichte einer Radikalisierung dieser *deep story*, die sich, keineswegs ausschließlich, aber in besonderer Weise, im – gewerkschaftsnahen – Arbeitermilieu vollzieht. Tiefengeschichte („deep story") von rechts ist ein Begriff, den ich von Arlie Hochschild übernommen habe. Lange vor der Wahl Donald Trumps zum US-Präsidenten hatte die US-amerikanische Soziologin ein ungewöhnliches Projekt in Angriff genommen. Sie wollte herausfinden, was Menschen dazu bewegt, ihre Interessen an die rechtspopulistische Tea-Party-Bewegung zu delegieren. Deshalb verließ sie ihr akademisches Milieu, ging in den von ihr so genannten „Super-Süden der USA" und lebte dort eine Zeit lang gemeinsam mit Menschen, die auf Lohnarbeit angewiesen waren und mit ihrer Sympathie für

---

2   Vgl. Dörre, Klaus (1995): Junge GewerkschafterInnen. Vom Klassenindividuum zum Aktivbürger? Gewerkschaftliches Engagement im Leben junger Lohnabhängiger. Münster: Westfälisches Dampfboot (Veröffentlichte Fassung der Dissertation von 1992).

3   Pegida (Patriotische Europäer gegen die Islamisierung des Abendlandes) ist eine rechtspopulistische Bewegung, die in Dresden entstanden ist und sich von dort mit ihren Ablegern über das gesamte Bundesgebiet ausgebreitet hat.

die Tea-Party-Bewegung nicht hinter dem Berg hielten.[4] Dort fand die Soziologin, was sie als deep story bezeichnet: eine kollektive Erzählung, die nicht zwingend der Wahrheit entsprechen muss, sich aber „für viele Menschen wie die eigentliche Wahrheit anfühlt".[5] In der rechten Tiefengeschichte, die Hochschild rekonstruiert, stehen Menschen wie bei einer Pilgerfahrt in einer langen Schlange am Fuße eines Berges, der für sie den amerikanischen Traum symbolisiert. Ihre Füße sind müde, es geht nicht vorwärts. Doch in ihren Augen haben sie sich den amerikanischen Traum verdient.

> „Wenn ich sage, es ging nicht vorwärts, dann spreche ich von jenen Leuten, die ich während meiner fünfjährigen Forschungen kennengelernt habe. Sie waren im Südwesten Louisianas in der petrochemischen Industrie beschäftigt, viele von ihnen haben seit zwei Jahrzehnten keine Lohnerhöhung bekommen und hatten zudem sehr wenig Urlaub. Ein Mann erzählte mir, dass er in seinem letzten Job in den ersten fünf Jahren eine Woche und für die nächsten fünf Jahre zwei Wochen Jahresurlaub bekommen habe. Der Mann angelte gern, hatte aber nie Zeit, seiner Leidenschaft nachzugehen."[6]

An solchen Arbeiterschicksalen hat sich im Laufe der Zeit wenig geändert, denn in der Schlange geht es nicht vorwärts. Während man selbst vergeblich ansteht, werden – so die Wahrnehmung – andere, etwa migrantische Minderheiten, bevorzugt, die nach Auffassung der Wartenden deutlich weniger geleistet haben, um sich den Traum vom besseren Leben zu erfüllen. Da es auf der politischen Linken an Angeboten fehlt, um den Verdruss politisch wirksam zu artikulieren, suchen diejenigen, die in der Schlange verharren müssen, Zuflucht beim Trumpismus. Klasseninteressen werden

---

4   In einem Interview hat Arlie Hochschild die Beweggründe für ihre anteilnehmende Deobachtung pointiert beschrieben: „Ich wollte also aus meiner eigenen Blase raus, um eine ähnliche, aber politisch entgegengesetzte Blase zu finden. Ich wollte alle meine Vorurteile und moralischen Bedenken beiseitelegen und mir selbst erlauben, neugierig zu sein. Ich wollte Menschen treffen, die nach einer anderen Wahrheit lebten. Diese Suche führte mich in den Süden, nach Lake Charles, Louisiana. Mein erster Gedanke war: 'Ich will in den Süden gehen, um mit den alten Weißen zu sprechen.' Aber wohin genau? Ich sah mir also die Daten zur Präsidentschaftswahl 2012 genauer an. In Kalifornien sprach sich die Hälfte der weißen Wählerschaft für eine zweite Amtszeit Obamas aus. Im Süden, in den ehemaligen Konföderierten Staaten, war es dagegen nur ein Drittel; und in Louisiana mickrige 14 Prozent. Louisiana war also der Super-Süden." Vgl.: Dies. (2017a): „Linke müssen erkennen, dass sie sich selbst ins Abseits gestellt haben". In: Ruhrbarone vom 12.12.2017. https://www.ruhrbarone.de/linke-muessen-erkennen-dass-sie-sich-selbst-ins-abseits-gestellt-haben/149955. Zugegriffen: März 2018.

5   Hochschild, Arlie (2018): Warum Trump? Fremd in ihrem Land: Interview mit Arlie Russell Hochschild. In: Becker, Karina/Dörre, Klaus/Reif-Spirek, Peter (Hg.), Arbeiterbewegung von rechts? Ungleichheit – Verteilungskämpfe – populistische Revolte. Frankfurt a. Main/New York: Campus, S. 35-48, S. 53.

6   Ebd.

an einen Leader delegiert, der den einfachen Leuten viel verspricht, ohne wirklich etwas mit ihnen gemeinsam zu haben. Es sind latente, verzerrte Klasseninteressen, die zur Wahl Trumps motivieren:

> „Klasse ist in diesem Kontext sehr bedeutsam. Ich denke, dass – obwohl Trump mit seinen Attacken auf moralische Grundsätze jedes Maß gesprengt hat – die Arbeiter eher im Hinblick auf Klasse denn auf Gender abgestimmt haben. Diese Kategorie scheint mir die Hauptmotivation bei den Wahlen gewesen zu sein. Während Gender und 'race' lange Zeit sehr bedeutsam waren, steht mittlerweile die Klassenfrage wieder auf der Tagesordnung."[7]

Ungeachtet aller Unterschiede zur US-amerikanischen Situation fällt es nicht schwer, eine rechte deep story auch bei bundesdeutschen Lohnabhängigen aufzuspüren. Deren Geschichten handeln ebenfalls von Warteschlangen am Berg der Gerechtigkeit. Schon die rechtsaffinen jungen Gewerkschaftsmitglieder, die ich während des IG-Metall-Lehrgangs befragen konnte, verorteten sich in einem Teil der Bevölkerung, der auf bessere Zeiten wartete. Ihr Gesellschaftsbild unterschied sich in wichtigen Dimensionen kaum von der Weltsicht sozialdemokratischer Altersgenossen. Gerechtigkeitsvorstellungen adressierten sie vornehmlich an einen nationalen Wohlfahrtsstaat, der diese Ansprüche jedoch immer weniger gewährleisten konnte. Die Grenzen sozialdemokratischer Verteilungspolitik vor Augen, tendierten die jungen Lohnabhängigen dazu, den Kampf um Statuserhalt oder Statusverbesserungen mit dem Mittel des Ressentiments auszutragen. Dieser Kampf hatte von Beginn an sowohl eine materielle als auch eine kulturelle Dimension. Die Befragten empfanden ihre Leistungen gesellschaftlich nicht angemessen gewürdigt; sie sahen ihre Lebensentwürfe aber auch moralisch abgewertet. Deshalb beneideten sie vermeintlich „leistungslose" oder „leistungsunwillige" Gruppen, die noch dazu nicht zu „unserer Kultur" passten. Als ihren Hauptgegner betrachteten die Befragten nicht etwa die Arbeiterbewegungs-Linke; vor allem Grüne und Feministinnen waren ihnen geradezu verhasst. Neben der Wahrnehmung ungerechter Verteilungsverhältnisse animierten Wertmusterkonflikte die jungen Gewerkschaftsmitglieder dazu, ihren Protest an die populistische oder die extreme Rechte zu delegieren. Dieser Protest hatte etwas Rückwärtsgewandtes. Er zeugte von einer „Sehnsucht nach der alten Republik", einem „goldenen Zeitalter", als die Arbeiterschaft noch respektiert wurde und die ihr Angehörenden noch Möglichkeiten zum gesellschaftlichen Aufstieg hatten. Kritik am „System", die sich damals bereits artikulierte, richtete sich gegen jene anonymen Mächte, die in den Augen der Befragten zunehmend zerstörten, was das Arbeiterleben eigentlich lebenswert machte.

---

7 Ebd.

2. Wegmarken der Radikalisierung

„Sehnsucht nach der alten Republik" (Kapitel I) ist für mich daher der Schlüsseltext, der zu einem ersten Verständnis der rechten Tiefengeschichte verhilft. Die Radikalisierung dieser Tiefengeschichte hat sich in mehreren Etappen vollzogen, die in den hier versammelten Folgetexten dokumentiert werden. Eine erste markante Zäsur bildete die intensivierte, beschleunigte Globalisierung, die Anfang der Jahrtausendwende trotz aller Ungleichzeitigkeiten und Relativierungen zu einer nicht hintergehbaren Tatsache geworden war. Aus der Perspektive von Arbeiterfraktionen in den weltmarktorientierten Industrien schien es, als habe der Internationalismus die Seiten gewechselt. Unternehmen agierten zunehmend inter- und transnational, die sozialen Folgen der globalen Landnahme mussten dennoch weiterhin in der nationalen Arena bewältigt werden. Lohnabhängige hatten – jedenfalls behauptete das der dominante Globalisierungsdiskurs – Opfer zu bringen, um die nationale Wirtschaft wettbewerbsfähig zu halten. Abstriche bei Beschäftigungssicherheit, Löhnen, Erwerbslosenversicherung, Renten und Gesundheit galten als zwingend nötig, um den (west)deutschen Sozialkapitalismus an die Globalisierung anzupassen und – was nach der Implosion des Staatssozialismus hinzukam – die Kosten der Vereinigung mit der ehemaligen DDR zu bewältigen. Diese historische Konstellation trug zur sozialen Verallgemeinerung von Ohnmachtserfahrungen bei, wie sie von den rechtsaffinen jungen Gewerkschaftsmitgliedern schon Jahre zuvor geäußert worden waren.

Zu Beginn des neuen Jahrtausends wurden grenzüberschreitende Wirtschaftsaktivitäten noch immer „maßgeblich durch besondere institutionelle Traditionen, Regulationsmodi, Formen der Konfliktbewältigung oder auch durch Management- und Wirtschaftsstile der jeweiligen Länder beeinflusst". Deshalb lautete meine Prognose damals: „Ein radikaler Pfadwechsel vom kooperativen hin zu einem an der kurzen Frist orientierten Shareholder-Kapitalismus würde in Kontinentaleuropa [...] mit Sicherheit andere Ergebnisse zeitigen, als es die anvisierten angelsächsischen Vorbilder verheißen. Restrukturierungsvarianten, die das ignorieren und die soziale Entbettung des Markthandelns über einen kritischen Punkt hinaus vorantreiben, untergraben nicht nur die soziale Kohärenz des Industriemodells, sie werden auch gesellschaftliche Auseinandersetzungen provozieren, die eines Tages tatsächlich zum Wegbereiter des autoritären Staates werden könnten" (Kapitel II).

Der Stakeholder-Kapitalismus ist nicht gekommen. An seiner Stelle etablierte sich ein Finanz(markt)-Kapitalismus, dessen arbeitspolitische Hauptwirkung in einer weitreichenden Prekarisierung der Arbeitswelt bestand.[8] Was mit der Shareholder-Value-Orientierung in den Unternehmen begann, wurde mit der Agenda 2010 der

---

8   Dörre, Klaus (2019a): Social Capitalism is a Thing of the Past: Competition-driven Landnahme and the Metamorphosis of the German Model. In: Chiocchetti, Paolo/Allemand,

Regierung Schröder offizielle Leitlinie staatlicher Politik. Im Ergebnis bildete sich ein prekärer Sektor mit Arbeits- und Beschäftigungsverhältnissen heraus, dessen bloße Existenz auch diejenigen disziplinierte, die sich – noch – in halbwegs gesicherten beruflichen Positionen befanden. Rechtspopulistische Orientierungen, so ein zentraler Befund unserer damaligen Untersuchung zum Desintegrationspotential der Prekarisierung, fanden sich in allen Zonen der Arbeitsgesellschaft. Unter Erwerbslosen und prekär Beschäftigten waren sie ebenso verbreitet wie bei hochqualifizierten Angestellten im Bankensektor und in der IT-Industrie. Innerhalb der Stammbelegschaften von Industriebetrieben traten diese Orientierungen in einer Variante auf, die sich als Aktualisierung jener Weltsichten interpretieren ließ, die bereits im IG-Metall Lehrgang aufgetaucht waren und sich unter Globalisierungsbedingungen ausgebreitet hatten. Ein Teil der Stammbeschäftigten, die in der Schlange darauf warteten, dass sich ihre Opferbereitschaft auszahlen würde, beantworteten die Globalisierung, besser: die marktgetriebene Landnahme des Sozialen und die Ausbreitung prekärer Arbeitsverhältnisse, mit reaktivem Nationalismus. Wohl reflektierten diese Lohnabhängigen wachsende soziale Unsicherheit und Ungleichheit, doch im internationalen Vergleich galt ihnen die Bundesrepublik noch immer als Wohlstandsinsel. Die Inselbewohner glaubten das eigene Stück vom Kuchen nur bewahren zu können, sofern die Zugänge zu dieser Insel möglichst eng gehalten würden. In ein bipolares Innen-Außen-Schema eingepasst, verwandelte sich alltägliche Sozialkritik in eine Legitimation für die Ausgrenzung Fremder, vermeintlich Leistungsunwilliger, kulturell angeblich nicht integrierbarer Gruppen. Niemand hatte etwas gegen „die Ausländer". Wer sich anpasste, hart arbeitete und Leistung brachte, war willkommen. All jene, die „wir nicht gerufen" hatten, die nur kamen, weil bei ihnen „zufällig Hunger oder Krieg herrschten", sollten der Wohlstandsinsel fernbleiben oder sich zumindest am hinteren Ende der Warteschlange anstellen. Dieser konservierende Rechtspopulismus entsprach exakt dem, was ich bereits bei den jungen Gewerkschaftsmitgliedern der späten 1980er Jahre gefunden hatte. Nun war es jedoch nicht mehr nur Protest, wie ihn die jungen Erwachsenen im Lehrgang artikuliert hatten. Das Weltbild hatte sich verfestigt und zu einer Axiomatik verdichtet, die sich geradezu automatisch und reflexhaft artikulierte, wenn sich die Gelegenheit bot. Diese Axiomatik war mit der Bereitschaft gepaart, die eigene Festanstellung mit Zähnen und Klauen zu verteidigen – falls nicht anders möglich, auch auf Kosten von prekär Beschäftigten und anderen Außenseitergruppen (Kapitel III).

Was sich in den Jahren nach der Jahrtausendwende als Möglichkeit und punktuelle Praxis bereits angedeutet hatte, wurde während der globalen Finanz- und Wirtschaftskrise von 2007–2009 offenkundig. Auf den ersten Blick schien es, als

---

Frédéric (Hg.), Competitiveness and Solidarity in the European Union: Interdisciplinary Perspectives. London: Routledge, S. 149-181.

sei die Krise in Deutschland eine ohne besonderes Krisenbewusstsein der Arbeiterschaft. In den Betrieben ging es überraschend friedlich zu. Die Krise führte weder zu militantem Bossnapping[9] noch zu Massenprotesten. Stattdessen wurden die Gewerkschaften als korporative Krisenmanager wiederentdeckt. Langzeitkurzarbeit und die – in ihrer Wirkung umstritten – Abwrackprämie für ältere PKW sicherten die Stammbelegschaften in der Exportindustrie, während flexible Beschäftigte wie Leiharbeitskräfte und befristet Eingestellte ihre Jobs verloren oder, wie Jungfacharbeiter, gar nicht erst übernommen wurden. So gingen beispielsweise in einem Werk des VW-Konzerns quasi über Nacht 1.000 Beschäftigte verloren; ein durchaus schmerzhafter Prozess für die Belegschaft, der jedoch mit Blick auf die Sicherung der Festangestellten zähneknirschend hingenommen wurde.[10]

Wie unsere empirischen Forschungen während und nach der Krise belegten, war es in den Betrieben jedoch keineswegs so ruhig, wie es den Anschein hatte. Unter der Oberfläche gärte es. Allerdings gab es einen markanten Unterschied zwischen der Sicht auf die „kleine Welt" des Betriebs und dem Blick auf die „große Gesellschaftswelt". So verbreitet die Kritik an Arbeitsbedingungen und Management auch war, zumindest den Stammbeschäftigten galten der Betrieb und abgeschwächt das Unternehmen noch immer als Stabilitätsanker für das eigene Leben. Dagegen wurde die „große Welt" der Gesellschaft in düsteren Farben gezeichnet. Kapitalismuskritik war, wie unsere Befragungen in ost- und westdeutschen Industriebetrieben zeigten, in den Belegschaften weit verbreitet. Doch sie übersetzte sich häufig nicht in kollektives Handeln.

Wie die in das Buch aufgenommenen quantitativen und qualitativen Erhebungen bei einem südwestdeutschen Fahrzeughersteller exemplarisch verdeutlichen, artikulierte sich bei den Befragten ein Antikapitalismus, der politisch heimatlos war. Ihn zeichnete aus, was wir als Paradoxie alltäglicher Kapitalismuskritik von Lohnabhängigen bezeichnen können. Je hermetischer das kapitalistische Wettkampfsystem in der alltäglichen Weltsicht erscheint, desto näher liegt es, sich auf die Seite derjenigen zu schlagen, die siegreich aus der Konkurrenz hervorgehen. In diesem Wettkampfsystem etabliert sich eine Tendenz zu, wie wir sie nennen, exklusiver, ja exkludierender Solidarität. Die Produktionsarbeiter sind solidarisch – das jedoch bevorzugt in den Grenzen der Stammbelegschaften des eigenen Betriebs. Exklusive Solidarität besitzt keine parteipolitische Ausrichtung, sie findet sich bei Linken und Rechten. Da sie

---

9   In Frankreich wurden die Entführung von Managern und deren symbolische Festsetzung auf einer Seine-Insel als Mittel des Protests wiederentdeckt. Die Bezeichnung dafür ist Bossnapping.

10 Ein VW-Betriebsrat, der in einem Webinar der IG Metall Bildungsstätte Beverungen mit mir diskutierte, konnte sich gut zehn Jahre später gut an dieses einschneidende Erlebnis erinnern. Das auch, weil das Management aus der Krise gelernt hatte. Als die Konjunktur wieder anzog, wurde bevorzugt befristet oder über Leiharbeit eingestellt.

sich sowohl gegen das Management und das beschäftigende Unternehmen als auch gegen 'anders' und 'unten' richten kann, bietet sie sich jedoch als Andockstelle und kognitive Brücke für rechtspopulistische Orientierungen an (Kapitel IV).

Auf die Wirtschaftskrise von 2007–09 folgte ein langes Jahrzehnt außergewöhnlicher Prosperität. Allerdings blieben die Wachstumsraten des Bruttoinlandsprodukts (BIP) in den alten kapitalistischen Zentren und auch in der Bundesrepublik relativ flach, während die Einkommens- und Vermögensungleichheit zumindest bis 2013 wuchs, um sich sodann, ebenso wie der prekäre Sektor, auf hohem Niveau zu stabilisieren. Ausgerechnet in einer Zeit, in der die offiziell registrierte Erwerbslosigkeit auch im Osten der Republik deutlich zurückging, gelang es mit der AfD erstmals einer radikal rechten Partei, noch dazu mit einem zweistelligen Ergebnis, in den Bundestag einzuziehen. Die rechte Tiefengeschichte verfügt nun über einen eigenständigen parteipolitischen Ausdruck im politischen System der Bundesrepublik.

Es waren vor allem zwei Ereignisketten, die Euro- und die sogenannte Flüchtlingskrise, die der rechten deep story eine neue Wendung gaben und zu ihrer parteipolitischen Verselbständigung beitrugen. Über einen langen Zeitraum daran gewöhnt, dass es nicht mehr für alle und alles reicht, war im Zuge des europäischen Krisenmanagements scheinbar Geld im Überfluss vorhanden. Zunächst zur Rettung maroder Banken und kriselnder Staatsfinanzen an der südeuropäischen Peripherie, sodann für mehr als eine Million Geflüchteter, die 2015 deutsches Staatsgebiet erreichten. Seither ist das Schlangestehen aus der Sicht (nicht nur) rechtsaffiner Arbeiter*innen sinnlos geworden. Das auch, weil sich die gesamtwirtschaftliche Lage deutlich verbessert hat, während man selbst weiter auf der Stelle tritt. Die Unternehmen haben in der Dekade nach der globalen Finanzkrise gut verdient, die Arbeitslosigkeit ist offiziell unter die Sechs-Prozent-Marke gesunken und die Zahl der Erwerbstätigen auf Rekordniveau gestiegen. Das hat insbesondere bei den heranwachsenden Arbeiter*innen, gerade im Osten der Republik, ein Ende der Bescheidenheit ausgelöst. Jüngere Lohnabhängige verspüren nicht die geringste Lust, sich in eine Warteschlange einzureihen, die sich kaum bewegt.

Forschungen aus dieser Zeit (Kapitel V) zeichnen den vorläufigen Endpunkt einer Radikalisierung der rechten Tiefengeschichte nach. Sie skizzieren ein dichotomisches Arbeiterbewusstsein, das für sozialpopulistische, ja für faschistoide Anrufungen offen ist. Befragte Arbeiter*innen betrachten sich weder als arm noch als prekär lebend; in ihrer Wahrnehmung sind sie unverschuldet anormal. Das heißt, sie können das Leben, das sie sich wünschen und nach eigener Auffassung auch verdienen, nicht führen. In der Warteschlange fühlen sie sich zurückgesetzt, obwohl die Bedingungen für einen Aufstieg am Berg der Gerechtigkeit eigentlich günstig sind. Wer sich selbst permanent als abgewertet, benachteiligt und gedemütigt wahrnimmt, der tendiert, nicht zwangsläufig, aber doch mit einer gewissen Wahrscheinlichkeit, dazu, Selbstaufwertung mittels Abwertung anderer zu betreiben. Noch immer sind alle Bausteine der rechten

Tiefengeschichte vorhanden, doch Unmut und Wut drängen die vergeblich Wartenden mehr und mehr zur Tat. Ideologeme wie „großer Austausch" und drohender „Volkstod" motivieren dazu, Gewalt gegen Fluchtmigranten und Andersdenkende als legitime Notwehr zu betrachten. Entsprechende Deutungen werden durch Bewegungen (Pegida und Ableger) und Parteien (neben der AfD rechtsradikale Kleinstparteien) von außen bestärkt. Rechtsaffine Betriebsräte und Gewerkschaftsaktive können sich mancherorts bereits als Repräsentanz einer schweigenden Mehrheit verstehen und in einigen wenigen, aber wichtigen Werken ist es rechtsoppositionellen Gruppen mit Verankerung in der militanten Rechten gelungen, Sitze in den Betriebsräten zu erobern. Für die rechten Orientierungen im Alltagsbewusstsein gilt: Sie sind bei vielen Befragten bereits mehr als eine Axiomatik, die reflexhaft funktioniert. Viele Deutungen und Argumente rechtsaffiner Betriebsräte und Gewerkschaftsaktiver folgen bereits der Linie einer Partei. Die Befragten haben zu jedem kritischen Einwand eine passende Antwort parat und wo inhaltliche Kohärenz nicht gegeben ist, sorgen neurotische Ängste und Emotionen dafür, dass im rechten Weltbild zusammengeklebt wird, was eigentlich nicht zusammengehört (Kapitel V).

3. Abwertung in der demobilisierten Klassengesellschaft

Die Radikalisierung der rechten Tiefengeschichte ist eine Reaktion auf eine gesellschaftliche Konstellation, die hier als Tendenz zu einer demobilisierten Klassengesellschaft bezeichnet wird. Klassenspezifische Ungleichheiten nehmen zu oder treten subjektiv in den Vordergrund, doch Organisationen und Bewegungen, die an der Konfliktachse von Kapital und Arbeit operieren, sind, an Organisations- und Diskursmacht gemessen, so schwach wie selten zuvor. Zwar wird in der demobilisierten Klassengesellschaft unablässig gekämpft und auf Unternehmensebene immer häufiger gestreikt; es kommt jedoch nicht zu einer politischen Verdichtung dieser Konflikte; nur selten erreichen sie die politische Öffentlichkeit. Dieses Missverhältnis ist auch darauf zurückzuführen, dass der ökologische Gesellschaftskonflikt, ähnlich wie schon in den 1980er Jahren, die sozialen Auseinandersetzungen in seiner existenziellen Bedeutung überstrahlt.

Die reichen kapitalistischen Länder befinden sich, so eine Kernthese des Schlussbeitrags (Kapitel VI), inmitten einer ökonomisch-ökologischen Zangenkrise. Diese Krise verwandelt den alten industriellen Klassenkonflikt unwiderruflich in einen sozialökologischen Transformationskonflikt. Soziale und ökologische Nachhaltigkeitsziele bilden nunmehr den Maßstab, an welchem sich Arbeiterinteressen messen lassen müssen. In dieser Konstellation sind Zielkonflikte vorprogrammiert. Unfähig, ihre Interessen in offensiven (Klassen-)kämpfen durchzusetzen, tendieren Teile der Arbeiterschaft dazu, den sozialen Block der radikalen Rechten zu unterstützen.

Demokratische Institutionen und Verfahren bestehen fort, es bilden sich jedoch bonapartistische Demokratien heraus, in denen die Durchsetzung neuer, nachhaltiger gesellschaftlicher Strukturen blockiert wird, während eine rebellische Veränderungsattitüde („transformismo")[11] von rechts die politische Initiative gewinnt.

In ihren zahlreichen Variationen findet sich die rechte Tiefengeschichte im Osten wie im Westen der Republik. In Österreich ist sie ebenfalls bekannt, wie ein eigens aufgenommener Text von Livia Schubert illustriert (Kapitel V). Kleinster gemeinsamer Nenner aller Varianten der rekonstruierten deep story ist eine biographische Grunderfahrung, die sich mit dem Arbeiterstatus verbindet. Arbeiterin oder Arbeiter zu sein zählt gesellschaftlich wenig. Zwischen Arbeiterschaft und sozialer Abwertung wird häufig ein Gleichheitszeichen gesetzt. Besonders eindrücklich macht sich diese lebensgeschichtliche Erfahrung bei Handarbeitern im Osten der Republik bemerkbar. Wer in der „arbeiterlichen Gesellschaft" (Wolfgang Engler) der DDR heranwuchs, betrachtet sich in der Gegenwart häufig als Objekt einer doppelten Abwertung. Arbeiter*innen und insbesondere Handwerker waren in der DDR „Könige", heute zählen sie nach eigenem Empfinden nichts mehr: „Ich mache meine Arbeit nach wie vor ordentlich und wenn ich jetzt behandelt werde wie der letzte Dreck, na ja. Wir haben gemerkt, wir sind kein Arbeiter- und Bauernstaat mehr. Wir sind Dienstleister und diejenigen, die die Werte schaffen und der Geldgeber, der die Sachen bezahlt, der sagt, wo es langgeht und wie es läuft. Und das war ein ganz schöner Einschnitt. Da hatte ich mächtig dran zu kauen",[12] beschreibt ein Installateur die Mechanismen sozialer Abwertung. Zum Dienstleister degradiert, fühlt er sich als Ostdeutscher noch zusätzlich herabgesetzt. Das verbindet ihn mit allen, die ähnliche Erfahrungen machen.

In ihrem Selbstverständnis sind viele ostdeutsche Meister*innen der Improvisation. Sie wissen auch bei widrigsten Verhältnissen zu überleben. Von Natur aus sind sie

---

11 Zum Begriff siehe: Kapitel VI, S. 253, 262ff.
12 Zitat und nachfolgende Einschätzungen stammen aus einem Buch mit biographischen Fallstudien, dessen Material ich mit den „Bottroper Protokollen" verglichen habe. „Bottroper Protokolle – Gespräche aus dem Ruhrgebiet", so nannte sich eine später in Buchform veröffentlichte WDR-Reportage der Filmemacherin und Autorin Erika Runge. In der Reportage kamen Menschen aus dem kriselnden Kohlebergbau zu Wort. Sie sprachen über ihre Arbeit, ihre Leben, über Frauenbilder, Sex und Musik und nicht zuletzt über ihre Sicht auf die Stadt Bottrop. Ohne es selbst darauf angelegt zu haben, entdeckte Erika Runge etwas, das es angeblich nicht mehr gab – Arbeiter in der westdeutschen Klassengesellschaft. Gut 50 Jahre nach dem Erscheinen der Bottroper Protokolle hat Uta Heyder einen Band mit biographischen Portraits Ostdeutscher vorgelegt, die ich in einem Vorwort als „Erfurter Protokolle" gewürdigt habe. Vgl.: Dörre, Klaus (2019b): Vorwort. In: Heyder, Uta (Hg.), Born in the GDR. angekommen in Deutschland. 30 Lebensberichte nach Tonbandprotokollen aus Sachsen, Sachsen-Anhalt und Thüringen. Quedlinburg: Verlag Bussert & Stadeler, S. 9-12.

Kämpfer*innen, unter ihnen gibt es noch Zusammenhalt und schon einmal haben sie bewiesen, zu einer demokratischen Revolution fähig zu sein. Aus der Westperspektive stellt sich das häufig völlig anders dar. Ostdeutsche gelten in der Fremdwahrnehmung als autoritär geprägte Persönlichkeiten, die zur Demokratie erst erzogen werden müssen. Dass mit ungleichen Maßstäben gemessen wird, ist eine Wahrnehmung, die zumindest einen Teil der Ostdeutschen ungeachtet sonstiger sozialer Unterschiede noch immer in einer kollektiven Schicksalsgemeinschaft verbindet. Gleich wo man sich sozial verortet, bei Lohn, Arbeitszeit und Arbeitsbedingungen, vor allem aber bei Anerkennung und Wertschätzung, ist man noch immer nicht auf dem einst versprochenen Westniveau angelangt.

Ostdeutsche, die von solchen Erfahrungen geprägt worden sind, können eine eigene Wettbewerbsklasse bilden, die aus Konkurrenz und negativen Klassifikationen entsteht.[13] Solche Wettbewerbsklassen bilden sich immer dann heraus, wenn die Übersetzung von latenten in manifeste, bewusst verfolgte Gruppeninteressen misslingt.[14] Wettbewerbsklassen bilden das Gegenmodell zu mobilisierten, das heißt politisch mehr oder minder bewusst handelnden Interessensgruppen. Insofern gibt es keine Klasse, auch keine Arbeiterklasse, die nur als Struktur, als „Klasse an sich" existiert. Auch innerhalb von und zwischen Klassen, die nicht über Klassenbewusstsein verfügen, wird gekämpft. Dies geschieht qua Distinktion, über Wertigkeitsurteile und Wertmusterkonflikte. Klassenbildung folgt dann vornehmlich negativen Klassifikationen sowie den Reaktionen, die solche Klassifikationen provozieren. Es handelt sich um eine Form negativer Vergesellschaftung, die Frauen, Schwarze, Fluchtmigranten, aber eben auch Arbeiter*innen erfassen kann.

4. Wer sind die Arbeiter*innen?

Wer sind nun diese Arbeiter*innen, von denen hier immer wieder die Rede ist? Folgt man der öffentlichen Wahrnehmung, so handelt es sich, wenn schon nicht um eine aussterbende Spezies, so doch um eine Großgruppe im Niedergang. Während das 20. Jahrhundert eines der Arbeiterschaft und ihrer Bewegungen gewesen sei, erfolge die Wiederkehr der Klassen im 21. Jahrhundert zeitgleich mit dem Bedeutungsverlust der Industrie- und Produktionsarbeiter, diagnostiziert der schwedische Sozialwissenschaftler Göran Therborn. Eine Konsequenz sei, so jedenfalls Therborns Hypothese, dass sich die Konfliktdynamik in Richtung der gebildeten, häufig aber perspektivlosen

---

13 Dörre, Klaus (2019c): „Land zurück!" Arbeiter, Abwertung, AfD. In: WSI-Mitteilungen 72(3)/2019, S. 168-176.
14 Dahrendorf, Ralf (1957): Soziale Klassen und Klassenkonflikt. Stuttgart: Ferdinand Enke Verlag, S. 165ff.

Mittelklassen des Südens oder aber hin zu jenen „plebejischen Massen" verschiebe, die unterhalb der Arbeiterschaft und ihrer geschwächten Organisationen quantitativ wie qualitativ die gesellschaftliche Sozialstruktur prägten.[15]

Man muss Therborns Sichtweise keineswegs teilen, um zu erkennen, dass sich die gesellschaftliche Position der Industriearbeiterschaft in den kapitalistischen Zentren während der zurückliegenden Jahrzehnte gravierend verändert hat. Über die soziale Lage von Arbeiter*innen, ihre Tätigkeiten, Lebensweisen und politischen Orientierungen wissen wir gegenwärtig wenig. Fasst man den Tenor einiger vorliegender Studien zusammen,[16] so hat die Deindustrialisierung in den alten kapitalistischen Zentren nicht zum Verschwinden der Lohnarbeit, wohl aber zum Niedergang der Industriearbeiterschaft in einem engeren Sinne geführt. Sozialstrukturell sind Industrie- und Produktionsarbeiter zu einer – quantitativ allerdings noch immer bedeutenden – Minderheit unter den Lohnabhängigen geworden. Seit den 1990er Jahren ist ihr Anteil an den abhängig Beschäftigten in Ländern wie Deutschland und Österreich aber relativ stabil geblieben. Parteistrategen gelten Industrie- und Produktionsarbeiter dennoch als schwer mobilisierbare Klientel mit Tendenz zur Wahlenthaltung.[17] Gewerkschaftliche Organisationsmacht und Durchsetzungsfähigkeit der Industriearbeiterschaft haben ebenfalls deutlich nachgelassen. Das auch, weil sich hinter dem Arbeiterstatus in der Gegenwart höchst unterschiedliche soziale Lagen, Einkommens- und Vermögensverhältnisse verbergen können. Vom Leiharbeiter in der verarbeitenden Industrie über die Niedriglohnbezieherin im Online-Handel bis hin zur festangestellten Fachkraft in der Exportwirtschaft ordnen sich Angehörige höchst unterschiedlicher Lohnabhängigengruppen subjektiv der Arbeiterschaft zu. Daran zeigt sich, dass klassische Arbeiterdefinitionen, die in erster Linie auf abhängige, manuell verrichtete Arbeit, deren institutionelle Regulationen und darauf gegründete soziokulturelle Identitäten abheben, heute nur noch bedingt aussagekräftig sind.

Analytisch kann die Arbeiter-Kategorie so ausgedehnt werden, dass sie mit dem „arbeitenden Volk" nahezu identisch ist.[18] In weit gefassten Definitionen stellt doppelt freie Lohnarbeit nur eine von vielen möglichen Formen der Kommodifizierung

---

15 Therborn, Göran (2012): Class in the 21st Century. In: New Left Review 78, S. 5-29.
16 Vgl. u.a.: Williams, Joan C. (2017): White Working Class. Overcoming Class Cluelessness in America, Boston: Harvard Business Review Press; Evans, Geoffrey/Tilley, James (2017): The New Politics of Class. The Political Exclusion of the British Working Class. Oxford: University Press; Beaud, Stéphane/Pialoux, Michel (2004) [1999]: Die verlorene Zukunft der Arbeiter. Die Peugeot-Werke von Sochaux-Montbéliar. Konstanz: UVK.
17 Evans, Geoffrey/Tilley, James (2017): The New Politics of Class. Oxford: University Press, S. 198ff.
18 Van der Linden, Marcel (2017): Workers of the World. Eine Globalgeschichte der Arbeit. Frankfurt a. Main/New York: Campus.

SCHAUBILD 1: Erwerbstätige nach Stellung im Beruf in Deutschland 2018

	Insgesamt		Männer		Frauen		
	in 1000	in %	in 1000	in %	in 1000	in %	Gesamt
Arbeiter*innen	6.951	16,6	4.974	71,6	1.976	28,4	100,0
Angestellte	27.289	65,1	12.767	46,8	14.523	53,2	100,0
Selbstständige	4.009	9,6	2.678	66,8	1.331	33,2	100,0
Beamt*innen	2.007	4,7	1.062	52,9	945	47,1	100,0
Mithelfende Familienangehörige	139	0,3	46	33,1	92	66,2	100,0
Auszubildende	1.500	3,5	853	56,9	647	43,1	100,0
Gesamt	41.895	100	22.380		19.514		

Quelle: Statistisches Bundesamt (Mikrozensus). Definition für die Statistik: Als Arbeiter*innen gelten alle Lohnempfänger, unabhängig von der Lohnzahlungs- und Lohnabrechnungsperiode. Es ist außerdem unerheblich, ob es sich um Facharbeiter, angelernte Arbeiter*innen oder Hilfsarbeiter handelt. Ebenfalls zu den Arbeiter*innen zählen Heimarbeiter und Hausgehilfen. Die Daten des Mikrozensus beruhen auf Selbstauskunft. Prozentzahlen: Eigenberechnung. Fehlende Prozent auf 100% sind den gerundeten absoluten Zahlen des statistischen Bundesamts geschuldet. https://www-genesis.destatis.de/genesis/online.

von Arbeitskraft dar. Ein freier Verkauf setzt die vollständige Verfügung über die eigene Arbeitskraft voraus. Das ist mit Blick auf die globale Arbeitskraft aber nur bei Minderheiten der Fall. Vor allem im globalen Suden sind Formen halb- und unfreier Arbeit in hohem Maße verbreitet. Folgt man der Definition Marcel van der Lindens, so wären nahezu alle abhängig Erwerbstätigen Arbeiter*innen[19] – unabhängig von ihrer Staatsbürgerschaft und der vertraglichen Regelung ihres Arbeitsverhältnisses. Andere Definitionen gewichten die Möglichkeit zu sozialer Klassenbildung in der nationalen Arena höher und schlagen deshalb engere Fassungen des Arbeiterbegriffs vor.[20] Zur Arbeiterschaft zählen solche Ansätze Beschäftigte mit vornehmlich mittleren und niedrigen Qualifikationen, die bei der Herstellung von Gütern und Dienstleistungen operativ und manuell tätig sind oder Tätigkeiten in unmittelbarer sozialer Nachbarschaft zum shop floor ausüben.[21]

---

19 Ebd., S. 38.
20 Schmidt, Jürgen (2015): Arbeiter in der Moderne. Arbeitsbedingungen, Lebenswelten, Organisationen. Frankfurt a. Main/New York: Campus.
21 Vgl. Evans, Geoffrey/Tilley, James (2017): The New Politics of Class. Oxford: University Press, S. 4.

Arbeiterklassenlagen, die anhand statistischer Kriterien gemessen werden, tendieren zu den engeren Definitionen. Nimmt man als Kriterium den Lohnbezug, gab es 2018 in Deutschland knapp sieben Millionen Arbeiter*innen (71,6 Prozent männlich, 28,4 Prozent weiblich; 2019: insgesamt 8,261 Millionen Arbeiter*innen); das waren 16,6 Prozent der Erwerbstätigen (Schaubild 1). Sie finden sich überwiegend im produzierenden Gewerbe, dessen Anteil an der sektoralen Wirtschaftsstruktur seit 2008 relativ konstant geblieben ist (2019: 24,1 Prozent; 2008: 25,5 Prozent). Geht man von einem Arbeiterbegriff aus, der sogenannte „Arbeitereliten" (Vorarbeiter, Meister, Techniker) einschließt, gelangt man zu anderen Größenordnungen. Danach kann ca. ein Drittel der Erwerbstätigen (33 Prozent im Westen, 35 Prozent im Osten, Daten für 2014) Arbeiterklassenlagen zugerechnet werden. Bezieht man zusätzlich zur sozialen Lage die subjektiven Selbstverortungen ein und wählt ein Schichtenmodell, so liegt der Anteil an der Arbeiterschicht im Westen deutlich unter der strukturellen Klassenzugehörigkeit (2014: 23 Prozent; 1990: 27 Prozent subjektive Zurechnung), im Osten hingegen nur noch leicht darüber (2014: 36 Prozent). Vor allem für den Osten der Republik ist dieser Wandel dramatisch, denn 1990 hatten sich noch 57 Prozent zur Arbeiterschicht gezählt.[22] Solche Daten belegen vor allem eines: Wenn von Arbeiter*innen die Rede ist, sollte das analytische Skepsis wachrufen. Anders gesagt, es muss genau geprüft werden, welche sozialen Gruppen gemeint sind. Im hier gewählten Kontext geht es vor allem um Industrie- und Produktionsarbeiter – eine besondere Klassenfraktion oder Schicht[23] innerhalb einer umfassenderen Lohnabhängigenklasse.

5. Welchen Platz hat die Arbeiterschaft in der Klassengesellschaft?

Welche Stellung nehmen Industrie- und Produktionsarbeiter innerhalb der Klassenstruktur moderner kapitalistischer Gesellschaften ein? Diese Frage ist nicht leicht zu beantworten, weil Klassentheorie und -analyse lange aus dem Wortschatz insbesondere der deutschsprachigen Sozialwissenschaften verschwunden waren. Mit

---

22 Zu den Daten: Destatis (2016): Datenreport 2016. Ein Sozialbericht für die Bundesrepublik Deutschland. https://www.destatis.de/GPStatistik/servlets/MCRFileNodeServlet/DEHeft_derivate_00021684/Datenreport2016.pdf%3Bjsessionid%3DE5C94A0A9F27899774E66A2BE50E59FF. Zugegriffen: März 2018, S. 205-208, S. 206.

23 Ich folge in diesem Punkt Ralf Dahrendorf, der davon ausgeht, dass es keinen Parallelismus zwischen Klassen- und Schichtstruktur geben muss: „Klassen können mit Schichten übereinstimmen, mehrere Schichten in sich vereinigen oder auch quer durch die Schichtungshierarchie verlaufen." Vgl.: Dahrendorf, Ralf (1957): Soziale Klassen und Klassenkonflikt. Stuttgart: Ferdinand Enke Verlag, S. 144.

der breiten Rezeption von Didier Eribons Buch „Rückkehr nach Reims"[24] schien sich das zu ändern. Für einen geschichtlichen Augenblick waren Klassen und Arbeiterschaft wieder in aller Munde; doch diese Blüte einer neuen Klassendiskussion währte nur kurz. Rasch geriet die Debatte in ein Fahrwasser, in welchem die Boote von Linkskommunitarismus und liberal-libertärer Weltoffenheit entschlossen an den schwierigen Gefilden einer gehaltvollen Klassendebatte vorbeischipperten. Einander in überschießender Polemik innig verbunden, ließen die Kontrahent*innen im Kampf um die Neuvermessung des politischen Raums differenzierter Klassenanalyse wenig Spiel.[25] Anstelle empirisch gesättigter Analysen regiert seither häufig die Hermeneutik des Verdachts. Wo die einen behaupten, eine Zuschreibung von Protestmotiven verharmlose Rassismus als Notwehr, betrachten die anderen Plädoyers für Weltoffenheit und durchlässige Grenzen als Verrat an den Interessen der kleinen Leute. Die wissenschaftlichen Belege und vor allem die empirischen Beweise fallen für beide Positionierungen in der Regel mager aus.

Sofern sich die einander befehdenden Lager mit Klassenlagen überhaupt befassen, machen sie oftmals Anleihen bei einem Konzept des britischen Publizisten David Goodhart. Goodhart teilt die Gesellschaft in globalisierungsaffine *Anywheres* mit liberal-libertären Wertorientierungen einerseits und eher globalisierungsskeptische *Somewheres* mit von Gruppen oder Orten zugeschriebenen Identitäten andererseits. Die Anywheres machen ca. 20-25 Prozent der Bevölkerung aus, dominieren aber kulturell, politisch und medial, während die Somewheres, obwohl gesellschaftlich in der Mehrheit, in den symbolischen Kämpfen und politischen Auseinandersetzungen ins Hintertreffen geraten sind. Die Industrie- und Produktionsarbeiter lassen sich mit Goodhart zu erheblichen Teilen den Somewheres zurechnen. Eine Hauptgruppe innerhalb der Somewheres stellen die *Left Behinds*, größtenteils ältere, weiße Männer mit formal geringer Bildung, dar. Diese Gruppe leidet in besonderem Maße unter dem Verlust halbwegs gut bezahlter Jobs für Personen mit Standardqualifikationen. Wegen des Verschwindens einer distinkten Arbeiterkultur und einer Marginalisierung der Arbeiterschaft im öffentlichen Raum fühlen sie sich abgehängt. Dieses Empfinden teilen die Left Behinds mit Angehörigen anderer Klassen und Schichten. Für alle

---

24 Eribon, Didier (2016): Rückkehr nach Reims. Berlin: Suhrkamp.
25 Zur Diskussion um verbindende Klassenpolitik: Candeias, Mario (2017): Eine Frage der Klasse. Neue Klassenpolitik als verbindender Antagonismus. In: LuXemburg, Sonderausgabe 2017, S. 1-12. www.zeitschrift-luxemburg.de/eine-frage-der-klasse-neue-klassenpolitik-als-verbindender-antagonismus/. Zugegriffen: November 2019; Riexinger, Bernd (2018): Neue Klassenpolitik. Solidarität der Vielen statt Herrschaft der Wenigen. Hamburg: VSA; Candeias, Mario/Brie, Michael (2017): Linkspartei: Gegen das politische Vakuum. In: Blätter für deutsche und internationale Politik 11/2017, S. 81-86; Friedrich, Sebastian (Hg.) (2018): Neue Klassenpolitik. Linke Strategien gegen Rechtsruck und Neoliberalismus. Berlin: Bertz und Fischer.

Somewheres ist es indes charakteristisch, innerhalb von 20 Meilen Entfernung zu ihrem Heimatort zu leben. Goodhart rechnet den Somewheres etwa 50 Prozent der Bevölkerung Großbritanniens zu.[26] Allerdings betont er, dass sich nur wenige Menschen ausschließlich einer der beiden Metaklassen zugehörig fühlen. Die meisten besäßen einen „mix of achieved and ascribed identities".[27]

Weder Goodhart noch diejenigen, die seine Deutungen übernehmen, halten diese Differenzierung konsequent durch, denn das Faktum einer großen Mehrheit von *Inbetweeners* versieht die spektakuläre Botschaft einer kulturellen Polarisierung, die sozioökonomische Klasseninteressen überlagert, mit einem großen Fragezeichen. Ein solches Fragezeichen ist angebracht, weil es Goodharts kulturellen Metaklassen sowohl an einer überzeugenden theoretischen Begründung als auch an empirischer Verifikation mangelt. Das Bild einer kulturellen Spaltung ist suggestiv, es stimmt mit Oberflächenphänomenen überein, doch es erklärt wenig und lässt sich von Identitätspolitikern sowohl auf der rechten als auch auf der linken Seite des politischen Spektrums in gefährlicher Weise instrumentalisieren (vgl. Kapitel VI).

Die Publizität von Goodharts Diagnose verdankt sich der Beschreibung eines einfachen Mechanismus. Nicht Konflikte zwischen Interessengruppen, die in der sozioökonomischen Kernstruktur der Gesellschaft verankert sind, sondern kulturelle Identitäten bestimmen demnach die Auseinandersetzungen im politischen Raum. Das Problem von Identitätskonflikten ist, dass sie mit starren, bipolaren Entgegensetzungen operieren, die Kompromisse weitgehend ausschließen.[28] Die deutsche Linke bietet Anschauungsunterricht, wozu das führt. In ihren identitätspolitischen Debatten gibt es oftmals nur „Wir" und „Die". Man gehört zu den einen oder zu den anderen. Entweder plädiert man für offene Grenzen und bedingungslose Solidarität mit Fluchtmigranten oder man tritt für einen Mix aus großzügiger wohlfahrtsstaatlicher Sozialpolitik und Migrationskritik ein.[29] Ein Dazwischen gibt es nicht. In der Konsequenz sind politische Spaltungen quer durch die Arbeiterschaft und die subalternen Klassen hindurch in der Logik von Identitätskonflikten unausweichlich angelegt.

---

26 Goodhart, David (2017): The Road to Somewhere. The New Tribes Shaping British Politics. München: Penguin, S. 1-18.
27 Ebd., S. 4.
28 Zur Identitätspolitik grundlegend: Fukuyama, Francis (2019): Identität. Wie der Verlust der Würde unsere Demokratie gefährdet. Hamburg: Hoffmann und Campe.
29 Zur Kontroverse siehe beispielsweise die Beiträge von Andreas Nölke sowie Silke van Dyk und Stefanie Graefe in: Becker, Karina/Dörre, Klaus/Reif-Spirek, Peter (Hg.) (2018): Arbeiterbewegung von rechts? Ungleichheit – Verteilungskämpfe – populistische Revolte. Frankfurt a. Main/New York: Campus.

Klassentheorien, wie sie im deutschsprachigen Raum en vogue sind, bemühen sich durchaus, Goodharts Schwächen mittels Rückgriff auf Pierre Bourdieus Kritik der feinen Unterschiede[30] zu überwinden. Selbiges gelingt allerdings nur mit mäßigem Erfolg. Das auch, weil sich zusätzlich eine Schwäche bemerkbar macht, die Ulf Kadritzke zurecht als „Mythos Mitte" kritisiert.[31] So diagnostiziert Andreas Reckwitz die Herausbildung einer Drei-Drittel-Gesellschaft, deren analytische Kontrastfolie Schelskys nivellierte Mittelstandgesellschaft bilden soll. Als soziale Realität vorausgesetzt, befinde sich diese Mittelstandgesellschaft, so die These, seit vielen Jahren in der Erosion.[32] An ihre Stelle trete „eine Polarität" zwischen einer Klasse mit hohem kulturellen und mittlerem bis hohem ökonomischen Kapital sowie einer Klasse mit niedrigem kulturellen und ökonomischen Kapital. Die „neue Mittelklasse einerseits" und „die neue Unterklasse andererseits", bildeten die Pole in einer veränderten Klassengesellschaft, die Bildungsexpansion und sektoraler Wandel herbeigeführt hätten.[33] Einem Paternostereffekt gleich, sei der Aufstieg einer neuen akademischen Mittelklasse begünstigt worden, während die Positionierung in der Unterklasse sich mehr und mehr als Dauerhandicap erweise.[34] Der Abstieg von Unterklasse und Teilen der alten Mittelklassen vollziehe sich auf drei Ebenen: Erstens im Zuge der ungleichen Verteilung von Bildungsabschlüssen und kulturellem Kapital, welche Niedrigqualifizierte bei der Gestaltung ihres Lebenslaufs und dem Selbstwertgefühl dauerhaft benachteilige; zweitens wegen der „Selbstkulturalisierung"[35] von Lebensstilen, die Angehörigen der akademischen Mittelklasse mit ihrem kosmopolitischen Welt- und Selbstverhältnis zu einem Prestige verhelfe, das sie gegenüber anderen Klassen auszeichne sowie drittens unter dem Einfluss einer „Valorisierung und Entwertung", die Angehörige der neuen Mittelklassen zu „wertvollen Subjekten" mache, während die Unterklassen eine Kultur von ‚'Verlierern' und 'Abgehängten'"[36] repräsentierten.

Zweifellos thematisiert die beobachtete Kulturalisierung sozialer Ungleichheit wichtige gesellschaftliche Veränderungen, doch bei genauerem Hinsehen werden die Grenzen des Ansatzes rasch sichtbar. Veränderungen an der Spitze der Vermögens- und Einkommenspyramide – die Abschottung herrschender Klassenfraktionen sowie deren Fähigkeit zur Transformation von ökonomischer in politische Macht

---

30   Bourdieu, Pierre (1988): Die feinen Unterschiede. Kritik der gesellschaftlichen Urteilskraft. 2. Aufl. Frankfurt a. Main: Suhrkamp.
31   Kadritzke, Ulf (2017): Mythos „Mitte". Oder: Die Entsorgung der Klassenfrage. Berlin: Bertz und Fischer.
32   Reckwitz, Andreas (2017): Die Gesellschaft der Singularitäten. Berlin: Suhrkamp, S. 277.
33   Ebd.
34   Ebd., S. 281.
35   Ebd.
36   Ebd., S. 284.

– werden von Reckwitz zwar beiläufig erwähnt, doch der Anteil der Machteliten an der Restrukturierung von Klassenverhältnissen bleibt aus der Analyse ausgespart. Folgerichtig wird der Klassenkampf weitgehend auf Distinktion und symbolische Herrschaft reduziert. Die Frage nach mobilisierten, bewusst handelnden Klassenbewegungen gerät völlig aus dem Blick.

Diesen Mangel teilt Reckwitz mit Cornelia Koppetsch, die ein Vierklassenmodell favorisiert. Demnach bilden Oberklassen, alte und neue Mittelklassen sowie eine Unterklasse die Sozialstruktur des globalisierten Kapitalismus ab. Alle Klassen konstituierten sich zunehmend transnational, weshalb eine „starke Verschränkung" von „transnationalen Lagen" und „nationaler Binnendifferenzierung" zu beachten sei.[37] Das ist ein interessanter Gedanke, dessen Substanz empirisch zu prüfen wäre; die meisten zeitgenössischen Klassenanalysen folgen dieser These allerdings nicht einmal bei den herrschenden Klassen.[38] Noch problematischer wirkt es freilich, wenn Koppetsch die Arbeiterschaft umstandslos der gesellschaftlichen Mitte zuordnet. Für Jahrzehnte habe Deutschland erfolgreich „seine Arbeiterklasse in die Mittelschicht integriert".[39] Infolge der Globalisierung höre die Bundesrepublik jedoch auf, „eine Mittelstandsgesellschaft in einem eigentlichen Sinne zu sein".[40] Aus dem binnengesellschaftlichen Zentrum herausgelöst und in eine transnationale Ordnung eingegliedert, könne die soziale Mitte nicht länger „moralischer Maßstab, gesellschaftlicher Ordnungsgeber und sozialer Aufstiegsmotor"[41] sein. Als strukturprägend erweise sich nun eine „Klassenspaltung" innerhalb der „Mittelschicht".[42] Diese Klassenspaltung laufe „heute mitten durch die Mittelklassen hindurch, also zwischen den global konkurrenzfähigen qualifizierten Fachkräften und den gering qualifizierten Arbeitnehmern in einfachen Dienstleistungen, zu denen häufiger Migranten und Migrantinnen gehören".[43] Im „aufbrechenden Rechtspopulismus" manifestiere sich

---

37 Koppetsch, Cornelia (2020): Soziale Klassen und Literatur? In: Stahl, Enno/Kock, Klaus/Palm, Hannelore/Solty, Ingar (Hg.), Literatur in der neuen Klassengesellschaft. Paderborn/Boston: Brill/Wilhelm Fink, S. 18. Der Band vermittelt einen Eindruck, wie die Klassendebatte auch hätte verlaufen können – kontrovers, sachlich und um Aufklärung bemüht.

38 Siehe dazu die Literatur in Kapitel VI. Koppetsch hat ihr Klassenmodell an anderer Stelle weiter ausdifferenziert, die empirischen Belege bleiben jedoch weiterhin schwach. Vgl.: Koppetsch, Cornelia (2019): Die Gesellschaft des Zorns: Rechtspopulismus im globalen Zeitalter. Bielefeld: transcript.

39 Koppetsch, Cornelia (2013): Die Wiederkehr der Konformität. Streifzüge durch die gefährdete Mitte. Frankfurt a. Main/New York: Campus, S. 18.

40 Ebd., S. 25.

41 Ebd., S. 30.

42 Ebd., S. 52.

43 Ebd.

daher ein „Klassenkonflikt zwischen auf- und absteigenden Fraktionen innerhalb der Mittelschicht".[44]

Abgesehen davon, dass die Begriffe Schicht und Klasse hier offenbar in problematischer Weise synonym verwendet werden, macht sich an solchen Einschätzungen bemerkbar, worin ein Kardinalproblem von Analysen wurzelt, die sich auf die soziale Mitte konzentrieren. Den Schmelztiegel einer nivellierten Mittelstandgesellschaft, welche die Arbeiterklasse vollständig integriert, hat es in der sozialen Realität Westdeutschlands niemals gegeben. Sich der sozialen Mitte zuzurechnen, gehört, wie die von uns rekonstruierte „Dichotomie mit Zusatz", in der Gegenwart (Kapitel V), zum Standardarsenal von Strategien subjektiver Selbstaufwertung. Von uns befragte Arbeiter*innen stufen sich tatsächlich häufig in der Mitte oder gar in der „mittleren Mittelschicht" ein; sozialstrukturell gehören sie diesen Großgruppen jedoch keineswegs an. Zur Mitte möchte man selbst dann gezählt werden, wenn das Einkommen knapp oberhalb oder gar unterhalb der Niedriglohnschwelle liegt. Derartige Selbstverortungen entspringen häufig dem Wunsch, Anschluss an eine gesellschaftliche Normalität zu halten, deren Maßstäbe trotz Globalisierung noch immer in den Mittelklassen definiert werden. Anders ist gar nicht zu erklären, dass die Selbstverortungen in der sozialen Mitte im Westen relativ konstant bleiben und im Osten Deutschlands sogar zunehmen,[45] während sich die Vermögens- und Eigentumsverhältnisse stark polarisieren.[46]

Hinzuzufügen ist: Die Arbeiterschaft selbst war auch im Westdeutschland des Wirtschaftswunders sozial niemals in eine majoritäre Mittelklasse integriert. Das jedenfalls legen Studien Mike Vesters nahe, dessen Forschungsgruppe die mit Ab-

---

44 Koppetsch, Cornelia (2017): Rechtspopulismus, Etablierte und Außenseiter. Emotionale Dynamiken sozialer Deklassierung. In: Dirk Jörke/Oliver Nachtwey (Hg.), Das Volk gegen die (liberale) Demokratie. Leviathan Sonderband 32. Baden-Baden: Nomos, S. 208-232, S. 215.

45 In Westdeutschland ordnet sich im Jahr 2014 jeder Vierte der erwachsenen Bevölkerung der Unter- oder Arbeiterschicht zu, knapp zwei Drittel der Mittelschicht und jeder Siebte der oberen Mittel- oder Oberschicht. In Ostdeutschland stuft sich 2010 zum ersten Mal die Hälfte der Bevölkerung in die Mittelschicht ein – dieser Anteil nimmt bis 2014 weiter zu. Ein Drittel identifiziert sich weiterhin mit der Arbeiterschicht und lediglich jeder Zwanzigste mit der oberen Mittel- oder Oberschicht. Der Unterschicht im engeren Sinne zugehörig betrachtet sich in West- wie Ostdeutschland mit drei beziehungsweise zwei Prozent nur ein sehr kleiner Teil der Bevölkerung. Siehe Destatis (2016): Datenreport 2016. Ein Sozialbericht für die Bundesrepublik Deutschland. https://www.destatis.de/GPStatistik/servlets/MCRFileNodeServlet/DEHeft_derivate_00021684/Datenreport2016.pdf%3Bjsessionid%3DE5C94A0A9F27899774E66A2BE50E59FF. Zugegriffen: März 2018, S. 206f.

46 Kaelble, Hartmut (2017): Mehr Reichtum, mehr Armut: soziale Ungleichheit in Europa vom 20. Jahrhundert bis zur Gegenwart. Frankfurt a. Main/New York: Campus.

stand besten Milieustudien vorgelegt hat. Vester weist Personen(-gruppen), die der sozialstatistischen Kategorie Arbeiter entsprechen, sechs verschiedenen Mentalitätsformen zu. Nur zwei dieser Mentalitäten haben ihre Wurzeln in den bürgerlich-ständischen Traditionen kleiner Leute.[47] Vier lebensweltliche Arbeitermilieus (ca. 22 Prozent der Erwerbsbevölkerung im Westen und etwa 39 Prozent im Osten) orientieren sich an einem Notwendigkeitsgeschmack, der sie vom Aufstiegsstreben der Mittelklassenmilieus deutlich abhebt. Die innere Heterogenität lebensweltlicher Arbeitermilieus, so Vester, sei jedoch „nicht als Zeichen einer historisch neuen Auflösung der industriellen Klassengesellschaft" zu bewerten.[48] Die 29 Prozent Aufsteiger aus den Arbeitermilieus hätten ihren Herkunftshabitus keineswegs abgestreift, ihre soziale Verwandtschaft mit den Volksklassenmilieus bleibe kulturell dominant. Von einer „'Ver(klein)bürgerlichung' oder von einem Übergang in die Kultur der Mittelklasse" könne daher „kaum die Rede sein". Vielmehr bildeten die „'respektablen Abkömmlinge'" gemeinsam mit ihren Stammmilieus ein interessenbewusstes Arbeitnehmerlager von ca. 40 Prozent, dem sich auch zahlreiche Arbeiter*innen aus dem kleinbürgerlichen Milieu (15 Prozent) weiter verbunden fühlten.[49]

6. Industrie- und Produktionsarbeiter – Angehörige ausgebeuteter Klassen

Vesters differenzierte Milieuanalysen bieten Klassenanalysen, in denen die Kohäsionskraft der sozialen Mitte nachträglich überhöht wird, wenig Interpretationsspielraum.[50] Die wichtigsten Kausalmechanismen, welche die Milieutheorie sozialer Klassen neben Habitus/Mentalität bemüht, sind gesellschaftliche Arbeitsteilung und berufliche Positionierung. Mit deren Hilfe gelingt eine differenzierte Beschreibung gesellschaftlicher Klassenmilieus. Anders als jene kulturalistischen Ansätze, die sich auf eine Beobachtung symbolischer Abgrenzungskämpfe innerhalb und zwischen Klassen(-fraktionen) beschränken, werden die Bedingungen für eine Herausbildung mobilisierter Klassen durchaus mitreflektiert. Dennoch wirken die Klassenmilieus und deren Hierarchie im Zeitverlauf merkwürdig starr.

---

47   Vester, Michael (1998): Klassengesellschaft ohne Klassen. Auflösung und Transformation der industriegesellschaftlichen Sozialstruktur. In: Berger, Peter A./Vester, Michael (Hg.), Alte Ungleichheiten. Neue Spaltungen. Opladen: Leske + Budrich, S. 109-147, S. 135.
48   Ebd., S. 136.
49   Ebd., S. 134, 137.
50   Reckwitz behauptet eine Kompatibilität seines Klassenmodells mit Vesters Milieuanalyse. Die Begründung scheint mir wenig plausibel. Vgl. Reckwitz, Andreas (2019): Das Ende der Illusionen: Politik, Ökonomie und Kultur in der Spätmoderne. Berlin: Suhrkamp.

Diese Starrheit überwinden dynamische Klassentheorien, deren Vorzug Ralf Dahrendorf im Anschluss an Marx treffend auf den Punkt bringt, wenn er feststellt, dass Klasse und Schicht radikal verschiedenen Erkenntnisbereichen zuzuordnen sind:

> „Unter 'Schicht' wird [...] eine Kategorie von Personen verstanden, die nach gewissen, jeweils zu bestimmenden situationellen Merkmalen wie Einkommen, Prestige, Lebensstil usw. eine annähernd gleiche Lage innerhalb der als hierarchische Skala vorgestellten Sozialstruktur einnimmt. 'Schicht' ist ein deskriptiver Ordnungsbegriff. Der Begriff der 'Klasse' dagegen ist eine analytische Kategorie, die nur im Zusammenhang einer Klassentheorie sinnvoll sein kann. 'Klassen' sind aus bestimmten Strukturbedingungen hervorgehende Interessengruppierungen, die als solche in soziale Konflikte eingreifen und zum Wandel sozialer Strukturen beitragen."[51]

Ein solches Klassenverständnis ist nach wie vor sinnvoll, weil es den Kampf um das gesellschaftliche Mehrprodukt als eine zentrale Konfliktachse zeitgenössischer kapitalistischer Gesellschaften bestimmt. Anders als Dahrendorf in seinem Frühwerk vorschlägt, muss dafür ein an Karl Marx angelehntes ausbeutungstheoretisches Verständnis von Klassendynamiken nicht durch ein mit Max Weber begründetes machtzentriertes Paradigma ersetzt werden.[52] Vielversprechender für ein Verständnis zeitgenössischer Klassengesellschaften sind gerade jene Klassentheorien, die Marx mit Weber verbinden.

Die elaborierteste klassentheoretische Synthese stammt von Erik Olin Wright. Wright hat sein Klassenkonzept selbst mehrfach variiert und geändert. Diese Selbstkorrekturen und ihre Implikationen können hier nicht annähernd nachgezeichnet werden,[53] es muss bei einer Ideenskizze bleiben. Marx mit Weber versöhnend, hat Erik Olin Wright der ökonomischen Ausbeutung die Ausübung bürokratischer Kontrollmacht als ein Verbindungsprinzip hinzugefügt, das erklären soll, wie herrschende und beherrschte Klassen sich aufeinander beziehen.[54] Herrschende Klassen zeichnen sich demnach nicht allein durch ihre Verfügung über Privateigentum an Produktionsmitteln, sondern auch durch ein hohes Maß an Kontrollmacht aus. Die Mittelklassen sind hybriden Klassenlagen zuzurechnen, die weder Ausbeutern noch

---

51 Dahrendorf, Ralf (1957): Soziale Klassen und Klassenkonflikt in der industriellen Gesellschaft. Stuttgart: Ferdinand Enke, S. IX.
52 Siehe dazu auch: Thien, Hans-Günter (2018): Die verlorene Klasse. ArbeiterInnen in Deutschland. 2. Aufl. Münster: Westfälisches Dampfboot; sowie verschiedene Beiträge in: Thien, Hans-Günther (2020) (Hg.): Klassen im Postfordismus. Münster: Westfälisches Dampfboot.
53 Siehe dazu: Wright, Erik O. (2015): Understanding Class. London: Verso.
54 Wright, Erik O. (1985a): Wo liegt die Mitte der Mittelklasse? In: PROKLA – Zeitschrift für kritische Sozialwissenschaft 15(58)/1985, S. 35-62. Mit Hilfe von Kontrollmacht lassen sich beispielsweise Machtasymmetrien in hierarchischen Organisationen und staatssozialistischen Gesellschaften analysieren.

Ausgebeuteten zugerechnet werden können; hinzu kommen Lagen mit Gruppen, die in einer Hinsicht ausgebeutet werden, in anderer Hinsicht aber selbst ausbeuten:

> „Die 'alte Mittelklasse' setzt sich aus Elementen zusammen, die keiner Seite zugeordnet werden können; die 'neue Mittelklasse' besteht aus Klassenelementen, die gleichzeitig Ausbeuter und Ausgebeutete sind. In beiden Fällen liegt die 'Mitte' der Mittelklasse in der Exponiertheit ihrer Klassenlage innerhalb der Ausbeutungsverhältnisse begründet [...]. Innerhalb der kapitalistischen Auseinandersetzungen stellen diese 'neuen' Mittelklassen widersprüchliche Klassenlagen, oder genauer, widersprüchliche Klassenlagen innerhalb der Ausbeutungsverhältnisse dar."[55]

Mithilfe dieses Ansatzes wird nachvollziehbar, weshalb die Arbeiterklasse im entwickelten Kapitalismus mit hierarchischen Großunternehmen und nach dem Laufbahnprinzip strukturierten Staatsbürokratien schrumpft, während neben einer „relative surplus population" vor allem „experts" und „proper managers" zunehmen:[56] Die empirische Prüfung seines ausbeutungszentrierten Ansatzes erlaubt es Wright aber auch, alte und neue Mittelklassenfraktionen deutlich enger zu fassen, als dies in der auf die soziale Mitte fixierten deutschsprachigen Klassendiskussion der Fall ist. Wrights Klassenmodelle sind zu Anfang der Nullerjahre für Deutschland und EU-Europa durchgerechnet worden. Zwecks empirischer Anwendung wurde das ursprüngliche Kontrollmodell wieder vom später entwickelten Ausbeutungsmodell getrennt. Das Macht-/Kontrollmodell basiert auf Beziehungen im Produktionsbereich (Eigentum/Nicht-Eigentum; Management/Nicht-Management; hohe Jobautonomie/niedrige Jobautonomie). Die Arbeitsprozessperspektive findet sich auch in Wrights späterem Ausbeutungsmodell, das auf den Kategorien Eigentum versus Nicht-Eigentum; Management versus Nicht-Management; Fähigkeiten/Expertise versus geringe Fähigkeiten basiert.

Anhand der Daten des European Social Survey (ESS) 2002/03 gelangt man zu Arbeiterklassen, denen je nach Modell 62 oder 46 Prozent der Erwerbstätigen zugerechnet werden können (Schaubild 2).[57] Schon diese Zahlen verändern den

---

55 Ebd., S. 47.
56 Wright, Erik O. (1997): Class counts. Comparative studies in class analysis. Cambridge: University Press, S. 532.
57 Leiulfsrud et al. interpretieren Wright in spezifischer Weise. Nach ihrer Auffassung enthält ESS-2002/3 die meisten Schlüsselvariablen, die zur Berechnung von Wrights Klassenmodellen erforderlich sind. Selbständige sind in beiden Modellen von Wright bezeichnet als Kapitalist*innen (10+ Angestellte), kleine Kapitalist*innen (1-9 Angestellte) und Kleinbürger (keine Angestellten). Die Angestellten sind geschichtet nach Hierarchie und Fähigkeit/Autonomie. Wright legt seinen analytischen Schwerpunkt auf das, was Menschen unabhängig von formalen Titeln bei der Arbeit tun. Arbeiter*innen sind in Wrights Macht-/Kontrollmodel Arbeitskräfte mit wenig Autonomie, begrenzten Möglichkeiten zur Beeinflussung des Arbeitsprozesses und einem geringen Grad an

SCHAUBILD 2: Arbeiterklassenmodell nach Erik O. Wright für Deutschland auf Basis des ESS 02/03			
Modell 1: Wright-Modell nach Ausbeutung		**Modell 2: Wright-Modell nach Kontrollmacht**	
Un- und angelernte Arbeiter*innen (low skilled workers)	35 %	Un- und angelernte Arbeiter*innen mit geringer Autonomie (low skill/low autonomy)	25 %
Facharbeiter (skilled workers)	27 %	Facharbeiter mit geringer Autonomie (skill, but low autonomy)	21 %
Arbeiterklasse insgesamt	63 %	Arbeiterklasse insgesamt	46 %

Quelle: Leiulfsrud, Håkon / Bison, Ivano / Jensberg, Heidi (2005): Social class in Europe. European Social Survey 2002/3, Trondheim, S. 36. https://www.europeansocialsurvey.org/docs/methodology/ESS1_social_class.pdf

Blickwinkel. Wird anstatt nach beruflichem Status nach der Stellung in der gesellschaftlichen Ausbeutungsordnung oder der Kotrollhierarchie differenziert, macht die Arbeiterklasse noch immer die – im Falle des Ausbeutungsmodells relative – Mehrheit der Gesellschaft aus. Bereits rein zahlenmäßig bedeutet das: Ohne die Arbeiterklasse sind gesellschaftliche Mehrheiten nicht zu erreichen. Würde dieses Wissen, verbunden mit der Aufklärung über die hinter den Größenverhältnissen verborgenen sozialen Mechanismen, zu einem bewusstseinsbildenden Faktor innerhalb der Arbeiterschaft, ließe sich das verbreitete Selbstbild einer Großgruppe im Niedergang deutlich korrigieren. Dies käme freilich einem Mentalitätswechsel gleich, der ohne ambitionierte Unterstützung aus Gewerkschaften und politischer Zivilgesellschaft nicht zu erwarten ist. Analytisch kommt Wrights Ausbeutungsmodell meinen eigenen klassentheoretischen Überlegungen am nächsten.[58] Um in der Gegenwart analytisch gewinnbringend eingesetzt werden zu können, muss es

---

    Kontrollmacht. Im Ausbeutungsmodell wird Autonomie durch Fähigkeiten ersetzt (organisationsbezogene Qualifikation). Gering qualifizierte Arbeiter*innen werden darin, wohl mit Blick auf die angelsächsischen Kapitalismen, als Kern der Arbeiterklasse betrachtet. Facharbeiter haben für Wright einen höheren Marktwert als die reguläre Arbeiterklasse. In Deutschland und Kontinentaleuropa müssen die qualifizierten Arbeiter*innen hingegen zwingend nicht nur als Erweiterung, sondern als eigentlicher Kern der Arbeiterklasse betrachtet werden. Die Manager*innen und Expert*innen gelten auch als die in der sozialen Hierarchie am höchsten stehende Gruppe unter den Lohnabhängigen. Vgl. Leiulfsrud, Håkon/Bison, Ivano/Jensberg, Heidi (2005): Social class in Europe. European Social Survey 2002/3. Trondheim. https://www.europeansocialsurvey.org/docs/methodology/ESS1_social_class.pdf. Zugegriffen: Juni 2020, S. 36.

58 Vgl. dazu: Dörre, Klaus (2019d): Umkämpfte Globalisierung und soziale Klassen. 20 Thesen für eine demokratische Klassenpolitik. In: Rosa-Luxemburg-Stiftung (Hg.), Demobilisierte Klassengesellschaft und Potentiale verbindender Klassenpolitik. Beiträge zur Klassenanalyse (2). Manuskripte. Neue Folge 23, S. 11-56.

jedoch um die klassenkonstitutive Funktion des Wohlfahrtsstaates und die Verfügung über das Sozialeigentum beherrschter Klassen erweitert und im Kontext des sozialökologischen Gesellschaftskonflikts verortet werden.[59]

7. Aufklärung statt Beleidigung

Soziale Lagen, auch Klassenlagen, sagen für sich genommen noch wenig über die politische Ausrichtung von Produktions- und Industriearbeitern aus. Wie sich der Problemrohstoff, der aus sozialen Klassenpositionen hervorgeht, in politisches Bewusstsein und Handeln übersetzt, ist bis zu einem gewissen Grad noch immer eine offene Frage. Sicher ist, dass es für eine Beantwortung nicht ausreicht, das Alltagsbewusstsein von Lohnabhängigen zu analysieren. Die Radikalisierung der rechten deep story ist nur zu erklären, wenn das Handeln von politischen Akteuren und Gewerkschaften, wenn gesellschaftliche Macht- und Kräfteverhältnisse sowie deren Synthese in klassenübergreifenden sozialen Blöcken in die Analyse einbezogen werden. Dass sich die politische Polarisierung in der Bundesrepublik in der jüngeren Vergangenheit bevorzugt zwischen Grünen und radikaler Rechter abgespielt hat, erklärt sich nicht allein, ja nicht einmal in erster Linie, aus der Wirkung eines neuen *cleavage*,[60] einer kulturellen Spaltung, die den alten industriellen Klassenkonflikt überformt.[61] Sie verdankt sich auch und vor allem einer systematischen De-Thematisierung von Klassen und Klassenpolitik im politischen System. Unter den Bedingungen einer ökonomisch-ökologischen Zangenkrise wird, so die zentrale These des Schlussbeitrags, aus dem alten industriellen Klassenkonflikt unwiderruflich ein sozialökologischer Transformationskonflikt. Soziale und ökologische Nachhaltigkeitsziele sind der Maßstab, an dem sich jegliche Politik, auch die Politik von und für Arbeiterklassen, messen lassen muss. Die Marginalisierung von Industrie- und Produktionsarbeitern im öffentlichen Raum trägt dazu bei, dass sich die soziale und die ökologische Konfliktachse gegeneinander verselbständigen können. Wechselseitige Blockaden forcieren die Tendenz zu einer bonapartistischen Demokratie, in welcher sich eine

---

59 Überlegungen dazu werden in Kapitel VI anhand einer Klassenheuristik vorgestellt, die „Arbeiterklasse" im Plural buchstabiert.

60 In der Analyse von *cleavages* werden Ursprünge und Strategien politischer Bewegungen und Parteien anhand der Adressierung von bestimmten gesellschaftlichen Konfliktlinien in den Blick genommen.

61 Diese These findet sich in: de Wilde, Pieter/Koopmans, Ruud/Strijbis, Oliver/Merkel, Wolfgang/Zürn, Michael (Hg.) (2020): The Struggle Over Borders. Cosmopolitanism and Communitarianism. Cambridge: University Press.

rückwärtsgewandte radikale Rechte erfolgreich als Kraft bewahrender Veränderung zu präsentieren vermag.

Ohne den im Buch versammelten Texten vorgreifen zu wollen, sei angedeutet, was sich aus mehr als drei Jahrzehnten Forschung im gewerkschaftsnahen Arbeitermilieu als Gegenstrategie aufdrängt. Trotz der Wirkmächtigkeit der rechten Tiefengeschichte darf nicht übersehen werden: Die große Mehrzahl der Industrie- und Produktionsarbeiter wählt demokratisch, in EU-Europa sogar überwiegend links. Die Grundtendenz ist jedoch besorgniserregend, denn die Zustimmung zu den Linksparteien sinkt seit Jahren, während die Sympathie für die radikale Rechte steigt.[62] Nicht minder gravierend ist die Tendenz zur Wahlenthaltung, die sich in der Arbeiterschaft seit vielen Jahren bemerkbar macht. Dennoch gibt es keinen unaufhaltsamen Aufstieg von Rechtspopulismus und neuem Faschismus. Das Problem ist in Teilen ein hausgemachtes, was Gewerkschaften und Mitte-Links-Parteien zu verantworten haben. Nicht zu viel „einfacher Interessengegensatz" verstellt heute den Blick für die großen gesellschaftlichen Konfliktlinien, eher ist das Gegenteil der Fall. Längst hat die gewerkschaftliche Bildungsarbeit sich an einem „weiten Interessengegensatz" orientiert, der Rassismus, Sexismus und ökologische Zerstörung gemeinsam mit der Klassenachse thematisiert. Die Hauptschwierigkeit liegt eher darin begründet, dass es einer derart ausgerichteten politischen Bildung an Zeitbudgets, Personal und materiellen Ressourcen fehlt. Deshalb kann sie viele gar nicht erreichen, die für ihre aufklärerischen Absichten durchaus aufgeschlossen wären.

Noch weitaus gravierender ist jedoch, dass Interessengegensätze zwischen Kapital und Arbeit im gewerkschaftlichen und vor allem im politischen Alltag noch immer weitgehend unsichtbar bleiben. Diesem Problem, der mangelhaften politischen Verdichtung sozialer Auseinandersetzungen und den daraus resultierenden Ohnmachtserfahrungen, ist nicht leicht beizukommen. Zwei mögliche Fehlschlüsse liegen jedoch auf der Hand. Der eine besteht darin, die Problematik radikal rechter Orientierungen in den eigenen Reihen mittels Totschweigens oder politischer Anpassung an die rechte deep story bewältigen zu wollen. Für das Scheitern solcher Anpassungsstrategien gibt es, etwa mit der zögerlichen Gewerkschaftspolitik gegenüber den Nazis am Ende der Weimarer Republik, zahlreiche historische Beispiele. Anpassung und Wegschauen bedeutet in der Regel, dass im Verborgenen wächst, was öffentlich nicht beachtet wird. Die rechte Tiefengeschichte, die im Westen Deutschlands noch vor der Vereinigung entstanden ist, um sich sodann allmählich auszubreiten und zu radikalisieren, ist auch ein Resultat von Wegschauen und politischer Verharmlosung nicht zuletzt in den gewerkschaftlichen Führungsgruppen.

---

62 Vgl.: Jacobin Deutschland (2020): Jenseits der Sozialdemokratie. 1/2020, S. 89. Siehe auch die Euro-Barometer-Daten.

Umgekehrt gilt aber auch, dass noch nichts damit gewonnen ist, wenn Arbeiter*innen und Gewerkschaftsmitglieder, die im Alltagsrassismus befangen sind, lediglich als Rassisten gebrandmarkt werden. Herabsetzung beginnt mit einer Beleidigung, schreibt Didier Eribon in seinen „Betrachtungen zur Schwulenfrage". „Die Beleidigung", so heißt es weiter,

> „ist nicht nur eine deskriptive Bezeichnung. Sie begnügt sich nicht nur damit, mir zu verkünden, was ich bin. Wer mich als 'dreckige Schwuchtel' (oder; 'dreckiger Neger' oder 'dreckiger Jude') oder einfach nur als 'Schwuchtel' (oder 'Neger' oder 'Jude') traktiert, versucht nicht, mir Informationen über mich mitzuteilen. Wer mir das Schimpfwort an den Kopf wirft, gibt mir zu verstehen, dass er mich in der Hand hat, dass in seiner Gewalt bin."[63]

Damit trifft Eribon zweifellos den Nagel auf den Kopf. Das Problem ist nur, dass es junge Erwachsene wie der eingangs zitierte Jugendvertreter ebenfalls als Beleidigung empfinden, wenn sie als Rassisten attackiert werden. Selbstverständlich ist es kein Zufall, wenn die zitierten Gewerkschaftsaktiven ihren Protest ausgerechnet mit Hilfe der radikalen Rechten ausdrücken wollen. Auch liegen ihre Schwierigkeiten auf einer anderen Ebene als die Probleme all jener, die sich strukturellem Rassismus, Sexismus oder Antisemitismus ausgesetzt sehen. Dennoch bleibt als Faktum, dass der bloße Vorwurf, Rassist zu sein, bei denen, die ihn aushalten müssen, selbst dann auf taube Ohren stößt, wenn er berechtigt ist. Er führt zum Kommunikationsabbruch und bewirkt in der Konsequenz eher Verhärtung und Radikalisierung als Irritation und Selbstkritik. Deshalb trifft auch für Deutschland zu, was Arlie Hochschild auf die Frage, ob es zu viele Menschen gebe, die die Anliegen der Tea-Party-Anhänger und Trump-Wähler lediglich als sexistisch, rassistisch oder einfach nur als falsch abtäten, mit großer Bestimmtheit geantwortet hat:

> „Es ist schlichtweg falsch, die Hälfte der Bevölkerung abzuschreiben, und das dann auch noch als großen, progressiven Akt zu verkaufen. Empathie ist unentbehrlich, wenn man andere Lebensweisen verstehen und echte Missstände beheben will. Ich bin der Meinung, dass die 'Progressiven' in diesem Land viel zu wenig Empathie gezeigt haben. Dabei sollte das ihre Priorität sein. Es ist sehr kontraproduktiv, Menschen, deren Meinung man nicht teilt, einfach als Rassisten, Trottel oder Rednecks abzustempeln. Genau diese Beleidigungen, diese Arroganz, haben die Menschen, die ich in Louisiana kennen lernte, zur Weißglut getrieben."[64]

In der Arbeiterschaft der Bundesrepublik, keineswegs nur in Sachsen oder Thüringen, sondern auch im Ruhrgebiet, im Saarland oder am Rande der Schwäbischen Alb,

---

63 Eribon, Didier (2019): Betrachtungen zur Schwulenfrage. Berlin: Suhrkamp, S. 26.
64 Hochschild, Arlie (2017a): „Linke müssen erkennen, dass sie sich selbst ins Abseits gestellt haben". In: Ruhrbarone vom 12.12.2017. https://www.ruhrbarone.de/linke-muessen-erkennen-dass-sie-sich-selbst-ins-abseits-gestellt-haben/149955. Zugegriffen: März 2018.

findet sich ein ähnlicher Menschenschlag. Wer ihn erreichen will, ist gut beraten, den wahren, aber sogleich wieder verzerrten Kern aus rechten Orientierungen herauszufiltern, um ihn in wirkungsvolle Gegenpolitik zu übersetzen. Ein Klassenbegriff, der sich, was schon Marx wusste, keineswegs auf sozioökonomische Interessen beschränken darf, sondern sozialmoralisch und politisch aussagekräftig sein muss, könnte hierfür hilfreich sein. Anders als die Verabsolutierung kultureller Identitäten, setzt ein verbindendes Klassenverständnis auf das Gemeinsame, das die ausgebeuteten und der Disziplinierung ausgesetzten Lohnabhängigen trotz kultureller Vielfalt und sozialer Fragmentierung noch immer verbindet. Den durch weiße Polizisten gewaltsam herbeigeführten Tod von George Floyd sowie die anschließenden Massenproteste in den USA vor Augen, hat der ehemalige Black-Panther-Aktivist und Hochschullehrer Jamal Joseph klar formuliert, was das Verbindende von Klassenpolitik ausmacht:

> „Ich muss da an meinen ersten Tag als Black-Panther-Rekrut denken: ich kam zu ihrem Büro und erwartete, dass sie mir ein Gewehr aushändigen würden, um notfalls einen Weißen zu erschießen. Sie aber drückten mir einen Stapel Bücher in die Hand. Von Malcolm X bis Frantz Fanon. Und dann erklärten sie mir, dass es nicht um Hautfarben ginge, sondern um den gemeinsamen Klassenkampf. Also um die Ungleichverteilung von Besitz und Macht. Und dass die kapitalistische Maschinerie von der Uneinigkeit der Ausgebeuteten profitiert."[65]

Besser lässt sich nicht ausdrücken, worin das Verbindende von Klassensolidarität besteht. Im alltäglichen Klassenkampf geht es zumeist weniger martialisch zu. Dennoch ist es dieser von Jamal Joseph zitierte Geist, aus dem heraus die nachfolgend dokumentierten Texte geschrieben worden sind. Ich widme sie all denen, die in der politischen und gewerkschaftlichen Bildung tagtäglich daran arbeiten, dass dieser Geist nicht gänzlich verloren geht.

---

65 Joseph, Jamal (2020): Es ist dieselbe Maschinerie. Interview in der Süddeutschen Zeitung vom 04.06.2020. https://www.sueddeutsche.de/kultur/proteste-usa-blackout-tuesday-1.4925557?reduced=true. Zugegriffen: Juni 2020.

I. Nachwendezeit: Sehnsucht nach der alten Republik

Angesichts der Verwerfungen, die eine sich internationalisierende Ökonomie verursacht, neigen Teile der Lohnabhängigen in den industriellen Metropolen dazu, Staatsgrenzen als Wohlstandsgrenzen zu reklamieren. Während der Internationalismus in die Management-Etagen transnationaler Unternehmen abzuwandern scheint, entsteht gleichzeitig die soziale Basis eines neuen Rechtsextremismus, dessen Einfluss weit in die gewerkschaftlich organisierte Arbeiterschaft hineinreicht. Die Gewerkschaften reagieren auf dieses Phänomen bislang eher hilflos und defensiv – eine problematische Entwicklung, die am Fundament der Arbeitnehmerorganisationen rüttelt.

1. Der Programmatik zum Trotz: Teile der Mitgliedschaft auf dem Weg nach rechts?

Geht man von Programmatik und offizieller Politik des DGB aus, scheint die Sache klar. Gewerkschaften sind ihrem Selbstverständnis nach erklärte Gegner rechtsextremistischer Tendenzen und Organisationen. Die enge Verzahnung von Antifaschismus und gewerkschaftlicher Identität erklärt sich aus historischer Perspektive. Durch die Erfahrungen am Ende der Weimarer Republik geprägt, stand während der unmittelbaren Nachkriegszeit eine antifaschistische Orientierung im Zentrum gewerkschaftlicher Neuordnungsvorstellungen. Anvisiert wurden Strukturreformen, deren Ziel eine irreversible Entmachtung profaschistischer Eliten in Wirtschaft und Staatsbürokratie war. Jedem Versuch einer – wie immer modifizierten – Wiederbelebung des Nationalsozialismus sollte die legale Grundlage entzogen werden. Sich in der Ära des kalten Krieges zum Anti-Extremismus oder Anti-Totalitarismus wandelnd, blieben wichtige Elemente dieses historisch gewachsenen Selbstverständnisses doch bis in die Gegenwart hinein erhalten. In der Zeit von Notstandsgesetzgebung, APO, Studentenrebellion, neuer Ostpolitik und spektakulärem Wahlerfolg der NPD spielte der Rückgriff auf den Antifaschismus eine wichtige Rolle bei der damals einsetzenden Repolitisierung gewerkschaftlicher Aktivitäten. Und auch für die Gegenwart ist guter Wille in der Auseinandersetzung mit Rechts nicht zu bezweifeln. Wo immer sich Engagement gegen rechtsextreme Organisationen regt, gehören gewerkschaftliche Gruppierungen meist zu den aktiven Trägern.

Vor diesem Hintergrund muss die Feststellung, eine „strukturell angelegte Politik der Gewerkschaften gegen den Rechtsextremismus" finde „nicht statt",[1] provozierend klingen. Schon ein Blick auf das Wahlverhalten genügt jedoch, um den Realitätsgehalt der These zu illustrieren. Treffen neuere Befunde der Wahlforschung zu, so sind ausgerechnet Arbeiter, Angehörige jener Großgruppe, die noch immer das organisatorische Rückgrat vieler Einzelgewerkschaften bildet, für die „Anrufungen" der extremen Rechten überdurchschnittlich aufgeschlossen. Bei den jüngsten Hamburger Senatswahlen stimmten 7,6 Prozent der Wähler und Wählerinnen für „Republikaner" und DVU. Beide Parteien erreichten unter „den Arbeitern und Arbeiterinnen einen doppelt so hohen Anteil wie in der Gesamtbevölkerung – unter den Männern sogar 17%". Die Gewerkschaftsmitgliedschaft erwies sich lediglich als „niedrige Hürde" für eine Pro-Rechts-Wahlentscheidung.[2] Damit fand ein Trend Bestätigung, der sich bereits bei früheren Wahlen angedeutet hatte. In Baden-Württemberg votierte im Zuge der Landtagswahlen nahezu jeder vierte gewerkschaftlich organisierte Arbeiter für die „Republikaner"; als besonders „anfällig" erwiesen sich 18- bis 24-jährige Männer mit Arbeiterstatus.[3] Und auch im Rahmen der hessischen Kommunalwahlen konnten die Rechtsaußenparteien Wahlerfolge vor allem in städtischen Wahlbezirken mit überdurchschnittlichem Arbeiteranteil erzielen.[4] Obwohl die rechten Organisationen längst keine Ein-Punkt-Bewegungen mehr sind, gelang ihnen die Mobilisierung vor allem über das Thema Migration/Asyl.

---

[1] Heitmeyer, Wilhelm (1993): Gesellschaftliche Desintegrationsprozesse als Ursachen fremdenfeindlicher Gewalt und politischer Paralysierung. In: Aus Politik und Zeitgeschichte 2-3/1993, S. 3-13, S. 7.

[2] Jung, Matthias/Roth, Dieter (1993): Reichlich Ohrfeigen. In: Die Zeit vom 24.11.1993. https://www.zeit.de/1993/39/reichlich-ohrfeigen. Zugegriffen: Juni 2020.
Anfällig waren sowohl Facharbeiter (eher für die sich bieder gebenden „Republikaner") als auch angelernte Arbeiter (eher für die in ihrer Tonlage schrillere DVU), vorzugsweise männlichen Geschlechts. Freilich wäre die Aussagekraft solcher Daten einer gesonderten Überprüfung zu unterziehen. Die Wahlforschung bündelt Trends zu Wählertypisierungen. Dabei kann leicht übersehen werden, dass rechtsextreme oder rechtspopulistische Organisationen in der Regel unterschiedliche soziale Schichten und Gruppierungen ansprechen, also eine „interklassistische" Rekrutierungsleistung vollbringen. Anfällig sind eben nicht nur Arbeiter männlichen Geschlechts, sondern auch Frauen, Selbständige, Angestellte usw. Dies ändert aber nichts an dem Befund, dass sich Offenheit für rechtsextreme Orientierungen – zum Teil sogar überdurchschnittlich ausgeprägt – auch im gewerkschaftlich organisierten Kern der Industriearbeiterschaft finden lässt.

[3] Ueltzhöffer, Jörg (1993): Wir sollten in Zukunft von Menschenfeindlichkeit reden. In: Frankfurter Rundschau vom 16.03.1993.

[4] Landesamt, zitiert nach Arenz, Horst/Peter, Horst (1993): Anpassung oder Alternative – die SPD auf dem Weg zu „Petersberg II"? In: SPW. Zeitschrift für sozialistische Politik und Wirtschaft 72/1993, S. 53-58, S. 53.

Hohe Anteile junger Facharbeiter finden sich nicht allein in der Wählerschaft rechtsextremer Parteien. Die Auswertung von aktenkundig gewordenen Biographien rassistisch motivierter Gewalttäter zeichnet ein soziales Profil mit einer Überrepräsentanz junger Arbeiter.[5] Neuere Untersuchungen zum Verhältnis von Sozialmilieus und Politikstilen belegen ebenfalls einen engen Zusammenhang zwischen Sympathien für rechtsextreme Parteien und spezifischen Arbeitergruppen.[6] Rechtsextremismus, so die Schlussfolgerung, besitzt eine Arbeiterbasis. Und Sympathien für rechten Populismus finden sich auch und gerade im gewerkschaftlich organisierten Kern der Industriearbeiterschaft.

Nun sind rechtsextreme Orientierungen bei Arbeitern an sich kein historisches Novum. An der Wählerschaft der NSDAP gemessen, zeichnet sich jedoch eine gravierende Verschiebung in der sozialen Basis des Rechtsextremismus ab. Der noch während der Weimarer Republik zu beobachtende Mittelschichtenüberhang scheint nun – sofern sich die skizzierten Trends verstetigen – von einer Arbeiterdominanz abgelöst zu werden. Die geringe Immunität gewerkschaftlich organisierter Arbeiter signalisiert mehr als eine in Massenorganisationen übliche Diskrepanz zwischen Programmatik und „gelebten" Orientierungen. Eigener Unzufriedenheit durch die Wahl einer rechtspopulistischen Organisation Ausdruck zu verleihen ist ein Verhalten, welches am tradierten Selbstverständnis der Gewerkschaftsbewegung rüttelt. Um so erstaunlicher mutet an, dass diese Problematik in der gewerkschaftlichen Binnenwelt entweder gar nicht oder allenfalls verschämt diskutiert wird. Angesichts der Vielzahl unbewältigter Herausforderungen erscheint der offensive Umgang mit rechtspopulistischen Tendenzen in den eigenen Reihen vielen wohl als zusätzliche Belastung von Mitgliederloyalität. Stattdessen neigt man zu verschiedenen Formen der Selbstentlastung.

---

5 Willems, Helmut/Wirtz, Stefanie/Eckert, Roland (1993): Fremdenfeindliche Gewalt: Eine Analyse von Täterstrukturen und Eskalationsprozessen. Forschungsbericht. Bonn.

6 Vester, Michael (1993): Das Janusgesicht sozialer Modernisierung. Sozialstrukturwandel und soziale Desintegration in Ost- und Westdeutschland. In: Aus Politik und Zeitgeschichte 26-27/1993, S. 3-19, S. 18. Vester u.a. orten in ihrer repräsentativ angelegten Untersuchung zum sozialstrukturellen Wandel zwei Politiktypen, die überdurchschnittliche Sympathien für SPD und Republikaner aufweisen. Das Sozialprofil beider Politikstil-Varianten wird durch Arbeiter und einfache Angestellte bestimmt, von denen viele gewerkschaftlich organisiert sind (ebd.). Die Gruppen mit Arbeiterhabitus machen innerhalb des Samples 22 Prozent aus (1992): Zur Ethnisierung sozialer Konflikte in betrieblichen Arbeitermilieus siehe auch v. Freyberg, Thomas (1992): Anmerkungen zur aktuellen Welle von Fremdenhass. In: Institut für Sozialforschung (Hg.), Aspekte der Fremdenfeindlichkeit. Frankfurt a. Main: Campus, S. 71-89.

2. Reaktionen: Tabuisierung, Entwichtigung, symbolische Politik

Eine gängige Variante ist die Tabuisierung rechtsextremer Orientierungen in der Mitgliedschaft. Zwar weiß man um das Problem, vermeidet aber aus Furcht vor Niederlagen eine offensive Thematisierung in betrieblichen und gewerkschaftlichen Zusammenhängen. Ähnlich wirkt argumentative „Entwichtigung". Damit sind gewerkschaftliche Gegenstrategien gemeint, die sich auf den leicht identifizierbaren „rechten Rand" oder gar auf die militante Rechte konzentrieren und den Rechtsextremismus ausschließlich als äußeres Phänomen behandeln, so dass stille Sympathien innerhalb der eigenen Organisation aus dem Blick geraten. Fatal daran ist, dass solche Ansätze implizit bereits eine bewusste Ablehnung der extremen Rechten voraussetzen – eine Haltung, wie sie allenfalls in gewerkschaftlichen Aktivgruppen existiert. Erreicht werden auf diese Weise wohl nur solche Teile der Mitgliedschaft, die ohnehin gegenüber rechtsextremen „Anrufungen" immun sind. Gleiches gilt für die symbolische Politik der Ausschlußverfahren gegen organisierte Rechtsextremisten. Zwar kann Gewerkschaften nicht das Recht abgesprochen werden, sich um der eigenen Glaubwürdigkeit willen von im Sinne der Organisationsziele „feindlich" agierenden Mitgliedern zu trennen. Was aber nützen exemplarische Sanktionen gegen einzelne, wenn gleichzeitig in relevanten Teilen der Gewerkschaftsbasis die Sympathie für rechtspopulistische Formationen wächst?

Selbstentlastungsstrategien können freilich nicht verhindern, dass das Verdrängte auf Umwegen gewerkschaftspolitische Diskussionslinien zu bestimmen beginnt. So sprach sich der Gewerkschaftstag der IG Metall mehrheitlich für den uneingeschränkten Erhalt des Grundrechts auf Asyl aus. Wenig später belegte eine in der Presse ausgetragene Kontroverse,[7] wie brüchig der soeben fixierte Konsens bereits während der Beschlussfassung war. Mitarbeiter aus der Grundsatzabteilung der Metallgewerkschaft kritisierten die Mehrheitsposition als „linken Fundamentalismus", der die „Unmutsäußerungen aus der eigenen Bevölkerung" und die „real existierende Einwanderung" bagatellisiere. Ein mentaler Immobilismus der Linken, so die Autoren, schaffe erst das Terrain für eine Rechte, die erfolgreich mit der Metapher des „vollen Boots" operieren könne.[8] In einer Replik bescheinigten andere

---

7   Zur Debatte siehe: Linke leisten Rechten Vorschub. In: Frankfurter Rundschau vom 07.11.1992; Schabedoth, Hans-Joachim/Schröder, Wolfgang (1992): Nichts ist so lähmend wie überholte Orientierungen. Wider einen linken Fundamentalismus in der Asyl- und Blauhelmdebatte. In: Frankfurter Rundschau vom 07.11.1992; Lang, Klaus/Schauer, Helmut (1992): Modernisierung als Fetisch, abseits von Moralität. In: Frankfurter Rundschau vom 13.11.1992 sowie die nachfolgenden Artikel und Leserzuschriften.

8   Schabedoth, Hans-Joachim/Schröder, Wolfgang (1992): Nichts ist so lähmend wie überholte Orientierungen. Wider einen linken Fundamentalismus in der Asyl- und Blauhelmdebatte. In: Frankfurter Rundschau vom 07.11.1992.

Mitarbeiter der Frankfurter Zentrale den Kritikern einen „zum Fetisch" geronnenen Modernisierungsbegriff „abseits von Moralität und Rationalität". Es sei „purer Realismus", wenn man sich nicht der Illusion hingeben wolle, dem „Unheil" globaler Migrationsbewegungen könne man „durch Verbarrikadierung des westeuropäischen Wohlstandsgürtels entgehen".[9]

Ähnliche Frontstellungen finden sich auch in der direkten Auseinandersetzung mit dem Thema Rechtsextremismus. Vehementen Attacken gegen „linke Denkblockaden", die bei der Kontroverse um die Streitschrift Wolfgang Kowalskys[10] deutlich wurden, steht nicht weniger heftige Kritik an Anpassungstendenzen und der Aufgabe elementarer gewerkschaftlicher Prinzipien gegenüber. Monieren die einen die Wirkungslosigkeit eines tradierten Antifaschismus, welcher aufgrund naiver historischer Parallelisierung leicht die spezifischen Ursachen des heutigen Rechtsextremismus verkenne, wenden sich die anderen gegen ein schleichendes Arrangement mit rechtspopulistischen Tendenzen und klagen die aktive Umsetzung der „Beschlusslage" ein. In der Logik des einen Zuordnungsmusters sind es „politikunfähige Traditionalisten", die Teile der Gewerkschaftsbasis in die Arme der organisierten Rechten treiben. Die spiegelverkehrte Position hingegen sieht das Hauptproblem eher in auf stille Anpassung hinauslaufenden „Illusionen" intellektueller Funktionäre, die dem Irrtum anhängen, man „müsse die Rechte nur übertreffen, um die Rechte auszuschalten".[11]

---

9 Lang, Klaus/Schauer, Helmut (1992): Modernisierung als Fetisch, abseits von Moralität. In: Frankfurter Rundschau vom 13.11.1992. Schabedoth/Schröder etwa arbeiten implizit mit einem idealisierten zivilgesellschaftlichen Volksbegriff. Rechtstendenzen geraten in dieser Optik zu einer Art Protest gegen linke „Problemlösungsunfähigkeit". Die Gründe für den „Unmut der Bevölkerung" werden schon nicht mehr hinterfragt, sie sprechen nach Auffassung der Autoren offenbar für sich selbst. Lang/Schauer hingegen beziehen sich auf ein transnational definiertes Subjekt; aber auch an ihrer ansonsten differenzierten Argumentation fällt auf, dass sie die Kluft zwischen programmatischen gewerkschaftlichen Prinzipien einerseits und dem Alltagsbewusstsein von Teilen der eigenen Mitgliedschaft unerwähnt lassen.

10 Kowalsky, Wolfgang (1992): Rechtsaußen und die verfehlten Strategien der deutschen Linken. Frankfurt a. Main: Ullstein. Auf die Kontroverse um Kowalskys Streitschrift, welche erst durch die Einstellung des Autors in die Grundsatzabteilung der IG Metall zum innergewerkschaftlichen Politikum wurde, kann hier nicht eingegangen werden. Fundierte Kritiken formuliert z.B. Elfferding, Wieland (1992): Das Unheimliche in der gegenwärtigen Kritik am linken Antifaschismus. In: Widerspruch 24/1992, S. 179-184. Siehe auch die Kritik von Claussen, Detlev (1992): If you can't beat them, join them? In: Frankfurter Rundschau vom 19.09.1992.

11 Preiss, Hans (1993): Vorwärts und vergessen! Die Gewerkschaften 60 Jahre nach ihrer Liquidierung durch die Nazis. In: Z. Zeitschrift für marxistische Erneuerung, 15/1993, S. 8-22, S. 18. Ein symbolträchtiger Bezugspunkt dieser Kritik ist das Interview, welches Antifaschismus-Kritiker Kowalsky dem Zentralorgan der „neuen Rechten", der Jungen Freiheit, gewährte. Auf die Gefahren einer Strategie, die der extremen Rechten die

Beispielhaft werden hier implizite Diskursregeln sichtbar, die den Verlauf der innergewerkschaftlichen Kontroversen bestimmen. Gerade die Konservierung einer tradierten antifaschistischen Identität schafft Raum für eine Kritik, die nach dem Muster des Tabubruchs operiert, ohne Nennenswertes zur Neubestimmung gewerkschaftlicher Politik beizutragen. Solche Tabubrüche lösen dann verteidigende Reaktionen aus – eine Konstellation, die es um Differenzierung bemühten Argumentationen schwer macht, überhaupt Gehör zu finden.

3. Mitgliederbewusstsein: Vom Verteilungskampf zur Verteidigung der „Wohlstandsinsel"?

Die Tendenz, den Rechtsextremismus als eine Art Virus, eine von außen kommende Krankheit zu betrachten, verstellt den Blick dafür, dass sich im Alltagsbewusstsein, in den „spontanen Jedermannsphilosophien",[12] selbst aktiver Gewerkschaftsmitglieder fließende Übergänge zu autoritär-rechten Orientierungen finden lassen. Diese These soll anhand von Ergebnissen einer auf biographischen Fallstudien basierenden, empirischen Untersuchung illustriert werden. Ursprünglich an den Motiven Jugendlicher für betrieblich-gewerkschaftliches Engagement interessiert, ergab sich ein überraschender Befund: Zumeist im Anschluss an gewerkschaftliche Bildungsveranstaltungen befragt, äußerte ein Teil der Interviewpartner unverhohlene Sympathie für die Ausländerpolitik der extremen Rechten. Die betreffenden Jugendlichen waren keineswegs passive Gewerkschaftsmitglieder mit gering entwickelten Bindungen an die Organisation. Zumeist handelte es sich um Jugendvertreter und/oder um Mitglieder gewerkschaftlicher Gremien und Arbeitskreise. Das Sample umfasst folglich eine Positivauswahl Jugendlicher; es repräsentiert den potentiellen gewerkschaftlichen Funktionärsnachwuchs. Und dennoch finden sich auch in dieser Gruppe Tiefenstrukturen des Alltagsbewusstseins, die als Brücke zum organisierten Rechtsextremismus fungieren können.[13]

Chance gewährt, sich als gleichberechtigter Diskurspartner zu präsentieren, haben jüngst französische Intellektuelle wie P. Bourdieu aufmerksam gemacht. Vgl. dazu: „Aufruf zur Wachsamkeit": Initiative französischer Intellektueller gegen die Legitimierung der extremen Rechten. dokumentiert in: Blätter für deutsche und internationale Politik 10/1993, S. 1286-1288.

12 Gramsci, Antonio (1967): Philosophie der Praxis. Eine Auswahl. Hg. u. übers. von Riechers, Christian. Frankfurt a. Main: Fischer, S. 129.

13 Dörre, Klaus (1992): Vom Klassenindividuum zum Aktivbürger? 2 Bde. Dissertation. Marburg. Die Arbeit umfasst 40 biographische Fallstudien, die mittels halbstrukturierter Interviews aufgespürt wurden. Für rechtsextreme Orientierungen offene Formen des Alltagsbewusstseins wurden zufällig erhoben. Sie fanden sich in unterschiedlicher

3.1 Das Ressentiment

Viele der Jugendlichen schildern Alltagskonflikte mit Migranten. Dabei werden Einstellungen erkennbar, die sich angemessen wohl als Ressentiment bezeichnen lassen. Wie sich solche Vorurteile verfestigen, lässt sich exemplarisch der Schilderung eines aktiven IG Metall-Mitglieds entnehmen. Der Jugendvertreter Ulli beschreibt seinen Stadtteil als Quartier mit relativ intakten Nachbarschaftsbeziehungen. Es sei „eigentlich 'ne normale Gegend", „da wohnen keine sehr reichen Leute oder irgendwie Sozialhilfeempfänger". Allerdings gebe es seit einiger Zeit in der Nachbarschaft eine Unterkunft für tamilische Asylbewerber. Natürlich, so versichert der junge Mann, habe er persönlich nichts gegen „Ausländer", um dann hinzuzufügen:

> „[...] was mir nur aufgefallen is'. Am Anfang, als die hierhin gekommen sind, sind die immer total viel mit 'm Fahrrad unterwegs gewesen. Erst zu Fuß, dann mit 'm Fahrrad, da standen immer 50, 60 Fahrräder vor dem Haus. Dann hat man schon mal 'n Mofa gesehen, 'n Moped gesehen vereinzelt, dann mal 'n Motorrad und jetzt in letzter Zeit 'n Escort, 'n Scirocco. Also irgendwie von den Fahrrädern sind die zum Auto gekommen, und ich weiß nicht wie, weil, soviel wie ich gehört hab', kriegen die auch keine finanzielle Unterstützung direkt, sondern so Lebensmittelkarten, wo sie direkt einkaufen können, weil die wohl verhindern wollen, dass die sich für Geld Alkohol kaufen oder so. Hab' ich mal gehört, ich weiß nicht, ob das stimmt."

In dieser Schilderung schwingt ein Vorwurf mit. „Die Tamilen" könnten, so die Mutmaßung, auf unlauteren Wegen, zumindest aber ohne adäquate Leistung zu ihrem momentanen Wohlstand gelangt sein. Natürlich weiß der Interviewpartner das nicht genau. Er hat persönlich keinerlei Kontakt zu den Asylbewerbern. Vielmehr verlässt er sich aufs Hörensagen. Auch will der junge Gewerkschafter „den Tamilen" ihren Lebensstandard nicht streitig machen. Aber, so fügt er hinzu, das, was der Staat „den Asylbewerbern oder den Leuten aus Polen gewährt, das sollen 'se auch uns gewähren." Seine Loyalität gegenüber dem Staat bindet der Interviewpartner an ein bestimmtes Verständnis von Verteilungsgerechtigkeit. Dieses Verständnis klagt er gegenüber „den Unternehmern" ein. Auf Gerechtigkeit pocht er aber auch angesichts vermeintlicher Privilegien von „Asylanten", „Polen" und anderen Empfängern von Sozialleistungen. Die „Dunkelhaarigen" in der Nachbarschaft, „Eindringlinge" in eine ansonsten „normale Gegend", drängen sich zur Projektion von verletztem

---

Ausprägung bei einer relevanten Minderheit der Befragten. Die betreffende Teilgruppe setzt sich ausschließlich aus jungen Männern zusammen, was nicht heißt, dass sich Mädchen und Frauen gegenüber solchen Orientierungen prinzipiell als „resistent" erweisen (vgl. Birsl, Ursula (1992): Frauen und Rechtsextremismus. In: Aus Politik und Zeitgeschichte 3-4/1992, S. 22-30.). Befragt wurden ausschließlich Jugendliche aus der alten Bundesrepublik. Es ist wahrscheinlich, dass viele Interpretationen auf die Arbeiter und Gewerkschaftsmitglieder aus der Ex-DDR so nicht zutreffen. Das gilt z.B. für die subjektive Entwertung des Arbeiterstatus.

Gerechtigkeitsempfinden förmlich auf. Es geht dem Interviewpartner gar nicht primär darum, dass es sich um Fremde mit unbekannten kulturellen Gewohnheiten handelt. Vielmehr wird die Fremdheit so konstruiert, dass sie ein Missverhältnis von Ansprüchen und Leistungen thematisiert:

> „Da fühl ich mich benachteiligt. Ich bin nicht neidisch auf die […], ja, doch, man könnte sagen, 'n bisschen neidisch. Ich sag' nich', die [Asylbewerber] sollen das jetzt nicht kriegen, aber doch bitte schön wir auch […] Wenn ich jetzt mal denke, die Menschen, die aus Polen kommen […], die kriegen zinslose Kredite und haben dementsprechend hier auch 'n einigermaßen gutes Auto, auch vielleicht 'ne Eigentumswohnung sofort, […] diese zinslosen oder zinsgünstigeren Kredite sollen sie dann auch für uns einrichten, nicht nur für die. Ich find ja schön, dass die das kriegen, aber wir auch, ne, wir auch!"

Vor dem Hintergrund des empfundenen Missverhältnisses genügt das Gerücht eines unrechtmäßig erworbenen Wohlstands, um z.B. „die Tamilen" als am nationalen Wohlstand zehrende Gruppe zu konstruieren. Natürlich seien nicht „die Ausländer" an fehlenden Wohnungen und Arbeitsplätzen schuld, schränkt Ulli ein. Es sei ja die Regierung, die ihnen alles gewähre. Und dass sich jeder nimmt, was er bekommen kann, dafür hat der junge Mann volles Verständnis.

3.2 Binäre Logik – Bipolares Denken

Jugendliche wie Ulli formulieren Ressentiments, von denen niemand völlig frei ist. Auffällig ist eine damit verknüpfte Problemverschiebung. Für Ulli wie auch für ähnlich argumentierende Jugendliche gilt, dass sie gar keine Veranlassung sehen, „Ausländer" als unmittelbare Konkurrenten um Wohnungen oder Arbeitsplätze zu betrachten. Die Ursachen für verletztes Gerechtigkeitsempfinden tauchen häufig erst in Interviewpassagen auf, in denen von „Ausländern" oder „Asylanten" gar nicht die Rede ist. Missachtungserfahrungen und Interessenverletzungen werden umdefiniert; das geschieht mittels einer binären, nach einem einfachen „Wir-Die-Schema" funktionierenden Argumentationslogik. Für Ulli verkörpern „die Tamilen" im Viertel die soziale Unterschicht. Aufmerksam beobachtet der Jungarbeiter den sozialen Aufstieg „der Asylanten", den Weg vom Fahrrad zum Auto. Die genannten Autotypen symbolisieren Mittelklasse; sie deuten die Einebnung sozialer Unterschiede zwischen den deutschen Bewohnern des Viertels und „den Tamilen" an. Eben dies löst bei Ulli die Frage nach der Rechtmäßigkeit des erworbenen Besitzes aus. Der im Auto verkörperte Distinktionsgewinn erscheint gefährdet. Ulli fragt nach den Leistungen, die „den Tamilen" einen solchen Aufstieg ermöglicht haben. Aus dieser Sichtweise heraus arbeitet er mit der Konstruktion von *in-group* und *out-group*. Zur ingroup gehört die deutsche Bevölkerung des Viertels, die in Ullis Augen einen legitimen Anspruch auf Wohlstand besitzt. Ihr stellt der Interviewpartner die out-group „der Tamilen" gegenüber, deren Anspruchsberechtigung er zumindest indirekt bezweifelt.

Der Jugendvertreter konstruiert also sozial homogene Kollektive. Wenn es um Vergleiche geht, lässt er weder für die in- noch für die out-group Differenzierungen zu. Nun sind solche Denkweisen an sich nicht ungewöhnlich. Jeder Mensch operiert, um handlungsfähig zu bleiben, mit „alltagstheoretischen" Vereinfachungen. Aber in diesem Fall folgt die Reduktion von Komplexität einem problematischen Code. Binäre Logiken und bipolares Denken können fließend in alltagsrassistische Klassifikationen übergehen. Ein unverfängliches Beispiel ist, wenn etwa während eines Disco-Besuchs in einer alltäglichen Redewendung davon gesprochen wird, dass „die Schwarzen" den Rhythmus „im Blut" haben. Durchaus positiv gemeint, werden „die Schwarzen" so als homogene Gruppe gedacht und mit einer „natürlichen" Eigenschaft („im Blut") ausgestattet. Unwillkürlich greift der Klassifizierende dabei auf tradierte Bedeutungssysteme zurück, die einer binären Logik folgen: Mit der Hautfarbe Schwarz assoziiert er Gefühl, Körperbetontheit statt „Verkopfung", unterschwellig wohl auch sexuelle Ausstrahlungskraft. In der Umkehrung lautet die Bedeutungsverknüpfung: weiß, kopflastig, rational und insgeheim sexuell unterlegen.[14] Natürlich besitzt ein solches Denkmuster nichts Dämonisches. Problematisch wird es allerdings dann, wenn es soziale Ungleichheit naturalisiert, indem es der jeweiligen out-group Negativeigenschaften zuschreibt, die automatisch eine Aufwertung der in-group und damit der eigenen Person bedeuten.

3.3 Die rassistische Klassifikation

Damit ist bereits eine Ausformung des Alltagsbewusstseins angesprochen, die als „rassistische Klassifikation" bezeichnet werden kann. Keiner der befragten Jugendlichen ist „Ausländerfeind". Jeder kennt die „guten Ausnahmen" oder verweist auf persönliche Freunde oder Freundinnen unter Ausländern. Dies vorausgeschickt, plädiert man dann um so nachdrücklicher für einen Stopp des Zuzugs von Ausländern. Auch hier ein Beispiel: Manni, ebenfalls IG Metall-Mitglied und Jugendvertreter, begründet, weshalb er kein „Schönhuber-Fan" ist:

> „Der sagt: 'Ausländer raus, Deutschland den Deutschen!' Ich bin der Meinung, weil ich hab' türkische Freunde, Griechen, Italiener, Spanier, Vietnamesen auch, der Schönhuber ist mir in dieser Hinsicht zu radikal. Ich bin zwar der Meinung, die, die hier sind, okay. Aber Asylanten, wo sich vielleicht mal zwei Bürgergruppen grad bekämpfen, dass die hierherkommen: 'Jaa, wir brauchen Asyl!' Da bin ich der Meinung, sollen sich auch andere Länder mal 'drum kümmern. Kommen ja alle nach Deutschland. Und wir sollen sie dann durchfüttern. Da haben wir eine schöne Jugendherberge in H., da sind jetzt die Asylanten drin. Ich bin mal mit meinem Bruder da vorbeigefahren. Die hausen da wie die Hottentotten [...] ich bin der Meinung, Deutschland soll schon etwas den Deutschen

---

14 Dazu: Hall, Stuart (1989a): Rassismus als ideologischer Diskurs. In: Das Argument 178/1989, S. 913-922.

bleiben. Nicht, dass wir auf einmal so 'n koreanischen Präsidenten oder so was haben. Wenn die Wahlberechtigung bekommen, dann stellen die auch eigene Kandidaten auf. Und wenn dann noch mehr kommen, dann gehen auch denen ihre Prozente hoch."

Ursprünglich als Abgrenzung von Schönhuber angelegt, „kippt" Mannis Argumentation, sobald sie die Migrations- und Asylproblematik berührt. Interessant ist das Klassifikationsgerüst. Manni geht es nicht um „die Ausländer"; seine Argumentation ist flexibler. Betrachtet man die Zuordnungskriterien zu in-group und out-group, stößt man auf Begriffspaare wie „vertraut – fremd", „integrierbar – nicht anpassungsfähig", „produktiv – unproduktiv", „leistungsbereit – parasitär", „nützlich – unnütz". Anhand solcher Kriterien werden die Ausländer verschiedenen Gruppen zugeordnet. Zur out-group gehören die unproduktiven, nicht anpassungsfähigen und daher unnützen Fremden. Zu ihnen zählt Manni bevorzugt Asylbewerber, die z.B. wegen kriegerischer Auseinandersetzungen in ihrer Heimat „ungerufen" in die Bundesrepublik kommen. Bei seiner spontanen Auswahl kommt der junge Gewerkschafter völlig ohne Rassenbegriff aus. Er differenziert vielmehr nach Mentalitäten und Kulturen. Manni auf die Frage, was für ihn so wichtig daran ist, „deutsch" zu sein:

> „Das ist schwer zu sagen, weil ich bin ja auch der Meinung, dass einer, der in einem anderen Land geboren ist, z.B. in Kamerun, dem's da nicht gefällt und der dann herkommt und sagt: 'Hier machen wir das jetzt so und so.' So, wie's ihm gefällt. Das geht nicht. Überall ist auch die Mentalität anders. Zum Beispiel: Ich ess gern Schweinefleisch. Wenn jetzt ein Iraker herkommt und sagt: 'Hier, kein Schweinefleisch mehr!' Den würd ich aber in den Hintern treten [...]."

„Mentalität" besitzt für Manni eine Doppelbedeutung. Einmal meint er mit dem Begriff vertraute Lebensformen und Alltagsgewohnheiten; zugleich assoziiert er – wie diffus auch immer – einen besonderen, den „westlichen" Kulturkreis. Es ist bevorzugt die östlich-islamische oder afrikanische Welt, die der junge Mann als Bedrohung der eigenen, „westlichen" Kultur empfindet. Die fremden „Mentalitäten" stattet der Interviewpartner mit einer Vielzahl abwertender Bedeutungen aus, Bedeutungen, die als charakteristische Eigenschaften der jeweiligen Kulturen erscheinen. So konstruiert, haftet der Zugehörigkeit zu einem anderen Kulturkreis immer schon etwas Negatives an. Dabei will der junge Arbeiter niemanden missionieren. Im Gegenteil: Jeder soll „seine" Kultur leben können, aber eben nicht in Deutschland!

Bei alldem geht es Manni freilich gar nicht so sehr um fremde Lebensweisen. Wie z.B. die Asylbewerber in der örtlichen Jugendherberge leben, weiß der Interviewpartner gar nicht genau. Alltagsrassismus ist, auch in diesem Fall, „Wissen im vorhinein".[15] Gerade die Unkenntnis des anderen macht es als Projektionsfläche für eigene Ängste geeignet. Entscheidend für Manni ist, dass es sich bei den Asylbewerbern um unge-

---

15 Balibar, Étienne/Wallerstein, Immanuel (1990): Rasse, Klasse, Nation. Ambivalente Identitäten. Hamburg: Argument.

betene Gäste handelt, die „wir durchfüttern" müssen. Zwecks Abwehr von in seinen Augen ungerechtfertigten Ansprüchen konstruiert der Interviewpartner kulturelle und mentale Differenzen, passt sie in ein bipolares, gleichwohl äußerst variables Klassifikationssystem ein und erklärt sie für absolut. Als Anspruchsberechtigung oder -verweigerung für Wohlstand erhält das Ressentiment politisches Gewicht. Das Vorurteil verwandelt sich in ein Bedeutungssystem, das auf eine „Naturalisierung" sozialer Ungleichheit hinausläuft.

3.4 Deutschland als „Wohlstandsinsel"

Wie aber passt alltäglicher Rassismus mit dem Denken und Handeln aktiver Gewerkschafter zusammen? Hubert, ebenfalls in der IG Metall organisiert und als Jugendvertreter aktiv, ist von der Notwendigkeit gewerkschaftlicher Gegenmacht überzeugt. Das nicht zuletzt, weil in seinem Leben „alles 'ne Geldsach'" ist. Für den jungen Mann gilt als unumstößliches Lebensprinzip, dass jeder versucht, für sich „das Beste rauszuholen". Hubert selbst handelt nach dieser Devise. Weil er weiß, dass „die Unternehmer" dem gleichen Prinzip huldigen, hält der junge Mann Gewerkschaften für nützlich. Wenn es um Verteilungskämpfe geht, kann der Interviewpartner einer kämpferischen Gewerkschaftspolitik etwas abgewinnen: Er würde bei einer Urabstimmung „immer mit ja" stimmen, was, so fügt er hinzu, allerdings nicht unbedingt bedeute, dass er persönlich an einem Streik teilnehme. Da müsse er vorher überlegen, ob sich die Sache für ihn lohne, erläutert Hubert. Immerhin: Der Jugendvertreter hat die Vorstellung gegensätzlicher Interessen von Lohnarbeit und Kapital durchaus verinnerlicht. Das hinderte ihn jedoch nicht daran, bei den zurückliegenden Europawahlen die Republikaner zu wählen. Hauptmotiv war für den jungen Gewerkschafter das „Ausländerproblem": „Sagen wir mal, das ist so ein Problem mit die Ausländer, die wir da ham. Und da, muss i sagen, hat eigentlich der [Schönhuber] zwar net das Richtige, aber der kimmt da meiner Meinung nach am nächsten dran [...]." Natürlich will auch Hubert kein Ausländerfeind sein; aber er möchte den Zuzug von Migranten stoppen. Insofern unterscheidet er zwischen genehmen und nicht genehmen Ausländern:

> „[...] die, die da jetzt san, mit den Familien und dem ganzen Zeug, das geht alles in Ordnung. Da hoab i nix mehr dagegen. Weil, ich kann's nicht erst holen und dann aussi werfen. Was ich allerdings schlecht find', dass da a jeder sagen kann, bei mir is' Krieg zufällig. Oder i mag da net mitspielen [...], die ganze Asylantengarde da. Da muss i sagen, da hört's irgendwo auf, ne. I seh' nit ei', dass i da Hotels zahl' [...]. Denn wir haben ja selber Leute bei uns, denen es dreckig geht, und dann kriegen wir halt noch mehr, und das haut nit so ganz hi', in meine Augen."

Das Deutungsmuster „Interessengegensatz" gilt für den Interviewpartner nur, solange der Verteilungskampf im Inneren der Nation thematisiert wird. Es wird jedoch

„entwichtigt", sobald es aus der Sicht des Jugendlichen um den „Wohlstand der Deutschen" geht. Junge Gewerkschaftsmitglieder wie Hubert konstruieren ihren Staat als „Wohlstandsinsel", an deren Reichtum sie auch in einer subalternen Position partizipieren. Aus der Perspektive des Einwohners der „Wohlstandsinsel" wird aus dem Verteilungskampf zwischen „oben" und „unten" ein Kampf zwischen Nationen und Kulturen. Dies nicht in einem expansiven Sinne, sondern eher aus einer defensiven, bewahrenden Grundhaltung heraus. Dabei ist auffällig, dass keiner der Interviewpartner unter dem Druck einer unmittelbaren persönlichen Krisensituation argumentiert. Vielmehr geht es ihnen um die Verteidigung ihres Lebensstandards, den sie von „außen", durch „importierte Probleme" gefährdet sehen.

> *Hubert*: „Dass i praktisch persönlich keinen Arbeitsplatz krieg', das find' i net. Aber [...] Wohnungen sind bei uns knapp, wie überall. Und das is' auch a Geldfrage. Es gibt so viele Sachen, was wir eigentlich steuerlich finanzieren müssen, und dann, dann kümmt das [die Einwanderung] a noch dazu [...]."
> *Interviewer*: „Also du glaubst, dass du da mit zuzahlen musst, wenn immer mehr kommen?"
> *Hubert*: „Ja, die Befürchtung hab' i."

Angesichts knapper werdender Spielräume im Inneren der Wohlstandsinsel fürchten die jungen Arbeiter, eigene Ansprüche zugunsten „unproduktiver" Einwanderer zurückschrauben zu müssen. Ein sich daraus speisendes Ungerechtigkeitsgefühl motiviert zum Appell an die „nationale Solidarität". Mitglieder der in-group, die Deutschen, sollen Vorrang haben, wenn es um die Bewältigung sozialer Probleme geht. Dabei wird das Deutsch-Sein ganz im Sinne des Nationen-Begriffs der Französischen Revolution definiert. „Deutsch" ist jeder, der die Staatsbürgerschaft besitzt, argumentiert Hubert. Der junge Mann greift mit dieser Definition zunächst nicht auf ethnische Gemeinsamkeiten oder gar auf „Blutsbande" zurück. Vielmehr benutzt er das Nationale als Chiffre für das Soziale. Verknüpft wird beides in der Vorstellung eines Versorgungsstaates, dessen Leistungsfähigkeit gegenüber fremden Ansprüchen verteidigt werden soll. Ein Mittel ist, das „Staatsvolk" und damit die Gemeinschaft der Anspruchsberechtigten möglichst eng zu definieren. Aus dieser Denkhaltung heraus wird ein an Nützlichkeitskriterien zurückgebundener Alltagsrassismus subjektiv funktional, legitimiert er doch die Zurückweisung „parasitärer" Versorgungswünsche durch Stigmatisierung und Ausgrenzung „fremder Kulturen".

3.5 Identitärer Zwiespalt

Im Deutungsmuster „Wohlstandsinsel" werden Staats- zu Wohlfahrtsgrenzen. Deren Verteidiger berufen sich in ihrer Argumentation auf hegemoniale Werte wie Leistung und Produktivität. Aber das Einklagen einer darauf gegründeten Rationalität vollzieht sich nicht bruchlos. Vielmehr findet sich bei den für rechtsextreme Anrufungen offenen Gewerkschaftern ein bis in die Selbstdefinitionen hineinreichender Zwiespalt zwischen Modernität und Tradition. Viele der betreffenden jungen Arbeiter hofieren die Symbolwelt individualisierter Lebensstile. Nach ihren Stilpräferenzen befragt, weisen einige von ihnen nicht ohne Genugtuung darauf hin, dass man sie im Bekanntenkreis als „Yuppies" bezeichne. Natürlich verfügt keiner der Interviewpartner über jene Ressourcen, die es erlauben würden, diesen Stil tatsächlich zu leben. „Yuppie" steht den Jugendlichen für ein „bisschen Luxus", „zwei Autos" oder für „teure Klamotten". Es handelt sich eher um den symbolischen Anschluss an eine andere soziale Schicht, um Signale für biographische Wunschziele, nicht um ein realisierbares Lebenskonzept. Aber diese Wertschätzung eines individualisierenden Modernitätsideals steht in merkwürdigem Kontrast zur immer wieder anklingenden Sehnsucht nach der Bewahrung von Vertrautem. Die gleichen Jugendlichen, die es als Auszeichnung empfinden, wenn man sie als Yuppies tituliert, bevorzugen konventionelle Familienformen und legen größten Wert auf die Zugehörigkeit zu stabilen Gemeinschaften. Häufig wohnen sie noch im Elternhaus und bewegen sich bevorzugt in sozialen Verkehrskreisen, deren Bindekraft durch moderne Individualisierungsschübe in Frage gestellt wird.

Die daraus für die individuellen Lebenskonzepte erwachsende Spannung paart sich mit einer harschen Ablehnung „antiproduktivistischer" Bewegungen. Grüne und Feministinnen stoßen bei der porträtierten Gruppe junger Gewerkschafter auf Ablehnung oder werden gar als Feinde betrachtet. Das ist allerdings kein Indiz für geringe Sensibilität gegenüber neuen Konfliktlinien. Jugendliche wie Hubert können gar einer parlamentarischen Präsenz der Grünen Partei etwas abgewinnen, würden allerdings selbst niemals grün wählen. In den Augen der jungen Arbeiter beanspruchen alternative Gruppen eine „höhere Moral". Solche moralischen Postulate werden von den Jugendlichen als Angriff auf das eigene Lebenskonzept empfunden. Für Hubert z.B. ist Autofahren nicht irgendetwas, es ist, wie er sagt, „mein Leben". Das Auto steht nicht nur in seinem Fall symbolisch für ein konsumorientiertes Muster der Lebensführung. Dieses Muster ist zu einem elementaren Bestandteil sozialer Identität geworden. Für Hubert stiftet das Autofahren Sinn, es lässt ihn die Widrigkeiten des Berufsalltags in Kauf nehmen und zeitweilig vergessen. Dementsprechend ist das wichtigste Zukunftsziel des jungen Mannes „ein BMW". Die Moralität der grünen „Anti-Auto-Partei", deren politisches Programm Hubert ebensowenig kennt wie das der „Republikaner", erscheint dem Interviewpartner als Schlag gegen das, was seinem Leben Sinn verleiht. Folgerichtig begegnet er diesem Angriff mit Geschichten und Ressentiments, die den moralischen Anspruch der Grünen in Frage stellen sollen. Ähnlich verhält es sich mit „den Feministinnen":

> „Eingefleischte Feministinnen, die muss i allweil verachten. Weil, die verachten uns ja auch [...] wie hier im Seminar, da rutscht dir was raus, und du meinst, das wär 'n Spaß, und die drehen dir das Wort im Mund rum. Das find' i net so gut. Aber i hab' da nix

> dagegen [gegen Gleichberechtigung]. I hab' mi a emanzipiert. I kann a kochen und waschen. Aber mei Frau, die braucht nit arbeiten gehen. Zumindest tat i's nit gern sehen. Weil, die gehört heim zu die Kinder, muss i sagen. Weil, was is' sonst mit die Kinder. Da muss man die allweil zur Oma geben oder in so aTagesstätte [...]. Das sind ja nicht deine Kinder [...]."

Das Motiv für Verachtung entspringt der Befürchtung, selbst verachtet zu werden. Die „Feministinnen" erscheinen dem jungen Mann kulturell überlegen. Es gelingt ihnen z.B. im Gewerkschaftsseminar, „Späße" in ihr Gegenteil zu verkehren. Vor allem aber attackieren sie eine Familienform, die Hubert für die einzig anstrebenswerte hält. Dabei hat der junge Arbeiter nichts gegen Emanzipation, wie er an der freiwilligen Übernahme von Haushaltstätigkeiten illustrieren will. Berufsarbeit assoziiert der Gesprächspartner jedoch mit hoher Belastung; eine solche Tätigkeit ist für ihn alles andere als ein Privileg. Auch deshalb möchte er seine zukünftige Frau von einem solchen Zwang befreien. „Die Feministinnen" verkehren diese gute Absicht jedoch ins Gegenteil und favorisieren einen Lebensentwurf, der nach Huberts Ansicht unweigerlich auf eine Entfremdung von den eigenen Kindern und auf eine Zerstörung intimer Sozialbeziehungen hinausläuft.

3.6 Imaginäre Systemopposition

Die auf Bewahrung ausgerichteten Argumentationen der befragten Gewerkschafter reklamieren also ein auf Leistung, Produktivität und Tradition gegründetes Wertsystem, dessen Verbindlichkeit aber – so jedenfalls die Wahrnehmung – durch die politischen Institutionen nicht mehr gewährleistet wird. Hier liegt die Ursache für ein spezifisches Protestverhalten, das „die Etablierten" im Namen einer wiederherzustellenden Ordnung und Rationalität attackiert. Einer der Jugendlichen zur Begründung seines Votums für die „Republikaner":

> „Das war praktisch so, da hab' i mal geschaut, wie's reagieren, die Leut'. Weil i gesag hab' [...] im Europaparlament können sie eh null ausrichten, können sie noch soviel Prozente ham [...]. Und da ham mer mal geschaut, was mer da zusammenbringen. Das ham eigentlich mehrere gemacht, die i kenn'. Weil die gesagt ham, das andere stinkt uns a recht. Und da ham mer's dann gewählt."

Die Wahlentscheidung war also ein Protestakt. Es handelt sich freilich um einen Protest, der sich in gesellschaftlich akzeptierten Bahnen bewegte. Das gilt auch dann, wenn er die Gestalt einer – freilich imaginären – Systemopposition annimmt. Der Jugendvertreter Manni z.B. beschreibt seine Haltung wie folgt:

> „Man könnte mich etwa so einschätzen, dass ich leicht rechts, leicht links orientiert bin. Das weiß man bei mir nicht so genau. Ich bin z.B. dafür, dass das Justizsystem [geändert wird]. Ich bin für die Wiedereinführung der Todesstrafe [...] auch Drogenhändler, grad' an die nächste Wand [...]."

Schlüsselbegriff im Sprachspiel ist das Wort „System". Mit System assoziiert der Jungarbeiter zunächst den Staat und seine Machtinstanzen. Da er sich in vielerlei Hinsicht ohnmächtig und benachteiligt fühlt, sieht der Interviewpartner genügend Grund, gegen „das System" zu protestieren. Allerdings ist Manni auch sicher, in der besten aller möglichen Gesellschaften zu leben. Diesen Widerspruch löst der Gewerkschafter auf, indem er seinen Unmut mit einem Ordnungsprinzip verbindet. Seine Kritik am Justizsystem mündet in ein Plädoyer für härteres Durchgreifen und rigorose Bestrafung. Der Protest gegen staatliche Machtinstanzen verwandelt sich so in den Ruf nach einer autoritären Ordnung. Mannis Opposition bleibt imaginär, weil sie im Grunde lediglich eine höhere Effizienz des Machtapparates einklagt. Dieser Doppelcharakter alltäglicher „Systemkritik" eignet sich vorzüglich als Nährboden eines rechten Populismus, der gesellschaftliche Konfliktthemen besetzt, um sie für eine autoritäre Politikvariante zu vereinnahmen.

3.7 Die Gewaltoption

Eine Systemopposition, die imaginär bleibt, kann vom Protest gegen „oben" leicht in Attacken gegen „anders", „fremd" oder „abweichend" umschlagen. Schon deshalb ist solchen Denkmustern ein gewalttätiger Zug immanent. Gewalt meint in diesem Kontext nicht in erster Linie Gesetzesbrüche wie Brandanschläge auf Asylbewerberheime. Keiner der betreffenden Gewerkschafter hegt offene Sympathien für entsprechend agierende Gewalttäter. Andere, subtilere Formen von Gewaltanwendung werden jedoch billigend in Kauf genommen. Auffällig ist die Emotionslosigkeit, mit der einige Interviewpartner Ursachen von Migration wie Krieg und politische Unterdrückung abqualifizieren. Ähnliches gilt für die Befürwortung von staatlich legitimierter Gewalt auch und gerade dann, wenn das eine Einschränkung liberaler Praxen und Freiheitsspielräume bedeutet. Hinzu kommt noch etwas anderes. Gewalt, auch physische Gewalt gehört zu den prägenden Alltagserfahrungen vieler Interviewpartner. Gewalttätigkeit wird vielfach als funktional und problemlösend erlebt. Der Jugendvertreter Manni berichtet stolz, dass er seine Körperkräfte einzusetzen wisse, wenn es darum gehe, Streit zwischen türkischen und deutschen Freunden zu schlichten. Wenn die komplizierten Beziehungen zwischen beiden Freundeskreisen nicht mehr anders zu regulieren sind, hilft nur noch das „Dreinschlagen". Gewalt fungiert so als radikaler Problemvereinfacher. Sie ermöglicht Jugendlichen wie Manni eine prekäre Subjekterfahrung. Schon die Verfügung über eine außergewöhnliche Stärke verhilft dem jungen Mann zu Anerkennung bei den Freunden. Er ist nicht bloßes Objekt von Attacken, sondern Schlichter; einer, auf den es ankommt. Diese Erfahrung vermittelt Selbstvertrauen, und sie verhilft Manni zum Wissen um seine Sonderstellung innerhalb der Gruppenbeziehungen. Die Erfahrung der Effizienz von Gewalt ist somit im alltäglichen Mikrokosmos fest verankert. Werden solche

Wahrnehmungen durch Massenmedien verstärkt und vom Zurückweichen politischer Institutionen indirekt bestätigt, sind die Schleusen für eine Radikalisierung und Verselbständigung derartiger Gewaltpotentiale geöffnet.

3.8 Positiver Rassismus

Innerhalb des Samples sind die Träger eines für rechtsextreme Anrufungen offenen Alltagsbewusstseins in der Minderheit. Die große Mehrzahl der befragten Gewerkschafter setzt sich überaus kritisch mit alltagsrassistischen Klassifikationen auseinander. Problematisch daran ist jedoch, wenn solche Haltungen auf eine bloße Umkehrung der kritisierten Praxen hinauslaufen. Was das bedeutet, lässt sich am Beispiel einer Jugendvertreterin zeigen, die in einer Lehrwerkstatt der Bundesbahn eine Schlosserinnen-Ausbildung absolviert. Inga verkörpert den Prototyp einer modernen, „bewegungssozialisierten" Gewerkschafterin. Nach dem Abitur wählte sie die Ausbildung, um sich als Frau in einem technisch geprägten Männerberuf zu beweisen. Über den Betrieb hinaus ist die Jugendvertreterin in einer gewerkschaftlichen Frauengruppe aktiv und engagiert sich in einer Antifa-Initiative. Ihre männlichen Kollegen, meist ehemalige Haupt- und Realschüler, beschreibt die Interviewpartnerin als sexistisch, ausländerfeindlich und zu selbstständiger Interessenvertretung unfähig. Der „größte Teil der Leute" lese „Bild"-Zeitung und laufe „so ziemlich auf der REP-Linie". Auch in Ingas Beschreibung taucht, wenn auch versteckt, ein bipolares Denkmuster auf. Das Konstrukt der vorwiegend mit negativen Eigenschaften ausgestatteten Kollegen kontrastiert sie mit dem Gegenbild der „guten Ausländer". Ingas mit moralischem Impetus vorgetragene Ausländerfreundlichkeit wirkt in den Augen der Mitauszubildenden wie eine Überlegenheitsdemonstration. Die junge Frau ist nur auf Zeit im Betrieb, sie verfügt über eine Vielzahl von Optionen und kann sich – so jedenfalls die Wahrnehmung ihres Umfelds – Toleranz leisten. Den als „Überlegenheitsgeste" identifizierten Antirassismus beantworten Ingas männliche Kollegen auf ihre Weise. Zwar wählen sie die junge Frau zur Jugendvertreterin, aber sie lassen keine Gelegenheit aus, um mit zur Schau gestellter Ausländerfeindlichkeit oder sexistischen Sprüchen zu provozieren. Auf eine bipolare Klassifikation antworten sie mit einem Verhalten, das dem „positiven Rassismus" stigmatisierter Gruppen ähnelt.[16]

---

16 Die Bezeichnung „positiver Rassismus" lässt sich hier allerdings nur mit Einschränkungen gebrauchen. Im strengen Sinne meint dieser Begriff Reaktionen von Opfern rassistischer Stigmatisierungen, die auf eine positive Umkehrung rassistischer Klassifikationen hinauslaufen.

4. Sehnsucht nach der alten Republik?

Vieles spricht dafür, dass es sich bei den skizzierten Formen des Alltagsbewusstseins um die Spitze eines Eisbergs handelt. Zwar findet sich bei den befragten Gewerkschaftsmitgliedern kein geschlossenes rechtsextremes Weltbild; das macht die Empfänglichkeit für rechtspopulistische Botschaften aber nicht weniger brisant. Stellvertretend für relevante Teile der Gewerkschaftsmitgliedschaft interpretieren die Jugendlichen offenbar eine neuartige Konstellation, die von einer „historisch beispiellosen Asymmetrie zwischen der internationalen Organisation und Mobilität des Kapitals einerseits sowie der Zerstückelung und Segmentierung der Arbeit andererseits bestimmt" ist.[17] Im Alltagsbewusstsein wird dies in gebrochener Form reflektiert. Die sich in den nationalen Gesellschaften eher als benachteiligt empfindende, sozial und kulturell heterogene Arbeiterschaft der industriellen Metropolen kann sich im globalen Vergleich als privilegierte Minderheit definieren. Angesichts von Migration, ökonomischen Strukturproblemen und einem neuen, mehrdimensionalen Verteilungskonflikt[18] verwandelt sich dieser latent immer vorhandene konservative Grundzug der Arbeiteridentität offenbar in eine nationalisierende, auf neorassistische Ideologeme ansprechende Abwehrhaltung. Trotz oder gerade wegen der Internationalisierung der Wirtschaft und schwindender Regulations- und Steuerungsfähigkeit von Nationalstaaten[19] erhält nationalistisches Denken wieder neue Nahrung. Zumindest bei den jungen Arbeitern handelt es sich dabei freilich nicht primär um eine ethnische Selbstvergewisserung. In einer Welt, die schon wegen der Allgegenwart moderner Massenkommunikationsmittel kaum noch Fremdheitserlebnisse im traditionellen Sinne zulässt, entspringen Definitionen des Nationalen nicht in erster Linie kulturellen Schocks oder anthropologischen Grundkonstanten. Vielmehr wird Eigenes wie Fremdes situativ, willkürlich und temporär konstruiert. Entsprechende Klassifizierungen folgen eher einer Logik der Konkurrenz um Vorteile (Rechte), Ressourcen und Macht als dem „Grad der Irritationen über kulturelle Fremdheiten".[20] Nation und kulturelle Differenz werden repolitisiert und strategisch eingesetzt; sie dienen als ideologische „Bollwerke" gegen Negativfolgen einer internationalisierten Ökonomie.

---

17 Anderson, Perry (1993): Zum Ende der Geschichte. Berlin: Rotbuch, S. 154.
18 Kurz-Scherf, Ingrid (1992): Die Ungleichheit materieller Lebenschancen. In: SPW. Zeitschrift für sozialistische Politik und Wirtschaft 4/1992, S. 32-40, S. 32ff.
19 Hobsbawm, Eric J. (1991): Nationen und Nationalismus. Mythos und Realität seit 1780. Frankfurt a. Main: Campus, S. 208ff.
20 Neckel, Sighard (1993): Kommentar zu Wolfgang Bonß: Das Problem des Anderen in der Risikogesellschaft. Manuskript. Hamburg, S. 5ff. Zitiert nach Beck, Ulrich (1993): Die Erfindung des Politischen. Frankfurt a. Main: Suhrkamp, S. 121ff.

Insofern treffen Kategorien wie Ausländer- oder Fremdenfeindlichkeit nicht den Kern der beschriebenen Bewusstseinsform. Es geht nicht um „die" Ausländer oder um kulturelle Differenzen schlechthin, sondern um Bündnisse der Produktiven gegen vermeintlich „parasitäre" Versorgungsansprüche. Auch die häufig verwendete Bezeichnung „Wohlstandschauvinismus" trifft nur eine Seite dieses Verhaltens; sie zielt auf das Bewahrende, nicht den als depriviligiert empfundenen Arbeiterstatus. Aus der Sicht der jungen Gewerkschafter muss eine solche Klassifikation geradezu beleidigend wirken, abstrahiert sie doch von realen Interessenverletzungen und Missachtungserfahrungen. Der Begriff „Modernisierungsverlierer" kehrt diese Problematik lediglich um, indem er einseitig die Verlustdimension thematisiert. Rechtsextreme Orientierungen lassen sich so zwar als prekäre Reaktionen auf die mit sozialstrukturellen Umbrüchen verbundene dramatische Entwertung des Interessenzusammenhangs von Arbeitern (Oskar Negt) begreifen. Aber die Betonung der Verliererperspektive tendiert dazu, den realistischen Kern außer acht zu lassen, der dem Deutungsmuster „Wohlstandsinsel" innewohnt. Sie unterschätzt die normative Integration der protestierenden Arbeiter, das Maß an Übereinstimmung, das zwischen hegemonialem Wertsystem und den Orientierungen der vermeintlichen „Modernisierungsopfer" besteht.

Zumindest für die befragten Gewerkschafter sind immer beide Perspektiven relevant: Viele Interviewpartner bezeichnen sich als „normale Arbeiter". In dieser sozialen Selbstverortung schwingt jedoch nichts Selbstbewusstes mit. Die Statuszuschreibung soll signalisieren, dass man zur breiten Masse gehört, sich mitunter benachteiligt und zurückgesetzt fühlt. Kaum ein Gesprächspartner, der nicht nach individuellen Wegen sucht, die eine Alternative zum Arbeiterdasein verheißen. Diese Selbstverortung speist aber auch ein Bewusstsein von Interessengegensätzen zwischen „oben und unten", „Arbeitnehmern und Arbeitgebern". Im Kampf um Ressourcen ist man Partei, und das begründet die Motivation für betriebliches und gewerkschaftliches Engagement. Verteilungskämpfe spielen sich aber nicht nur zwischen „oben und unten", sondern auch zwischen „innen" und „außen" ab. Argumentiert man in Relation zu „außen", verschwimmen die Gegensätze innerhalb der Gesellschaft. An die Stelle von Subalternitätsempfindungen tritt das Bewusstsein, zu einer weißen privilegierten Minderheit vorwiegend männlichen Geschlechts zu gehören.[21]

Diese Doppelstruktur der sozialen Identität gewerkschaftlich organisierter Arbeiter bietet Anknüpfungspunkte für ideologische Synthetisierungen durch die „neue Rechte". In manchem wirkt das beschriebene Alltagsbewusstsein wie die populäre Entsprechung zu einem, den wissenschaftlichen Theorietyp nachahmenden, differentiellen Rassismus. Charakteristikum solcher unter Bezeichnungen wie

---

21 Cohen, Phil (1991): Wir hassen Menschen, oder: Antirassismus und Antihumanismus. In: Bielefeld, Ulrich (Hg.), Das Eigene und das Fremde. Hamburg: Junius, S. 311-335.

„Ethnopluralismus" firmierenden Ideensysteme ist, dass sie den belasteten biologischen Rassebegriff durch eine Verabsolutierung kultureller Unterschiede ersetzen. Nationalkulturen werden als quasi-natürliche, homogene Gemeinschaften definiert, die wechselseitige Assimilation oder Integration ausschließen. An die Stelle von „rassischer Reinheit" tritt „kulturelle Identität", Ungleichheit wird durch eine Verherrlichung der kulturellen Differenz ersetzt.[22] Arbeitern, die die „Wohlstandsinsel" erhalten möchten, drängen sich solche Legitimationsschemata regelrecht auf. Bietet die Zugehörigkeit zur „nationalen" oder „westlichen" Kultur doch Abgrenzungskriterien, mit denen sich die ungleiche Verteilung des Wohlstands und enge Definitionen des anspruchsberechtigten Staatsvolkes trefflich begründen lassen.

Diese Entsprechungen zwischen neorassistischen Ideensystemen und Alltagsbewusstsein signalisieren, dass Übergänge zu rechtsextremen Orientierungen nicht einfach spontan entstehen. Die betreffenden Jugendlichen greifen – und sei es zwecks Bewertung eigener Erfahrungen – zumindest indirekt auf intellektuell vorgedachte, gesellschaftlich präsente, über Massenmedien und Freundeskreise „vermasste" Deutungsschemata zurück. Die beschriebenen „alltagstheoretischen" Verknüpfungen sind also nur eine von zahlreichen Möglichkeiten, die Probleme einer metropolitanen Arbeiterexistenz zu deuten. Insofern besitzt die beunruhigende Symbiose von gebrochener Arbeiteridentität und Rassismus nichts Zwangsläufiges.

In diesem Zusammenhang ist noch etwas anderes zu beachten. Bei den für rechtsextreme Botschaften empfänglichen Gewerkschaftern resultiert Unzufriedenheit aus einer subjektiven Diskrepanz zwischen normativer Integration und vielschichtigen Erfahrungen von sozialer Missachtung und Herabsetzung. Die normative Integration bezieht sich auf die Rationalitätsprinzipien jenes „fordistischen Kapitalismus",[23]

---

22 Vgl. z.B. Taguieff, Pierre-André (1991): Die Metamorphosen des Rassismus und die Krise des Antirassismus. In: Bielefeld, Ulrich (Hg.), Das Eigene und das Fremde. Hamburg: Junius, S. 221-268, S. 236, S. 242ff. Rassismus wird hier als mehrdimensionale ideologische Struktur begriffen, die sich mittels Neukombination (bricolage) unterschiedlicher Bedeutungssysteme an veränderte historische Bedingungen anpassen kann. Es gibt also nicht einen Rassismus, sondern verschiedenartige Rassismen. In diesem Kontext interessiert vor allem jener „Rassismus ohne Rassen", wie er von der intellektuellen „neuen Rechten" gepflegt wird (vgl. ebd., S. 236; zur Diskussion siehe auch: Hall, Stuart (1989a): Rassismus als ideologischer Diskurs. In: Das Argument 178/1989, S. 913-922.; Miles, Robert (1991): Rassismus. Einführung in die Geschichte und Theorie eines Begriffs. Hamburg: Argument; Demirović, Alex (1992): Vom Vorurteil zum Neorassismus. Das Objekt „Rassismus" in Ideologiekritik und Ideologietheorie. In: Institut für Sozialforschung (Hg.), Aspekte der Fremdenfeindlichkeit. Frankfurt a. Main: Campus, S. 21-54.).

23 Zum Begriff z.B.: Hirsch, Joachim/Roth, Roland (1986): Das neue Gesicht des Kapitalismus. Vom Fordismus zum Postfordismus. Hamburg: VSA; Mahnkopf, Brigitte (1988): Der gewendete Kapitalismus. Kritische Beiträge zur Theorie der Regulation. Münster: Westfälisches Dampfboot.

der mit standardisierter Massenproduktion, Massenkonsum, nachfrageorientierter Wirtschaftspolitik und sozialstaatlichen Sicherungen die Basis für eine weitreichende „Inkorporation" der Industriearbeiterschaft „in den Staat"[24] schuf. Die darauf bezogenen normativen Integrationsmechanismen wirken nun, in den Persönlichkeitsstrukturen verankert und habitualisiert, über ihre Erzeugungsbedingungen hinaus. Die befragten Gewerkschafter sehen sich nicht in direkter Konkurrenz zu Migranten; aber prägend ist z.B. die Mutmaßung, trotz zumeist höherem Bildungsniveau nicht mehr erreichen zu können, als die Eltern geschafft haben. Das Versprechen des Fordismus, über technische und ökonomische Effizienz eine nahezu automatische Beteiligung am Produktivitätsfortschritt zu garantieren, geht nicht mehr auf. Und gerade deshalb klagen junge Arbeiter die fordistischen Rationalitätsprinzipien des „immer mehr" und „immer sicherer" um so nachhaltiger ein – und sei es in Opposition zu den etablierten politischen Institutionen. In dieser Oppositionshaltung schwingt etwas mit, was man als „Sehnsucht nach der alten Republik" bezeichnen könnte. In einem politischen System, dessen Erneuerungsprogramm während der achtziger Jahre vor allem durch die „nachindustrielle" Konfliktlinie, durch die neuen sozialen Bewegungen und ihre Themen bestimmt wurde, sehen sich die jungen Arbeiter mit ihren Problemen nicht angemessen repräsentiert. Dies ist einer der Gründe, weshalb sie die „Parteien der Gegenmoderne"[25] als Vehikel ihres Protests benutzen.

5. Und die Gewerkschaften?

Offenheit für rechtsextreme Orientierungen bei Gewerkschaftsmitgliedern entsteht als Folge spezifischer Deutungen und Verarbeitungen gesellschaftlicher Konflikte. Insofern wäre es fahrlässig, den Arbeitnehmerorganisationen die Verursachung rechtspopulistischer Tendenzen in den eigenen Reihen vorzuhalten. Die Problematik ist auf einer anderen Ebene angesiedelt. Gewerkschaftsmitgliedschaft, ja selbst gewerkschaftliche Aktivität und Neigungen zur extremen Rechten schließen einander nicht aus. Mangelnde Trennschärfe ist allerdings auch ein Resultat gewerkschaftlicher Praxis. Bis heute sind die Gewerkschaftsorganisationen in ihrer Schwerpunktsetzung, dem Vorrang von einkommensbezogener Tarifpolitik, durch jene fordistische Rationalität geprägt, deren Wiederherstellung ein Teil der eigenen Basis so vehement einklagt. Mit anderen Worten: Die Gewerkschaften haben selbst mit dazu beigetragen, dass in relevanten Mitgliedergruppen die Erwartungen eines kontinuierlich steigenden und ohne größere Kämpfe zu erreichenden materiellen

---

24 Buci-Glucksmann, Christine/Therborn, Göran (1982): Der sozialdemokratische Staat. Die Keynesianisierung der Gesellschaft. Hamburg: VSA, S. 144.
25 Beck, Ulrich (1993): Die Erfindung des Politischen. Frankfurt a. Main: Suhrkamp.

Lebensstandards existiert. Erfolgreich waren sie über lange Zeit mit einer Politik der Forderungen, die auf materiellen Zuwachs und größere Verteilungsgerechtigkeit innerhalb nationalstaatlicher Grenzen zielte.

Mit der Aufgabe eines alternativen Gesellschaftsentwurfs verknüpft, begünstigte die Beteiligung am „fordistischen Kompromiss" ungewollt in breiten Teilen der Mitgliedschaft ein Bewusstsein, das Gewerkschaften als nach individuellen Nutzen-Kosten-Kalkülen zu bewertende „Dienstleistungsunternehmen" betrachtet.[26] Die so entstandene politisch-normative Leerstelle kann nun auf unterschiedliche Weise gefüllt werden. Dies ist – angesichts veränderter ökonomisch-sozialer Rahmenbedingungen – die Chance eines sich „sozialpatriotisch" gebenden Rechtspopulismus, der die „Reaktualisierung industriegesellschaftlicher Konfliktlinien"[27] auf einer sozialdarwinistischen Folie interpretiert. Wie aber könnte eine wirkungsvolle Gewerkschaftsstrategie gegen Rechtsextremismus aussehen? Ohne Handlungsanleitungen liefern zu wollen, lassen sich doch einige für die Neuorientierung gewerkschaftlicher Praxis relevante Diskussionslinien nachzeichnen.

1. Angesichts der neuen Herausforderungen ist die bloße Beschwörung einer tradierten antifaschistischen Identität kein geeignetes Mittel zur Bekämpfung rechtspopulistischer Tendenzen. Dies, zumal die neue Rechte die Rituale einer formellen Distanzierung vom historischen Faschismus zum Teil virtuos beherrscht. Umgekehrt bewirkt die bloße Zerstörung identifikatorischer Restbestände aber nicht viel mehr als einen rascheren Verschleiß der Motivationsbasis gewerkschaftlicher Aktivgruppen. Dies gilt auch dann, wenn Antifaschismus durch einen „sanften Nationalismus" ersetzt wird, um die extreme Rechte mit ihren eigenen Waffen zu schlagen. Das Problem einer solchen Strategie ist, dass es bezogen auf die deutsche Geschichte kaum emotional besetzte Traditionen gibt, die sich dazu nutzen ließen, das imaginäre Kollektiv der Nation progressiv umzudefinieren. Hinzu kommt, dass eine solche Politik unweigerlich hinter den Anforderungen eines internationalisierten Akkumulationstyps zurückbleibt. Der Verlust an nationalstaatlicher Steuerungsfähigkeit ist irreversibel und langfristig nur durch eine neue Kombination transnationaler und regionaler Regulationsformen auszugleichen. Setzt man trotz dieser Enwicklung auf die nationale Karte, wird das zu einem Spiel mit dem Feuer. Das politische Regulationsdefizit würde nicht behoben, die Tendenz zu nationalistischen Reaktionen

---

26 Am Beispiel junger Angestellter: Dörre, Klaus/Baethge, Martin/Grimm, Andrea/Pelull, Wolfgang (1993): Weder „geduldige Lohnarbeiter" noch „individualistische Yuppies". Eine Studie über junge Angestellte und Gewerkschaften im privaten Dienstleistungssektor. Forschungsbericht. Göttingen.

27 Vester, Michael (1993): Das Janusgesicht sozialer Modernisierung. Sozialstrukturwandel und soziale Desintegration in Ost- und Westdeutschland. In: Aus Politik und Zeitgeschichte 26-27/1993, S. 3-19, S. 5.

auf neu entstehende Ungleichheiten aber verstärkt[28] und damit möglicherweise der Weg für rasche Geländegewinne der extremen Rechten geebnet.

2. Weiterführend ist ein verfassungspatriotisch argumentierender Ansatz, der „nationale Identität" an den Universalismus garantierter Bürgerrechte zu binden sucht, ohne diese Rechtsprinzipien ausschließlich auf die Form des Nationalstaates zu beziehen. Gewerkschaftspolitisch entspräche dem der Vorschlag eines „Demokratiepakts", der eine breite Koalition gesellschaftlicher Kräfte anstrebt, um Rechtsextremismus mit der schrittweisen Ausweitung von Bürgerrechten (z.B. kommunales Wahlrecht, doppelte Staatsbürgerschaft, Einwanderungsgesetz) für Einwanderer zu beantworten. Die Glaubwürdigkeit dieses Ansatzes muss sich allerdings daran messen lassen, inwieweit Gewerkschaften Ansprüche auf Beteiligung und Demokratie innerhalb der eigenen Strukturen verwirklichen. In der Realität stehen migrantische Lohnabhängige zwar häufig an der Spitze von Streiks und gewerkschaftlichen Aktionen; in betrieblichen Interessenvertretungen und Gewerkschaftsgremien sind sie jedoch zumeist unterrepräsentiert. Doch auch bei einer weniger zwieschlächtigen Praxis ist zweifelhaft, ob die Ausweitung von Bürgerrechten für sich genommen ausreicht, um die Mitgliedschaft gegenüber rechtsextremen Tendenzen zu immunisieren. Wer Staats- als Wohlstandsgrenzen betrachtet, neigt auch dazu, mit enger werdenden Verteilungsspielräumen eine Limitierung demokratischer Standards zu begründen. Insofern ist es zwar sinnvoll, gegen jeglichen Instrumentalisierungsversuch auf dem Eigenwert demokratischer Verfahren zu beharren.[29] Fraglich ist aber, ob soziale Gruppen, deren Interessenhorizont durch Kämpfe um Ressourcen geprägt wird, sich auf die anvisierte Entkoppelung von demokratischer und sozialer Frage einlassen.

3. In der Auseinandersetzung mit dem Rechtsextremismus wird entscheidend sein, inwieweit es den Gewerkschaften gelingt, eine überzeugende, an Gerechtigkeitsprinzipien orientierte Antwort auf den neuen, mehrdimensionalen Verteilungskonflikt zu finden. Dabei ist zu beachten, dass sich die aktuellen sozialen Konflikte nicht ausschließlich als Ressourcenkämpfe entschlüsseln lassen. Hinter Konkurrenz- und Interessenkonflikten verbirgt sich eine moralische Dimension des Kampfs.[30] Den porträtierten jungen Arbeitern geht es auch um eine adäquate Würdigung ihres persönlichen Beitrags zum gesellschaftlichen Ganzen, um soziale Wertschätzung.

---

28 Vgl. Altvater, Elmar/Mahnkopf, Brigitte (1993): Gewerkschaften vor der europäischen Herausforderung. Tarifpolitik nach Mauer und Maastricht. Münster: Westfälisches Dampfboot, S. 56.

29 Dazu z.B. Rödel, Ulrich/Frankenberg, Günter/Dubiel, Helmut (1989): Die demokratische Frage. Frankfurt a. Main: Suhrkamp; Habermas, Jürgen (1992): Faktizität und Geltung. Beiträge zur Diskurstheorie des Rechts und des demokratischen Rechtsstaats. Frankfurt a. Main: Suhrkamp.

30 Dazu an Bourdieu angelehnt: Schwingel, Markus (1993): Analytik der Kämpfe. Macht und Herrschaft in der Soziologie Bourdieus. Hamburg: Argument.

Gerade die Blockierung des Bedürfnisses nach Anerkennung[31] und die damit verbundenen Missachtungserfahrungen erzeugen Unzufriedenheit, die von der extremen Rechten instrumentalisiert wird. Hier hätte eine gewerkschaftliche Strategie anzusetzen, die klassische Schutzfunktionen durch eine qualitative Arbeitspolitik erweitert und den Sinn der Erwerbsarbeit ins Zentrum ihrer Forderungen rückt. Eine solche Politik müsste auf die vorsichtige Transformation produktivistischer Arbeiteridentitäten zielen, ohne zu verkennen, dass sich Anerkennung gerade in den unteren Einkommensgruppen wesentlich über den Lohn und die Verfügung über materielle Ressourcen vermittelt. Es würde also darum gehen, die absolute Priorität einkommensbezogener Verteilungspolitik durch eine allmähliche Ausweitung der zu bearbeitenden Verteilungsdimensionen (z.B. Verfügung über Zeit, Qualifizierungsmöglichkeiten, Geschlechterverhältnisse, Beteiligung an Entscheidung über das „Wie" und „Wozu" der Produktion) zu ersetzen. Ob der dazu erforderliche Spagat zwischen Lohnabhängigenfraktionen mit divergierenden Präferenzen gelingen kann, ist ungewiss. Sicher ist aber, dass eine bloße Anpassung der Gewerkschaften an verbreitete Dienstleistungsmentalitäten kaum geeignet ist, „instrumentellen Orientierungen"[32] zu begegnen und jenes normativ-politische Vakuum zu füllen, das den Rechtsextremismus auch innerhalb der Organisation zu einer Bedrohung werden lässt.

Eine solche Transformation der Gewerkschaften benötigt – sofern sie überhaupt gelingt – Zeit. Viel gewonnen wäre aber bereits mit einem naheliegenden Schritt: Gewerkschaften müssen sich – in der Bildungsarbeit, aber auch in den Betrieben – Foren der Selbstreflexion schaffen; arbeitsfähige Strukturen, die die Tabuisierung rechtspopulistischer Tendenzen in den eigenen Reihen beenden und interne Diskursregeln verändern. Geschieht das nicht, kann Sympathie für die extreme Rechte weiter im verborgenen gedeihen. Zerstörerische Folgen für die Fundamente gewerkschaftlicher Solidarität sind dann absehbar.

---

31 Zur Begriffsgeschichte der Kategorie vgl. Honneth, Axel (1993): Kampf um Anerkennung. Zur moralischen Grammatik sozialer Konflikte. Frankfurt a. Main: Suhrkamp; zur Normativität sozialer Konflikte bezogen auf Arbeitslose vgl. Kronauer, Martin/Vogel, Berthold/Gerlach, Frank (1993): Im Schatten der Arbeitsgesellschaft. Frankfurt a. Main: Campus; bezogen auf junge Angestellte vgl. Dörre, Klaus/Baethge, Martin/Grimm, Andrea/Pelull, Wolfgang (1993): Weder „geduldige Lohnarbeiter" noch „individualistische Yuppies". Eine Studie über junge Angestellte und Gewerkschaften im privaten Dienstleistungssektor. Forschungsbericht. Göttingen.

32 Heitmeyer, Wilhelm/Buhse, Heike/Liebe-Freund, Joachim/Möller, Kurt/Müller, Joachim/Ritz, Helmut/Siller, Gertrud/Vossen, Johannes (1992): Die Bielefelder Rechtsextremismus-Studie. Weinheim: Juventa.

II. Jahrtausendwende: Kapital global, Arbeit national

Als Marx und Engels im „Manifest der Kommunistischen Partei" hellsichtig den Prozess kapitalistischer Globalisierung antizipierten, wäre es ihnen nicht in den Sinn gekommen, das „Bedauern der Reaktionäre" zu teilen, die sich darüber beklagten, dass den alten Industrien der nationale Boden „unter den Füßen weggezogen" wird. Am Ende des 20. Jahrhunderts ist aus der Erwartung, die „Exploitation des Weltmarktes" bewirke eine „allseitige Abhängigkeit der Nationen voneinander" und zwinge die Bourgeoisie, „die Produktion und Konsumtion aller Länder kosmopolitisch" zu gestalten,[1] eine reale Entwicklung geworden. Die daran geknüpfte Hoffnung auf ein revolutionäres Subjekt, das die „zivilisatorische Tendenz des Kapitals" aus ihren partikularistischen Fesseln befreit, ist indessen gründlich desavouiert. Denn die globale Expansion des Kapitals hat nicht nur die staatssozialistischen Systeme und die mit ihnen verbündeten kommunistischen Bewegungen in die Knie gezwungen, sie ist auf dem besten Wege, auch jene politischen Kräfte, Assoziationen und Sicherungssysteme zu unterminieren, die in den westlichen Gesellschaften während der zurückliegenden Jahrzehnte entscheidend zur sozialstaatlichen Pazifizierung des Kapitalismus beigetragen haben.

1. Kampf der Kapitalismen

Als einer der ersten hat Michel Albert[2] die neue Epochenkonstellation analysiert. Nach seiner Auffassung ist an die Stelle des alten Ost-West-Gegensatzes eine Ära innerkapitalistischer Rivalitäten getreten; ein Freund-Feind-Krieg, ausgefochten zwischen zwei „antagonistische[n] Denkweisen ein und desselben Kapitalismus", zwischen rheinischem (deutsch-japanischem) und angelsächsischem (neoamerikanischem) Modell. Während der angelsächsische Kapitalismus primär auf dem „individuellen Erfolg und dem schnellen finanziellen Gewinn" beruhe, favorisiere sein rheinischer Widerpart „den gemeinschaftlichen Erfolg, Konsens und das

---

1 Marx, Karl/Engels, Friedrich (1959 [1848]): Das Manifest der kommunistischen Partei. In: Marx-Engels-Werke (MEW) 4. Berlin: Dietz, S. 459-493, S. 466.
2 Albert, Michel (1992): Kapitalismus contra Kapitalismus. Frankfurt a. Main: Campus.

langfristige Vorausdenken".[3] Zwar sei das Rheinmodell „gleichzeitig gerechter und effizienter", doch ihre größere soziale Leistungsfähigkeit ändere nichts daran, dass die Rheinvariante dem angelsächsischen Herausforderer zu unterliegen drohe.[4] In einer „regellosen" globalen Wirtschaft besäßen Kapitalismen einen Vorteil, denen aufgrund ihrer weniger rigiden, durchlässigeren und flexibleren Regulationssysteme Anpassungsleistungen an unsichere Märkte und rasche Innovationszyklen vergleichsweise leicht fielen. Auf diese Weise bewirke die ökonomische Globalisierung eine Art Negativselektion von Institutionen und Regulationsformen. Im Zusammenspiel mit der Vereinigungskrise erwachse daraus ein Problemdruck, an dem selbst das so überaus robuste deutsche Kapitalismusmodell zerbrechen könne.[5]

Träfe es zu, dass nationale Politik mehr und mehr zum Vehikel für die weltweite Durchsetzung einer institutionellen Monokultur aus deregulierten Märkten und verselbständigten Unternehmenshierarchien[6] verkommt, dann läge die Zukunft des rheinischen Kapitalismus in der alternativlosen Regression zu einer wie auch immer gearteten Variante des neoamerikanischen Modells. Die globale Dominanz eines Kapitalismus, in dem „wieder nur das 'Recht des Stärkeren'" zählt,[7] müsste in Kontinentaleuropa unweigerlich zur Destabilisierung bestehender demokratischer Institutionen führen. Globalisierung also als entzivilisierende Tendenz des Kapitals? Als Offensive einer neuen, sich international konstituierenden Klasse von Globalisierungsgewinnern, die ihre Mobilitätsvorteile rücksichtslos zur Machtsteigerung gegenüber stärker territorial gebundenen Gruppen und Akteuren (Gewerkschaften, Regierungen) nutzt? Einer Klasse, die die sozialen Folgen der wirtschaftlichen Globalisierung Nationalstaaten aufbürdet, denen sie selbst die Steuerungsressourcen entzieht und die so zur Geburtshelferin extrem nationalistischer oder rechtspopulistischer Bewegungen wird?

---

3   Die Tatsache, dass Albert den deutschen und den japanischen Kapitalismus auf einer Achse ansiedelt, zeigt, dass es sich um eine ausgesprochen grobe Modellierung handelt. Präzisere Typisierungen finden sich u.a. in Crouch, Colin (1993): Industrial Relations and European State Traditions. Oxford: Clarendon Press; Esping-Andersen, Gøsta (1996): The Three Worlds of Welfare Capitalism. Cambridge: John Wiley & Sons.
4   Albert, Michel (1992): Kapitalismus contra Kapitalismus. Frankfurt a. Main: Campus, S. 25f.
5   Streeck, Wolfgang (1997a): German Capitalism: Does it exist? Can it survive? In: Crouch, Colin/Streeck, Wolfgang (Hg.), Political Economy of Modern Capitalism. Mapping Convergence & Diversity. London: Sage, S. 33-54, S. 53.
6   Crouch, Colin/Streeck, Wolfgang (1997): Political Economy of Modern Capitalism. Mapping Convergence & Diversity. London: Sage, S. 13.
7   Thurow, Lester (1996): Die Zukunft des Kapitalismus. Düsseldorf: Metropolitan, S. 33.

Der rasche Zerfall des gesellschaftlichen Basiskonsenses und die daraus resultierenden Anomiepotentiale der deutschen Gesellschaft[8] illustrieren, in welchem Maße solche Befürchtungen bereits Wirklichkeit sind. Zwar erscheint die einstige Hochburg des rheinischen Kapitalismus aus der angelsächsischen Perspektive noch immer kooperativ organisiert, sozial gebändigt und vergleichsweise egalitär.[9] Aber jene Institutionen, die – wie etwa betriebliche Mitbestimmung, Flächentarifvertrag, duale Berufsausbildung und soziale Sicherungssysteme – über Jahrzehnte als Garanten eines am langen Zeithorizont orientierten, in breite gesellschaftliche Kompromissbildungen eingebetteten, aber dennoch überaus effizienten Wirtschaftsstils galten, sehen sich inzwischen tiefgreifenden Erosionsprozessen ausgesetzt. Schicksalhaft vorgezeichnet ist der Marsch in den „entzivilisierten Kapitalismus" dennoch nicht. Ein Dilemma vieler Globalisierungsszenarien ist ihr fatalistischer Grundzug, der, getreu dem Motto „anpassen oder untergehen", in gewisser Weise selbst mit produziert, was er zu kritisieren vorgibt. Gegen derart naturalistische Deutungen soll nachfolgend ein anderes Verständnis wirtschaftlicher Internationalisierung gesetzt werden. Globalisierungsprozesse sind politisch beeinflussbar. Ihre gesellschaftlichen Auswirkungen sind nicht vorprogrammiert, sondern Gegenstand und Ergebnis konkreter Interessenpolitiken von Unternehmen, Regierungen, Parteien, Gewerkschaften, Verbänden und sozialen Bewegungen. Ganz im Sinne von Polanyis[10] klassischer Analyse können zwei extrem unterschiedliche Reaktionsweisen autoritäre Tendenzen forcieren. Die eine bestünde in dem untauglichen Versuch, ein wohlfahrtsstaatliches Regulationssystem bewahren zu wollen, dem die gesellschaftliche Basis sukzessive abhandenkommt. Die andere, gegenwärtig wohl ungleich gefährlichere, liefe auf eine Überanpassung an reale und vermeintliche Zwänge einer sich verselbständigenden Marktlogik hinaus.

Meine These ist, dass grenzüberschreitende Wirtschaftsaktivitäten nach wie vor maßgeblich durch besondere institutionelle Traditionen, Regulationsmodi, Formen der Konfliktbewältigung oder auch durch Management- und Wirtschaftsstile der jeweiligen Länder beeinflusst werden. Ein radikaler Pfadwechsel vom kooperativen hin zu einem an der kurzen Frist orientierten *Shareholder*-Kapitalismus würde in

---

8   Vgl. z.B. die Beiträge in Heitmeyer, Wilhelm (Hg.) (1997): Bundesrepublik Deutschland: Auf dem Weg von der Konsens- zur Konfliktgesellschaft. 2 Bde. Frankfurt a. Main: Suhrkamp.

9   So z.B. Lash, Scott (1996): Reflexivität und ihre Doppelungen: Struktur, Ästhetik und Gemeinschaft. In: Beck, Ulrich/Giddens, Anthony/Lash, Scott (Hg), Reflexive Modernisierung. Eine Kontroverse. Frankfurt a. Main: Suhrkamp, S.195-288, S. 213 und Hirst, Paul/Thompson, Grahame/Bromley, Simon (1996): Globalization in Question. Cambridge: Polity Press.

10 Polanyi, Karl (1995[1944]): The Great Transformation. Politische und ökonomische Ursprünge von Gesellschaften und Wirtschaftssystemen. Frankfurt a. Main: Suhrkamp.

Kontinentaleuropa daher mit Sicherheit andere Ergebnisse zeitigen, als es die anvisierten angelsächsischen Vorbilder verheißen. Restrukturierungsvarianten, die das ignorieren und die soziale Entbettung des Markthandelns über einen kritischen Punkt hinaus vorantreiben, untergraben nicht nur die soziale Kohärenz des Industriemodells, sie werden auch gesellschaftliche Auseinandersetzungen provozieren, die eines Tages tatsächlich zum Wegbereiter des autoritären Staates werden könnten.

2. Eine neue Etappe internationaler Restrukturierung

Um diese Sichtweise zu begründen, will ich zunächst klären, was gemeint ist, wenn von ökonomischer Globalisierung oder, besser, von einer neuen Etappe internationaler Restrukturierung die Rede ist. Die Übertreibungen des populären *business-talks* werden von Kritikern der Globalisierungsthese gern als Entdramatisierungsargument genutzt. In einer extremen Variante lautet die Diagnose schlicht: „Wer Globalisierung sagt, der will betrügen!".[11] Tatsächlich ist Globalisierung, verstanden als alternativloser Zwang zu weitreichender Deregulierung der Wirtschaft und radikaler Senkung der Arbeitskosten, ein, allerdings folgenreicher, Mythos. Doch die berechtigte Kritik am ideologischen Globalismus darf nicht den Blick dafür verstellen, dass sich Weltwirtschaft, internationale Konkurrenzverhältnisse und Machtbalancen seit den achtziger Jahren gravierend verändert haben. Neben geoökonomischen Verschiebungen,[12] der Liberalisierung des Welthandels, gesunkenen Transportkosten und Kommunikationsmöglichkeiten, die ein „Echtzeit-Management" grenzüberschreitender Wirtschaftsaktivitäten ermöglichen, stärkt vor allem die veränderte organische Zusammensetzung des Kapitals den Internationalisierungstrend. Die im Verhältnis zu den Lohnkosten ständig steigenden Aufwendungen für Technologie, Forschung und Entwicklung, Werk- und Rohstoffe können sich häufig nicht mehr innerhalb nationaler Märkte amortisieren. Das zwingt weltmarktorientierte Unternehmen zur permanenten Suche nach neuen Absatzchancen außerhalb der Nationalökonomien.[13] Neben der Internationalisierung der Märkte für Finanzen,

---

11 Misik, Robert (1997): Mythos Weltmarkt. Vom Elend des Neoliberalismus. Berlin: Aufbau-Tb, S. 38.

12 Zu nennen sind u.a. die Öffnung Osteuropas, das Aufholen der *Newly Industrializing Countries*, die Verwandlung Japans in einen großen Auslandsinvestor und Nordamerikas in einen großen Aufnahmemarkt für Direktinvestitionen, die vorsichtige Integration großer Flächenstaaten (China, Indien) in die Weltwirtschaft sowie die Herausbildung regionaler Handelsblöcke.

13 Strange, Susan (1997): The Future of Global Capitalism; or, Will Divergence Persist Forever? In: Crouch, Colin/Streeck, Wolfgang (Hg.), Political Economy of Modern Capitalism. Mapping Convergence & Diversity. London: Sage, S. 182-192, S. 185f.; Stopford,

Güter, Dienstleistungen und Technologie drückt sich dies in der Ausbreitung grenzüberschreitender Unternehmensnetzwerke aus. In der anhaltenden Phase internationaler Restrukturierung geht es nicht mehr allein um internationalen Handel und Export, sondern darum, über Auslandsinvestitionen selbst zum Insider in fremden Märkten zu werden.[14]

2.1 Die neunziger Jahre: Comeback des neoamerikanischen Modells

Viele Globalisierungsszenarien operieren daher mit der Vorstellung, dass die grenzüberschreitende Mobilität des Kapitals nationale Volkswirtschaften in einen Verdrängungswettbewerb um Weltmarktpositionen, Innovationen und Arbeitsplätze treibt. Charakteristisch für diese, von manchen martialisch als „Weltwirtschaftskrieg"[15] beschriebene Form internationaler Konkurrenz ist, dass der Wettbewerb an „allen Fronten" ausgetragen wird. Konkurriert wird über Löhne, Sozial- und Umweltstandards, aber auch bei Innovationspotentialen und der Erschließung neuer Produkte und Produktionszweige.[16]

John M./Strange, Susan/Henley, John S. (1995): Rival States, Rival Firms. Competition for World Market Shares. Cambridge: University Press.

14 Ein wichtiger empirischer Indikator ist das Wachstum ausländischer Direktinvestitionen. Allein 1996 wurden 347 Mrd. US-Dollar grenzüberschreitend investiert, davon 275 Mrd. für Fusionen und Übernahmen. Das entspricht gegenüber 1991 einer Steigerung um 75 Prozent. Hauptinvestoren waren Unternehmen aus den USA (plus 151 Prozent) und Großbritannien (plus 228 Prozent). Das Auslandsengagement deutscher Unternehmen hat sich im gleichen Zeitraum mehr als verdoppelt. Dagegen verharrt der Kapitalzufluss auf niedrigem Niveau. Den 46 Mrd. DM Auslandsinvestitionen entsprach 1997 ein Zufluss von nur 4,5 Mrd. DM. Übertroffen wird die Zunahme der ausländischen Direktinvestitionen nur von der Dynamik der internationalen Finanzmärkte. Internationale Finanztransaktionen sind seit 1970 dreimal schneller gewachsen als die weltweite Produktion von Gütern und Dienstleistungen. Zu den Funktionsmechanismen der internationalen Finanzmärkte glänzend: Henwood, Doug (1997): Wall Street. London: Verso. Zu den ausländischen Direktinvestitionen vgl. Wortmann, Michael/Dörrenbächer, Christoph (1997): Multinationale Konzerne und der Standort Deutschland. In: Jahrbuch Arbeit und Technik 1997: Globalisierung und institutionelle Reform. Bonn: Dietz, S. 28-42; Härtel, Hans-Hagen/Jungnickel, Rolf/Keller, Dietmar/Feber, Heiko/Borrmann, Christine/Winkler-Büttner, Diana/Lau, Dirk (1996): Grenzüberschreitende Produktion und Strukturwandel – Globalisierung der deutschen Wirtschaft. Baden-Baden: Nomos.

15 Luttwak, Edward N. (1994): Weltwirtschaftskrieg. Export als Waffe – aus Partnern werden Gegner. Reinbek: Rowohlt.

16 Nun ist die Annahme, Volkswirtschaften konkurrierten in gleicher Weise miteinander wie Unternehmen, überaus problematisch. Krugman 1996 spricht gar von einer „gefährlichen Wahnvorstellung", weil sich Volkswirtschaften niemals wechselseitig substituieren, weil für die meisten Unternehmen der Binnenmarkt nach wie vor entscheidend ist und weil

Gehörten die achtziger Jahre den nationalen Kapitalismen mit reichen Institutionen, kooperativem Wettbewerb und am „langen Zeithorizont" ausgerichteten Wirtschafts- und Managementstilen,[17] so wird die Debatte der neunziger Jahre durch das für viele überraschende Comeback der US-Wirtschaft geprägt. Dieser – alle Niedergangsszenarien konterkarierende – Wiederaufstieg der USA ist für die industrie- und sozialpolitische Debatte ein Schlüsselereignis. Aus der wirtschaftlichen Leistungskraft und institutionellen Stabilität insbesondere des deutschen Kapitalismus ließ sich schlussfolgern, dass breite gesellschaftliche Kompromissbildung, starke Gewerkschaften, hohe Sozialstandards, vergleichsweise geringe Einkommensunterschiede und ein rigides, aber dennoch anpassungsfähiges Regulierungssystem die internationale Wettbewerbsfähigkeit eines nationalen Industriemodells positiv beeinflussen. Unter dem Eindruck der Restrukturierungserfolge angelsächsischer Ökonomien lautet die Botschaft nun, dass radikale Innovationen, wirtschaftliches Wachstum und die Schaffung von Arbeitsplätzen am besten in Gesellschaften gelingen, die sich – wie der nordamerikanische Kapitalismus – durch *short termism*, schwache zivilgesellschaftliche Assoziationen, Deregulierung und Entsozialstaatlichung auszeichnen. Das Argument, sozial kohärentere Gesellschaften seien besonders wettbewerbsfähig, scheint außer Kraft gesetzt, denn:

> „Large US firms, rather than having to wait for a political restoration of American society, made their comeback in the 1990s in an environment of progressive infrastructural decline, growing social inequality, and accelerating destruction of the social fabric at the lower end."[18]

Nun ist mit diesem Sachverhalt zunächst nicht mehr bewiesen als die Tatsache, dass prosperierende Unternehmen und ein zerstörtes gesellschaftliches Umfeld sich keineswegs ausschließen. Aber spricht das bereits für eine globale Überlegenheit und universelle Anwendbarkeit des neoamerikanischen Modells? Hollingsworth,[19]

---

internationaler Handel bei spezialisierten Volkswirtschaften durchaus zum Positivsummenspiel werden kann. Neben der stärkeren Exportabhängigkeit der meisten Industrieländer – ca. ein Drittel des privaten Outputs geht inzwischen in den Export (Perraton, Jonathan (1997): The Global Economy. In: Kelly, Gavin/Kelly, Dominic/Gamble, Andrew (Hg.), Stakeholder Capitalism. London: Macmillan, S. 226-238, S. 227) – übersieht Krugman jedoch, dass jede industriepolitische Initiative in der ein oder anderen Weise auf Konzeptionen nationaler oder regionaler Wettbewerbsfähigkeit angewiesen bleibt.

17 U.a. Boyer, Robert/Durand, Jean-Pierre (1997): After Fordism. London: Macmillan, S. 4; Lipietz, Alain (1993): Towards a New Economic Order. Postfordism, Ecology and Democracy. Cambridge: Polity Press, S. 64ff.

18 Crouch, Colin/Streeck, Wolfgang (1997): Political Economy of Modern Capitalism. Mapping Convergence & Diversity. London: Sage, S. 9.

19 Hollingsworth, Joseph Rogers (1997): The Institutional Embeddedness of American Capitalism. In: Crouch, Colin/Streeck, Wolfgang (Hg.), Political Economy of Modern

von Crouch/Streeck als Kronzeuge zitiert, argumentiert differenzierter. Auch er konzediert, dass amerikanische Firmen wegen der Abwesenheit reicher Institutionen besonders lern- und innovationsfähig sind. Insgesamt beschreibt er jedoch die Evolution einer dualen Wirtschaftsstruktur.

Neue Industrien und Unternehmen, die wegen des institutionellen Defizits in netzwerkartigen Kooperationsformen verbunden sind, koexistieren mit traditionellen Industrien, die relativ stabile Massenmärkte bedienen und deren Unternehmen sich nach wie vor durch eine klassisch-hierarchische Organisation auszeichnen. Während das flexible Regulationssystem die Clusterbildung bei wissensintensiven, durch rasche Innovationszyklen geprägten Wirtschaftszweigen (Biochemie, Biomedizin, Elektronik, Computer, Telekommunikation) erleichtert, erschwert es offenbar inkrementelle Innovationen in reifen Industrien. Die Folge ist eine fortschreitende Polarisierung von Arbeitsbedingungen und Löhnen innerhalb von und zwischen industriellen Sektoren. Selbst im Mekka der Elektronik- und Computerbranche handelt es sich bei etwa der Hälfte der Beschäftigten um Un- oder Angelernte. Noch extremer ist die Polarisierung von Tätigkeiten, Qualifikationen und Einkommen in den traditionellen Industrien.[20] Zwar verzeichnen die USA ein weitaus größeres Job-Wachstum als alle anderen Ökonomien, und die Behauptung, dieses Wachstum verdanke sich ausschließlich der Zunahme von *bad jobs* im Dienstleistungsgewerbe, erweist sich als Legende. Aber die Zunahme qualifizierter Tätigkeiten ist eng an ein wachsendes Heer von Beschäftigten in wenig attraktiven, ungeschützten, befristeten und Teilzeitarbeitsverhältnissen gekoppelt. Als Folge der industriellen Umstrukturierung und des Niedergangs der Gewerkschaften hat die Lohnungleichheit drastisch zugenommen.[21] Die Reallöhne männlicher Arbeiter waren 1994 im Durchschnitt wieder auf demselben Stand wie Ende der fünfziger Jahre.[22] Dieser Einkommensrückgang, der besonders jüngere Lohnabhängige trifft, wird in den Haushalten lediglich durch die gestiegene Frauenerwerbstätigkeit kompensiert. Das amerikanische Jobwunder verliert weiter an Glanz, wenn man bedenkt, dass die Löhne der unteren Einkommensgruppen nicht zur Sicherung des Lebensunterhalts ausreichen. Auch das in

---

Capitalism. Mapping Convergence & Diversity. London: Sage, S. 133-147; Ders. (1996): Die Logik der Koordination des verarbeitenden Gewerbes in Amerika. In: Kenis, Patrick/Schneider, Volker (Hg.), Organisation und Netzwerk. Institutionelle Steuerung in Wirtschaft und Politik. Frankfurt a. Main: Campus, S. 273-312.

20 So ist das Einkommen eines Vorstandsmitglieds in einem Unternehmen der Fortune 500 inzwischen 35- bis 157-mal so hoch wie das eines einfachen Industriearbeiters vgl. Thurow, Lester (1996): Die Zukunft des Kapitalismus. Düsseldorf: Metropolitan, S. 38.

21 Hollingsworth, Joseph Rogers (1997): The Institutional Embeddedness of American Capitalism. In: Crouch, Colin/Streeck, Wolfgang (Hg.), Political Economy of Modern Capitalism. Mapping Convergence & Diversity. London: Sage, S. 133-147, S.143f.

22 Thurow, Lester (1996): Die Zukunft des Kapitalismus. Düsseldorf: Metropolitan, S. 43.

den USA besonders ausgeprägte Problem sozialer Ausgrenzung wird keineswegs abgemildert. Jene Bevölkerungsgruppen, die unterhalb der Armutsgrenze leben, sind bis 1994 gewachsen; erst in der jüngsten Vergangenheit hat es einen leichten Rückgang gegeben. Vermittelt über die ethnische Segregation, die Auswanderung der weißen, wohlhabenderen Bevölkerung und die dadurch bedingten Steuerausfälle hat die Krise der Städte „staatsfreie" Zonen entstehen lassen, in denen die öffentliche Ordnung faktisch zusammengebrochen ist.[23]

Angesichts des erreichten Ausmaßes sozialer Desintegration hüten sich viele wissenschaftliche Beobachter vor eindeutigen Prognosen über die Zukunft des amerikanischen Kapitalismus. So hält Hollingsworth ein Szenario für möglich, in welchem die USA in wissensintensiven Industrien mit kurzen Produkt- und Innovationszyklen weiter Spitzenpositionen besetzen, ihre Nachfrage nach qualifizierten Arbeitskräften mittels Einwanderung befriedigen und den militärischen Sektor nutzen, um weiterhin international gültige technische Standards zu setzen. Bei einer solchen Entwicklung könnte das obere Drittel der Gesellschaft, das am Weltmarkt und der sozialen Infrastruktur anderer Länder partizipiert, den partiellen Zusammenbruch der sozialen Ordnung durchaus verkraften. Wie lange der Spagat zwischen produktiven Industrien und zerstörtem gesellschaftlichen Umfeld durchzuhalten ist, vermag indessen auch Hollingsworth nicht zu prognostizieren. Er skizziert daher ein alternatives Szenario, in welchem er die Erneuerung sozialer Institutionen auf lokaler und regionaler Ebene zur Minimalbedingung macht, um dem drohenden gesellschaftlichen Kollaps in den städtischen Ballungsgebieten wirksam zu begegnen.

Wichtiger noch als das Ausmaß sozialer Desintegration ist ein anderes Argument. Der amerikanische Kapitalismus ist Produkt eines historisch einmaligen Evolutionsprozesses und einer individualistischen, Pioniergeist und Unternehmertum fördernden Kultur. Die ökonomischen Institutionen dieses Kapitalismus sind in einen umfassenderen Kontext eingebunden; sie „können nicht konvergieren".[24] Aus der kontinentaleuropäischen Perspektive bedeutet dies schlicht, dass das neoamerikanische Modell nicht kopierbar ist. Gleiches gilt im Übrigen für den „konservativen Kapitalismus" Großbritanniens.[25] Entsprechende Transformationsversuche liefen

---

23 Eindrucksvoll hat Wacquant eine solche, streng hierarchische, durch das Gewaltprinzip strukturierte Gesellschaft der Ausgegrenzten am Beispiel eines Chicagoer Schwarzenghettos beschrieben vgl. Wacquant, Loïc J.D. (1997[1993]): Über Amerika als verkehrte Utopie. In: Bourdieu, Pierre (Hg), Das Elend der Welt. Zeugnisse und Diagnosen des alltäglichen Leidens an der Gesellschaft. Konstanz: UVK, S. 169-178.

24 Hollingsworth, Joseph Rogers (1997): The Institutional Embeddedness of American Capitalism. In: Crouch, Colin/Streeck, Wolfgang (Hg.), Political Economy of Modern Capitalism. Mapping Convergence & Diversity. London: Sage, S. 133-147, S. 133.

25 Außer dem Krieg gegen die Inflation und einem Anstieg der Produktivität in der Industrie hat der „konservative Kapitalismus" laut Graham nichts erreicht vgl. Graham,

darauf hinaus, einen an der kurzen Frist ausgerichteten Wirtschafts- und Managementstil in einem institutionellen Umfeld zu implementieren, dessen Leistungskraft wesentlich auf längerfristig wirksamen Wettbewerbsvorteilen beruht. Übergang zum short termism hieße somit für den rheinischen Kapitalismus, an die Stelle institutionellen Lernens ein Zerstörungsprogramm zu setzen, das die soziale Kohärenz der bestehenden nationalen Industriemodelle weiter untergraben würde, ohne die „systemische", gesamtwirtschaftliche Wettbewerbsfähigkeit zu verbessern oder eine positive Restrukturierungsvariante wahrscheinlicher zu machen.

2.2 Globalisierung als strategische Option multinationaler Unternehmen

Gegen diese Interpretation ließe sich einwenden, dass sie die Hauptakteure der Weltwirtschaft, die wachsende Zahl multi oder transnationaler Unternehmen vernachlässigt. Mag eine rasche Angleichung nationaler Industriemodelle unwahrscheinlich sein; auf Unternehmensebene scheint eine Annäherung von Managementpraktiken und institutionellen Arrangements nicht nur möglich, sondern zwingend nötig. Für Robert Reich[26] ist die Internationalisierung weltmarktorientierter Unternehmen bereits so weit fortgeschritten, dass „das Konzept einer nationalen Wirtschaft praktisch bedeutungslos" wird.[27] Die „Champions" aller modernen Industriestaaten verwandelten sich „in globale Netze, ohne feste Bindungen an ein bestimmtes Land". Deterritorialisierte Unternehmen, die sich ungeachtet ihrer nominellen Nationalität „immer ähnlicher" würden,[28] seien die Vorreiter kapitalistischer Konvergenz. Nach meiner Auffassung ist jedoch auch in diesem Punkt eine differenziertere Argumenta-

---

Andrew (1997): The UK 1979-95: Myths and Realities of Conservative Capitalism. In: Crouch, Colin/Streeck, Wolfgang (Hg.), Political Economy of Modern Capitalism. Mapping Convergence & Diversity. London: Sage, S. 117-133. An den selbst gesteckten Zielen gemessen sei er ein Fehlschlag. Graham konstatiert aber auch, dass es leichter sei, ökonomische Kooperationsmechanismen zu zerstören als sie wieder aufzubauen (ebd., S. 13). Aus der angelsächsischen Perspektive macht eine bloße Kopie des rheinischen Kapitalismus daher keinen Sinn.

26 Reich, Robert (1993[1991]): Die neue Weltwirtschaft: Das Ende der nationalen Ökonomie. Frankfurt a. Main: Ullstein, S. 15.

27 Etwa 40.000 multinationale Unternehmen mit ca. 200.000 Töchtern kontrollieren ein Drittel der weltweiten Produktion und 70 Prozent des Welthandels; ein sich ständig vergrößernder Anteil entfällt dabei auf den Intra-Unternehmenshandel. Vgl.: Perraton, Jonathan (1997): The Global Economy. In: Kelly, Gavin/Kelly, Dominic/Gamble, Andrew (Hg.), Stakeholder Capitalism. London: Macmillan, S. 226-238, S. 227).

28 Reich, Robert (1993[1991]): Die neue Weltwirtschaft: Das Ende der nationalen Ökonomie. Frankfurt a. Main: Ullstein, S. 147.

tion nötig. Eine Weltwirtschaft, in der „alles jederzeit überall produziert und verkauft werden kann",[29] ist bislang allenfalls eine Vision. Gegen das suggestive Bild von bindungslosen *global players* gibt es gewichtige Einwände.

Selbst die größten Konzerne betreiben ihren Internationalisierungsprozess niemals isoliert. Jedes internationale Schlüsselunternehmen ist in ein verzweigtes Netz von Abhängigkeitsbeziehungen mit anderen Akteursgruppen (Zulieferer, Handels- und Marketingorganisationen, Finanziers, Belegschaften, Interessenvertretungen und Gewerkschaften sowie politische Institutionen) eingebettet. Gemeinsam bilden diese Akteure sogenannte industrielle Komplexe.[30] Da jeder praktische Internationalisierungsschritt zugleich die Komplexität der Wechselbeziehungen innerhalb einer solchen *bargaining*-Konfiguration steigert, entpuppt sich das Management der vielfältigen Aushandlungen, Abhängigkeiten und Verpflichtungen als herausragendes Problem jeder Internationalisierungsstrategie. Bei der Wahl geeigneter Koordinations- und Kontrollkonzepte spielt die heimische Operationsbasis multinationaler Unternehmen bis in die Gegenwart hinein eine privilegierte Rolle. Zwar trifft zu, dass internationale Konzerne mit einer Vielzahl von Regierungen und Regulationssystemen in Berührung kommen,[31] aber die Homogenisierung von Managementpraktiken, Organisation und Produktionskonzepten gestaltet sich ausgesprochen schwierig. Ausdruck des fortexistierenden Gewichts der heimischen Operationsbasis ist das deutliche Internationalisierungsgefälle einzelner Managementfunktionen.[32] Für

---

29 Thurow, Lester (1996): Die Zukunft des Kapitalismus. Düsseldorf: Metropolitan, S. 169.

30 Ich folge hier den Überlegungen von Ruigrok, Winfried/van Tulder, Rob (1995): The Logic of International Restructuring. London/New York: Routledge, ohne den Ansatz der beiden Autoren vollständig zu übernehmen. Zur Kritik vgl. Dörre, Klaus/Elk-Anders, Rainer/Speidel, Frederic (1997): Globalisierung als Option. Internationalisierungspfade von Unternehmen, Standortpolitik und industrielle Beziehungen. In: SOFI Mitteilungen Nr. 25, S. 43-71.

31 Strange, Susan (1997): The Future of Global Capitalism; or, Will Divergence Persist Forever? In: Crouch, Colin/Streeck, Wolfgang (Hg.), Political Economy of Modern Capitalism. Mapping Convergence & Diversity. London: Sage, S. 182-192, S. 190.

32 Am weitesten fortgeschritten ist die Internationalisierung des Handels. Über 40 Prozent der 100 größten multinationalen Unternehmen realisieren bereits mehr als 50 Prozent ihres Absatzes im Ausland. Schon bei der Produktion fällt der Internationalisierungsgrad ungleich geringer aus. Nicht einmal ein Fünftel der Top-Hundert hatte Mitte der neunziger Jahre mehr als die Hälfte der Beschäftigten und des Betriebskapitals im Ausland. In den *management boards* dieser Unternehmen kann von wirklicher Internationalität keine Rede sein. Die strategisch sensiblen Kreditbeziehungen und die Forschungs- und Entwicklungseinrichtungen befinden sich – noch – überwiegend unter nationaler Kontrolle. Vgl. dazu ausführlich: Ruigrok, Winfried/van Tulder, Rob (1995): The Logic of International Restructuring. London/New York: Routledge, S. 155ff. Die beiden Autoren unterschätzen allerdings die Internationalisierungsdynamik in einzelnen industriellen

die Mehrzahl der internationalen Champions gilt nach wie vor, dass wirtschaftliche Stärke an der heimischen Operationsbasis eine entscheidende Voraussetzung für eine Erweiterung grenzüberschreitender Aktivitäten ist. Auswahl und Durchsetzung eines Kontrollkonzepts erfolgen in der Regel im heimischen Umfeld. Die daraus resultierenden Bindungen funktionieren in solch effizienter Weise als *sunk costs*, dass es selbst den mächtigsten Schlüsselunternehmen schwerfällt, sich aus den daraus resultierenden Abhängigkeiten zu lösen.

Aushandlungsbeziehungen und Kontrollerfordernisse an der heimischen Operationsbasis konstituieren spezifische Internationalisierungspfade. Nur einer dieser Pfade, die Globalisation, beinhaltet eine im geographischen Sinne weltweite Intra-Unternehmensarbeitsteilung mit auf zahlreiche Länder und Standorte verteilten Aktivitäten. Erfolgreicher als der Globalisationspfad waren während der zurückliegenden Restrukturierungsetappe indessen Glokalisationsstrategien,[33] wie sie ursprünglich von japanischen Unternehmen kreiert worden sind. Während restriktiver Druck auf heimische Politikarenen, Löhne, Arbeitsbedingungen und Sozialstandards vor allem ein Merkmal der Globalisationsvariante ist, zielt die rivalisierende Trajektorie darauf, die kulturelle, soziale und politische Kohäsion an der Heimatbasis so lange wie möglich zu bewahren. Damit hat sich über einen längeren Zeitraum ausgerechnet jener Internationalisierungspfad als überlegen erwiesen, der nicht nur die Abwärtsspirale permanenter Standort- und Unterbietungskonkurrenzen meidet, sondern auch die Ausweitung grenzüberschreitender Aktivitäten mit einer konsequenten Dezentralisierung der Unternehmensorganisation sowie hoher Anpassungsfähigkeit an lokale Sonderbedingungen verbindet.[34] Für beide Trajektorien gilt indessen, dass sie in hohem Maß mit einem spezifischen sozialen und institutionellen Umfeld korrespondieren, so dass Sprünge, radikale Pfadwechsel eher unwahrscheinlich sind.

Exakt dies lässt sich auch für die in Kontinentaleuropa beheimateten multinationalen Unternehmen feststellen. Die Mehrzahl dieser Unternehmen kann weder auf dem Globalisations- noch auf dem Glokalisationspfad verortet werden. In Aushandlungen mit vergleichsweise starken Partnern (makrofordistisches Kontrollkonzept) eingebunden, verfolgen die meisten der in Deutschland ansässigen multinationalen

---

Komplexen und Branchen. Am Beispiel von Forschung und Entwicklung: Gerybadze, Alexander/Meyer-Krahmer, Frieder/Reger, Guido (1997): Globales Management von Forschung und Entwicklung. Stuttgart: Schäffer-Poeschel.

33 Glokalisation ist ein Begriff, der aus globaler Lokalisation zusammengesetzt ist.

34 Internationalisierungsstrategien von Unternehmen und nationale Industriemodelle lassen sich nicht ohne weiteres in eins setzen. Aber es lässt sich doch sagen, dass die Globalisationsvariante eher für nordamerikanische Unternehmen mit mikrofordistischen Kontrollkonzepten charakteristisch ist, während der Glokalisationspfad bevorzugt von einem Teil der japanischen Unternehmen eingeschlagen wird.

Unternehmen nach wie vor eine auf den Wirtschaftsraum der EU ausgerichtete „Strategie der Risikoreduzierung und des Unternehmenswachstums durch Stärkung nationaler Marktpositionen".[35] Obwohl sich der weltwirtschaftliche Möglichkeitsraum dramatisch verändert hat, spricht die räumliche Verteilung der ausländischen Direktinvestitionen deutscher Unternehmen für die Kontinuität eines eurozentrierten Internationalisierungspfades. Große deutsche Unternehmen erzielen noch immer rund 60 Prozent ihres Umsatzes in Europa, davon den überwiegenden Teil an der heimischen Operationsbasis.[36] Trotz der Tatsache, dass in Osteuropa Niedriglöhne und qualifizierte Arbeitskräfte just in time vor der Haustür geboten werden, ist der Anteil an Investitionen, die in diese Staaten fließen, noch immer klein. Niedriglohnoperationen spielen bei grenzüberschreitenden Wirtschaftsaktivitäten insgesamt eine marginale Rolle. Managementstrategen wie Henzler/Späth[37] sehen darin – unter anderem wegen ungenutzter Kostenvorteile und fehlender Präsenz in den asiatischen Wachstumsmärkten – ein Globalisierungsdefizit der meisten deutschen und europäischen Konzerne. Dass die empfohlene „Doppelstrategie" – Ausbau anspruchsvoller, wissensintensiver Wertschöpfung in heimischen Gefilden, Auslagerung arbeitsintensiver „Jedermannsproduktionen" in Länder und Regionen mit geringeren Arbeitskosten – bei vielen Unternehmen auf erhebliche Realisierungsschwierigkeiten stößt, lässt sich indessen auch als Ausdruck intakter Mobilitätsgrenzen des „ausgehandelten Unternehmens"[38] und somit als Hinweis auf die ungebrochene Pfadabhängigkeit grenzüberschreitender Unternehmensaktivitäten deuten.

3. Globalisierung, Nationalstaat, organisierte Arbeitsinteressen, Autoritarismus

Die Beharrungskraft etablierter Institutionen und Aushandlungsbeziehungen darf somit nicht unterschätzt werden. Ebenso falsch wäre es aber, die Pfadabhängigkeitsthese zu verabsolutieren. Im Grunde sagt die bisherige Argumentation nur,

---

35 Härtel, Hans-Hagen/Jungnickel, Rolf/Keller, Dietmar/Feber, Heiko/Borrmann, Christine/Winkler-Büttner, Diana/Lau, Dirk (1996): Grenzüberschreitende Produktion und Strukturwandel – Globalisierung der deutschen Wirtschaft. Baden-Baden: Nomos, S. 152ff.

36 Wortmann Michael/Dörrenbächer, Christoph (1997): Multinationale Konzerne und der Standort Deutschland. In: Jahrbuch Arbeit und Technik 1997: Globalisierung und institutionelle Reform. Bonn: Dietz, S. 28-42.

37 Henzler, Herbert A./Späth, Lothar (1995): Countdown für Deutschland. Berlin: Siedler.

38 Streeck, Wolfgang (1997a): German Capitalism: Does it exist? Can it survive? In: Crouch, Colin/Streeck, Wolfgang (Hg.), Political Economy of Modern Capitalism. Mapping Convergence & Diversity. London: Sage, S. 33-54.

dass auch im Zeitalter intensivierter Globalisierung weder auf Gesellschafts- noch auf Unternehmensebene mit einer raschen Einebnung nationaler Unterschiede und institutioneller Divergenzen zu rechnen ist. Wirtschaftliche Internationalisierung konfrontiert Staaten, Unternehmen und gesellschaftliche Assoziationen mit einer Vielzahl konvergierender Einflüsse. Über die Interaktionen zwischen multinationalen Unternehmen, Staaten und suprastaatlichen Institutionen bilden sich Machtzentren, Entscheidungsebenen und Eliten heraus, die sich zumindest als Vorboten einer im Wortsinne transnationalen Gesellschaft bezeichnen lassen.[39] Aber diese konvergierenden Tendenzen werden durch plurale institutionelle Traditionen gefiltert, gebrochen und mitunter auch kompensiert und transformiert. Insofern bezeichnen Konvergenz und Pfadabhängigkeit keine absoluten Gegensätze, sondern einen Typ sozialer Beziehungen, der Wirtschaftsaktivitäten aus institutionellen Kontexten herauslöst und zugleich neuartige – lokale, regionale oder nationale – Bindungen hervorbringt. Im Spannungsfeld von Globalisierungsprozessen und territorialen Bindungen verläuft eine Konfliktachse, deren eigentümliche Dynamik die gegenwärtige Phase internationaler Restrukturierung entscheidend prägt.

3.1 Globalisierung und Territorialisierung

Ein Beispiel mag das verdeutlichen. Gegenwärtig orientiert sich die Internationalisierung von Unternehmen an einem Paradigma, das auf die Rationalisierung grenzüberschreitender Wertschöpfungsketten zielt. Erstmals in der Geschichte der multinationalen Konzerne sind sämtliche Unternehmensfunktionen betroffen. Organisatorische Redundanzen sollen vermieden, die Aktivitäten innerhalb des Netzwerks optimal integriert und alle Prozesse bei maximaler Auslastung zeitlich beschleunigt werden.[40] Strategien, die sich an solchen Leitbildern orientieren, implizieren eine widersprüchliche Bewegung. Einerseits zielt das Paradigma darauf, das Unternehmensnetz aus besonderen nationalen Bindungen herauszulösen; es erfordert die Etablierung einer transnationalen Entscheidungsebene. Andererseits entsteht im Zuge des Rationalisierungsprozesses ein höchst fragiles, störanfälliges Gebilde, das territorial gebundenen Akteuren – etwa Gewerkschaften und betrieblichen

---

39 Stopford, John M./Strange, Susan/Henley, John S. (1995): Rival States, Rival Firms. Competition for World Market Shares. Cambridge: University Press, S. 20ff.; Strange, Susan (1997): The Future of Global Capitalism; or, Will Divergence Persist Forever? In: Crouch, Colin/Streeck, Wolfgang (Hg.), Political Economy of Modern Capitalism. Mapping Convergence & Diversity. London: Sage, S. 182-192.

40 Bartlett, Christopher A./Ghoshal, Sumantra (1990): Internationale Unternehmensführung. Innovation, globale Effizienz, differenziertes Marketing. Frankfurt a. Main: Campus; mit anderen Akzenten: Porter, Michael E. (1993): Nationale Wettbewerbsvorteile. Erfolgreich konkurrieren auf dem Weltmarkt. Wien: Ueberreuter.

Interessenvertretungen – durchaus Einflussmöglichkeiten eröffnet. Der Konflikt um die Lohnfortzahlung im Krankheitsfall hat dies eindrucksvoll demonstriert. Schon begrenzte Streikaktionen verursachten einen solchen Druck, dass selbst ein mächtiger global player wie Daimler-Benz rasch einlenkte. An diesem Beispiel wird deutlich, dass der veränderte Möglichkeitsraum der Weltwirtschaft aus der Unternehmensperspektive vor allem eine Steigerung von Unsicherheit und Ungewissheit bedeutet. Zugleich spielt er dem strategiefähigen Management internationaler Schlüsselunternehmen mit der erweiterten Exit-Option, der potentiellen Flucht aus territorialen Abhängigkeiten, eine Machtressource zu, deren bloße Existenz das bargaining in den industriellen Komplexen grundlegend verändert. Selbst die härtesten Kritiker undifferenzierter Globalisierungsthesen[41] räumen ein, dass sich das Mobilitätsdifferential zwischen diesen Unternehmen und ihren Aushandlungspartnern beständig vergrößert. In einer durch Überkapazitäten und Verdrängungswettbewerb geprägten Situation tendieren die Konzerne dazu, die aus ihrem Mobilitätsvorteil resultierenden Machtressourcen zur Beeinflussung auswärtiger und heimischer Politikarenen zu nutzen. Im Kern geht es den Schlüsselunternehmen darum, die Risiken ihrer Internationalisierungsstrategien auf die bargaining-Partner abzuwälzen. Mit anderen Worten: Das Machtpotential wird eingesetzt, um – nicht zuletzt heimische – Produktivitätskoalitionen unter Druck zu setzen und ihnen Zugeständnisse bei Löhnen, Arbeitszeiten und Arbeitsbedingungen abzuringen. Dabei laufen die strategiefähigen Akteure beständig Gefahr, den Bogen zu überspannen und die Abwärtsspirale kostensenkender Standortkonkurrenzen bis zu einem Punkt zu treiben, an dem das selbst unter ökonomischen Wettbewerbskriterien dysfunktional wird. Dieser Umschlagpunkt scheint mittlerweile in stilprägenden industriellen Komplexen erreicht. In allen wichtigen Politikarenen finden Konflikte statt, die eine ähnliche Struktur aufweisen. Globalisierung wird zum *bargaining chip*, mit dessen Hilfe Verteilungsrelationen verändert, wachsende Ungleichheiten legitimiert, industrielle Strukturen transformiert und politische Akteure diszipliniert werden.

3.2 Transformation des Staates

Die Auswirkungen zeigen sich in der Sphäre staatlicher Politik. Trotz aller Kontroversen ist unstrittig, dass sich die Aushandlungsbeziehungen zwischen Wirtschaft und Staat gravierend verändert haben. Drei Gründe stechen hervor. Erstens sind viele Staaten unter anderem wegen der vielfältigen Möglichkeiten zur Steuerflucht stärker von Kreditaufnahmen und damit vom short termism der internationalen Finanz-

---

41 Ruigrok, Winfried/van Tulder, Rob (1995): The Logic of International Restructuring. London/New York: Routledge; Hirst, Paul/Thompson, Grahame/Bromley, Simon (1996): Globalization in Question. Cambridge: Polity Press.

märkte abhängig. Zweitens tritt der Nationalstaat Kompetenzen an – zumeist nicht demokratisch legitimierte – supranationale Entscheidungszentren ab. Supranationale Regulationen können auf längere Sicht die staatliche Handlungsfähigkeit erhöhen; der darin angelegte Zwang zur Politikkoordination läuft jedoch zunächst einmal auf eine Einschränkung der nationalen Souveränität hinaus. Und drittens wird der Staat in den internationalen Konkurrenzbeziehungen selbst zum Wettbewerber, der mittels Standortpolitik um die Gunst investitionswilliger Unternehmen konkurriert. In der Konsequenz kommt es zu einer – scheinbar gegenläufigen – Verlagerung von Regulationsebenen. Parallel zur Internationalisierung des Staates erfolgt ein Dezentralisierungsprozess, in dessen Verlauf Regulationsanforderungen an lokale, sektorale oder mikroregionale Instanzen delegiert werden. Internationalisierung und Dezentralisierung bezeichnen freilich nur eine sehr allgemeine Richtung der Transformation des Staates.[42] Wie die verschiedenen Regulationsebenen gegeneinander gewichtet werden, was wo durch wen entschieden wird, ist definitionsabhängig und somit Gegenstand konkurrierender politischer Projekte. Mit Recht stellen Crouch/Streeck[43] fest, dass der Neoliberalismus während der beiden zurückliegenden Dekaden sowohl in den internationalen als auch in den nationalstaatlichen Arenen die bestimmende politische Kraft gewesen ist. Doch ausgerechnet der Neoliberalismus treibt den Widerspruch zwischen Internationalisierung der Wirtschaft und Nationalisierung der Politik auf die Spitze.[44] Im Gegensatz zur eigenen Entstaatlichungspropaganda verfolgen die verschiedenen neoliberalen Politikvarianten durchaus ein spezifisches Staatskonzept. Der anvisierte Minimalstaat soll zwar in seiner Einflussnahme auf die Wirtschaft und in seiner sozialen Abfederungsfunktion beschnitten werden; als Verteidiger nationaler Wirtschaftsinteressen, innere wie äußere Ordnungsmacht wird er jedoch geradezu unentbehrlich. Wo staatliche Autorität gezielt zur Liberalisierung

---

42 Zur ausschweifenden Debatte um den Staat im Prozess ökonomischer Globalisierung vgl. u.a. Jessop, Bob (1997): Die Zukunft des Nationalstaates – Erosion oder Reorganisation? Grundsätzliche Überlegungen zu Westeuropa. In: Becker, Steffen/Sablowski, Thomas/Schumm, Wilhelm (Hg.), Jenseits der Nationalökonomie? Weltwirtschaft und Nationalstaat zwischen Globalisierung und Regionalisierung. Hamburg: Argument, S. 50-95; Deppe, Franke (1997): Fin de Siécle. Am Übergang ins 21. Jahrhundert. Köln: PapyRossa; Beck, Ulrich (1997): Was ist Globalisierung? Frankfurt a. Main: Suhrkamp; Boyer, Robert/Drache, Daniel (1996): States against Markets. The limits of globalization. London/New York: Routledge; Streeck, Wolfgang (1997b): Öffentliche Gewalt jenseits des Nationalstaates? Das Beispiel der Europäischen Gemeinschaft. In: Jahrbuch Arbeit und Technik 1997: Globalisierung und institutionelle Reform. Bonn: Dietz, S. 311-325.
43 Crouch, Colin/Streeck, Wolfgang (1997): Political Economy of Modern Capitalism. Mapping Convergence & Diversity. London: Sage, S. 12.
44 Vgl. Giddens, Anthony (1997): Jenseits von Links und Rechts. Frankfurt a. Main: Suhrkamp.

und Internationalisierung der Märkte eingesetzt wird, die sozialen Folgen dieser Politik jedoch bevorzugt in der nationalen Arena ausgetragen werden, droht aufgrund fehlender Integrationsressourcen eine fortschreitende Aufwertung repressiver Staatsfunktionen. Zwar wirken die deutschen Kombinationen von Marktliberalismus und Nationalismus gegenüber ihren angelsächsischen Vorbildern noch immer gemäßigt. Das Konzept eines „schlanken", nach innen und außen umso wehrhafteren Staates ist aber auch hierzulande längst intellektuell vorbereitet.[45] Natürlich laufen solche Konzeptionen nicht bewusst auf eine Beseitigung demokratischer Institutionen hinaus. Es besteht jedoch die Gefahr, dass soziale Integrationsmechanismen in einzelnen Politikfeldern – sei es beim Umgang mit Migranten, sei es bei der Verbrechensbekämpfung – zunehmend durch staatlich ausgeübten Zwang ersetzt werden. Da die Internationalisierung der Wirtschaft Problemlagen erzeugt, die einzelstaatlich nicht mehr zu bewältigen sind, können die vielfältigen Stilisierungen einer wirkungsvollen Ordnungsmacht eine Staatsillusion besonderer Qualität erzeugen. Die immer neu geschürte Hoffnung, staatlich legitimierte Obrigkeiten und Pressionen seien in der Lage, die fehlende soziale Kohäsionskraft der Gesellschaft zu ersetzen, wird unweigerlich in Enttäuschungserlebnisse münden. Vieles, was in der Verklammerung von Wirtschaftsliberalismus und Nationalismus angelegt ist, bedarf daher nur einer Zuspitzung, um für populistische Anrufungen instrumentalisierbar zu werden. Konstruktionen des Nationalen werden dann als ideologisches Bindemittel genutzt, um soziale Frustration in autoritäre, obrigkeitsstaatliche Orientierungen zu überführen.

---

45 So beschreibt z.B. der Historiker Hans Peter Schwarz (1994: Die Zentralmacht Europas. Deutschlands Rückkehr auf die Weltbühne. Berlin: Siedler, S.132) eine Spaltung der internationalen Staatengemeinschaft in immer enger miteinander verflochtene „Handelswelten" einerseits und sich ausbreitende „Chaoswelten" andererseits. Dem Nationalstaat fällt in dieser Konstellation die Aufgabe zu, die Integration der Bundesrepublik in die Gemeinschaft der Handelswelten weiter voranzutreiben und sie gegenüber den zerstörerischen Einflüssen der Chaoswelten zu immunisieren. Ein Zentralproblem ist für Schwarz die „Masseneinwanderung": „Diese globale Migration, in deren Anfängen wir stehen, wird künftig sowohl auf Seiten der industriellen Demokratien wie der Länder, aus denen die Einwanderer kommen, die Einstellung zur jeweiligen Außenwelt ganz wesentlich bestimmen. Das könnte beiderseits ganz tiefgreifende Einstellungsveränderungen zur Folge haben bis hin zur Neubewertung militärischer Macht und Gewaltanwendung. Möglicherweise wird gerade diese ganz zwangsläufige Konsequenz der Etablierung einer Handelswelt eine durchaus reaktionäre Rückwendung zum altertümlichen und nationalen Machtstaat zur Folge haben, also – in der Terminologie von Rosecrance – zum 'politisch-militärisch-territorialen Staat'" (ebd., S. 145).

3.3 Dezentralisierung organisierter Arbeitsbeziehungen

In der Sphäre der organisierten Arbeitsinteressen wird das Spannungsverhältnis zwischen internationalisierter Wirtschaft und nationalen, regionalen oder lokalen Politikarenen unmittelbar virulent. Historisch war die Ära des fordistischen oder sozialstaatlich pazifizierten Kapitalismus ein Projekt der fortschreitenden „Nationalisierung" von Arbeiterparteien und Gewerkschaften. Dieses Projekt vollendete die Ausprägung und Institutionalisierung höchst unterschiedlicher nationaler Systeme industrieller Beziehungen. In Deutschland wurden die organisierten Arbeitsinteressen – soweit sie sich nicht als fundamentaloppositionelle isolieren und marginalisieren ließen – in das duale System der Interessenrepräsentation (betriebliche Mitbestimmung, Tarifautonomie) eingepasst. Das erhöhte in Zeiten raschen wirtschaftlichen Wachstums die Durchsetzungskraft dieser Interessen, nahm ihren Trägern jedoch mehr und mehr den Bewegungscharakter. Zwar blieb der Gewerkschaftseinfluss auf punktuelle Konflikte und Mobilisierungen angewiesen; die Interessenregulation erfolgte jedoch in hohem Maße in stark verrechtlichten Verhandlungen, wobei regional ausgehandelten und national koordinierten Tarifverträgen der Primat gegenüber betrieblichen oder unternehmensweiten Vereinbarungen zufiel. Wirtschaftsaktivitäten wurden auf diese Weise in ein Geflecht längerfristig ausgerichteter Vertragsbeziehungen eingebettet, das nicht nur einen kooperativen Wettbewerb zwischen konkurrierenden Unternehmen ermöglichte, sondern auch eine im internationalen Vergleich relativ „egalitäre" Einkommensstruktur bewirkte. Die Entgrenzung des nationalen Wirtschaftsraums setzt diese Arrangements nun unter Veränderungsdruck. Während die Anpassung in den angelsächsischen Kapitalismen mit brachialer Wucht und – zumindest in den USA – mittels weitgehender Entgewerkschaftung der Wirtschaft erfolgte, nimmt die Deregulierung der Arbeitsbeziehungen hierzulande einen anderen Verlauf. Unternehmen nutzen ihre Exit-Option gezielt, um institutionalisierte Vertragsbeziehungen zu unterlaufen und vereinbarte Standards bei Löhnen, Arbeitsbedingungen und Arbeitszeiten im Unternehmenssinne zu korrigieren. Im Unterschied zu ausgesprochenen Niederwerfungsstrategien geschieht dies jedoch durch Ausnutzung der Handlungsspielräume, die das duale System bietet. Viele Unternehmensführungen machen die Betriebsräte gezielt zu Partnern eines permanenten *concession bargaining*, das heißt, die Interessenvertretungen werden immer wieder zu Kompensationsgeschäften genötigt. Was in früheren Zeiten zumindest in industriellen Großbetrieben relativ selbstverständlich war – dauerhafte Beschäftigung und angemessene Beteiligung der Lohnabhängigen am Produktivitätszuwachs – wird nun innerbetrieblich zum Verhandlungsgegenstand. Im Tausch gegen befristete Beschäftigungsgarantien machen Betriebsräte und Belegschaften Zugeständnisse bei der Ausdehnung und Flexibilisierung von Arbeitszeiten, beim Abbau betrieblicher Sozialleistungen und immer häufiger auch bei der Differenzierung von Löhnen und

Gehältern. Verhandelt wird über den Grad an Unsicherheit, der den verschiedenen Gruppen im Betrieb zugemutet werden kann. Dabei spielt es keine Rolle, ob und aus welchen Gründen die Unternehmen ihre Exit-Option tatsächlich wahrnehmen. In vielen Schlüsselunternehmen wird selbst die Vergabe von Ersatzinvestitionen als Standortentscheidung initiiert. Kernbelegschaften, Betriebsräte und Gewerkschaften sehen sich in solchen Konstellationen einem permanenten Druck ausgesetzt, so dass häufig schon die Androhung negativer Standortentscheidungen genügt, um widerstrebende Akteure gefügig zu machen. Auf diese Weise sind in vielen Industriezweigen teils informelle, teils formalisierte betriebliche „Standortpakte" entstanden, die die Verbindlichkeit des Systems der Flächentarifverträge untergraben und seine homogenisierende Wirkung aushöhlen. Noch sind Fälle mit offenem Tarifbruch die Ausnahme. Doch die ohnehin prekäre Balance zwischen zentraler und betrieblicher Regelungsebene verschiebt sich mehr und mehr zugunsten dezentraler Aushandlungen und Vereinbarungen. Durch Austritte aus Arbeitgeberverbänden und stille Tarifflucht mittels Ausgründungen und unternehmensinterner Umstrukturierungen (Holding-Strukturen) verliert das System der Flächentarifverträge nach und nach an Verbindlichkeit. In mikropolitische Entscheidungsprozesse übersetzt, ist die ökonomische Globalisierung so zu einer Universalbegründung für einen Prozess regelverändernder Restrukturierung geworden.[46] Eine Folge ist, dass sich das Gefühl sozialer Unsicherheit auch in den zuvor relativ geschützten Kernbelegschaften ausbreitet und selbst in der Managementhierarchie Einzug hält.

3.4 Übergänge zum Autoritarismus

Wie schon in der Sphäre staatlicher Politik wirkt die Option Globalisierung somit relativ unabhängig vom realen Tempo wirtschaftlicher Internationalisierung. Im neuen Möglichkeitsraum der Weltwirtschaft genügen schon graduelle Veränderungen in einzelnen Branchen und industriellen Komplexen, um veränderten bargaining-

---

46 Auch die nachholende Dezentralisierung der industriellen Beziehungen ist freilich ein politisch vermittelter, mithin gestaltbarer Prozess. Ausgerechnet in der seit jeher am stärksten internationalisierten Branche, der Pharma- und Chemieindustrie, ist der institutionelle Rahmen vergleichsweise stabil, während er z.B. in der eher nationalen Druckindustrie faktisch bereits zur Disposition gestellt ist. Dazu ausführlich: Dörre, Klaus (1997): Globalisierung – eine strategische Option. Internationalisierung von Unternehmen und industrielle Beziehungen in der Bundesrepublik. In: Industrielle Beziehungen. Zeitschrift für Arbeit, Organisation und Management 4/1997, S. 265-290; Dörre, Klaus/Elk-Anders, Rainer/Speidel, Frederic (1997): Globalisierung als Option. Internationalisierungspfade von Unternehmen, Standortpolitik und industrielle Beziehungen. In: SOFI Mitteilungen Nr. 25, S. 43-71 und Bergmann, Joachim/Brückmann, Erwin/Dabrowski, Hartmut (1997): Reform des Flächentarifvertrages? Berichte aus den Betrieben. Hamburg: VSA.

Strategien von Unternehmen, Aktionären oder Wirtschaftsverbänden Nachdruck zu verleihen. In zahlreichen mikropolitischen Auseinandersetzungen wird der bestehende Regulationsmodus ausgehöhlt und transformiert. Ebendies macht die besondere Qualität der gegenwärtigen Etappe internationaler Restrukturierung aus. National begrenzte Regelsysteme geraten unter Dauerstress.[47] Gleich ob Steuervorschriften, Sozialleistungen, Umweltauflagen, Arbeitsschutzbestimmungen, Tarifverträge oder die Institutionen betrieblicher Mitbestimmung – sinnvoll und bestandsfähig erscheint nur, was sich vor den Imperativen internationaler Wettbewerbsfähigkeit legitimieren lässt. In einer wohlfahrtsstaatlichen Tradition, die – wie in Deutschland – die Zustimmung zu demokratischen Verfahren unmittelbar an wirtschaftliche Leistungskraft und soziale Sicherheit knüpft, liegt nahe, dass der „Wirtschaftsinternationalismus" Reaktionen mit demokratiegefährdenden Konsequenzen provoziert. Ohne Anspruch auf Vollständigkeit lassen sich mindestens drei Ursachenbündel identifizieren, die den Übergang zu autoritären Orientierungen fördern können.

Die größte Gefahr rührt aus der alltagsweltlichen Verschmelzung von nationaler und sozialer Frage. Wo internationale Konkurrenz zu einer universellen Erfahrung wird und die Gebote des Weltmarktes als ideologische Letztbegründung für Maßnahmen dienen, die in der Konsequenz auf sinkenden Lebensstandard und eine Verschärfung sozialer Unsicherheit hinauslaufen, da liegt es nahe, ganz im Sinne des alten Wohlfahrtsmodells eine „Politik mit den Grenzen" zu reklamieren. Dies ist die Chance eines sich territorialistisch gebärdenden Rechtspopulismus. Je nach regionalem Kontext und Adressatengruppen kann er sich als Bewegung von Globalisierungsverlierern präsentieren, die gegenüber den Zumutungen wirtschaftlicher Internationalisierung auf der Schutzfunktion des Nationalstaates beharren. Das „Nationale" wird konstruiert, um eigene Ansprüche auf den Wohlstandskuchen zu legitimieren und andere, „fremde" Ansprüche – etwa von Migranten, Asylbewerbern oder ethnischen Minderheiten – abzuwehren. Der gleichen Logik folgend, kann sich der territorialistische Rechtsextremismus zur Speerspitze regionalistischer oder separatistischer Bestrebungen machen, die darauf zielen, ein bestehendes sozialräumliches Wohlstandsgefälle mittels politischer Autonomieforderungen gegenüber Ansprüchen von „Verliererregionen" abzusichern.

Beide Varianten des territorialistischen Rechtspopulismus liegen indessen in latentem Konflikt mit einer autoritären Tendenz, deren Ursprung in einer Art positiver Exklusion, in der fortschreitenden Herauslösung einer ganzen sozialen Schicht aus nationalen oder regionalen Bindungen wurzelt. In diesem Fall handelt es sich um einen Autoritarismus von Globalisierungsgewinnern. Zwar kann auch er sich aus taktischen Gründen der Formel von „nationalen Wirtschaftsinteressen" bedienen. Seine

---

47 Altvater, Elmar/Mahnkopf, Birgit (1996): Grenzen der Globalisierung. Ökonomie, Ökologie und Politik in der Weltgesellschaft. Münster: Westfälisches Dampfboot.

eigentlichen Adressaten sind jedoch eher „kosmopolitisch" orientierte Gruppen, deren professionelle Tätigkeiten eine ungehinderte Partizipation an den Vorzügen der entstehenden transnationalen Gesellschaft ermöglichen. Für diese Schicht moderner Wissensarbeiter sind territorialistische Anwandlungen schlicht dysfunktional. Der Autoritarismus kleidet sich in diesen Kreisen in das Gewand einer sachbezogenen Technokratie, die den Staat als ein Unternehmen begreift, das es – unabhängig vom Grad der demokratischen Legitimation – möglichst effizient und mediengerecht zu managen gilt. Bei transnationalen Eliten und den um sie herum gruppierten Schichten findet sich für solche Auffassungen durchaus ein Massenpublikum. Möglicherweise bringen diese Milieus einen Führertypus hervor, der eher die Merkmale eines Medienstars mit denen eines Wirtschaftskapitäns vereinigt, als dass er Ähnlichkeiten mit den Duces vergangener Epochen aufwiese. In ihren Zielen und den Formen der Machtausübung grundsätzlich different, dürften die Herrschaftsansprüche dieser neuen Form des *leaderismo*[48] – der beabsichtigte Zugriff auf die „ganze Person" – den historischen Vorläufern allerdings in nichts nachstehen. Bei allem Gegensätzlichen ist nicht auszuschließen, dass sich „territorialer" und „transnationaler" Autoritarismus in einer Art negativer Synthese wechselseitig verstärken. Technokratische Eliten, die die Zwänge einer vernetzten Weltwirtschaft exekutieren und zugleich ihren „kosmopolitischen" Habitus zur Schau stellen, provozieren geradezu territoriale Reaktionen. Ein Effekt solcher Aufschaukelungen könnte die Forcierung einer dritten, vielleicht der gefährlichsten autoritären Tendenz sein. Sie bricht sich innerhalb der demokratischen Institutionen Bahn. Gemeint ist die schleichende Aushöhlung und Entdemokratisierung von Parteien und gesellschaftlichen Assoziationen, aber auch die partielle Verselbstständigung staatlicher Bürokratien und Gewaltapparate. Politische Organisationen und Verbände, die ihre zivilgesellschaftliche Verankerung verlieren, können leicht zum Spielball medial verstärkter Populismen werden. Beim Asylrecht hat sich ein solches Zusammenspiel bereits als wirksam erwiesen. Die extreme Rechte fungierte hier als Tabubrecher und Wegbereiter für Maßnahmen, die – von einem großen Parteienkonsens getragen – in eine restriktive Abschiebe-

---

48 Eine wichtige Triebkraft des neuen „leaderismo" ist die Krise der politischen Repräsentanz: „Wenn sich die Arbeitsorganisation verändert und die Produktionsstätte ihre feste Verortung verliert, sich über Landesgrenzen ausdehnt, territorial aufsplittert und im globalen Unternehmensnetz evaluiert, wenn die Zukunft der Arbeit prekär und fluktuierend wird und sich gleichzeitig Orte und Aneignungsweisen der kulturellen Fähigkeiten und des Alltagsverstandes wandeln, dann zerfällt das Subjekt der Repräsentanz. An diesem Punkt ertönt der Ruf nach (oder der Traum von) einer Führergestalt. Das Parlament erscheint jetzt als Hindernis zwischen dem atomisierten Wähler und dem 'Leader'". Ingrao, Pietro/Rossanda, Rossana (1996): Verabredungen zum Jahrhundertende. Eine Debatte über die Entwicklung des Kapitalismus und die Aufgaben der Linken. Hamburg: VSA, S. 43.

praxis mündeten. Institutioneller Autoritarismus ist legal, er funktioniert zumeist geräuschlos und ist daher besonders schwer zu kontrollieren.

Autoritäre Tendenzen sind freilich kein exklusives Produkt des rheinischen Kapitalismus und seiner Krise. Im Gegenteil. Mit Ausnahme Italiens dürfte in der jüngeren Vergangenheit in keiner anderen Industrienation ein solch großes autoritäres Potential sichtbar geworden sein, wie das in den USA anhand der Zustimmung zum rechtspopulistischen Präsidentschaftskandidaten Ross Perot der Fall war. Für alle Kapitalismusvarianten gilt indessen, dass sich autoritäre, rechtsextreme Tendenzen nicht im Selbstlauf durchsetzen. Sie sind stets Produkt besonderer kultureller und politischer Traditionen und sie bedürfen, um erfolgreich zu sein, einer wirkungsvollen organisatorischen Bündelung. In den politisch-institutionellen Vermittlungen zwischen ökonomischer Globalisierung, sozialer Frage und Autoritarismus existiert tatsächlich ein Spezifikum der rheinischen Kapitalismusvariante. Aufgrund hoher subjektiver Sicherheitsstandards werden Einbußen an materieller Wohlfahrt und sozialer Sicherheit umso feinfühliger registriert.

In dieser Hinsicht scheint in Deutschland besonders in der jungen Generation ein Umschlagpunkt erreicht. Obwohl Jugendarbeitslosigkeit und Armut weit weniger ausgeprägt sind als in anderen westeuropäischen Ländern, ist die Angst vor Arbeitslosigkeit für Jugendliche zu einer generationsprägenden Schlüsselerfahrung geworden. Eine Folge ist schwindendes Vertrauen in Parteien und politische Institutionen, (noch) nicht in die „Demokratie an sich".[49] In solchen Daten wie auch in den hohen Jungwählerergebnissen von Republikanern und anderen rechtspopulistischen Formationen deutet sich ein explosives Protestpotential an, das – anders als in den angelsächsischen Kapitalismen – weder durch ein extrem dezentralisiertes politisches System und eine individualistische Kultur (USA) noch über eine hohe Akzeptanz formaler demokratischer Verfahren (Großbritannien) pazifiziert werden kann. Wenn es vorerst gelungen ist, den Autoritarismus dennoch in Grenzen zu halten, so ist das – auch – ein Verdienst noch immer halbwegs intakter sozialer Sicherungssysteme, geschwächter, aber handlungsfähiger Gewerkschaften und funktionierender demokratischer Öffentlichkeiten. Bislang gibt es für die extreme Rechte kein Monopol auf sozialen Protest. Eine Politik, die die verbliebenen Integrationskräfte der Gesellschaft schwächt, könnte allerdings Erschütterungen auslösen, die dann ungleich heftiger ausfallen werden, als das in den angelsächsischen Kapitalismen angesichts des dort erreichten Ausmaßes sozialer Polarisierung gegenwärtig der Fall ist.

---

49 Vgl. Jugendwerk der Deutschen Shell (Hg.) (1997): Jugend '97. Zukunftsperspektiven, gesellschaftliches Engagement, politische Orientierungen. Gesamtkonzeption und Koordination: Arthur Fischer und Richard Münchmeier. Opladen: Leske + Budrich.

4. Schlussfolgerungen: Internationaler Stakeholder-Kapitalismus als Alternative?

Was bedeutet all dies für die Ausgangsfrage nach der Zukunft des rheinischen Kapitalismus in der Ära ökonomischer Globalisierung? Fünf Schlussfolgerungen drängen sich auf.

Erstens zwingt der Globalisierungsprozess alle Kapitalismusvarianten zu Veränderungen. Von einer systemisch bedingten überlegenen Wettbewerbsfähigkeit der angelsächsischen Kapitalismen kann pauschal weder auf gesamtwirtschaftlicher noch auf Unternehmensebene die Rede sein. Es gibt keinen Beleg für die Annahme, dass eine Zerstörung langfristorientierter Arrangements der einzige Weg ist, um international wettbewerbsfähig zu produzieren. Das entscheidende Argument gegen fatalistische Szenarien lautet: ökonomische Globalisierung verhält sich gegenüber den Formen institutioneller Steuerung und Regulation solange neutral, wie es gelingt, die Wettbewerbsfähigkeit der Unternehmen und Volkswirtschaften zu sichern. Dass wirtschaftliche Effizienz auf höchst unterschiedlichen Wegen zu erreichen ist und durch Einbettung ökonomischer Aktivitäten in langfristorientierte Arrangements gefördert werden kann, hat gerade die institutionelle Ökonomie zur Genüge bewiesen.

Zweitens rühren die Erosionstendenzen des rheinischen Kapitalismus weniger aus schwindender wirtschaftlicher Wettbewerbsfähigkeit als aus dem Regulationsdefizit der internationalen Ökonomie und der Attraktivität, die das angelsächsische Modell für das definitionsmächtige obere Drittel nationaler Gesellschaften besitzt. Die vielfach beklagte „institutionelle Lücke" der Weltwirtschaft zwingt die kooperativen Kapitalismen zur Transformation bestehender Regulationsmodi. Eine defensive Politik, die lediglich darauf setzt, die Vorzüge des rheinischen Kapitalismus möglichst unverändert zu bewahren, wird daher rasch den Boden unter den Füßen verlieren. Aber auch das andere Extrem, ein radikaler Pfadwechsel in Richtung angelsächsisches Modell (forcierte Deregulierung, *shareholder-value*-Steuerung von Unternehmen, Einrichtung eines Niedriglohnsektors, weitere Steuer- und Kostensenkungen für Unternehmen), ist nur um den Preis hoher sozialer Kosten praktikabel. Wer, wie in Deutschland Teile der Wirtschaftseliten, dennoch für einen solchen Kurs plädiert, verstärkt gesellschaftliche Desintegrationseffekte und potenziert die autoritäre Gefahr.

Drittens bieten sich als Alternative Konzeptionen an, wie sie unter der Bezeichnung *stakeholder capitalism* diskutiert werden.[50] Dabei geht es um ein auf die Bedingungen intensivierter Globalisierung zugeschnittenes soziales und demokratisches Projekt, das eine „inklusive Gesellschaft" zum Programm erhebt, die auf Teilhaberechten und

---

50 Vgl. die Beiträge in: Kelly, Gavin/Kelly, Dominic/Gamble, Andrew (Hg.) (1997): Stakeholder Capitalism. London: Macmillan.

damit korrespondierenden sozialen Verpflichtungen beruhe. Solche Konzeptionen stehen und fallen mit einer Re-Regulation der internationalen Ökonomie. Perraton[51] schlägt vor, die bestehenden internationalen Institutionen (WTO, GATT, IWF etc.) in Aushandlungsprozesse hineinzuziehen, die allmählich den Übergang zu langfristorientierten Arrangements ermöglichen. Der – mittlerweile aus Finanzkreisen selbst geforderten – öffentlichen Kontrolle internationaler Finanzmärkte (Perraton plädiert im Sinne der *Tobin-Tax* für eine Besteuerung spekulativer Finanztransaktionen) fällt dabei eine Schlüsselrolle zu. Bei allen Schwächen und Ungereimtheiten dieses Konzepts skizziert es immerhin eine Reformstrategie, die für entwickelte Kapitalismen länderübergreifende Ansatzpunkte zur Reformulierung organisierter Arbeitsinteressen, zur sozialen Einbettung der Wirtschaft und zur Erneuerung des Wohlfahrtsstaates bietet.[52]

Viertens ist ein Hauptziel des stakeholder-Ansatzes die Herausbildung, Stärkung und vor allem die Demokratisierung internationaler Institutionen. Soweit sie existieren, sind diese Institutionen schwach. Eine Ausnahme bildet die Europäische Union. Ihr könnte bei der Re-Regulation des internationalen Kapitalismus eine Art Vorreiterfunktion zufallen. Die EU umgrenzt einen fast geschlossenen makroregionalen Wirtschaftsraum. Der vorerst größte Binnenmarkt der Welt ist für Wettbewerber allemal attraktiv genug, um ihn mit sozialen und ökologischen Zutrittsbedingungen auszustatten. Anders als vergleichbare Handelsblöcke (NAFTA, MERCOSUR) gibt es innerhalb der Union ein Minimum an institutioneller Konvergenz und ein, wenngleich schwaches, transnationales Entscheidungszentrum. Das könnte einer Politik der Re-Regulation dienlich sein.[53] Der – unter sozialen und ökologischen Gesichtspunkten problematische – Primat einer gemeinsamen Währungsunion ändert daran nichts. Ausschlaggebend wird sein, ob die unvermeidliche Einfüh-

---

[51] Perraton, Jonathan (1997): The Global Economy. In: Kelly, Gavin/Kelly, Dominic/Gamble, Andrew (Hg.), Stakeholder Capitalism. London: Macmillan, S. 226-238, S. 234ff.

[52] Die Schwierigkeiten der Umsetzung vor Augen, regt Hutton, Will (1997): An Overview of Stakeholding. In: Kelly, Gavin/Kelly, Dominic/Gamble, Andrew (Hg.), Stakeholder Capitalism. London: Macmillan, S. 3-9, eine internationale *stakeholder*-Bewegung an, die Druck auf multinationale Unternehmen und internationale Institutionen ausübt, um so Regeln (Mindestlöhne, Sozialklauseln, Umweltstandards) für die neue Weltwirtschaft durchzusetzen. Dabei geht es immer um Verfahren, die zum Ausgangspunkt für längerfristige *bargaining*-Prozesse und stakeholder-Beziehungen werden können.

[53] So Pierson, Paul/Leibfried, Stephan (1988) Mehrebenen-Politik und die Entwicklung des Sozialen Europa. In: Dies., Standort Europa. Europäische Sozialpolitik. Frankfurt a. Main: Suhrkamp, S. 1-57; im Unterschied zu: Streeck, Wolfgang (1997b): Öffentliche Gewalt jenseits des Nationalstaates? Das Beispiel der Europäischen Gemeinschaft. In: Jahrbuch Arbeit und Technik 1997: Globalisierung und institutionelle Reform. Bonn: Dietz, S. 311-325.

rung einer einheitlichen europäischen Währung Initiativen auslöst, die neben der ökonomischen auch die soziale und politische Integration vorantreiben. Bleiben solche Initiativen aus, wären – auch wirtschaftliche – Desintegrationsprozesse und Rückfälle in nationale Egoismen vorprogrammiert.

Fünftens könnte das „Modell Deutschland" einen solchen Europäisierungsprozess nicht unverändert überleben. Dieser – von den multinationalen Unternehmen ja längst beschrittene – Internationalisierungspfad böte jedoch die Möglichkeit, die Stärken des alten Modells – insbesondere seine Fähigkeit, breite gesellschaftliche Kompromissbildungen mit hoher ökonomischer Flexibilität zu verbinden – auf neue Weise zu kombinieren und in einem transnationalen Kontext wiederzubeleben. Dies wäre das Programm einer Erneuerung von Gewerkschaften und gesellschaftlichen Assoziationen, einer allmählichen Europäisierung längerfristiger Vertragsbeziehungen und sozialstaatlicher Einrichtungen, kurzum: das Programm eines Prioritätenwechsels im europäischen Integrationsprozess, der dem Gespenst eines „desorganisierten Kapitalismus"[54] eine soziale Alternative entgegensetzen könnte.

Gibt es eine Gewähr dafür, dass ein europäischer stakeholder Kapitalismus eine realistische Vision ist? Es gibt sie nicht. Eines liegt jedoch auf der Hand. Misslingt die soziale Rückbettung der verselbständigten Marktökonomie, wird die Beschäftigung mit der institutionellen Verfasstheit nationaler Kapitalismen obsolet. Stattdessen wird sich eine Frage stellen, die Autoren wie Susan Strange mit Blick auf die von internationalen Finanzmärkten getriebene Entwicklung ohnehin für die wichtigste halten: Wie lange kann ein System überleben, das geradewegs dabei ist, die Henne zu schlachten, welche die goldenen Eier legt.

---

54 Lash, Scott/Urry, John (1988): The End of Organized Capitalism. Cambridge: Polity Press. An Lash/Urry anknüpfend: Beck, Ulrich (1997): Was ist Globalisierung? Frankfurt a. Main: Suhrkamp.

III. Nullerjahre: Prekarisierung der Arbeitsgesellschaft und neuer Rechtspopulismus

In den Gesellschaften Kontinentaleuropas vollziehen sich seit Mitte der 1970er Jahre tiefgreifende Umbrüche, die auch die Sphäre der Erwerbsarbeit erfassen. Folgt man dem französischen Sozialwissenschaftler Robert Castel,[1] so haben sich die nachfordistischen Arbeitsgesellschaften in drei Zonen gespalten. Die Mehrzahl der Lohnabhängigen ist noch immer in einer – allerdings schrumpfenden – „Zone der Integration" mit formal gesicherten Normbeschäftigungsverhältnissen tätig. Dazwischen expandiert eine „Zone der Prekarität"[2] mit heterogenen Beschäftigungsformen, die sich allesamt dadurch auszeichnen, dass sie oberhalb eines kulturellen Minimums nicht dauerhaft existenzsichernd sind. Am unteren Ende bildet sich eine – in Deutschland noch relativ kleine – „Zone der Entkoppelung" heraus, in welcher sich die von regulärer Erwerbsarbeit Ausgeschlossenen, die „Entbehrlichen" der Arbeitsgesellschaft befinden. Ob und wie sich diese Segmentationslinien auf politische Orientierungen auswirken, ist umstritten. Robert Castel selbst sieht einen engen Zusammenhang zwischen der Prekarisierung und einer „poujadistischen Reaktion"[3] von Gruppen im sozialen Abstieg, die dazu tendieren, die Konkurrenzen untereinander mit dem Mittel des Ressentiments auszutragen.[4]

---

1 Castel, Robert (2000): Die Metamorphosen der sozialen Frage. Eine Chronik der Lohnarbeit. Konstanz: UKV; Ders. (2005): Die Stärkung des Sozialen. Leben im neuen Wohlfahrtsstaat. Hamburg: Hamburger Edition.

2 „Ein Erwerbsverhältnis gilt als prekär, wenn es nicht dauerhaft oberhalb eines von der Gesellschaft definierten kulturellen Minimums existenzsichernd ist und deshalb bei der Entfaltung in der Arbeitstätigkeit, gesellschaftlicher Wertschätzung und Anerkennung, der Integration in soziale Netzwerke, den Partizipationschancen und der Möglichkeit zu längerfristiger Lebensplanung dauerhaft diskriminiert." Prekarisierung meint die Durchsetzung unsicherer Arbeits- und Lebensverhältnisse. Dörre, Klaus (2017a): Prekarität. In: Hirsch-Kreinsen, Hartmut/Minssen, Heiner (Hg.), Lexikon der Arbeits- und Industriesoziologie. 2. Aufl. Baden-Baden: Nomos, S. 258-261, S. 258.

3 Poujadismus bezeichnet eine populistische politische Strömung im Frankreich der 1950er Jahre und gilt als ein Phänomen kleinbürgerlichen Protests. Namensgeber war Pierre Poujade, der 1955 die Union de défense des commerçants et artisans (UDCA, dt. Union zur Verteidigung der Händler und Handwerker) als Protestpartei gründete.

4 Castel, Robert (2005): Die Stärkung des Sozialen. Leben im neuen Wohlfahrtsstaat. Hamburg: Hamburger Edition, S. 68: „Das kollektive Ressentiment nährt sich aus einem

Castels Hypothesen werden nicht nur kontrovers diskutiert, offen ist auch, ob und inwieweit sie sich auf Deutschland übertragen lassen. Gemeinsam mit meiner Forschergruppe bin ich dieser Hypothese in einer empirischen Untersuchung nachgegangen.[5] Dabei verfolgten wir ein doppeltes Ziel. Zunächst wollten wir herausfinden, ob und wie sich Prekarität – auch subjektiv – auf die Integrationsqualität moderner Gesellschaften auswirken. In einem zweiten Schritt ging es uns um die politischen Verarbeitungsformen von Prekarisierung und hier speziell um mögliche Übergänge zu rechtspopulistischen Orientierungen. Dabei gingen wir von der These aus, dass der zeitgenössische Rechtspopulismus auch in Deutschland eine Entsprechung im Alltagsbewusstsein gerade abhängig Beschäftigter besitzt. Prekarisierung liefert, so unsere Vermutung, den „Problemrohstoff", der – nicht im Sinne eines Automatismus, sondern als eine optionale politische Verarbeitungsform – zu rechtspopulistischen Orientierungen synthetisiert werden kann. Unsere Befunde bestätigen Castels Annahme nur teilweise. Zwar gibt es durchaus Zusammenhänge zwischen Prekarisierung und rechtspopulistischen Orientierungen. Doch diese Zusammenhänge sind komplexer, als es Castels Hypothese unterstellt. Die in Deutschland durchaus beobachtbare Ausbreitung prekärer Arbeits- und Beschäftigungsverhältnisse erzeugt nicht nur soziale Desintegration; sie bringt zugleich einen neuen gesellschaftlichen Kontrollmodus mit vielfältigen Disziplinierungsmechanismen hervor. Je nahtloser sich Individuen oder Gruppen diesen Disziplinierungsmechanismen unterwerfen, desto stärker neigen sie dazu, ausgrenzende Integrationsvorstellungen zu entwickeln. Dies ist eine, wenn auch nicht die einzige Quelle eines neuen Rechtspopulismus, der in Deutschland vor allem als Unterströmung in demokratischen Organisationen und Parteien wirksam wird.[6]

Gefühl erlittenen Unrechts, das gesellschaftliche Gruppen empfinden, deren Status sich verschlechtert und die sich der Vorteile ihrer vorherigen Situation beraubt fühlen. Es ist eine kollektive Frustration, die nach Schuldigen oder Sündenböcken sucht."

5 Brinkmann, Ulrich/Dörre, Klaus/Röbenack, Silke/Kraemer, Klaus/Speidel, Frederic (2006): Prekäre Arbeit. Ursachen, Ausmaß, soziale Folgen und subjektive Verarbeitungsformen unsicherer Beschäftigungsverhältnisse. Expertise, herausgegeben vom Wirtschafts- und sozialpolitischen Forschungs- und Beratungszentrum der Friedrich-Ebert-Stiftung, Abteilung Arbeit und Sozialpolitik. Bonn: Friedrich-Ebert-Stiftung.

6 Zur Begründung dieser These greife ich auf Ergebnisse einer qualitativen empirischen Untersuchung zurück, die ich gemeinsam mit Klaus Kraemer und Frederic Speidel durchgeführt habe. Die Studie basiert auf 100 themenzentrierten Interviews mit Arbeitern und Angestellten, darunter zahlreiche prekär Beschäftigte, 36 Expertengesprächen mit Führungskräften, Betriebsräten und Gewerkschaftern sowie drei Gruppendiskussionen mit Leiharbeitern.

1. Prekarisierung und ihre subjektiven Verarbeitungsformen

Unsere Untersuchung belegt, und hier stimmen unsere Befunde mit anderen Untersuchungen überein,[7] dass auch in Deutschland eine „Zone der Prekarität" entstanden ist. Dieser Prozess schlägt sich in den Erfahrungen und subjektiven Erwerbsorientierungen der von uns Befragten nieder. Es ist sinnvoll, zunächst auf diese subjektive Relevanz von Prekarität einzugehen, bevor die politischen Verarbeitungsformen sozialer Unsicherheit diskutiert werden. Auf der Grundlage unseres empirischen Materials lassen sich neun typische Formen der (Des-)Integration durch Erwerbsarbeit (Schaubild 3) unterscheiden.

Die Typologie zeigt, dass soziale Unsicherheit sowohl in der „Zone der Prekarität" als auch in der „Zone der Entkoppelung" höchst unterschiedlich verarbeitet wird. In beiden Zonen stoßen wir auf ähnliche Grundmuster. Befragte (Typ 5, 8), die wir als Hoffende oder als Veränderungswillige bezeichnet haben, klammern sich an den Glauben, eines Tages doch noch den Sprung in die Normalität zu schaffen. Sie setzen auf den „Klebeeffekt" eines unsicheren Beschäftigungsverhältnisses oder vertrauen auf einen anvisierten Bildungsabschluss. Daneben finden sich in beiden Zonen Verarbeitungsformen, die auf eine Verstetigung von Prekarität und Ausgrenzung hinauslaufen (Typ 6, 7, 9). Die Realisten, die Zufriedenen und die Abgehängten entwickeln aus unterschiedlichen Gründen Strategien, um in einer Lebenssituation, die durch strukturelle Unsicherheit gekennzeichnet ist und eine Art Provisorium im Dauerzustand konstituiert, überleben zu können. Das Ziel einer Überwindung von Prekarität oder Ausgrenzung haben diese Gruppen im Grunde aufgegeben. Dies spricht dafür, dass sich prekäre Lebenslagen auch in den Habitusformen und Handlungsstrategien eines Teils der Befragten reproduzieren.

Durch die Verstetigung von Prekarität und sozialem Ausschluss entstehen neue gesellschaftliche Konfliktlinien. Klassenspezifische Verteilungskonflikte, die wieder an Brisanz gewinnen, werden von Auseinandersetzungen überlagert, die das Drinnen und Draußen regulieren. „Normale" Ansprüche an ein gutes Leben lassen sich für diejenigen, die auf abhängige Arbeit angewiesen sind, im Grunde nur mittels Zugehörigkeit zur schrumpfenden „Zone der Integration", mittels Teilhabe an einem Normalarbeitsverhältnis erreichen. Alles was jenseits der sicheren Zone positioniert ist, zeichnet sich durch Grade des Ausschlusses von materiellem Wohlstand, sozialer Sicherheit, reichen Sozialbeziehungen und Partizipationschancen aus. Im Unterschied zu den subproletarischen Existenzen des 19. Jahrhunderts führen unsichere

---

7 Z.B. Baethge, Martin/Holger, Alda (2005): Berichterstattung zur sozioökonomischen Entwicklung in Deutschland: Arbeit und Lebensweisen. Erster Bericht. Soziologisches Forschungsinstitut. Wiesbaden: VS; Schultheis, Franz/Schulz, Kristina (Hg.) (2005): Gesellschaft mit begrenzter Haftung. Zumutungen und Leiden im deutschen Alltag. Konstanz: UKV.

SCHAUBILD 3: (Des-)integrationspotentiale von Erwerbsarbeit – eine Typologie

Zone der Integration

1. Gesicherte Integration („Die Gesicherten")	2. Atypische Integration („Die Unkonventionellen" oder „Selbstmanager")	3. Unsichere Integration („Die Verunsicherten")	4. Gefährdete Integration („Die Abstiegsbedrohten")

Zone der Prekarität

5. Prekäre Beschäftigung als Chance/temporäre Integration („Die Hoffenden")	6. Prekäre Beschäftigung als dauerhaftes Arrangement („Die Realistischen")	7. Entschärfte Prekarität („Die Zufriedenen")	

Zone der Entkoppelung

8. Überwindbare Ausgrenzung („Die Veränderungswilligen")	9. Kontrollierte Ausgrenzung/inszenierte Integration („Die Abgehängten")		

n = 100. Die Interviewten stammten aus der Auto- und Zulieferindustrie, dem Bergbau, der Leiharbeitsbranche, dem Bankensektor, der Elektroindustrie, dem Einzelhandel und aus dem Wissenschaftsbereich oder sie waren erwerblos und absolvierten Qualifizierungsmaßnahmen. Die Befragten wurden anhand ihres Erwerbsstatus dem von Robert Castel vorgeschlagenen Zonenmodell zugeordnet. Ein eigens entwickelter Prekaritätsindex ermöglichte dann die Zuordnung zu den neun Typen, die auch den subjektiven Umgang mit Prekarität abbilden. Die Typen wurden über ein kontrastierendes Verfahren gefunden (maximaler, minimaler Kontrast).

Beschäftigungsverhältnisse in den Arbeitsgesellschaften der Gegenwart aber nicht, jedenfalls nicht zwangsläufig, zu vollständiger Entwurzelung und Pauperisierung. Vielmehr befinden sich die prekär Beschäftigten in einer eigentümlichen Schwebelage. Sie müssen alle Energien mobilisieren, um den Sprung in sichere Verhältnisse doch noch zu schaffen. Permanente Anstrengungen sind aber auch nötig, um einen Absturz in die „Zone der Entkoppelung" zu vermeiden.

Zugleich zeigt sich, dass dieser prekäre Schwebezustand auch bei Befragten, die noch über ein Normalarbeitsverhältnis verfügen, Abstiegs- und Prekarisierungsängste auslöst. Bei den Verunsicherten und Abstiegsbedrohten (Typ 3, 4) können Abstiegsängste eine besondere Wirkung entfalten, weil diese Gruppen noch etwas zu verlieren haben. Standortkonkurrenzen und die zahlreichen Wettbewerbspakte, in denen häufig Zugeständnisse bei Arbeitszeiten, Löhnen und Arbeitsbedingungen gegen befristete Beschäftigungsgarantien getauscht werden, erzeugen auch in den Stammbelegschaften ein permanentes Gefühl der Verunsicherung. Im öffentlichen Dienst entfalten Privatisierungsbestrebungen eine ähnliche Wirkung. Mit anderen Worten, Prekarität ist auch innerhalb der „Zone der Integration" wirksam – und dies nicht nur als diffuses Gefühl der Bedrohung, sondern in Gestalt höchst realer Verschlechterungen der Arbeits- und Lebensbedingungen. Abstiegsängste, die daraus resultieren, dass die Betreffenden fürchten, unter die Schwelle der Sicherheit und der Respektabilität zu sinken, sind ein wichtiger Kristallisationspunkt von Prekarität, der sich innerhalb der „Zone der Normalarbeit" bemerkbar macht.

Einem System kommunizierender Röhren gleich, begünstigt die Ausbreitung sozialer Unsicherheit die Produktion „gefügiger Arbeitskräfte".[8] Gerade weil sich die prekär Beschäftigten im unmittelbaren Erfahrungsbereich der über Normalarbeitsverhältnisse Integrierten bewegen, wirken sie als ständige Mahnung. Wenngleich Leiharbeiter und befristet Beschäftigte betrieblich meist nur Minderheiten sind, wirkt ihre bloße Präsenz disziplinierend auf die Stammbelegschaften zurück. In Bereichen mit hoch qualifizierten Angestellten produzieren Freelancer und abhängig Selbständige ähnliche Effekte. So finden sich im Grunde in allen Beschäftigungssegmenten Wechselbeziehungen zwischen Stammbelegschaften und flexiblen Arbeitskräften, die den „Besitz" eines unbefristeten Vollzeiterwerbsverhältnisses als verteidigenswertes Privileg erscheinen lassen. Aus diesem Grund ist die Prekarisierung kein Phänomen an den Rändern der Arbeitsgesellschaft. Sie bewirkt eine allgemeine subjektive Unsicherheit, die bis tief in die Lebenslagen der formal Integrierten hinein reicht. Prekarität wirkt desintegrierend und zugleich als disziplinierende Kraft. Insofern erzeugt und stützt sie ein Kontrollsystem, dem sich auch die Integrierten kaum zu entziehen vermögen.

Deutlich wird, dass Integration in Arbeit und Beschäftigung jeweils sehr Unterschiedliches bezeichnet. In den Arbeitsgesellschaften der Gegenwart bedeutet Prekarisierung nicht, jedenfalls nicht zwangsläufig, vollständige Entwurzelung, totale Isolation oder absolute Armut. Wir sprechen für diesen Zusammenhang von einem Desintegrationsparadoxon: Einerseits können Prekarität und Prekarisierungsängste auch in der „Zone der Integration" wirksam werden, sei es als Reaktion auf reale Ereignisse wie bevorstehende Arbeitsplatzverluste oder Betriebsschließungen (Typ 4), sei es in Gestalt von Abstiegsängsten, die eher aus einem diffusen Gefühl der Verunsicherung resultieren, das gleichwohl auf einer realen Verschlechterung von Arbeitsbedingungen (informelles Unterlaufen tariflicher Standards bei Entgelt, Arbeitszeiten und Arbeitsbedingungen) beruhen kann. Andererseits beruht Integration in der „Zone der Verwundbarkeit" sowie der „Zone der Entkopplung" auf Mechanismen, die wir als sekundäre Integrationspotentiale bezeichnen. Integration resultiert hier weder aus einem unbefristeten Beschäftigungsverhältnis mit einem dauerhaft Existenz sichernden Einkommen (Arbeitskraftperspektive), noch aus der Identifikation mit einer inhaltlich befriedigenden, qualifizierten Tätigkeit, die auch soziale Anerkennung verheißt (Tätigkeitsperspektive), sondern aus der Hoffnung auf eine Festanstellung (Typ 5, 8) oder aus einem Sich-Fügen in das vermeintlich

---

8   Boltanski, Luc/Chiapello, Ève (2003): Der neue Geist des Kapitalismus. Konstanz: UKV.

Unabänderliche, auf einem Arrangement mit Prekarität und Ausgrenzung, das durch die Aufwertung geschlechtsspezifischer („Mutterrolle", Typ 7) oder ethnischer (Typ 9) Integrationsmechanismen subjektiv entschärft werden kann. Auf diese Weise sorgt die Konfrontation mit unsicheren Beschäftigungsverhältnissen nicht nur für eine „Destabilisierung des Stabilen".[9] Indem sie die einen diszipliniert und den anderen elementare Voraussetzungen für Widerständigkeit und Gegenwehr nimmt, fördert sie zugleich eine eigentümliche „Stabilisierung der Instabilität".

Insofern ist Prekarisierung kein Phänomen an den Rändern der Arbeitsgesellschaft. Denn sie „bewirkt eine allgemeine subjektive Unsicherheit, welche heutzutage mitten in einer hoch entwickelten Volkswirtschaft sämtliche Arbeitnehmer, einschließlich derjenigen unter ihnen in Mitleidenschaft zieht, die gar nicht oder noch nicht von ihr betroffen sind".[10] Die Prekarisierung wirkt desintegrierend und zugleich als disziplinierende Kraft. Sie stellt ein Macht- und Kontrollsystem dar, dem sich in der gespaltenen Arbeitsgesellschaft auch die formal Integrierten nicht zu entziehen vermögen. Diese Feststellung ist für die Frage nach den politischen Verarbeitungsformen von Prekarität bedeutsam, weil die übliche schablonenhafte Unterscheidung von „Modernisierungsgewinnern" und „-verlierern" nicht erkennbar greift. Wer also nach dem Zusammenhang von Umbrüchen in der Arbeitswelt, Prekarisierung und rechtspopulistischen Orientierungen fragt, der muss solch simplifizierende Schemata vermeiden.

2. Die rechtspopulistische Axiomatik

Nach unserem Verständnis bezeichnen Prekarität und Prekarisierung somit keine sozioökonomische Lage, die außerhalb der Subjektivität der Befragten existiert. Vielmehr stehen diese Begriffe immer auch für ein Macht- und Kontrollsystem,[11] das sozialstaatliche Kompromissbildungen sukzessive durch die Disziplin des Marktes zu ersetzen sucht und entsprechende Verhaltensweisen hervorbringt. Dieser Befund ist für die politischen Verarbeitungsformen von Prekarität bedeutsam. Zwar folgt die Produktion politischer Einstellungen und Meinungen einer eigenen, gegenüber den unmittelbaren Arbeitserfahrungen relativ autonomen Logik.[12] Es gibt jedoch

---

9   Castel, Robert (2000): Die Metamorphosen der sozialen Frage. Eine Chronik der Lohnarbeit. Konstanz: UKV, S. 357.

10 Bourdieu, Pierre (1998): Die feinen Unterschiede. Kritik der gesellschaftlichen Urteilskraft. 2. Aufl. Frankfurt a. Main: Suhrkamp, S. 97f.

11 Foucault, Michel (2000): Die Gouvernementalität. In: Bröckling, Ulrich/Krasmann, Susanne/Lemke, Thomas (Hg.), Gouvernementalität der Gegenwart. Studien zur Ökonomisierung des Sozialen. Frankfurt a. Main: Suhrkamp. S. 41-67.

12 Bourdieu, Pierre (1988): Die feinen Unterschiede. Kritik der gesellschaftlichen Urteilskraft. 2. Aufl. Frankfurt a. Main: Suhrkamp.

Berührungspunkte zwischen beiden Sinnwelten. Etwa dann, wenn bestimmte Alltagsphilosophien und Denkschemata eingespielte Formen der Arbeitsteilung und damit korrespondierende soziale Ungleichheiten legitimieren. Wenn solche Legitimationen infolge veränderter Arbeitsteilungen brüchig werden, entstehen Spielräume für die Ausbreitung rechtspopulistischer Orientierungen. So finden sich bei mehr als einem Drittel unserer Befragten Elemente einer rechtspopulistischen Axiomatik. Im Anschluss an Bourdieu bezeichnen wir mit Axiomatik ein Produktionsprinzip politischer Meinungen, das im Unterschied zu spontanen Haltungen, Emotionen und Stereotypen bereits ein System „expliziter politischer Prinzipien" hervorbringt, welches einer eigenen inneren Logik folgt.[13] Die von uns identifizierte rechtspopulistische Axiomatik umfasst acht zentrale Topoi (Schaubild 4).[14]

Die skizzierten Topoi bilden eine Logik des Ressentiments ab, die nationale Zugehörigkeit nach einem binären Schema codiert, auf diese Weise Abgrenzungen gegenüber Outsidergruppen vornimmt und so eine Ideologie der imaginären Integration durch den Ausschluss anderer hervorbringt. Diese Ideologie ist nicht per se extremistisch, aber sie ist für extremistische Zuspitzungen offen. Es handelt sich zwar nicht um ein geschlossenes rechtes Weltbild, aber doch um eine mehr oder minder kohärente alltagspolitische „Gesamtkonzeption".[15] In unterschiedlichen Ausprägungen findet sich diese „Gesamtkonzeption" in allen Zonen der Arbeitsgesellschaft. Von Integrierten wird sie genauso formuliert wie von prekär

---

13   Ebd., S. 655-659.

14   Um rechtspopulistische Potentiale identifizieren zu können, haben wir in einer offenen Form nach der individuellen Deutung aktueller, im öffentlichen Diskurs präsenten Problemlagen gefragt. Thematisiert wurden u.a. politisches Interesse, ökonomische Globalisierung, Sozialstaat und Sozialstaatsreform, EU-Osterweiterung, EU-Beitritt der Türkei, Green-Card-Regelung, Haltung zum politischen System, Parteipräferenz, Einschätzung rechtspopulistischer Parteien, Haltung zu Gewerkschaften und betrieblichen Interessenvertretungen, nationale Identität sowie kulturelle Differenzen und Integrationsprobleme von Migranten und Migrantinnen.

15   Diese acht Topoi können daher – in unterschiedlichen individuellen Ausprägungen und Kombinationen – als „subjektive Brücken" zum Rechtspopulismus fungieren. Unser Vorgehen weist insofern ein Problem auf, als wir Gefahr laufen können, die subjektiven Brücken zum Rechtspopulismus zu weit zu definieren. So handelt es sich z.B. bei der Ablehnung von Zuwanderung wohl um eine gesellschaftliche Mehrheitsposition, die auch von honorigen Persönlichkeiten wie dem Ex-Bundeskanzler Helmut Schmidt in der liberalen „Zeit" vorgetragen wird. Das Risiko, Mehrheitspositionen zu identifizieren, müssen wir jedoch eingehen, weil die Mobilisierungsfähigkeit des Rechtspopulismus gerade darauf gründet, dass er vorgibt, nur offen auszusprechen, was die Mehrheit des Volkes heimlich denkt. Diese vermeintliche „Volksnähe", aber auch der große Verbreitungsgrad menschenfeindlicher Orientierungen muss in Rechnung gestellt werden, wenn nach Übergangsformen zum Rechtspopulismus gefragt wird. Vgl. Heitmeyer, Wilhelm (2005): Deutsche Zustände. Folge 3. Frankfurt a. Main: Suhrkamp.

SCHAUBILD 4: Indikatoren rechtspopulistischer „Alltagsphilosophien"
1. „Zuwanderung zerstört die deutsche Kultur und muss gestoppt werden"
2. „Ausländer nehmen den Deutschen die Arbeitsplätze weg"
3. „Wenn gespart werden muss, dann bei den Sozialschmarotzern"
4. „Die deutsche Geschichte darf nicht länger Ballast sein"
5. „Wir wollen stolz auf Deutschland sein, können es aber nicht"
6. „Politiker sind unglaubwürdig, manche Gangster. Das gesamte System muss verändert werden"
7. „Ein bisschen weniger Demokratie kann nicht schaden"
8. „Rechte Parteien sind zu extrem, aber sie sprechen die richtigen Themen an"

Beschäftigten oder Ausgegrenzten. Diese Feststellung ist für sich genommen bereits ein wichtiger Befund. Denn offenkundig sind rechtspopulistische Orientierungen weder ein exklusives Phänomen der „Gesicherten" noch der „Prekarier". Vielmehr können in allen Positionen und Lagen, die die nachfordistische Arbeitsgesellschaft konstituieren, rechtspopulistische Orientierungen entstehen. Wenn Umbrüchen in der Arbeitswelt ein Erklärungswert für rechtspopulistische Orientierungen zufällt, so muss, wie unsere Forschung belegt, von einem Ursachenbündel, von einer Pluralität strukturierender Einflüsse ausgegangen werden. Dies gilt umso mehr, als sich die skizzierte Axiomatik nicht unmittelbar auf Arbeits- und Prekarisierungserfahrungen zurückführen lässt. Es handelt sich um Einstellungen, Haltungen, Urteile und Deutungsschemata, die gegenüber situativen Einflüssen und Erfahrungen eine erhebliche Persistenz besitzen. Für einen Zuwanderungsstopp kann man sein, obwohl oder gerade weil man in einer Region mit verschwindend geringem Ausländeranteil lebt. Die Ansicht, dass Migranten Deutschen die Arbeitsplätze wegnehmen, wird nicht zuletzt von Interviewpartnern formuliert, die ihren eigenen Arbeitsplatz für sicher halten. Und die Ausgrenzung von „Sozialschmarotzern" fordern ausgerechnet solche Personen, die selbst wirtschaftlich einigermaßen saturiert sind und die nicht um sozialpolitische Ressourcen konkurrieren müssen.[16]

---

16 Insofern sind weder soziale Positionierung in der Arbeitswelt und realer Problemdruck noch Arbeitserfahrungen unmittelbare Triebkräfte der rechtspopulistischen Axiomatik. Vielmehr entspringen diese „Brücken" zum Rechtspopulismus jenem Produktionsprinzip, das Bourdieu als systematische politische Gesamtkonzeption bezeichnet hat. Es handelt sich um relativ konsistente Deutungsschemata, durch die hindurch konkrete Erfahrungen, auch Arbeitserfahrungen, wahrgenommen und interpretiert werden (Bourdieu, Pierre (1998): Die feinen Unterschiede. Kritik der gesellschaftlichen Urteilskraft. 2. Aufl. Frankfurt a. Main: Suhrkamp, S. 656).

3. Arbeitserfahrungen, Prekarisierung, rechtspopulistische Orientierungen

Damit ist freilich nicht gesagt, dass Arbeits- und Prekarisierungserfahrungen für die Entstehung rechtspopulistischer Orientierungen unbedeutend sind. Das Gegenteil ist der Fall. Die marktzentrierte Flexibilisierung der Produktion von Gütern und Dienstleistungen und die damit einhergehende Prekarisierung verändern nicht nur eingespielte Formen der Arbeitsteilung; sie sorgen auch dafür, dass die Legitimationen dieser Arbeitsteilungen erodieren. Das schafft Raum für fremdenfeindliche, neorassistische Klassifikationen. Anders gesagt, eine relativ erfahrungsresistente rechtspopulistische Axiomatik bemächtigt sich nicht nur konkreter Arbeitserfahrungen, sie wird durch marktzentrierte Arbeitsformen beständig aktiviert, bestätigt und forciert. Dieser Prozess der Umformung von Arbeits- und Prekaritätserfahrungen sowie deren Einbau in die rechtspopulistische Axiomatik lässt sich in unterschiedlichsten Erfahrungsbereichen nachweisen.

Auffällig ist, dass sich viele der potentiellen Rechtspopulisten im politisch-gesellschaftlichen Diskurs nicht wiederfinden. Sie selbst sehen sich als Opfer einer vornehmlich negativ erlebten Flexibilisierung, die in den Medien und seitens der politischen Klasse so gar nicht wahrgenommen wird. „Wir sind schon so flexibel, was sollen wir noch alles tun", lautet ein Standardsatz von Befragten, die sich als „Kostentreiber" und „Besitzstandswahrer" gedemütigt fühlen.

Um zu zeigen, wie sich Arbeitserfahrungen mit rechtspopulistischen Orientierungen verbinden, sei an dieser Stelle exemplarisch der Erfahrungsbereich „Umkämpfte Hierarchien in disziplinierten Produktionsgemeinschaften" genauer geschildert, weil er besonders prägnant die situativen Einflüsse bei der Aktivierung einer rechtspopulistischen Axiomatik offenbart. In einem großen Automobilwerk stoßen deutsche Leiharbeiter auf Vorarbeiter mit Migrationshintergrund, von denen sie angelernt werden. Es kommt zu Konflikten, in einem Fall zu einer gewaltsamen Auseinandersetzung, die in eine Morddrohung gipfelte. In den Augen der deutschen Leiharbeiter verhalten sich die türkischen oder kroatischen Vorarbeiter „hochnäsig" und „arrogant". Viele Leiharbeiter sehen sich selbst als „Ablassventil" von Migranten, die sich am „schwächsten Glied" in der Kette reiben wollen. Die subalterne Behandlung provoziert den Vorwurf der Leiharbeiter, jeder „Ausländer" werde besser behandelt als sie selbst. Als Antwort reagieren sie ihrerseits mit fremdenfeindlichen Klassifikationen. Als Begründung führen die Leiharbeiter an, dass „es uns vielleicht auch gut gehen" würde, wenn die Ausländer nicht da wären. Unversehens erhält der Wunsch des Leiharbeiters, selbst Stammarbeiter zu werden, eine fremdenfeindliche Wendung. Es verdichtet sich die Überzeugung „die Ausländer sind halt besser gestellt als wir". Verstärkt wird diese Haltung durch die offizielle Konfliktverdrängung im Betrieb. Fremdenfeindliche Orientierungen gedeihen im Verborgenen. Würden sie offen artikuliert, müssten

SCHAUBILD 5: Arbeitserfahrungen und rechtspopulistische Orientierungen
1. Negative Flexibilisierung ohne politische Repräsentation
2. „Entweiblichung" und „Zwangsfeminisierung"
3. Umkämpfte Hierarchien in disziplinierten Produktionsgemeinschaften
4. Ethnisch „reine" Arbeitersolidarität
5. Selbstinstrumentalisierung in „entgrenzten" Arbeitsformen

die Beteiligten mit harten Sanktionen durch die Werksleitung und den Betriebsrat rechnen. Aufgrund dieser Konstellation entsteht im Werk eine doppelte Realität. Mit Blick auf das eigene Team und die konkrete Arbeitstätigkeit verhält man sich unternehmenskonform. Doch unter dem Deckmantel der politischen Korrektheit blühen fremdenfeindliche und teilweise offen rassistische Klassifikationen. Die heimliche, informelle Verbreitung solcher Klassifikationen erscheint als subversiver Akt, nicht nur gegen „arrogante Ausländer", sondern auch gegen „die da oben", die ihre ausländerfreundliche Politik mit repressiven Mitteln durchzusetzen suchen.

Das Beispiel des Automobilherstellers steht exemplarisch auch für andere Fälle. In den disziplinierten Produktionsgemeinschaften transnational agierender Konzerne haben Ausländerfeindlichkeit, Rassismus und rechtsextremistische Tendenzen offiziell keinen Platz, denn sie wären geschäftsschädigend. Doch kosmopolitische Orientierungen des Managements können in den disziplinierten Belegschaften geradewegs gegenteilige Reaktionen auslösen. Sind sie doch – nicht nur aus der Perspektive prekär Beschäftigter – die eigentlichen Verursacher von Unsicherheit und Abstiegsängsten. Ausländerfreundliche, tolerante Haltungen werden in den Augen der Befragten ausgerechnet von jenen zur Norm erklärt, die die Verantwortung für die schwierige Situation von (Leih-)Arbeitern tragen. Dass diese „Kosmopoliten" ihre Normen im Zweifelsfall auch mit repressiven Mitteln durchsetzen, erzeugt Ablehnung. Wut auf die Vorgesetzten verbindet sich mit einer fremdenfeindlichen, latent oder offen rassistischen Klassifikation, die im betrieblichen Alltag unterdrückt wird und eben deshalb nicht wirksam dekonstruiert werden kann.

4. Rebellischer, konservierender und konformistischer Rechtspopulismus

Arbeitserfahrungen werden in unterschiedlichen sozialen Positionen verarbeitet und in die rechtspopulistische Axiomatik eingepasst. Auf der Grundlage unseres empirischen Materials unterscheiden wir drei charakteristische, mit Arbeitserfahrungen angereicherte Ausprägungen der rechtspopulistischen Axiomatik, die nicht unmittelbar mit den Zonen der Arbeitsgesellschaft korrespondieren, gleichwohl jedoch eine gewisse Zonenspezifik besitzen. Wir nennen sie die konformistische, die konservierende und die rebellische Variante rechtspopulistischer Orientierungen. Die rebellische Variante findet sich vor allem bei Befragten aus der „Zone der Entkoppelung" und der „Zone der Prekarität" (Typ 6, 8, 9). Charakteristisch für diese Variante ist, dass sie in erster Linie von einem Zerfall kohärenter rationaler politischer Orientierungen zeugt. Dementsprechend zerrüttet und diffus sind auch die politischen Orientierungen der Befragten. Die Ausgegrenzten und Prekarisierten schwanken zwischen Resignation und imaginärer Revolte, einer Revolte, die zumeist in jenen Bahnen verbleibt, die ihnen das System aufzwingt. Ihr Protest erscheint in gewisser Weise richtungslos; er wendet sich gleichermaßen gegen „die da oben" wie gegen „fremd" und „anders". Vor allem aber richtet er sich gegen die gesamte politische Klasse. Das Schwanken zwischen resignativer Unterwerfung und ostentativen Elendsbekundungen folgt dabei einer affektiven Quasi-Systematisierung: Es handelt sich um eine nahezu geschlossene Weltsicht, die in erster Linie auf Gefühlen, Wut und Enttäuschung basiert.

Die konservierende Variante findet sich bevorzugt bei formal integrierten Beschäftigten, die sich freilich überwiegend mit einem drohenden sozialen Abstieg konfrontiert sehen oder zumindest von Abstiegsängsten getrieben werden (Typ 3, 4). Diese Befragten zielen im Grunde darauf, ihre eigene soziale Position zu verteidigen, indem sie Ressentiments als Triebfeder „gesellschaftlicher und politischer Aktion"[17] nutzen. Ressentiments gegen andere werden gezielt als Mittel in der Konkurrenz um Ressourcen und gesellschaftlichen Status eingesetzt. Die Argumentation dieser Gruppen ist stärker rationalistisch geprägt. Bei Verteilungskämpfen unterscheiden die Befragten durchaus zwischen „oben" und „unten"; ihre Grundhaltung steht daher nicht in Widerspruch zu gewerkschaftlicher Organisierung und kollektiver Interessenvertretung. Dieser reaktive Nationalismus von Lohnabhängigen stellt eine sozialpopulistische Antwort auf die Entgrenzung der Märkte dar. In einer historischen Situation, in der die alte Verklammerung von Nationalstaat und sozialreformerischer Politik zerbrochen ist, bietet sich die Politik mit den Grenzen als imaginärer Ausweg an. So unterschiedlich die individuellen Überzeugungen und Klassifikationssysteme der einzelnen Befragten auch sein mögen, einig sind sich die Betreffenden darin, dass Zuwanderung Arbeitsplatzverlust für Deutsche bedeutet, deutschen Staatsbürgern Kosten verursacht und die Lebensqualität schmälert. Konservierend verhalten sich diese Arbeiter und Angestellten, weil sie mit einem rigiden Zuwanderungsregime eigentlich die Vorzüge der alten „Bonner Republik" (oder auch ihrer ostspezifischen Wahrnehmung) bewahren wollen. Auf diese Orientierungen trifft zu, dass sich ein

---

17 Castel, Robert (2005): Die Stärkung des Sozialen. Leben im neuen Wohlfahrtsstaat. Hamburg: Hamburger Edition, S. 67f.

rudimentärer „Klasseninstinkt" mit einer Mischung aus Missgunst und Verachtung paart, „die auf Unterschieden zwischen sozialen Lagen fußt" und mit der „man die Verantwortung für das eigene Unglück bei jenen Gruppen sucht, die sich auf der sozialen Leiter knapp oberhalb oder knapp unterhalb der eigenen Position befinden".[18]

Die rebellische und die konservierende Variante muss indessen von einer Orientierung unterschieden werden, die wir als konformistischen Rechtspopulismus bezeichnen. Diese Variante findet sich bevorzugt in der „Zone der Integration" (Typ 1, 2) und hier häufig bei Befragten, die kontrollierende Arbeitstätigkeiten ausüben. Von einer konformistischen Variante sprechen wir, weil sie wesentlich auf Überanpassung an hegemoniale Normen beruht und sich durch eine eher affirmative Haltung zu einem marktzentrierten Umbau des Wirtschafts- und Gesellschaftsmodells der Bundesrepublik auszeichnet. Diese vermeintlichen Modernisierungsgewinner sehen sich überwiegend mit einem erheblichen Problemdruck konfrontiert. Während die Leistungsintensivierung im Job immer weiter getrieben wird, gibt es immer weniger Garantien dafür, dass überdurchschnittlicher Einsatz auch zum gewünschten Ziel führt. Je größer der Leistungs- und Anpassungsdruck ist und je vorbehaltloser entsprechende Normen erfüllt werden, desto vehementer verlangt man Gleiches von anderen. Das Streben nach nahtloser Integration in die betriebliche Arbeitswelt (Arbeitsorientierung) dient den Befragten offenkundig als normative Referenzfolie, um gesellschaftliche Probleme (politisches Bewusstsein) zu bewerten. Integration – etwa von migrantischen Personen – ist dann nur noch als Assimilation, als nahtlose Anpassung an die Mehrheitsgesellschaft denkbar. Und wer einer solchen Integrationsvorstellung nicht entspricht, läuft Gefahr, als nicht integrationsfähig, mithin ausgrenzbar, abqualifiziert zu werden. Die konformistische Variante macht besonders deutlich, dass Übergänge zu rechten Orientierungen nicht als Entsprechung zum wahrgenommenen Ausmaß sozialer Desintegration begriffen werden dürfen, sondern auch und gerade als Folge einer Überanpassung an Normen entstehen können, die für ein Integrationskonzept konstitutiv sind, das beispielsweise im Feld hochqualifizierter Informationsarbeit Erfahrungen strukturieren kann.

5. Wissenschaftliche und politische Schlussfolgerungen

Was bedeuten diese empirischen Befunde für die sozialwissenschaftliche Debatte um die Ursachen eines neuen Rechtspopulismus? In geboten knapper Form seien drei Schlussfolgerungen benannt.

Erstens belegt unsere Untersuchung die Existenz eines rechtspopulistischen Potentials, das sich aus höchst unterschiedlichen, z. T. geradezu gegensätzlichen Motiven

---

18 Ebd., S. 68.

und Interessenlagen speist. Auf theoretische Erklärungsansätze bezogen bedeutet dies, dass die scheinbar unversöhnliche Frontstellung zwischen Deprivationsansätzen, an die sich z.B. Robert Castel[19] anlehnt, und Dominanzkultur-Konzepten,[20] die in scharfer Frontstellung zu so genannten „Defizit-Theorien" operieren, möglicherweise nur unterschiedliche empirische Phänomene thematisiert. Die Dominanzkultur-These besagt, dass Personen, die „sich mit den herrschenden Werten Geld, Karriere und Erfolg identifizieren", „das Leistungsprinzip verabsolutieren und die zwischenmenschlichen Beziehungen auf ihre Funktionalität für das Eigeninteresse reduzieren", für rassistische und autoritär-nationalistische Einstellungen besonders anfällig sind.[21] Demnach ist der Neorassismus „in seiner systematischen Erscheinungsform vor allem ein Problem der Etablierten bzw. jener, von denen erwartet wird und die von sich selbst erwarten, dass sie einmal dazugehören werden – mit aller Gewalt".[22] Unschwer lassen sich in dieser Diagnose Züge der „konformistischen" Rechtspopulismus-Variante erkennen. Wenn Dominanzkultur-Theoretikerinnen wie Rommelspacher aber formulieren, der Neorassismus sei kein vorrangiges „Problem der Zu-Kurz-Gekommenen" und stattdessen im „Wohlstandschauvinismus"[23] die Hauptursache neorassistischer Klassifikationen sehen, verfehlen sie die Eigenheiten des „konservierenden" wie auch des „rebellischen" Rechtspopulismus.

Im Kontrast zu solchen Vereinseitigungen lässt sich zweitens festhalten, dass es durchaus Zusammenhänge zwischen Prekarisierung, der damit verbundenen Wiederkehr sozialer Unsicherheit und dem Entstehen rechtspopulistischer Orientierungen gibt. Solche Zusammenhänge lassen sich nur bestreiten, wenn man die Wirkung von Prekarisierung auf das Phänomen unsicherer Beschäftigungsverhältnisse beschränkt und Prekarität auf eine sozioökonomische Lage reduziert, die unabhängig von verhaltenssteuernden Habitusformen existiert. Eine solche Sichtweise ignoriert, dass die „Zonen" der Arbeitsgesellschaft sich zueinander wie ein System kommunizierender Röhren verhalten. Dies nicht nur, weil die Abstiegsängste formal integrierter Gruppen einen wesentlichen Kristallisationspunkt von Prekarität bilden, sondern vor allem, weil der disziplinierende Druck, der von den Entkoppelten und Prekarisierten ausgeht, die pathologischen Seiten moderner Arbeitsformen mit erzeugt. Zudem liefern die neuen „gefährlichen Klassen" jenen vermeintlichen

---

19 Ebd.
20 Rommelspacher, Birgit (1995): Dominanzkultur. Texte zu Fremdheit und Macht. Berlin: Orlanda; Held, Josef/Horn, Hans-Werner/Marvakis, Athanasios (1996): Gespaltene Jugend. Politische Orientierungen jugendlicher Arbeitnehmer. Opladen: Leske + Budrich.
21 Rommelspacher, Birgit (1995): Dominanzkultur. Texte zu Fremdheit und Macht. Berlin: Orlanda, S. 86.
22 Ebd.
23 Ebd., S. 87

Modernisierungsgewinnern eine Distinktionsfolie, die das Leiden am Erfolg unduldsam und intolerant werden lässt. Anders gesagt, auch die Existenz von sozialen Gruppen am unteren Ende der sozialen Hierarchie, deren Verhaltensweisen mit dem Integrationsideal der Mittelklassen korrespondieren, erzeugen auf Seiten der Integrierten kollektive Reaktionen, die durchaus ressentimentgeleitet sind. Für alle Gruppen gilt indessen eines: Je weniger die Disziplinierung durch den Markt dem Einzelnen aufhebbar erscheint, desto eher tendiert er dazu, Statuskonkurrenzen mit dem Mittel des Ressentiments, oder zugespitzter, mittels fremdenfeindlicher oder neorassistischer Klassifikationen auszutragen.

In diesem Zusammenhang gilt es drittens zu beachten, dass die Prekarisierung politisch vor allem als ein Kontrollsystem wirksam wird, das in den Zonen der Arbeitsgesellschaft unterschiedliche Formen des Selbstregierens und der Selbstdisziplinierung erzeugt. Es ist die Überanpassung an entsprechende Normen, die ausgrenzende Integrationsvorstellungen hervorbringt. Die Verdichtung und Zuspitzung solch ausgrenzender Integrationsvorstellungen in einer bipolaren Logik, die sich gegen stigmatisierte outsider mit Migrationshintergrund wendet, stellt das zentrale Bindeglied zu rechtspopulistischen Orientierungen dar. Ohne Zweifel enthält diese Interpretation Parallelen zur klassischen Autoritarismus-These, wie sie Fromm und später Adorno[24] formuliert haben. Der neue Autoritarismus lässt sich indessen wohl kaum auf eine Ich-Schwäche zurückführen, die in Defiziten frühkindlicher Sozialisation wurzelt. Er wird, das belegt unsere Untersuchung, durch Mechanismen und Erfahrungen mit erzeugt, die im Arbeitsumfeld der Befragten angesiedelt sind. Gerade in den oberen Etagen der Arbeitsgesellschaft und dort, wo moderne, partizipative Arbeitsformen existieren, gibt es offenbar einen Zusammenhang zwischen der zunehmenden Marktsteuerung von Arbeit, den in Korrespondenz zu marktzentrierter Steuerung entwickelten Formen des Selbstregierens[25] und einer Art Selbst-

---

24 Adorno, Theodor/Frenkel-Brunswik, Else/Levinson, Daniel J./Sanford, R. Nevitt (1973) [1950]: The Authoritarian Personality. New York: Harper & Brothers. Kritisch: Hopf, Christel/Rieker, Peter/Schmidt, Christiane (1995): Familie und Rechtsextremismus – Analyse qualitativer Interviews mit jungen Männern. Weinheim: Juventa; sowie: Hopf, Wulf (1999): Ethnozentrismus und Ökonomismus. Die „Leistungsgesellschaft" als Deutungsmuster für soziale Ausgrenzung. In: PROKLA – Zeitschrift für Kritische Sozialwissenschaft 26(102)/1999, S. 107-130. Vgl. auch: Flecker, Jörg (2004): Die populistische Lücke: Umbrüche in der Arbeitswelt und ihre politische Verarbeitung. FORBA-Schriftenreihe 1/2004. Wien; sowie: Flecker, Jörg/Krenn, Manfred (2004): Abstiegsängste, verletztes Gerechtigkeitsempfinden und Ohnmachtsgefühle – zur Wahrnehmung und Verarbeitung zunehmender Unsicherheit und Ungleichheit in der Arbeitswelt. In: Zilian, Hans-Georg (Hg.), Insider und Outsider. Mering: Hampp, S. 158-181.
25 Foucault, Michel (2000): Die Gouvernementalität. In: Bröckling, Ulrich/Krasmann, Susanne/Lemke, Thomas (Hg.), Gouvernementalität der Gegenwart. Studien zur Ökonomisierung des Sozialen. Frankfurt a. M.: Suhrkamp, S. 41ff.

instrumentalisierung, die nicht nur Leidensdruck erzeugt, sondern auch Techniken einer ressentimentgeladenen Selbstformung hervorbringt, welche einer Bewältigung des Drucks dienen. Ausgrenzende Integrationsvorstellungen sind ein Produkt solcher Techniken des Selbstregierens. Marktförmige Steuerungsmechanismen in der Arbeitswelt generieren offenkundig einen „Zwang zum Selbstzwang", einen Modus der Selbstzuschreibung, der tendenziell auf die gesamte Persönlichkeit ausstrahlt. In unterschiedlicher Weise bringt dieser Modus der Selbstzuschreibung in allen Zonen der Arbeitsgesellschaft Formen der Überanpassung hervor, die in rechtspopulistische Orientierungen einmünden können. Rechtspopulistische Orientierungen stellen im Grunde eine Form der imaginären Reintegration in die Gesellschaft dar, die auf Kosten von Anderen, Schwächeren – eben von Outsidergruppen – vollzogen wird.

Zwischen den skizzierten Orientierungen und den dahinter verborgenen Potentialen existieren durchaus Spannungsverhältnisse. Rebellischer, konservierender und konformistischer Rechtspopulismus lassen sich nicht ohne weiteres unter einen Hut bringen. Daraus resultiert eine strukturelle Mobilisierungsschwierigkeit für rechtspopulistische Formationen. Wollen sie ihr Potential ausschöpfen, müssen sie das scheinbar Unvereinbare versöhnen. Sie müssen den „konformistischen" Marktapologeten in gehobener Position, der an der Selbstunterwerfung unter die Erfolgskriterien des neuen Marktregimes leidet, mit dem rebellischen Leiharbeiter zusammenbringen, dem es im Grunde um besseren Schutz vor der Willkür eben dieses Marktregimes geht. Bei diesem Versuch, individuelle Freiheit und gesellschaftliche Einbindung auszubalancieren, erweisen sich die Populisten als „Pioniere der Ambivalenz".[26] Betrachtet man dieses Spannungsverhältnis auf der für unseren Zusammenhang maßgeblichen, ideologischen Ebene, so kann man den neuen Rechtspopulismus als einen „im Kern individualistischen Ansatz" bezeichnen, der die sozialen Pflichten des Einzelnen betont, zugleich aber bürokratische Bevormundung und kollektiv verordnete „Zwangssolidarität" ablehnt. Die „Haltung der Ehrerbietung" gegenüber den Eliten ist ihm ebenso fremd wie die „Haltung des Mitleids" gegenüber benachteiligten Gruppen.[27]

Auch wenn es künftig gelingen sollte, die unterschiedlichen Orientierungen zusammenzuführen, wird es den unaufhaltsamen Aufstieg eines neuen Autoritarismus dennoch nicht geben. Dafür sorgt schon die Tatsache, dass die extreme Fremdenfeindlichkeit, die alle rechtspopulistischen Formationen auszeichnet und die ihnen den größten Zulauf sichert, mit den Interessen von großen Teilen der Wirtschaftseliten kollidiert. Fremdenfeindlichkeit und das Schüren nationaler Stimmungen vertragen sich

---

26 Decker, Frank (2004): Der neue Rechtspopulismus. 2. Aufl. Opladen: Budrich + Leske, S. 30; sowie: Kann, Mark E. (1983): The New Populism and the New Marxism. A Response to Carl Boggs. In: Theory and Society 12, S. 365-373, S. 371.

27 Lasch, Christopher (1995): Die blinde Elite. Macht ohne Verantwortung. Hamburg: Hoffmann und Campe.

nicht recht mit den Zielvorstellungen einer am wirtschaftlichen Globalisierungs- und Europäisierungsprozess partizipierenden „transnationalen Klasse". Grund für bequeme Passivität ist das allerdings nicht. Die Funktion des organisierten Rechtspopulismus besteht hierzulande im Wesentlichen darin, dass er einer rechtspopulistischen Unterströmung in demokratischen Parteien und Gewerkschaften immer wieder – etwa bei der Zuwanderung, bei der Bekämpfung der Kriminalität oder des Terrorismus – Spielräume verschafft. Demokratische Organisationen, die sich nicht offensiv mit dieser Unterströmung auseinandersetzen, werden angesichts der bevorstehenden Herausforderung – EU-Osterweiterung, Beitrittsverhandlungen mit der Türkei etc. – sukzessive an Handlungsfähigkeit einbüßen. Eine wirkungsvolle politische Auseinandersetzung muss indessen den „wahren Kern" rechtspopulistischer Ideologeme aufdecken. Denn die rechten Formationen sind „alles andere als ein Phänomen der 'Rückständigkeit' in einem ansonsten herrschenden Prozess der Zivilisierung von Gesellschaften".[28] Massenwirksamkeit erreichen sie nur dort, wo sie sich in den Augen vieler Menschen als höchst rationale Form kollektiver „Interessenvertretung" zu präsentieren vermögen. Dem Rechtspopulismus dieses Terrain streitig zu machen, ist der einzig aussichtsreiche Weg, um ihn in die Schranken weisen zu können. Eine demokratische Thematisierung alter und neuer sozialer Fragen sowie die Regelung von Einwanderung und kultureller Integration sind die politischen Felder, auf denen sich nicht nur die Zukunft des Rechtspopulismus, sondern auch die Zukunft der Demokratie entscheiden wird. Falls eine offensive Auseinandersetzung auf diesen Feldern misslingt, ist die Gefahr eines „autoritären Kapitalismus"[29] auch in EU-Europa durchaus real.

Die politischen Schlussfolgerungen, die sich aus diesen Befunden ergeben, können an dieser Stelle nur angedeutet werden. Zunächst spricht einiges dafür, dass es notwendig ist, der Wiederkehr sozialer Unsicherheit durch eine Politik der Entprekarisierung zu begegnen, die die Schutzbedürfnisse prekarisierter oder von Prekarisierung bedrohter Gruppen ernst nimmt. Ein gesetzlicher Mindestlohn, die Unterstützung von Selbstorganisationsversuchen im prekären Bereich, auf flexible Arbeitsformen zugeschnittene Sicherungssysteme (z.B. Prämien für befristet und flexibel Beschäftigte, auch als Zuschuss zum Tariflohn) und postnationale, europäisch-internationalistisch ausgerichtete Strategie sind unverzichtbare Bausteine einer solchen Politik.[30] Eine

---

28 Klönne, Arno (2002): Thesen zum Rechtspopulismus. Frankfurt a. Main: Ms., S. 1, 4.
29 Heitmeyer, Wilhelm (2001): Autoritärer Kapitalismus, Demokratieentleerung und Rechtspopulismus. Eine Analyse von Entwicklungstendenzen. In: Loch, Dietmar/ Heitmeyer, Wilhelm (Hg.), Schattenseiten der Globalisierung. Rechtsradikalismus, Rechtspopulismus und separatistischer Regionalismus in westlichen Demokratien Frankfurt a. Main, S. 497-534.
30 Brinkmann, Ulrich/Dörre, Klaus/Röbenack, Silke/Kraemer, Klaus/Speidel, Frederic (2006): Prekäre Arbeit. Ursachen, Ausmaß, soziale Folgen und subjektive Verarbeitungsformen unsicherer Beschäftigungsverhältnisse. Expertise, herausgegeben vom

Politik, die die Repräsentation ausgegrenzter und prekarisierter Gruppen herstellt, kann dazu beitragen, dass sich rechtspopulistische Potentiale organisationspolitisch nicht verselbständigen. Verschwunden sind diese Potentiale damit allerdings nicht. Erfolgreich kann eine solche Politik der Entprekarisierung aber nur sein, wenn sie alles vermeidet, was als „Grenzverwischung" zwischen einer demokratischen Linken und einer antidemokratisch-extremistischen Rechten gedeutet werden kann. Das leichtfertige Spielen der nationalen Karte wirkt hier ebenso kontraproduktiv wie die Fremdarbeiter-Äußerung eines Oskar Lafontaine[31] – und zwar unabhängig davon, ob diese Äußerung „nur" unbedacht und in der Hitze des Gefechts erfolgte oder ob es sich um einen kalkulierten Versuch handelte, die rechtspopulistische Unterströmung wahlpolitisch vor den eigenen Karren zu spannen.

Eine demokratische Linke kann nur glaubwürdig agieren, wenn sie ihre eigenen politischen Ziele jederzeit klar von denen einer extremen Rechten abgrenzt, die sich – wie etwa die NPD – ein populistisches Mäntelchen überziehen, um ihre autoritär-antidemokratischen Ordnungsvorstellungen besser verkaufen zu können. Deshalb darf die Linke nicht hinter die von Eric Hobsbawm[32] formulierte Erkenntnis zurückfallen, dass die demokratische gegenüber der sozialen Frage einen Eigenwert besitzt. Integrationskonflikte müssen mit demokratischen Mitteln und unter Berücksichtigung elementarer Menschen- und Bürgerrechte ausgetragen werden. Dieser Grundsatz ist es, der die Scheidelinie zu jenen darstellt, die die soziale Frage in eine nationale zu transformieren suchen. Wer diese Scheidelinie deutlich machen will, der muss sie auch in seiner eigenen Organisationspraxis realisieren. Die Tendenz zur Überanpassung an hegemoniale Normen lässt sich nicht dadurch außer Kraft setzen, dass man die Überanpassung an Gegennormen proklamiert. Die Linke benötigt demokratische Integrationskonzepte für unterschiedliche gesellschaftliche Teilbereiche. Daran wird – auch programmatisch – zu arbeiten sein.

Wirtschafts- und sozialpolitischen Forschungs- und Beratungszentrum der Friedrich-Ebert-Stiftung. Abteilung Arbeit und Sozialpolitik. Bonn: Friedrich-Ebert-Stiftung, S. 85ff.

31 Lafontaine hatte 2005 auf einer Kundgebung in Chemnitz gesagt: „Der Staat ist verpflichtet zu verhindern, daß Familienväter und Frauen arbeitslos werden, weil Fremdarbeiter zu niedrigen Löhnen ihnen die Arbeitsplätze wegnehmen." Als Fremdarbeiter wurden während der Nazi-Zeit deportierte Arbeitskräfte aus von der Wehrmacht besetzten Ländern bezeichnet. Vgl.: Fremdarbeiter – Lafontaine erntet Kritik für ein Wort. In: Hamburger Abendblatt vom 17.06.2005. https://www.abendblatt.de/politik/deutschland/article107006753/Fremdarbeiter-Lafontaine-erntet-Kritik-fuer-ein-Wort.html. Zugegriffen: Juni 2020.

32 Hobsbawm, Eric J. (1994): The Age of Extrems. The Short Twentieth Century 1914–1991. London: Michael Joseph.

IV. Finanzkrise 2007–09: Exklusive Solidarität und heimatloser Antikapitalismus

Stell Dir vor, es ist Krise und kaum jemand bemerkt es. So oder ähnlich könnte man die Situation in der Bundesrepublik im Herbst 2009 beschreiben. Zwar ist inzwischen unstrittig, dass das Land eine Wirtschaftskrise durchläuft, die möglicherweise mit der großen Depression 1929/32 vergleichbar ist, doch erhebliche Teile der Bevölkerung scheinen davon unbeeindruckt. Zwar kämpfen Belegschaften wie die von Opel und Quelle – teilweise bereits vergeblich – um den Erhalt ihrer Arbeitsplätze, doch im Land ist es merkwürdig ruhig. Nirgendwo, so scheint es, liegt der Geruch der Revolte in der Luft. Wo französische Arbeiter *Bossnapping* betreiben oder argentinische Beschäftigte getreu ihres Slogans „Feuert den Boss!" gefährdete Unternehmen in Eigenregie weiter betreiben, üben sich in Deutschland selbst die gewerkschaftlich organisierten Gruppen in (Selbst-)Disziplin. Proteste, sofern es überhaupt dazu kommt, bleiben begrenzt. Stattdessen wird weiter konsumiert, in Urlaub gefahren, gearbeitet, als ginge alles seinen normalen Gang. Und wie zur Bestätigung haben die Bundestagswahlen nicht nur eine liberal-konservative Mehrheit gebracht, ausgerechnet die FDP mit ihrem Bekenntnis zur Marktorthodoxie verzeichnet Rekordergebnisse.

Wie ist diese Stillstellung der Krise in den Köpfen zu erklären? Wie kommt es, dass eine Mehrheit scheinbar eher zum *Bosskissing* als zu Protesten tendiert? Neben der Tatsache, dass die Krise in Deutschland den Arbeitsmarkt noch gar nicht in vollem Umfang erreicht hat, könnte eine Antwort in der Gültigkeit eines Foucault'schen Szenarios vermutet werden. Das unternehmerische Selbst samt dazugehörigem Freiheitsversprechen wäre demnach soweit internalisiert, dass die Individuen einer affirmativen Logik zum Opfer fallen. Der Subjektivierung von Arbeit und Kapitalismus folgt nun die Subjektivierung der Krise. Dem „Wir sitzen alle in einem Boot" eines Joseph Ackermann antwortet ein „Wir alle sind der Finanzmarktkapitalismus". Die Krise, so wäre zu mutmaßen, wirkt je nach sozialer Position als persönliches Schicksal, als Indiz selbst verantworteten Scheiterns, als individuelle Herausforderung oder auch als Chance zur Selbstkorrektur. In ihrer gesellschaftlichen Dimension bleibt sie aber unbegriffen, weshalb Selbstzuschreibungen wahrscheinlicher sind als die kollektive Aktion.

Ohne die Relevanz von Subjektivierungstheoremen generell zu bestreiten, soll nachfolgend eine anders akzentuierte These entwickelt und begründet werden. Die vermeintliche Krisenresistenz von Subjektivitäten erklärt sich nach unserer

Auffassung aus der Mobilisierung von eigensinnigen Praktiken und abgelagerten, habitualisierten Handlungsschemata, die eine selbsttätige Auseinandersetzung mit Konkurrenzmechanismen und Marktvergesellschaftung steuern. Anders gesagt: Ungerechtigkeits- und Missachtungserfahrungen sind, ebenso wie massive Gesellschafts- und Kapitalismuskritik, in den Köpfen von Lohnabhängigen reichlich vorhanden. Und sie lösen mitunter gar Gewaltphantasien aus. Doch offenkundig fehlt ein mit Handlungsperspektiven verknüpftes, intellektuelles Bezugssystem, das solche Stimmungen politisch bündeln könnte. Die finanzkapitalistische Landnahme verfügt trotz Krise über eine stabile Basis in den Subjekten – das aber nicht, weil das Freiheitsversprechen der Marktvergesellschaftung, die Leitbilder von Arbeitskraftunternehmer oder unternehmerischem Selbst tief in den Subjektivitäten verankert wären, sondern vor allem, weil noch immer auf Erfahrungen, Verhaltensdispositionen, Ressourcen zugegriffen werden kann, die nicht marktförmig zugerichtet sind. Die systemischen Legitimationen des Finanzkapitalismus erodieren, ohne dass dies vorerst zu großen Revolten oder Protesten führen muss. Und ein Hauptgrund sind jene scheinbar in der Vergangenheit wurzelnden Habitusformen und Institutionen, die das eigentliche Objekt rekommodifizierender Landnahmen darstellen.

Unsere These lautet: Alltagskritik am Kapitalismus wird entschärft, weil sie – auch als Ergebnis jahrelanger Standortsicherungspolitiken von Betriebsräten und Gewerkschaften – mit Ohnmachtserfahrungen verbunden ist, die sich in exklusiver Solidarität artikulieren können. Man ist solidarisch, aber vornehmlich unter Seinesgleichen, innerhalb der Stammbelegschaften und im eigenen Betrieb. Das übergreifende Deutungsmuster haben wir in das Bild von gutem Betrieb und schlechter Gesellschaft übersetzt. Trotz aller Kritik am Unternehmen, an der Entlohnung und den Leistungsbedingungen identifizieren sich Stammbeschäftigte mit „ihrem" Betrieb, „ihrem" Unternehmen, denn beide garantieren im besten Fall Beschäftigung, Einkommen und Teilhabe am guten Leben. Demgegenüber erscheint die Gesellschaft als geradezu irrational, bedrohlich und wenig zukunftstauglich. Die „kleine Welt" des Betriebs wird der „großen Welt" der Haupt- und Staatsaktionen nicht nur entgegengesetzt, ihre Ordnungsprinzipien erscheinen subjektiv als die besseren.

1. „Schlechte Gesellschaft": Die Alltagskritik von Lohnabhängigen

Bei der Beweisführung zugunsten dieser These greifen wir auf empirisches Material aus einem Werk zurück, das zu einem Großkonzern aus der Automobilbranche gehört.[1] Über die Belegschaftsbefragung im Bereich der Produktion (Belegschaft)

---

1   Unsere Befunde gelten für die Beschäftigten eines Werks. Die untersuchte Belegschaft setzt sich in der Produktion zu 6 Prozent aus Frauen und zu 94 Prozent aus Männern

hinaus haben wir Befragungen von kaufmännischen und technischen Angestellten (Sachbearbeiter) sowie von Führungskräften durchgeführt. Da zu unterschiedlichen Zeitpunkten realisiert (Schaubild 6), sind die Datensätze nur bedingt vergleichbar. Die Belegschaftserhebung fand während des Ausklangs der Krise statt, die im Untersuchungsbetrieb tiefer war und länger anhielt als in anderen Werken. Angestellte und Führungskräfte wurden hingegen befragt, als der dramatische konjunkturelle Einbruch (minus 75 Prozent bei den Aufträgen) bereits vorüber war. Trotz der eingeschränkten Vergleichbarkeit ist es lohnenswert, diese Erhebungen in die Analyse einzubeziehen, denn zum einen handelt es sich um Daten, die über einen Zeitverlauf informieren und zum anderen fallen manche Verteilungen so unterschiedlich aus, dass sie wohl schwerlich allein auf unterschiedliche Erhebungszeitpunkte zurückzuführen sind.

Zusätzlich zu diesen Datensätzen wird auf halbstrukturierte, themenzentrierte Interviews zurückgegriffen, die wir mit einer kleinen Zahl von Beschäftigten des gleichen Fahrzeugherstellers geführt haben, um zu überprüfen, ob und welche Kausalitäten sich hinter den Einstellungsclustern verbergen. Die quantitativen Erhebungen belegen, dass Kapitalismus- und Gesellschaftskritik in der gesamten Belegschaft, bei

---

zusammen. Auf der Sachbearbeiterebene finden sich immerhin 21 Prozent weibliche Beschäftigte, während in der Gruppe der Führungskräfte nur jede zwanzigste Angestellte eine Frau ist. Bei den Beschäftigten in der Produktion haben 3 Prozent keinen Berufsabschluss, 10 Prozent besitzen einen Fachabschluss außerhalb des Bereiches der Metall- und Elektroindustrie, 77 Prozent haben ihre Fachausbildung in der Branche abgeschlossen, 8 Prozent sind Techniker oder Meister und zwei Prozent haben ein Studium absolviert. Bei den Sachbearbeitern ist ein Berufsabschluss Pflicht; 18 Prozent haben in einem anderen Fachgebiet einen Facharbeiterabschluss erhalten, 8 Prozent innerhalb der Metall- und Elektroindustrie, 43 Prozent besitzen ein Zertifikat als Techniker oder Meister und 31 Prozent haben ein Studium durchlaufen. Bei den Führungskräften besitzen 2 Prozent eine nicht-branchenspezifische Fachausbildung, 3 Prozent haben ihren Abschluss in der Branche gemacht, 49 Prozent sind Meister oder Techniker und 46 Prozent haben ein Studium abgeschlossen. Während bei den Produktionsbeschäftigten etwa ein Drittel der Belegschaft durch die Papierversion des Fragebogens erreicht wurde, ist mit den Online-Befragungen der Sachbearbeiter und Führungskräfte jeweils nahezu eine Vollerhebung geglückt; für jeden Teilbereich dürfte damit hinreichende Repräsentativität gewährleistet sein, im zusammengeführten Datensatz sind Führungskräfte und Sachbearbeiter überrepräsentiert. Insgesamt haben wir es mit einer vergleichsweise hoch qualifizierten Belegschaft zu tun, in der männliche Facharbeiter im Alter zwischen 35 und 54 Jahren die zahlenmäßig dominierende Gruppe stellen. Ein Großteil der Belegschaft rekrutiert sich aus der Region und nicht wenige Beschäftigte sind bereits dreißig Jahre und länger im Werk angestellt. Insofern haben wir es mit Sonderbedingungen zu tun, wenngleich weitere Belegschaftsbefragungen gezeigt haben, dass sich ähnliche Bewusstseinsformen auch in anderen Betrieben und selbst im Dienstleistungssektor finden. Zu den hier verwendeten und zu weiteren Datensätzen vgl.: Dörre, Klaus Dörre/Happ, Anja/Matuschek, Ingo (Hg.): Das Gesellschaftsbild der LohnarbeiterInnen. Soziologische Untersuchungen in ost- und westdeutschen Industriebetrieben. Hamburg: VSA, S. 277-284.

SCHAUBILD 6: Übersicht zur Befragungen nach Erhebungszeitpunkt und Sample			
Befragtengruppe	Zeitpunkt der Befragung	Fallzahl (N)	Anteil in Prozent
Belegschaft	Mitte 2010	1442	62
Sachbearbeiter	Anfang 2011	618	27
Führungskräfte	Anfang 2011	262	11

Arbeitern, aber auch bei Angestellten und selbst Führungskräften weit verbreitet sind. Die empirisch abgefragte Alltagskritik umfasst vier Dimensionen, die allesamt einen klassenspezifischen Verteilungskonflikt reflektieren. (a) Dichotomie: Eine große Mehrheit der Befragten geht davon aus, in einer Gesellschaft zu leben, die sich sozial zunehmend polarisiert. Dass es in der Gesellschaft nur noch ein Oben und ein Unten gibt, halten 67 Prozent der befragten Arbeiter und produktionsnahen Angestellten für vollständig oder eher richtig. (b) Verteilungsgerechtigkeit: Die Ansicht, der gesellschaftliche Reichtum könne viel gerechter verteilt werden, ist fast schon ein Kollektiv(vor)urteil. 74 Prozent der Befragten stimmen dieser Aussage vollständig oder eher zu. (c) Wirtschaftssystem: Aufgrund der wahrgenommenen Spaltungen und Ungerechtigkeiten bröckelt die Legitimationsgrundlage der kapitalistischen Wirtschaft. Die Aussage „Das heutige Wirtschaftssystem ist auf Dauer nicht überlebensfähig" hält eine Mehrheit der produktionsnahen Beschäftigten (54 Prozent stimmen voll oder eher zu) für zutreffend (Schaubild 7). Auffällig ist der hohe Anteil an Befragten, die unentschieden sind (34 Prozent). Die Gegenfrage, die auf eine Akzeptanz kapitalistischer Spielregeln abstellt, führt zu einem ähnlichen Ergebnis. (d) Machtasymmetrie: Die Aussage, Arbeitnehmerinteressen würden immer weniger berücksichtigt, halten 72 Prozent der produktionsnahen Beschäftigten für richtig. Aber auch 60 Prozent der kaufmännischen und technischen Angestellten sowie selbst eine relative Mehrheit der Führungskräfte teilen diese Auffassung. Noch stärker fällt die Zustimmung zu der Aussage aus, die Arbeitnehmer würden in der internationalen Standortkonkurrenz immer stärker unter Druck geraten. Hier herrscht bei produktionsnaher Belegschaft und den anderen Gruppen nahezu Übereinstimmung. Jeweils 83 Prozent der beiden Belegschaftsgruppen sowie 78 Prozent der Führungskräfte stimmen der Einschätzung vollständig oder eher zu.[2]

Auf der Grundlage einer Clusteranalyse lassen sich im untersuchten Automobilwerk vier typische Bewusstseinsmuster unterscheiden, die sich wiederum zwei

---

2   Die Antwortmöglichkeiten „stimme voll zu" und „stimme eher zu" sowie „stimme nicht zu" und „stimme eher nicht zu" wurden jeweils zu einer Tendenz verdichtet, sodass in den Schaubildern 7-13 (Kapitel IV und VI) zwei Tendenzen und die unentschiedenen Antworten abgebildet werden.

SCHAUBILD 7: Indikatoren für Systemkritik

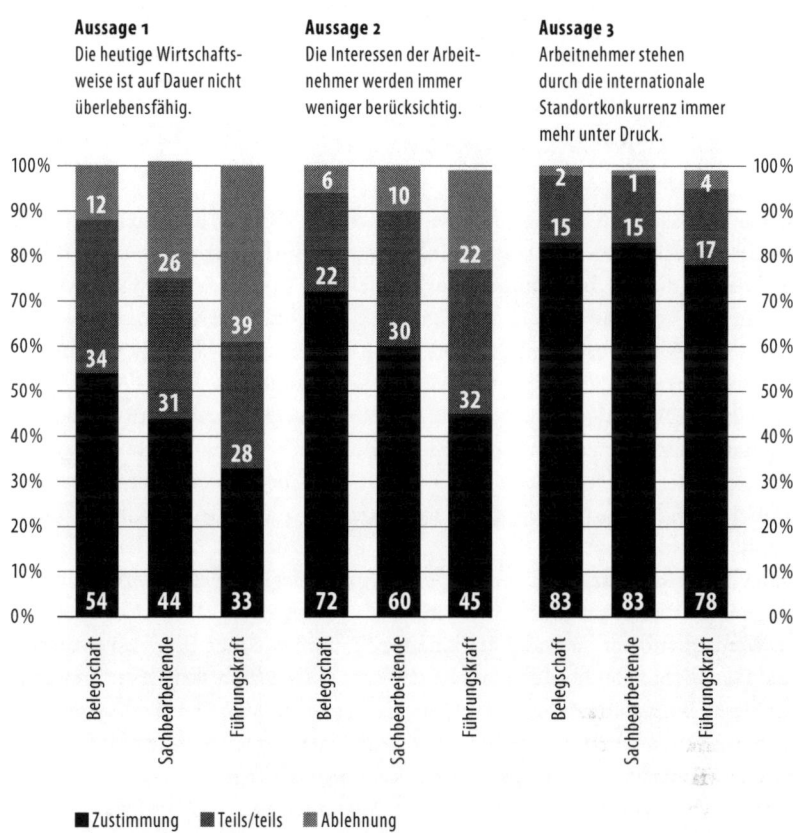

Hauptclustern zuordnen lassen (Schaubild 8).³ Wir bezeichnen diese Hauptcluster als Kritiker (knapp 42 Prozent) und Moderate (gut 58 Prozent).

Die Kritiker formulieren auf der Basis eines ausgeprägt dichotomischen Gesellschaftsbildes eine scharfe Kritik am Gegenwartskapitalismus, die insbesondere Machtungleichgewichte und Verteilungsungerechtigkeiten thematisiert. Die Moderaten changieren als Gruppe zwischen einer – allerdings deutlich weniger klar artikulierten – Kritik und einem eher affirmativen Gesellschaftsbild. Die Kritiker teilen sich in

---

3 Die nachfolgenden Prozentangaben beziehen sich, soweit nicht anders klassifiziert, auf die separate Auswertung des Datensatzes produktionsnaher Beschäftigter. Im Gesamtdatensatz gibt es leicht abweichende Werte. Die Typologie ist wesentlich von Ingo Matuschek und auf der Basis seiner Rechenarbeit von Hajo Holst ausgearbeitet worden.

SCHAUBILD 8: Typologie des Bewusstseins			
		Gesellschaftskritik	
		prononciert	moderat
Solidaritätsnorm	inklusiv	„Systemkritiker" (18%)	„Wettbewerbskorporatisten" (27%)
	exklusiv	„Wettbewerbsindividualisten" (25%)	„Affirmative" (30%)

Systemkritiker und Wettbewerbsindividualisten auf. Während die Systemkritiker auf der Basis ihrer Gesellschaftskritik ein inklusives Gesellschaftsverständnis entwickeln, artikulieren die Wettbewerbsindividualisten ein Distinktionsbedürfnis, das erhebliche Ausgrenzungspotentiale in sich trägt. Das Hauptcluster der Moderaten wiederum teilt sich in Wettbewerbskorporatisten und Affirmative. Die Wettbewerbskorporatisten ähneln in einigen Aspekten den Wettbewerbsindividualisten. Allerdings ist das Ausgrenzungsmoment, das bei den Wettbewerbsindividualisten trotz schärferer Kapitalismuskritik zum Tragen kommt, bei den Wettbewerbskorporatisten weniger klar ausgeprägt. Auch die Befragten, die dem Cluster der Affirmativen zuzurechnen sind, zeigen sich situativ durchaus kritisch; insgesamt fällt ihr Gesellschaftsbild jedoch deutlich positiver und ihre Kritik weniger grundsätzlich aus. Auffällig ist, dass wir kein Cluster identifizieren konnten, dessen Mitglieder das Wettbewerbsregime des Gegenwartskapitalismus aktiv bejahen.

Wenn überhaupt, so findet sich eine Verbindung zwischen Betriebsbewusstsein und Gesellschaftsbild bei den Systemkritikern. Kapitalismuskritik verbindet sich bei diesen Befragten mit einer ebenso kritischen Sicht der Arbeitsbedingungen im Untersuchungsbetrieb. Nicht einmal 2 Prozent dieser Befragten lehnen das Statement ab, dass die Belastungen in den letzten Jahren deutlich angestiegen sind. Zeitdruck gehört zum Alltag, ebenso das Gefühl, am Abend erschöpft zu sein. Systemkritiker halten die Spielregeln des Systems grundsätzlich für veränderbar. Das auch, weil sie auf eine funktionierende Mitbestimmung und wirkungsmächtige Gewerkschaften setzen. Ihr kritisches Gesellschaftsbild motiviert sie daher tendenziell zu kollektivem Engagement. Sie üben nicht nur Kritik an den Auswüchsen des Finanzmarkt-Kapitalismus, sondern auch am Kapitalismus als einem Gesellschaftssystem.

Anders ist das bei den Wettbewerbsindividualisten. Sie betrachten den Kapitalismus als starre Ordnung und haben weniger Zutrauen zu Mitbestimmung und Gewerkschaften. Daher setzen sie vor allem auf sich selbst. Ihr Individualismus gründet sich aber nicht auf Aufstiegshoffnungen. Das Abwägen individueller Optionen zielt auf Statuserhalt. Es gibt etwas zu verteidigen und die einzige und entscheidende Ressource ist die individuelle Leistungs- und Flexibilitätsbereitschaft. Der Kapitalismus erscheint diesen Befragten als starres Wettkampfsystem, dessen permanente Bewährungsproben individuell bewältigt werden müssen. Dementsprechend setzt man nicht auf kollektives

Engagement – und wenn Solidarität praktiziert wird, dann exklusiv und kompetitiv, also mit deutlicher Abgrenzung vor allem nach unten. Der deutliche Kontrast innerhalb des Kritiker-Clusters belegt, dass Kapitalismus- und Gesellschaftskritik höchst unterschiedliche Verhaltensweisen und Handlungsstrategien nahelegen können. Je hermetischer das kapitalistische System subjektiv konstruiert wird, desto eher legt Kapitalismuskritik ein individualistisches Verhalten nahe, das im Resultat jenen Käfig, in welchem man sich gefangen wähnt, umso geschlossener erscheinen lässt.

In diesem Zusammenhang ist ein weiterer empirischer Befund bemerkenswert: Generell hält man Gewerkschaften für nötig, teilweise auch für mächtig und durchsetzungsstark. Eine umfassende Gesellschaftsveränderung ist jedoch nichts, was eine zu über 90 Prozent gewerkschaftlich organisierte Belegschaft ihrer Organisation zutrauen würde. Es gibt keine oder allenfalls sehr schwach ausgeprägte kognitive Schemata, mit deren Hilfe sich kritische Gesellschaftsbilder synchronisieren und aktivieren ließen. Die Gewerkschaft wird „bei diesen gesellschaftspolitischen Themen [...] nicht unbedingt ernst genommen", bringt ein Angestellter die verbreitete Grundhaltung auf den Punkt. Auch deshalb bleibt der verbreitete alltägliche Antikapitalismus weitgehend heimat- und orientierungslos.

Für die Stabilität solcher Bewusstseinsmuster spricht, dass sie sich trotz sozialer Heterogenität in allen Statusgruppen finden. Wenig überraschend ist die Gruppe der Affirmativen bei den Führungskräften am größten, doch selbst hier machen die Kritiker immerhin 13 Prozent aus. Interessant ist auch, dass die Systemkritiker bei den kaufmännisch-technischen Angestellten quantitativ in etwa so bedeutend sind wie bei den produktionsnahen Befragten. Die tradierte Unterscheidung von klassenbewussten Arbeitern einerseits und individualistischen Angestellten andererseits, die wir aus der klassischen Bewusstseinsforschung kennen, reproduziert sich also nicht. Hingegen ist der Typus der Wettbewerbsindividualisten primär bei

SCHAUBILD 9: Anteile der Cluster in den verschiedenen Befragtengruppen

Gruppe	Affirmative	Korporatisten	Individualisten	Kritiker
Belegschaft	19	30	31	20
Sachbearbeitende	36	34	11	19
Führungskraft	46	28	13	13

Belegschaften, den gewerblich Arbeitenden und produktionsnahen Angestellten verbreitet (Schaubild 9).

1.1 Die kleine Welt des „guten Betriebs"

Die Entschärfung alltäglicher Kapitalismuskritik lässt sich auf die subjektive Gewichtung von „kleiner Welt" des Betriebs und „großer" Gesellschaftswelt zurückführen. Unsere Zuspitzung im Bild vom „guten Betrieb" und der „schlechten Gesellschaft" war in den Debatten um unsere Befunde häufig Gegenstand von heftiger Kritik und Gegenexpertise.[4] Selbstverständlich sind Betriebe oder Unternehmen weder „gut" noch „schlecht". Wir haben diese Begrifflichkeiten gewählt, um auf einen bemerkenswerten Sachverhalt aufmerksam zu machen. Nach unserer Auffassung gilt Antonio Gramscis vielzitierte Bemerkung, „Die Hegemonie entspringt in der Fabrik",[5] in den von uns untersuchten Betrieben in einer Weise, die der italienische Marxist so nicht antizipieren konnte. Für Gramsci prädestinierte das Fehlen des „Bleimantels" der Tradition, Amerika dafür die fordistische Produktionsweise einzuführen: „Diese vorgängige 'Rationalisierung' der allgemeinen Produktionsbedingungen, bereits existent oder von der Geschichte erleichtert, hat es erlaubt, die Produktion zu rationalisieren, die Gewalt (– Zerstörung des Syndikalismus –) mit der Überzeugung (– Löhne und andere Zuwendungen –) kombinierend; um das gesamte Leben des Landes auf die Grundlage der Industrie zu stellen."[6] Demnach ist es sedimentierte Geschichte, die in Italien und Europa einen Modernisierungsrückstand bewirkt; umgekehrt ermöglicht das Fehlen des „Bleimantels" der Tradition in Amerika eine „gewaltige Akkumulation von Kapitalien obgleich der Lebensstandard in den Volksklassen höher als der europäische ist".[7]

Tradition in ihren „parasitären" europäischen Ausprägungen, erscheint hier als Haupthindernis für die Durchsetzung einer neuen, effizienteren Produktionsweise. In der Gegenwart verhalten sich Tradition und Effizienz in den untersuchten Betrieben in gewisser Weise spiegelverkehrt. Die Bereitschaft der befragten Lohnabhängigen, besondere Rationalisierungs- und Flexibilisierungsleistungen zu erbringen, gründet

---

4   Bei der Präsentation unserer Studie waren es vor allem politisch und gewerkschaftlich Aktive, die die Identifikation mit Betrieb und Unternehmen als „falsches Bewusstsein" interpretierten und nach Anhaltspunkten für Gegenexpertise suchten. Aus arbeitssoziologischer Perspektive störte vor allem die Relativierung des Betriebs als Erfahrungsraum und Herrschaftsordnung (vgl. Detje, Richard/Menz, Wolfgang/Nies, Sarah/Sauer, Dieter/Bischoff, Joachim (2013): Krisenwahrnehmung. Neue Befunde zum Betriebs-, Alltags- und Gesellschaftsbewusstsein. In: Sozialismus 4/2013, S. 8-13).
5   Gramsci, Antonio (1991ff.): Gefängnishefte, Band 1. Hg. v. Wolfgang Fritz Haug. Hamburg: Argument, S. 132.
6   Ebd.
7   Ebd., S. 2068.

sich wesentlich auf tradierte, oft über Jahrzehnte gewachsene Bindungen an Werk und Unternehmen. Bei einem von uns untersuchten Unternehmen aus der Optoelektronik findet sich diese Bewusstseinsform in einer besonders klar konturierten Ausprägung. Die Identifikation mit dem Betrieb und in diesem Fall auch mit dem (Ost-)Unternehmen speist sich hier aus höchst unterschiedlichen Quellen. Dazu gehören Qualitätsorientierung, Leistungsbereitschaft, Technologievorsprung und Innovationsfähigkeit ebenso wie überdurchschnittliche Qualifikationen der Belegschaft, gute Umgangsformen und die soziale Tradition der Unternehmensgründer.[8] Offenkundig vereint das betriebliche Arbeitsbewusstsein eine Rationalisierungs- und Effizienzorientierung mit tradierten Erwartungen an Arbeitsplatz-, Beschäftigungs- und Einkommenssicherheit. Und diese Feststellung gilt keineswegs ausschließlich für das Werk aus der Optoelektronik. Auch in anderen untersuchten Betrieben finden wir Ausprägungen eines Firmenbewusstseins, die Ansprüche auf soziale Sicherheit, Fachlichkeit der Arbeit, angemessene Entlohnung und soziale Wertschätzung als Grundvoraussetzung für eine individuelle Betätigung in flexiblen Produktionsformen enthalten.

Verfolgt man die arbeitssoziologische Debatte der zurückliegenden Jahrzehnte, so vermag diese Beobachtung im Grunde nicht zu überraschen. Der „doppelte Bezug" auf Erwerbsarbeit (Tauschwert- und Gebrauchswertperspektive)[9] gehört seit langem zu den basalen Wissensbeständen einer am Marx'schen Arbeitsbegriff orientierten Soziologie. Dieser doppelte Bezug erklärt, weshalb Produktionsarbeit selbst in verstümmelter Form ihre identitätsbildende Kraft nicht vollständig einbüßt.[10] Schon zu Beginn der 1980er Jahre hatte der sogenannte „stoffliche Ansatz" in der Arbeitssoziologie[11] systematisch zwischen der Verwertungsperspektive, der allgemeinen Tendenz des Kapitals und den Methoden zur Produktion des relativen Mehrwerts auf

---

8   Wenn Detje et al. argumentieren, die Gelassenheit der Untersuchungsgruppen bringe „kein Sicherheitsversprechen des 'guten Betriebs'" zum Ausdruck, sondern erkläre sich „maßgeblich aus dem Bewusstsein der eigenen Leistungsfähigkeit, der individuellen Handlungskompetenz und Ressourcen" (Detje, Richard/Menz, Wolfgang/Nies, Sarah/Sauer, Dieter (2011): Krise ohne Konflikt? Interessen- und Handlungsorientierungen im Betrieb – die Sicht von Betroffenen. Hamburg: VSA), so können wir diese Aussage durchaus als Bestätigung unserer These werten. Allerdings sind wir auf der Grundlage unseres empirischen Materials in der Lage, die Identifikationspunkte mit dem „guten Betrieb" und dessen Geschichte sehr viel prägnanter zu benennen.

9   Kudera, Werner/Mangold, Werner/Ruff, Konrad/Schmidt, Rudi/Wentzke, Theodor (1979): Gesellschaftliches und politisches Bewußtsein von Arbeitern. Eine empirische Untersuchung. Köln: EVA, S. 26ff.

10 Schumann, Michael/Einemann, Edgar/Siebel-Rebell, Christa/Wittemann, Klaus P. (1982): Rationalisierung, Krise, Arbeiter. Eine empirische Untersuchung der Industrialisierung auf der Werft. Frankfurt a. Main: EVA, S. 399-426.

11 Dörre, Klaus (2013): Arbeitssoziologie und Industriegesellschaft. Der Göttinger Ansatz im Rück- und Ausblick. Schlussteil. In: Schumann, Michael (Hg.), Das Jahrhundert

der einen und den Produktionskonzepten, der konkreten, auch stofflich-materialen Gestaltung von Rationalisierungskonzepten und -prozessen auf der anderen Seite unterschieden. Aus dieser Konzeptualisierung folgte, dass „die Imperative der Kapitalverwertung sich nicht in einer bestimmten Form realisieren müssen, dass es also das Produktionskonzept nicht gibt".[12]

> „Vielmehr bilden sich bei gegebener gesellschaftlicher Produktionsweise in Abhängigkeit von je spezifischen Bedingungen unterschiedliche Rationalisierungsformen, gefasst in den Produktionskonzepten heraus, die sich unterhalb der Ebene, dass sie alle nur Wege zur Realisierung vorgegebener ökonomischer Zwecke sind, nicht ineinander auflösen lassen. Demnach stehen hinter den beobachtbaren unterschiedlichen Rationalisierungsverläufen unterschiedliche Produktionskonzepte."[13]

Dieser Gedanke lässt sich weiterentwickeln und es ist erstaunlich, dass dies im Mainstream der Arbeitssoziologie offenbar kaum systematisch geschehen ist.[14] Denn der Doppelcharakter der Arbeit konkretisiert sich auch im doppelten Bezug der Arbeitenden auf den Betrieb und – teilweise schwächer ausgeprägt – auf das Unternehmen. Der Betrieb ist nicht allein Stätte der Kapitalverwertung und auch nicht bloße „Strategie"; er ist Ort von konkret-nützlicher, beruflicher Arbeit, von sozialen Beziehungen, Alltagskommunikation, Arena auch des sozialen Tauschs und Refugium von Anerkennungsverhältnissen. Betriebe besitzen ein kollektives Gedächtnis, eine Geschichte und sie sind Plätze, an denen sich Teilhaberechte materialisieren. Diese Dimension sozialer Identität, die sich auf den Betrieb bezieht, ist mit dem wirtschaftlichen Erfolg und auf diese Weise auch mit den jeweiligen Verwertungskonzepten verkoppelt. Dennoch stellt sie etwas nicht auf Kapitalverwertung und Rationalisierung reduzierbares Eigenes dar. Aus diesem Grund ist der Betrieb auch niemals ausschließlich Sphäre der Kapital- und Managementherrschaft; er ist ebenso der Ort einer politischen Ökonomie der Arbeit, umkämpftes Terrain, Arena von Hegemoniebildung, von mehr oder minder institutionalisierten Bewährungsproben und damit immer auch ein Betrieb der Lohnabhängigen.

---

der Industriearbeit. Soziologische Erkenntnisse und Ausblicke. Weinheim/Basel: Beltz Juventa, S. 163-194.

12 Schumann, Michael/Wittemann, Klaus P. (1985): Entwicklungstendenzen der Arbeit im Produktionsbereich. In: Alvater, Elmar/Baethge, Martin (Hg.), Arbeit 2000. Zukunft der Arbeitsgesellschaft. Hamburg: VSA, S. 32-50. S. 38.

13 Ebd.

14 Die Diskussion zur betrieblichen Sozialverfassung oder Sozialordnung versteht sich eher als Alternative zu marxistisch inspirierten Konzepten, die vom Doppelcharakter der Arbeit ausgehen (Kotthoff, Hermann (1994): Betriebsräte und Bürgerstatus: Wandel und Kontinuität betrieblicher Mitbestimmung. München: Hampp; Kotthoff, Hermann/ Reindl, Josef (1990): Die soziale Welt kleiner Betriebe: Wirtschaften, Arbeiten und Leben im mittelständischen Industriebetrieb. Göttingen: Schwartz).

In zeitgenössischen Gesellschaften mit erweiterter Prekaritätszone kommt jedoch etwas anderes hinzu. Interviews beim süddeutschen Fahrzeughersteller, in deren Rahmen wir explizit nach der betrieblichen Identität von Arbeitern und Angestellten gefragt haben, bringen dies klar zum Ausdruck.

> „Also ich bin ein Mensch, ich hab, ich drück's mal so aus, mein Bruder hat hier gelernt, mein Vater hat in den G.-Werken gearbeitet. Ich hab damals, wo ich jung war, als Zweitbester den Eignungstest bei den G.-Werken gemacht, hab dann von meinem Vater den Frack verschlagen gekriegt, weil ich dann ins Z-Werk[15] gegangen bin. Das war so meine erste Identifikation, so jetzt hab ich's recht gemacht. Und ich war schon immer ein Z'ler, ich hab noch nie bei Q.[dem Konzern] gearbeitet, ich sag's mal so, ich war schon im Z. und ich hab immer gesagt, sie können den Laden, nachdem er dann irgendwann mal C. geheißen hat, sie können ihn von mir aus sonst irgendwie nennen. Ich wird' im Z. arbeiten und ich hab immer im Z. gearbeitet und ich glaub, die Region/Stadt ist Z. und Z. ist die Stadt/Region. Also da sind noch viele unheimlich stolz drauf, dass es diese Fabrik hier gibt." (Dreher)

In dieser Sequenz werden einige Quellen eines Werks- und Firmenbewusstseins klar benannt. Der befragte Facharbeiter fühlt sich als Z'ler. Diese Identität gründet sich auf gewachsene Bindungen an Werk und Region ebenso wie auf ein bestimmtes Produkt, das inzwischen gar nicht mehr gebaut wird. Erst nach Werk und Region kommt das Unternehmen. Und auch hier sind es ein Produkt und eine gewisse Egalität beim Fahrzeug-Konsum – der Facharbeiter kann das gleiche Fabrikat fahren wie sein Chef –, die Identifikation erzeugen. Eine weitere Sequenz aus einem anderen Interview macht deutlich, dass diese Identifikation auch auf einer Bezahlung und auf Sicherheitsstandards beruht, die, aller Verschlechterungen zum Trotz, gemessen am regionalen und sonstigen Umfeld tatsächlich als Privileg erscheinen:

> „Also [...] vor 25 Jahren, hab ich immer gesagt, ich bin stolz! Jetzt, es hat sich einiges gewandelt. Man identifiziert sich auch nimmer so, aber ich bin schon noch ein Z'ler, und [...] ich bin froh oder stolz drauf, auch hier arbeiten zu dürfen. Sagen wir mal, also das ist schon ein Privileg, weil wenn man bedenkt, was es für andere Möglichkeiten [gibt, d. a.]. Oder man kennt ja auch Kolleginnen und Kollegen, wo in anderen Firmen arbeiten [...], da geht's ja noch heftiger zu. Ich denk mal, es liegt nicht in meiner Hand, über den Vorstand zu entscheiden oder über die Philosophie von meinem Vorstandsvorsitzenden, weil das macht manche, viele unzufrieden. Der Stress hat schon zugenommen. Früher waren ja die Unternehmen so eingestellt, also [...], so wie ein Kleinunternehmer. Da ist halt der Chef [...], dem liegt das Herz dran. Heutzutage ist's eigentlich nur noch irgendwelche Aktienindexe, Aktieninvestoren wollen Geld, wollen ein bestimmtes Ergebnis haben, wollen 'ne bestimmte Ausschüttung haben und der Vorstand ist da bemüht, denen gerecht zu werden, und es interessiert auch nicht, wie das erreicht wird. Also es ist nimmer [so wie früher, d. A.], wenn's sein müsste, verkaufen sie das Herz von der Firma, um das

---

15 Zwecks Anonymisierung sprechen wir vom Werk als Z, die Beschäftigten bezeichnen sich daher als Z'ler.

zu erreichen. Und das ist das, was mich ein bissel bedenklich macht also bei der ganzen Situation. Weil früher war's anders. Früher hat man immer gewusst, der Chef, ja, immer zum Wohle der Firma, sag ich jetzt mal. Und jetzt ist's eigentlich nur noch zum Wohl der Aktionäre oder der, also der Anteilseigner oder den Fonds gegenüber, wo man richtig merkt. Aber ich bin trotzdem noch stolz. Früher war ich auch stolz. Nein, da hat man sich mehr identifiziert. Das ist so, weil, das war die Ideologie [...] und die [...] Gesellschaft hat sich ja auch daraufhin verändert [...], nicht nur die Firma hat sich geändert, sondern auch unsere ganze Lebensweise hat sich ja auch in diesen drei Jahrzehnten geändert. Wir sind ja da viel schnelllebiger geworden und viel 'will ich haben' und wie kann ich, nur noch Ich-betrachtet das anschaue und nicht mehr zu gucken, Mensch, wie können WIR's zusammen machen, sondern ich, Chef, ich brauche mehr Geld und der andere, ist mir egal, was der kriegt. ICH will mehr." (Anlagenbetreuer)

Im Vergleich zum regionalen Umfeld, dem Lohnniveau in kleineren Betrieben und der Realität prekärer Beschäftigung erscheinen Werk und Unternehmen trotz aller Kritik an der Shareholderorientierung der Konzernleitung geradezu als Refugium sozialer Sicherheit. Wer beim Z. arbeitet und zur Stammbelegschaft gehört, der weiß, dass seine Beschäftigung einigermaßen sicher ist. Zwar nimmt der Stress im Arbeitsprozess zu und gemessen an einer, sicher positiv überhöhten, Vergangenheit stört das herzlose, finanzkapitalistische Management des Konzerns. Die positive Identifikation, das Selbstverständnis als „stolzer Z'ler", wird dennoch oder gerade deshalb aufrechterhalten. Dies ist möglich, weil Kritik, die sich auf die kleine Welt des Werks und die schon erheblich größere des Konzerns bezieht, subjektiv durch zwei Beobachtungen relativiert wird. Erstens sind nicht nur das Unternehmen und seine Manager „egoistischer" geworden, sondern die gesamte Gesellschaft hat sich in diese unerwünschte Richtung bewegt. Im Konzern spiegelt sich somit nur eine allgemeine Veränderung der Lebensweise und der Kultur, die das „Ich will mehr!" in den Mittelpunkt stellt. Zweitens ist das Werk, gemessen an anderen Betrieben, ein ausbeutungsfreier Ort. Ausbeutung wird in diesem Fall als unfairer Tausch definiert, der sich von Arbeitsverhältnissen und Tauschbeziehungen abgrenzen lässt, auf welche die Beschäftigten über ihre Betriebsräte und die Gewerkschaften Einfluss nehmen können. Ausbeutung steht somit subjektiv für Ausbeutung durch Übervorteilung und Dominanz. In der Weltsicht des befragten Arbeiters bezeichnet der Begriff Phänomene, die wir an anderer Stelle und in Anlehnung an Marx als sekundäre Ausbeutung bezeichnet haben.[16]

---

16 „Bezieht man die mit Ethnie und Geschlecht bezeichneten 'Achsen der Ungleichheit' ein, stößt man unweigerlich auf formationsunspezifische Phänomene. Das macht es sinnvoll, systematisch zwischen kapitalistisch formbestimmter primärer und nicht spezifisch kapitalistischer sekundärer Ausbeutung zu unterscheiden. Primäre Ausbeutungsbeziehungen sind in formelle oder informelle Vertragsbeziehungen eingebettet, die das Prinzip des Äquivalententauschs (Arbeitskraft gegen angemessene Entlohnung) festschreiben. Sekundäre Ausbeutungsformen stiften Äquivalenzbeziehungen anderen Typs. Sekundär meint in diesem Kontext keineswegs weniger schmerzhaft, weniger

Das Fehlen solcher Ausbeutungsformen macht die Beschäftigung im Werk subjektiv in gewisser Weise zu einem Privileg. Und diese relativ privilegierte Situation, von der man weiß, dass sie schon für jüngere Beschäftigte so nicht mehr gilt, möchte man, auch durch große Leistungs- und Flexibilitätsbereitschaft, so gut es geht verteidigen.

Für die Stabilität und Verbreitung dieser Bewusstseinsform spricht, dass sie sich bei allen zuvor skizzierten Typen findet. Systemkritiker bezeichnen sich ebenso als „stolze Z'ler" wie Wettbewerbsindividualisten, Korporatisten oder Moderate. Wir müssen hinzufügen, dass solche Positividentifikationen nicht in allen Betrieben, die wir über das Z-Werk hinaus untersucht haben, gleichermaßen präsent sind. Schon in den Relationen, die die befragten Arbeiter und Angestellten des Fahrzeugproduzenten selbst herstellen, wird deutlich, dass es ein betriebliches Anderes mit erheblich schlechteren Arbeitsbedingungen und niedrigeren Löhnen gibt. Wir selbst haben in einem Extremfall auch die Konstellation „schlechter Betrieb – schlechte Gesellschaft" gefunden. In diesem ostdeutschen Betrieb war auf Seiten der Belegschaft jede Positividentifikation erloschen. Dort stand das betriebliche Management selbst mit gut gemeinten Vorschlägen zur Verbesserung der Arbeitssituation und zur Beschäftigungssicherung auf verlorenem Posten. Für die große Mehrzahl unserer Untersuchungsbetriebe gilt dies so jedoch nicht. Zumindest diejenigen, die länger angestellt sind, machen den Ort der Beschäftigung in gewisser Weise auch zu „ihrem Betrieb". Es finden sich immer Identifikationspunkte, die einerseits eine besondere Leistungsfähigkeit und Flexibilitätsbereitschaft legitimieren, andererseits aber auch Begründungen für Kritik am Management und der konkreten Arbeitssituation liefern. Die „unternehmerischen" Leitbilder, welche die finanzkapitalistische Landnahme antreiben, zielen in ihrer subjektiven Dimension häufig just auf die – gleichsam habitualisierten – Sinnstrukturen und Sicherheitsansprüche von Beschäftigten, die in dem skizzierten Firmenbewusstsein reproduziert werden. Damit greifen sie genau jene abgelagerten Schichten moderner Subjektivität an, deren Vorhandensein für eine Selbstbetätigung in flexiblen Produktionsformen eine geschichtlich gewordene Voraussetzung ist.

---

brutal oder weniger wichtig. Das Gegenteil kann der Fall sein. Es geht nicht um eine Bezeichnung für Nebenwidersprüche. Charakteristisch für sekundäre Ausbeutungsbeziehungen ist vielmehr, dass die Rationalität des Äquivalententauschs, welche die primäre kapitalistische Ausbeutung strukturiert, nicht oder nur mit Einschränkungen gilt. Die Funktionalisierung unbezahlter Reproduktionsarbeit von Frauen oder die Institutionalisierung eines entrechteten Status für Migranten sind klassische Fälle für die Wirkung sekundärer Ausbeutungsmechanismen." (Dörre, Klaus (2012a): Landnahme, das Wachstumsdilemma und die „Achsen der Ungleichheit". In: Berliner Journal für Soziologie 1/2012, S. 101-128, S. 109).

1.2 Fragmentiertes Bewusstsein und Kapitalismuskritik

Die positive Identifikation mit dem Betrieb und – eingeschränkt – mit dem Unternehmen ist konstitutives Element eines fragmentierten Bewusstseins von Lohnabhängigen. Themenzentrierte Interviews, die wir im Anschluss an die quantitativen Erhebungen im Z-Werk durchgeführt haben, belegen, dass die Schneidungen zwischen den Clustern, die verbreitete Kapitalismuskritik abbilden, als reale, empirisch erfassbare Sinnzusammenhänge existieren. Es waren nur wenige themenzentrierte Interviews nötig, um Beispiele für die vier zuvor über die Clusteranalyse gewonnenen Typen zu identifizieren. Dabei überraschte uns, wie genau die Cluster die Profile von Realtypen sichtbar machten. Mit Hilfe der themenzentrierten Interviews kann genauer erfasst werden, was sich hinter gesellschafts- und kapitalismuskritischen Statements von Arbeitern und Angestellten verbirgt. Tatsächlich zeigt sich auch in den halbstrukturierten Interviews, dass die alltägliche Gesellschafts- und Kapitalismuskritik höchst unterschiedliche, ja geradezu gegensätzliche Verarbeitungsformen und Handlungsstrategien motivieren kann. Auch Schärfe, Kohärenz und Richtung der Alltagskritik am kapitalistischen System sind unterschiedlich ausgeprägt. Wie schon gezeigt, reicht das Spektrum von prononcierten und auch handlungsrelevanten systemoppositionellen Haltungen bis hin zu moderaten Kritiken, die noch dazu in graduellen Abstufungen vorkommen. Von einem einheitlichen, geschweige denn geschlossenen Arbeits- und Gesellschaftsbewusstsein kann bei unseren Befragten keine Rede sein. Sowohl die Ansatzpunkte für System- und Gesellschaftskritik als auch die Vorstellungen hinsichtlich der Veränderbarkeit von Gesellschaft driften weit auseinander. Die Machbarkeit positiver gesellschaftlicher Veränderungen wird von einem Teil der Befragten als reale Chance betrachtet, von einem anderen Teil jedoch explizit verneint. Differierende Ansichten zur Problembewältigung strukturieren die individuellen und kollektiven Handlungsoptionen. Sie reichen von leistungsorientierter Anpassung an den als unüberwindbar eingeschätzten Kapitalismus über reformorientierte Wege der Gesellschaftsveränderung bis hin zur prinzipiellen Systemkritik. Gemeinsam mit unterschiedlichen Arbeitserfahrungen trägt diese Deutungsvielfalt zu einer Ausdifferenzierung des Gesellschaftsbewusstseins von Lohnabhängigen bei, die offenbar vom verbreiteten Ungerechtigkeitsempfinden und dem dichotomischen Grundzug im Arbeitsbewusstsein nicht aufgefangen wird. Während sich das Ungerechtigkeitsbewusstsein offenbar über die Statusgruppen hinweg verallgemeinert, verliert es zugleich jene kohäsive Kraft, die einst das dichotomische Bewusstsein einer Schicksalsgemeinschaft der Arbeiter erzeugte.

An dieser Stelle ist es nicht möglich, einen systematischen Vergleich zu jenen Typen anzustellen, die Popitz und andere[17] im Hüttenwerk identifizierten. Es zeigt sich aber

---

17 Popitz, Heinrich/Bahrdt, Hans Paul/Jüres, Ernst August/Kesting, Hanno (1957): Das Gesellschaftsbild des Arbeiters. Soziologische Untersuchungen in der Hüttenindustrie. Tübingen: Mohr.

doch, dass eine grundsätzliche Kapitalismuskritik, die sich in der einen oder anderen Form auf die Marx'sche Theorie und die Geschichte von Sozialismus und Arbeiterbewegungen bezieht, unter den aktiven Gewerkschaftern und Gewerkschafterinnen nicht vollständig verschwunden ist. Ihren Ursprung hat diese Form der Gewerkschaftsideologie und -identität[18] allerdings längst nicht mehr in den Überresten einer Arbeiterbewegungstradition aus den Zeiten der Weimarer Republik. Es handelt sich vielmehr um einen Nachklang der Repolitisierung gewerkschaftlicher Bildungsarbeit in den 1970er Jahren, der sich mit einer reformsozialistischen Strömung verbunden hat, die, im politischen Parteienspektrum kaum repräsentiert, in den Gewerkschaften durchaus einflussreich war und teilweise auch noch ist.[19]

In den themenzentrierten Interviews begegnen uns die Repräsentanten dieser Strömung als aktive Systemkritiker, die mittlerweile jedoch an der Möglichkeit eines radikalen Bruchs mit dem Bestehenden zweifeln. Bezeichnend für diese Identitätsform des „unmöglichen Sozialisten" ist ein konsequentes Ja, aber. Sozialismus steht für das Gegenteil von unsozial. Eigentlich ist eine an Karl Marx angelehnte sozialistische Idee „gut", das Problem beginnt mit den Versuchen, diese Idee zu verwirklichen. Denn einerseits ist „das Volk" nicht reif, andererseits tendieren Organisationen, auch solche, die den Sozialismus auf ihre Fahnen schreiben, immer wieder dazu, neue Formen der Herrschaft über das Volk und die Arbeiter zu errichten. Insofern bleibt die individuelle sozialistische Alltagsorientierung ohne gesellschaftliche Transformationsperspektive. Sie bleibt deshalb aber nicht ohne Konsequenz, sondern motiviert ein Engagement, das darauf zielt, dominanten Herrschaftsinteressen zumindest ein Korrektiv entgegen zu stellen. Insofern gibt es tatsächlich Parallelen zum Typus der „progressiven Ordnung", wie ihn Popitz et. al. beschrieben haben. Allerdings haben die Systemkritiker im Automobilwerk den Niedergang nicht nur des staatsbürokratischen Sozialismus sondern auch den der europäischen Sozialdemokratien erlebt. Dennoch – und das unterscheidet sie teilweise vom Typus der „progressiven Ordnung" – halten einige den „großen Kladderadatsch", einen Systemzusammenbruch aufgrund von externen Schocks (ökologische Krise) und inneren Verwerfungen (ökonomische Krise) wieder für denkbar, ja, für wahrscheinlich. Die Erschütterungen des kapitalistischen Systems werden aber nicht als Verheißung einer besseren Gesellschaft, sondern als drohender Verlust, als Bedrohung des Erreichten interpretiert. Dieser, gewissermaßen konservative, Grundzug verbindet radikale und moderate Kapitalismuskritiker. Über alle Typen hinweg hat die alltägliche Kapitalismus- und Gesellschaftskritik etwas Defensives. Je ausweg loser und je alternativloser das krisen-

---

18 Hyman, Richard (1996): Die Geometrie des Gewerkschaftsverhaltens: Eine vergleichende Analyse von Identitäten und Ideologien. In: Industrielle Beziehungen 3(1)/1996, S. 5-35.
19 Vgl. Dörre, Klaus/Röttger, Bernd (2006): Im Schatten der Globalisierung. Strukturpolitik, Netzwerke und Gewerkschaften in altindustriellen Regionen. Wiesbaden: VS.

hafte Wirtschafts- und Gesellschaftssystem beschrieben wird, desto näher liegt es, sich den unveränderbaren systemischen Zwängen möglichst nahtlos anzupassen – eine Haltung, die der Typus des Wettbewerbsindividualisten am eindeutigsten verkörpert.

Anpassung bedeutet allerdings nicht zwangsläufig, die Ellenbogen auszufahren, um sich im täglichen Überlebenskampf als der Stärkere zu erweisen. Anpassung kann auch darin bestehen, den kleinen Ausstieg aus einem System zu praktizieren, das als sozial polarisierende Ausbeuterordnung beschrieben wird. Diese Haltung lässt sich ebenfalls anhand einer Interviewsequenz rekonstruieren:

> „Ich mein, ganz klar ist ohne das, ich sag mal, selbst wenn du Abstriche machst, aber ohne das nötige Geld funktioniert auch das Leben nicht und ich glaub, manchmal träumst natürlich schon, sag ich so, jetzt könnte doch mal der Lottogewinn kommen oder jetzt könnte es doch einfach mal passieren, warum auch immer, dass jetzt mal da auf dem Konto sechs Nullen stehen und auf der anderen Seiten denkst dir dann, wenn das so weitergeht, wie tu ich dann meine Familie ernähren, wie, wenn mein Kind mal, wenn mein Kind mal 18, Richtung 20 ist und das Studieren losgeht, dann bin ich irgendwo im Bereich der Rente. Wie funktioniert's dann mal? Weil mit Unterstützung, wo verschlägt's sie's hin in dieser Welt? Was passiert dann mit dem, was du als Familie aufgebaut hast, also man so die Gedankengänge von unten nach oben, das funktioniert schon. Und dann, ich sag mal, dann sitz ich irgendwo ein paar Minuten bei mir daheim, das geht mir durch den Kopf und dann stell ich eigentlich für mich fest, wie gut dass es mir eigentlich geht und dass ich mich da, wo ich bin, eigentlich wohl-, dass ich mich da, wo ich bin, mich ziemlich wohlfühl'. Und mir geht's halt prima, wenn ich mit meiner Familie wieder so wie jetzt vier Tage mal geschwind ein langes Wochenende ins Allgäu fahren kann auf unsere, auf unseren kleinen idyllischen Bauernhof, und ich muss nicht irgendwo oder nicht mehr das Streben nach mehr und ich muss jetzt irgendwo hinfliegen unbedingt, weil da alle anderen waren, oder ich muss jetzt ins Kino gehen und mir unbedingt den neuen James Bond angucken, weil jetzt jeder [....]." (Dreher)

Die Konsequenz aus der Kritik an einer Ausbeuterordnung, die sich vor allem außerhalb jenes Unternehmens findet, in welchem man selbst beschäftigt ist, ist der individuelle Ausstieg auf Zeit. Der Rückzug in den idyllischen Bauernhof im Allgäu und das dort mögliche ungestörte Familienleben enthält eine höchst praktische Kritik an der Steigerungslogik des kapitalistischen Wettkampfsystems, das auch beim Konsum – sei es das neueste Smartphone oder der aktuellste James-Bond-Film – permanent zum Mitmachen zwingt. Dieser vereinnahmenden Logik des Wettbewerbs- und Finanzkapitalismus vermag man seinen eigenen Entwurf des guten Lebens entgegen zu setzen, der sich – auch aufgrund der überdurchschnittlichen Entlohnung, die eine Beschäftigung „beim Z." noch immer bietet – wenigstens teilweise verwirklichen lässt. Schon mit Blick auf die eigenen Kinder und deren Zukunft scheint dieser Entwurf vom guten Leben allerdings bedroht. Und genau daraus erwächst eine kritische Haltung gegenüber der Gesellschaft. Es geht gar nicht darum, einen Antagonisten, eine gegnerische Klasse zu bezeichnen, deren Reichtum „von unten" angeeignet werden muss. Dem Befragten fällt es schwer, für die ausbeutenden Klassen überhaupt eine Bezeichnung zu finden. Er denkt in anderen Kategorien. Tiefster Grund für seine kritische Haltung ist ein Prinzip des „immer mehr", das die gesamte Gesellschaft prägt. Ihm selbst, so macht der Befragte deutlich, ist ein solches Denken fremd. Realisierte sich der Traum vom Lottogewinn – ein Synonym für die Befreiung von materiellen Zwängen – so würde er sein Leben nicht grundlegend verändern. Er fühlt sich jetzt wohl, in und mit einem Leben, so wie es ist. Dieses Leben möchte er vor einer als bedrohlich empfundenen Zukunft verteidigen, ein Wunsch, der eine konservierende Grundhaltung konstituiert. Dem Befragten gilt die kleine Welt der Familie nicht nur als Rückzugsraum, sondern als sozialer Zusammenhang, der das gute Leben ermöglicht. Und die kleine Welt des Werks, das sichere Beschäftigung und hohe Löhne bietet, wird trotz aller Kritik an Missständen und Verschlechterungen subjektiv zur Bestandgarantie für jenes gute Leben, das man selbst nicht missen möchte.

Dieser konservative Grundzug prägt die alltägliche Gesellschafts- und Kapitalismuskritik typenübergreifend. Er findet sich auch bei Wettbewerbskorporatisten und moderaten Kritikern. Kritik am Finanzmarktkapitalismus, der häufig als „Verzerrung" eines an sich funktionsfähigen Systems gedeutet wird, paart sich in diesen Gruppen mit dem Wunsch nach einer sozialen Korrektur, nach einer Rückkehr zur sozialen Marktwirtschaft: „[...] Ich hab halt die Hoffnung, dass wir's vielleicht sozialer ändern können irgendwann mal, dass der Weg wieder zurückgeht zu bestimmten, auch wirklich das Wort sozial auch dem entspricht, was es ist und nicht zu sagen, wir haben eine soziale Wirtschaft, sondern auch sozial zu sein anderen gegenüber. Also dass die, dass es auch wieder gerechter wird." (Anlagenbetreuer)

Es wäre allerdings falsch, wollte man den bewahrenden Grundzug der alltäglichen Gesellschafts- und Kapitalismuskritik umstandslos mit politischem Konservativismus identifizieren. Eine solche Verbindung kann sich als Wahlverwandtschaft realisieren, es muss aber nicht der Fall sein. Vielmehr, auch das ist in den dokumentierten Sequenzen bereits angeklungen, öffnet die Verteidigung des eigenen guten Lebens Arbeiter und Angestellte subjektiv für eine Wachstums- und Wettbewerbskritik, deren Massivität uns überrascht hat.

1.3 Ein System von Bewährungsproben und die Kritik des „immer mehr"

Uns interessierte, inwieweit die quantitativ identifizierte Kapitalismuskritik auch von Auseinandersetzungen beeinflusst wird, die die Wachstumsorientierung moderner Gesellschaften betreffen. Das Ergebnis der qualitativen Befragung ist frappierend. Typenübergreifend ist die Kritik an einer Steigerungslogik des „Immer mehr und nie genug!" verbreitet, die sich sowohl auf betriebliche Phänomene als auch auf andere gesellschaftliche Felder bezieht. Statements belegen, dass die Wachstums-, Klima- und

Ressourcenproblematik in der Alltagskommunikation der Belegschaft Thema ist. Man weiß relativ genau, wie die Kollegen hinsichtlich der ökologischen Frage denken. Das ist nicht weiter verwunderlich, denn der Zusammenhang zwischen Ressourcen, allen voran dem Erdöl, und der Zukunft der eigenen Branche ist sämtlichen Interviewpartnern bewusst. Bei den intensiv Befragten gibt es keinen, der die Problematik leugnen würde. Stattdessen stoßen wir auf Ausweichargumentationen getreu dem Motto „Deutschland allein kann die Welt nicht retten!". Doch solche Ausweichargumentationen sind nicht die Regel. Auch die Furcht vor Arbeitsplatzverlusten und Beschäftigungsunsicherheit infolge eines ökologischen Strukturwandels ist präsent, aber deutlich weniger ausgeprägt, als wir angenommen hatten. Die Befragten sehen realistisch, dass die Beschäftigung in der Branche angesichts der weltweiten Überkapazitäten zumindest im Inland nicht mehr wachsen wird. Zugleich vertraut man jedoch auf die eigene, vergleichsweise hohe Qualifikation und ist einigermaßen sicher, auch im Falle einer Umstellung auf Elektro-Autos oder einer noch weiter gehenden Produktkonversion gebraucht zu werden. Aus dieser Perspektive findet ein sozialökologischer Umbau selbst bei den moderaten Gesellschaftskritikern Unterstützung:

> „Also, es wird wahrscheinlich eine Übergangszeit geben, in dem Hybridfahrzeuge und so weiter, wo diese Forschung weiter betrieben werden soll. Man sollt sich da das Messer nicht aus der Hand nehmen lassen, sondern wirklich mutig vorangehen. Und äh irgendwelche äh, anstatt [...] diese Sprit fressenden Scheinerfolge, die es im Moment gibt, das haben Sie auch gut ausgedrückt vorhin, mehr auf alternative Technik setzen und auch vielleicht sogar da mal etwas mehr Geld in die Hand zu nehmen, um vielleicht auch nicht nur mit dem Unternehmen, sondern mit anderen zusammen irgendwelche Strategien zu entwickeln. Ich glaube, da läuft auch irgendwas im Moment, soweit ich das weiß, um Infrastruktur am Ende auch hier zu schaffen für Elektromobilität zum Beispiel, äh, ja. Da hängt auch unheimlich viel dran, das ist ja nicht nur der Konzern, der zuständig ist, sondern es macht ja dann am Ende auch nur wieder einen Sinn, wenn man äh alternative Energien um Elektro-, Elektronik zu erzeugen auch irgendwo einsetzt. Aber sagen wir mal, man sollte seinen Einfluss geltend machen, damit man da politisch was voran bringt. Es geht ja weiter mit dieser ganzen Energiewende, die im Moment stattfindet mit Netzausbau und so weiter. Es muss eine Öffentlichkeit gefunden werden, die zum Beispiel diese ganze Offshore-Technik und so weiter von Norden nach Süden bringt, dass der Netzausbau [...], sage ich jetzt mal, das publik zu machen, dass es auch nicht am Widerstand der Bevölkerung und so weiter scheitert, weil auf Dauer kann es nur das sein. Und ich denke, unser Konzern muss sich da richtig als Schwergewicht einbringen, ja, ja." (Angestellter in der Logistik)

Wiederum gilt das „gute", weil innovative Unternehmen als Schlüssel zur Lösung gesellschaftlicher Probleme. Es geht nicht darum, eine ökologische Orientierung gegen den Konzern durchzusetzen; vielmehr soll das Unternehmen sein Gewicht in die Waagschale werfen, um eine ökologische Transformation der Produkte und Produktionsweise in Gang zu setzen. Entscheidend für unsere Frage nach den Beweggründen für Kapitalismuskritik ist jedoch ein anderer Befund. Die ökologische

Krise gilt vielen Befragten als Konsequenz eines „Immer mehr und nie genug!", das sie aus dem Betrieb, aber auch aus anderen Lebensbereichen kennen. Als Treiber wird ein verselbständigtes Wettbewerbsprinzips identifiziert, dessen zerstörerische Wirkung in unterschiedlichen Kontexten erlebt wird. Aus dem Erleben einer wettbewerbsgetriebenen Steigerungslogik speist sich die alltägliche Gesellschafts- und Kapitalismuskritik. Dieses expansive Wettbewerbsprinzip, das die Gestalt permanenter Bewährungsproben annimmt, ist aus dem betrieblichen Alltag bekannt und wird in zahlreichen Variationen beschrieben und kritisiert.

Die einschneidende Erfahrung ist jedoch, dass dieser enorme Rationalisierungssprung nicht ausreicht. Schon legt der Konzern das nächste Ratio-Programm auf, schon geht es wieder darum, die Wettbewerbsposition des Unternehmens zu verbessern und wieder bedeutet das, noch schneller, noch effizienter arbeiten zu müssen. Allerdings macht sich die Unersättlichkeit des Wettbewerbs nicht allein in Betrieb und Arbeitswelt bemerkbar; mehr und mehr durchdringt sie alle Poren der Gesellschaft und dringt selbst in die Lebenswelt von Kindern und Heranwachsenden ein. Diese Beobachtung belastet den zitierten Dreher noch stärker als der betriebliche Rationalisierungsdruck. Das wird deutlich, wenn er im Interview von gewerkschaftlicher Interessenpolitik zum (vor)schulischen Wettkampfsystem gelangt:

> „Ja vom, ich denk vom, Gewerkschaft kämpft immer dagegen an, aber gerade vom politischen System, weil wirklich für mich leben da oben viele, viele Politiker an der Realität vorbei. Wenn ich unsere Frau von der Leyen anguck', die natürlich einen Job hat und für ihre sieben Kinder zwei Kindermädle hat, ja die kann gut von Kindererziehung reden und wie man's denn macht, und sie kümmert sich ja schlussendlich nicht groß drum, weil das machen ja irgendwelche Leute. Und ich sag einfach, es müssten wirklich mal wieder viele auf den Boden der Tatsachen, was denn da unten so abgeht, was das Leben kostet, wie's denn funktioniert. Dann würden vielleicht wieder ein paar Sachen anders da laufen. Grad die Kinderbetreuung, Kindererziehung, also das find ich jetzt, da ich jetzt selber in der Situation bin. Vor drei Jahren hat mal irgendein Politiker ausgerechnet, wenn jeder auf fünf Euro Kindergeld verzichten würde, dann könnte man die ganzen Kindergartenplätze kostenlos anbieten. So. Da sag ich, 'super, ich geb' gern zehn Euro von meinem Kindergeld her, ist ja 'ne prima Sache', einfach als Rechenbeispiel. Wenn ich überleg, was drei, was mich drei Jahre Kindergarten kosten im Endeffekt, super, prima. Dann kommen wieder irgendwelche anderen, 'ha, das ist ja sozial ungerecht, wenn man wieder irgendjemandem Geld wegnimmt'. Dann sag ich, die ganze Schulbildung, im Endeffekt solange wir in der Vorerziehung so weitermachen, dass es immer noch eben Kinder mit Migrationshintergrund, Familien wo viele Kinder haben, wenn dann alle im Kindergarten sind, ich red' jetzt nicht von KiTa, irgendwann mal, dann brauch ich keine Vorbildung machen. Weil wenn's in die Schule geht, hab ich wieder Zweiklassengesellschaft." (Dreher)

Die Gesellschaft, das klingt in dieser Sequenz an, ist zu einer Ansammlung von Wettkämpfen retardiert, die das soziale Verhalten von Kindesbeinen an beeinflussen. Dieses Wettbewerbsprinzip ist unersättlich. Es erzeugt permanent Gewinner und

Verlierer. Es wirkt in mehr oder minder allen gesellschaftlichen Erfahrungsräumen und es ist dieses Wettbewerbsprinzip mit seinen ständigen Bewährungsproben, das die Lebensqualität in der Wahrnehmung der Befragten teilweise bis zur Unerträglichkeit einschränkt. Die Kritik an diesem Wettbewerbsprinzip ist es, die eine Brücke zwischen individuellen Erfahrungen und subjektivem Gesellschaftsbild herstellt. Und, hier müssen wir unsere Ausgangsthese korrigieren, diese Brücke stellt auch eine Verbindung zwischen der kleinen Welt des Betriebs, der kleinen Welt der Familie und der großen Gesellschaftswelt dar. Bei dieser Verbindung handelt es sich allerdings um lose Koppelungen, und es ist keineswegs klar, ob die Arbeitserfahrungen in Gesellschaftskritik münden oder ob umgekehrt eine kritische Gesellschaftssicht auch zu einer kritischen Deutung der Arbeitssituation führt. Die Einschätzung der gesellschaftlichen Missverhältnisse kann, muss aber nicht mit den betrieblichen Erfahrungen übereinstimmen. Es besteht keine prinzipielle Kongruenz, zumal die Wirkmächtigkeit der eigenen Handlungsmöglichkeiten in den Augen vieler Befragter deutlich differieren: Den Arbeitsplatz glaubt man durch eigene Leistung erhalten zu können, den Einfluss auf gesellschaftliche Prozesse sieht man häufig weniger gegeben. Ungeachtet dessen stellt die Kritik an einem verselbstständigten Wettbewerbsprinzip eine subjektive Brücke dar, die offenbar geeignet ist, zwischen unterschiedlichen Erfahrungsräumen zu vermitteln, um einem disparaten Bewusstsein zu subjektiver Kohärenz zu verhelfen.

1.4 Exklusive Solidarität und Abgrenzung nach „unten"

Stellt die Kritik am „Prinzip Wettbewerb" einen universalistischen Zug im Lohnabhängigenbewusstsein dar, so lässt sich doch nicht übersehen, dass die auf Dauer gestellten Bewährungsproben durchaus ein Verhalten begünstigen können, das auf exklusive Solidarität, ja auf eine kollektive Abwertung sozialer Gruppen durch andere hinausläuft. Die Tendenz zu exklusiver Solidarität haben wir besonders klar, aber eben nicht ausschließlich, beim süddeutschen Fahrzeughersteller nachweisen können. Dieser empirische Befund ist, nicht zuletzt unter gewerkschaftlichen Praktikern und politischen Aktivisten, besonders kritisch kommentiert worden. Erscheint die Behauptung einer exklusiven Solidarität doch als Radikalkritik an gewerkschaftlichen Industrie- und Standortsicherungspolitiken.[20] Doch so simpel wie die Rezeptionen unserer Kritiker gelegentlich ausfallen, liegen die Dinge nicht. Ob Standortsicherungspolitiken von Betriebsräten und Gewerkschaften exklusive Solidarität erzeugen, oder ob die in Stammbelegschaften präsente Tendenz zu ausgrenzender Solidarität betriebliche Wettbewerbspakte motiviert, kommt der berühmten Frage nach Henne

---

20 Exemplarisch: West, Klaus-W. (2013): Solidarität in zwei Richtungen. In: Mitbestimmung 57(6)/2013, S. 52-54.

und Ei nahe. Ursache und Wirkung lassen sich auf der Grundlage unseres empirischen Materials nicht eindeutig klären. Fakt ist, dass ausgrenzende Integrationsvorstellungen in allen betrieblichen Statusgruppen zu finden sind. Dies belegt ein Blick auf das Antwortverhalten von Arbeitern/produktionsnahen Angestellten, Sachbearbeitern und Führungskräften (Schaubilder 10 und 11: Exklusive Solidarität).

Auffällig ist, dass das Statement „Eine Gesellschaft, in der jeder aufgefangen wird, ist auf Dauer nicht überlebensfähig" bei Arbeitern und produktionsnahen Angestellten die größte Zustimmung findet; am geringsten ist sie bei den Sachbearbeitern. Dem scheint auf den ersten Blick zu widersprechen, dass die produktionsnahen Befragten die Arbeitsmarktreformen am deutlichsten ablehnen und in „Hartz IV" vor allem ein Mittel zur Disziplinierung der Arbeitenden sehen. Und doch ist es die gleiche Statusgruppe von Arbeitern und produktionsnahen Angestellten, die mehrheitlich und im Gruppenvergleich am häufigsten größeren Druck auf Arbeitslose befürwortet. Die statusgruppenspezifischen Unterschiede im Antwortverhalten sind so gravierend, dass sie nicht allein auf unterschiedliche Erhebungszeitpunkte zurückgeführt werden können. Was auf den ersten Blick widersprüchlich erscheint, lässt sich erklären, wenn man die Relevanz der jeweiligen Statements für die jeweils eigene Statusposition reflektiert.

„Hartz IV" als Disziplinierungsmittel betrifft die soziale Positionierung von Arbeitern und produktionsnahen Angestellten, die näher an der Zone der Verwundbarkeit angesiedelt ist als die von Angestellten und Führungskräften. Wer sich aktuell einigermaßen sicher fühlt, weiß doch, dass das soziale Netz im Falle des Arbeitsplatzverlustes schwächer geworden ist. Ein Arbeiter, der den gut bezahlten Job in der Exportwirtschaft verliert, wird selbst in prosperierenden Regionen nicht umstandslos einen gleichwertigen Arbeitsplatz finden. Im schlimmsten Fall droht bei längerer Dauer „Hartz IV" und damit der Rückfall auf eine Position unterhalb einer „Schwelle gesellschaftlicher Respektabilität". Schon die diffuse Befürchtung, dass dergleichen drohen könnte, löst Verunsicherung aus. Verunsicherung, die offenbar gerade im Produktionsbereich mit einer Tendenz zur Abgrenzung nicht nur von „oben", sondern auch von „anders", und von „unten" einhergeht.

Solcherlei Abgrenzungen geschehen in der Standortkonkurrenz gegenüber Wettbewerbern anderer Unternehmen, aber auch gegenüber Konkurrenten aus dem eigenen Konzern. Es wäre nun verfehlt, den Beschäftigten einen aktiv geführten Kampf eines jeden gegen alle anderen zu unterstellen, genauso falsch wäre es jedoch, solche Konflikte zu bagatellisieren und exklusive Solidarität simplifizierend als falsches Bewusstsein zu entlarven. Stattdessen spricht einiges dafür, dass die Tendenz zu exklusiver Solidarität auch durch die strategische Nutzung von Flexibilisierungsinstrumenten gestärkt werden kann, wie sie nicht nur bei unserem Fahrzeughersteller üblich ist. Zwar sind Mitgefühl, politische Statements gegen das Gesetz zur Arbeitnehmerüberlassung ebenso wie die Forderungen nach *Equal Pay* Bestandteil einer auch bei Stammbeschäftigten verbreiteten solidarischen Grundhaltung; im konkreten Fall der Krise war den Befragten allerdings häufig das Hemd näher als die Hose. Dass Leiharbeitskontrakte mit Krisenbeginn gekündigt wurden, empfanden viele Festangestellte als Schutz der Stammbelegschaften. Bei allem Verständnis für die Lage der Leiharbeitenden hatte die eigene Beschäftigungssicherung Vorrang. Wohlgemerkt: Dass die Freisetzung von Leiharbeitern angesichts fehlender Interventionsmacht von Stammbeschäftigten mit Aufatmen hingenommen wird, ist in erster Linie Ausdruck von Hilflosigkeit und nur in zweiter Linie Indikator für eine verfestigte Tendenz zu exklusiver Solidarität. Das Gefühl, zu den Übriggebliebenen zu gehören, dominierte im Krisenfall als positive Rationalisierung den grundsätzlich kritisierten Umgang mit Leiharbeitenden.

Deutlicher offenbart sich die Tendenz zu exklusiver Solidarität jedoch gegenüber Arbeitslosen und Ausgeschlossenen. Wer arbeitet und leistungsbereit ist, der sieht sich von „Hartz IV" zu Unrecht auf die Probe gestellt. Und dieses Ungerechtigkeitsbewusstsein sucht sich häufig ein Ventil. Der Zorn richtet sich gegen jene, die – vermeintlich – die Bewährungsproben meiden und sich so dem Gebot der Leistungsgerechtigkeit entziehen. Faktisch stoßen wir bei vielen Festangestellten auf eine Bewusstseinsform, wie wir sie auch bei Sachbearbeitern in der Arbeitsverwaltung feststellen konnten.[21] Das Verhalten der Erwerbslosen und Hilfebedürftigen erscheint den Festangestellten als Gerechtigkeitsproblem. Wer sich mit der Fürsorgeabhängigkeit arrangiert, verletzt aus der Sicht vor allem von Facharbeitern und produktionsnahen Angestellten nicht nur die Gebote der Leistungsgerechtigkeit und Chancengleichheit, er verzichtet mehr oder minder freiwillig auf Autonomie; ja, die betreffende Person oder Gruppe verhält sich geradezu antiemanzipatorisch, weil sie sich mit einer Konstellation äußerster Entfremdung arrangiert. Entfremdung bedeutet in diesem Kontext, „dass die Identität und das Handeln total von anderen bestimmt werden, bis hin zu dem Punkt", an dem man sich „nur noch durch das Handeln und den Blick des Herrschaftssubjekts wahrnimmt".[22] Einem solchen Arrangement mit einer Situation des vollständigen Ausgeliefertseins, das sich umso leichter in Erwerbslose und Hilfebedürftige hineinprojizieren lässt, je weiter diese von der eigenen Erfahrungswelt entfernt sind, begegnen viele Festangestellte mit Abscheu. Sie selbst verwenden viel Energie darauf, noch in fremdbestimmten Verhältnissen

---

21 Marquardsen, Kai (2013): Die Regionalstudie. In: Dörre, Klaus/Scherschel, Karin/Booth, Melanie/Haubner, Tine/Marquardsen, Kai/Schierhorn, Karen, Bewährungsproben für die Unterschicht? Soziale Folgen aktivierender Arbeitsmarktpolitik. International Labour Studies – Internationale Arbeitsstudien. Band 3. Frankfurt a. Main/New York: Campus, S. 59-122.

22 Dubet, François (2008): Ungerechtigkeiten. Zum subjektiven Ungerechtigkeitsempfinden am Arbeitsplatz. Hamburg: Hamburger Edition, S. 170.

möglichst viel an Autonomie zu bewahren, um ein einigermaßen selbstbestimmtes Leben führen zu können. Daher ist es nicht allein der Vorwurf des Sozialschmarotzertums, der ein Bedürfnis nach Distinktion auslöst. Auch die Ahnung, dass eine vollständige Unterordnung unter Fremdbestimmung und die dauerhafte Abhängigkeit von anderen praktizierbar und lebbar ist, dass es einen subjektiven Verzicht auf sämtliche Aktivitäten zur Abmilderung von Entfremdung und Ausbeutung gibt, kann sich als kollektive Abwertung und Stigmatisierung der so Klassifizierten bemerkbar machen. Personen und Gruppen, die sich derart vollständig unterwerfen, die sich einer Situation totaler Entfremdung wehrlos ausliefern, sind gerade aus der Perspektive gewerkschaftlich organisierter Arbeiter und Angestellter eine latente oder gar eine manifeste Bedrohung jeglicher Solidarität von Lohnabhängigen. Diese Haltung erklärt, weshalb auch Befragte, die wir den Systemkritikern zurechnen, ungefragt den sogenannten Sozialmissbrauch ansprechen und attackieren:

> „Nur ist die Gefahr auch die, wo nachher aus der Sozialkasse schmarotzen möchten, die gibt's auch. Und denen muss man dann auch wieder Einhalt gewähren. Also besser gesagt, man muss sie kontrollieren, ja, dass das nicht passiert, das ist halt immer wieder die Gefahr, ja. Also manchmal haben manche Buschvölker, insofern es sie noch gibt, die gibt's leider nicht mehr, diesbezüglich ein wesentlich besseres Sozialverhalten." (Facharbeiter)

Allerdings, auch das sei hinzugefügt, ist die Tendenz zu einer exklusiven, sich prekarisierten und ausgegrenzten Gruppen verweigernden Solidarität nicht durchgängig verbreitet, sie ist in sich widersprüchlich und sie löst zum Teil auch klare Gegenstatements aus – etwa dann, wenn die Befragten auf die Existenzängste durch „Hartz IV" und Rentenabschläge zu sprechen kommen. Ein entscheidender Punkt klingt in diesen Sequenzen an: Die Welt der Prekarisierten und Ausgegrenzten lässt sich nicht mehr aus der Welt der noch einigermaßen geschützten Lohnarbeit heraushalten. Wenn nicht im eigenen Werk, so begegnet man der bedrohlichen Realität im Nachbarbetrieb oder im Wohngebiet. Abgrenzung, Distinktion oder gar kollektive Abwertung können dazu dienen, den Wettkampf mit prekarisierten Gruppen mit dem Mittel des Ressentiments zu bestreiten. Doch je näher entsprechende Lebensrealitäten rücken und je stärker sie Personen betreffen, die man selbst kennt, desto schwerer wird es, Vorurteile zu konservieren und sie strategisch zur Selbstaufwertung und damit zur Stigmatisierung anderer einzusetzen. Die unterschiedlichen Auffassungen in der Belegschaft und die innere Widersprüchlichkeit der Sichtweisen jener Befragten, die zu exklusiver Solidarität tendieren (gegen „Hartz IV", aber für mehr Druck auf Langzeitarbeitslose), machen deutlich, dass sich entsolidarisierende Mechanismen nicht zwangsläufig und auch nicht im Selbstlauf durchsetzen. Offenbar existiert Spielraum für Handlungsstrategien, die auf eine inklusive Solidarität mit prekär Beschäftigten und Erwerbslosen zielen. Die Gefahr einer fraktalisierten, auf partikulare Interessengruppen in Stammbelegschaften zugeschnittenen Interessenpolitik ist damit aber keineswegs gebannt.

SCHAUBILD 10: Indikatoren für exklusive Solidarität I

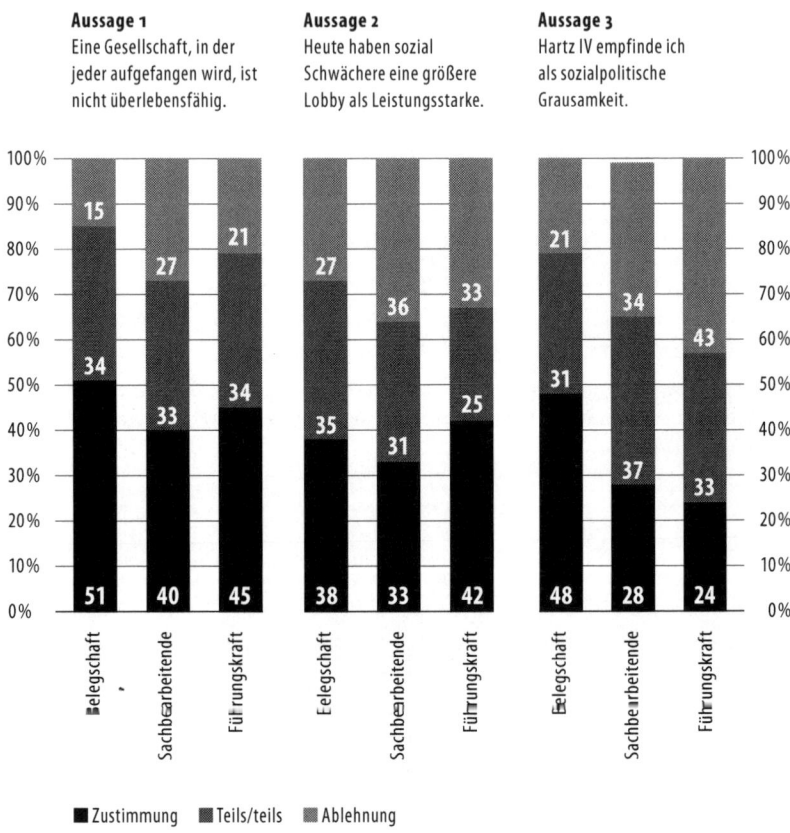

Diese Gefahr ist bis zu einem gewissen Grade in der positiven Identifikation mit dem eigenen Betrieb, dem eigenen Unternehmen bereits angelegt. Denn hinter solchen Identifikationen verbergen sich auch handfeste Konkurrenzlogiken, die sich, etwa im Standortwettbewerb, immer wieder Bahn brechen können. Die Identität als Angehöriger einer Stammbelegschaft (und nicht als Angehöriger einer Klasse der Arbeiter oder einer sozialen Großgruppe von Lohnabhängigen), bezeichnet einen sozialen Zusammenhang, in welchem das Werk bzw. das Unternehmen zumindest zeitweilig als über Statusgrenzen hinweg erfahrbares Ganzes erscheint, das in der kapitalistischen Konkurrenz gemeinsam verteidigt werden muss. Insofern existieren über den Markt vermittelt immer auch deutliche Bezüge zur Wirtschaftsgesellschaft, deren eigene Bewegungen aber nur schwer mit den betrieblichen und den individuellen

SCHAUBILD 11: Indikatoren für exklusive Solidarität II

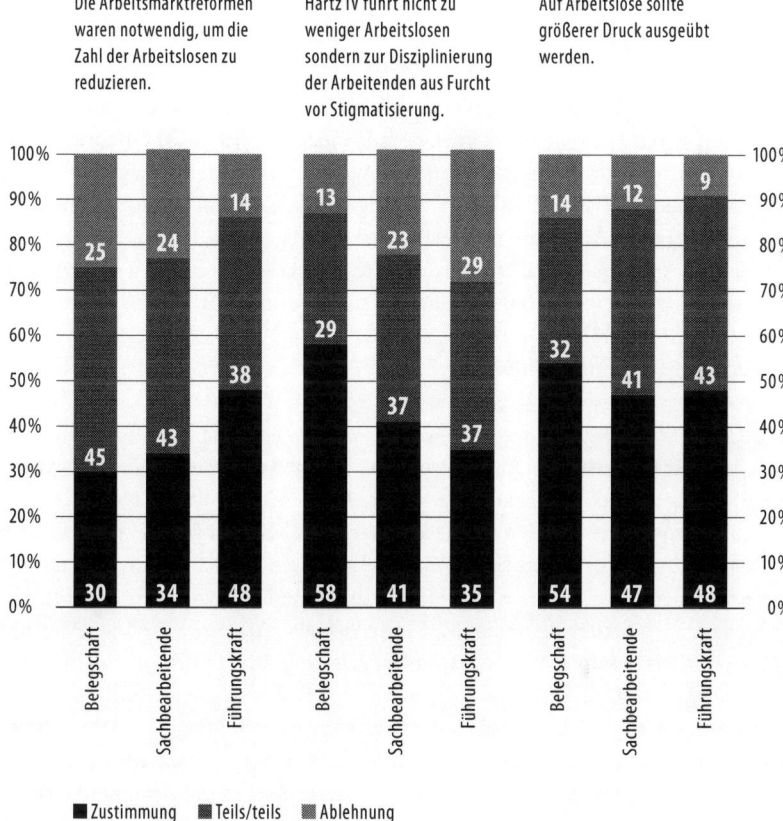

Aussage 1
Die Arbeitsmarktreformen waren notwendig, um die Zahl der Arbeitslosen zu reduzieren.

Aussage 2
Hartz IV führt nicht zu weniger Arbeitslosen sondern zur Disziplinierung der Arbeitenden aus Furcht vor Stigmatisierung.

Aussage 3
Auf Arbeitslose sollte größerer Druck ausgeübt werden.

■ Zustimmung ■ Teils/teils ■ Ablehnung

Belangen zu synchronisieren sind. Dementsprechend machen sich Abgrenzungen nicht nur gegenüber „unten" und „anders" bemerkbar; exklusive Solidarität kann sich auch gegen konkurrierende Werke und Belegschaften selbst im eigenen Konzern richten. Und sie kann sich ebenso in harten Konditionen für Zulieferunternehmen und deren Beschäftigte niederschlagen, die zur Prosperität fokaler Unternehmen an der Spitze der Wertschöpfungsketten beitragen. Von reflektierten betrieblichen und gewerkschaftlichen Praktikern wird diese Gefahr auch dann klar gesehen, wenn die Betreffenden dies nicht öffentlich kundtun. So mag eine hohe Jahresprämie auch für Arbeiter und Angestellte, wie sie in einem von uns untersuchten norddeutschen Unternehmen gezahlt wurde, das Gemeinsamkeitsbewusstsein im Konzern stärken. Schon die Frage, ob die Belegschaften der Auslandstöchter, die einen hohen Anteil am guten Gesamtergebnis des Konzerns haben, in gleicher Weise am Unternehmenserfolg beteiligt werden, könnte indessen Unruhe auslösen. Würde sie doch ein internes Gerechtigkeitsproblem thematisieren, dessen Tabuisierung durchaus Zündstoff enthält.[23]

1.5 Antikapitalismus ohne politische Adressaten

Wie erklärt sich, dass die verbreitete Gesellschaftskritik überhaupt mit einer Fraktalisierung von Interessenpolitik oder gar mit entsolidarisierenden Orientierungen verknüpft sein kann? Mit Blick auf unser empirisches Material drängen sich zwei Antworten auf. Die erste Antwort hängt eng mit der sozialen Selbstverortung vor allem der befragten Arbeiter – etwas weniger eindeutig – auch derjenigen von Angestellten zusammen. Anders als die prekarisierten und erwerbslosen Hilfebedürftigen, die teilweise große Schwierigkeiten haben, sich überhaupt in der Gesellschaft zu verorten, fällt den vollzeitbeschäftigten Lohnabhängigen eine Bezeichnung ihres gesellschaftlichen Status relativ leicht. Sie definieren sich entweder in der gesellschaftlichen Mitte (vorzugsweise Angestellte), die sie jedoch in unterschiedlichem Ausmaß als gefährdet betrachten, oder sie sehen sich etwas unterhalb der Mittelschichten (vorzugsweise Facharbeiter). Auffällig ist, dass sich die Selbstverortungen von Arbeitern und Angestellten immer an der gesellschaftlichen Mitte orientieren. Die eigene Position wird im Abstand gemessen, den sie zu den Mitteschichten aufweist. Den zweiten Bezugspunkt bilden Gruppen, die das „unten" in der sozialen Hierarchie bezeichnen (Prekäre, Erwerbslose, Hilfebedürftige) Die Bezeichnungen für den eigenen sozialen Satus differieren. Man sieht sich als „Arbeitnehmer", als Angehöriger des „Mittelstands" oder als „Facharbeiter". Die größte Differenz zwischen den Statusgruppen zeigt sich bei der wahrgenommenen Bedrohungslage, die Facharbeiter deutlich dramatischer schildern als die befragten Angestellten. Wir haben dieses Phänomen auch in von uns untersuchten ostdeutschen Betrieben feststellen können. Die halbstrukturierten Interviews beim süddeutschen Fahrzeugproduzenten offenbaren aber noch einen weiteren Zusammenhang. Die düsteren Farben, in denen das Bild vom Facharbeiter gezeichnet wird, dienen auch dazu, die eigene Kritik an der Gesellschaft zu begründen. Wir finden diesen Zusammenhang insbesondere bei Befragten, die wir dem Typus der Systemkritiker zurechnen können:

> „Die [Facharbeiter, d.A.] werden als Untermenschen betrachtet. Ganz klar. Natürlich. […]. Zum Thema Rassismus, also den gibt's nicht nur unter verschiedenen Völkern, sondern den gibt's auch unter sozialen Schichten. […] Das fängt ja mit, äh, jeder braucht

---

23 Dementsprechend stoßen wir bei Gesprächen mit Betriebsräten und gewerkschaftlichen Praktikern häufig auf einen *double talk*. Offiziell und nach außen wird der Befund einer exklusiven Solidarität kritisiert; informell werden dann aber häufig rasch die Beispiele geleifert, die die Brisanz der Problematik unterstreichen.

ja eigentlich Geld zum Leben. Das Brot oder Lebensmittel oder sonst was kostet so und so viel. Die eine Tätigkeit wird so gewertet, wird nicht mehr bezahlt und eine andere, schöne, saubere meinetwegen Büroarbeit wird wieder anders bezahlt. Ja, und der wird dann anders hofiert wie ein anderer, tja, es ist so. Ja, da brauchen wir uns nix vormachen. Natürlich, wenn ich manche [...] sehe, Arbeiter, wie sie so was sie von sich geben, da denkt man uh, ja, ist halt. Aber trotzdem, er macht seine Arbeit und will auch eine gerechte Bezahlung wo der davon leben kann. Jeder muss davon leben. Ja. Und jede Arbeit muss auch gemacht werden. Ja. Also die Arbeit selber, an und für sich, egal jetzt wie hoch die angesiedelt ist, jede hat ihre Daseinsberechtigung und auch, sagen wir mal, ihren Zweck, gell. Das ist halt die menschliche Gemeinschaft, ja. So muss man's eigentlich sehen."
(Interview eins, Facharbeiter)

Die Gleichsetzung von Facharbeiter und Untermensch übertreibt gewaltig. Der Befragte lässt keinen Zweifel daran, dass er sich deutlich oberhalb der Hartz-IV-Empfänger und – so die Aussage in einer anderen Interview-Passage –, auch oberhalb der Leiharbeiter und prekär Beschäftigten sieht. Er lässt keinen Zweifel daran, dass er sich mehr oder minder selbstbewusst als Facharbeiter bezeichnet. Sein eigentliches Problem ist nicht das eines rassistisch verunglimpften „Untermenschen", vielmehr sieht er seinen Status nicht adäquat gewürdigt. Von seinen Qualifikationen her kommt der Facharbeiter inzwischen einem Techniker, einem gut ausgebildeten Spezialisten nahe, der den Mittelschichten zugerechnet werden kann. Doch diesem qualifikatorischen Status wird die gesellschaftliche Anerkennung verwehrt – und das in einer Weise, die der Sprecher mit rassistischer Diskriminierung gleichsetzt.

Hier offenbart sich ein Selbst- und Statusbewusstsein, das die Arbeiterschaft, die Facharbeiter eingeschlossen, als Großgruppe im sozialen Abstieg begreift. Genau jener Status, der noch immer die Möglichkeit zu einem einigermaßen guten Leben garantiert, ist bedroht. Selbst mag man den einmal erreichten Status noch halten können, doch schon für die nachwachsende Generation und die eigenen Kinder wird es eng. Diese gesellschaftliche Selbstverortung, mit der man sich als Angehörigen einer bedrohten gesellschaftlichen Großgruppe definiert, erzeugt eine Defensivhaltung, die sich in radikaler Systemkritik, aber auch in Varianten einer partikularistisch-ausgrenzenden Solidarität artikulieren kann.

Möglicherweise liegt in dieser Defensivhaltung aber auch ein Schlüssel für das Verständnis eines Antikapitalismus, den wir als politisch heimatlos bezeichnet haben. Die tradierten Arbeiterbewegungsideologien speisten sich allesamt aus der Vision eines kollektiven Aufstiegs der Arbeiterklasse oder der sozialen Großgruppe der Arbeitnehmer. Entweder sollte der Aufstieg auf dem Weg einer revolutionären Systemtransformation erreicht werden, oder, so die reformistischen Varianten, über einen kollektiven Aufstieg innerhalb der bestehenden Gesellschaft möglich werden; einer Gesellschaft, die neben einer kollektiven auch individuelle Aufstiegsmobilität zu garantieren hatte. In einer Sozialstruktur, die den individuellen Aufstieg erschwert und den kollektiven Abstieg wahrscheinlich macht, geht den diversen politischen Philosophien der Arbeiterbewegung unweigerlich die soziale Antriebskraft verloren. Quer zu den Typologisierungen neigen Befragte daher dazu, das Bestehende zu verteidigen.

Aus dieser defensiven Grundhaltung heraus kann man sich – im Westen stärker noch als in den Ostbetrieben – positiv auf die betriebliche Mitbestimmung, die Institution des Betriebsrates und auch auf die Gewerkschaften beziehen. Betriebsräte wie Gewerkschaften werden von den Belegschaften der industriellen Großbetriebe als unverzichtbares Gegengewicht zu Kapitalinteressen betrachtet. Kritik an der konkreten Interessenpolitik ändert an dieser Auffassung wenig. Dem oder der Einzelnen sind Interessenvertretung und Gewerkschaft im betrieblichen Alltag unverzichtbare Akteure und mitunter Helfer in der Not. Gewerkschaften werden für Lohn- und Tarifverhandlungen gebraucht, Betriebsräte für den täglichen „Kleinkrieg" am Arbeitsplatz und im Werk. Dort, wo sie stark sind, wird auch die gestaltende Rolle der Betriebsräte gewürdigt. So loben besonders Angestellte des süddeutschen Fahrzeugherstellers, die dem Typus der Moderaten zugerechnet werden können, die pragmatische, kooperative Politik des Betriebsrates bei der Standortsicherung. In solchen Fällen reicht die Solidarität der Belegschaft auch über die unmittelbar betroffenen Gruppen hinaus. Strategische Einflussnahme auf Konzernentscheidungen, Aushandlungen und gewerkschaftliche Mobilisierung werden als geeignete Formen der Einflussnahme begrüßt und handlungsstrategisch miteinander verzahnt. Doch auch auf diesem hohen Niveau betrieblicher und konzernweiter Interessenvertretung sieht man in den Gewerkschaften nicht unbedingt die geeigneten Adressaten einer weiter reichenden Gesellschafts- und Kapitalismuskritik. Das gilt selbst für aktive Vertrauensleute: „Ich denk, die Gewerkschaft wird bei diesen gesellschaftspolitischen Themen [...] nicht unbedingt ernst genommen. Nicht, [...] weil sie was Falsches sagt, sondern weil man, denk ich, allgemein glaubt, das ist nicht Aufgabe der Gewerkschaft. Das ist so mein Eindruck." (Angestellter, Produktmanagement)

Die Aussage ist klar und sie wird so oder ähnlich von vielen Befragten formuliert. Doch wie ist sie zu interpretieren? Grundsätzlich sind zwei Antworten möglich. Die eine lautet, dass Gewerkschaften eine begrenzte Funktion haben und eine politische Rolle daher nicht gewünscht wird. Bei Beschäftigten, die wir als moderate Kritiker identifizieren, gibt es für solche Haltungen durchaus Anhaltspunkte. Bei den Systemkritikern ist das so jedoch nicht der Fall; sie stören sich eher an einer defizitären gewerkschaftlichen Präsenz im politischen Feld. Aus ihrer Sicht besteht das Problem darin, dass sich der Verbalradikalismus gewerkschaftlicher Repräsentanten häufig mit einer pragmatischen Standortpolitik verbindet, der sich jeder Blick über den Tellerrand des Betriebs oder Unternehmens hinaus als Belastung darstellt. Aus dieser Perspektive ist es der langjährige Verzicht auf ein politisches Mandat, die gewerkschaftliche Abstinenz bei großen gesellschaftlichen und politischen Themen, die eine unternehmensübergreifende Solidarität erschwert und partikularistische Interessenpolitiken fördert.

1.6 Fragile Vermittlungen zwischen kleiner und großer Welt

Tatsächlich sind die Deutungsmuster und Denkschemata, mit denen politisch und gewerkschaftlich aktive Gruppen die Verbindung zwischen betrieblichem Mikrokosmos und großer Gesellschaftswelt herzustellen beabsichtigen, äußerst fragil. Unabhängig davon stoßen wir jedoch auf eine Problematik, die seit jeher auf Ideologien und Politiken mit Anspruch auf grundlegende gesellschaftliche Veränderungen zutrifft. Terry Eagleton hat diese Problematik mit folgenden Worten beschrieben: „Es ist [...] darauf hinzuweisen, dass eine gewisse Apathie durchaus vernünftig ist. Solange ein Gesellschaftssystem seinen Bürgern ein mageres Auskommen einbringt, ist es nicht unvernünftig, dass sie an dem festhalten, was sie haben, statt waghalsig in eine ungewisse Zukunft zu springen. Es gibt keinen Anlass, über einen solche Konservatismus zu spotten."[24] Die „schlechte Nachricht" für Sozialisten und andere Akteure mit gesellschaftsveränderndem Anspruch lautet daher, „dass es Menschen außerordentlich widerstrebt, ihre Situation zu verändern, solange sie von dieser Situation noch etwas erwarten können."[25] Genau dies trifft auf einen Großteil der von uns befragten Arbeiter und Angestellten zu. Sie können, aller Kritik an Missständen und Negativentwicklungen zum Trotz, von ihrer Arbeits- und Lebenssituation noch etwas erwarten. Die Aussicht auf grundlegende gesellschaftliche Veränderungen erscheint ihnen demgegenüber als vage und außerordentlich risikoreich. Daher „entwichtigen" die persönlichen Erfahrungen in der kleinen Welt des Betriebs, der Familie und der eigenen sozialen Netzwerke jede noch so grundsätzliche Kritik an der kapitalistischen Produktionsweise. Die positive Identifikation nicht nur mit der eigenen Arbeit und Leistungsfähigkeit, sondern auch mit dem Betrieb, der Region und dem Unternehmen entspringt keiner Selbsttäuschung. Sie ist Resultat eines Interessenkalküls, das durchaus realistisch reflektiert, in welch hohem Maße der eigene soziale Status und die mit ihm verbundenen Chancen auf ein halbwegs sinnerfülltes Leben von der Festanstellung im Werk abhängen.

Die subjektive „Entwichtigung" von großen gesellschaftlichen Verwerfungen durch ihre Relativierung aus der Perspektive der kleinen Welt des Betriebs und des Privaten verleiht der Kapitalismuskritik der befragten Lohnabhängigen den schon mehrfach angesprochenen konservierenden Grundzug. Auch dieses Phänomen ist jedoch keineswegs völlig neu. Pierre Bourdieu hat Ähnliches bereits in „Zwei Gesichter der Arbeit" eindrucksvoll beschrieben.[26] Danach sind die qualifizierten und

---

24 Eagleton, Terry (2011): Warum Marx recht hat. Berlin: Ullstein, S. 225.
25 Ebd., S. 224.
26 Bourdieu, Pierre (2000): Die zwei Gesichter der Arbeit. Interdependenzen von Zeit- und Wirtschaftsstrukturen am Beispiel einer Ethnologie der algerischen Übergangsgesellschaft. Konstanz: UVK.

fest angestellten Arbeiter in einer von Arbeitslosigkeit heimgesuchten Gesellschaft eine vergleichsweise privilegierte Gruppe. Ihr Bewusstsein wird nicht nur von den unmittelbaren Existenzbedingungen, sondern auch von ihrer Position in der Sozialstruktur bestimmt. In dieser Struktur ist ihr Platz nie ganz unten. Daraus resultiert das Bestreben, das einmal Erreichte zu verteidigen:

> „Einfacher gesagt: man verstünde jene Praktiken, die oft allzu schnell dem Konservatismus der Proletarier (oder dem ihrer 'Apparate') zugerechnet werden, sehr viel besser, wenn man sich darüber im Klaren wäre, daß die recht bescheidenen Vorteile, die mit festen Arbeitsplätzen einher gehen, ebenso wie die effektive Solidarität ständig von der Gefahr eines Unfalls, einer Krankheit oder Entlassung bedroht sind und daß alles, was die Bourgeois (seien sie revolutionär oder nicht) so eilig als Zeichen der Verbürgerlichung beschreiben, zunächst und vor allem Schutzwälle gegen mögliche neue Anstürme und Angriffe des Lebens sind."[27]

Wie gezeigt, ist dieser vermeintliche Konservatismus aber auch Resonanzboden und Inspirationsquelle für eine grundlegende Gesellschafts- und Kapitalismuskritik. Doch offenkundig fehlt es an überzeugenden, glaubwürdigen Erzählungen, die diese Kritik von ihren beharrenden Momenten ablösen und sie in eine Transformationsperspektive überführen könnte. Stattdessen stoßen wir bei den von uns Befragten auf eine Konstellation, wie sie ähnlich von Beaud und Pialoux beschrieben worden ist.[28] Den befragten Arbeitern und Angestellten ist nicht nur der Gedanke an einen kollektiven Aufstieg verloren gegangen, soweit überhaupt jemals vorhanden, sondern auch die politische Hoffnung auf eine radikale Veränderung der Verhältnisse weggebrochen. Nicht einmal die Aktivisten verfügen über Kategorien, um ihre Lage in Worte zu fassen. Deshalb verteidigt jeder und jede seine/ihre Würde überwiegend jedoch für sich und auf die eigene Art. Dieser Kampf wird unvermindert heftig geführt, aber man findet sich damit ab, dass „die eigene Würde nicht unbedingt mit der des anderen in Einklang stehen muss."[29] „Diese Situation macht die Leute hilflos, weil sie an den Nerv trifft und am Ich nagt: am Respekt, den sie vor sich selbst haben, an der Vorstellung, die sie vor sich von ihrem Wert in der Welt machen, am Bewusstsein ihrer Identität, die von der gewerkschaftlichen Arbeiterschaft lange Zeit gewährleistet wurde."[30]

Was für die Arbeiter aus der französischen Automobilindustrie gilt, trifft modifiziert auch für die von uns befragten deutschen Beschäftigten zu. Ihnen fehlt ein intellektuelles Bezugssystem, das die auseinanderfallenden Kapitalismus- und

---

27 Ebd., S. 103.
28 Beaud, Stéphane/Pialoux, Michel (2004[1999]): Die verlorene Zukunft der Arbeiter. Die Peugeot-Werke von Sochaux-Montbéliard. Konstanz: UVK.
29 Ebd., S. 284.
30 Ebd., S. 285.

Gesellschaftskritiken bündeln und ihnen eine politische Richtung verleihen könnte. Letztlich bleibt die anschwellende Kapitalismuskritik daher orientierungslos. Im politischen Raum ist sie nahezu unsichtbar. Damit stellt sich ein paradox anmutender Effekt ein: die offensichtlichen Dysfunktionalitäten des Kapitalismus führen zwar zu Reparaturversuchen seitens der Eliten, nicht aber zu systemtransformierendem Engagement der bisweilen existenziell bedrohten sozialen Gruppen. Die verbreitete Einsicht, vor allem durch andauernde Leistungsbereitschaft die Chance zur Sicherung des eigenen Arbeitsplatzes zu erhöhen, verbindet sich mit teilweise ausgeprägten betrieblichen Krisenerfahrungen im Bewusstsein, einer Schicksalsgemeinschaft anzugehören. In dieser Gemeinschaft obliegt das Rudern des gemeinsamen Bootes der eigenen Person, während jeder und jede gleichzeitig darauf hoffen muss, dass die Kapitäne das Schiff in unruhiger See erfolgreich an allen Klippen vorbei manövrieren. Dieses Bewusstsein bringt den eigenen Betrieb in eine Sonderstellung sowohl gegenüber der Konkurrenz inner- und außerhalb des Konzerns, als auch gegenüber dem kapitalistischen System. Denn es geht stets auch um „meinen" Betrieb. Eigene Leistung und vorgebliche Schicksalsgemeinschaft kulminieren im Bild des guten Betriebes, der in Relation zur vergleichsweise (noch) schlechteren Umwelt, zur „schlechten Gesellschaft" oder zum „schlechten System" gesehen wird – ein Bewusstsein, das jeder Gesellschaftskritik subjektiv die Spitze zu nehmen vermag.

2. Grenzen der Landnahme – einige abschließende Überlegungen

Wie sind unsere Befunde in der soziologischen und Arbeitsbewusstseinsforschung zu verorten? Und welche arbeitspolitischen Schlussfolgerungen drängen sich auf? Zunächst sei noch einmal klargestellt: Empirische Ergebnisse, die in einzelnen Betrieben und noch dazu überwiegend im nach wie vor stark männerdominierten Feld industrieller Arbeit gewonnen wurden, lassen sich nicht so verallgemeinern, als stünden sie für die gesamte Arbeitsgesellschaft. Wäre Repräsentativität in einem strengen statistischen Sinne gewährleistet, so könnten auch aus einem solchen Material nicht unmittelbar arbeitspolitische Erkenntnisse gewonnen werden. Bewusstseinsstudien rekonstruieren im besten Falle subjektive Orientierungen. Ob und wie sich diese Orientierungen in Handeln übersetzen, ist damit noch nicht geklärt. Auch deshalb sind unsere Daten keine Rezeptsammlung für die politische Praxis. Immerhin bieten, so hoffen wir jedenfalls, die dokumentierten Befunde genügend Stoff sowohl für arbeitssoziologische als auch für arbeitspolitische Diskussionen. Um Debatten anzuregen, formulieren wir sechs abschließende Überlegungen.

2.1 Feminisierung der Arbeit und die Grenze subjektiver Landnahmen

Trotz aller Relativierungen, die wir immer wieder vorgenommen haben, belegen unsere Daten die Präsenz und weite Verbreitung einer Alltagskritik an gesellschaftlichen Verhältnissen, die eine subjektive Grenze kapitalistischer Landnahmen darstellt. Die finanzkapitalistische Landnahme wirkt über feldspezifische Klassen von Bewährungsproben, in denen die beteiligten Akteure relativ autonom handeln. Die Landnahmemetapher impliziert eine Gleichzeitigkeit des Ungleichzeitigen. Damit ist gemeint, dass die soziale Realität des fordistischen Kapitalismus nicht einfach verschwindet. Innerhalb des Finanzmarktkapitalismus existiert sie in Gestalt von Institutionen, juristisch fixierten Kräfteverhältnissen, Traditionen, Gewohnheiten und Habitualisierung fort. Gesellschaftliche Großformationen wie der Kapitalismus sind in gewissem Sinne geronnene Gesellschaftsgeschichte. Sie umfassen, ja, sie speichern eine Abfolge sozialer Ereignisse und Gebilde, die sich, darin geologischen Formationen ähnlich, Schicht für Schicht übereinander ablagern.[31] Innerhalb der Großformation lässt sich allerdings, über alle Spielarten des Kapitalismus hinweg, ein „Kern von erstaunlicher Haltbarkeit" identifizieren.[32] Der Kapitalismus ist kein homogenes System, aber doch „eine bestimmte Art und Weise, das Verhältnis zwischen ökonomischen Prozessen, Sozialordnung und Regierungstechnologien nach den Mechanismen der Kapitalreproduktion zu organisieren".[33]

Was für die kapitalistische Gesellschaftsformation gilt, lässt sich ähnlich auch für ihre Subjekte sagen. Sie sind einzigartige Individuen und verkörpern doch zugleich geronnene Gesellschaftsgeschichte. Obwohl ihre Aktivitäten letztendlich der Reproduktion des Kapitals dienen mögen, können systemstabilisierende Handlungen nur stattfinden, wenn sie immer wieder mit subjektivem Sinn ausgestattet werden. Schon aus diesem Grund kann die kapitalistische Landnahme der Person keine totale sein. Auch mit Blick auf die individuellen Subjekte ist Landnahme stets mit Landpreisgabe verbunden. Es handelt sich niemals um lineare, widerspruchsfreie Ökonomisierungs- oder Subsumtionsprozesse. Je umfassender der Zugriff auf das gesamte Arbeitsvermögen, auf das gesamte Ensemble von Tätigkeiten einer Person ist, desto wahrscheinlicher werden Gegenreaktionen, die der Landnahme Grenzen setzen. Gegenreaktionen wirken auf die Bewährungsproben, deren Formate und

---

31 Streeck, Wolfgang (2013): Gekaufte Zeit. Die vertagte Krise des demokratischen Kapitalismus. Berlin: Suhrkamp, S. 10; vgl. auch: Walther, Rudolf (2013): Zur vollendeten Edition eines unvollendeten Projektes. In: Neue Gesellschaft/Frankfurter Hefte 3/2013, S. 12-15; Küttler, Wolfgang (2013): Der Kapitalismus als transitorische Formation. In: Z. Zeitschrift Marxistische Erneuerung 93/2013, S. 28-47.
32 Vogl, Joseph (2010): Das Gespenst des Kapitals. Zürich: diaphanes, S. 130.
33 Ebd., S. 131.

Legitimationen ein. Dabei muss es sich gar nicht um explizite Gesellschafts- oder Kapitalismuskritik handeln. Wo offene Kritik und Widerständigkeit ausbleiben, macht sich häufig Köpereigensinn bemerkbar. Wir haben dieses Phänomen am Beispiel von Erwerbslosen und prekär Beschäftigten im „Hartz-IV"-Bezug genauer erforschen können.[34] Hier zeigt sich, dass in einer Situation äußerster Entfremdung der eigene Körper eingesetzt werden muss, um Reste persönlicher Autonomie und damit ein wenig an Würde vor sich selbst und vor anderen bewahren zu können. Die sprunghafte Zunahme von arbeitsplatzverursachten psychischen Erkrankungen (Burnout, Depression) oder der psychologische Ausnahmezustand, den Alain Ehrenberg[35] als Erschöpfung bezeichnet, sind andere Beispiele für Köpereigensinn.

Es ist aber keineswegs so, dass der Protest gegen die wettbewerbsgetriebene Landnahme allein der „menschlichen Natur" vorbehalten bliebe. Die erste und wichtigste Form der Sozialkritik, die wir bei den von uns befragten Arbeitern und Angestellten finden können, entspringt dem eigensinnigen Beharren auf Ansprüchen an Einkommens- und Beschäftigungssicherheit, aber auch an eine Qualität von Arbeitstätigkeit und Arbeitsort, die inhaltlich wie sozialkommunikativ einigermaßen sinnvoll und befriedigend sein soll. Dass diese, gleichsam habitualisierten, Ansprüche sich häufig mit dem Status des – männlichen – Sozialbürgers und Vollzeitbeschäftigten verbinden, verleiht ihnen nicht nur einen konservierenden, sondern zusätzlich einen herrschaftlichen Grundzug. Das nimmt den Sicherheitsansprüchen jedoch nichts von ihrer Legitimität, da sie auch jenseits der hegemonialen Beschäftigungsform Gültigkeit beanspruchen können. Als Mann eine sichere Beschäftigung einzuklagen, meint nicht zwangsläufig, dies auf Kosten von Frauen tun zu müssen. Zudem ist das geschützte Normalarbeitsverhältnis in den untersuchten Betrieben keineswegs Vergangenheit; es existiert fort, strukturiert Realität und Erfahrung der Arbeitenden, auch der zuverdienenden Frauen; es generiert Maßstäbe für prekär Beschäftigte und verbindet sich mit höchst individuellen Vorstellungen eines guten, weil sinnerfüllten Lebens.

Damit ist nicht gesagt, dass alles beim Alten bliebe und sich legitime Arbeitsansprüche ausschließlich mit dem sozial geschützten Normalarbeitsverhältnis

---

34 Haubner, Tine (2013): Bewährungsproben im Ost-West-Vergleich, Netzwerkintegration, Sozialkritik. Exkurs: Körpereigensinn und die Grenzen der Aktivierbarkeit. In: Dörre, Klaus/Scherschel, Karin/Booth, Melanie/Haubner, Tine/Marquardsen, Kai/Schierhorn, Karen, Bewährungsproben für die Unterschicht? Soziale Folgen aktivierender Arbeitsmarktpolitik. International Labour Studies – Internationale Arbeitsstudien. Band 3. Frankfurt a. Main/New York: Campus, S. 322-344.

35 Ehrenberg, Alain (2008): Das erschöpfte Selbst. Depression und Gesellschaft in der Gegenwart. Frankfurt a. Main: Suhrkamp; vgl. auch Neckel, Sighard/Wagner, Greta (2013): Leistung und Erschöpfung – Burnout in der Wettbewerbsgesellschaft. Berlin: Suhrkamp.

verbinden. Arbeiter mit langjähriger Betriebserfahrung schildern geradezu dramatische Veränderungen ihrer Arbeitstätigkeit. Diese beruhen auch, aber keineswegs ausschließlich auf technologischen Veränderungen. Die Grunderfahrung, die den Arbeitsalltag vieler Befragten prägt, ist die einer wettbewerbsgetriebenen Neuzusammensetzung von Arbeit.[36] Die Geschichte der Arbeit konnte lange als eine Geschichte der Ausdifferenzierung unterschiedlicher Arbeits- und Tätigkeitsformen dargestellt werden. Diese Ausdifferenzierung ist, nicht ganz zu Unrecht, gegen die Erwerbsarbeitszentriertheit und Lohnarbeitsfixierung (nicht nur) der Arbeitssoziologie in Stellung gebracht worden. Tatsächlich war und ist allgemeine gesellschaftliche Arbeit niemals vollständig identisch mit Erwerbs- und schon gar nicht mit Lohnarbeit. Neben ökonomisch zweckrationaler Erwerbsarbeit existieren Hausarbeit und Eigenarbeit (z.B. Reproduktionsarbeit, es handelt sich um Arbeit, deren Nutznießer man zuerst selbst ist, das Ziel ist Wohlergehen), zweckfreie autonome Tätigkeiten (Tätigkeiten, die man als Selbstzweck frei ausübt) sowie freiwilliges Engagement (Tätigkeit für das Gemeinwesen).[37] Diese verschiedenen Tätigkeiten sind, im weitesten Sinne, gesellschaftliche Arbeit. Sie werden jedoch in jeder Gesellschaftsformation in Abhängigkeit von der Klassenzugehörigkeit, von Qualifikation, Geschlecht, Ethnie und Nationalität auf unterschiedliche Weise hierarchisiert und miteinander verflochten.

Im zeitgenössischen Finanzkapitalismus findet allerdings eine eigentümliche Gegenbewegung zur Ausdifferenzierung dieser Tätigkeiten statt. Das Spektrum der Arbeitstätigkeiten mag sich weiter ausdehnen; Arbeitsfelder, Qualifikationen und Kompetenzen mögen sich weiter ausdifferenzieren – in handelnden Personen und deren Arbeitsvermögen lauten divergierende Anforderungen und Tätigkeiten doch wieder in der einen oder anderen Weise zusammen. Wir erleben in gewisser Weise eine Feminisierung der Arbeitstätigkeiten. Damit ist nicht allein und auch nicht in erster Linie eine steigende Erwerbsbeteiligung von Frauen gemeint. Vielmehr werden in der modernen Arbeitswelt zunehmend Fähigkeiten nachgefragt, in Wert gesetzt, instrumentalisiert und ausgebeutet, die in früheren Phasen moderner Gesellschaften eher Frauen bzw. Frauenarbeit zugeschrieben wurden. Emotionen zeigen, kreativ mit Unsicherheit umgehen, Multitasking souverän beherrschen, sich flexibel auf neue Kollegen und Kolleginnen einstellen, kurzfristig die Jobs wechseln, Beruf und Familie unter einen Hut bringen sowie, last but not least, die Teamfähigkeit, die Fähigkeit zum Mannschaftsspiel – all das wird im flexiblen Finanzmarktkapita-

---

36 Dörre, Klaus (2012b): Schluss. Was ist Kapitalismus, was Arbeit? Resümee und Ausblick. In: Dörre, Klaus/Sauer, Dieter/Wittke, Volker (Hg.), Kapitalismustheorie und Arbeit. Neue Ansätze soziologischer Kritik. Frankfurt a. Main/New York: Campus, S. 488-508.

37 Gorz, André (1989): Kritik der ökonomischen Vernunft. Sinnfragen am Ende der Arbeitsgesellschaft. Zürich: Rotpunkt, S. 192-256.

lismus der Gegenwart zur nicht hintergehbaren Verhaltensnorm, der sich selbst vermeintlich konventionelle Produktionsarbeiter nicht vollständig entziehen können. Eine Grunderfahrung befragter Lohnabhängiger besagt allerdings, dass moderne kapitalistische Produktionsweisen die Neuzusammensetzung von Tätigkeiten primär mittels Steigerung von Ausbeutung und Entfremdung betreiben.

In flexibel-marktgetriebenen Produktionsweisen ist Erwerbs- und Produktionsarbeit im engeren Sinne nur noch in Wert zu setzen, wenn ihr fortwährend und in steigendem Volumen bezahlte wie unbezahlte Eigen,- Sorge-, Pflege- und Reproduktionsarbeiten zugesetzt werden. Zuvor nicht kommodifizierte Tätigkeitspotentiale und Wissensbestände sind das „Land", das es, aus der Kapitalperspektive betrachtet, zu erobern und zu kommodifizieren gilt. Diese Tendenz findet sich auch in der industriellen Arbeit und sie wird vor allem von befragten Facharbeitern kritisch kommentiert. Dies in einer doppelten Weise: Einerseits beschreiben die Befragten die qualifikatorische und arbeitsinhaltliche Aufwertung ihrer Tätigkeit, die nahe an das Niveau eines Technikers oder eines Spezialisten heranreicht. Andererseits registrieren sie jedoch den Rationalisierungsdruck, der auf ihrer Arbeit lastet. Sie nehmen die Abwertung des (Fach-)Arbeiterstatus in gesellschaftlichen Diskursen wahr. Und sie erleben die Feminisierung der Arbeit als zusätzliche kulturelle Diskriminierung, obgleich sie selbst von der Neuzusammensetzung der Arbeitstätigkeit profitieren könnten. Denn im Kontrast zur feminisierten Arbeit gelten ihre Tätigkeiten ebenso wie die mit ihnen verbundenen Sicherheitsansprüche im hegemonialen Diskurs als antiquiert, rückwärtsgewandt, unmodern oder schlicht als nicht mehr zeitgemäß.

Dies ist ein wesentlicher Grund, weshalb die explizite Kritik an der ungerechten Verteilung des gesellschaftlichen Reichtums, an sozialen Spaltungen, an zunehmendem Wettbewerbsdruck, ja, am kapitalistischen System und seinen Ausbeutungsmechanismen relativ unverbunden neben den Arbeitserfahrungen und der subjektiven Identifikation mit der kleinen Welt des Betriebs steht. Die Kapitalismuskritik von Arbeitern und Angestellten ist ein alltägliches Phänomen; in den Interviews wird sie nicht nur explizit, sondern teilweise auch mit erstaunlicher Schärfe und Radikalität vorgetragen. Ebenso wie die habitualisierten Ansprüche auf Sicherheit und Planbarkeit des eigenen Lebens stellen diese Kritiken eine subjektive Grenze kapitalistischer Landnahmen dar. Enthalten sie doch die latente Drohung, bei Bedarf durchaus in der Lage zu sein, dem kapitalistischen System und seinen „profitabhängigen Klassen"[38] gegebenenfalls die Legitimität abzuerkennen. Einstweilen bleibt es jedoch bei der Drohung. Die alltägliche Kritik genügt, um das Wettbewerbssystem gelegentlich zu beeinflussen und zu korrigieren. Sobald es darum geht, den eigenen Entwurf vom gelingenden, sinnerfüllten Leben zu verteidigen, erfolgt zumeist der Rückzug auf

---

38 Streeck, Wolfgang (2013): Gekaufte Zeit. Die vertagte Krise des demokratischen Kapitalismus. Berlin: Suhrkamp.

die kleine Welt des Betriebes und des sozialen Nahraums, die es vor der expansiven Logik der wettbewerbsgetriebenen Landnahme zu schützen und zu bewahren gilt.

2.2 Das „unternehmerische Selbst" als wirkmächtige Fiktion

Über eine soziale Schwelle hinausgetrieben, an der sie basale Sicherheitsansprüche und Sinnressourcen von Beschäftigten angreifen, werden kapitalistische Landnahmen selbst aus der Verwertungsperspektive dysfunktional. Die Verteidigungspositionen von Stammbeschäftigten bezeichnen eine solche Grenze. Zu den Schwächen gängiger Subjektivierungsthesen gehört, dass sie die Historizität und Mehrschichtigkeit individueller Subjektivität nicht angemessen theoretisieren und deshalb das kritische Potential, das in vermeintlich konservierenden Sicherheitsansprüchen enthalten ist, entweder nicht zur Kenntnis nehmen oder unter Vorbehalt stellen.[39] Es ist jedoch keineswegs ausgemacht, dass Leitbilder wie das des „Arbeitskraftunternehmers"[40] oder des „unternehmerischen Selbst"[41] die Fortschrittlichkeit moderner Produktionsformen verkörpern, während habitualisierte, in politische Gesamtkonzeptionen eingebaute Sicherheits- und Kooperationsansprüche von Beschäftigten vermeintlich der verblassenden Realität des sozial-bürokratischen Kapitalismus oder des Staatssozialismus zuzurechnen sind. Wie zum Beispiel unsere Rekonstruktion der Erwerbsorientierungen von prekären und arbeitslosen Hilfebedürftigen belegt,[42] kann das Gegenteil der Fall sein. Das vermeintlich aktivierende Leitbild arbeitsloser „Kunden", die ein „unternehmerisches" Verhältnis zu ihrem eigenen Arbeitsvermögen entwickeln sollen, gerät in Konflikt mit Lebenssituationen, die sich dadurch auszeich-

---

39 Lorey, Isabell (2012): Die Regierung der Prekären. Wien: Verlag Turia + Kant; Pongratz, Hans J./Voß, G. Günter (2000): Vom Arbeitnehmer zum Arbeitskraftunternehmer – Zur Entgrenzung der Ware Arbeitskraft. In: Minssen, Heiner (Hg.), Begrenzte Entgrenzungen. Wandlungen von Organisation und Arbeit. Berlin: Edition Sigma, S. 225-247; dazu differenziert: Sauer, Dieter/Nies, Sarah (2012): Arbeit – mehr als Beschäftigung? Zur arbeitssoziologischen Kapitalismuskritik. In: Dörre, Klaus/Sauer, Dieter/Wittke, Volker (Hg.), Kapitalismustheorie und Arbeit. Neue Ansätze soziologischer Kritik. Frankfurt a. Main/New York: Campus, S. 34-62.

40 Pongratz, Hans J./Voß, G. Günter (2000): Vom Arbeitnehmer zum Arbeitskraftunternehmer – Zur Entgrenzung der Ware Arbeitskraft. In: Minssen, Heiner (Hg.), Begrenzte Entgrenzungen. Wandlungen von Organisation und Arbeit. Berlin: Edition Sigma, S. 225-247.

41 Bröckling, Ulrich (2007): Das unternehmerische Selbst. Soziologie einer Subjektivierungsform. Frankfurt a. Main: Suhrkamp.

42 Dörre, Klaus/Scherschel, Karin/Booth, Melanie/Haubner, Tine/Marquardsen, Kai/Schierhorn, Karen (2013): Bewährungsproben für die Unterschicht? Soziale Folgen aktivierender Arbeitsmarktpolitik. Erschienen in der Reihe International Labour Studies – Internationale Arbeitsstudien. Band 3. Frankfurt a. Main/New York: Campus.

nen, dass den jeweiligen Subjekten die materiellen und kulturellen Voraussetzungen rational-kalkulierenden Handelns sukzessive entzogen werden. Solche Leitbilder konstituieren subjektive Entsprechungen zu Prozessen, die, wenn überhaupt, so allenfalls als regressive Modernisierung zu bezeichnen sind. Umgekehrt sind es im Falle festangestellter Lohnabhängiger als „traditionalistisch" klassifizierte Habitualisierungen und Anspruchshaltungen, die basale Sicherheiten einklagen, ohne die Arbeit in flexibler Produktion kaum zu gewährleisten ist.

Subjektivierungstheoremen fehlt häufig das analytische Sensorium für jene Spannungsverhältnisse, die in der Mehrschichtigkeit des (Unter-)Bewusstseins angelegt sind. Zu den Schwächen gouvernementalitätstheoretisch grundierter Argumentationen gehört zudem, dass sie auf der Ebene von Leitbildern und Techniken des Selbstregierens verharren, ohne den „geschichtlichen Block" individueller Subjektivität in ihren empirischen Ausprägungen überhaupt zur Kenntnis zu nehmen. Das ist ein wesentlicher Grund, weshalb entsprechende Ansätze gegenwärtig weder die Anpassungsbereitschaft in der Krise noch die Grenzen einer kapitalistischen Landnahme des Innersten adäquat auszuloten vermögen.

Anpassungsbereitschaft von Arbeitern und Angestellten resultiert keineswegs aus einem affirmativen „unternehmerischen" Bewusstsein. Im Gegenteil, nicht einmal die betrieblichen Überlebensgemeinschaften konstituieren einen monistischen Herrschaftstyp. So kann die Verteidigung des „guten" Unternehmens oder Betriebs mit einer harschen Kritik am Management einhergehen, die alles andere als Ausdruck eines harmonischen Gleichklangs ist. Auch das intentionale gesellschafts- und kapitalismuskritische Bewusstsein gründet sich, wenn auch nicht ausschließlich, auf neuen wie tradierten Unsicherheits- und Ungerechtigkeitsempfindungen. Es entspringt Reibungen, die zwischen sedimentierten Sicherheits- und Selbstentfaltungsansprüchen einerseits und asymmetrischen Flexibilitätsanforderungen andererseits entstehen. Subjektivierungstheoreme, die Sicherheitsansprüche primär dem fordistischen Kapitalismus oder Staatssozialismus zuordnen, um Flexibilitätsanforderungen und deren Inkorporation mit Modernität gleichzusetzen, ignorieren nicht nur bedeutsame „Leidquellen"[43] der Arbeitswelt, sie verstellen auch den Blick für wichtige Konstitutionsbedingungen kritischer, rebellischer Subjektivität. Das „unternehmerische Selbst" bleibt den von uns befragten Stammbeschäftigten, Prekarisierten und Erwerbslosen weitgehend äußerlich. Es handelt sich um eine, allerdings wirkmächtige Fiktion.

---

43 Im Anschluss an Freud: Haubner, Tine (2013): Bewährungsproben im Ost-West-Vergleich, Netzwerkintegration, Sozialkritik. Exkurs: Körpereigensinn und die Grenzen der Aktivierbarkeit. In: Dörre, Klaus/Scherschel, Karin/Booth, Melanie/Haubner, Tine/ Marquardsen, Kai/Schierhorn, Karen, Bewährungsproben für die Unterschicht? Soziale Folgen aktivierender Arbeitsmarktpolitik. International Labour Studies – Internationale Arbeitsstudien. Band 3. Frankfurt a. Main/New York: Campus, S. 322-344.

Wirkmächtig deshalb, weil das „unternehmerische Selbst" als Leitbild eines neuen kapitalistischen Geistes die Durchsetzung des expansiven Wettbewerbsprinzips mit seinen auf Dauer gestellten Bewährungsproben im Elitendiskurs und damit für jene, die die Prüfungsformate festlegen, legitimiert und strukturiert.

Nicht minder problematisch als die kulturelle Abwertung von Sicherheitsinteressen der Lohnabhängigen wäre es jedoch, würde die Kritik an gesellschaftlichen Verwerfungen auf den Gültigkeitsbereich eben dieser Schutzinteressen reduziert. Ansprüche an sinnvolle, individuell befriedigende Arbeitstätigkeiten sind selbst bei Stammbeschäftigten in die Defensive geraten, verschwunden sind sie deshalb aber nicht. Dass qualitative, subjektzentrierte Arbeitsansprüche eine wichtige Antriebskraft individuellen Handelns sind, zeigt sich, so paradox dies klingen mag, wiederum in den untersten Segmenten der Arbeitsgesellschaft, bei prekär Beschäftigten und Erwerbslosen im „Hartz-IV"-Bezug. Die Hartnäckigkeit, mit der Menschen im Leistungsbezug an qualitativen, an subjektzentrierten arbeitsinhaltlichen und sozialkommunikativen Ansprüchen festhalten, ist der eigentlich überraschende Befund unserer sich über sieben Jahre erstreckenden Untersuchung. In der arbeitssoziologischen Literatur, die sich mit arbeitsbezogenen Ansprüchen und Orientierungen beschäftigt, wird häufig zumindest implizit eine gewisse Hierarchie unterstellt. Nur und erst wenn die materiell-reproduktiven Bedürfnisse befriedigt sind, kommen qualitative Arbeitsansprüche subjektiv zur Geltung.[44] Doch im Alltag der befragten Leistungsbezieher erweisen sich die Arrangements als komplexer. Sicher stellt materielle und finanzielle Knappheit ein Hauptproblem dar, mit dem alle Befragten zu kämpfen haben. Aber es ist keineswegs so, dass Erwerbslose, um reproduktive Bedürfnisse zu befriedigen, qualitative, subjektzentrierte Ansprüche umstandslos aufgeben. Stattdessen zeichnet sich eine anders gelagerte Problematik ab. Am engagiertesten bemühen sich häufig diejenigen Befragten um eine reguläre Erwerbsarbeit, die mit besonderer Starrheit an qualitativen, subjektzentrierten Ansprüchen festhalten.[45] Auch das Engagement im Ein-Euro-Job oder in einem selbstorganisierten Zusammenhang speist sich wesentlich aus dem Motiv, einer halbwegs sinnvollen Tätigkeit nachgehen zu können.

Die Bewährungsproben im Regime aktivierender Arbeitsmarktpolitik tragen diesem Phänomen jedoch nicht adäquat Rechnung. Eigentlich ist das Gegenteil der Fall. Die innere Logik der Wettkämpfe zielt darauf, das Anspruchsniveau der Leistungsbezieher nach unten zu korrigieren. Jedes Festhalten am Beruf, an arbeitsinhaltlichen Ansprüchen kann vor dem Hintergrund schwieriger Vermittlungen in

---

44 Vgl. Baethge, Martin/Hantsche, Brigitte/Pelull, Wolfgang (1989): Jugend: Arbeit und Identität. Lebensperspektiven und Interessenorientierung von Jugendlichen. Opladen: Leske + Budrich.

45 Das gilt jedenfalls dann, wenn dieser Starrsinn nicht in völligem Widerspruch zu den individuellen Arbeitsmarktchancen steht.

reguläre Beschäftigung geradezu als widerspenstige Praxis identifiziert werden. Und in der Tat – im Lauf der Zeit wächst die Kompromissbereitschaft der Befragten. Je länger sie im Bezug verbleiben, desto eher sind sie bereit, Abstriche bei der Qualität der Tätigkeit und Zugeständnisse hinsichtlich der räumlichen Mobilität zu machen. Nur, und darin liegt die Crux, die wachsende Kompromissbereitschaft zahlt sich für die Erwerbslosen häufig nicht aus. Sie geht keineswegs mit einem Sprung in existenzsichernde Beschäftigung einher. Doch wenn Frustrationserfahrungen sich kumulieren, wenn sich Resignation einstellt und das Anspruchsniveau immer weiter nach unten sinkt, leidet auch die Eigenaktivität. Wer sich nicht mehr intensiv um sich selbst sorgt, wer permanent Abstriche nicht nur bei der Job-, sondern auch bei der Lebensqualität macht, der verliert den inneren Antrieb, seine individuelle Erwerbslage aktiv zu verändern. Das aktivierende Arbeitsmarktregime erzeugt daher im Grunde das Gegenteil dessen, was es zu leisten beabsichtigt. Getreu der Devise „Gerecht ist, was Arbeit schafft", zielt es darauf, subjektive Erwerbsorientierungen von Personen im Leistungsbezug für den Arbeitsmarkt „passförmig" zu machen, indem es überschüssige Arbeitsansprüche ihrer Legitimität beraubt. Sofern dies gelingt, gehen jedoch genau jene subjektiven Antriebskräfte verloren, aus denen sich Eigenaktivität speist. An die Stelle zerstörter Motivationen treten dann strenge Zumutbarkeitsregeln und ein aufwendiger Überwachungsapparat, dessen Wirkungen jedoch zumeist das Gegenteil von Aktivierung darstellen.

Wenn soziale Gruppen an oder unter einer „Schwelle der Respektabilität" noch immer bestrebt sind, auch qualitative Arbeitsansprüche einzulösen, so gilt das umso mehr für Beschäftigte, die sich oberhalb einer „Schwelle der Berechenbarkeit" bewegen, welche von der alltäglichen Sorge um die Subsistenz dauerhaft entlastet.[46] Für solche Beschäftigtengruppen steht das Bemühen um die Ausweitung individueller Autonomie oder die Abwehr von Einschränkungen dieser Autonomie im Zentrum ihrer subjektiven Arbeitsorientierungen. Wir haben dafür in unseren Betrieben eine Reihe eindrucksvoller Belege gefunden. Das gilt zum Beispiel für Angestellte, die im Zuge von Rezentralisierungsmaßnahmen ihres Konzerns an Unabhängigkeit eingebüßt und Entscheidungsbefugnisse verloren haben. Die Erfahrung dieses Autonomieverlusts und die Rückkehr zu bürokratischer Kontrolle überstrahlen subjektiv alles andere. Bezeichnend für solche Thematisierungen ist, dass Befragte ihre Kritik an der Reorganisation aus einer Perspektive formulieren, welche die Dysfunktionalität der Maßnahmen für das Unternehmen und den Markt betont. „Es kümmert sich bei uns keiner mehr richtig um den Markt", lautet der bezeichnende Vorwurf an die Adresse der Konzernleitung. Vom zeitweiligen Gewinner der Dezentralisierungs-

---

46 Bourdieu, Pierre (2000): Die zwei Gesichter der Arbeit. Interdependenzen von Zeit- und Wirtschaftsstrukturen am Beispiel einer Ethnologie der algerischen Übergangsgesellschaft. Konstanz: UVK.

maßnahmen wird nun die ausufernde Bürokratie attackiert, unter deren Einfluss die Marktgängigkeit des Unternehmens leidet. Eigentlicher Auslöser der Kritik ist jedoch die Erfahrung des Autonomieverlusts, die in zahlreichen Schattierungen auch von anderen Beschäftigten geäußert wird. Der Stoßrichtung nach handelt es sich um eine Kritik, die sich gegen Fremdbestimmung richtet und teilweise auch zur Wehr setzt. Diese Spielart des alltäglichen Leidens an entfremdeten Arbeitsverhältnissen besitzt nicht nur für qualifizierte Angestellte und Spezialisten, sondern auch für Facharbeiter subjektiv den gleichen und teilweise gar einen größeren Stellenwert als die ebenfalls verbreitete Sozial-, Ausbeutungs- und Prekarisierungskritik.

2.3 Erwerbsarbeit, Männlichkeitskonstruktionen und soziale Reproduktion

Damit sind wir bei einem weiteren wichtigen Punkt, der die Aussagekraft unserer empirischen Studien berührt. Die Unterscheidung von Verwertungs- und Produktionskonzept und der doppelte Bezug auf Arbeit und Betrieb sind, das räumen wir ein, nicht nur männerzentriert, sie sparen auch die Tätigkeiten jenseits der Erwerbsarbeit – die Perspektive sozialer Reproduktion – nahezu vollständig aus. Bei dieser Lücke, das sei hinzugefügt, handelt es sich ausschließlich um das Resultat einer forschungspragmatischen Entscheidung. Schon die Belegschaftsbefragungen waren nur in enger Abstimmung mit den betrieblichen Entscheidungsträgern möglich. Fragebögen und Leitfäden mussten an Projektziele angepasst werden, die ursprünglich nicht auf eine Untersuchung des Arbeits- und Gesellschaftsbewusstseins von Lohnabhängigen hin ausgerichtet waren. Die ohnehin aufwendigen Untersuchungen auf das Feld sozialer Reproduktion auszudehnen, wäre gegenüber den betrieblichen Entscheidungsträgern schlicht nicht durchsetzbar gewesen.

Insofern können wir einen wichtigen Zusammenhang zwischen flexiblen Produktionsweisen und sozialer Reproduktion nur relativ allgemein ansprechen. Offenkundig ist, dass Flexibilitätsanforderungen, die der Produktionssektor setzt, von Bereichen und Tätigkeiten gewährleistet werden müssen, welche die soziale Reproduktion sichern. Dabei erweist sich die relative Rationalisierungsresistenz der Sorge- und Reproduktionstätigkeiten aus der Verwertungsperspektive als schwierige Hürde. Man könnte dies so formulieren: Je flexibler eine Produktionsweise gestaltet wird, desto größer ist das Volumen an pflegenden, sorgenden, erziehenden, bildenden Tätigkeiten, das den unmittelbar produzierenden Tätigkeiten hinzugefügt werden muss. Dieser Bedeutungszuwachs von Humandienstleistungen und Sorgearbeiten müsste sich eigentlich in einer Aufwertung, in größerer gesellschaftlicher Anerkennung, besserer Bezahlung und guten Arbeitsbedingungen dieser überwiegend von Frauen dominierten Tätigkeitsbereiche niederschlagen. Häufig ist jedoch das Gegenteil der Fall. Um die Kosten für diese Dienstleistungstätigkeiten und Sorgearbeiten zu begrenzen, unterliegen sie einer systematischen kollektiven Abwertung und Prekarisierung, die noch dazu oftmals mit außerökonomischen Disziplinierungsmechanismen durchgesetzt wird. Wir können diesen Zusammenhang mit Hilfe unseres empirischen Materials nicht zwingend nachweisen, aber doch auf der Grundlage einer kleinen Zusatzerhebung[47] beim genannten Fahrzeughersteller einige wichtige Zusammenhänge beleuchten.

Welcher enorme Aufwand notwendig ist, um Kinderbetreuung und Familienleben so zu organisieren, dass die komplexen betrieblichen Flexibilitätsanforderungen mit den lebensweltlichen Notwendigkeiten und Bedürfnissen versöhnt werden, zeigt der Fall eines Paares, das – beide sind im Werk beschäftigt – die Betreuung seines Kindes nicht ohne dessen Großeltern gewährleisten könnten:

> „Ja, das ist, ja immer nach Absprachen, also Dienstags holt sie [die Tochter, KD] ja meine Schwiegermutter von der Kita ab, dann ist sie Dienstags mittags bei meiner Schwiegermutter, Mittwochs ist sie den ganzen Tag bei meinen Eltern und mein Mann dadurch, dass er im Schichtbetrieb [ist], kann er halt immer nur, also jetzt wenn er zweite[Schicht] hat, versorgt er sie oft morgens, was mir halt die Arbeit morgens erleichtert, ich kann früh zur Arbeit, es ist ja teilweise auch Stress zwischen 6 und 8 bis da alles versorgt ist und sie pünktlich da ist und ich pünktlich da bin, und ansonsten übernimmt er halt, ja er übernimmt halt, also wir haben einen großen Garten, wo immer Arbeit anfällt, Haushalt was er übernehmen kann, macht er natürlich auch klar, geht er einkaufen oder bügelt er morgens oder so, da ist er eigentlich recht flexibel, was halt gerade so viel ist, ist organisiert und vieles muss halt spontan passieren, mit Kindern kann man nicht mehr so ganz vorausplanen, wenn sie morgen krank wird und Fieber hat, muss ich zu Hause bleiben oder er oder ja, da ist oftmals auch Spontanität gefordert [...]. Und der Großteil bleibt eh an mir hängen und ich bin auch die, die es managt, er ist dann eher der Typ, der dann Anweisungen kriegt. [...] B: Angenommen wir gehen mal davon aus, er hat erste Schicht, dann kommt er um 14 Uhr heim und dann hilft er mir zum Beispiel beim – erste Schicht, man kommt (lacht) nach Hause, ja dann hilft er mir, wenn zum Beispiel etwas anliegt zum Beispiel zum Kochen, dass wenn die Kleine um 15 Uhr wach wird, dass wir dann zusammen essen können oder ich habe irgendetwas vergessen, schlafen hier essen oder ich habe irgendetwas vergessen einzukaufen, dann jumpt er halt noch mal los und holt es so, dass sind oftmals so Alltagssituationen, dann wird halt gegessen, er macht dann meistens, also er ist die Küche, ich hasse es Küche sauber machen [...], ja und dann wird halt wirklich die Zeit genutzt als Familie, da machen wir meist alles zusammen – ja und dann zu Bett gehen, ist auch immer so, wenn er zu Hause ist, wechseln wir uns ab, weil das halt meistens etwas kompliziert ist." (Angestellte, Büro)

Ähnliche Schilderungen der familialen Organisationsleistungen sowie die Abhängigkeit von freiwilligen, unentgeltlichen Betreuungstätigkeiten durch Eltern und Freundinnen finden wir vor allem bei Befragten mit minderjährigen Kindern. Die betrieblichen Flexibilitätsanforderungen mit notwendigen Reproduktionstätigkeiten, Eigen- und Selbsttätigkeit zu verbinden, gelingt berufstätigen Eheleuten in der Regel

---

47 Feier, Tobias (2011): Flexibel Arbeiten – Flexibel Leben? Flexibilitätsanforderungen und die Bewältigung des Alltags. Masterarbeit. Jena.

nur durch den Rückgriff auf soziale Netze, die über die Kernfamilie hinausreichen. Das Angewiesensein auf unentgeltliche Reproduktions- und Fürsorgeleistungen, die sich zum Teil gar nicht und wenn doch, dann für die hier untersuchte Gruppe nur zu nicht finanzierbaren Preisen über den Markt beziehen lassen, wird im skizzierten Beispiel offensichtlich. Gleiches gilt für den pragmatischen Umgang mit Geschlechterarrangements. Die geschlechterhierarchische Ordnung wird nicht aufgelöst, aber doch flexibel modifiziert. Dabei reagiert der Ehemann „auf Anweisung". Auch wenn die Frau die Hauptlast der Reproduktionstätigkeiten trägt, kann sie im Bedarfsfall durchsetzen, dass der Ehemann gelegentlich bügelt, einkauft etc.

In einem weiteren Punkt ist unser Material ebenfalls aussagekräftig. Die neue Verzahnung von Erwerbsarbeit und Reproduktionstätigkeiten berührt die Geschlechterkonstruktionen. In diesem Zusammenhang hat Michael Meuser[48] eine wichtige Debatte angestoßen. In der Kontroverse, die sich entlang der Pole „Krise der Männlichkeit" versus „hegemoniale Männlichkeit" abspielt, argumentiert er im Sinne der letztgenannten Position. Seine Hauptthese lautet, dass die fortschreitende „Feminisierung" der Arbeitswelt[49] und die damit verbundenen Formen der Arbeitsteilung keinen Zerfall, sondern eine Restrukturierung hegemonialer Männlichkeit bewirken. Zwar forderten flexible Arbeitsformen und prekäre Beschäftigungsverhältnisse auch Männern zunehmend Fähigkeiten und Kompetenzen ab, wie sie in den vergeschlechtlichten Diskursen eher Frauen zugeschrieben würden, doch an der globalen Dominanz von Männern ändere das wenig. Statt eine bloße Reproduktion des Immergleichen zu behaupten, diagnostiziert Meuser allerdings einen qualitativen Wandel: Mit der Erwerbsarbeit als zentraler Säule patriarchaler Herrschaft änderten sich zugleich die Inhalte und Reproduktionsformen hegemonialer Männlichkeit. Die neue *transnational business masculinity*[50] betrachte den offenen Charakter des Sozialen „als Chance zur Gestaltung",[51] Hegemonie werde zum Projekt. Männer behaupten ihre Macht- und Führungspositionen, das aber im Vergleich zur industriegesellschaftlichen Epoche „unter weniger sicheren Bedingungen".[52]

---

48 Meuser, Michael (2010): Geschlecht, Macht, Männlichkeit – Strukturwandel von Erwerbsarbeit und hegemoniale Männlichkeit. In: Erwägen – Wissen – Ethik 3/2010, S. 325-336.
49 Hardt, Michael/Negri, Antonio (2000): Empire. Cambridge/MA: Harvard University Press.
50 Connell, Raewyn W./Wood, Julian (2005): Globalization and Business Masculinities. In: Men and Masculinities 7/2005, S. 347-364.
51 Meuser, Michael (2010): Geschlecht, Macht, Männlichkeit – Strukturwandel von Erwerbsarbeit und hegemoniale Männlichkeit. In: Erwägen – Wissen – Ethik 3/2010, S. 325-336, § 43.
52 Ebd.

In diese Deutung ordnet Michael Meuser empirische Befunde zur Retraditionalisierung von Geschlechterhierarchien ein. Eine subjektiv empfundene „Zwangsfeminisierung",[53] die befragte Leiharbeiter mit einer symbolischen Aufwertung von Männlichkeitskonstruktionen beantworten, deren Erzeugungsbedingungen in der flexiblen Arbeitswelt zunehmend verschwinde, repräsentierten „keine hegemoniale Männlichkeit", denn Hegemonie konstituiere sich über „die soziale Praxis der gesellschaftlichen Elite".[54] Wir hätten es demnach vor allem bei den prekär Beschäftigten mit Formen einer subalternen Männlichkeit zu tun, die in einem Spannungsverhältnis zur transnational business masculinity stünde und die allenfalls über eine nicht intendierte „Komplizenschaft" an der Konstruktion männlicher Hegemonie beteiligt wäre. Doch wie ist es um männliche Angestellte und Arbeiter mit Festanstellung bestellt?

Was wir empirisch beim süddeutschen Fahrzeughersteller finden, wirkt auf den ersten Blick wie eine Bewahrung konventioneller Männlichkeits- und Geschlechterkonstruktionen. Insbesondere in Haushalten mit minderjährigen Kindern dominiert das Modell des männlichen Ernährers mit weiblicher Zuverdienerin. Kindererziehung und Reproduktionstätigkeiten sind nach wie vor überwiegend Sache der Frauen. Doch was auf den ersten Blick konventionell erscheint, ist vielfach einer pragmatischen Anpassung an die neue, flexible Produktionsweise geschuldet. Das wird in Krisensituationen offensichtlich. Wenn es darum geht, das Einkommen des (zumeist männlichen) Hauptverdieners zu sichern und Kurzarbeit durch Ausleihe an einen anderen, hunderte Kilometer entfernten Konzernbetrieb zu vermeiden, dann wird die Familie zum Flexibilitätspuffer. Geradezu selbstverständlich organisieren die teilweise selbst berufstätigen Ehefrauen den Familienalltag mit Kindern, Schule und Reproduktionstätigkeiten auf eine Weise, die dem Mann das tägliche Pendeln zwischen unterschiedlichen Standorten überhaupt erst zu einer praktikablen Option werden lässt. Auf diese Weise wird eine räumliche Flexibilität lebbar, welche allerdings eine starke Belastung auch für Männer darstellt, die alles andere als Repräsentanten einer transnational business masculinity sind. Entscheidungen werden im Familienzusammenhang gemeinsam und höchst pragmatisch getroffen. Wer den höheren Verdienst und die sichere Beschäftigung hat – und das sind meist die Männer –, genießt Vorrang bei den beruflichen Optionen. Auf diese Weise wird die gesamte Familie in die Bewährungsproben der flexiblen Produktionsweise einbezogen. Das

---

53 Dörre, Klaus (2007): Prekarisierung und Geschlecht. Ein Versuch über unsichere Beschäftigung und männliche Herrschaft in nachfordistischen Arbeitsgesellschaften. In: Aulenbacher, Brigitte/Funder, Maria/Jacobsen, Heike/Völker, Susanne (Hg.), Arbeit und Geschlecht im Umbruch der modernen Gesellschaft – Forschung im Dialog. Wiesbaden: VS, S. 285-301.
54 Meuser, Michael (2010): Geschlecht, Macht, Männlichkeit – Strukturwandel von Erwerbsarbeit und hegemoniale Männlichkeit. In: Erwägen – Wissen – Ethik 3/2010, S. 325-336, § 37.

betriebliche Krisenmanagement kann nur funktionieren, weil die Männer, zwecks Vermeidung von Lohneinbußen und damit gratis, besondere Flexibilisierungsleistungen erbringen, die ihnen ihre Frauen durch außergewöhnliche Anstrengungen in der Familie und im Reproduktionsbereich überhaupt erst ermöglichen – Anstrengungen, die zwecks Einkommens- und Beschäftigungssicherung für das Unternehmen ebenfalls gratis erbracht werden.

Was konventionell und konservativ erscheint, entpuppt sich bei näherem Hinsehen als wichtige Funktionsbedingung einer hochmodernen, flexiblen Produktionsweise. Dabei ist es keineswegs so, dass die Befragten allesamt in den vorgegebenen Bahnen eines traditionellen, geschlechterhierarchischen Familienmodells denken. Im Gegenteil, mit Blick auf die eigene Zukunft deuten sie außergewöhnliche Flexibilität auch bei der Wahl der Lebensformen an. Das Familienkonzept soll flexibel an die jeweilige Lebensphase angepasst werden:

> „Also ich sag mal, was für mich ein ganz wichtiger Punkt ist, ist, man muss wieder näher zusammenrücken, auch so diese Situation, ich bin jetzt, ich bin jetzt 55, so Dinge, ich mach mir so Gedanken über Mehrgenerationenhaus, ja. Also ich hab jetzt ein, ich hab jetzt ein großes Haus, wir haben drei Kinder und ich diskutier mit meiner Frau jetzt schon ab und zu mal, wie macht man das eigentlich mal später. Und ich hätte schon gerne, dass wir dann zu zweit oder zu dritt [leben, d. A.], das ist möglich in den Räumlichkeiten, wir dann in diesem Haus helfen und sich gegenseitig helfen. Ich seh' umgekehrt bei meinen Eltern, beide 83 Jahre alt, denen wir angeboten haben, sie können zu uns ziehen, sie tun's nicht ..." (Dreher)

Solch vorausschauende Familienkonstruktionen vor Augen fällt es schwer, von Rekonventionalisierung zu sprechen. Doch auch das Leitbild des flexiblen Mannes als Hegemon findet bei den von uns befragten Lohnabhängigen keine lebensweltliche Entsprechung. Wenn, wofür einiges spricht, überhaupt soziale Realität, so handelt es sich bei der neuen Form hegemonialer Männlichkeit primär um ein Elitenphänomen. Anstelle eines fertigen hegemonialen Konzepts dürfte wohl eher mit symbolischen Kämpfen um Geschlechterkonstruktionen sowohl innerhalb der herrschenden und subalternen Klassen wie auch zwischen diesen Klassen gerechnet werden. Es mag durchaus sein, dass mit dem Generationswechsel oder dem Aufkommen akademisch sozialisierter Gruppen flexible Männlichkeitsvorstellungen innerhalb der Eliten an Bedeutung gewinnen. Ob hier jedoch bereits von einer universell-hegemonialen Orientierung gesprochen werden kann, ist zumindest fraglich. Manches deutet darauf hin, dass sich neue Männlichkeitskonzepte zunächst in den gebildeten Mittelschichten, den Kreativberufen, bei Akademikern und im Bildungsbereich durchsetzen. Auch dies wäre eine wichtige Veränderung, die jedoch hegemonietheoretisch erst noch eingeordnet werden müsste.

In diesem Zusammenhang stoßen wir bei unseren Untersuchungsgruppen erneut auf die Diskrepanz zwischen diskursiven Leitbildern und dem empirisch erfassbaren Alltagsverstand lebendiger Subjekte. Der Nachweis einer neuen hegemonialen Männlichkeit bewegt sich, nicht ausschließlich, aber doch primär, auf der Ebene diskursiver Leitbilder. Ob und wie diese Leitbilder tatsächlich internalisiert werden, ist eine offene, nur empirisch zu klärende Frage.[55] Im Kontext permanenter Standortkonkurrenzen ist die transnational business masculinity mit ihrer Betonung von Risiko- und Flexibilitätsbereitschaft für einen Großteil der von uns befragten Männer in unterschiedlichen Beschäftigungssegmenten wohl eher ein rotes Tuch denn ein Ideal, dem man selbst nacheifern möchte. Zwar entsteht Hegemoniefähigkeit auch und gerade im Konflikt; das flexible Männlichkeitsideal kosmopolitischer Manager provoziert die Arbeiter und Angestellten aber mehrheitlich zu symbolischer Abgrenzung. Normiert es doch Verhaltensanforderungen, die in der Alltagswelt von Beschäftigten mit ihren auf relative Ressourcenknappheit gegründeten Lebensstilen und Geschlechterarrangements so gar nicht lebbar sind.

Was für die noch halbwegs sicher Beschäftigten gilt, trifft in gesteigertem Maße auf Prekarisierte und Ausgegrenzte zu. Sofern überhaupt noch in das Beschäftigungssystem integriert, erleben diese Gruppen eine Arbeitswelt, in der elementare Prinzipien wechselseitiger Fairness und Gerechtigkeit außer Kraft gesetzt sind. In dieser Welt haben sich andere Regulierungsformen von Sozial- und Arbeitsbeziehungen durchgesetzt als in den durch Tarifverträge und Mitbestimmung noch einigermaßen geschützten Bereichen. Dort herrscht ein Klima, das durch Repression und Angst geprägt wird. Dass in einem solchen Sektor Managementformen und -typen funktional sind, die eher auf *Softskills* und eine subtile Okkupation „weiblicher" Stärken setzen, muss trotz der überdurchschnittlich hohen Frauen- und Migrantenanteile bezweifelt werden. In den Low-Trust-Relations, die für die „Zone der Verwundbarkeit" charakteristisch sind, lässt sich gerade auf der Managementseite die Renaissance einer machohaften Rambo-Mentalität feststellen, die weit hinter die Standards des regulierten Industriekapitalismus zurückfällt. In dieser Zone stellt sich weniger die Frage nach der „Anschlussfähigkeit" dort praktizierter Männlichkeitskonzepte (von denen die Re-Traditionalisierung sicher nur eines unter anderen ist). Vielmehr muss geklärt werden, ob hegemonietheoretische Deutungen, deren analytische Stärke ja in der Aufhellung von Konsens, der Formen und Bedingungen eines stillen Einverständnisses der Beherrschten mit Herrschenden besteht, hier überhaupt anwendbar sind.

Die Befunde unserer Untersuchung zu den subjektiven Erwerbsorientierungen von hilfebedürftigen Erwerbslosen und prekär Beschäftigten sind hinsichtlich der Geschlechterarrangements denn auch nicht eindeutig. Die neue Unterklasse ist ihrer sozialen Herkunft und beruflichen Qualifikationen nach derart heterogen zusam-

---

55 Reitz, Tilman/Draheim, Susanne (2007): Neoliberalisierung der Hochschule – Streit der Exzellenzen. Die konservative Kritik des deutschen Bologna-Prozesses. In: Das Argument 49/2007, S. 491-501.

mengesetzt, dass sich ein einheitliches Geschlechterarrangement nicht feststellen lässt. Gleiches gilt für die Auswirkungen strenger Zumutbarkeitsregeln im „Hartz-IV"-Regime auf die private Lebensführung.[56] Der staatliche Eingriff in die Lebensführung, der von der Definition angemessenen Wohnraums bis hin zu Vorschriften für Bedarfsgemeinschaften reicht, kann Re-Traditionalisierungstendenzen fördern, er kann aber auch gewachsene Lebens- und Familienformen zerstören. Gemeinsam ist allen untersuchten Fällen, dass der überwachende, kontrollierende Staat in spürbarem Kontrast zur Selbstverantwortungsrhetorik des aktivierenden Arbeitsmarktregimes bis in die Privatsphäre und die Geschlechterarrangements hinein regiert. Es sind diese Entfremdungserfahrungen, die Ausweitung von Fremdbestimmung und der damit verbundene Freiheitsverlust, die den Angehörigen der sozial neu zusammengesetzten Unterklasse ein Leben verordnen, das festangestellte Lohnabhängige abschreckt und zugleich diszipliniert.

2.4 Exklusive Solidarität und Möglichkeiten ihrer Überwindung

Die spontane Tendenz zu exklusiver Solidarität, wie wir sie selbst bei gewerkschaftlich gut organisierten Arbeitern und Angestellten finden, muss vor diesem Hintergrund gesehen werden. Ob sie sich in den Betrieben durchsetzen kann, oder ob es gelingt, sie im Sinne einer inklusiven Solidarität zu beeinflussen, hängt entscheidend vom Agieren meinungsbildender Akteure, von den Interessenpolitiken der Betriebsräte und Gewerkschaften ab. Hier lassen sich in der jüngeren Vergangenheit beachtliche Lernprozesse der Gewerkschaften feststellen.

Aus einer starren institutionalistischen Perspektive betrachtet, scheint die Pfadabhängigkeit gewerkschaftlichen Handelns eine offensive Interessenpolitik für prekär Beschäftigte und Ausgegrenzte auszuschließen. Umso erstaunlicher ist das Organisationslernen einiger DGB-Gewerkschaften. Mit inhaltlich je besonderen Akzentuierungen haben sie, anfangs zögerlich, das Prekarisierungsthema entdeckt. Keineswegs zufällig waren es zunächst Gewerkschaften wie ver.di und die NGG, die, prekäre Arbeit als branchenspezifische Normalität vor Augen, einen allgemeinen gesetzlichen Mindestlohn forderten. Die IG Metall wiederum setzte an der forcierten und strategischen Nutzung von Leiharbeit an. Sie betrieb erfolgreich die Organisierung von Leiharbeitern und schloss Besser-Vereinbarungen zugunsten prekär Beschäftigter ab. Mit der Krise von 2008–2009 änderte sich das Bild erneut. In der exportorientierten Industrie wurden Zehntausende Leiharbeiter und befristet

---

56 Scherschel, Karin (2013): Die Wettkampfpraxis: Strenge Zumutbarkeit und sozialer Eigensinn. In: Dörre, Klaus/Scherschel, Karin/Booth, Melanie/Haubner, Tine/Marquardsen, Kai/Schierhorn, Karen, Bewährungsproben für die Unterschicht? Soziale Folgen aktivierender Arbeitsmarktpolitik. International Labour Studies – Internationale Arbeitsstudien. Band 3. Frankfurt a. Main/New York: Campus, S. 209-256.

Beschäftigte entlassen. Nur an wenigen Orten gab es nennenswerten gewerkschaftlichen Widerstand. Offenkundig war dies der Preis, den Interessenvertretungen zu zahlen bereit waren, um Sozialpläne und Entlassungen Festangestellter zu vermeiden. Wie unsere Belegschaftsbefragungen zeigen, entsprach diese Politik subjektiven Orientierungen von Stammbeschäftigten. Die untersuchten Stammbelegschaften verhielten sich in der Krise durchaus solidarisch, das jedoch vornehmlich in den Grenzen ihres Betriebs und unter ihresgleichen.

Das Krisenmanagement zugunsten der Stammbelegschaften hat den Gewerkschaften in den Betrieben zu neuer Anerkennung verholfen, die sich inzwischen auch in Mitgliedergewinnen niederschlägt. Der Erfolg hat jedoch einen Preis. Die aktuelle Rekorderwerbsbeteiligung verdankt sich einem Beschäftigungsaufbau, der – nicht ausschließlich, aber doch in erheblichem Maße – über prekäre Beschäftigung erfolgt. Die Spaltungen am Arbeitsmarkt haben sich nach der Krise weiter verfestigt. In diesem Zusammenhang gilt es zu berücksichtigen, dass das Krisenmanagement der Industriegewerkschaften vor allem für Stammbeschäftigte in Exportbranchen erfolgreich war. In schwächer organisierten Dienstleistungsbereichen mit hohen Frauenanteilen (siehe den Fall Schlecker) ließ sich Vergleichbares nicht durchsetzen. Das erfolgreiche Krisenmanagement hat die Machtasymmetrien am Arbeitsmarkt daher nicht zugunsten „schwacher Interessen" korrigieren können. Verlängerte sich diese Tendenz in die Zukunft, so wäre eine fortschreitende Fraktalisierung der Interessenpolitik vorprogrammiert. Gewerkschaften agierten dann nicht mehr als intermediäre Organisationen, die Interessen aller Lohnabhängigen repräsentierten; sie wären nur noch Mediatoren einer exklusiven Solidarität vertretungsstarker Gruppen. Die Zukunft der Organisation läge dann weniger in einem Krisen- als in einem partikularistischen Betriebs- oder Unternehmenskorporatismus. Gegenwärtig ist das jedoch noch kein dominanter, alle Gewerkschaften gleichermaßen erfassender Trend. Stattdessen lässt sich eine neue Phase gewerkschaftlichen Organisationslernens beobachten,[57] die der spontanen Tendenz zu exklusiver Solidarität entgegen wirkt. Das Prekarisierungsthema ist zurück auf der gewerkschaftlichen Agenda – etwa in Gestalt von Tarifabschlüssen in der Metallindustrie, mit denen Lohnzuschläge und Verbesserungen für Leiharbeiter durchgesetzt werden konnten. Die branchenspezifischen Vereinbarungen lösen weder die Leiharbeits- noch die Prekaritätsproblematik insgesamt; dennoch belegen sie, dass

---

57 Urban, Hans-Jürgen (2013): Gewerkschaftsstrategien in der Krise. Zur Handlungsfähigkeit der Gewerkschaften im Gegenwartskapitalismus. In: Schmalz, Stefan/Dörre, Klaus (Hg.), Comeback der Gewerkschaften? Machtressourcen, innovative Praktiken, internationale Perspektiven. Frankfurt a. Main/New York: Campus, S. 269-289; Uellenberg-van Dawen, Wolfgang (2013): Gute Arbeit in den Dienstleistungen – Interessen, Macht, Beteiligung. In: Schmalz, Stefan/Dörre, Klaus (Hg.), Comeback der Gewerkschaften? Machtressourcen, innovative Praktiken, internationale Perspektiven. Frankfurt a. Main/New York: Campus, S. 289-296.

die Tendenz zu exklusiver Solidarität nicht schicksalhaft vorgezeichnet ist. Wie sich Stammbeschäftigte und prekarisierte Gruppen zueinander verhalten, hängt wesentlich von den Handlungsangeboten ab, die ihnen Betriebsräte und Gewerkschaften unterbreiten. Zugewinne an gewerkschaftlicher Diskurs- und Organisationsmacht speisen sich, auch das wird deutlich, nicht allein und auch nicht primär aus kooperativem Krisenmanagement. Oftmals sind es unkonventionelle Praktiken, Mobilisierungen und Streiks sowie eine an direkte Mitgliederpartizipation gekoppelte Interessenpolitik, die inklusive Solidarität ermöglichen.

Trotz gewerkschaftlicher Lernfortschritte sind die Gefahren exklusiver Solidarität jedoch keineswegs vollständig gebannt. Im europäischen Krisen- und Schuldenmanagement ist die Gefahr einer Re-Nationalisierung von Interessenpolitik als manifeste Gefahr angelegt. Gerade in Deutschland tendieren die politischen Eliten dazu, die relative Stabilisierung im eigenen Land mittels Export von Unsicherheit betreiben zu wollen. Was in Deutschland als EU-Schuldenmanagement inszeniert wird, bedeutet in Griechenland, Portugal oder Spanien eine Prekarisierung von Bevölkerungsmehrheiten. Dies zu ignorieren hieße, eine noch weitaus fatalere Form exklusiver Solidarität zu begünstigen. Die derzeit dominanten Versuche, Wirtschaftswachstum im Euro-Raum durch eine harte Austeritätspolitik zu stimulieren, das in der Eurozone wieder akute Spannungsverhältnis von Kapitalismus und Demokratie und die Verdrängung der ökologischen Krisendimension von der politischen Agenda berühren die Entwicklungsrichtung fortgeschrittener Kapitalismen. Dass die systemischen Erschütterungen dieser Kapitalismen von Veranstaltern des Weltwirtschaftsforums in Davos gegenwärtig klarer artikuliert werden als von manchen Spitzengewerkschaftern, macht eine zentrale Schwäche des durchaus beobachtbaren Comebacks der DGB-Mitgliedsorganisationen aus.

2.5 Demokratischer Klassenkampf und Ausbeutungskritik

Wie lässt sich einer weiteren Fraktalisierung oder gar Renationalisierung von Lohnabhängigeninteressen arbeitspolitisch wirksam begegnen? Claus Offes Vorschlag,[58] den aufzugreifen wir für sinnvoll halten, lautet: durch einen neuen demokratischen Impuls, eine Wiederbelebung des „demokratischen Klassenkampfs".[59] Stellvertretend für viele andere hat Etienne Balibar[60] das Demokratieverständnis, welches

---

58 Offe, Claus (2013): Europa in der Falle. In: Blätter für deutsche und internationale Politik, 1/2013, S. 67-80.
59 Korpi, Walter (1983): The Democratic Class Struggle. London/Boston: Routledge & K. Paul.
60 Balibar, Etienne (2013): Demokratie durch Widerstand: Der Staatsbürger als Rebell. In: Blätter für deutsche und internationale Politik 3/2013, S. 41-51.

derartige Vorschläge inspiriert, sinngemäß so formuliert: Demokratie kann gegenwärtig weniger über ihre Institutionen und Verfahren, sie muss von ihren, vor allem oppositionellen, Akteuren, von sozialen Bewegungen, von Bereitschaft zu Protest und Widerständigkeit her definiert werden. Dem ist hinzuzufügen, dass eine Zivilgesellschaft, der es um die längerfristige Prägung solidarischer Orientierungen geht, mindestens dreierlei zu leisten hat. Erstens werden radikaldemokratische Akteure die Einsicht verbreiten, dass von Solidarität nur die Rede sein kann, sofern diejenigen Länder, allen voran Deutschland, die vom Prozess der europäischen Einigung am meisten profitiert haben, nun auch die Hauptlast der Konsolidierung zu tragen haben. Zweitens, und auch hier kann man Claus Offe[61] zustimmen, lassen sich solche Einsichten nur verankern, wenn zugleich daran gearbeitet wird, dass die Europäer sich „gegenseitig nicht primär durch ihre Staatsangehörigkeit, sondern als Individuen und Angehörige sozialer Klassen zur Kenntnis nehmen". Dies wäre drittens die Voraussetzung dafür, dass der angehäufte private Reichtum, der sich paradoxerweise mit jeder Krise vergrößert, angemessen besteuert und zugunsten vor allem der verwundbarsten Gruppen umverteilt werden könnte. Solche Maßnahmen würden zudem ein ökologisches Umsteuern erleichtern, denn nur in vergleichsweise egalitären Gesellschaften gibt es eine realistische Chance, den positionalen, auf permanente Steigerung gerichteten Konsum einzuschränken. Die Wiederbelebung des demokratischen Klassenkampfs wäre demnach eine Grundbedingung für eine neue international ausgerichtete Solidarität. Sie böte zugleich eine Alternative zur Verwilderung des sozialen Konflikts, die sich schon jetzt in Aufständen, Revolten, in *labour unrest* und teilweise gewalttätigen Auseinandersetzungen bemerkbar macht.

Für ein solch längerfristig angelegtes Projekt, das eine zivilgesellschaftliche Stabilisierung und demokratische Ausrichtung alltäglicher Gesellschafts- und Kapitalismuskritik beansprucht, gibt es, das belegen unsere Untersuchungen, bei den befragten Lohnabhängigen subjektive Anknüpfungspunkte. Ein erster Anknüpfungspunkt ist die auch bei unseren Befragten verbreitete Einsicht, dass es sich beim deutschen Beschäftigungswunder nicht um ein attraktives „Exportmodell", sondern um den Übergang zu einer prekären Vollerwerbsgesellschaft handelt. Robert Castel hat diese Entwicklung in einem seiner letzten Bücher vorweggenommen. Dort prognostizierte er „eine Verschiebung vom klassischen Beschäftigungsverhältnis hin zu Formen der Erwerbstätigkeit unterhalb der Anstellung", die in letzter Konsequenz zu einer „Gesellschaft der Vollerwerbstätigkeit führen könnte, nicht zu verwechseln mit einer der Vollbeschäftigung".[62] Exakt das ist die Entwicklung in Deutschland. Eine

---

61 Offe, Claus (2013): Europa in der Falle. In: Blätter für deutsche und internationale Politik 1/2013, S. 67-80.
62 Castel, Robert (2011): Die Krise der Arbeit. Neue Unsicherheiten und die Zukunft des Individuums. Hamburg: Hamburger Edition, S. 130.

Rekorderwerbstätigkeit verdankt sich, da das Volumen an bezahlter Arbeit nicht zunimmt, in erster Linie der Ausweitung prekärer Beschäftigung und sozial geförderter Ersatzarbeit. Die eigentliche Leistung der Hartz-Reformen besteht indessen darin, den Umbau der Arbeitsgesellschaft über ein System von Bewährungsproben zu vermitteln, in welchem Erwerbslosigkeit und Prekarität als Wettkampf inszeniert werden. Ein Wettkampf, der systematisch Sieger und Verlierer produziert und so auf subtile Weise dafür sorgt, dass die am Arbeitsmarkt oft nur ein wenig Erfolgreicheren die Norm setzen, nach der die anderen zu leben haben.

Um dem verbreiteten Unbehagen an Prekarisierung und sozialer Spaltung politische Wirkmächtigkeit zu verleihen, ist es sinnvoll, dass die wissenschaftliche Kritik Kategorien findet, wiederentdeckt und in ein kognitives Bezugssystem einbettet, die es erlauben, Ursache und Wirkung dieser Phänomene klar zu benennen, um so überhaupt einen politischen Gegnerbezug zu ermöglichen. Denn Demokratie beginnt mit Opposition, mit Widerspruch. In diesem Kontext, so meinen wir, ist eine Wiederbelebung von Ausbeutungskritik besonders dringlich; ja, für das Projekt einer zivilgesellschaftlichen Prägung von Klassenidentitäten ist sie gleichsam unverzichtbar. Francois Dubet hat in seinen Untersuchungen zum Bewusstsein französischer Arbeiter eine ungebrochene Relevanz des Ausbeutungsbegriffs feststellen können.

> „Man muss die marxistische Auffassung von Wert und Mehrwert nicht teilen", so schreibt er, „um die Macht des Gefühls der Ausbeutung in der Industriegesellschaft zu begreifen, wo doch die Arbeit gerade nach der Anstrengung und Produktion bemessen wird und die sozialen Ungleichheiten zeigen, dass ein Großteil des produzierten Reichtums nicht an die Arbeiter zurückfließt. Vor diesem Hintergrund ist es nicht der Marxismus, der das Gefühl der Ausbeutung erklärt, es ist die Erfahrung der Ausbeutung selbst, die den Erfolg der marxistischen Deutungen der Produktionsverhältnisse erklären könnte, selbst dann, wenn diese streng genommen gar nicht kapitalistisch waren. Auch wenn in unseren Interviews kaum marxistische Gesellschaftsauffassungen zutage traten, haben sie doch die Macht des Gefühls der Ausbeutung ans Licht gebracht, die als radikale Negation der Leistung aufgefasst wird."[63]

Bei den von uns befragten Arbeitern und Angestellten ist dieses Gefühl der Ausbeutung ebenfalls präsent; es thematisiert jedoch vor allem die Lage derjenigen, die sich in prekären Verhältnissen bewegen. Ausbeutung wird so als Übervorteilung mittels Ausübung von Dominanz begriffen. Gerade aus diesem Grund halten wir den Ausbeutungsbegriff jedoch für besonders geeignet, um zu thematisieren, dass die Solidarität mit den Prekarisierten keinem altruistischen Impuls folgt, sondern einem gemeinsamen Gegner gilt, dessen Definitionsmacht über die Bewährungsproben der kapitalistischen Landnahme so groß ist, dass sie die Arbeits- und Lebensbedingungen aller subalternen Klassen nachhaltig beeinflusst.

---

63 Dubet, François (2008): Ungerechtigkeiten. Zum subjektiven Ungerechtigkeitsempfinden am Arbeitsplatz. Hamburg: Hamburger Edition, S. 119.

Ausbeutung in einem allgemeinen Sinne besagt, dass es einen Kausalzusammenhang zwischen dem Reichtum der einen und der Not der anderen gibt. Auf die Konstellation der prekären Vollerwerbsgesellschaft übersetzt meint Ausbeutung, dass privilegierte, definitionsmächtige Eliten Vorteile aus zunehmender Unsicherheit eines erheblichen Teils der Lohnabhängigen und/oder einem so möglich gewordenen umfassenderen Zugriff auf das gesamte Ensemble von Arbeitstätigkeiten ziehen. In Ausbeutungskategorien zu denken bedeutet daher, Ursache und Wirkung auseinander zu halten. Und es meint vor allem, gesellschaftliche Antagonismen als solche zu behandeln. Ohne einen derartigen „Geist der Abspaltung"[64] zu erzeugen, ist eine zivilgesellschaftliche Rekonstruktion von Klassenidentitäten wohl kaum möglich. Solange ein solcher Geist nicht existiert, bleiben kapitalismuskritische Ein- und Ansichten relativ folgenlos. Kann doch immer wieder argumentiert werden, dass „alle" egoistischer geworden sind und „alle" irgendwie am Finanzkapitalismus partizipieren. Demgegenüber würde es beim zivilgesellschaftlichen Versuch, Klassenidentitäten neu zu bilden, darum gehen, „die für das ʻPolitischeʼ konstitutive antagonistische Dimension von Kollektivinteressen anzuerkennen",[65] ihr überhaupt wieder zu einer angemessenen Bedeutung in zentralen gesellschaftlichen Diskursen zu verhelfen.

2.6 Krisenerfahrungen, Wachstums- und Kapitalismuskritik

Damit ist nicht gesagt, dass Gewerkschaften und politische Akteure nur radikal genug auftreten müssten, um dem teils latenten, teils manifesten Antikapitalismus der Lohnabhängigen eine Heimat bieten zu können. Gewerkschaften und Betriebsräte, die sich ausschließlich am Typus des Systemkritikers orientieren würden, könnten – das jedenfalls legen unsere Daten nahe – allenfalls ein Fünftel der Belegschaften ansprechen. Für eine politische Partei wäre das unter Umständen viel, für gewerkschaftliche und betriebliche Interessenpolitik aber deutlich zu wenig. Um hegemoniefähig zu werden, benötigen Gewerkschaften und Betriebsräte Mehrheiten in allen Meinungsgruppen. Sie müssen den Typus Systemkritik ebenso ansprechen wie den des Wettbewerbskorporatismus, des Wettbewerbsindividualismus und selbst den der Moderaten. Mit bloßem Verbalradikalismus ist diesem Ziel nicht gedient. Problematisch wäre es aber auch, wenn die alltägliche Kapitalismuskritik und das große Aktivitätspotential systemkritischer Gesellschaftsbilder pragmatischer Tagespolitik geopfert würde. Aus diesem Grund spricht einiges dafür, jene kognitiven Brücken aufzuspüren, die fragmentierte Arbeitserfahrungen und kapitalismuskritische Einstellungen verbinden könnten.

---

64 Gramsci, Antonio (1991ff.): Gefängnishefte, Band 2, Heft 3. Hg. v. Wolfgang Fritz Haug. Hamburg: Argument, § 49, S. 374.

65 Mouffe, Chantal (2007): Über das Politische: Wider die kosmopolitische Illusion. Frankfurt a. Main: Suhrkamp, S. 8.

Krisenerfahrungen genügen dafür offenkundig nicht. Zwar kann von einer Krise ohne Krisenbewusstsein keine Rede sein. Krisen gehören nicht nur für Arbeitslose und prekär Beschäftigte, sondern auch für viele Festangestellte mittlerweile zum Alltag. In der einen oder anderen Form sind sie stets präsent. Die Folgen der globalen Finanz- und Wirtschaftskrise stellen im subjektiven Empfinden für sich genommen aber keinen Bruch dar, zumal negative Effekte auf die Beschäftigung auch wegen des staatlichen Krisenmanagements ausgeblieben sind.

Unsere Daten legen allerdings die Schlussfolgerung nahe, dass die subjektiven Legitimationsressourcen der finanzkapitalistischen Landnahme schon vor dem Ausbruch der Krise bei relevanten Teilen der Stammbeschäftigten erschüttert waren. Wenn dieser latente Erosionsprozess bislang in Deutschland nicht in manifeste Legitimationsprobleme des Finanzmarktkapitalismus umgeschlagen ist, so hat das vor allem drei Ursachen. Erstens ist die Transformation wohlfahrtsstaatlicher Institutionen und Organisation nicht so weit vorangeschritten wie in anderen europäischen Staaten. Der Wohlfahrtsstaat ist noch immer stark genug, um mit Konjunkturprogrammen, Langzeitkurzarbeit und Abwrackprämie schlimmste Krisenauswirkungen zumindest auf Zeit abzumildern. Dazu passt auch, dass institutionalisierte Lohnabhängigenmacht[66] nach wie vor wirkungsmächtiger ist als zum Beispiel in Frankreich oder in Ländern der europäischen Peripherie. Im Nachbarland sind militante Aktionen und Generalstreiks auch Ausdruck der Tatsache, dass der gewerkschaftliche Organisationsgrad in der Privatwirtschaft teilweise unter fünf Prozent gesunken ist. Aktionen wie das Bossnapping zielen darauf, Manager und Firmeneigentümer überhaupt wieder an den Verhandlungstisch zu bringen; es handelt sich oftmals um defensive, aus der Not geborene Aktionen. Zweitens – und auch hier lässt sich ein Unterschied ausmachen – ist die Dekonstruktion von intellektuellen Bezugssystemen, die in der Lage wären, alltägliche Kapitalismuskritiken in politische Strategien zu übersetzen, in Deutschland noch weitaus erfolgreicher betrieben worden als in Frankreich. Im Nachbarstaat gibt es trotz des geringen Organisationsgrades der Gewerkschaften und des Zerfalls der politischen Linken noch immer Scharnierpersonen und -gruppen, die in der Lage sind, der „Straße" eine Stimme zu verleihen. Das ist in Deutschland zumindest beim Sozialprotest anders.

Drittens jedoch – und das markiert vielleicht den entscheidenden Punkt – ist der alltägliche Antikapitalismus seinen offiziellen politischen und gewerkschaftlichen Repräsentationen bereits um einige Schritte voraus. Um dies zu erläutern, sei eine kleine Anekdote erlaubt. Als wir im Anschluss an eine Erhebung bei dem süddeutschen Fahrzeughersteller mit einer Betriebsrätin aus einem Nachbarbetrieb

---

66 Brinkmann, Ulrich/Choi, Hae-Lin/Detje, Richard/Dörre, Klaus/Holst, Hajo/Karakayali, Serhat/Schmalstieg, Catharina (2008): Strategic Unionism: Aus der Krise zur Erneuerung? Umrisse eines Forschungsprogramms. Wiesbaden: VS, S. 29-32.

zu Abend aßen, kam die Sprache auf die zeitgenössische Wachstumskritik. Unsere Gesprächspartnerin gab dieser ökologisch inspirierten Kritikvariante mit Blick auf ihre eigene Belegschaft keine Chance. Ohne Wachstum im Konzern, so ihre Ansicht, sei Beschäftigungssicherung nicht möglich. Gleich ob diese Auffassung zutrifft oder nicht – die in ihr enthaltene Einschätzung zum Beschäftigtenbewusstsein können wir zu unserer eigenen Überraschung zumindest in der vorgetragenen Absolutheit falsifizieren. Ungerechtigkeits- und Prekarisierungskritik sind bei unseren Befragten weit verbreitet, die wichtigste kognitive Brücke zwischen fragmentierten Erfahrungen ist jedoch die Kritik an einem Wettbewerbsprinzip, an einer Steigerungslogik des „immer mehr und nie genug",[67] die als letzte Ursache unterschiedlicher Entfremdungs- und Ausbeutungserfahrungen thematisiert wird. Diese Kritik macht sich auch in wachsender Skepsis gegenüber dem auf Dauer gestellten kapitalistischen Wirtschaftswachstum bemerkbar. Wachstumskritik ist, so erstaunlich das klingen mag, eine Orientierung, die sich typenübergreifend findet. Und erstaunlich ist auch, dass das Wissen um die Ressourcenproblematik und den Klimawandel durchaus geeignet ist, den Anspruch auf Beschäftigungssicherheit zu relativieren. Wenn überhaupt, so wären es ökologische Erfordernisse, die zumindest einen Teil der Befragten dazu motivieren würden, sich umzustellen und Beschäftigungssicherheit gegen Produktkonversion und eine Ökologisierung industrieller Produktion einzutauschen.

Sicher, auch das müssen wir hinzufügen, haben solche Orientierungen nichts mit jener naiven Wachstumskritik gemein, wie sie im Feuilleton und auch in Teilen der sozialen Bewegungen en vogue ist. Die Behauptung, „Neoliberale und Marxisten" legitimierten bei ihrem Streit um die „gerechte Verteilung eines mutmaßlichen Ertrags menschlicher Leistung" nur „die Inanspruchnahme einer Beute, die aus ökologischer Sicht erstens gar nicht hätte entstehen dürfen und die zweitens alles andere als 'verdient' oder 'erarbeitet'" worden sei,[68] würde unsere Befragten geradewegs ins Lager der ökologischen Konterrevolution treiben. Das nicht etwa, weil es sich bei den Lohnabhängigen um Neoliberale oder um Marxisten handelte. Sie wären vielmehr von der Ignoranz einer politischen Philosophie abgeschreckt, die jedes Plädoyer für Verteilungsgerechtigkeit letztendlich als Triebkraft eines ökologisch zerstörerischen Konsumerismus brandmarkt. Auch in diesem Fall sind die befragten Arbeiter und Angestellten ihren intellektuellen Kritikern einen Schritt voraus. Selbstgenügsamkeit und Maßhalten ist für ihre Entwürfe eines sinnerfüllten Lebens durchaus ein

---

67 Vgl. Rosa, Hartmut (2013): Beschleunigung und Entfremdung: Auf dem Weg zu einer kritischen Theorie spätmoderner Zeitlichkeit. Berlin: Suhrkamp; Dörre, Klaus/Lessenich, Stephan/Rosa, Hartmut (2009): Soziologie – Kapitalismus – Kritik: Eine Debatte. Frankfurt a. Main: Suhrkamp.
68 Paech, Niko (2013): Befreiung vom Überfluss. Auf dem Weg in die Postwachstumsökonomie. München: Oekom, S. 38.

Orientierungspunkt. Ihr praktischer Alltagsverstand sagt ihnen jedoch, dass eine wirkliche Transformation ohne den Umbau des gesamten Produktionsapparates nicht zu haben ist.

An solch praktische Einsichten könnte eine öffentliche Soziologie anknüpfen, die es sich zur Aufgabe macht, die Alltagskritik am kapitalistischen Wettbewerbsprinzip hermeneutisch zu erfassen, um sie – in aufgearbeiteter und verdichteter Form – an aufnahmebereite soziale Akteure zurückzuspielen. Eine solche Soziologie hätte Leitbilder zu kreieren, die Elemente des Bruchs mit, der Reform von und der Alternativen zur kapitalistischen Wettbewerbslogik beinhaltet. Dafür gibt es Anknüpfungspunkte in den Gegenwartgesellschaften und auch im gesellschaftlichen Bewusstsein der Lohnabhängigen. Schon jetzt können kapitalistische Ökonomien nicht in Reinform und als Zwei-Klassen-Gesellschaften existieren. Sie bleiben auf die Funktionsfähigkeit von Sektoren angewiesen, die weder nach Wachstumsimperativen funktionieren noch dem Profitmotiv gehorchen. Für einen erheblichen Teil der angesprochenen ernährenden, erziehenden, bildenden, pflegenden und sorgenden Tätigkeiten – häufig Domänen von Frauen – gilt, dass ein bestimmter Wachstumstyp, der die Wegrationalisierung menschlicher Arbeitskraft impliziert, zwangsläufig zu Lasten der Arbeits- und Dienstleitungsqualität geht.

Es sind diese Sektoren, die in den fortgeschrittenen Gesellschaften langsam wachsen können. Aufwertung und bessere Bezahlung eines Teils dieser Tätigkeiten, Finanzierung über Steuern und umverteilende Politik, neue Eigentumsformen wie genossenschaftlich organisierte Dienstleister, innovative Verzahnungen von Öffentlichem und Privatem, Demokratisierung von Dienstleistungsarbeit durch Mitbestimmung von Produzenten und Klienten, geschlechtergerechte Arbeitszeitverkürzungen und vor allem Zeit für Arbeit an der Demokratie lauten einige wichtige Stichworte für eine Transformationsperspektive, welche die Frage nach sinnvoller Arbeit wieder ins Zentrum politischen Handelns rückt. Eine solche Transformation käme nicht ohne die öffentliche Kontrolle gesellschaftlicher Schlüsselsektoren (Energie, Finanzen) aus. Sie hätte die großen, marktbeherrschenden Unternehmen zu dem zu machen, was sie implizit und im Bewusstsein vieler Befragter bereits darstellen – zu öffentlichen Institutionen, deren Aktivitäten ganze Gesellschaften berühren können und die daher an einen demokratischen Kollektivwillen zu binden sind. In diesem Zusammenhang hätte sich eine Transformationskonzeption die skizzierte Identifikation von Beschäftigten mit Betrieb, Werk, Region und Unternehmen aus einer Aneignungsperspektive[69] zunutze zu machen. Dabei ist es ist keineswegs so, dass die Arbeitsstätte den

---

69 Sauer, Dieter/Nies, Sarah (2012): Arbeit – mehr als Beschäftigung? Zur arbeitssoziologischen Kapitalismuskritik. In: Dörre, Klaus/Sauer, Dieter/Wittke, Volker (Hg.), Kapitalismustheorie und Arbeit. Neue Ansätze soziologischer Kritik. Frankfurt a. Main/New York: Campus, S. 34-62, S. 58.

Lohnabhängigen per se als defizitärer Ort erscheint, den es an die demokratischen Standards der Gesellschaft anzunähern gilt. Zumindest in den Unternehmen mit starken Betriebsräten und einflussreichen Gewerkschaften hält man die Chance, im eigenen Interesse erfolgreich intervenieren zu können, teilweise für deutlich größer als in anderen sozialen Feldern. Arbeitspolitisch käme es daher darauf an, in einer Weise an das das „Wir sind Z." anzuknüpfen, mittels der die gesellschaftliche Verantwortung des Unternehmens eingeklagt und ausgebaut werden kann. Dies wäre eine Perspektive, die, wie Erik Olin Wright[70] argumentiert, in einem allgemeineren Sinne die Stärkung gesellschaftlicher gegenüber ökonomischer und staatlicher Macht und damit die Erweiterung von Demokratie bedeuten würde. Eine solche Alternative mag gegenwärtig realitätsfern erscheinen. Dass die Gesellschaftsbilder der Lohnabhängigen eine demokratische Transformation vollständig ausschlössen, wird man auf der Grundlage unserer Forschungsergebnisse aber kaum behaupten können. Gegenwärtig fehlt es nicht an alltäglicher Kritik, wohl aber an intellektueller Neugier und an politischem Mut für Konzepte und Strategien, die geeignet sein könnten, das verbreitete Unbehagen am Kapitalismus praktisch werden zu lassen. Intellektuelle Neugier kann allerdings erst zum Zuge kommen, wo Soziogenese (Pierre Bourdieu), soziologische Selbstaufklärung,[71] betrieben wird, um wenigstens die gröbsten Vorurteile gegenüber Prekären, Erwerbslosen, aber gerade auch hinsichtlich der Arbeiterschaft und der Angestellten in der industriellen Produktion zu korrigieren. Die Arbeitsverhältnisse der von uns befragten Lohnabhängigen aus verschiedenen Industriezweigen sind jedenfalls häufig moderner, ihre Lebensentwürfe wirken vielfach innovativer und ihre Kritik an bedrückenden gesellschaftlichen Verhältnissen fällt mitunter sehr viel klarer aus, als uns das Klassenvorurteil in seiner akademischen Gestalt glauben machen will. Für neugierige Forscherinnen und Forscher gibt es auch im Feld industrieller Arbeit noch, vielleicht auch wieder einiges zu entdecken. Auf dem Spiel stehen die subjektiven Legitimationsgrundlagen des Finanzmarkt-Kapitalismus in sozialen Großgruppen, die Spätkapitalismustheorien Frankfurter Provenienz lange Zeit als befriedet betrachteten.[72] Die allmähliche Erosion dieser Legitimationen stellt eine gesellschaftliche Herausforderung ersten Ranges dar, der sich soziologischer Expertise und Aufklärung erst noch zu stellen hat. Eine neue, empirisch fundierte Debatte, die sich systematisch mit dem Gesellschaftsbild der Lohnabhängigen und speziell mit dem der Industriearbeiterschaft beschäftigt, wäre hierfür ein wichtiger Beitrag.

---

70 Wright, Erik O. (2010): Envisioning Real Utopias. London: Verso.
71 Lempert, Wolfgang (2011): Soziologische Selbstaufklärung als moralische Passion: Pierre Bourdieu. Wiesbaden: Springer.
72 Habermas, Jürgen (1987): Theorie des kommunikativen Handelns. Frankfurt a. Main: Suhrkamp.

V. Verlorene Jahre: Fremd im eigenen Land[1]

„Für alle reicht es nicht", titelt ein Band mit Texten Heiner Müllers. Kapitalismus, so die provokante Botschaft, beruhe stets auf dem Prinzip der Selektion.[2] „Für alle reicht es nicht" könnte auch der Leitsatz jener imaginären Revolte[3] von rechts sein, die in vielen Ländern innerhalb wie außerhalb Europas die politische Agenda bestimmt. Während Heiner Müller dem Aussortieren ein entschlossenes „alle oder keiner"[4] entgegensetzt, radikalisiert die neue Rechte die alltägliche Erfahrung vieler Lohnabhängiger, dass es trotz steigenden Wohlstands nicht mehr für alle und alles reicht. Der völkische Populismus[5] will Wohlstand, Arbeit und gutes Leben bevorzugt für éthnos, für ein homogenes Volk nur der Einheimischen, das durch Geburt, Blutsbande, Tradition und Kultur zusammengehalten wird. Damit hat er Erfolg – auch in der reichen Bundesrepublik. Was sich mit Pegida und deren Ablegern außerparlamentarisch andeutete und in regionalen Wahlerfolgen der Alternative für Deutschland (AfD) seine Fortsetzung fand, ist seit dem 25. September 2017 auf

---

1 Das folgende Kapitel basiert auf einem Originaltext unter der Beiligung von Sophie Bose, John Lütten und Jakob Köster, vgl. Orginalquellenverzeichnis.

2 Müller, Heiner (2017): „Für alle reicht es nicht". Texte zum Kapitalismus. Berlin: Suhrkamp, S. 254ff. Kritisch: Götze, Karl-Heinz (2017): Er fehlt. Heiner Müllers Kritik des Kapitalismus. In: Das Argument 323/2017, S. 288-292.

3 Steil, Armin (1984): Die imaginäre Revolte. Untersuchungen zur faschistischen Ideologie und ihrer theoretischen Vorbereitung bei Georges Sorel, Carl Schmitt und Ernst Jünger. Marburg: Arbeiterbewegung und Gesellschaftswissenschaft; Weiß, Volker (2017): Die autoritäre Revolte. Die Neue Rechte und der Untergang des Abendlandes. Stuttgart: Klett-Cotta.

4 Müller, Heiner (2017): „Für alle reicht es nicht". Texte zum Kapitalismus. Berlin: Suhrkamp, S. 79.

5 Die Begriffe völkischer Nationalismus, völkische Rechte oder völkischer Populismus werden hier synonym und als Konkretisierung von Rechtspopulismus verwendet. Sie signalisieren, dass Arbeit am Begriff notwendig ist, vgl. Heitmeyer, Wilhelm (2018a): Autoritärer Nationalradikalismus. Ein neuer Erfolgstypus zwischen konservativem Rechtspopulismus und gewaltförmigem Rechtsextremismus. In: Becker, Karina/Dörre, Klaus/Reif-Spirek, Peter (Hg.), Arbeiterbewegung von rechts? Frankfurt a. Main/New York: Campus, S. 117-134. Rechtspopulismus und Rechtsextremismus werden kategorial im Zusammenhang mit dem heuristischen Rahmen der Untersuchung präzisiert (siehe die Ausführungen in Abschnitt 3.2).

neuem Level etabliert. Die populistische Revolte besitzt nun eine parlamentarische Vertretung im Bundestag. Was bedeutet dieser Aufstieg einer neuen Rechten? Und vor allem: Wie ist er zu erklären?

An den Antworten scheiden sich in den Sozialwissenschaften die Geister. Pegida und AfD repräsentierten einen Bürgerprotest, der auf Repräsentationsdefizite im politischen System reagiere, eine überfällige Normalisierung des Parteiensystems darstelle und mit der „Funktionslogik pluralistischer Demokratie"[6] zu befrieden sei, behaupten die einen. Es handele sich um einen Bruch in der politischen Kultur, ja um den „Saatboden für einen neuen Faschismus",[7] entgegnen andere. Wo manche einen kulturellen Konflikt ausmachen, der von den Mittelschichten ausgeht oder innerhalb der sozialen Mitte ausgetragen wird,[8] sprechen Kontrahenten im Anschluss an Didier Eribon[9] oder Arlie Hochschild[10] von „neuen Arbeiterparteien",[11] die den Habenichtsen einen wirksamen Protest gegen das Establishment und dessen „progressiven Neoliberalismus"[12] ermöglichten. Zwischen den Polen bewegt sich, wer neue Spaltungslinien „weniger in den ökonomischen als in der kulturell-

---

6 Patzelt, Werner J. (2016): Neun unorthodoxe Thesen zu PEGIDA. In: Rehberg, Karl-Siegbert, Kunz, Franziska/Schlinzig, Tino (Hg.), PEGIDA. Rechtspopulismus zwischen Fremdenangst und „Wende"-Enttäuschung. Analysen im Überblick. Bielefeld: Transcript, S. 69-83, S. 80.

7 Habermas, Jürgen (2016): Für eine demokratische Polarisierung. In: Blätter für deutsche und internationale Politik 61(11)/2016. https://www.blaetter.de/ausgabe/2016/november/fuer-eine-demokratische-polarisierung. Zugegriffen: Dezember 2017, S. 39.

8 Koppetsch, Cornelia (2017): Rechtspopulismus, Etablierte und Außenseiter: emotionale Dynamiken sozialer Deklassierung. In: Jörke, Dirk/Nachtwey, Oliver (Hg.), Das Volk gegen die (liberale) Demokratie. Leviathan Sonderband 32. Baden-Baden: Nomos, S. 208-232, S. 212; Lengfeld, Holger (2017): Die „Alternative für Deutschland": Eine Partei für Modernisierungsgewinner. In: Kölner Zeitschrift für Soziologie und Sozialpsychologie 69/2017, S. 209-232.

9 Eribon, Didier (2016): Rückkehr nach Reims. Berlin: Suhrkamp.

10 Hochschild, Arlie (2017a): „Linke müssen erkennen, dass sie sich selbst ins Abseits gestellt haben". In: Ruhrbarone, 12.12.2017. https://www.ruhrbarone.de/linke-muessen-erkennen-dass-sie-sich-selbst-ins-abseits-gestellt-haben/149955. Zugegriffen: März 2018.

11 Gertz, Holgar (2017): Superstar. Süddeutsche Zeitung vom 30./31.12.2017; differenzierter: Jörke, Dirk/Nachtwey, Oliver (2017): Die rechtspopulistische Hydraulik der Sozialdemokratie. In: Dies. (Hg.), Das Volk gegen die liberale Demokratie, Leviathan Sonderband 32. Baden-Baden: Nomos, S. 163-186, S. 174.

12 Fraser, Nancy (2017): Für eine neue Linke oder: Das Ende des progressiven Neoliberalismus. In: Blätter für deutsche und internationale Politik 62(2)/2017. https://www.blaetter.de/ausgabe/2017/februar/fuer-eine-neue-linke-oder-das-ende-des-progressiven-neoliberalismus. Zugegriffen: Dezember 2017.

identitären Sphäre" verortet,[13] Spannungen zwischen „kulturellen Klassen" aber klar benennt.[14]

Wie immer man die überwiegend auf Daten aus der Wahl- und Umfrageforschung beruhenden Diagnosen jedoch dreht und wendet – stets ergibt sich der gleiche Befund. Der völkische Nationalismus findet auch in Deutschland in allen Bevölkerungsgruppen Gehör. Bei Arbeitern, Gewerkschaftsmitgliedern und Erwerbslosen stößt er indes auf überdurchschnittliche Resonanz. Mit 12,6 Prozent der Stimmen in den Bundestag eingezogen, votierten 19 Prozent der Arbeiter und 15 Prozent der Gewerkschaftsmitglieder (14 Prozent West, 22 Prozent Ost[15]) für die populistische Formation.[16] Die meisten AfD-Wähler*innen haben die mittlere Reife oder den Hauptschulabschluss, nur 7 Prozent der Akademiker*innen wählen die AfD. Frauen sind im Elektorat der Partei deutlich unterrepräsentiert; dafür sind die Anteile in ländlichen und strukturschwachen Regionen besonders hoch.[17] Betrachtet man anstelle des von taktischen Kalkülen beeinflussten Wahlverhaltens die aussagekräftigeren Parteipräferenzen, ergibt sich ein ähnliches Bild. Im Vergleich zu allen anderen Parteien weist die AfD die größte Einkommensspreizung, aber auch die höchsten Anteile an Arbeitern sowie abhängig Beschäftigten mit einfachen Arbeitstätigkeiten auf.[18] Das Sozialprofil von Pegida wird ebenfalls von Arbeitern und Angestellten mit niedrigen bis mittleren Einkommen geprägt.[19] In Selbstdarstellungen präsentiert sich die Bewegung als Bündnis von

---

13 Merkel, Wolfgang (2017): Die populistische Revolte. In: Kulturpolitische Mitteilungen 157/2017, 53-56, S. 56.

14 Reckwitz, Andreas (2017): Die Gesellschaft der Singularitäten. Berlin: Suhrkamp, S. 273ff.

15 DGB (Deutscher Gewerkschaftsbund) (2017): Bundestagswahl 2017. So haben GewerkschafterInnen gewählt. https://www.dgb.de/++co++1aca2e9e-a209-11e7-99c0-525400e5a74a. Zugegriffen: November 2017; Forschungsgruppe Wahlen e.V. (2017): Wahlanalyse Bundestagswahl. http://www.forschungsgruppe.de/Wahlen/Wahlanalysen/Newsl_Bund_170928.pdf. Zugegriffen: März 2018.

16 Die Überrepräsentanz von Arbeitern in den Gewerkschaften bedingt die überdurchschnittlich ausgeprägte Sympathie von Gewerkschaftsmitgliedern für die äußerste Rechte (Hilmer, Richard/Kohlrausch, Bettina/Müller-Hilmer, Rita/Gagné, Jérémie (2017): Einstellung und soziale Lebenslage. Eine Spurensuche nach Gründen für rechtspopulistische Orientierung, auch unter Gewerkschaftsmitgliedern. Düsseldorf: Hans-Böckler-Stiftung).

17 Forschungsgruppe Wahlen e.V. (2017): Wahlanalyse Bundestagswahl. http://www.forschungsgruppe.de/Wahlen/Wahlanalysen/Newsl_Bund_170928.pdf. Zugegriffen: März 2018.

18 Brenke, Karl/Kritikos, Alexander S. (2017): Wählerstruktur im Wandel. In: DIW-Wochenbericht 29/2017, S. 595-606.

19 Patzelt, Werner J./Klose, Joachim (2016): PEGIDA. Warnsignale aus Dresden. Dresden: Thelem.; Geiges, Lars/Marg, Stine/Walter, Franz (2015): Pegida. Die schmutzige Seite der Zivilgesellschaft? Bielefeld: Transcript, S. 68.

„Mittelstand und Arbeiterklasse".[20] Ähnlich agiert die AfD, wenn sie die „kleinen Leute" als wichtige Zielgruppe ihrer Wahlkämpfe adressiert.[21]

Am Zuspruch nicht zuletzt gewerkschaftlich organisierter Arbeiter*innen für den rechten Populismus setzt unser Beitrag an. Völkisch-populistische Orientierungen von Lohnabhängigen sind ein vielschichtiges Phänomen, das sich nicht auf das eine Motiv, die eine Ursache zurückführen lässt. Sie besitzen jedoch, so unsere These, ein empirisch identifizierbares Zentrum. Sofern realistische Alternativen fehlen, tendieren selbst Beschäftigte in gesicherten Verhältnissen dazu, den Kampf um Statuserhalt oder -verbesserung mit Hilfe von Ressentiments auszutragen. Präziser: In einem von vertikalen Ungleichheiten geprägten Postwachstumskapitalismus, der mobilisierungsfähige intellektuelle Überzeugungssysteme für solidarisches Handeln marginalisiert, machen sich Klassenverhältnisse und Verteilungskämpfe bevorzugt im Modus der Konkurrenz, über eine permanente Scheidung der Gewinner von den Verlierern sowie mittels kollektiver Abwertungen und Ausgrenzung sozialer Großgruppen bemerkbar. Sie wirken sozioökonomisch wie kulturell selektiv. Spontan können sie eine exklusive Solidarität Lohnabhängiger hervorbringen, die sich nicht allein gegenüber dem Kapital, dem Management oder den Vorgesetzten, sondern auch von anders und unten abgrenzt. Entsprechende Weltsichten bieten sich für eine Radikalisierung durch die äußerste Rechte geradezu an. Die Begründung dieser These erfolgt auf der Grundlage eigener empirischer Erhebungen. Nachfolgend werden Forschungsstrategie und heuristischer Rahmen der Untersuchung vorgestellt (1 und 2), sodann rechtspopulistische Orientierungen von gewerkschaftlich aktiven Arbeiter*innen samt der Vorstellungen von Demokratie und Gesellschaft rekonstruiert (3 und 4). Abschließend gehen wir noch einmal auf die eingangs angerissene Kontroverse zu den Ursachen des Rechtspopulismus ein und beleuchten Konsequenzen für Zivilgesellschaft und Gewerkschaften (5).

1. Tiefenbohrung im gewerkschaftlichen Arbeitermilieu

Rechtspopulistische Orientierungen von Lohnabhängigen haben wir in mehreren Studien erforscht, deren aktuellste sich einer Schockerfahrung verdankt. Dass es in der Gesellschaft ein erhebliches Potenzial an menschenfeindlichen, rechtspopulisti-

---

20 Pegida (2015): Programm. Dresdner Thesen. www.pegida.de/programm.html. Zugegriffen: März 2018.
21 Friedrich, Sebastian (2016): Falsche Alternativen: Warum breite Bündnisse gegen die AfD keine Perspektive für Linke sind. In: Kellershohn, Helmut/Kastrup, Wolfgang (Hg.), Kulturkampf von rechts. AfD, Pegida und die Neue Rechte. Münster: Unrast, S. 230-234, S. 231.

schen oder rechtsextremen Orientierungen gibt, ist seit langem bekannt.[22] Die Neigung gewerkschaftlich organisierter Arbeiter zu solchen Orientierungen ist ebenfalls kein neues Phänomen. Untersuchungen, die eine Verbreitung rechtsextremer oder -populistischer Einstellungen in den Gewerkschaften belegen,[23] hatten bereits nach der Jahrtausendwende für Debatten gesorgt. Seither gilt als gesichert, dass radikal rechte Positionen unter aktiven Gewerkschafter*innen auf entschiedene Ablehnung stoßen und mit demokratischer Partizipation[24] wirksam zu bekämpfen sind. Diese Gewissheit kann, so unser irritierender Befund, nicht mehr uneingeschränkt gelten. Aktive Gewerkschafter*innen, die in ihren Betrieben für steigende Organisationsgrade sorgen, sind teilweise bereit, eigenständig die Busse zu beschaffen, mit denen sie zu Pegida-Demonstrationen fahren. In der Selbstwahrnehmung handelt es sich um einander ergänzende Facetten demokratischen Aufbegehrens – mit der Gewerkschaft in Betrieb und Unternehmen, in der Gesellschaft mit Pegida und der AfD. Auf die Frage, ob Pegida eine Demokratiebewegung sei, antwortet ein sympathisierender Betriebsrat: „Ich denke schon". Theoretisch könne die Bewegung „jeden ansprechen"; zwar schwebe „ein Nazi-Schatten" über ihr, doch sie thematisiere, was eigentlich „jeden Normalen betrifft, der in Lohn und Brot steht" (Pro1).

1.1 Empirische Basis, Methodik

Pegida und die AfD als Demokratiebewegung normaler Lohnabhängiger – das ist der Tenor von Selbstdarstellungen radikal rechts orientierter Arbeiter, die wir im Rahmen eines laufenden Forschungsvorhabens zum „Gesellschaftsbild des Prekariats" erhoben haben. Unsere Primärerhebung (n=66), die als Teilprojekt eine Tiefenbohrung (n=16) in sächsischen Regionen beinhaltet, aktualisiert eine Basisstudie zu Prekarität und Rechtspopulismus aus den Jahren 2003 bis 2006.[25] Die Basisstudie hatte ergeben, dass sich rechtspopulitische Orientierungen von Lohnabhängigen

---

22 Heitmeyer, Wilhelm (2017): Öffentliche Soziologie zu gruppenbezogener Menschenfeindlichkeit. In: Aulenbacher, Brigitte/Burawoy, Michael/Dörre Klaus/Sittel, Johanna (Hg.), Öffentliche Soziologie. Wissenschaft im Dialog mit der Gesellschaft. Public Sociology – Wissenschaft und gesellschaftsverändernde Praxis. Frankfurt a. Main/New York: Campus, S. 213-227.

23 Zusammenfassend: Bibouche, Sedik/Held, Josef/Merkle, Gudrun (2009): Rechtspopulismus in der Arbeitswelt. Eine Analyse neuerer Studien. Düsseldorf: Hans-Böckler-Stiftung.

24 Zeuner, Bodo/Gester, Jochen/Fichter, Michael/Kreis, Joachim/Stöss, Richard (2007): Gewerkschaften und Rechtsextremismus. Münster: Westfälisches Dampfboot.

25 Siehe dazu Kapitel III. Die Basisstudie orientierte sich an dem Zonenmodel von Robert Castel. Castels Arbeitshypothese besagt, dass sich die europäischen Arbeitsgesellschaften in drei Zonen aufspalten. Unsere Studie hatte die subjektiven Verarbeitungsformen von Prekarität einbezogen und auf diese Weise neun typische Verarbeitungsformen sozialer Unsicherheit identifiziert. Prekarität als Angst vor Statusverlust fand sich auch in der

in allen Zonen der Arbeitsgesellschaft finden. Wie die Basisstudie, so ordnet auch die Primärerhebung aus den Jahren 2017/18 befragte Lohnabhängige aus Ost und West anhand ihres Beschäftigungsstatus den Castel'schen Zonen der Integration, Prekarität und Entkoppelung zu. Allerdings handelt es sich um ein „unechtes Panel", denn die befragten Personen sind nicht mehr die der Basisstudie. Wir präsentieren eine zeitversetzte Neubefragung, die gleichwohl methodisch reflektierte Aussagen im Zeitverlauf ermöglicht.[26] Auch die Zuordnung Befragter zum Rechtspopulismus hat sich geändert. Um der Bewegungsförmigkeit und parteipolitischen Verselbständigung des Rechtspopulismus Rechnung zu tragen, setzt die Primärerhebung das offene Bekenntnis zu entsprechenden Formationen als Kriterium voraus. Daran gemessen sympathisieren von 66 Befragten insgesamt neun (sieben Männer, zwei Frauen) offen mit Pegida, der AfD oder weiter rechts stehenden Organisationen (Reichsbürger, NPD, Nazi-Skins). Hätten wir als Kriterien diejenigen der Basisstudie gewählt, wäre die Fallzahl von Befragten mit Affinitäten zum Rechtspopulismus größer, denn Ressentiments gegen Fremde finden sich auch bei Lohnabhängigen, die sich politisch eindeutig links verorten.

Um die empirische Basis unserer Untersuchung noch zu verbreitern, können wir mittels Daten- und Forscher-Triangulation[27] weitere Erhebungen aus dem Zeitraum von 2006 bis 2016 in die Analyse einbeziehen.[28] Triangulation meint hier neben der Sichtung des Materials durch mehrere Forschungsgruppen vor allem die Integration unterschiedlicher qualitativer Datensätze in einen übergreifenden, theoriegeleiteten heuristischen Rahmen. Die eigentliche soziologische Tiefenbohrung, die uns mög-

---

Zone der Integration. Rechtspopulistische Orientierungen von Lohnabhängigen streuten über alle Zonen hinweg.

26 „Unechte Panels" sind in der Arbeitssoziologie durchaus üblich; als prominentes Beispiel siehe Kern, Horst/Schumann, Michael (1984): Das Ende der Arbeitsteilung? München: C.H.Beck.

27 Denzin, Norman K. (1989): The research act: A theoretical introduction to sociological methods. New Jersey: Prentice-Hall; Flick, Uwe (2008): Qualitative Forschung. Ein Handbuch. Berlin: Rowohlt.

28 Einbezogen werden Studien zu gewerkschaftlicher Erneuerung in Ost und West (siehe Dörre, Klaus/Goes, Thomas/Schmalz, Stefan/Thiel, Marcel (2017): Streikrepublik Deutschland? Die Erneuerung der Gewerkschaften in Ost und West. Frankfurt a. Main/New York: Campus), eine Mehrfachbefragung von Leistungsbeziehern des ALGII (siehe Dörre, Klaus/Scherschel, Karin/Booth, Melanie/Haubner, Tine/Marquardsen, Kai/Schierhorn, Karin (2013): Bewährungsproben für die Unterschicht? Soziale Folgen aktivierender Arbeitsmarktpolitik. Frankfurt a. Main/New York: Campus) sowie mehrere Datensätze aus einem Forschungsvorhaben zum „Gesellschaftsbild von LohnarbeiterInnen" (siehe Dörre, Klaus/Happ, Anja/Matuschek, Ingo (Hg.) (2013): Das Gesellschaftsbild der LohnarbeiterInnen. Soziologische Untersuchungen in ost- und westdeutschen Industriegebieten. Hamburg: VSA).

lichst nah an das Alltagsbewusstsein rechter Arbeiter*innen heranbringen sollte, beruht auf 16 Interviews der Primärerhebung. Unter Tiefenbohrung verstehen wir eine Forschung, die sich Schritt für Schritt an ihren Gegenstand herantastet. Rechte Arbeiter sind, anders als in der Basisstudie, keine Zufallsfunde. Wir haben diese Personen im Rahmen der Tiefenbohrung bewusst gesucht und befragt.[29]

1.2 Forschung als öffentliche Soziologie

Um die Gespräche führen zu können, war ein aufwendiges Verfahren nötig. Zunächst identifizierten wir innerhalb eines breiter angelegten Samples acht betriebliche Fallbeispiele in Ost und West, in denen radikal rechte Positionierungen von Interessenvertretern oder Beschäftigten auffällig geworden waren. Im nächsten Schritt wählten wir eine sächsische Region aus, die durch eine außergewöhnlich hohe Zustimmung der Bevölkerung zu Pegida und AfD aufgefallen war. Hauptamtliche Gewerkschafter*innen halfen uns bei der Auswahl geeigneter Gesprächspartner. Die Interviews fanden an mehreren Tagen in den Räumlichkeiten der Gewerkschaft statt. Alle Interviewpartner wurden einzeln befragt. Thematisch lag der Schwerpunkt beim Verhältnis zu Pegida/der AfD, dem Gewerkschaftsverständnis sowie der subjektiven Sicht auf Arbeit, Betrieb, Gesellschaft und Demokratie. Die Tiefenbohrung umfasst Interviews mit hauptamtlichen Gewerkschaftssekretären (codiert als Sek), radikal rechten Betriebsräten und Gewerkschafter*innen (codiert als Pro), gewerkschaftlich organisierten Beschäftigten mit Anti-Pegida/AfD-Haltung (codiert als Ant) sowie Jugendvertretern (codiert als JAV). Hauptamtliche Gewerkschafter wurden als Experten befragt,[30] bei den betrieblich Aktiven kamen problemzentrierte Interviews[31] zum Einsatz, die inhaltsanalytisch ausgewertet wurden.[32]

---

29 Hochschild, Arlie (2017b): Fremd im eigenen Land. Eine Reise ins Herz der amerikanischen Rechten. Frankfurt a. Main/New York: Campus.

30 Bogner, Alexander/Littig, Beate/Menz, Wolfgang (2005): Das Experteninterview. Theorie, Methode, Anwendung. Wiesbaden: VS; Gläser, Jochen/Laudel, Grit (2004): Experteninterviews und qualitative Inhaltsanalyse als Instrumente rekonstruktiver Untersuchungen. Stuttgart: UTB.

31 Kaufmann, Jean-Claude (1999): Das verstehende Interview. Theorie und Praxis. Konstanz: UVK, S. 24; Witzel, Andreas (2000): Das problemzentrierte Interview. Forum Qualitative Sozialforschung 1. http://www.qualitative-research.net/index.php/fqs/article/view/1132/2519. Zugegriffen: März 2018.

32 Kelle, Udo/Kluge, Susann (2010): Vom Einzelfall zum Typus. Fallvergleich und Fallkontrastierung in der qualitativen Sozialforschung. 2., überarb. Aufl. Wiesbaden: VS, S. 43f.; Gläser, Joche/Laudel, Grit (2004): Experteninterviews und qualitative Inhaltsanalyse als Instrumente rekonstruktiver Untersuchungen. Stuttgart: UTB, S. 191f.; Mayring, Philipp (2003): Qualitative Inhaltsanalyse. Weinheim: Beltz.

Sowohl die Experten- als auch die problemzentrierten Interviews enthalten längere Passagen des Stegreiferzählens. Mit Hilfe theoriegeleiteter Codierung haben wir solche Interviewpassagen in reflektierender Interpretation[33] nach Widersprüchen, Ungereimtheiten und sprachlichem Duktus untersucht, um so deren latenten Sinn zu erfassen. Die befragten Pro-Pegida-Arbeiter sollten ein möglichst realistisches Gesamtbild repräsentieren. Mit Hilfe eines *theoretical sampling*[34] haben wir drei Fälle für eine intensive Auswertung ausgewählt, die jeweils für Abstufungen einer völkisch-populistischen Grundhaltung stehen. Wir rekonstruieren Orientierungen des Protestwählers, des gefestigten Pegida/AfD-Anhängers und des überzeugten Rechtsextremen (codiert als Pro 1, 2, 3). Andere Befragte mit radikal rechten Orientierungen werden punktuell und zur Differenzierung von Aussagen in die Auswertung einbezogen. Was für eine qualitative Erhebung konventionell erscheinen mag, entpuppte sich selbst für forschungserfahrene Wissenschaftler*innen als Grenzsituation. In allen Fällen gelang es, eine offene Gesprächsatmosphäre herzustellen. Dennoch oder gerade deshalb erwiesen sich die Interviews mit den Pro-Pegida/AfD-Befragten als Herausforderung. Wie soll man beispielsweise mit einem Gewerkschafter umgehen, der dafür plädiert, wegen der Fluchtmigration das Lager Buchenwald wieder zu eröffnen? Wir haben uns bemüht, die Fassung zu wahren, das Interview fortgesetzt und uns am Schluss höflich per Handschlag verabschiedet.

Angemerkt sei, dass wir das Feld nur erschließen konnten, weil wir praktizierten, was im Anschluss an Michael Burawoy als organische „Public Sociology" bezeichnet werden kann.[35] Öffentliche Soziologie ist organisch, wenn sie „in enger Verbindung mit einer sichtbaren, dichten, aktiven, lokalen Öffentlichkeit arbeitet, die oft eine Gegenöffentlichkeit ist".[36] Im konkreten Fall kooperierten wir mit hauptamtlichen Gewerkschaftssekretären, denen es vor allem darum ging, innerhalb der eigenen Organisation Aufmerksamkeit für die Rechtspopulismus-Problematik zu erzeugen. Eine klare Positionierung des IG Metall-Vorsitzenden („Wer hetzt, fliegt!") hatte in der

---

33 Bohnsack, Ralf (1993): Rekonstruktive Sozialforschung: Einführung in die Methodologie und Praxis qualitativer Forschung. Opladen: Leske + Budrich, S. 132-138.

34 Glaser, Barney G./Strauss, Anselm L. (1998): Grounded Theory. Strategien qualitativer Forschung. Bern: Huber, S. 51ff.

35 Burawoy, Michael (2015): Public Sociology. Öffentliche Soziologie gegen Marktfundamentalismus und globale Ungleichheit. Hg. v. Aulenbacher, Brigitte/Dörre, Klaus, Nachwort v. Urban, Hans-Jürgen, Weinheim: Beltz Juventa; Aulenbacher, Brigitte/Burawoy, Michael/Dörre Klaus/Sittel, Johanna (Hg.) (2017): Öffentliche Soziologie. Wissenschaft im Dialog mit der Gesellschaft. Public Sociology – Wissenschaft und gesellschaftsverändernde Praxis. Frankfurt a. Main/New York: Campus.

36 Burawoy, Michael (2015): Public Sociology. Öffentliche Soziologie gegen Marktfundamentalismus und globale Ungleichheit. Hg. v. Aulenbacher, Brigitte/Dörre, Klaus, Nachwort v. Urban, Hans-Jürgen, Weinheim: Beltz Juventa, S. 57.

Geschäftsstelle zum schriftlich begründeten Austritt von ca. 30 Mitgliedern geführt; die Gesamtzahl ähnlich motivierter Austritte wird von verantwortlichen Sekretären auf bis zu 300 geschätzt.[37] Trotz des Aderlasses gibt es im Kreis der Gewerkschaftsaktiven noch immer erhebliche Sympathien für Pegida und AfD. Hauptamtliche Sekretäre, die sich allesamt gegen den völkischen Populismus positionieren, suchen nach einer geeigneten Strategie für eine Auseinandersetzung mit langem Atem. Neben dem Interesse, innergewerkschaftlich ein Problembewusstsein zu schaffen, ist es ihnen wichtig, ein wissenschaftliches Feedback zu den vor Ort praktizierten unterschiedlichen Linien im Umgang mit rechten Mitgliedern zu erhalten.

Unsere Studie sollte diese Erwartungshaltung bedienen. Nach intensiver Vorbereitung wurden erste Untersuchungsergebnisse zum Thema einer Delegiertenversammlung der regionalen Gewerkschaftsgliederung. Die Präsentation war ein Härtetest für unsere Forschungen und sie führte zu einem überraschenden Ergebnis. Erstmals äußerten sich anwesende Delegierte öffentlich zu Pegida und der AfD, sprachen über Gewerkschaftsaustritte und problematisierten im Beisein eines geschäftsführenden Vorstandsmitglieds der IG Metall die „Klare-Kante-Politik". Für einen Augenblick war es gelungen, zuvor Verborgenes ansatzweise diskutierbar zu machen. Was wir zutage gefördert haben, ist nicht nur für lokale Gewerkschaftsgliederungen schmerzlich. Sympathien für die äußerste Rechte mögen regional besonders ausgeprägt sein, es handelt sich aber beileibe nicht um einen Einzelfall. In insgesamt 18 Gewerkschaftsgliederungen, in denen wir die Ergebnisse unserer Tiefenbohrung präsentierten (festgehalten in Memos), fielen die Reaktionen ähnlich aus. Man hielt die Problematik für relevant und brisant, plädierte mehrheitlich aber für interne Diskussionen, weil „uns sonst der Laden um die Ohren fliegen könnte" (Memo 2).

3. Der heuristische Rahmen

Bevor wir genauer beleuchten, was sich hinter solchen Äußerungen verbirgt, empfiehlt es sich, den übergreifenden heuristischen Rahmen der Untersuchung vorzustellen. Inhaltlich zentral sind Zusammenhänge zwischen sozialer Frage und Rechtspopulismus, die sich jedoch während der Zeit, die seit der Basisstudie vergangen ist, erheblich verändert haben. Präziser: Die Bewährungsproben, also das Kräftemessen und die Wertigkeitsprüfungen, in denen über die Akzeptanz sozialer Ungleichheiten entschieden wird,[38] haben sich in ihren Formaten und ihrer Gewichtung erheblich gewandelt.

---

37 Zu ähnlichen Fällen im Westen: Sauer, Dieter/Stöger, Ursula/Bischoff, Joachim/Detje, Richard/Müller, Bernhard (2018): Rechtspopulismus und Gewerkschaften. Eine arbeitsweltliche Spurensuche. Hamburg: VSA, S. 189ff.

38 Boltanski, Luc/Chiapello, Ève (2003): Der neue Geist des Kapitalismus. Konstanz: UVK.

3.1 Von der Prekarität zur Bewährungsprobe des Lohns

Unsere Basisstudie hatte die soziale Frage noch mit der Ausbreitung unsicherer Arbeits- und Lebensverhältnisse gleichgesetzt.[39] In der Bewährungsprobe der Prekarität entschied sich für erhebliche Teile der Lohnabhängigen, ob der Sprung in sichere Beschäftigung und damit in die Gesellschaft respektierter Bürger*innen gelingen konnte. Prekarität, so der noch immer gültige Befund aus der Basisstudie, bezeichnet keine stabile soziale Lage, sondern ein Macht- und Kontrollsystem, das auch gesichert Beschäftigte diszipliniert und so zur Herausbildung gefügiger Arbeitskräfte beiträgt.[40] Im Zeitverlauf hat diese disziplinierende Wirkung jedoch nachgelassen. Dagegen haben Bewährungsproben, in denen es um die Verteilung des erzeugten Mehrprodukts, um Löhne und Arbeitszeiten geht, auch subjektiv wieder an Bedeutung gewonnen. Das hängt wesentlich mit Veränderungen am Arbeitsmarkt zusammen. Die offizielle Arbeitslosenquote, die 2005 mit 11,7 Prozent ihren Höchstwert erreicht hatte, ist von 9,5 auf unter 6 Prozent gesunken. Parallel dazu hat die Zahl der Erwerbstätigen zwischen 1991 und 2014 um ca. 3,7 Mio. Beschäftigte zugenommen und mit mehr als 44,7 Mio. Erwerbspersonen (2014) Rekordniveau erreicht.[41] Prekarität ist damit aber keineswegs verschwunden, sondern im Gegenteil zu einer normalen Organisationsform von Arbeit und Leben avanciert. Trotz günstiger konjunktureller und demografischer Entwicklung sind atypische, unsichere und niedrig entlohnte Beschäftigungsformen seit 2010 nur leicht zurückgegangen, Leiharbeit und Werkverträge haben sogar zugelegt. Während der Niedriglohnsektor kontinuierlich 22 bis 24 Prozent, im Osten gar bis zu 37 Prozent der abhängig Beschäftigten umfasst, lag das ungenutzte Arbeitskräftepotenzial 2014 noch immer bei ca. 6 Mio. Personen (2,1 Mio. Erwerbslose, 2,9 Mio. Unterbeschäftigte, 1,0 Mio. stille Reserve). Auch das Volumen bezahlter Erwerbsarbeitsstunden bewegte sich 2016 noch immer unter dem Niveau von 1991. Leistete ein Erwerbstätiger 1991 jährlich 1554 Arbeitsstunden, so waren es 2014 nur 1366, das entspricht einem Rückgang um 12 Prozent bei allerdings stark

---

39 Brinkmann, Ulrich/Dörre, Klaus/Röbenack, Silke/Kraemer, Klaus/Speidel, Frederic (2006): Prekäre Arbeit. Ursachen, Ausmaß, soziale Folgen und subjektive Verarbeitungsformen unsicherer Beschäftigungsverhältnisse. Bonn: Friedrich-Ebert-Stiftung.

40 Dörre, Klaus (2009a): Prekarität im Finanzmarkt-Kapitalismus. In: Castel, Robert/ Dörre, Klaus (Hg), Prekarität, Abstieg, Ausgrenzung. Die soziale Frage am Beginn des 21. Jahrhunderts. Frankfurt a. Main/New York: Campus, S. 35-64, S. 54f.; Bourdieu, Pierre (1998): Gegenfeuer. Wortmeldungen im Dienste des Widerstands gegen die neoliberale Invasion. Konstanz: UVK, S. 97f.

41 Destatis (2016): Datenreport 2016. Ein Sozialbericht für die Bundesrepublik Deutschland. https://www.destatis.de/GPStatistik/servlets/MCRFileNodeServlet/DEHeft_derivate_00021684/Datenreport2016.pdf%3Bjsessionid%3DE5C94A0A9F2789977 4E66A2BE50E59FF. Zugegriffen: März 2018, S. 126.

polarisierten Arbeitszeiten.[42] Rechnet man die gewünschten Arbeitszeiten unterbeschäftigter Personen hinzu,[43] wäre die Erwerbslosigkeit mindestens doppelt so hoch wie offiziell ausgewiesen. Das deutsche Jobwunder beruht somit wesentlich darauf, dass Erwerbslosigkeit mittels Ausdehnung unsicherer, schlechter entlohnter und wenig anerkannter Arbeitsverhältnisse zum Verschwinden gebracht wird.[44]

Fügt sich die Herausbildung einer prekären Vollerwerbsgesellschaft noch gut in das Raster des Castel'schen Zonenmodells, trifft das auf die zunehmende Vermögens- und Einkommensungleichheit so nicht zu. Selbst liberale Ökonomen bezeichnen die Bundesrepublik inzwischen als „eines der ungleichsten Länder in der industrialisierten Welt".[45] Das Vermögen der 45 reichsten Haushalte entspricht, nach den um zusätzliches Material erweiterten Daten der Europäischen Zentralbank, in etwa dem der ärmeren Bevölkerungshälfte. 0,1 Prozent besitzen einen Anteil von 17,4 Prozent des auf 9,5 Billionen Euro geschätzten Gesamtvermögens; 50 Prozent der Bevölkerung verfügen hingegen nur über einen Anteil von 2,3 Prozent Bei den Einkommen zeichnen sich seit der Wiedervereinigung ebenfalls Konzentration und Polarisierung ab. Legt man die Markteinkommen zugrunde, verdient die ärmere Hälfte der Bevölkerung nur noch 17 Prozent des Volkseinkommens (1960: 30 Prozent).[46] Wie in allen Industrieländern ist die Lohnquote (Anteil der Löhne am BIP) auch in Deutschland seit den 1980er Jahren kontinuierlich gesunken, um erst in der jüngeren Vergangenheit wieder leicht anzuziehen.[47] Während qualifizierte, gut organisierte Stammbeschäftigte in der Exportindustrie ihre Reallöhne halten oder steigern konnten,[48] mussten insbesondere

---

42 Ebd., S. 127.
43 Fischer, Gabriele/Gundert, Stefanie/Kawalec, Sandra/Sowa, Frank/Stegmaier, Jens/Tesching, Karin/Theuer, Stefan (2015): Situation atypisch Beschäftigter und Arbeitszeitwünsche von Teilzeitbeschäftigten. Quantitative und qualitative Erhebung sowie begleitende Forschung. IAB-Forschungsprojekt im Auftrag des Bundesministeriums für Arbeit und Soziales. Endbericht 2015. http://doku.iab.de/grauepap/2015/Forschungsprojekt_Atypik_V2_35.pdf. Zugegriffen: März 2018.
44 Castel, Robert (2011): Die Krise der Arbeit. Neue Unsicherheiten und die Zukunft des Individuums. Hamburg: Hamburger Edition, S. 136.
45 Fratzscher, Marcel (2016): Verteilungskampf. Warum Deutschland immer ungleicher wird. München: Carl Hanser, S. 9, 43ff.
46 Bartels, Charlotte (2018): Einkommensverteilung in Deutschland von 1871 bis 2013: Erneut steigende Polarisierung seit der Wiedervereinigung. In: DIW-Wochenbericht 3/2018, S. 51-62, S. 1.
47 IWF (Internationaler Währungsfond) (2017): World Economic Outlook April 2017. Gaining Momentum? https://www.imf.org/en/publications/weo/issues/2017/04/04/world-economic-outlook-april-2017. Zugegriffen: März 2018.
48 Hauptmann, Andreas/Schmerer, Hans-Jürgen (2012): Lohnentwicklung im Verarbeitenden Gewerbe. Wer profitiert vom deutschen Exportboom? In: IAB Kurzberichte.

Frauen im Dienstleistungssektor überdurchschnittliche Einbußen hinnehmen. Etwa die Hälfte der Lohnabhängigen verdiente 2015 real weniger als noch vor 15 Jahren.[49]

Die Polarisierungstendenz bei Löhnen und Einkommen macht auch vor den Organisationsbereichen der Industriegewerkschaften nicht halt. Zwar konnte die IG Metall für ihre Facharbeiter seit der Jahrtausendwende einen Lohnzuwachs von mehr als 50 Prozent durchsetzen, doch profitierten in erster Linie die Stammbelegschaften großer und mittlerer Unternehmen. Schon in der Zulieferindustrie und hier besonders im Osten bietet sich ein anderes Bild. Wie im gesamten Osten hatte die IG Metall auch in den Untersuchungsregionen der Tiefenbohrung Stufentarifverträge mit der Aussicht verbunden, „in zehn Jahren habt ihr den gleichen Tarifvertrag wie in West, die 35-Stunden-Woche und eins zu eins die Lohntabelle" (Sek2). Dieses Versprechen konnte für den Großteil der betreuten Betriebe nicht eingelöst werden. Nur in besonders gut organisierten Unternehmen ist die Angleichung halbwegs gelungen, in weiten Bereichen von Metall, Elektro, Textil und Bekleidung bestehen „abweichende Regelungen": „Wir haben hier die 38-, wenn nicht die 40-Stunden-Woche, wir haben immer zwischen 10 und 25 Prozent unterhalb der Lohntabelle West." (Sek2)

Ungleichheit macht sich somit nicht allein in Verteilungsrelationen zwischen Kapital und Arbeit bemerkbar, sie fragmentiert innerhalb der lohnabhängigen Klassen. Im Osten sorgt dies besonders unter jüngeren Arbeitern für Unmut. Lohnverzicht zugunsten von Beschäftigungssicherheit wird nicht mehr ohne Weiteres akzeptiert:

„Am liebsten brennen wir die Hütte ab, was geht mich der Laden an? Geht der pleite, dann geht der pleite. Geh ich zum nächsten", bringt ein befragter Gewerkschafter (Sek8)[50] eine in jüngeren Kohorten verbreitete Stimmung auf den Punkt. Selbst bei Hochkonjunktur reichen Unmut und gewerkschaftliche Kampfkraft aber nicht aus, um Gerechtigkeitslücken zu schließen. Wir bezeichnen dieses Missverhältnis als Tendenz zu einer demobilisierten Klassengesellschaft. Vertikale, überwiegend klassenspezifische Ungleichheiten prägen sich aus. Zugleich sind gewerkschaftliche und politische Organisationen, die auf der Konfliktachse von Kapital und Arbeit agieren, während der gesamten Nachkriegsgeschichte nie so schwach gewesen wie in der Gegenwart. So ist der gewerkschaftliche Organisationsgrad in der Bundesrepublik auf etwa 18 Prozent gesunken. Das mag dazu beitragen, dass die Bewährungsproben des Lohns und die mit ihr verkoppelten Problematiken – Leistungsdruck, mangelnde

---

Aktuelle Analysen aus dem Institut für Arbeitsmarkt- und Berufsforschung 20/2012. http://doku.iab.de/kurzber/2012/kb2012.pdf. Zugegriffen: März 2018, S. 3.
49 Fratzscher, Marcel (2016): Verteilungskampf. Warum Deutschland immer ungleicher wird. München: Carl Hanser, S. 64.
50 Dörre, Klaus/Goes, Thomas/Schmalz, Stefan/Thiel, Marcel (2017): Streikrepublik Deutschland? Die Erneuerung der Gewerkschaften in Ost und West. Frankfurt a. Main/New York: Campus, S. 113.

Zeitsouveränität und autoritäre Firmenregime – gesellschaftlich keine adäquate Öffentlichkeit finden.

Die Klassenvergessenheit öffentlicher Diskurse schlägt sich auch in der Populismusdebatte nieder. Von Gerechtigkeitsproblemen getrieben wird aus Sicht vieler sozialwissenschaftlicher Interpret*innen nur, wer arm, lange erwerbslos oder prekär beschäftigt ist. Alle, auf die dergleichen nicht zutrifft, werden der sozialen Mitte zugerechnet und haben, so der analytische Kurzschluss, andere als Gerechtigkeitsprobleme.[51] Auf diese Weise verstellt der „Mythos Mitte"[52] den Blick dafür, dass es sich auch bei gut verdienenden Fachkräften um Lohnabhängige handelt. Selbst Ingenieure in der verarbeitenden Industrie entsprechen in ihrer sozialen Positionierung eher jenen akademisch gebildeten Arbeitskräften, die vor Jahrzehnten als „neue Arbeiterklasse"[53] von sich reden machten. Dass ordentlich verdienende Arbeiter*innen sich deutlich von den Mittelklassen abheben, stand in solchen Analysen außer Frage; teilweise wurde den qualifizierten „neuen Arbeitern" gar eine besondere Militanz attestiert.[54] Heute sind solch anspruchsvolle Klassenanalysen nahezu vergessen. Die öffentliche De-Thematisierung von Klassen- und Ausbeutungsverhältnissen ändert aber nichts daran, dass all jene sich „kollektiv im Stich gelassen fühlen, die mit den Verhältnissen hinter diesen Wörtern objektiv zu tun haben".[55] Ungeachtet fehlender Öffentlichkeiten erzeugen soziale Spaltungen einen Problemrohstoff, der sich in

---

51 IW (Institut der Deutschen Wirtschaft) (2017): Die AfD: eine unterschätzte Partei. Soziale Erwünschtheit als Erklärung für fehlerhafte Prognosen. https://www.iwkoeln de/fileadmin/publikationen/2017/332686/IW-Report_7_2017_Die_AfD_Eine_unterschaetzte_Partei.pdf. Zugegriffen: Februar 2018; Lengfeld, Holger (2017): Die „Alternative für Deutschland": Eine Partei für Modernisierungsgewinner. In: Kölner Zeitschrift für Soziologie und Sozialpsychologie 69/2017, S. 209-232.

52 Kadritzke, Ulf (2017): Mythos „Mitte". Oder: Die Entsorgung der Klassenfrage. Berlin: Bertz und Fischer.

53 Touraine, Alain (1964): Une nouvelle classe ouveriére. In: Sociologie du Travaille, Bd. 6, S. 80-84; Mallet, Serge (1964), La nouvelle classe ouvrière. Paris: Éditions du Seuil und Ders. (Hg.) (1965): La nouvelle classe ouvrière en France. In: Cahiers Internationaux de Sociologie 38/1965, S. 57-72; Hörning, Karl H. (Hg.) (1971): Der 'neue' Arbeiter. Zum Wandel sozialer Schichtstrukturen. Frankfurt a. Main: Fischer; Deppe, Frank (1971): Das Bewußtsein der Arbeiter. Studien zur politischen Soziologie des Arbeiterbewußtseins. Mit einem Anhang von Helga Deppe-Wolfinger: Gewerkschaftliche Jugendbildung und politisches Bewußtseins. Köln: Pahl Rugenstein.

54 Hamilton, Richard F. (1968). Einkommen und Klassenstruktur. Der Fall der Bundesrepublik. In: Kölner Zeitschrift für Soziologie und Sozialphilosophie 20/1968, S. 250-287; Goldthorpe, John H./Lockwood, David/Bechhofer, Frank/Platt, Jennifer (1967): The affluent worker and the thesis of embourgeoisement: Some preliminary research findings. In: Sociology 1/1967, S. 11-31.

55 Eribon, Didier (2016): Rückkehr nach Reims. Berlin: Suhrkamp, S. 122.

unterschiedliche Richtungen politisieren lässt. Der Sozialpopulismus, den Pegida und die AfD praktizieren, ist ein Versuch, den Bewährungsproben um Lohn und Arbeitsbedingungen ein ethnisch-nationalistisches Format zu geben.

3.2 Rechtspopulismus und Ethnopluralismus

Rechtspopulismus ist ein schillernder Begriff, mit dem wir in der Basisstudie über seinerzeit akzeptierte Definitionen hinaus[56] Formationen bezeichneten, die danach strebten, Elemente politischer Philosophien mit organisierten politischen Praktiken und habitualisierten Haltungen, Handlungs- und Deutungsschemata zu einem „historischen Block" zu verschmelzen. Nach diesem an Antonio Gramsci[57] angelehnten Ideologie-Verständnis dürfen rechtspopulistische Orientierungen von Lohnabhängigen keinesfalls auf falsches Bewusstsein reduziert werden. Wichtiger ist ihr *bon sense*, der rationale Kern, den das Alltagsbewusstsein enthält.[58] Als populistisch können entsprechende Ideologeme gelten, weil sie den Problemrohstoff, den die Gesellschaft erzeugt, in einem binären Schema bearbeiten. Dem korrupten Establishment wird ein unverdorbenes Volk gegenübergestellt, dessen Wille im Zweifelsfall mit dem der Populisten übereinstimmt.[59] Völkisch und rechts wird der neue Populismus infolge der Verwendung eines ethnopluralistischen Ideengebäudes, das ein Grundrecht auf Verschiedenheit aller Menschen und Kulturen an die Stelle früherer Vorstellungen

---

56 Nach damals gängigen Definitionsversuchen bezeichnete Rechtspopulismus politische Formationen, die sich vom tradierten Rechtsextremismus abgrenzten und ein „Scharnier" zwischen Nationalkonservatismus und organisiertem Rechtsextremismus bildeten. Laut Birsl, Ursula/Lösche, Peter ((2001): (Neo)Populismus in der deutschen Parteienlandschaft, oder: Erosion der politischen Mitte. In: Loch, Dietmar/Heitmeyer, Wilhelm (Hg.), Schattenseiten der Globalisierung. Frankfurt a. Main: Suhrkamp, S. 346-377) zeichnete sich der neue Rechtspopulismus durch fünf Merkmale aus: ethnisch oder nationalistisch begründeter Kollektivismus, der sich mit aggressiver Fremdenfeindlichkeit paart; gesellschaftliche Ordnungsvorstellungen, die soziale Ungleichheit naturalisieren; obrigkeitsstaatliches Denken und autoritäre Wertorientierungen; die Ablehnung von Parteiendemokratie, Meinungsfreiheit und Pluralismus sowie eine Neigung zu verschwörungstheoretischen Deutungen von Geschichte und Politik. Vom Rechtsextremismus unterschied sich der neue Rechtspopulismus vor allem durch seine Ablehnung gewaltsamer Systemveränderung. Wie sich zeigen wird, lässt sich dieses Kriterium inzwischen nur noch schwer anwenden.
57 Gramsci, Antonio (1991ff.): Gefängnishefte. Hg. v. Wolfgang Fritz Haug. Hamburg: Argument, Band 3, S. 490 und Band 6, S. 1490.
58 Hall, Stuart (1989b): Ausgewählte Schriften. Ideologie, Kultur, Medien, Neue Rechte, Rassismus. Hamburg: Argument, S. 56-91.
59 Priester, Karin (2012): Rechter und linker Populismus. Annäherung an ein Chamäleon. Frankfurt a. Main/New York: Campus; Müller, Jan-Werner (2016): Was ist Populismus? Ein Essay. Berlin: Suhrkamp.

von nationaler oder rassischer Überlegenheit setzt.[60] Bei oberflächlicher Betrachtung ein zeitgemäßes Konzept kultureller Autonomie, können mit Hilfe dieses Ideengebäudes wahlweise die Kolonisierung des globalen Südens, Bedrohungen durch den Amerikanismus, die Unterdrückung von Regionalismen in Europa oder eine Einwanderung in die Sozialsysteme attackiert werden. All das geschieht im Namen einer gleichsam naturalisierten, homogen Nationalkultur. Folgt man diesem „Rassismus ohne Rassebegriff",[61] sind nur unvermischte Kulturen stark, der *melting pot* kann hingegen nicht funktionieren. Deshalb sollen alle Menschen ihre Kultur leben können – und zwar am besten dort, wo die jeweilige Kultur ursprünglich beheimatet ist. Unversehens verwandelt sich so ein attraktiv klingendes Plädoyer für kulturelle Autonomie in eine Rechtfertigung von Abschottung, die, würde sie konsequent angewendet, eine Welt voller Apartheidsstaaten hervorbringen müsste.

Am ethnopluralistischen Ideengebäude als solchem hat sich seit der Basiserhebung wenig geändert. Auf der Ebene organisierter, medial vermittelter Politik und deren alltäglicher Akzeptanz ist der Wandel allerdings gravierend. Sarrazin- und Unterschichten-Debatte haben maßgeblich zu einer Popularisierung ethnopluralistischen Gedankenguts beitragen. Die Fähigkeit zu außerparlamentarischer Mobilisierung (Pegida und Ableger) sowie die parteipolitische Verselbständigung und parlamentarische Etablierung des Rechtspopulismus in Gestalt der AfD[62] sind ebenfalls neu. Als marktradikale Partei gegründet, entwickelt sich die AfD seither ähnlich wie ihre europäischen Vorbilder mehr und mehr zu einer völkisch-sozialpopulistischen Formation.[63] Intern ist dieser Kurs allerdings umstritten. Während Nationalkonservative in der bürgerlichen Mitte die „eigentlich revolutionäre Klasse" sehen, deren Endzweck „nicht die klassenlose Gesellschaft, sondern die Wiederherstellung der sozialen Marktwirtschaft"[64] sei, intoniert

---

60 Decker, Frank (2004): Der neue Rechtspopulismus. 2. Aufl. Opladen: Budrich + Leske; Loch, Dietmar/Heitmeyer, Wilhelm (Hg.) (2001): Schattenseiten der Globalisierung. Rechtsradikalismus, Rechtspopulismus und separatistischer Regionalismus in westlichen Demokratien. Frankfurt a. Main: Suhrkamp.

61 Taguieff, Pierre-André (1991): Die Metamorphosen des Rassismus und die Krise des Antirassismus. In: Bielefeld, Ulrich (Hg.), Das Eigene und das Fremde. Neuer Rassismus in der alten Welt? Hamburg: Junius, S. 221-268, S. 221ff.; Balibar, Étienne (1993): Die Grenzen der Demokratie. Hamburg: Argument, S. 148.

62 Häusler, Alexander (2016): Die AfD – eine rechtspopulistische Bewegungspartei? In: Häusler, Alexander/Virchow, Fabian (Hg.), Neue soziale Bewegung von rechts? Zukunftsängste. Abstieg der Mitte. Ressentiments. Hamburg: VSA, S. 42-51.

63 Bieling, Hans-Jürgen (2017): Aufstieg des Rechtspopulismus im heutigen Europa. Umrisse einer gesellschaftstheoretischen Erklärung. In: WSI-Mitteilungen 8/2017, S. 557-565.

64 Jongen, Marcel (2014): Das Märchen vom Gespenst der AfD. In: Cicero vom 22.01.2014. https://www.cicero.de/innenpolitik/afd-ein-manifest-fuer-eine-alternative-fuer-europa/56894. Zugegriffen: Februar 2018.

der national-soziale Flügel eine radikalere Melodie. Die „soziale Frage der Gegenwart" bestehe nicht primär in der „Verteilung des Volksvermögens von oben nach unten", die „neue deutsche soziale Frage des 21. Jahrhunderts" sei „die Frage nach der Verteilung des Volksvermögens von innen nach außen".[65] Setzt die liberal-konservative Strömung auf einen Volkskapitalismus, der Mittelstand und Arbeiterschaft versöhnen soll, hält der national-soziale Flügel den DGB-Mitgliedsorganisationen vor, den „Gegnerbezug zu den Arbeitgebern" nicht glaubhaft zu praktizieren, weil die Gewerkschaftsspitzen selbst „oben" seien und die Gliederungen eher gefügigen „Staatsgewerkschaften" ähnelten.[66]

Für den organisierten Rechtspopulismus ist es kein Widerspruch, die Interessen heimischer Arbeiter und ihrer Familien zu betonen, um im gleichen Atemzug massive Steuersenkungen für Unternehmen zu fordern. Nur als Meister der Ambivalenz können sich Rechtspopulisten des Problemrohstoffs der sozialen Frage bemächtigen. Neu ist nicht die sozialpopulistische Botschaft als solche, wohl aber die Härte, Radikalität und Kompromisslosigkeit, mit der sie verkündet wird. In der Freund-Feind-Terminologie des nationalkonservativen Staatsrechtlers Carl Schmitt wird die anhaltende Fluchtmigration als „Landnahme" unzivilisierter Eindringlinge bezeichnet und zum Ausnahmezustand mit Bürgerkriegspotenzial hochstilisiert, weil sie den Wohlstand und die Kultur der deutschen Bevölkerung bedrohe.[67] Exakt dies, die Verklammerung von Verteilungskämpfen und Migration, bindet von uns befragte Gewerkschafter*innen an den rechtspopulistischen Block. Für die Befragten macht es Sinn, AfD zu wählen, weil sie als „einzige Partei" das Flüchtlingsthema „kritisch beäugt" (Pro2). Wahlentscheidungen erfolgen als Protest oder aus Überzeugung, versehen mit dem Hinweis, man könne von einer jungen Partei kein Programm verlangen, das „100 Prozent passend ist" (Pro1). Die Flüchtlingskrise bildete jenen „populistischen Moment",[68] der unsere Befragten dazu motivierte, für zumindest latent bereits vorhandene Orientierungen einen neuen parteipolitischen Adressaten zu suchen.

---

65 Björn Höcke, zit. nach Paulus, Stefan (2017): Eine Geschichte der Gegenwart. Zur Sozialen Frage im 21. Jahrhundert. http://www.theoriekritik.ch/?p=2920. Zugegriffen: März 2018.
66 Zit. n. Fiedler, Maria (2018): Rechte Kandidaten streben in die Betriebsräte. Der Tagesspiegel vom 16.01.2018. https://www.tagesspiegel.de/themen/agenda/betriebsrats-wahlen-im-fruehjahr-rechte-kandidaten-streben-in-die-betriebsraete/20849470.html. Zugegriffen: März 2018.
67 Kellershohn, Helmut (2016): Vorbürgerkrieg. In: Gießelmann, Bente/Heun,Robin/ Kerst, Benjamin/Suermann, Lenard/Virchow, Fabian (Hg.), Handwörterbuch rechtsextremer Kampfbegriffe. Schwalbach: Wochenschau Verlag, S. 326-339.
68 Goodwyn, Lawrence (1978): The populist moment. A short history of the agrarian revolt in America. Oxford: University Press.

4. Alltagsbewusstsein und rechtspopulistische Orientierungen

Halten wir fest: Trotz Hochkonjunktur und sinkender Arbeitslosigkeit sehen sich Bevölkerungsmehrheiten mit der Herausbildung eines Postwachstumskapitalismus[69] konfrontiert, für den die Erfahrung konstitutiv ist, dass es trotz – freilich relativ niedriger – Wachstumsraten nicht mehr für alle und alles reicht. Diese Schlüsselerfahrung prägt das Alltagsbewusstsein und die gesellschaftlichen Bewährungsproben. Allerdings wirken weder Prekarität noch klassenspezifische Ungleichheiten aus sich heraus in eine bestimmte politische Richtung. Das spontane Wissen der Beherrschten „hat keine stabile Bedeutung oder politische Bindung".[70] Die Produktionsmodi politischer Meinungen (Klassenethos, explizite politische Prinzipien, Urteile zweiten Grades)[71] wirken relativ unabhängig von sozialen Lagen. Sie erzeugen Gesellschaftsbilder – Weltsichten oder Alltagsphilosophien – die zwischen der „kleinen Welt" des eigenen Erfahrungshorizonts in Betrieb, Familie und Freundeskreis sowie der „großen Welt" politischer Konflikte und historischer Ereignisse vermitteln.[72] Lebensgeschichtlich angeeignete Weltsichten schließen einfache Erklärungen nach dem Muster „Je größer der Problemdruck, desto wahrscheinlicher die Aufgeschlossenheit für rechtspopulistische Orientierungen" aus. Es sind je besondere, empirisch aufzuklärende Umstände, die dazu führen, dass sich das Aufbegehren gegen Unsicherheit und Ungleichheit mit völkisch-nationalistischen Weltsichten verbindet.

4.1 Dichotomie mit Zusatz: nicht „ganz unten"

Betrachten wir zunächst eine Grundhaltung, die sich bei vielen aktuell befragten Arbeiter*innen findet, gleich ob sie sich nun politisch links, rechts oder in der Mitte verorten. Ungeachtet aller sonstigen Unterschiede stoßen wir auf ein Gesellschaftsbild, das strikt zwischen oben und unten unterscheidet.

---

69 Galbraith, James K. (2016): Wachstum neu denken. Was die Wirtschaft aus den Krisen lernen muss. Zürich: Rotpunkt; Dörre, Klaus (2017b): Nach dem schnellen Wachstum: Große Transformation und öffentliche Soziologie. In: Aulenbacher, Brigitte/Burawoy, Michael/Dörre, Klaus/Sittel, Johanna (Hg.) (2017), Öffentliche Soziologie. Wissenschaft im Dialog mit der Gesellschaft. Public Sociology – Wissenschaft und gesellschaftsverändernde Praxis. Frankfurt a. Main/New York: Campus, S. 33-67.
70 Eribon, Didier (2016): Rückkehr nach Reims. Berlin: Suhrkamp, S. 142.
71 Bourdieu, Pierre (1988): Die feinen Unterschiede. Kritik der gesellschaftlichen Urteilskraft, 2. Aufl. Frankfurt a. Main: Suhrkamp, S. 655-659.
72 Popitz, Heinrich/Bahrdt, Hans P./Jüres, Ernst A./Kesting, Hanno (1957): Das Gesellschaftsbild des Arbeiters. Soziologische Untersuchungen in der Hüttenindustrie. Tübingen: Mohr, S. 163ff.

„Meine Eltern sind beide Arbeiter. Ich habe kein Abi gemacht, kein Studium angefangen, habe halt meinen Realschulabschluss und meine Ausbildung gemacht und arbeite jetzt. Und ich bin mir relativ sicher, dass es dabei bleiben wird. Ich würde mich schon zur mittleren Mittelschicht zählen, aber dabei wird es einfach bleiben. Diese Spalte zwischen Mittelschicht [...] und der Oberschicht, die ist halt einfach riesengroß. Und ich werde diese Spalte niemals überspringen können [...], kann ich machen, was ich will. Und so geht es einfach sehr, sehr vielen" (JAV1),

erklärt eine zwanzigjährige Arbeiterin im Interview.

Treffend beschreibt die Befragte eine im Sample verbreitete Weltsicht. Die Mehrzahl der Arbeiter*innen aus der aktuellen Erhebung befindet sich am Beschäftigungsstatus gemessen in der Zone der Integration. Mit einem festen Job und einem gesicherten Einkommen glauben sie, alles erreicht zu haben, was sie erreichen können. Sie sind weder arm noch prekär und rechnen sich trotz teilweise bescheidener Löhne der „mittleren Mittelschicht" zu. Bei Abschlüssen auf Realschulniveau ist der reproduktive Zirkel vorgezeichnet. Mit großer Wahrscheinlichkeit landet man bestenfalls dort, wo auch die Eltern positioniert sind. Ein Aufstieg durch Bildung ist unrealistisch. Wenn überhaupt, so wird es in Zukunft um graduelle Verbesserungen des Lebensniveaus gehen. „Mitte" steht in dieser Weltsicht für einen sozialen Ort, der nur deshalb kein „unten" bezeichnet, weil es in sozialer Nachbarschaft noch ein „ganz unten" gibt. „Mittlere Mitte", das heißt vor allem, nach oben geht nicht mehr viel. Der Abstand zur „Oberschicht" ist unüberwindbar. Doch nicht allzu weit entfernt von der eigenen sozialen Position lauern Ausgrenzung und Prekarität. Man mag sich ungerecht behandelt fühlen, hat aber noch immer etwas zu verlieren und kennt andere, denen es deutlich schlechter geht.

In der defensiven Grundhaltung klingt eine subjektiv erlebte Abwertung des Arbeiterstatus an. Arbeiter wird man nur, sofern sich keine andere Option bietet. Wer kann, „geht ins Büro oder studiert".[73] Auch diejenigen, die sich bewusst als Arbeiter*innen bezeichnen, ziehen daraus überwiegend kein positives Selbstbewusstsein. Sie verstehen sich als „normal" (Pro3), werden jedoch von der Wahrnehmung getrieben, in einer Gesellschaft mit dynamischen Arbeitsmärkten, in der scheinbar alles beständig besser wird, festzustecken. Arbeiter*innen erleben den Rückgang der Arbeitslosigkeit und glauben dennoch nicht, dass sich in ihrem eigenen Leben Grundlegendes verbessern wird. Das dichotome, aber keineswegs bipolare Bewusstsein erinnert vordergründig an jene „Schicksalsgemeinschaft", die Popitz, Bahrdt und Forschungsgruppe für die Bundesrepublik der späten 1950er Jahre beschrieben haben. „Schicksalsgemeinschaft" bezeichnete damals kein stigmatisiertes „unten", dem es zu entrinnen galt, sondern ein Kollektiv, dessen zugehörige Arbeiter nur gemeinsam aufsteigen konnten. Weil

---

73 Dörre, Klaus/Happ, Anja/Matuschek, Ingo (Hg.) (2013): Das Gesellschaftsbild der LohnarbeiterInnen. Soziologische Untersuchungen in ost- und westdeutschen Industriegebieten. Hamburg: VSA.

Aufstieg ausschließlich als einer der gesamten Arbeiterschaft vorstellbar war, konnte die dichotome Weltsicht zum universell verwendbaren Deutungsschema werden, das von der Macht des Kapitals über die Kriegsgefahr bis hin zur Ohnmacht der Arbeiter alles auf einen Nenner zu bringen in der Lage war.[74] Im Kontrast dazu finden wir bei den von uns befragten Arbeiter*innen eine Dichotomie mit dem Zusatz eines abschreckenden „tief unten". Sich trotz niedriger Löhne der sozialen Mitte zuzurechnen, bedeutet auch, mit den besonders prekären Lagen „ganz unten" nichts zu tun zu haben. Der so modifizierten dichotomen Weltsicht ist die gemeinsame Aufstiegsperspektive und damit auch die Deutungshoheit für Ereignisse in der „großen Welt" abhanden gekommen. Hierarchische (Klassen-)Beziehungen nimmt man im Mikrokosmos des Betriebs durchaus wahr. Entsprechende Erfahrungen mögen die subjektive Sicht auf die Arbeitswelt prägen; dass sie auch die Deutung politischer Ereignisse in der geschichtsmächtigen, der politischen Welt bestimmen, ist damit nicht gesagt.

4.2 Unverschuldet anormal – Gründe für Unzufriedenheit

Warum verbinden sich dichotomische Weltsichten von Arbeiter*innen mit rechtspopulistischen Orientierungen? Unsere Basisstudie hatte bereits relevante Topoi einer rechtspopulistischen Alltagsphilosophie identifiziert. Dazu zählten: eine Ablehnung von Fremden, Ausländern und Migranten insbesondere mit muslimischem Hintergrund, die häufig Nützlichkeitskriterien entsprach; aggressive Attacken gegen „Sozialschmarotzertum"; Nationalstolz gepaart mit Geschichtsrevisionismus sowie harsche Kritik an der gesamten politischen Klasse bei gleichzeitiger Relativierung der Sinnhaftigkeit demokratischer Verfahren und Institutionen.[75] Parteipolitisch ließen sich rechtspopulistische Weltsichten nicht eindeutig zuordnen. Äußerungen, wonach Organisationen der extremen Rechten die „richtigen Themen" ansprachen, deuteten jedoch die Möglichkeit einer parteipolitischen Verselbständigung bereits an. Zwar sahen wir uns nicht mit geschlossen rechten Weltbildern konfrontiert, waren aber bereits auf ein verfestigtes „System expliziter und spezifisch politischer Prinzipien" gestoßen.[76] Die Herausbildung dieser Axiomatik ließ sich nicht unmittelbar auf Unsicherheitserfahrungen zurückführen. Vielmehr handelte es sich um

---

74 Popitz, Heinrich/Bahrdt, Hans Paul/Jüres, Ernst August/Kesting, Hanno (1957): Das Gesellschaftsbild des Arbeiters. Soziologische Untersuchungen in der Hüttenindustrie. Tübingen: Mohr, S. 234f.

75 Dörre, Klaus (2006): Prekarisierung der Arbeitsgesellschaft – Ursache einer rechtspopulistischen Unterströmung? In: Bathke, Peter/Spindler (Hg.), Neoliberalismus und Rechtsextremismus in Europa. Zusammenhänge – Widersprüche – Gegenstrategien. Berlin: Dietz, S. 153-166, S. 157ff.

76 Bourdieu, Pierre (1988): Die feinen Unterschiede. Kritik der gesellschaftlichen Urteilskraft. 2. Aufl. Frankfurt a. Main: Suhrkamp, S. 655f.

Haltungen, Urteile und Deutungsschemata, die gegenüber situativen Einflüssen und unmittelbaren Erfahrungen eine erhebliche Persistenz aufwiesen.[77]

Deshalb verwundert kaum, dass sich wichtige Topoi rechtspopulistischer Orientierungen aus der Basisstudie auch in der aktuellen Befragung wiederfinden. Das gilt zunächst für die Nationalisierung der sozialen Frage und die Tendenz zu exklusiver Solidarität. Nehmen wir als Beispiel eine Arbeiterfamilie aus einer Kleinstadt im Osten. Beide Partner sind berufstätig und arbeiten 40 h Vollzeit für einen Brutto-Monatslohn von 1600 bzw. 1700 €. Nach Abzug aller Fixkosten verbleiben dem Haushalt mit zwei Kindern 1000 € netto, von denen Kleidung, Nahrung usw. bezahlt werden müssen. Mit diesem Budget wird jede größere Anschaffung, jede Reparatur am Auto zum Problem. Alles, was das Leben subjektiv zu einem guten macht und in der Gesellschaft als normal gilt, sei es Urlaub, sei es der Restaurantbesuch am Wochenende, kann sich die Familie trotz harter Arbeit nicht leisten. Deshalb empfindet man sich als unverschuldet anormal: „Jeder Deutsche hat ein Grundgehalt von 3300 € so im Durchschnitt. Dann frage ich mich jetzt, was bin ich dann? Bin ich kein Deutscher?" (Pro3)

Arbeiter, wie der zitierte, halten sich weder für arm noch für prekär, obwohl ihr Verdienst allenfalls knapp oberhalb des Mindestlohns liegt. Immerhin unbefristet beschäftigt, möchten sie als „ganz normal" gelten. Trotz aller Anstrengungen gelingt der Anschluss an die gewünschte Normalität aber nur teilweise. Das macht unzufrieden. Von seinem Lohn, so der zitierte Arbeiter, könne er „nicht leben". Nur als findiger Ostdeutscher sei er überhaupt in der Lage, mit dem niedrigen Verdienst über die Runden zu kommen. Manchmal schlage seine Unzufriedenheit „in Wut um". Es müsse „einfach mal irgendwo was passieren": „Es wird nicht mehr allzu lange dauern, dann haben wir hier vielleicht einen Bürgerkrieg" (Pro3). Dass sich die angesammelte Wut vornehmlich gegen Fremde richtet, offenbart eine rhetorische Frage („Bin ich etwa kein Deutscher?"). In ihr wird das Deutschsein zur Chiffre, die den Anspruch auf ein „normales" Leben legitimieren soll, wie es allen Deutschen zustehe. Das sei schon während der Wendezeit so gewesen. Deutscher zu sein, hieß seinerzeit, einen Anspruch auf Gleichbehandlung und Gleichwertigkeit anmelden zu können, der die Angleichung der Lebensverhältnisse in Ost und West einschloss. Dieser Anspruch sei unerfüllt geblieben. Nun wird er als exklusiver eingeklagt, weil Normalität nur für Deutsche verlangt wird. Exakt dies, die Reklamation eines exklusiven „Ortsbonus"[78]

---

77 Für einen Zuwanderungsstopp konnte man sein, obwohl oder weil man in einer Stadt mit verschwindend geringem Ausländeranteil lebte. Die Ansicht, Migranten nähmen Deutschen die Arbeitsplätze weg, formulierten Interviewpartner, die ihren eigenen Arbeitsplatz für sicher hielten. Und hartes Durchgreifen gegen „Sozialschmarotzer" forderten ausgerechnet Personen, die selbst wirtschaftlich saturiert waren.

78 Milanovic, Branko (2017): Haben und Nichthaben. Eine kurze Geschichte der Ungleichheit. Stuttgart: Theiss, S. 123.

für deutsche Arbeiter*innen, bezeichnet den Umschlagpunkt, an dem sich dichotomes Bewusstsein in Richtung einer bipolaren Innen-Außen-Abgrenzung verschiebt. In der Basisstudie hatten wir solche Weltsichten als reaktiven Nationalismus bezeichnet. Dessen Zentrum ist die Vorstellung einer Wohlstandsinsel Deutschland, die es vor illegitimen, fremden Ansprüchen zu schützen gilt. Um den Kuchen nicht mit zu vielen teilen zu müssen, sollen die Zugänge zur Insel erschwert und scharf kontrolliert werden. Bevorzugte Ausschlusskriterien sind mangelnde wirtschaftliche Nützlichkeit und Zugehörigkeit zu einer als minderwertig klassifizierten Kultur. Innerhalb dieses Deutungsmusters wird Solidarität zu einer exklusiven Ressource. Man verhält sich durchaus solidarisch, aber bevorzugt unter seinesgleichen – unter Stammbeschäftigten des eigenen Betriebs und, das ist das Einfallstor für Rechtspopulismus, den Angehörigen der eigenen Nation. Bei aktuell befragten Arbeiter*innen kommt etwas anderes hinzu: Je geringer ihre Hoffnung ist, trotz individueller Anstrengungen und gewerkschaftlicher Kämpfe Anschluss an die prosperierende Gesellschaft zu finden, desto stärker tendieren sie dazu, wahrgenommene Verteilungsungerechtigkeit als Konflikt zwischen leistungsbereiten Inländern und leistungsunwilligen, kulturell nicht integrierbaren Ausländern zu interpretieren.

Entsprechende Weltsichten korrespondieren keineswegs ausschließlich mit niedrigem Verdienst. Sympathien für die äußerste Rechte finden sich auch bei Beschäftigten, die überdurchschnittlich verdienen. Da ist der Facharbeiter, dessen Gesundheit unter dem Schichtsystem leidet. Da ist der Ingenieur, dessen Gehalt noch immer niedriger ist als das des West-Kollegen. Da ist der Blick auf den Lebenszusammenhang mit steigenden Mieten, bröckelnder Infrastruktur und schrumpfender Bevölkerung am Wohnort. Und da ist ein Rentenbescheid, der wegen unsteter Erwerbsbiografie ein Alterseinkommen allenfalls knapp oberhalb der Grundsicherung verheißt. Kurzum, da ist der erlebte Kontrast zu einer medial inszenierten Welt, in der die eigenen Probleme gar nicht vorkommen. Persönlich kennt man „Leute, die im gleichen Beruf deutlich weniger kriegen oder vielleicht sogar noch mehr, je nachdem, wo man eben ist" (Pro2). Als Gewerkschafter und Betriebsrat weiß man zudem um die wachsende Einkommens- und Vermögensungleichheit im Land. Deshalb ist es subjektiv kein Widerspruch, mit dem eigenen „Verdienst zufrieden" zu sein, um dennoch festzustellen: „Die, die was zu sagen haben, das sind die mit Macht oder Geld", und die können ihre „[Entscheidungen] anderen einfach überstülpen" (Pro2). Als ungerecht gelten nicht nur materielle Verteilungsverhältnisse:

> „Es ist […] eine Mischung von vielen Einflüssen, die Arbeitnehmer unzufrieden macht. Im Osten leben die meisten an Orten, aus denen man kommt und nicht in Städten, in die man geht. Man kann fest angestellt sein und verdient doch nicht genug, um sich ein Leben leisten zu können, wie es die Medien als normal darstellen. Viele haben das Gefühl, in einer prosperierenden Gesellschaft nicht mithalten zu können, den Anschluss zu verlieren. Für diese Probleme gibt es aber keine gesellschaftliche Öffentlichkeit. Arbeiter

kommen nirgendwo vor. Und dann kommen die Flüchtlinge und erhalten eine Aufmerksamkeit, die man selbst nicht bekommt. Es gibt Investitionen, Lehrer, Personal für Sprachkurse und berufliche Qualifizierung. Das halten viele für ungerecht. Und deshalb ist es selbst für Betriebsräte und aktive Gewerkschafter kein Widerspruch, sich aktiv an einem Arbeitskampf zu beteiligen und gleichzeitig zur Pegida-Demonstration zu gehen",
schildert ein Gewerkschaftssekretär (Sek1) eine verbreitete Problemsicht.

Arbeiter*innen gleich welcher Einkommensklasse haben sich im Osten nach eigenem Empfinden jahrelang hinten angestellt. Nun sehen sie ihre Leistung gleich doppelt entwertet. Weder sind sie bei Lohn, Arbeitszeit und Arbeitsbedingungen auf Westniveau angelangt, noch wird ihr Beitrag von denen angemessen respektiert, die Flüchtlingen plötzlich „alles" geben. Nachdem es jahrzehntelang hieß, dass es vor Ort nicht mehr für alles reiche, dürfen sich, so die Wahrnehmung, nun Menschen in der Reihe der Anspruchsberechtigten vordrängeln, die nichts in die Sicherungssysteme eingezahlt haben. Nicht nur rechtsorientierte Befragte empfinden das als zusätzliche Abwertung. Wähnt man sich schon als Arbeiter und „Ossi" am unteren Ende der Anerkennungspyramide, werden nun auch noch die Fremden bevorzugt. Selbstaufwertung mittels Abwertung anderer ist eine mögliche, für manche eine subjektiv naheliegende Reaktion.

4.3 Gefährliche Klassen, Ausschluss, Gewalt

Objekt einer kollektiven Abwertung durch Arbeiter*innen, die sich selbst als abgewertet empfinden, sind bevorzugt diejenigen „tief unten", die sich des Verdachts ausgesetzt sehen, auf Kosten der „Normalbürger" leben zu wollen. Nicht nur Fluchtmigranten und Langzeiterwerbslose, auch „faule Griechen" oder andere vermeintlich Leistungsunwillige können unter Generalverdacht geraten. Verdachtsmomente sind in den gesellschaftlichen Öffentlichkeiten jederzeit präsent. Im Beobachtungszeitraum wurden sie vom ehemaligen sozialdemokratischen Politiker Thilo Sarrazin besonders wirkungsvoll in Szene gesetzt. Eine moderne Industriegesellschaft, die Klassenprivilegien abgeschafft habe, bringe, so Sarrazin, generell eine „Durchmischung ehemals stabiler Schicht- und Klassenzugehörigkeiten mit sich": „Während die Tüchtigen aufsteigen und die Unterschicht oder untere Mittelschicht verlassen, wurden und werden in einer arbeitsorientierten Leistungsgesellschaft nach 'unten' vor allem jene abgegeben, die weniger tüchtig, weniger robust oder ganz schlicht ein bisschen dümmer und fauler sind".[79] Das Leistungsprinzip, im Arbeiterbewusstsein seit jeher ein wichtiger Gerechtigkeitsmaßstab, wird so zu einem Selektionsmechanismus umdefiniert, der eine natürliche Bestenauslese mit klassenkonstitutiver Wirkung

---

79 Sarrazin, Thilo (2015): Deutschland schafft sich ab. Wie wir unser Land aufs Spiel setzen. München: Deutsche Verlags-Anstalt, S. 79f.

begünstigt. Wer unten ist, der ist es nach dieser Logik zu Recht. Wenn dann jedoch die genetisch wie kulturell bedingt weniger Intelligenten – unter ihnen vornehmlich integrationsunwillige Einwanderer aus Afrika, dem Balkan und der Türkei – mehr Kinder bekommen als die Intelligenten, muss das nach Sarrazin unweigerlich zu einem Verlust an wirtschaftlicher Leistungsfähigkeit führen.

Von uns befragte Pegida/AfD-Anhänger fügen dem ein weiteres Problem hinzu. Sie betrachten die ethnisch heterogene Unterklasse als Sicherheitsrisiko. Zwar räumen die Befragten ein, dass der Ausländeranteil in der eigenen Region nicht sonderlich hoch sei, fügen jedoch hinzu:

> „Ich sage mal, es ist ja auch gut, dass es so ist. Weil wenn diese Bewegung [Pegida] hier nicht wäre, würde es vermutlich auch anders aussehen. Dieser Kulturkreis [...], die wollen ja unter sich sein, unter ihresgleichen und das haben sie dann eben in Großstädten wie Stuttgart, München, Berlin schon eher als in Elbestadt. Deswegen, denke ich, hat die Bewegung schon dazu geführt, dass viele den Weg hierher meiden [...]. Es gab auch eine Zeit, da ist es mehr aufgefallen, speziell auch meiner Freundin, weil die gerne mal [...] unterwegs ist zum Shoppen und da dann auch vermehrt solche Truppen Jugendlicher aufgetreten sind, die offenbar anderer Herkunft waren und dann eben meine Freundin, ja, schon belästigt haben und angesprochen haben wie von wegen: Heirate mich und hübsche Frau und sowas, was schon sehr nervig und penetrant ist. Das gehört sich einfach nicht." (Pro 2)

Im Statement wird Unterklasse als „Kulturkreis" identifiziert, für den Regellosigkeit und Anmache charakteristisch seien. Selbstverständlich wollen die vor Ort kaum präsenten Flüchtlinge unter sich sein, um ihre Kultur zu leben. Deshalb ziehe es sie in die Metropolen. Doch das – gegenwärtig nur fiktive Sicherheitsrisiko für Einheimische und besonders für „unsere Frauen" kann jederzeit neu entstehen. In der Beschwörung einer Gefahr durch kulturfremde Männer, die ihre Triebe angeblich nicht im Griff haben, legitimiert sich ein tradiertes Männerbild neu. Die Gefahr unzivilisierter Unholde vor Augen, präsentieren sich deutsche Männer als Beschützer „ihrer" Frauen und legitimieren so eigene patriarchale Besitzansprüche. Die Beschwörung von Gefahren durch die neuen gefährlichen Klassen leistet zugleich, was Robert Castel mit seinem Hinweis auf zwei grundlegende Sicherungssysteme, den Wohlfahrts- und den Rechtsstaat,[80] als Möglichkeit bereits angedeutet hatte. Über die Diabolisierung der Unterklassen verschiebt sich der gesellschaftliche Sicherheitsdiskurs. Verbreitete Sorgen um soziale Sicherheit, die auch auf real Erlebtem beruhen können, schlagen in ein Bedürfnis nach Schutz vor der Bedrohung durch „unzivilisierte Eindringlinge" aus den gefährlichen Klassen um.

Gegen das diabolisierte Andere hilft nach Auffassung rechter Arbeiter nur hartes Ab- und Ausgrenzen. Dem Ruf nach öffentlicher Sicherheit entspricht der Wunsch

---

80 Castel, Robert (2005): Die Stärkung des Sozialen. Leben im neuen Wohlfahrtsstaat. Hamburg: Hamburger Edition, S. 7.

nach Bewahrung des eigenen Lebensstils. Um letzteren zu erhalten, ist den Befragten mit AfD/Pegida-Sympathien nahezu jedes Mittel recht. Rechte Arbeiter neigen diesbezüglich zu einer Haltung, die in ihrer Radikalität und Eindeutigkeit überrascht:

> „Flüchtlinge müssten also meiner Meinung nach [...] raus. Wer hier jetzt herkommt, arbeitet, sich integriert, wer sich einordnet, unterordnet, kein Thema. Da habe ich ja nichts dagegen. Aber die, die nur hierher kommen und die Hand aufhalten und sich benehmen wie das Letzte und denken, die können sich alles erlauben, raus! Ich meine, das klingt zwar vielleicht blöd oder hart. Ich hätte kein Problem damit, jetzt mal Buchenwald wieder aufzumachen, einen Stacheldraht ringsrum, die dort rein, wir dort draußen. Dann kommt sich keiner in die Quere. Und die dort so lange drinnen lassen, alles natürlich normal, human [...] und werden dann abgeschoben, fort. Gar nicht irgendwie, dass irgendwas passieren kann." (Pro3)

Sicher ist dieses Plädoyer für „normale", „humane" Konzentrationslager, in welchen Flüchtlinge „nur" interniert, aber nicht verbrannt werden sollen, eine extreme Ausnahme. Doch bei genauerer Prüfung sagt der zitierte Betriebsrat lediglich, was andere eleganter ausdrücken. Für die Unterbringung in Sammelunterkünften oder Asylzentren auch außerhalb Deutschlands seien lange nach der AfD nun auch die etablierten Parteien, stellen andere Befragte süffisant fest (Pro2; Pro4). Sie lassen keinen Zweifel daran, dass der Aufenthalt für Ankömmlinge, die sich in ihrer Mehrheit nur „die sozialen Vorteile" zu eigen machten, möglichst unkomfortabel zu gestalten sei. Es genüge völlig, im Auffanglager Essen, Trinken und Schlafgelegenheiten zu bieten: „Wofür brauchen die [...] ein Taschengeld? Wer sich etwas verdienen will oberhalb dem, was es gibt, der muss dafür auch etwas tun. Weil niemandem hier fällt irgendwas zu" (Pro2).

Wird das Leistungsprinzip durch eine angebliche Bevorzugung Geflüchteter außer Kraft gesetzt, rechtfertigt das aus Sicht radikal rechter Arbeiter*innen Gegenmaßnahmen. Bezeichnend ist, dass alle Befragten, die mit Pegida, der AfD oder extremen Rechtsparteien sympathisieren, eine erstaunliche Gewaltaffinität aufweisen. Keiner dieser Arbeiter will sich eindeutig und ohne jede Relativierung von Gewalttaten gegen Flüchtlinge oder deren Unterkünfte distanzieren. Standardargument ist der Hinweis, es gebe Verrückte und Gewalttäter auch auf der Linken (Pro1). Ebenfalls beliebt sind Ausweichargumente. So sei die Holocaust-Leugnung seitens des Pegida-Redners Akif Pirinçci „schon ein sehr grenzwertiger Auftritt" gewesen, heißt es. Doch wenn jemand, der aus dem muslimischen Kulturkreis komme, „über seine eigenen Leute kritisch redet, kann es nicht ganz verkehrt sein" (Pro2). Als wichtigste Legitimation dient ein Notwehrargument: „Weil Gewalt erzeugt auch Gegengewalt, also es passieren sehr viele Zwischenfälle mit Ausländern. Das wird kleingeredet. Das interessiert keinen. Und ich meine, wenn meiner Familie jetzt was passieren würde mit so einem Ausländer, ich würde dann auch im Prinzip Gewalt anwenden. Man muss sich doch wehren. Man kann sich doch nicht nur ducken und die Backen hinhalten" (Pro 3).

5. Ansichten zu Demokratie, Volk und System

Das Notwehrargument soll relativieren, was bei Anschlägen auf Geflüchtete geschehen ist. Vergleichbare Aussagen hatte es im Rahmen unserer Basiserhebung nicht gegeben. Wir konnten davon ausgehen, dass sich Rechtspopulismus durch eine Ablehnung gewaltsamer Systemveränderung vom Rechtsextremismus abhob. Diese Unterscheidung ist nun brüchig geworden.

5.1 Mehr Demokratie wagen

Es gibt einen weiteren Topos, an dem sich die Befunde aus Basis- und Primärerhebung/Tiefenbohrung erheblich unterscheiden. Das betrifft die Haltung befragter Pegida/AfD-Sympathisanten zur Demokratie. Charakteristisch ist nun nicht mehr die Abwertung, sondern die offensive Vereinnahmung von Demokratie. Viele Befragte mit Affinität zum Rechtspopulismus plädieren für mehr direkte Demokratie: „Na, für mich wäre erstmal eine gute Demokratie, wenn wir eine Volksabstimmung hätten, dort müsste man anfangen. Und das Zweite wäre für mich ein ordentliches Strafgesetz. Volksabstimmungen, wo man sieht, wo die Stimmung hingeht von den Menschen im Land, dass nicht irgendein Politiker sich anmaßt: Ich entscheide das jetzt mal für alle, oder so" (Pro1). Befragte rechte Arbeiter könnten sich eine Demokratie nach Schweizer Vorbild gut vorstellen. Allerdings reduzieren sie Demokratie auf ein Mehrheitsprinzip. Das Volk soll unmittelbar herrschen und dem Volkswillen auf direktem Weg zum Durchbruch verhelfen. Volk ist in diesem Denken identisch mit gesundem Menschenverstand. Kann sich das populare Vernunftprinzip unverfälscht äußern, steht fest, dass sich die „richtigen" Auffassungen durchsetzen werden. Härtere Strafen für Mörder und Vergewaltiger wären dann eine Selbstverständlichkeit. So jedenfalls das Kalkül, welches einem identitären Demokratieverständnis nahezu passgenau entspricht. Demokratisches Subjekt ist éthnos, ein homogenes Volk von Biodeutschen, das autonom über seine Geschicke entscheidet und abgehobene Eliten samt „Systemparteien" zur Ordnung ruft. Diesem Demokratieverständnis sind Völker- und Menschenrechte im Zweifelsfall verzichtbar, es zählt das Prinzip „Deutsche zuerst".

Dennoch wäre es zu einfach, hinter den Demokratisierungswünschen der Befragten lediglich Ressentiments und Rassismus zu vermuten. Rechte wie linke Arbeiter*innen schildern eine Vielzahl von Entscheidungen, die, angefangen bei der Bankenrettung während der Finanzkrise, über die Köpfe der Befragten hinweg getroffen wurden. Auch die humanitäre Entscheidung der Regierung Merkel, eine große Zahl Geflüchteter unter Aussetzung gültiger Einreisebestimmungen aufzunehmen, fällt subjektiv unter diese Kategorie. Im Kontrast dazu werden Bewegungen wie Pegida als Demokratisierungsimpuls erlebt. Selbst linke Gewerkschaftssekretäre hegen keine Zweifel, dass es dem Gros der Pegida-Demonstranten primär darum geht, zum Subjekt politischer Entscheidungen zu werden:

> „Da artikuliert sich so ein: Ich will jetzt auch mal ein Stück vom Kuchen. Habe ich nie gehabt, haben meine Eltern nicht gehabt, haben meine Großeltern nicht gehabt, die Region, in der ich hier rumhänge, ist deindustrialisiert worden, die Gewerkschaften sind mäßig durchsetzungsfähig [...]. Und ich will jetzt auch mal. Und dann ist eine Bewegung, die Woche für Woche größer wird, natürlich etwas, woran man sich orientiert und sagt, Mensch, da geht was. Egal was erstmal, aber dieses Gefühl, da ist endlich mal was, da werden wir es jetzt den Herrschenden mal zeigen. Da geht es ganz wenig um Inhalte, sondern ganz viel um Emotionen. Da geht es darum, wahrgenommen werden zu wollen." (Sek2)

Unzufriedene stören sich allerdings wenig daran, dass sie bei den Pegida- Demonstrationen Repräsentanten der äußersten Rechten an ihrer Seite finden.

5.2 Der Betrieb als demokratiefreie Zone und Ort widersprüchlicher Erfahrung

Für das Demokratieverständnis rechtspopulistischer Arbeiter ist bedeutsam, dass die Betriebe – nach Einschätzung der Gewerkschaftssekretäre in Sachsen und im Osten besonders ausgeprägt – mehrheitlich mitbestimmungsfreien Zonen ähneln. Partizipative Mitbestimmungskulturen sind noch immer Ausnahmeerscheinungen. Wo Betriebsräte neu gegründet oder tarifliche Normen durchgesetzt werden sollen, geschieht das teilweise in hartnäckigen Häuserkämpfen, von Betrieb zu Betrieb und von Unternehmen zu Unternehmen. Handlungsfähig sind Gewerkschaften nur, wo sie im Unternehmen über Mitglieder verfügen. Betriebliche Basisinitiativen sehen sich jedoch mit hartem Arbeitergeberdruck bis hin zu professionellem union busting[81] konfrontiert. Konflikte um basale Partizipationsrechte bis hin zur „Hexenjagd gegen den Betriebsratsvorsitzenden" (Sek8) sind an der Tagesordnung. Demokratie ist deshalb „nichts Einfaches". Im Kontext betrieblicher Herrschaft ist direkt erfahrbar, dass sie „wirklich weh tut, wenn man es ernst meint" (Sek8). Ohne selbsttätiges Engagement von Beschäftigten und Gewerkschaftsmitgliedern sind in der fragmentierten Arbeitswelt weder Mitbestimmungsrechte noch tarifliche Normen durchsetzbar. Das bleibt auch rechtsorientierten Arbeiter*innen nicht verborgen, sobald sie sich in der betrieblichen Arena betätigen.

---

81 Gemeint ist der Einsatz professionell arbeitender Rechtsanwälte, die sich auf die Bekämpfung von Betriebsräten und Gewerkschaften spezialisiert haben (Dörre, Klaus/Goes, Thomas/Schmalz, Stefan/Thiel, Marcel (2017): Streikrepublik Deutschland? Die Erneuerung der Gewerkschaften in Ost und West. Frankfurt a. Main/New York: Campus, S. 123-142).

Ein gutes Beispiel liefert die Auseinandersetzung um einen Logistikbetrieb, dessen Belegschaft zu 50 Prozent aus polnischen und tschechischen Leiharbeitern besteht. Leiharbeitskräfte wurden eingestellt, weil sie als „Sachkosten" zählen und deshalb das Personalbudget und die Gewinnmarge des Unternehmens nicht belasten. Die Erfahrung der Festangestellten mit den Leiharbeitern ist widersprüchlich. Einerseits gibt es „wirklich gute Kollegen", die „Deutsch sprechen, die arbeiten können und dann hast du eben auch welche, wo du sagst, die kann ich als Chef jetzt mal in eine Firma nicht reinholen" (Pro3). Eigentliches Problem sind weniger fehlende Sprachkenntnisse als die Tatsache, dass Festangestellte „mit den Leuten alleine gelassen [werden]: 'Sieh zu, wie Du den anlernst', mehr nicht!" (Pro3). Im Kampf um einen Anerkennungstarifvertrag galten die Leiharbeiter anfänglich als potenzielle Streikbrecher. Gespräche mit dem rechtsorientierten Betriebsrat führten jedoch zu einer solidarischen Haltung der prekär Beschäftigten. Einen drohenden Arbeitskampf vor Augen, lenkte die Geschäftsführung des Mutterunternehmens überraschend ein und reintegrierte den zuvor outgesourcten Betrieb. Im Ergebnis erhielt jedes Belegschaftsmitglied einen Tariflohn und damit ein monatliches Plus von einigen hundert Euro. Den Erfolg verdankt die lokale IG Metall auch jenem Betriebsrat, der Flüchtlinge in Lagern sehen will. Der Befragte ist noch immer radikal rechts. Doch er hat gelernt, dass es Solidarität unter Arbeiter*innen verschiedener Nationen geben kann und setzt sich für die Übernahmen der Leiharbeitskräfte ein: „Das hätte der Typ sich vor einem Jahr nicht denken lassen, dass der sich da mal Gedanken darüber macht, dass er sich um den Arbeitsplatz von Ausländern kümmert. Aber irgendwas ist da passiert in seinem Kopf" (Sek2).

Das Beispiel veranschaulicht den Stellenwert, den Arbeitserfahrungen innerhalb der rechtspopulistischen Weltsicht besitzen. Es handelt sich um Erfahrungen in der „kleinen Welt" des Betriebs, die von der strukturellen Widersprüchlichkeit marktwirtschaftlich-kapitalistischer Produktion geprägt werden. Einerseits sollen die Arbeits- und Lebensbedingungen möglichst flexibel und die Arbeitskräfte möglichst mobil gehalten werden, um sie den Produktionserfordernissen optimal anzupassen. Andererseits erweisen sich Festangestellte mit Bindung an das Unternehmen häufig als besonders leistungsfähig.[82] Diese strukturelle Widersprüchlichkeit reproduziert immer wieder rassistisch-nationalistische und sexistische Diskriminierungen. Wie am Beispiel des Logistikbetriebs gezeigt, kann sie aber auch zur Quelle gegenläufiger Erfahrungen werden und zur Überwindung ethnisch-nationaler Spaltungen motivieren.

---

82 Balibar, Étienne (1990): Der „Klassen-Rassismus". In: Balibar, Étienne/Wallerstein, Immanuel, Rasse, Klasse, Nation. Ambivalente Identitäten. Hamburg: Argument, S. 247-260, S. 256.

5.3 Gesellschaftsbild ohne Gesellschaft

Solidaritätserfahrungen in der „kleinen Welt" des Betriebs reiben sich an verfestigten Deutungen der „großen Welt". Geht es um politische Konflikte und Großereignisse, operieren rechte Arbeiter*innen mit einer schlichten Bipolarität. Dem System, einer abstrakten Ansammlung dunkler Mächte, wird ein Volk gegenübergestellt, das idealerweise nicht von Interessengegensätzen und Egoismen zerrissen wird. Auch die Sicht rechter Lohnabhängiger auf die „große Welt" hat sich im Vergleich zur Basisstudie erheblich verändert. Rechtspopulistische Orientierungen fächerten sich seinerzeit in konformistische, konservierende und rebellische Varianten auf. Rebellische Orientierungen fanden sich vor allem bei Erwerbslosen und prekär Beschäftigten. Ihnen diente das negativ besetzte Bild des Anderen dazu, positiv besetzte Zugehörigkeiten über eine Abwertung anderer, noch schwächerer Gruppen oder Individuen zu konstruieren. Auf die konservierende Variante stießen wir bei formal gut integrierten Beschäftigten, die versuchten, ihre eigene soziale Position zu verteidigen, indem sie Ressentiments zur Triebfeder „gesellschaftlicher und politischer Aktion"[83] machten und „die Verantwortung für das eigene Unglück bei jenen Gruppen" suchten, „die sich auf der sozialen Leiter knapp oberhalb oder knapp unterhalb der eigenen Position" befanden.[84] Ein konformistischer Rechtspopulismus, der wesentlich auf Überanpassung an hegemoniale Normen beruhte, machte sich bevorzugt in höheren, abgesicherten beruflichen Positionen bemerkbar. Charakteristisch für diese Variante war, dass sie Team, Belegschaft und Nation als Gemeinschaften hart arbeitender Menschen konstruierte. Was sie von sich selbst erwarteten, die vorbehaltlose Erfüllung vorgegebener Leistungsnormen, verlangten konformistische Angestellte auch von anderen. Integration von Migranten war für sie daher nur als einseitige Anpassung an die „deutsche Kultur" der Leistungsbereiten vorstellbar.

In der aktuellen Erhebung hat sich das rebellische Moment verallgemeinert. Es findet sich auch bei überdurchschnittlich gut verdienenden Beschäftigten in attraktiven beruflichen Positionen. Alle Befragten, die mit der populistischen Rechten sympathisieren, stellen die Systemfrage: „Ist ja nicht so, dass die, die auf die Straße gehen […] alles Nazis sind. Die gehen halt auf die Straße, weil irgendwas mit dem System nicht stimmt" (Pro1). System fungiert subjektiv als Sammelbezeichnung für vieles – für die Finanzwirtschaft, die Europäische Union, das transnationale Euro-Geld, die politische Klasse, die Eliten, das Kapital, die Manager, aber auch für „abgehobene Gewerkschaftsbonzen" (Sek1). Beim Kapital ist der Unterschied

---

83 Castel, Robert (2005): Die Stärkung des Sozialen. Leben im neuen Wohlfahrtsstaat. Hamburg: Hamburger Edition, S. 67f.
84 Ebd., S. 68.

zwischen national und international überraschenderweise von untergeordneter Bedeutung. Den Beschäftigten sei „egal, wo die Kohle" herkomme:

> „Also da ist [...] dann das Kapital aber auch national ganz schnell wieder ein Schwein, wenn hier zu wenig Kohle ankommt. Aber wenn ich hier einen Job mit relativ guten Verhältnissen habe, ist alles andere völlig egal [...]. Ob das ein Chinese ist, der bezahlt, ob das eine staatliche Firma ist, die da Anteile drin hat, ob das ein Privater ist, das ist denen [den Arbeiter*innen, d. A.] dann völlig egal." (Sek1)

Auf seltsame Weise entspricht das System der menschlichen Neigung, egoistisch nach Geld und Macht zu streben. Gut wäre aus Sicht der Befragten, wenn den Egoismen Grenzen gesetzt würden. Gelänge dies, könnte sich der Volkswille optimal entfalten. Für radikal rechte Arbeiter ist das Volk eine kulturell begründete Gemeinschaft. Eine solche erwünschte „Volksgemeinschaft" habe – ein Teil der Befragten weiß es nur von den Eltern – ansatzweise in der alten DDR existiert. Selbstverständlich möchte niemand diese DDR zurück. Aber eine Gemeinschaft, die noch nicht von Egoismen, Vorteilsstreben und Ellenbogenmentalität zerstört ist, steht an oberster Stelle individueller Wunschlisten: „Ich kenne ja die DDR selber nicht mehr persönlich. Aber wenn man so die Eltern reden hört, [...] der Zusammenhalt war mehr da. Es ging mehr ums Persönliche, ums Menschliche, und nicht um: wie kann ich am besten noch mehr Geld oder irgendwas bekommen, damit [...] ich dies und das mir leisten kann" (Pro2).

So wie sich Arbeiter*innen im Westen den idealisierten Sozialkapitalismus der alten Bundesrepublik zurückwünschen, sehnen sich rechte Gewerkschafter*innen im Osten nach der ebenfalls mystifizierten Volksgemeinschaft des „arbeiterlichen" DDR-Paternalismus.[85] Allerdings handelt es sich bei den rechtspopulistischen Weltsichten im Grunde um Gesellschaftsbilder ohne Gesellschaft. Gesellschaft ist als Kategorie subjektiv unbedeutend. Relevant ist allein die Bipolarität von Volk und System. Auch dieser Dualismus markiert einen wichtigen Unterschied zum dichotomischen Arbeiterbewusstsein früherer Epochen. Auf den ersten Blick scheinen die Unterschiede nicht sehr groß. Für radikal rechte Arbeiter gibt es durchaus „eine kleine Oberschicht, dann kommt ganz, ganz lange nichts und dann kommt unten das Fußvolk" (Pro3). Während dichotomes Klassenbewusstsein jedoch das Wissen um soziale Mechanismen adaptieren kann, welche die Armut der Armen kausal zum Reichtum der Reichen in Beziehung setzen,[86] präferieren rechte Arbeiter*innen ein anderes Verbindungsprinzip. Für sie liefert den Kausalmechanismus, der zwischen zerstörerischem System und gebeuteltem Volk vermittelt, die Verschwörungstheorie.

---

85 Engler, Wolfgang (2004): Die Ostdeutschen als Avantgarde. Berlin: Aufbau.
86 Wright, Erik O. (1985b): Classes. London: Verso, S. 38.

Gleich, um welche Problematik es sich handelt, stets sind dunkle Mächte am Werk, die dem deutschen Volk Böses zufügen wollen.

Die subjektive Relevanz von Verschwörungstheorien offenbart ein doppeltes Dilemma. Offenkundig sind die Ursachen wachsender Vermögens- und Einkommensungleichheiten derart komplex und die Entscheidungszentren, die Unsicherheit und Ungleichheit steigern, insbesondere von betrieblichen Erfahrungsräumen so weit entfernt, dass sich verschwörungstheoretische Konstruktionen als Deutungssicherheit stiftende Komplexitätsreduktionen geradezu aufdrängen. Das kann geschehen, weil Deutungsmuster, die Kausalitäten über Ausbeutung, Entfremdung und Klasse herstellen und so moralische Bindekraft entfalten, im Alltagsbewusstsein radikal rechter Arbeiter nicht mehr vorkommen.

6. Die national-soziale Gefahr und wie ihr (nicht) zu begegnen ist

Was bedeuten die empirischen Befunde für die eingangs aufgeworfene Kontroverse? Nachfolgend beschränken wir uns auf fünf Überlegungen.

Erstens zeugt unser Material von einer ernst zu nehmenden national-sozialen Gefahr. Der „Saatboden für einen neuen Faschismus"[87] existiert tatsächlich. Er entsteht, weil die völkische Rechte soziale Verwerfungen erfolgreich als Mobilisierungsressource zu nutzen vermag. In unterschiedlichen Ausprägungen findet die von ihr betriebene Ethnisierung des Sozialen Anhänger*innen auch unter gewerkschaftlich Aktiven und Betriebsräten, wenngleich große Datensätze diese Tendenz noch nicht abbilden.[88] Sprachduktus und Begriffswahl der Befragten bewegen sich auf dem Niveau von „Urteilen zweiten Grades", das heißt sie folgen bereits der Linie einer Partei.[89] Wer derart hermetisch argumentiert, lässt sich kaum von seinen Überzeugungen abbringen. Für jede kritische Nachfrage haben rechtspopulistische Gewerkschafter passende Antworten parat.[90] Eigene Überzeugungen werden pro-

---

87 Habermas, Jürgen (2016): Für eine demokratische Polarisierung. In: Blätter für deutsche und internationale Politik 61(11)/2016. https://www.blaetter.de/ausgabe/2016/november/fuer-eine-demokratische-polarisierung. Zugegriffen: Dezember 2017, S. 39.

88 Hilmer, Richard/Kohlrausch, Bettina/Müller-Hilmer, Rita/Gagné, Jérémie (2017): Einstellung und soziale Lebenslage. Eine Spurensuche nach Gründen für rechtspopulistische Orientierung, auch unter Gewerkschaftsmitgliedern. Düsseldorf: Hans-Böckler-Stiftung.

89 Bourdieu, Pierre (1988): Die feinen Unterschiede. Kritik der gesellschaftlichen Urteilskraft. 2. Aufl. Frankfurt a. Main: Suhrkamp, S. 656.

90 Das trifft nicht auf alle Befragten zu, die mit Formationen der neuen Rechten sympathisieren. Im Sample findet sich auch der qualifizierte Angestellte mit Greenpeace-Mitgliedschaft, der sich wegen der Migrationsströme um den gesellschaftlichen Zusam-

aktiv gegen jedwede Kritik immunisiert. Gemeinsam mit der Gewaltaffinität deutet das auf eine Verfestigung und Radikalisierung rechter Orientierungen hin.

Wir sprechen von einer national-sozialen Gefahr, weil das zusätzlich zur Betonung der sozialpopulistischen Dimension die Offenheit für NS-Ideologeme kenntlich machen soll. Mit der Bezeichnung völkisch-populistisch verbinden wir eine ähnliche Intention. Vorstellungen vom Volk als Gemeinschaft sind der ideologische Kitt, der radikal rechte Weltbilder zusammenhält. Beide Zuschreibungen signalisieren, dass Arbeit am Begriff notwendig ist. Wenn die Befürwortung von Gewalt als Kriterium wegfällt, um Rechtspopulismus und -extremismus voneinander zu unterscheiden und die Abgrenzung von traditionsfaschistischen Positionen für die neue Rechte bis zu einem gewisse Grade obsolet wird, muss das zu bezeichnende Phänomen neu benannt werden. Um das zu betonen, spricht Wilhelm Heitmeyer von einem „autoritären Nationalradikalismus".[91] Man mag darüber streiten, ob das eine angemessene Begriffswahl ist. In jedem Fall trifft zu, dass die Radikalisierung rechter Orientierungen demokratietheoretischen Auffassungen widerspricht,[92] denen zufolge eine Parlamentarisierung des Rechtspopulismus zu dessen Einhegung und Befriedung beiträgt. In Sachsen hat die NPD über zwei Legislaturperioden hinweg im Landtag gesessen. Wo sie, wie in unseren Untersuchungsregionen, ihre größten Wahlerfolge erzielte, dominiert nun die AfD. Parlamentarische Präsenz der äußersten Rechten trägt offenbar dazu bei, dass sich die Grenzen des Sagbaren in der Zivilgesellschaft immer weiter nach rechts verschieben.[93] Selbst Tabubrüche wie die Holocaustleugnung schrecken AfD/Pegida-Sympathisanten nicht mehr ab.

---

menhalt sorgt und deshalb AfD wählt. Und es gibt den Betriebsrat, der es lange mit der Linkspartei hielt, jedoch deren Migrationspolitik kritisiert und deshalb nun die rechtspopulistische Formation favorisiert. Bei diesen Befragten, die überwiegend linke Positionen formulieren, kann von einer rechtspopulistischen Axiomatik nicht oder noch nicht gesprochen werden.

91 Heitmeyer, Wilhelm (2018a): Autoritärer Nationalradikalismus. Ein neuer Erfolgstypus zwischen konservativem Rechtspopulismus und gewaltförmigem Rechtsextremismus. In: Becker, Karina/Dörre, Klaus/Reif-Spirek, Peter (Hg.), Arbeiterbewegung von rechts? Frankfurt a. Main/New York: Campus, S. 117-134.

92 Mény, Yves/Sure, Yves (2002): Democracies and the populist challenge. Basingstoke: Palgrave Macmillan; Patzelt, Werner J./Klose, Joachim (2016): PEGIDA. Warnsignale aus Dresden. Dresden: Thelem.

93 Göttinger Institut für Demokratieforschung (2017): Rechtsextremismus und Fremdenfeindlichkeit in Ostdeutschland. Ursachen und Hintergründe für Rechtsextremismus, Fremdenfeindlichkeit und fremdenfeindlich motivierte Übergriffe in Ostdeutschland sowie die Ballung in einzelnen ostdeutschen Regionen. Abschlussbericht des Forschungsprojekts. Studie im Auftrag der Beauftragten der Bundesregierung für die neuen Bundesländer. http://www.demokratie-goettingen.de/content/uploads/2017/07/studie-rechtsextremismus-in-ostdeutschland-kurzfassung_offiziell.pdf. Zugegriffen:

Gewalt gegen Geflüchtete wird als Ausdruck berechtigten Volkszorns relativiert. Was anderswo nur stillschweigend gedacht und geduldet wird, äußert sich in unserer Schwerpunktregion unverblümt – und dies selbst im Kreis gewerkschaftlich Aktiver.

Zweitens besteht kein Zweifel, dass das betriebliche und gewerkschaftliche Engagement radikal rechter Arbeiter*innen von legitimen sozialen Protestmotiven getrieben wird. Dennoch handelt es sich bei den Formationen, mit denen diese Arbeiter*innen sympathisieren, nicht um Repräsentationen einer neuen Arbeiterbewegung. Arbeiterbewegungen des Marx'schen Typus sind Ausdruck eines Klassenhandelns, das auf eine Verbesserung kollektiver Positionen im sozialen Raum zielt. Solche Klassenbewegungen brechen am Kausalmechanismus Ausbeutung oder schwächer: an ungerechten Verteilungsverhältnissen auf und richten sich gegen die aneignenden Klassen. Bewegungen Polanyi'schen Typs klagen hingegen primär Schutz vor marktgetriebener Konkurrenz ein.[94] Sie richten sich gegen eine diffuse Marktmacht, die unter Lohnabhängigen eine Tendenz bestärken kann, „klassenunspezifische Grenzen abzustecken, um vor dem Mahlstrom des Marktes geschützt zu werden".[95] Pegida und die AfD stehen für solche Bewegungen Polanyi'schen Typs. Anstelle von Ausbeutung agiert diese Bewegung mit Kausalmechanismen wie „Umvolkung" oder „Einwanderung in die Sozialsysteme". Die Motive, die zur populistischen Revolte führen, lassen sich indes nicht säuberlich in sozioökonomische und kulturelle aufspalten. Radikal rechte Arbeiter verteidigen ihren Lebensstil. Doch die verinnerlichten Dispositionen und Geschmacksurteile, die diesen Lebensstil hervorbringen, wurzeln in sozioökonomischen (Klassen-)Verhältnissen. Grundlegend für die Weltsicht der Befragten ist das Empfinden, am gesellschaftlichen Wohlstand nicht angemessen beteiligt zu sein – materiell wie kulturell. Deshalb haben sich Befragte gewerkschaftlich organisiert und in Betriebsräte wählen lassen. Ihren Sozialprotest stark zu relativieren oder gar infrage zu stellen,[96] liefe deshalb darauf hinaus, empirische Fakten zu ignorieren.

Der oft gehörte Einwand, beim Gros der AfD-Wählerschaft handele es sich nicht um Arbeiter, weshalb Gerechtigkeitsmotive nachgeordnet zu behandeln seien, führt ebenfalls nicht weiter. 'Arbeiter' ist eine analytisch höchst unscharfe Kategorie, die in

---

September 2017; Zick, Andreas/Küpper, Beate (Hg.) (2015): Wut, Verachtung, Abwertung. Rechtspopulismus in Deutschland. Bonn: Dietz.

94 Polanyi, Karl (1995[1944]): The Great Transformation. Politische und ökonomische Ursprünge von Gesellschaften und Wirtschaftssystemen. 3. Aufl. Frankfurt a. Main: Suhrkamp.

95 Silver, Beverly J. (2005): Forces of Labor. Arbeiterbewegungen und Globalisierung seit 1870. Hamburg: Assoziation A.

96 van Dyk, Silke/Dowling, Emma/Graefe, Stefanie (2017): Rückkehr des Hauptwiderspruchs? Anmerkungen zur aktuellen Debatte um den Erfolg der Neuen Rechten und das Versagen der „Identitätspolitik". In: PROKLA – Zeitschrift für Kritische Sozialwissenschaft 47/2017, S. 411-420.

unserem Sample heterogene Lagen abdeckt. Vom Leiharbeiter in der verarbeitenden Industrie über die Niedriglohnbezieherin im Online-Handel und die Erzieherin in einer Kindertagesstätte bis hin zur festangestellten Fachkraft in der Exportwirtschaft können sich Angehörige höchst unterschiedlicher Lohnabhängigengruppen subjektiv dem Arbeiterstatus zuordnen. Daran zeigt sich, dass klassische Arbeiter-Definitionen, die auf abhängige, manuell verrichtete Arbeit, institutionelle Regulationen und soziokulturelle Identitäten abheben,[97] heute wenig aussagekräftig sind. Die Arbeiter-Kategorie kann so ausgedehnt werden, dass sie mit dem arbeitenden Volk nahezu identisch ist. Deutlich enger gefasst, bezeichnet sie jenes Drittel der Bevölkerung, das in der Bundesrepublik statistisch noch immer Arbeiterklassenlagen zuzurechnen ist.[98] Doch ungeachtet solcher Unschärfen gehört Lohn- und Einkommensungleichheit selbst für gut verdienende Lohnabhängige zu den wichtigsten Einschränkungen selbstbestimmter Lebensführung.[99] Man opfert „Basisgüter wie Muße", um diese Einschränkung individuell zu überwinden.[100] Da die Gewerkschaften nur begrenzt durchsetzungsfähig sind und die politische Linke mit ihren Deutungsmustern bei vielen unserer Befragten als ernst zu nehmende Alternative gar nicht erst in Betracht kommt, kann die völkische Rechte sich als Adressatin verletzten Gerechtigkeitsempfindens empfehlen. Eine Stimme für die AfD gilt subjektiv als härtest möglicher Schlag gegen ein selbstzufriedenes Establishment, zu dem man teilweise auch die Gewerkschaftsspitzen rechnet. Die Attraktivität des völkischen Populismus beruht vor allem auf dessen symbolischer Kraft. Alltagsweltlich etabliert er Kausalmechanismen, die das eigene Wohlergehen mit der Abwertung anderer verknüpfen. Solche Mechanismen lassen sich individuell leicht handhaben. Anders als solidarisches Klassenhandeln benötigen sie keine gemeinsame Aktion der Subalternen. In Akten

---

97 Schmidt, Jürgen (2015): Arbeiter in der Moderne. Arbeitsbedingungen, Lebenswelten, Organisationen. Frankfurt a. Main/New York: Campus, S. 13.

98 33 Prozent im Westen, 35 Prozent im Osten, die „Arbeiterelite" aus Vorarbeitern, Meistern und Technikern eingeschlossen (Destatis (2016): Datenreport 2016. Ein Sozialbericht für die Bundesrepublik Deutschland. https://www.destatis.de/GPStatistik/servlets/MCRFileNodeServlet/DEHeft_derivate_00021684/Datenreport2016.pdf%3Bjsessionid%3DE5C94A0A9F27899774E66A2BE50E59FF. Zugegriffen: März 2018, S. 126). Bezieht man die subjektiven Zugehörigkeiten ein, ist die Arbeiterschicht im Westen deutlich kleiner als sie es nach struktureller Klassenzugehörigkeit wäre (2014: 23 Prozent; 1990: 27 Prozent), im Osten wäre sie nur unwesentlich größer (2014: 36 Prozent). Vor allem für den Osten der Republik ist dieser Wandel dramatisch, denn 1990 hatten sich noch 57 Prozent der Arbeiterschicht zugerechnet (ebd., S. 206).

99 Wilkinson, Richard/Pickett, Kate (2009): The spirit level. Why more equal societies almost always do better. London: Allen Lane, S. 301.

100 Skidelsky, Edward/Skidelsky, Robert (2014): Wie viel ist genug? Vom Wachstumswahn zu einer Ökonomie des guten Lebens. München: Goldmann, S. 260.

der Selbstüberhöhung können sie subjektiv entlasten, und ihre Betätigung erscheint, sofern damit erfolgreich ins politische System hineingewirkt wird, durchaus als Akt rationaler Interessendurchsetzung.[101]

Dennoch ist der Aufstieg der völkischen Rechten drittens kein unaufhaltsamer. Ihm kann Einhalt geboten werden, sofern es gelingt, die alltagsweltliche Attraktivität des völkischen Abwertungsmechanismus zu erschüttern. Manch kritisch gemeinter Deutungsversuch läuft hingegen unbeabsichtigt auf das Gegenteil hinaus. Warum das so ist, kann das Bild von der Kristallglocke veranschaulichen, die in den Worten Peter Sloterdijks die „Komfortzone" des reichen Nordens von den Ausgeschlossenen des darbenden Südens trennt.[102] Der völkische Populismus übernimmt dieses Bild und spricht der fiktiv höherwertigen Kultur das Recht zu, die „Komfortzone" gegen fremde Eindringlinge niederer Zivilisationsstufen zu verteidigen. Zu Recht plädieren Kritiker*innen dieser Auffassung dafür, die Protestmotive im Inneren der Kristallglocke ernst zu nehmen. Für Wolfgang Streeck verhalten sich die „kleinen Leute" so wie die französischen Parzellbauern zu Zeiten Louis Bonapartes des III. Unfähig sich als selbstbewusste Klassen zu konstituieren, delegieren sie ihre Interessen an autoritäre Führer, die nur führen können, weil sie die Interessen der Subalternen zumindest partiell respektieren.[103] Dieser von zahlreichen Marxisten immer wieder bemühten, aber nur in Teilen plausiblen Analogie[104] verleiht Streeck jedoch eine fatale Wendung, wenn er „Ethnonationalismus" als Kampfbegriff enttarnen will, der eine „moralische Denunziation von Forderungen nach nationaler Politik zum Schutz gegen Risiken und Nebenwirkungen der Internationalisierung" leisten soll.[105] Facharbeiter sind keine Parzellbauern. Wenn sie, obwohl gewerkschaftlich organisiert und als Betriebsräte aktiv, ihre Interessen an die äußerste Rechte delegieren, so ist das auch, aber eben nicht ausschließlich Sozialprotest. Radikal rechte Arbeiter bewegen sich in einem gesellschaftlich etablierten Kosmos negativer Klassifikationen. In ihrer

---

101 Jörke, Dirk/Nachtwey, Oliver (2017): Die rechtspopulistische Hydraulik der Sozialdemokratie. In: Dies. (Hg.), Das Volk gegen die liberale Demokratie. Leviathan Sonderband 32. Baden-Baden: Nomos, S. 163-186.

102 Sloterdijk, Peter (2006): Zorn und Zeit. Politisch-psychologischer Versuch. Frankfurt a. Main: Suhrkamp.

103 Marx, Karl (1960): Der achtzehnte Brumaire des Louis Bonaparte. In: MEW 8. Berlin: Dietz, S. 111-207.

104 Deppe, Frank (2018): Nachwort: Bonapartismus reloaded? In: Beck, Martin/Stützle, Ingo (Hg.), Die neuen Bonapartisten. Mit Marx den Aufstieg von Trump und Co. verstehen. Berlin: Dietz, S. 239-255.

105 Streeck, Wolfgang (2017): Die Wiederkehr der Verdrängten als Anfang vom Ende des neoliberalen Kapitalismus. In: Geiselberger, Heinrich (Hg.), Die große Regression. Eine internationale Debatte über die geistige Situation der Zeit. Berlin: Suhrkamp, S. 253-274, S. 262f.

sozialen Welt bilden sich Klassen primär aufgrund von Konkurrenz und kollektiver Abwertung, sie entstehen als Wettkampf-Klassen. Arbeiter werten sich selbst auf, indem sie alte und neue, ethnisch geprägte gefährliche Klassen abwerten. Die völkische Rechte musste diesen Mechanismus nicht erfinden. In Deutschland hat – etwa im Zuge der Arbeitsmarktreformen – eine Mitte-Links-Koalition entsprechende Bewährungsproben durchgesetzt. „Hartz IV" hat die Schwelle gesellschaftlicher Respektabilität nahe an die aktiven Lohnabhängigenklassen herangerückt.[106] Einmal institutionalisiert, müssen Abwertungen seitens der populistischen Rechten nur noch radikalisiert werden, um die gewünschten symbolischen Effekte zu erzielen. Wer sich, wie unsere Befragten, in dieses System negativer Klassifikationen hineingearbeitet hat und zu seiner Fortschreibung beiträgt, ist nicht nur Opfer,[107] wenngleich auch niemals ausschließlich Täter. Bewährungsproben, die stark selektiv wirken, stützen einen Modus negativer Vergesellschaftung. Dieser Modus lässt sich nicht außer Kraft setzen, indem man radikal rechte Kritik an Globalisierung, EU und Migrationsregime durch Attacken gegen „antinationale Erziehungsmaßnahmen von oben"[108] zu überbieten versucht. Radikal rechte Arbeiter*innen werden, wie rigide Abschiebepraktiken oder Plädoyers für Flüchtlingsobergrenzen und Asylzentren bewiesen haben, durch solche Eindämmungsstrategien eher noch bestärkt.

Kaum weniger problematisch wirken Analysen, die das Kristallglockenbild übernehmen, um es mit umgekehrten Vorzeichen gegen alle zu wenden, die wohlfahrtsstaatliche Arrangements in der nationalen Arena zumindest ansatzweise verteidigen. Mit universalistischem Gestus tendieren solche Interpretationen dazu, außerhalb der „Komfortzone" vornehmlich Opfer, in ihrem Inneren hingegen in erster Linie Täter zu verorten. Folgerichtig gilt die Kritik einer „großen Koalition der Wohlstandbewahrer", deren Interesse vornehmlich darin bestehe, ihre „privilegierten Lebensverhältnisse" gegen die Ausgeschlossenen jenseits der Kristallglocke zu verteidigen.[109] Aus dieser Optik heraus wird der völkische Populismus zur Mittelschichtenrevolte stilisiert – eine analytische Verengung, die sich nur aufrecht erhalten lässt, sofern auch

---

106 Dörre, Klaus/Scherschel, Karin/Booth, Melanie/Haubner, Tine/Marquardsen, Kai/ Schierhorn, Karin (2013): Bewährungsproben für die Unterschicht? Soziale Folgen aktivierender Arbeitsmarktpolitik. Frankfurt a. Main/New York: Campus.

107 Rommelspacher, Birgit (1995): Dominanzkultur. Texte zu Fremdheit und Macht. Berlin: Orlanda.

108 Streeck, Wolfgang (2017): Die Wiederkehr der Verdrängten als Anfang vom Ende des neoliberalen Kapitalismus. In: Geiselberger, Heinrich (Hg.), Die große Regression. Eine internationale Debatte über die geistige Situation der Zeit. Berlin: Suhrkamp, S. 253-274, S. 271.

109 Lessenich, Stephan (2018): Der Klassenkampf der Mitte. In: Süddeutsche Zeitung vom 02.01.2018. https://www.sueddeutsche.de/kultur/gesellschaft-der-klassenkampf-der-mitte-1.3811316?reduced=true. Zugegriffen: Juni 2020.

noch die Elendesten im Inneren der Kristallglocke zu – subalternen – „Profiteuren" der herrschenden Weltordnung erklärt werden.[110] Von Angehörigen saturierter akademischer Mittelschichten vorgetragen, laufen solche Deutungen in letzter Konsequenz darauf hinaus, dem symbolischen Abwertungsmechanismus demobilisierter Klassengesellschaften zusätzliche Wucht zu verleihen.

Wer die Integrationskraft des rechtspopulistischen Blocks schwächen will, kommt viertens nicht umhin, das Bild von der Kristallglocke insgesamt infrage zu stellen. Homogene Volkskörper sind eine Fiktion – im reichen Norden nicht anders als im armen Süden. Globalisierungsgewinner sind hauptsächlich reiche Eliten, die noch immer überwiegend in den alten Zentren leben. 44 Prozent der Einkommenszuwächse, die zwischen 1988 und 2008 erzielt wurden, entfallen auf die reichsten 5 Prozent, nahezu ein Fünftel auf das reichste 1 Prozent der erwachsenen Weltbevölkerung; die aufstrebenden Mittelklassen in den Schwellenländern verfügen lediglich über 2 bis 4 Prozent der absoluten Zuwächse.[111] Für die Industriearbeiterschaft, aber auch für das neue Dienstleistungsproletariat der alten Zentren entfällt hingegen zunehmend, was der Ex-Weltbanker Branko Milanovic als „Ortsbonus" der Vermögensverteilung bezeichnet. Das vermeintliche Privileg, in einem reichen Land geboren zu sein, schützt auch in den reichen Gesellschaften des globalen Nordens schon seit Jahrzehnten nicht mehr vor Armut, Prekarität, Ungleichheit und einem Verlust an Lebenschancen.

Entsprechende Erfahrungen lassen sich gegen die Fiktion homogener Volksgemeinschaften in Stellung bringen. Statt rechten Arbeitern Gerechtigkeits- und Demokratisierungsmotive pauschal abzusprechen, ist es sinnvoll, dem rationalen Kern populistischer Anschauungen größere Aufmerksamkeit zu widmen. Eine kritische Soziologie, die an der Überwindung gesellschaftlicher Klassenvergessenheit zu arbeiten beabsichtigt, findet hier eine Aufgabe. Sie hätte Klassen- und Ausbeutungsverhältnisse wieder öffentlich zu thematisieren und zugleich eine kollektive Diskussion darüber zu ermöglichen, „welche Themen überhaupt legitim und wichtig sind und daher in Angriff genommen werden sollten".[112] Von einem intakten Resonanzraum, der dies leisten könnte, sind wir gegenwärtig aber meilenweit entfernt. Der letzte Versuch, „proletarische Öffentlichkeiten" wissenschaftlich zu fundieren, liegt lange zurück. Oskar Negt und Alexander Kluge[113] konnten noch davon ausgehen, dass

---

110 Lessenich, Stephan (2017): Grenzen der Ausbeutung? Wie der globale Norden über die Verhältnisse des Südens lebt. In: ISW Report 109/2017, S. 56-64, S. 64.
111 Milanovic, Branko (2016): Die ungleiche Welt. Migration, das Eine Prozent und die Zukunft der Mittelschicht. Berlin: Suhrkamp; Ders. (2017): Haben und Nichthaben. Eine kurze Geschichte der Ungleichheit. Stuttgart: Theiss.
112 Eribon, Didier (2016): Rückkehr nach Reims. Berlin: Suhrkamp, S. 146.
113 Negt, Oskar/Kluge, Alexander (1993): Geschichte und Eigensinn. Frankfurt a. Main: Suhrkamp.

arbeitsorientierte Gegenöffentlichkeiten wenigstens für Verteilungsfragen existierten. In der Gegenwart kann nicht einmal mehr davon die Rede sein. Anders als während der 1980er Jahre lösten selbst Streiks für Arbeitszeitverkürzung mit 1,5 Mio. Beteiligten, die den Einstieg in eine verkürzte Vollzeit von 28 h und mehr individuelle Zeit für Pflege, Erziehung und Erholung von Schichtarbeit durchgesetzt haben, in der Soziologie wie in der gesamten akademischen Linken nur ein schwaches Echo aus.

Um Mittelschichten-Ressentiments zu überwinden, die solche Auseinandersetzungen als Aktivität privilegierter Arbeiteraristokraten einordnen, müssen auch wissenschaftlich dicke Bretter gebohrt werden. Dabei lässt sich von befragten Arbeiter- und Gewerkschafter*innen lernen, die ihre Ablehnung von AfD und Pegida öffentlich machen. In ihren eigenen Worten plädieren sie für eine – inklusive – Klassenpolitik, die gemeinsame Interessen „sagen wir: selbst chinesischer und deutscher Arbeiter" (Sek1) gegen das dominante Kapital betont. Gewerkschafter*innen, die sich so positionieren, bilden unter den Aktiven noch immer die Mehrheit. Und sie repräsentieren auch die Majorität (potenzieller) Gewerkschaftsmitglieder. Jede gewerkschaftliche Anpassung an die rechtspopulistische Revolte liefe darauf hinaus, die Unterstützung dieser Aktiven aufs Spiel zu setzen. Keiner der Befragten, die den Reichtum der Reichen als zentrale Ursache für die Armut der Armen betrachten,[114] käme indes auf die Idee, inklusive Klassenpolitik entwichtige Konflikte, die an den Achsen Geschlecht, Ethnie/Nationalität oder an Naturverhältnissen aufbrechen. Klassenpolitik und gewerkschaftliche Solidarität sind ihrer inneren Logik nach universalistisch. Um Wirkung zu erzielen, müssen sie über Geschlechtergrenzen, Nationalität und ethnische Spaltungen hinweg verblinden. Deshalb sind sie mit völkischen Integrationskonzepten unvereinbar. Umgekehrt sind völkische Ideen, die kulturelle Spaltungen verabsolutieren, ein ideologischer Sprengsatz für solidarische Gewerkschaftspolitik. Wie gezeigt, bietet die betriebliche Arbeitswelt durchaus Erfahrungsräume, in denen Klassenerfahrung in Widerspruch zu völkischem Gedankengut tritt. Daran knüpfen gewerkschaftliche Praktiker*innen an. Selbstbewusst können sie davon ausgehen, dass Bewegungen gegen sexistische und rassistische Diskriminierung ihre größten Erfolge immer dann erzielt haben, wenn auch der „demokratische Klassenkampf"[115] zugunsten der Lohnabhängigen einigermaßen erfolgreich war. Die 1968-Revolte entdeckte den Klassenkampf – wenngleich in überhöhter Weise – neu. Zugleich war sie auch eine kulturelle Rebellion für sexuelle Befreiung, Frauenemanzipation, Bürgerrechte und in ihrer Spätwirkung zudem Ka-

---

114 Wright, Erik O. (1985b): Classes. London: Verso.
115 Korpi, Walter (1983): The Democratic Class Struggle. London: Routledge & K. Paul.

talysator für Bewegungen zugunsten ökologischer Nachhaltigkeit.[116] Nicht zufällig sind das die Felder, die der völkische Populismus zum Terrain seiner Gegenrevolte erklärt.

In der gesellschaftlichen Auseinandersetzung mit der national-sozialen Gefahr fällt fünftens den Gewerkschaften eine Schlüsselrolle zu. Häufig sind Gewerkschaften die einzigen demokratischen Organisationen, die Arbeiter mit Sympathien für die populistische Rechte überhaupt noch erreichen. Unklar ist jedoch, wie eine erfolgreiche Auseinandersetzung mit dem radikalisierten Populismus aussehen könnte. Dabei sind rechte Betriebsratslisten wie die des „Zentrum Automobil", dessen Wurzeln bis in die militante Neonazi-Szene reichen, noch das kleinere Problem. Mit eigenen Listen treten rechte Organisationen in offene Konkurrenz zu gewerkschaftlichen Betriebsräten. Sie sind dann ein äußerer Gegner, der sich aus der Gewerkschaftsperspektive leicht identifizieren lässt. Bei den von uns befragten rechten Arbeiter*innen ist das so nicht der Fall. Ausnahmslos geben sich die Betreffenden als überzeugte Gewerkschafter. Im Betrieb bieten sie keine Angriffsfläche. Außerhalb unserer Schwerpunktregion würden sie sich in gewerkschaftlichen Kontexten als AfD-Sympathisierende gar nicht zu erkennen geben. Deshalb fällt den Gewerkschaften eine Auseinandersetzung mit diesem „inneren" Rechtspopulismus schwer.

Erkennbar sind zwei Linien antipopulistischer Politik. Die erste fordert harte Maßnahmen von Unternehmen und Betriebsräten, um autoritäre Charaktere einzuschüchtern.[117] „Klare Kante" praktizieren zumeist akademisch gebildete Gewerkschaftssekretäre mit Antifa-Sozialisation, die von ihrem Selbstverständnis her gar nicht anders agieren können. Für Anhänger*innen der Gegenposition, die oft einen Arbeiterhintergrund haben, reicht das nicht aus. Beschränkte sich die Organisation auf – juristisch schwer durchsetzbare – Gewerkschaftsausschlüsse, überließe sie mit den ausgeschlossenen Betriebsräten zugleich die repräsentierten Belegschaften der Orientierung durch Pegida und die AfD, lautet das erfahrungsgesättigte Argument. Realitätstaugliche Strategien werden sich zwischen den genannten Polen verorten. Längerfristig muss es deren Hauptanliegen sein, jene kausalen Erklärungsmuster zu verändern, mit deren Hilfe sich das Alltagsbewusstsein Lohnabhängiger Ungleichheit und Unsicherheit verständlich macht. Wichtig ist aus wissenschaftlicher Sicht, dass die Auseinandersetzung offensiv, mit langem Atem und begleitet von einem kontinuierlichen Erfahrungsaustausch geführt wird. Dergleichen mit Hilfe empirischer Forschungen zu unterstützen, ist eine vornehme Aufgabe organischer öffentlicher Soziologie.

---

116 Therborn, Göran (2013): The killing fields of inequality. London: Polity Press; Milanovic, Branko (2017): Haben und Nichthaben. Eine kurze Geschichte der Ungleichheit. Stuttgart: Theiss.
117 Kern, Peter (2018): AfD schockt die Gewerkschaften. In: Sozialismus 45/2018, S. 48-49.

Exkurs I: Angst im Kapitalismus – Rohstoff einer autoritären Revolte

In den öffentlichen Debatten zum Rechtspopulismus wird immer wieder thematisiert, dass sich das Phänomen nicht ausschließlich rational erklären lasse. Die radikale Rechte spiele mit Emotionen. Sie mobilisiere Ängste und appelliere an Gefühle, gerade diese Fähigkeit mache sie stark. Um welche Ängste handelt es sich bei den sogenannten „einfachen Leuten",[1] und warum können ihre Emotionen von Rechtspopulisten und neuen Faschisten ausgebeutet werden? Bei der Suche nach Antworten stelle ich mich auf große Schultern: „Wer sind wir? Wo kommen wir her? Wohin gehen wir? Was erwarten wir? Was erwartet uns? Viele fühlen sich nur als verwirrt. Der Boden wankt, sie wissen nicht warum und von was. Dieser Zustand ist Angst, wird er bestimmter, so ist er Furcht", lauten jene berühmten Zeilen, mit denen der Philosoph Ernst Bloch sein Opus Magnum „Das Prinzip Hoffnung" einleitet.[2] Unter Berufung auf Sigmund Freud und die Psychoanalyse konstatiert Bloch, dass Angst in der Triebstruktur der Menschen tief verankert ist. Die entscheidende Quelle von Realangst sieht er jedoch in furchteinflößenden gesellschaftlichen Verhältnissen angelegt.

Eine Zuspitzung dieser Überlegung findet sich in einem Buch, das gewissermaßen zum Erbe der 1968er-Revolte gehört:

> „Unser Leben ist beherrscht von der Angst. Sie tritt in den verschiedensten Gestalten auf. Beim 'Gesunden' als Angst vor dem, was die anderen von ihm denken könnten, als Sprechangst, Angst vor Vorgesetzten und Institutionen, Angst vor oder beim Geschlechtsverkehr, Angst vor der Zukunft oder vor Krankheit, usw. Die unauffällige, weil in unserer Gesellschaft überall vorhandene und 'normale' Angst ist neurotisch. Sie ist ein unablösbarer Teil nicht nur unseres individuellen Lebens, sondern unserer Gesellschaft. Sie gehört zum Kapitalismus. Nicht nur als sein Produkt, sondern als Teil seiner Konstruktion, als Baustein, ohne den alles zusammenbrechen würde",[3]

heißt es in einer Schlüsselpassage von Dieter Duhms Schrift „Angst im Kapitalismus", die für junge Leute in den westdeutschen Post-68er-Bewegungen zur Standardlektüre

---

1 Misik, Robert (2019a): Die falschen Freunde der einfachen Leute. Berlin: Suhrkamp.
2 Bloch, Ernst (1973 [1959]): Das Prinzip Hoffnung. Erster Band, Frankfurt a. Main: Suhrkamp, S. 1.
3 Duhm, Dieter (1972): Angst im Kapitalismus. Lampertheim: Küpler, S. 8.

gehörte. Angst als Baustein einer Gesellschaft, die auf Ausbeutung und Klassenherrschaft beruht – diese Überzeugung war für viele, ich schließe mich ein, Ansporn, Furcht zu überwinden, um für eine bessere Zukunft zu kämpfen. Heute glauben wir zu wissen, dass Dieter Duhms Analyse in mancherlei Hinsicht zu einfach und zu reduktionistisch war. Angst, so ist uns klar, bildete auch den Rohstoff eines staatsbürokratischen Sozialismus, der die stalinistische Schreckensherrschaft hervorbrachte. Nominalsozialistischen Regimen in China oder Nordkorea dient sie bis heute als Herrschaftsmittel. Und zweifellos wird der Angstrohstoff auch von politischen Formationen ausgebeutet, die aus nationalen oder postkolonialen Befreiungsbewegungen hervorgegangen sind. Südafrika, Nicaragua oder Venezuela sind prominente Beispiele aus der jüngeren Vergangenheit und Gegenwart.

Trotz dieses Vorbehalts ist es heute wieder lohnenswert, sich eingehender mit dem Verhältnis von Kapitalismus und Angst zu beschäftigen. Den gegenwärtig wohl wichtigsten Grund hat die ehemalige US-Außenministerin Madeleine Albright in einem bemerkenswerten Buch mit klaren, eindringlichen Worten benannt. Zu warnen sei vor einer ernst zu nehmenden faschistischen Gefahr. Einen Grund verkörpere der US-Präsident Donald Trump, der – selbst kein Faschist, aber doch ein Anti-Demokrat – durch sein Wirken erheblich dazu beitrage, dass eine solche Gefahr im Zentrum der westlichen Welt neu entstehe. Für Albright ist Faschismus weniger Ideologie als „Mittel zur Erringung von Macht und deren Erhalt",[4] vor allem jedoch wird er von Ängsten hervorgetrieben:

> „Die Angst ist der Grund, warum der Faschismus emotional alle gesellschaftlichen Ebenen durchdringen kann. Eine politische Bewegung kann nicht ohne Unterstützung aus der Bevölkerung heranwachsen, aber der Faschismus ist von den Reichen und Mächtigen ebenso abhängig, wie von dem Mann und der Frau auf der Straße – von jenen, die viel zu verlieren haben, und jenen, die überhaupt nichts haben."[5]

Damit bin ich bei meiner These. Moderne kapitalistische Gesellschaften erzeugen eine Vielzahl sowohl realer als auch neurotischer Ängste, die eine imaginäre Revolte von rechts als eine ihrer politischen Bearbeitungsformen hervorbringen. Soll dieser autoritären Revolte wirkungsvoll begegnet werden, müssen gesellschaftliche Angstquellen beseitigt werden. Eine völlig angstfreie Gesellschaft wird wahrscheinlich für immer eine Utopie bleiben, zumal Angst, wenn sie uns zur Gefahrenvermeidung animiert, durchaus eine positive Schutzfunktion haben kann. Der Rohstoff Angst, den radikal-rechte Populismen gekonnt ausbeuten, lässt sich, so schwer das im Konkreten auch sein mag, aber durchaus verringern. Nachfolgend soll diese These in mehreren Schritten begründet werden. Vom Angstbegriff (1) gelange ich zu den Angstquellen

---

4   Albright, Madeleine (2018): Faschismus. Eine Warnung. Köln: Dumont, S. 18.
5   Ebd.

(2-4), zeige sodann, wie eine autoritäre Revolte den Angstrohstoff ausbeutet (5), um schließlich der Frage nachzugehen, welche Charakterstrukturen dies befördern und was dem entgegenzusetzen ist (6).

1. Was ist Angst?

Was ist Angst? Diese Frage ist scheinbar leicht zu beantworten, denn wir alle haben gelegentlich, manchmal am Tag, häufig auch in der Nacht, Angst. Mitunter genügen kleinste Anlässe und wir geraten vor lauter Angst in Panik. Angst lässt sich nicht beliebig ein- oder ausschalten. Häufig stellt sie sich unverhofft ein. Dann wieder begeben wir uns in Situationen, von denen wir wissen, dass sie uns Angst machen. Man könnte sagen, unser gesamtes Leben beruhe auf einer Urangst, auf der Angst vor dem Tod. Und doch ist es, scheinbar paradox, gerade die Endlichkeit, welche unserem Leben Sinn verleiht. Angst ist also etwas Fundamentales. Wie der Selbsterhaltungstrieb gehört sie zum Leben dazu. In diesem Sinne ist sie eine anthropologische Grundkonstante, die sich schon mit der frühkindlichen Entwicklung einstellt – etwa dann, wenn wir, wie in der Psychoanalyse behauptet, Triebverzicht erlernen müssen und unser Verhalten mehr und mehr durch ein Über-Ich reguliert wird, das die Autorität zunächst der Eltern internalisiert und den Verzicht auf unmittelbare Bedürfnisbefriedigung zu einer vorausschauenden, normativ beeinflussten Praxis macht.

Je intensiver man sich mit Angst beschäftigt, desto deutlicher wird indes, dass es sich um einen schillernden, vielschichtigen Begriff handelt. Folgt man den im Internet zugänglichen Definitionen,[6] so ist Angst ein negatives Grundgefühl, welches sich in als bedrohlich empfundenen Situationen als Besorgnis und (un-)lustbetonte Erregung äußert. Auslöser können dabei erwartete Bedrohungen etwa der körperlichen Unversehrtheit, der Selbstachtung oder des Selbstbildes sein. Dieses Grundgefühl kann sich in einem weiten Spektrum von Ängsten artikulieren. Dazu zählen Unsicherheiten (Beklommenheit, Scheu, Zaghaftigkeit), innere Zwänge (Esszwang, Kontrollzwang, Reinigungszwang etc.), besondere Formen der Furcht (Verletzungsfurcht, Versagensfurcht, Berührungsfurcht etc.), Phobien (Akrophobie, Agoraphobie, Klaustrophobie), Paniken (Angstanfall, Schockstarre, Katastrophenlähmung etc.) und Psychosen (neurotische Ängste, Verfolgungswahn, Lebensangst).

Während psychologische Angstbegriffe primär auf innere Prozesse und psychoanalytische Definitionen auf die Triebstruktur von Individuen abstellen, zielen sozialwissenschaftliche Überlegungen, darin mit Dieter Duhm und Ernst Bloch übereinstimmend, vor allem auf gesellschaftliche Verhältnisse, die Angst erzeugen. Es

---

6 Vgl. den Wikipedia-Artikel zu „Angst". In: Wikipedia – Die freie Enzyklopädie. Bearbeitungsstand: 10.06.2023, https://de.wikipedia.org/wiki/Angst. Zugegriffen: 24.08.2023.

gibt jedoch Kategorien, die zwischen äußeren Quellen der Angsterzeugung, inneren Angstquellen und deren Verarbeitung vermitteln. Das trifft auf Begriffe wie den der Identitätsbildung oder der Persönlichkeitsstruktur bzw. den des Sozialcharakters zu. Auf Charakterstrukturen komme ich noch einmal zurück. Wegen seiner Vielschichtigkeit möchte ich aber zunächst den von mir genutzten Angstbegriff in vier Überlegungen präzisieren.

(1) Angst und Furcht: Orientiert man sich am eingangs zitierten Ernst Bloch, so muss eigentlich systematisch zwischen Angst und Furcht unterschieden werden. Angst ist ein relativ diffuses, ungerichtetes Gefühl. Sobald sie auf spezifische Objekte, auf bestimmte soziale Verhältnisse oder auch auf soziale Gruppen bezogen wird, müssen wir eigentlich von Furcht sprechen. Furcht ist gerichtete, konkrete Angst. In der Realität ist es allerdings nicht so einfach, die Unterscheidung von Angst und Furcht durchzuhalten. Nehmen wir ein Beispiel: Wenn viele Menschen unregulierte Zuwanderung als bedrohlich empfinden, so handelt es sich strenggenommen um Furcht, die auf eine besondere, als bedrohlich wahrgenommene soziale Gruppe bezogen ist. Diese Wahrnehmung ist aber bereits eine gesellschaftlich erzeugte. In sie gehen neben spontanen, alltäglichen Weltsichten auch Deutungsschemata ein, die Migranten und Migrationsbewegungen bewusst mit angstauslösenden Merkmalen versehen. Diese Furcht wird von außen gerichtet und es ist durchaus möglich, dass sich hinter ihr diffuse Ängste verbergen, die mit Migrationsbewegungen eigentlich nichts zu tun haben. Weil das so sein kann, wird nachfolgend gelegentlich auch dann von Angst gesprochen, wenn eigentlich Furcht gemeint ist.

(2) Realangst und neurotische Angst: Angst kann höchst real sein, weil sie sich aus angsteinflößenden gesellschaftlichen Verhältnissen speist. Sie kann aber auch ohne jeden äußeren Anlass auftreten.[7] Diese Art der Existenzangst lässt sich analytisch nur erfassen, wenn wir zwischen Realangst und neurotischer Angst unterscheiden. Realangst lässt sich gesellschaftlichen Verhältnissen zuordnen, die sie erzeugen. Neurotische Angst resultiert aus der psychischen Fähigkeit zu Anpassung an solche Verhältnisse. Sie entsteht ursprünglich, wenn – das jedenfalls behauptet Duhm – Autoritätspersonen den Verzicht auf unmittelbare Bedürfnisbefriedigung mit einem Übermaß an Zwang durchsetzen. Die Realangst ist in diesem Fall die Angst vor der Bestrafung durch die Eltern. Die Ausbildung eines Gewissens, eines Über-Ichs, das uns als fremde und doch gleichsam verinnerlichte Instanz gegenübertritt, hilft uns, Bestrafung und damit letztendlich auch Realangst zu vermeiden. Auf diese

---

7 „Viele Menschen leben in einer dunklen, unentrinnbaren Angst, die immer wieder ohne sichtbaren Anlass einfach da ist. Sie haben Angst auch dann, wenn sie ihre Pflichten erfüllt haben, alles getan haben, was in ihren Kräften stand, und wenn sie von keinerlei äußerer Autorität bedroht sind." Duhm, Dieter (1972): Angst im Kapitalismus. Lampertheim: Küpler, S. 20.

Weise schützt das Gewissen uns vor völligem Autonomieverlust. Die Kluft zwischen gesellschaftlichen Anforderungen und Bedürfnissen kann es aber nicht aufheben. Deshalb bedeutet die Ausbildung eines Über-Ichs stets auch die Verinnerlichung von Autorität:

> „Das Verhältnis von Überich (= Gewissen = verinnerlichte Autorität) zu Autorität ist dialektisch. Das Überich ist eine Verinnerlichung der Autorität, die Autorität wird durch die Projizierung der Überich-Eigenschaften auf sie verklärt und in dieser verklärten Gestalt wieder verinnerlicht. Autorität und Überich sind voneinander überhaupt nicht zu trennen."[8]

In der Konsequenz heißt dies, dass Angst auf dem Umweg der Über-Ich-Projektion auch dann erlebt werden kann, wenn keine reale Gefahr vorliegt. In diesem Fall tritt die neurotische Angst an die Stelle der Realangst; sie stört und kontrolliert eigenwillig unser Leben.

(3) Angst und Kapitalismus: Wie bereits angedeutet, ist Angst kein rein psychisches Phänomen. Angst und Furcht werden gesellschaftlich erzeugt. Mit der Veränderung von Gesellschaft wandeln sich die Angstquellen ebenso wie die sozialen Mechanismen der Angstabwehr und Angstverarbeitung. Um die gesellschaftliche Dimension einzubeziehen, schlägt Duhm vor, zur psychologischen Theorie der Angst den marxistischen Begriff der Entfremdung hinzuzunehmen. Letztere entkräfte psychoanalytische Argumente nicht, bette sie aber in eine Theorie der kapitalistischen Gesellschaft ein. Der Kapitalismus sei zwar nicht die einzige Gesellschaftsformation, die Angst generiere und auf Ängsten beruhe; sie sei jedoch die einzige, in der Angst aus einer doppelten Entfremdung entspringe.

> „Die menschliche Solidarität ist in der totalen Warenwirtschaft gleich zweimal zerrissen: zum einen, weil die Menschen sich als ökonomische Charaktermasken auf einem immerwährenden Markt gegenübertreten, wo der Tauschwert interessiert und nicht der Mensch [...]. Zum anderen, weil sie sich auf diesem Markt als Vertreter der anonymen gesellschaftlichen Macht begegnen. Beides muss in ihnen ein Grundgefühl der Isoliertheit und Angst erzeugen. Die verselbständigten Mächte verurteilen den Menschen in der Entfremdung zur Subjektlosigkeit und tiefen Passivität, die durch das ganze Theater von Leuchtreklame, Sportwagen und Karriere nicht überschrien werden kann."[9]

Duhms Formbestimmung der Angst ist freilich ungenau. Sie leitet die Angst aus den Grundverhältnissen und Basisinstitutionen kapitalistischer Gesellschaften ab. Angst, so das Argument, ist der ständige Begleiter eines verselbstständigten Leistungsprinzips und der mit diesem Prinzip verbundenen Konkurrenz. Sie resultiert

---

8   Fromm, Erich (1936): Sozialpsychologischer Teil. In: Horkheimer, Max (Hg.), Studien über Autorität und Familie. Forschungsberichte aus dem Institut für Sozialforschung. Librairie Félix Alcan, S. 77-136, S. 85.
9   Duhm, Dieter (1972): Angst im Kapitalismus. Lampertheim: Küpler, S. 48.

aus der Erziehung in der bürgerlichen Kleinfamilie, dem autoritären Zug der dort vermittelten Sittenlehre, den mit ihr verbundenen Tabus, Denkverboten und kulturellen Irrationalitäten. Das alles mag bis zu einem gewissen Grad zutreffen. Doch erstens erzeugen nicht alle Spielarten des Kapitalismus Angst in gleicher Weise. Angst entsteht in wohlfahrtsstaatlichen Kapitalismen anders, auf anderem Level als in Kapitalismen ohne oder mit allenfalls rudimentärem Wohlfahrtsstaat. Zweitens lässt sich die Rückführung von Angst auf die repressive frühkindliche Erziehung in der bürgerlichen Kleinfamilie so nicht aufrechterhalten. Die kleine Welt von Familie und Freundschaftsbeziehungen ist häufig das letzte Refugium einer produktiven Verarbeitung chronischer Ängste, die aus realen gesellschaftlichen Verwerfungen resultieren. Drittens schließlich übergeht Duhm ein zentrales Merkmal kapitalistischer Vergesellschaftung, das in der Gegenwart für die Angsterzeugung zentral ist – den expansiven Charakter der kapitalistischen Produktionsweise, den ständigen Zwang zur Markterweiterung und die damit verbundene Durchsetzung von Ausbeutungs- und Disziplinierungsmechanismen.

Kapitalismus, so lässt sich zugespitzt formulieren, ist eine Gesellschaftsformation, die sich nicht ausschließlich aus sich selbst heraus reproduzieren kann. Ihre Dynamik speist sich aus einer komplexen Innen-Außen-Bewegung. Stets beinhaltet sie die Internalisierung von Externem, die Okkupation bzw. Landnahme[10] eines nicht oder nicht vollständig kommodifizierten Anderen. Sofern es jedoch kein funktionales Anderes zu entdecken gibt, das in Besitz genommen, in Wert gesetzt, kommodifiziert und profitabel genutzt werden kann, geraten Gesellschaften mit eingebautem Expansionszwang an die Grenzen ihrer Entwicklungsfähigkeit. Sie stagnieren und zerfallen. Kapitalistische Vergesellschaftung beruht somit auf einem Expansionsparadoxon. Der Kapitalismus muss expandieren, um zu existieren. Dabei zerstört er allmählich, was er für seine Reproduktion benötigt. Je erfolgreicher die Akkumulations-, Wachstums- und Kommodifizierungsmaschine arbeitet, desto wirkungsvoller untergräbt sie die Selbstreproduktionsfähigkeit sozialer und natürlicher Ressourcen, ohne die moderne kapitalistische Gesellschaften nicht überlebensfähig sind. Zwar existiert weder ein Zusammenbruchsautomatismus, noch eine gleichsam überhistorische Steigerungslogik, die das System aus sich heraus an absolute Grenzen seiner Entwicklungsfähigkeit treiben würde. Doch das Expansionsparadox korrespondiert mit einem Angstparadoxon. Gefordert ist die Anpassung an angsterzeugende Verhältnisse, die tendenziell all das zerstören, was den Angstrohstoff eindämmt oder doch eindämmen könnte. Die Angst davor, dass Anpassung nicht gelingt, paart sich mit der Furcht, erfolgreiche Unterwerfung könne neue Angstquellen produzieren.

---

10 Dörre, Klaus (2009b): Die neue Landnahme. Dynamiken und Grenzen des Finanzmarktkapitalismus. In: Dörre, Klaus/Hartmut, Rosa/Lessenich, Stephan, Soziologie – Kapitalismus – Kritik. Eine Debatte. Frankfurt a. Main: Suhrkamp, S. 21-86.

(4) Angst und Unterwerfung: Bevor ich das näher ausführe, sei erwähnt, dass Angst und Unterwerfung zwei Seiten ein und derselben Medaille darstellen. Es gibt wahrscheinlich höchst profitable, aus der Perspektive dominanter kapitalistischer Akteure funktionale und deshalb produktive Formen der Angst. Doch letztendlich münden die meisten Spielarten von Angst in Unterwerfung. Präziser gesagt: Unterwerfung ist in der Regel das naheliegendste Mittel der Angstabwehr:

> „Je besser sie [die Anpassung, KD] gelingt, desto unauffälliger der Charakter, desto angepaßter und 'gesünder' die angstabwehrende Charakterbildung. Das neurotische besteht dann in der unangepaßten Angstabwehr, z.B. in ungebührlicher Aggressivität, Arroganz, allzubereitwilliger Dienstfertigkeit, allzugroßer Geschwätzigkeit, zu deutlicher Angeberei oder Herrschsucht usw. Die unangepaßten angstabwehrenden Verhaltensweisen führen dazu, dass das Individuum die Feindseligkeit seiner Umwelt immer stärker erfährt. Damit wird die Angstabwehr noch notwendiger – ein Teufelskreis, der meistens zu dem führt, was unsere Gesellschaft 'Neurose' nennt."[11]

Daraus folgt: Angst kann niemals der Emanzipation dienen. Eher trifft das Gegenteil zu. „Der angepaßte Mensch unserer Gesellschaft" sei, so Dieter Duhm, „der fremdbestimmte Mensch, von dem wir gesehen haben, daß er psychisch durch und durch verkrüppelt ist".[12] Emanzipation beinhaltet daher stets, Ängste, oder besser: Furcht zu überwinden. Möglich sind aber auch Formen der Angstabwehr oder -verdrängung, die das scheinbare Aufbegehren gegen reale oder vermeintliche Angstquellen mit umso nahtloserer Unterwerfung unter vorgegebene Zwänge verbinden. In solchen Fällen kann es zu imaginären, weil letztendlich herrschaftssichernden Revolten kommen. Genau das ist beim neuen Rechtspopulismus der Fall.

Werfen wir zunächst einen Blick auf die Angstquellen. Was macht uns Angst? Die Globalisierung, würden wohl nicht ausschließlich Rechtspopulisten antworten. Diese Antwort ist falsch und richtig, richtig und falsch zugleich. Die intensivierte Globalisierung ist zu komplex, als dass sie sich nach einem einfachen Ursache-Wirkungs-Schema entschlüsseln ließe. In ihr kommt sowohl das Expansionsparadoxon kapitalistischer Gesellschaften als auch das mit ihm verkoppelte Angstparadoxon zum Tragen. Das Expansionsparadoxon wurzelt darin, dass uns die Globalisierung einerseits als alternativlose Fahrt mit dem Dschagannath-Wagen nahegebracht worden ist,[13] die anderseits jedoch, wie wir heute wissen, mit Wachstum, Geld- und Innovationssystem, Wohlfahrtsstaat und Demokratie ihre eigenen Selbststabilisatoren sukzessive untergräbt. Das Angstparadoxon resultiert in diesem Falle daraus, dass uns die Furcht, nicht mithalten zu können, die Furcht vor Wettbewerbs-, Konkurrenz-

---

11 Duhm, Dieter (1972): Angst im Kapitalismus. Lampertheim: Küpler, S. 115.
12 Ebd., S. 116.
13 Giddens, Anthony (1995): Konsequenzen der Moderne. Frankfurt a. Main: Suhrkamp.

und Standortnachteilen, dazu bringt, uns an Verhältnisse anzupassen, die wiederum Folgewirkungen haben, die uns in anderer Weise Angst machen können.

Wie lässt sich eine solche Auffassung begründen? Als Ausgangspunkt eignet sich ein Blick auf das Krisenjahrzehnt, das den Crash an den globalen Finanzmärkten 2007–09 mit dem Amtsantritt Donald Trumps im Januar 2017 verbindet. Zwar ist die Weltwirtschaft längst zu einem Wachstumskurs zurückgekehrt, doch die Wachstumsraten in den altindustriellen Ländern sind ausgesprochen niedrig geblieben. Hinter den flachen Wachstumskurven in den alten kapitalistischen Zentren verbirgt sich jedoch eine tieferliegende Problematik. Die Globalisierung ist repulsiv geworden, das heißt sie erzeugt – etwa mit flachen Wachstumsraten in den frühindustrialisierten Ländern, wachsender Ungleichheit, Unterklassenbildung und zunehmender Fluchtmigration – Wirkungen, die auf ihre verursachenden Zentren zurückschlagen und dort nicht nur gesellschaftsverändernd wirken, sondern Angst erzeugen. Ich skizziere exemplarisch einige strukturelle Angstquellen und beleuchte Strategien subjektiver Angstverarbeitung.

2. Ungleichheit und Angst vor Abwertung

Beginnen wir mit der Zunahme sozialer Ungleichheit. Noch bis zum Beginn des 21. Jahrhunderts hatte die globale Marktexpansion die zweiterfolgreichste Wachstumsphase in der Geschichte des industriellen Kapitalismus ermöglicht.[14] Diese Phase ist vorerst beendet. Zwar sind die meisten frühindustrialisierten Länder auf einen Wachstumspfad zurückgekehrt, doch ihre Wachstumsraten bleiben relativ flach. Einiges spricht dafür, dass die Volkswirtschaften dieser Staaten „die Zeit des schnellen Wachstums [...] definitiv hinter sich gelassen" haben.[15] Sofern Wirtschaftswachstum überhaupt noch generiert werden kann, ist es mit einer zunehmend ungleichen Verteilung des erzeugten Reichtums verbunden. Laut *Global Wealth Report* besitzen gegenwärtig 0,7 Prozent der erwachsenen Weltbevölkerung 45,6 Prozent des Haushaltsgesamtvermögens, während 73,2 Prozent lediglich über einen Vermögensanteil

---

14 Maddison, Angus (2006): The world economy, Volume 2: Historical statistics. Development Centre Studies, Organisation for Economic Co-operation and Development (OECD). Paris, S. 125. Der Wachstumsbegriff wird häufig sehr unpräzise gebraucht. Sofern nicht anders vermerkt, verstehe ich nachfolgend unter Wachstum die Steigerung der Wertschöpfung in einem Land, wie sie mit den Indikatoren des Bruttoinlandsprodukts gemessen wird.

15 Galbraith, James K. (2016): Wachstum neu denken. Was die Wirtschaft aus den Krisen lernen muss. 1. Aufl. Zürich: Rotpunktverlag, S. 9.

von 2,4 Prozent verfügen.[16] Parallel zu steigenden Einkommen aus Kapitalerträgen ist die durchschnittliche Lohnquote in den wichtigsten Industrieländern zwischen 1980 und 2013 nahezu kontinuierlich gesunken. Das einigermaßen rasche Wachstum in den großen und kleinen Schwellenländern, das dort Mittelklassen expandieren lässt, geht zulasten von beherrschten Klassen in den alten Metropolen. Hauptgewinner der Globalisierung sind reiche Eliten, die noch immer überwiegend in den alten Zentren leben. 44 Prozent des Einkommenszuwachses, der zwischen 1988 und 2008 erzielt wurde, entfallen auf die reichsten 5 Prozent, nahezu ein Fünftel auf das reichste eine Prozent; die aufstrebenden Mittelklassen in den Schwellenländern verfügten lediglich über zwei bis vier Prozent der absoluten Zuwächse.[17]

Solche Daten verweisen auf einen sozialen Mechanismus, den Thomas Piketty[18] eindringlich beschrieben hat. Ohne Umverteilung zugunsten der Beherrschten übersteigt das Wachstum der Kapitalrendite (r = return) stets das der Wirtschaftsleistung (g = growth), es gilt r > g. Wenn die Wirtschaftsleistung sinkt, wird zwar in der Tendenz auch die Vermögensrendite reduziert, das geschieht aber zeitverzögert. Bleiben gegensteuernde Umverteilungsmaßnahmen aus, forcieren niedrige Wachstumsraten die Vermögens- und Einkommensungleichheit zusätzlich. Für die Verlierer, hauptsächlich die Industriearbeiterschaft und das neue Dienstleistungsproletariat der alten Zentren, entfällt damit zunehmend, was der Ex-Weltbanker Branko Milanovic als „Ortsbonus" der Vermögensverteilung bezeichnet. Das „Privileg", in einem reichen Land geboren zu sein, schützt nicht mehr vor sozialem Abstieg oder, nicht minder gravierend, vor blockiertem Aufstieg. Diese Grunderfahrung hat auch in Deutschland viele Facetten. Heute ist die Bundesrepublik eines „der ungleichsten Länder in der industrialisierten Welt".[19] Das oberste Tausendstel der Bevölkerung verfügt konservativ geschätzt über 17 Prozent des Gesamtvermögens; die reichsten zehn Prozent besitzen einen Anteil von mehr als 64 Prozent.[20] Doch nicht nur die Kluft zwischen Arm und Reich hat sich vergrößert, auch die Einkommensungleichheit unter Lohnabhängigen hat zugenommen. Die Hälfte der Lohnabhängigen verdient

---

16 Credit Suisse Research Institute (2016): Global Wealth Report 2016. https://www.credit-suisse.com/about-us/en/reports-research/studies-publications.html. Zugegriffen: Dezember 2017.
17 Milanovic, Branko (2016): Die ungleiche Welt. Migration, das Eine Prozent und die Zukunft der Mittelschicht. Berlin: Suhrkamp; Milanovic, Branko (2017): Haben und Nichthaben. Eine kurze Geschichte der Ungleichheit. Stuttgart: Theiss.
18 Piketty, Thomas (2014): Das Kapital im 21. Jahrhundert. München: C. H. Beck.
19 Fratzscher, Marcel (2016): Verteilungskampf. Warum Deutschland immer ungleicher wird. München: Hanser, S. 9, S. 43ff.
20 Bach, Stefan/Thiemann/Andreas/Zucco, Aline (2015): The Top Tail of the Wealth Distribution in Germany, France, Spain, and Greece. In: DIW Discussion Papers (2). Berlin.

heute weniger als noch vor 15 Jahren, die unteren vier Einkommensdezile und damit vor allem Arbeiter*innen haben überdurchschnittlich verloren.[21] Moderate Lohnsteigerungen, wie sie nach 2013 zu verzeichnen sind, haben diese Einkommensungleichheit modifiziert, aber nicht grundlegend korrigiert. Die Problematik der Lohn- und Einkommensungleichheit erhält im Osten Deutschlands insofern eine besondere Ausprägung, als das Lohnniveau entgegen der ursprünglichen Versprechungen noch immer deutlich hinter dem der alten Bundesländer zurückbleibt. So entspricht das Lohnniveau beispielsweise in der Thüringer Zulieferindustrie in etwa 66 Prozent des Westniveaus.

Das Lohnniveau ist jedoch ein Indikator für Lebensverhältnisse, die Entwicklungsmöglichkeiten von Arbeiter*innen begrenzen und die, so jedenfalls die Erwartungshaltung, in der Zukunft eher schlechter als besser werden. Absteigen zu müssen, oder nicht mehr aufsteigen zu können, wird deshalb zu einer Quelle – teils realer, teils neurotischer – Angst, die das Verhalten auch junger Arbeiterinnen und Arbeiter tief beeinflusst. Mit einem festen Job und einem gesicherten Einkommen, so glauben viele von uns Befragte aus der Arbeiterschaft, haben sie alles erreicht, was sie erreichen können. Sie betrachten sich weder als arm noch als prekär und wollen trotz der teilweise bescheidenen Löhne der „mittleren Mittelschicht" angehören. Die soziale Nähe zu den verwundbarsten Gruppen wird als kollektive Abwertung des Arbeiterstatus empfunden. Deshalb erinnert das dichotome Bewusstsein der Befragten nur vordergründig an jene „Schicksalsgemeinschaft" der Arbeiter, die Popitz, Bahrdt und Forschungsgruppe für die Bundesrepublik der späten 1950er Jahre beschrieben haben.[22] „Schicksalsgemeinschaft" bezeichnete damals kein stigmatisiertes Unten, dem es zu entrinnen galt, sondern ein soziales Kollektiv, das nur gemeinsam aufsteigen konnte. Weil Aufstieg ausschließlich als einer der gesamten Arbeiterschaft vorstellbar war, konnte die dichotome Weltsicht zum universell verwendbaren Deutungsschema werden, das von der Macht des Kapitals über die Kriegsgefahr bis hin zur Ohnmacht der Arbeiter alles auf einen Nenner zu bringen in der Lage war.

Im Kontrast dazu fürchten von uns befragte Beschäftigte, dass sie den Anschluss an gesellschaftliche Normalität verlieren könnten. Ein solches Schicksal abzuwenden, bedeutet für sie in erster Linie eine individuelle Anstrengung. Sie versuchen der gesellschaftlichen Abwertung des Arbeiterstatus zu entgehen, indem sie sich selbst aufwerten und sich der „mittleren Mitte" und damit gesellschaftlicher Normalität zuordnen. Das ist ihnen möglich, weil sie wissen, dass es unterhalb ihrer sozialen

---

21 Fratzscher, Marcel (2016): Verteilungskampf. Warum Deutschland immer ungleicher wird. München: Hanser, S. 64.
22 Popitz, Heinrich/Bahrdt, Hans Paul/Jüres, Ernst August/Kesting, Hanno (1957): Das Gesellschaftsbild des Arbeiters. Soziologische Untersuchungen in der Hüttenindustrie. Tübingen: Mohr.

Position Lohnabhängige gibt, denen es noch deutlich schlechter geht. Man kennt tschechische und polnische Leiharbeiter oder Rumänen und Bulgaren, die im Niedriglohnbereich arbeiten aus der eigenen betrieblichen Realität, der unmittelbaren sozialen Nachbarschaft. In solchen Lagen sind es nicht unmittelbar Armut und Prekarität, die Angst auslösen. Ängste können auch in scheinbar gesicherten Verhältnissen entstehen.

Selbiges ist nicht ausschließlich, aber vor allem in den untersuchten ostdeutschen Regionen der Fall. Befragte mit Wendeerfahrung sehen sich zu erheblichen Teilen nicht nur materiell benachteiligt, sondern vor allem kulturell stigmatisiert. So heterogen die sozialen Positionen befragter Personen aus den neuen Ländern ansonsten auch sein mögen – Abwertungserfahrungen machen all jene, die sie teilen, tendenziell gleich. Dementsprechend empfinden sich vor allem männliche Arbeiter aus den neuen Ländern häufig als Objekt doppelter Bewertungsstandards. Damit verbundene Spaltungen machen sich unterschwellig auch bei Gewerkschaftsmitgliedern bemerkbar. In ihrem Selbstverständnis sind viele Befragte mit DDR- oder Nachwendesozialisation Meister der Improvisation: „Der Ossi weiß zu überleben. Einer aus dem Westen drüben, der würde für das Geld nicht einmal aufstehen" (rechtsaffiner Betriebsrat). Im Unterschied zu den „Wessis" seien die ehemaligen DDR-Bürger „Kämpfer" und gewohnt, kein Blatt vor den Mund zu nehmen: „Ich sage mal, ein Wessi, der würde sang- und klanglos untergehen, wenn irgendwas ist. Aber durch die Diktatur [...] ist der Ossi hart geworden. Das ist meine Meinung. Den kriegst du nicht so schnell klein". Unter Ostdeutschen gebe es „mehr Zusammenhalt" (Gewerkschafter, Protestwähler AfD). Auch hätten sie schon einmal bewiesen, zu einer demokratischen Revolution fähig zu sein.

Aus der Gegenperspektive stellt sich das völlig anders dar. Gewerkschafter mit Westsozialisation betrachten die Mitglieder aus dem Osten, denen sie sich ansonsten durchaus solidarisch verbunden fühlen, oftmals als autoritär geprägte Persönlichkeiten. Ein Gewerkschaftssekretär spricht gar von einem „Erziehungsauftrag", den er gegenüber den Mitgliedern aus dem Osten wahrzunehmen habe. Diejenigen, die erzogen werden sollen, halten das wahrscheinlich für eine pädagogisierende Anmaßung, die mit doppelten Bewertungsstandards arbeitet. Dass mit ungleichen Maßstäben gemessen wird, ist eine Wahrnehmung, die zumindest einen Teil der Ostdeutschen ungeachtet sonstiger sozialer Unterschiede noch immer in einer kollektiven Schicksalsgemeinschaft verbindet. Gleich wo man sich sozial verortet, bei Lohn, Arbeitszeit und Arbeitsbedingungen, vor allem aber bei Anerkennung und Wertschätzung ist man noch immer nicht auf dem versprochenen Westniveau angelangt.

Die Nation fungiert in der rechtsaffinen Weltsicht als über allen Egoismen stehende Gemeinschaft der Tugendhaften. Sie ist Garantin des Menschlichen. Benachteiligte Ostdeutsche sind diejenigen, denen demnach innerhalb der nationalen Gemeinschaft vor allen anderen Gruppen Gerechtigkeit zu widerfahren hat.

Migranten und Geflüchtete, so die Behauptung, belasten die nationale Gemeinschaft zusätzlich. Deshalb werden Fluchtmigranten zu einem Synonym für Kontrollverlust. Ungefragt sieht man sich einer Zuwanderung ausgesetzt, die als nicht beherrschbar erscheint. Deshalb möchte man das eigene gute Leben vor Fremden schützen und lehnt „Masseneinwanderung" ab.

Hinter den negativen Klassifikationen, mit denen Fremde abgewertet werden, verbergen sich jedoch häufig Erfahrungen ganz anderer Art. Das Deutungsschema abgewerteter Ostdeutscher verbindet sich mit Ohnmachtserlebnissen in Betrieb und Arbeitswelt: „Du bist sozusagen in einer ständigen Drucksituation, du hast immer irgendjemanden, der dir sagt, so hat das jetzt zu funktionieren. Und gesellschaftlich läuft es halt genauso. Irgendeiner erklärt dir eben [...], du wirst zum Denken nicht bezahlt, das ist jetzt erst mal meine Aufgabe und du hältst hier die Fresse und machst" (Gewerkschaftssekretär). Immer wieder mit doppelten Bewertungsmaßstäben konfrontiert, empfinden sich die Befragten als unverschuldet anormal. Das Angstgefühl, aus dem sich diese Grundhaltung speist, beruht auf dem Empfinden, nicht mehr mithalten zu können, den Anschluss an das „normale Leben" zu verlieren. In einer Gesellschaft, in der scheinbar ständig alles immer besser wird, ist das ein Angstrohstoff, den der völkische Populismus auszubeuten vermag. Weil es „das Establishment" versäumt, nationale Aufgaben mit Priorität anzugehen und die Gewerkschaften trotz Hochkonjunktur unfähig sind, den Ohnmachtszirkel ständiger Abwertungserfahrungen zu durchbrechen, wird die AfD zum legitimen Adressaten von Ängsten, die in Wut umschlagen: „Ich wähle die nur aus Protest, damit sich in den Köpfen von den großen Parteien irgendwo mal was ändert [...] Die Partei selber, wenn die irgendwo was zu sagen hätte, ob die was ändern könnte, ich bezweifle das", begründet ein aktiver Gewerkschafter seine positive Haltung zur AfD.

3. Unterklassenbildung und Angst vor Ausschluss

Strukturelle gesellschaftliche Angstquellen finden wir hingegen auch in den untersten Etagen einer neu entstehenden Klassengesellschaft, die wesentlich aufgrund von sozialer Abwertung und negativen Klassifikationen entsteht. In scharfem Kontrast zur Jobwunderfassade lebt ein erheblicher Teil der deutschen Bevölkerung weiter in unsicheren, unwürdigen Verhältnissen. Trotz günstiger konjunktureller und demografischer Entwicklung und einer positiven Beschäftigungswirkung des allgemeinen gesetzlichen Mindestlohns sind atypische Beschäftigungsformen seit 2010 nur leicht zurückgegangen, die Leiharbeit hat sogar zugenommen. Dagegen lag das ungenutzte Arbeitskräftepotenzial 2014 noch immer bei ca. sechs Mio. Personen (2,1 Mio. Erwerbslose, 2,9 Mio. Unterbeschäftigte, 1,0 Mio. stille Reserve). Zwar ist die Zahl der Langzeitarbeitslosen zwischen 2006 und 2011 um ca. 40 Prozent zurückgegangen, um sodann auf dem erreichten Niveau zu verharren. Es gibt aber einen harten Kern von etwa einer Million Menschen, die über zehn Jahre hinweg niemals aus dem Leistungsbezug der Grundsicherung, besser bekannt als „Hartz IV", herausgekommen sind. Insgesamt waren 2014 4,4 Mio. Menschen auf SGB-II-Leistungen angewiesen, bei 3,1 Mio. handelte es sich um Langzeitleistungsbezieher. Lediglich die Hälfte der Grundsicherungsbezieher war arbeitslos; nur für etwa 770.000 Personen traf zu, sowohl langzeitarbeitslos als auch in Langzeitleistungsbezug zu sein. Wer aus dem Niedriglohnsektor in den Leistungsbezug gerät, wird, sofern der Sprung in eine Erwerbstätigkeit überhaupt gelingt, mit hoher Wahrscheinlichkeit nur einen prekären Job finden. Auf diese Weise verfestigt sich eine Soziallage an der Schwelle gesellschaftlicher Respektabilität, in der sich Personen befinden, die häufig als Angehörige der Unterschicht, Unterklasse oder als ökonomisch vermeintlich Überzählige beschrieben, durch die Mehrheitsgesellschaft stigmatisiert und auf diese Weise abgewertet werden.

Die Angst, dauerhaft unterhalb einer Schwelle gesellschaftlicher Respektabilität und damit in unwürdigen Verhältnissen leben zu müssen, kann Verzweiflung auslösen. Das wird am Beispiel von Leistungsbeziehern besonders eindrücklich nachvollziehbar, die ihre Wohnung aufgeben müssen, weil sie nach den gesetzlichen Vorgaben zu groß ist. Eine Befragte berichtet:

> „[...] da hat sie mich wieder vorgeladen, meine Leistungsrechnerin, die Frau M., was das da soll, meine Ablehnung, sie liest das so, als wenn ich jede Wohnung ablehnen würde und da muss man ja nun vorsichtig sein mit den Äußerungen, ja. Da hab ich gesagt, ich zieh' auf keinen Fall in so 'n Assiblock, weil ich hab 'n vernünftiges soziales Umfeld hier und da möchte ich auch bleiben, sag ich, sonst könnt ihr mich gleich in die Klapsmühle bringen oder ich springe dann vom Balkon – ach da war ich bei meiner Ärztin, hab der das erzählt, da hat ich 'n Termin und da hat die mir sofort 'n Attest geschrieben, sag ich, ich sag, ich, wenn das hier so weiter geht und die jetzt Druck machen, sag ich, spring ich vom Balkon, so aus Quatsch eigentlich mehr ja, spring ich vom Balkon." (Frau, 51 Jahre alt/erwerbslos)[23]

Im Beispiel soll die Androhung des physischen Todes durch Selbstmord den sozialen Tod wegen Aufgabe der Wohnung und Umzug in ein abgehängtes Quartier vermeiden helfen. Die Wohnung ist das letzte Refugium eines bürgerlichen Lebens. Eher hungern Leistungsbezieher, als dass sie dieses Refugium aufgeben würden. Die Wohnung zu verlassen, hieße, den Abstieg unter die Schwelle sozialer Respektabilität endgültig und unwiderruflich zu vollziehen. Man wäre nur noch unter Seines- bzw. Ihresgleichen. Ginge die Wohnung verloren, entfiele auch noch die Restkommunikation mit der Gesellschaft respektierter Bürger*innen. Einem solchen Schicksal möch-

---

23 Das Beispiel findet sich in: Dörre, Klaus/Scherschel, Karin/Booth, Melanie/Haubner, Tine/Marquardsen, Kai/Schierhorn, Karen (2013): Bewährungsproben für die Unterschicht? Soziale Folgen aktivierender Arbeitsmarktpolitik. Erschienen in der Reihe International Labour Studies. Band 3. Frankfurt a. Main/New York: Campus.

ten von uns befragte Leistungsbezieher um jeden Preis entgehen. Die Möglichkeit, den Kampf um die Wohnung zu verlieren, löst dann teilweise existenzielle Ängste aus, die individuell nicht mehr zu kontrollieren sind, Panik auslösen, krank machen und gerade deshalb strategisch eingesetzt werden, um die Behörden zu überzeugen, dass der soziale Tod durch Wohnungsverlust nicht eintreten darf.

4. Migration und Angst vor Kontrollverlust

Haben wir es bei den Gefühlen, die Angst vor „unverschuldeter Anormalität" oder antizipierter sozialer Ausschluss verursachen, überwiegend mit Realangst zu tun, lässt sich am Beispiel der Ablehnung von Migranten zeigen, was neurotische Ängste bewirken können. Betrachtet man die nackten Zahlen, so kann von einer europäischen Flüchtlingskrise im Grunde keine Rede sein. Eher handelt es sich um eine Krise der europäischen Flüchtlingspolitik, die den Staaten an der südeuropäischen Peripherie die Hauptverantwortung für die Bewältigung der Fluchtmigration zuschiebt. Wegen der brutalen Abwehrmaßnahmen an den EU-Außengrenzen, in deren Folge selbst Seenotretter wie Kriminelle behandelt werden, sinken sowohl die Flüchtlingszahlen als auch die Anträge auf Asyl kontinuierlich. Im Vergleich zum Rekordjahr 2016 hat sich die Zahl der Asylanträge in Europa 2017 halbiert. Allein in Deutschland ist sie von 700.000 auf etwa 198.000 (2017) zurückgegangen. Trotz einer Rekordzahl von 68,5 Millionen Geflüchteten, schaffen laut OECD „nur diejenigen mit mehr Ressourcen, die Jungen, die Stärkeren" den Sprung nach Europa. Die Migrationsbewegung sei „absolut beherrschbar", lassen Experten verlauten.[24]

Das gilt auch für Deutschland. In der Bundesrepublik war die Nettozuwanderung bereits 2016 wieder auf 500.000 Personen gesunken (2015: 1,14 Millionen). Die Hälfte der Migranten kam aus der EU, 26 Prozent waren Asiaten, fünf Prozent hatten eine afrikanische Staatsbürgerschaft. 2017 lebten in Deutschland 10,6 Millionen Ausländer ohne deutschen Pass. Von einer Massenzuwanderung, die angeblich alles überrollt und deshalb harte Abwehrmaßnahmen nötig macht, kann aber keine Rede sein. Eher trifft das Gegenteil zu. Dennoch: Das Thema Flüchtlingspolitik dominiert das politische Geschehen, weil es sich als ideale Projektionsfläche eignet, um es mit anderen Problemfeldern – von innerer Sicherheit bis sozialer Gerechtigkeit – zu verbinden. Zugleich steht es für das Brüchigwerden klarer Grenzziehungen. In der globalisierten Gesellschaft lösen sich vormalige Trennungen von Außen- und Innenpolitik

---

24 Handelsblatt (2018): USA verzeichnen die meisten Asylanträge – Großer Rückgang in der EU. https://www.handelsblatt.com/politik/deutschland/migration-usa-verzeichnen-die-meisten-asylantraege-grosser-rueckgang-in-eu/22713714.html?ticket=ST-1944411-fDbugbWfOiydbzqp5MLR-ap2. Zugegriffen: Juli 2018.

zunehmend auf. In dieser Konstellation fungieren die Flüchtlinge als – wie es Zygmunt Bauman im Anschluss an Bertolt Brecht formuliert hat – Boten des Unglücks.[25] Sie erinnern an die eigene soziale Verwundbarkeit, die es abzuwehren gilt und repräsentieren zugleich eine zerfallende Weltordnung, welche vielen im globalen Norden eine hegemoniale Lebensweise ermöglicht hat, die global nicht verallgemeinerbar ist.[26]

Darauf, dass die alte Ordnung, deren sozialen Preis andere zu zahlen hatten und haben, in Auflösung begriffen ist, reagieren Menschen in allen Klassen und Schichten mit Angstprojektionen. Man möchte an die Gefahren nicht erinnert werden und die „Boten des Unglücks" aussperren. Es ist also nicht in erster Linie die unmittelbare Konkurrenz um Arbeitsplätze, billige Wohnungen und gesellschaftliche Anerkennung, die Fremdenfeindlichkeit und Ablehnung von Migranten provoziert. Die Ressentiments sind zumindest in Deutschland in jenen Regionen besonders ausgeprägt, in denen es vergleichsweise wenige Migranten gibt. Dort werden fremde, vermeintlich nicht integrierbare „Kulturkreise" zur Quelle neurotischer Angst und damit zu einem Kriterium für sozialen Ausschluss.

Ein solcher Angstrohstoff findet sich auch bei jenen, die eigentlich mit der radikalen Rechten nichts zu tun haben möchten:

> „Mit der AfD habe ich nicht viel am Hut, weil sich da sehr viele Nazis drin tummeln. […] Und das Schlimme ist auch: Es gibt viele Argumente, die die AfD bringt, die ich teilen kann. Wo ich sage, da haben sie recht. Die sprechen das mal aus, was viele hinter der Gardine denken. Ich werde diese Flüchtlingsentwicklung nicht stoppen können. Aber ich habe Angst, in Meißen abends über die Straße zu gehen. Da sehen Sie natürlich die Ausländer, wie sie sich in unserem Land benehmen. Laufen Sie mal auch am Tage über die Eisenbahnbrücke in Meißen, da kommen ihnen Gruppen entgegen, die sich völlig hemmungslos in arabischer Sprache unterhalten. Und zwar lautstark. Wenn ich im Ausland bin, dann bin ich etwas zurückhaltend. Keiner weiß, worüber die reden. Keiner weiß, was die in Ihren Moscheen über den Koran für Schulungen bekommen. Die Medien haben auch einen großen Anteil, es wird ja jeden Tag darüber berichtet. Gestern war wieder eine Messerstecherei, ein Überfall, eine Begrabschung einer deutschen Frau. Und immer wird gesagt, es war ein Libanese oder ein Syrer. Ein Deutscher kommt da kaum vor. Es ist hier eine Entwicklung losgetreten worden, die nicht mehr steuerbar ist und die Folgen sind noch gar nicht absehbar, aber sie sind nicht gerade beruhigend. Und manchmal denke ich mir, ob das jetzt die Umwelt betrifft oder die Weltpolitik: Vielleicht ist es ganz gut, dass ich keine Kinder habe. Denn die nächste und die übernächste Generation wird es sein, die das ausbaden muss, was wir angerichtet haben."[27]

---

25 Bauman, Zygmunt (2017): Die Angst vor den anderen. Ein Essay über Migration und Panikmache. 4. Aufl. Frankfurt a. Main: Suhrkamp, S. 20. Diese Formulierung verdanke ich Peter Reif-Spirek.

26 McCarthy, Thomas/Müller, Michael (2015): Rassismus, Imperialismus und die Idee menschlicher Entwicklung. Deutsche Erstausgabe. 1. Aufl. Berlin: Suhrkamp, S. 375.

27 Das Zitat stammt aus dem großartigen Buch von Uta Heyder, zu dem ich ein Vorwort beisteuern durfte: Dörre, Klaus (2019b): Vorwort. In: Heyder, Uta, Born in the GDR

Wer selbst immer wieder zum Objekt sozialer Abwertung wird, tendiert dazu, Selbstaufwertung mittels Abwertung anderer zu betreiben. Das Ressentiment, die Abwehr von Fremden und Unbekanntem kann dann leicht zum Mittel werden, um sich in der gesellschaftlichen Anerkennungspyramide zu behaupten.

5. Wie wird Angst ausgebeutet?

Rechtspopulistische Bewegungen und Formationen sind erfolgreich, weil sie sich darauf verstehen, Ängste auszubeuten. Entscheidend ist dabei der Umgang mit den gesellschaftlichen Angstquellen, das Spiel mit Emotionen. Exemplarisch seien drei Strategien vorgestellt, die als Umdeutung, Abwehr und Radikalisierung von Angst bezeichnet werden können.

5.1 Umdefinition von Angstquellen

Eine erste Strategie zur Ausbeutung von Ängsten besteht in der ideologisch-politischen Umdeutung von Angstquellen. Das lässt sich anhand des Umgangs mit der sozialen Frage illustrieren. Die national-soziale Rechte schickt sich an, der Linken die Themen zu nehmen. „Die soziale Frage ist ein Kronjuwel der Linken, und es könnte ihr durch eine glaubwürdige und entschlossene AfD abgejagt werden,[28] verkündet der neurechte Vordenker Götz Kubitschek mit der ihm eigenen Großspurigkeit. Zu dieser Strategie passt, dass die Thüringer AfD, die vom national-sozialen Flügel dominiert wird, ein Rentenkonzept vorgelegt hat, das linke Positionen offensiv aufgreift.[29] Gefordert werden die Stärkung der gesetzlichen Rentenversicherung, eine Anhebung des Rentenniveaus und ein Aufschlag für Niedrigrenten. Weil Niedriglöhne die wichtigste Ursache für unzureichende Renten seien, solle der neutrale Verteilungsspielraums voll ausgeschöpft werden, lautet das von der Linken okkupierte Argument.

Bedeutsamer ist jedoch die unterschwellige Umdefinition gesellschaftlicher Angstquellen, die im Programm auf höchst subtile Weise erfolgt. So will die AfD eine Staatsbürgerrente nur für Deutsche. Ausländer ohne deutschen Pass sollen

---

Angekommen in Deutschland. 30 Lebensberichte nach Tonbandprotokollen aus Sachsen. Sachsen-Anhalt und Thüringen. Quedlinburg: Verlag Bussert & Stadeler, S. 9-12.

28 Kubitschek, Götz (2018): Markenimitate, Kronjuwelen – Seehofer, Wagenknecht. In: Sezession vom 17.06.2018. https://sezession.de/58674/markenimitate-kronjuwelen-seehofer-wagenknecht. Zugegriffen: März 2019.

29 AfD (2018): Die Produktivitätsrente. Es geht um Wertschätzung. Ein Konzept der AfD-Fraktion im Thüringer Landtag. Erfurt. https://afd-thl.de/wp-content/uploads/sites/20/2018/06/Rentenpapier-1.pdf. Zugegriffen: Juni 2020.

ausgeschlossen bleiben, was auf eine faktische Entwertung ihrer Arbeitsleistung hinausliefe. Der Finanzierungsvorschlag hat es ebenfalls in sich. Eine Refinanzierung soll durch Einsparungen bei den Aufwendungen für „Masseneinwanderung" und „Energiewende und Klimaschutz", aber auch – und hier scheinbar wieder links – durch Kürzungen bei Auslandseinsätzen der Bundeswehr sowie mittels Bekämpfung von Steueroasen sichergestellt werden.[30] Zudem wird davon gesprochen, junge Leute, kinderreiche Familien und arbeitende Mütter „finanziell [zu] fördern, statt Masseneinwanderung zuzulassen".[31] Und natürlich treibt „die Flüchtlingskrise im Zusammenspiel mit dem Familiennachzug" die „Mietpreise in vielen Städten weiter nach oben".[32] Einem solchen Programm kann man nicht einmal vorwerfen, dass es auf Umverteilung von oben nach unten vollständig verzichten würde. Deshalb wird das Thüringer Rentenkonzept vom marktradikalen Flügel der AfD heftig kritisiert. Für AfD-Wahlkämpfe in den neuen Ländern ist das jedoch allenfalls ein vernachlässigenswertes Detail, denn ob ein Programm beschlossen ist oder nicht, interessiert AfD-Wähler in der Regel wenig.

Am Beispiel zeigt sich, wie die Angst vor Altersarmut, die mit tiefen Löhnen, blockiertem Aufstieg und unsteten Erwerbsbiografien verbunden ist, sozialpopulistisch ausgebeutet werden kann. Die „Produktivitätsrente" lässt sich nicht mit pauschalen Rassismusvorwürfen kritisieren, weil sie wichtige Angstquellen zutreffend benennt. Die Diskriminierung von Lohnabhängigen ohne deutsche Staatsbürgerschaft geschieht gewissermaßen „nebenbei". Ließe sich eine Gewerkschaft, die multiethnische Belegschaften repräsentiert, auf ein solches Konzept ein, käme das einer Aufkündigung von Klassensolidarität gleich, die selbst im Betrieb nur nationen-, kultur- und geschlechterübergreifend funktionieren kann. Damit sind wir beim entscheidenden Punkt. Die „soziale Frage der Gegenwart" bestehe nicht in der „Verteilung des Volksvermögens von oben nach unten", die „neue deutsche soziale Frage des 21. Jahrhunderts" sei „die Frage nach der Verteilung des Volksvermögens von innen nach außen", argumentiert Björn Höcke, Frontmann der Thüringer AfD.[33] Nach dieser Logik ist nicht zunehmende klassenspezifische Ungleichheit, sondern die sogenannte „Masseneinwanderung" die entscheidende Angstquelle. Deshalb geht es den Rechtspopulisten nicht um demokratisches Rückverteilen von oben nach unten, sondern um Flüchtlings- und Migrationsabwehr. Die ökonomisch-soziale Angstquelle wird zu einer kulturellen umdefiniert. Dass eine entsprechende Politik, die auf „Zero-Einwanderung" zielt, an den als ungerecht empfundenen vertikalen

---

30 Ebd., S. 38.
31 Ebd., S. 12.
32 Ebd., S. 10.
33 Paulus, Stefan (2017): Eine Geschichte der Gegenwart. Zur Sozialen Frage im 21. Jahrhundert. http://www.theoriekritik.ch/?p=2920. Zugegriffen: März 2018.

Ungleichheiten nicht das Geringste ändern würde und angesichts des im Osten Deutschlands akuten Arbeitskräftemangels unter wirtschaftlichen Gesichtspunkten zudem völlig dysfunktional wäre, steht auf einem anderen Blatt.

5.2 Angstabwehr mittels Verschwörungstheorien

Nun ist der Sozialpopulismus innerhalb der AfD hochgradig umkämpft. Das Programm der Partei enthält noch immer zahlreiche marktradikale Elemente. Und es gibt im rechtspopulistischen Lager Vordenker, die weiter in der bürgerlichen Mitte die „eigentlich revolutionäre Klasse" sehen, deren Endzweck die Wiederherstellung der sozialen Marktwirtschaft sei.[34] Doch programmatische Widersprüche halten die populistische Ausbeutung von Ängsten nicht auf. Rechtspopulisten waren schon immer Meister in der Beherrschung von Ambivalenzen. Auf der ideologischen Ebene betonten sie häufig die sozialen Pflichten des Einzelnen, lehnen jedoch zugleich bürokratische Bevormundung und kollektiv verordnete „Zwangssolidarität" ab. Inhaltliche Inkohärenz überbrücken sie mit Hilfe der Mobilisierung von Ressentiments – von emotionsgeladenen, habitualisierten Vorurteilen, Stereotypen und negativen Klassifikationen, die sich über Jahrhunderte hinweg im Alltagsbewusstsein abgelagert haben und die vorwiegend unbewusst, reflexartig und damit quasi-automatisch wirken. Hier liegt eine entscheidende Schwäche von Gegenstrategien begründet, die primär auf rationale Angstabwehr setzen müssen. Was sich über Jahrhunderte lang an Ressentiments und abwertenden Schemata im Alltagsbewusstsein abgelagert hat, kann kurzfristig nicht mittels Dekonstruktion beseitigt werden, denn die Zerlegung der Stereotype erzeugt Leere und lässt die Menschen bedürftig zurück. Wo rationale Kritik von außen nicht weiter führt, füllen zwangsläufig Emotionen und Ressentiments die diskursive Lücke.

Dabei machen sich rechtspopulistische Formationen die Neigung eines Teils der Lohnabhängigen zu eigen, eine real oder fiktional gefährdete soziale Position zu verteidigen, indem das Ressentiment zur Triebfeder „gesellschaftlicher und politischer Aktion" umfunktioniert wird und „die Verantwortung für das eigene Unglück bei jenen Gruppen" gesucht wird, „die sich auf der sozialen Leiter knapp oberhalb oder knapp unterhalb der eigenen Position" befinden.[35] Das wichtigste Mittel, solche Haltungen zu verstärken, sind Verschwörungstheorien. Rechtspopulisten kennen keine Gesellschaft, sie kennen nur das System einschließlich seiner Repräsentanten

---

34 Jongen, Marc (2014): Das Märchen vom Gespenst der AfD. Cicero. https://www.cicero.de/innenpolitik/afd-ein-manifest-fuer-eine-alternative-fuer-europa/56894. Zugegriffen: Februar 2018.

35 Castel, Robert (2005): Die Stärkung des Sozialen. Leben im neuen Wohlfahrtsstaat. Hamburg: Edition, S. 67f.

einerseits und ein homogen konstruiertes Volk, das im Grunde als Gemeinschaft gedacht wird, andererseits. Auf seltsame Weise entspricht das System der menschlichen Neigung, egoistisch nach Geld und Macht zu streben. Gut wäre aus Sicht der Rechtspopulisten, wenn den Egoismen Grenzen gesetzt würden. Gelänge dies, könnte sich der Volkswille optimal entfalten. Gesellschaft ist in den rechtspopulistischen Weltbildern als Kategorie im Grunde unbedeutend. Relevant ist allein die Bipolarität von Volk und System. Als Kausalmechanismus, der zwischen zerstörerischem System und gebeuteltem Volk vermittelt, fungieren dann Verschwörungstheorien. Gleich, um welche Problematik es sich handelt, stets sind dunkle Mächte am Werk, die dem deutschen Volk Böses zufügen wollen.

Die subjektive Relevanz von Verschwörungstheorien, die im Alltagsbewusstsein von befragten Lohnabhängigen Spuren hinterlassen hat, offenbart ein doppeltes Dilemma rationaler Angstverarbeitung. Offenkundig sind die Ursachen wachsender Vermögens- und Einkommensungleichheiten derart komplex und die Entscheidungszentren, die Unsicherheit und Ungleichheit steigern, von alltäglichen Erfahrungsräumen so weit entfernt, dass sich verschwörungstheoretische Konstruktionen als Deutungssicherheit stiftende Komplexitätsreduktionen geradezu aufdrängen. Das kann geschehen, weil Deutungsmuster, die Kausalitäten über Ausbeutung, Entfremdung oder Klassenherrschaft herstellen und so moralische Bindekraft entfalten, im Alltagsbewusstsein eines Großteils der Lohnabhängigen gar nicht mehr vorkommen.

Ein Grund dafür ist die Unfähigkeit der Mitte-Links-Parteien, in den gesellschaftlichen Öffentlichkeiten alternative Zurechnungen zu verankern. Mit ihrer Wende hin zu einem „Dritten Weg" à la Tony Blair und Gerhard Schröder haben sich vor allem die sozialdemokratischen Parteien in der Wahrnehmung einstiger Stammwähler dem Sachzwang Globalisierung unterworfen und ihren alten Sozialreformismus aufgegeben. Das hat den Mitte-Rechts-Parteien ermöglicht, in die Mitte zu wandern, mit dem Effekt, dass das politische Zentrum in den parlamentarischen Demokratien keine Polarisierungen zulässt. Ob man CDU oder SPD, Torys oder Labour wählt, machte und macht vielfach bis heute keinen großen Unterschied. Selbiges bedeutet aber, dass der Mitte des politischen Spektrums die Fähigkeit zur demokratischen Polarisierung abhandengekommen ist. Alternative politische Programme werden nicht mehr sichtbar. Die Parteien verwandeln sich zu bürokratischen Apparaten, die vor allem Machterhaltung auf ihrem Programm haben und sich deshalb von den Wählermassen entfremden. Das bedeutet auch: die Fähigkeit zu produktiver Angstverarbeitung mittels Gesellschaftsveränderung, die eine Besserstellung der von Löhnen abhängigen Klassen mit sich bringen würde, wird den Mitte-links-Parteien nicht mehr zugetraut. Exakt das begünstigt die rechtspopulistischen Formationen, die fiktionale Angstabwehr betreiben, indem sie einen Mechanismus betätigen, der Selbstaufwertung mittels Abwertung anderer, Schwächerer, angeblich weniger leistungsbereiter und nicht integrierbarer Gruppen betreibt.

5.3 Radikalisierung von Ängsten

Dieser Mechanismus impliziert, dass Ängste nicht wirklich beseitigt, sondern radikalisiert werden. Ereignisse wie die Jagdszenen von Chemnitz haben das eindringlich demonstriert. Dort marschierten führende AfD-Politiker gemeinsam mit Neonazis, die den Hitlergruß zeigten. Aus den Aufmärschen heraus folgten gewalttätige Attacken gegen Menschen, die aufgrund ihres Aussehens, ihrer Hautfarbe oder ihres Glaubens zur Zielscheibe einer besonderen Art von „Angstabwehr" wurden. Der AfD-Vorsitzende Gauland bezeichnete die Ausschreitungen in Chemnitz schlicht als „Selbstverteidigung". Auf Twitter schrieb er:

> „Wenn der Staat die Bürger nicht mehr schützen kann, gehen die Menschen auf die Straße und schützen sich selber. Ganz einfach! Heute ist es Bürgerpflicht, die todbringende 'Messermigration' zu stoppen! [...] Selbstverteidigung ist mit Sicherheit nicht Selbstjustiz. Nichts anderes ist gemeint."[36]

Offensichtlich entspricht die Gewaltoption einer Ideologie, die behauptet, in Komplizenschaft mit der politischen Klasse betrieben Migranten eine „Umvolkung" Deutschlands. Über eine Einwanderung in die Sozialsysteme eigneten sie sich „deutsches Volksvermögen" an. Fluchtmigration komme deshalb einer „feindlichen Landnahme" gleich. Flüchtlinge betrieben „Landnahme durch Asylantrag". Wegen „Allahs stiller Landnahme" sei „der Bürgerkrieg vorprogrammiert". Als erste treffe es „die Schwächsten: die Frauen". Sexuelle Gewalt „zur Demütigung des weiblichen Teils der einheimischen Bevölkerung" stelle „eine typische Taktik bei der Landnahme durch ausländische Mächte" dar.[37]

Der Kern dieser neu-rechten Argumentation wurzelt darin, dass Herrschaftsverhältnisse auf kulturelle, zivilisationsbedingte Ursachen zurückgeführt werden. Mit Ressentiments aufgeladen, wird Landnahme – entgegen ihrer analytischen Implikationen in soziologischer Verwendung – zur Metapher einer ethnopluralistischen Angriffsideologie, die Fluchtmigranten zu Landräubern erklärt. In Verteilungskämpfen, die zu Konflikten zwischen starken und schwachen Nationen oder starken

---

36 FAZ (2018): AfD-Fraktionschef: Gauland bezeichnet Krawalle als „Selbstverteidigung". In: Frankfuter Allgemeine Zeitung vom 29.08.2018. https://www.faz.net/aktuell/politik/inland/afd-chef-gauland-nennt-krawalle-in-chemnitz-selbstverteidigung-15761753.html. Zugegriffen: Oktober 2018.

37 Kellershohn, Helmut (2016): Vorbürgerkrieg. In: Gießelmann, Bente/Heun, Robin/Kerst, Benjamin/Suermann, Lenard/Virchow, Fabian (Hg.), Handwörterbuch rechtsextremer Kampfbegriffe. Schwalbach: Wochenschau Verlag, S. 326-339; Dörre, Klaus (2016): Die national-soziale Gefahr. PEGIDA, neue Rechte und der Verteilungskonflikt – sechs Thesen. In: Rehberg, Karl-Siegbert/Kunz, Franziska/Schlinzig, Tino (Hg.), PEGIDA – Rechtspopulismus zwischen Fremdenangst und „Wende"-Enttäuschung? Analysen im Überblick. Bielefeld: Transcript, S. 259-288.

und schwachen Kulturen uminterpretiert werden, dient der Begriff als sprachliche Waffe, die selbst rassistische Attacken gegen Schwächere, Schutzlose zu Akten der „Selbstverteidigung" umdeuten kann.

6. Wie mit Angst umgehen?

Was kann der populistischen Ausbeutung und Instrumentalisierung von Ängsten entgegengesetzt werden? Zunächst müssen wir uns eingestehen, dass die wichtigsten Angstquellen in gesellschaftlichen Verhältnissen wurzeln, die Realangst auslösen. Viele Menschen spüren, dass in unseren Gesellschaften grundlegende Veränderungen notwendig sind. Aber sie glauben nicht daran, dass die gesellschaftlichen Eliten in der Lage sind, die Weichen in die richtige Richtung zu stellen. Dieses Empfinden wird auch von AfD- und Pegida-Sympathisierenden immer wieder geäußert. Die Äußerungen stammen aber nicht von Personen, die sich in einem psychoanalytischen Sinne als autoritäre Sozialcharaktere bezeichnen ließen. Mit Blick auf die Persönlichkeitsstrukturen wird etwas anderes deutlich. Hegemoniale Leitbilder, die einem Marketing-Charakter entsprechen, werden in mehr oder minder allen Lebensbereichen an Menschen herangetragen, die fürchten, diesem Leitbild nicht entsprechen zu können. Die Marketing-Orientierung zeichnet sich, so Rainer Funk im Anschluss an Erich Fromm, durch ihre radikale Fokussierung auf die Marktfähigkeit von Produkten und Personen aus:

> „Weil es in allen Lebensbezügen in erster Linie um das Marketing geht, wird das Augenmerk immer auf das Erscheinungsbild des Produkts bzw. der eigenen Person gelenkt [...]. Gerade wenn es um das Marketing der eigenen Person geht, ist die Veränderung besonders auffällig. Was jemand faktisch tut und leistet, welche Fähigkeiten jemand tatsächlich hat, wer jemand wirklich ist, wie man seine behauptete Leistung zur Darstellung bringt, seine Kompetenztrainings, Softskills und Qualitätsmerkmale dokumentieren kann, mit seiner gestylten Persönlichkeit authentisch wirkt, sein selbstbewusstes Image in Szene setzt."[38]

Selbst Facharbeiter in halbwegs geschützter Beschäftigung und Spezialisten mit akademischer Bildung betrachten sich überwiegend als Objekt einer marktgetriebenen Flexibilisierung. Für sie sind Festanstellung oder Projektarbeit zu einer ständigen Bewährungsprobe geworden. Nur um den Preis des sozialen Todes scheint es ihnen möglich, sich dem Zwang zu permanenter Mobilität, zu ständiger Anpassung und Umschulung zu entziehen. Gefährdet ist nicht unbedingt der Job, wohl aber die halbwegs attraktive Tätigkeit, der Arbeitsplatz am Standort, im Stammbetrieb oder in der erwünschten Abteilung und dem favorisierten Team. Deshalb ist die Festan-

---

38 Funk, Rainer (2007): Das Leben selbst ist eine Kunst. Einführung in das Leben und Werk von Erich Fromm. Freiburg: Herder, S. 151.

stellung selbst im prosperierenden Exportsektor häufig nur eine unter Vorbehalt. Auf Dauer gestellte Standortkonkurrenzen und Umstrukturierungen erfordern ein Höchstmaß an individueller Anpassungsbereitschaft. Oftmals gehen Veränderungen mit Leistungsintensivierung und körperlichen wie psychischen Belastungen einher, die in der medial inszenierten Job-Wunder-Welt selten öffentlich werden.

Es ist die Angst, den Anforderungen der Marketing-Orientierung nicht entsprechen zu können, die Sehnsucht nach einer von Wettbewerb, Konkurrenz und Egoismus befreiten Gemeinschaft erzeugt. Dieses Gemeinschaftsverständnis hat etwas Rückwärtsgewandtes, das sich völkische Populisten zu eigen machen. Stets gibt es in den neu-rechten Ideologemen etwas, was über den gesellschaftlichen Interessenkämpfen, über Eigennutz und Ellenbogenmentalität schwebt – die nationale Gemeinschaft, der überragende Wert der Nation. Es ist die Marketing-Orientierung selbst, die als Ausdruck der von ihr miterzeugten Ängste die Sehnsucht nach regressiver Vergemeinschaftung weckt. Insofern fungiert der gemessen an den inhärenten Anforderungen immer schon defizitäre Marketing-Charakter als Bindeglied zwischen gesellschaftlichen Angstquellen und subjektiven Verarbeitungsformen, die Bürger*innen für rechtspopulistische Anrufungen empfänglich machen.

Die Marketing-Orientierung mündet in Anpassung an gesellschaftliche Verhältnisse, die ständig Gewinner und Verlierer produzieren. Deshalb löst die auf Anpassung basierende Form der Angstabwehr immer wieder neues Angstempfinden aus. Stets fürchtet man, in der Konkurrenz zu unterliegen und dann auf der Verliererseite zu sein. Dieses Angstparadoxon vor Augen, müssen wir erkennen, dass Angst ohne eine Verweigerung von Anpassung, ohne die Bereitschaft zu Protest und Widerständigkeit letztendlich nicht zu überwinden ist. Strategien, die eine Beseitigung struktureller Angstquellen beabsichtigen, können und müssen bei uns, bei jeder und jedem einzelnen beginnen. Erich Fromm hat das mit Bezug auf die christliche Ethik wie folgt formuliert:

> „Wir finden dort [im Neuen Testament, KD] als zentrales Postulat, daß der Mensch aller Habgier und allem Verlangen nach Besitztümern entsagen und sich vollständig vom Haben befreien müsse. Alle positiven ethischen Normen wurzeln dementsprechend im Ethos des Seins, des Teilens und der Solidarität."[39]

Damit trifft Fromm den Nagel auf den Kopf. Der beste Weg zur Überwindung existentieller Angst ist die Aufhebung gesellschaftlicher Verhältnisse, die Menschen auf die Mehrung von individuellem Besitz programmieren. In dem Maße, wie das Besitzstreben aufgrund von systemischen Imperativen zum Selbstzweck gerät, wird es auch zum Auslöser von Realängsten. Auch die Reichen verspüren Angst. Stets

---

39 Fromm, Erich (2018[1976]): Haben oder Sein. Die seelischen Grundlagen einer neuen Gesellschaft. München: dtv, S. 73.

müssen sie fürchten, mit ihrem Vermögen zugleich Status, Anerkennung, Einfluss und Geltung zu verlieren. Deshalb ist die Welt der Reichen eine, die von ständigem Unsicherheitsempfinden geprägt ist. Diese Realangst ließe sich überwinden – durch Teilen und Umverteilen. Wie man ein Ethos des Seins, des Teilens und der Solidarität wirksam in Szene setzt, hat uns der Linksdemokrat Bernie Sanders im Vorwahlkampf um die US-Präsidentschaft beispielhaft demonstriert. In jeder seiner Wahlkampfreden schockte er das Publikum mit einem Bekenntnis zum demokratischen Sozialismus. Auf die Frage, ob er das im Nachhinein bedauere, weil seine volksnahe Botschaft ohne das S-Wort vielleicht besser angekommen wäre, antwortet er:

> „Nein, ich bedauere das nicht. Für mich bedeutet demokratischer Sozialismus, dass ich auf dem aufbaue, was Franklin D. Roosevelt sagte, als er dafür kämpfte, allen Amerikanern grundlegende wirtschaftliche Rechte zu garantieren. Und es bedeutet, dass ich auf dem aufbaue, was Martin Luther King im Jahre 1968 sagte: 'In diesem Land gibt es Sozialismus für die Reichen und erbarmungslosen Individualismus für die Armen.' [...]. Für mich bedeutet Sozialismus, dass wir eine Volkswirtschaft aufbauen, die nicht nur für die Reichen, sondern für alle funktioniert."[40]

Nun sind Bekenntnisse zum demokratischen Sozialismus sicherlich nicht das einzig mögliche Rezept, um produktive Angstverarbeitung zu fördern. Mit seiner streitbar-polarisierenden Grundhaltung löst Sanders aber ein, was alle Spielarten einer Politik der Angstreduktion zwingend benötigen. Es kommt darauf an, Visionen einer besseren Gesellschaft, in diesem Fall eines demokratischen Sozialismus, mit populären, nicht populistischen, Projekten zu verbinden. Bipolare Vorstellungen eines guten homogenen Volkskörpers, der sich gegen ein bösartiges Establishment richtet, sind mit demokratischer Angstvermeidung unvereinbar. Ein demonstrativ zur Schau gestellter kultureller Antiliberalismus[41] oder einem Aufstehen, das eher wie ein Zurück zur Sozialdemokratie eines Willy Brand (oder eines Bruno Kreisky) wirkt, hat mit dem politischen Ansatz, den Sanders verfolgt, ebenfalls kaum etwas gemein. Ob es sich bei Sanders demokratischem Sozialismus um ein realisierbares Konzept mit Nachahmungswert für Europa handelt, kann nur durch praktisches Erproben festgestellt werden. Und vieles wird ohnehin davon abhängen, ob sich mitte-rechts konkurrierende Projekte mit vergleichbarer Ausstrahlung finden, die eine demokratische Polarisierung überhaupt erst möglich machen würden.

Was eine neue radikaldemokratische Politik der produktiven Angstbearbeitung von links beinhalten könnte, sei hier nur angedeutet. Es wäre ein Projekt, das die substanzielle Gleichheit und Gleichwertigkeit aller Menschen mittels demokratischen

---

40 Interview mit Bernie Sanders. In: Balhorn, Loren/Bhaskar, Sunkara (Hg.), Jacobin. Die Anthologie. Berlin: Suhrkamp, S. 282f.
41 Heisterhagen, Nils (2018): Die liberale Illusion. Warum wir einen linken Realismus brauchen. Bonn: Dietz.

Teilens, Rück- und Umverteilen zu seinem Kernanliegen machen würde. Substanzielle Gleichheit ist ein sinnvolles Ziel, weil ökologische nicht ohne soziale Nachhaltigkeit zu erreichen ist. Unabdingbar sind Umverteilungspolitiken – von Nord nach Süd, von den europäischen Zentrumsstaaten an die europäischen Krisenländer, von oben nach unten und von den Starken zu den Verwundbarsten – den mehr als 60 Millionen Geflüchteten, von denen nur winzige Minderheiten die kapitalistischen Zentren erreichen. Progressive Steuern insbesondere auf ererbte Vermögen würden das Recht auf Eigentum in ein Recht auf Zeit verwandeln. In der gleichen Logik, die von einer Sozialverpflichtung des Eigentums ausgeht, ließen sich Politiken denken, die Schritt für Schritt umverteilende Maßnahmen durchsetzen: eine Steuer auf fossile und digitale Renten, eine progressive Einkommenssteuer, globale Transparenz in den Steuerverwaltungen, Vermögensabgaben der Geldeigentumsbesitzer, eine einheitliche europäische Steuerpolitik und die Nutzung der so gewonnenen Finanzmittel für globale Investitionen in den Klimaschutz, die Bekämpfung von Hunger und absoluter Armut, eine Öffnung des Zugangs zu lebenswichtigen Gütern einschließlich elementarer Bildung auch in den armen Ländern des globalen Südens. Gerade in den kapitalistischen Zentren geht es aber nicht allein um materielle Umverteilung, benötigt wird Zeitwohlstand, Zeit für Muße und Arbeit an der Demokratie. Das geht nicht ohne Verkürzung und gerechte Verteilung von Erwerbsarbeitszeit, ohne eine kurze Vollzeit für alle – ein Projekt, das zu Bündnissen von Gewerkschaften, feministischen *Care*-Initiativen und *Degrowth*-Bewegungen geradezu einladen würde.

Ist ein solches Vorhaben realistisch? Geben wir uns keinen Illusionen hin. Die Aussichten für radikaldemokratische Weichenstellungen sind gegenwärtig mehr als schlecht. Dennoch: Die Überwindung von Angst erfordert vor allem Hoffnung auf Besserung. „Es kommt darauf an", so schreibt Ernst Bloch, „das Hoffen zu lernen".[42] Die „Arbeit gegen die Lebensangst und die Umtriebe der Furcht" sei eine, die sich gegen deren Urheber richten müsse: „[...] und sie sucht in der Welt selber, was der Welt hilft; es ist findbar".[43] Ängste durch Nichtanpassung und Widerständigkeit zu besiegen, ist durchaus ein Weg, inmitten furchteinflößender Verhältnisse ein erfülltes Leben zu führen. Wer dergleichen erproben will, sollte sich klar machen, was auch Dieter Duhm bereits wusste: Letztendlich fürchten wir uns stets vor Menschen, die selbst Angst haben. Was läge da näher, als der Kampf für Projekte, die uns allen existentielle Ängste nehmen?

---

42 Bloch, Ernst (1973 [1959]): Prinzip Hoffnung. Erster Band. Frankfurt a. Main: Suhrkamp, S. 1.
43 Ebd.

Exkurs II: Arbeiterschaft und Rechtspopulismus in Österreich – eine etwas andere deep story
von Livia Schubert

Während in Deutschland ein mit der AfD kokettierendes bürgerliches Lager noch immer einen gesellschaftlichen Tabubruch darstellt,[1] hat sich die Metamorphose von Rechtsaußen zu einem akzeptierten Teil der bürgerlichen Mitte in Österreich längst vollzogen. Wie sieht die rechte *deep story*[2] in einem Land aus, in welchem der Tabubruch bereits geschehen ist? Und was bedeutet es für die soziologische Spurensuche, wenn die Abkopplung weiter Teile der Arbeiterklasse von ihren früheren politischen Repräsentationsformen das Kräfteverhältnis im Land bereits seit mehreren Jahrzehnten maßgeblich mitbestimmt? Nachfolgend wird gezeigt, dass die Rede von „der Warteschlange" keine deutsche Besonderheit darstellt. Vor dem Hintergrund der österreichischen Verhältnisse versehen rechtsaffine Arbeiter*innen und ehemalige Wähler*innen der Sozialdemokratischen Partei (SPÖ) ihre Tiefengeschichte jedoch mit landestypischen Akzenten. Zwar hat in Österreich, so die These des Beitrags, eine neoliberale Wende stattgefunden, diese hat aber nicht zum Zusammenbruch der alten korporatistischen Ordnung geführt, sondern deren selektive Mechanismen verstärkt. Versprechungen einer Sozialdemokratie, die auf Wirtschaftsharmonisierung setzte, ließen sich für größere soziale Gruppen nicht mehr einlösen. So entstand ein Vakuum, das die rechtspopulistische Freiheitliche Partei (FPÖ) geschickt zu nutzen wusste. Sie förderte gezielt Einstellungen, die sich als exkludierende Solidarität bezeichnen lassen. Die Partei beansprucht, Zugangskonflikte um staatliche Verteilungsgüter, die ein zunehmend selektiver Korporatismus mit sich bringt, im Sinne der Mehrheitsgesellschaft zu lösen. Auf diese Weise findet sie Zugang zu einer Tiefengeschichte – ehemaliger – SPÖ-Wähler*innen, die von Ab- und Entwertungserfahrungen im Zusammenhang mit gesellschaftlichen Ausschließungsprozessen erzählt.

---

1   Dörre, Klaus (2020): Thüringen. Vom Tabubruch zum Ramelow-Comeback und darüber hinaus. In: SPW 1/2020. S. 49-54.
2   Hochschild, Arlie R. (2018): Warum Trump? Fremd in ihrem Land: Interview mit Arlie Hochschild. In: Becker, Karina/Dörre, Klaus/Reif-Spirek, Peter (Hg.), Arbeiterbewegung von rechts? Ungleichheit – Verteilungskämpfe – populistische Revolte. Frankfurt a. Main/New York: Campus, S. 25-33, S. 27.

1. Problemaufriss und Diskussionslinien

Bei den Parlamentswahlen 2019 musste die FPÖ große Verluste hinnehmen.[3] Nichtsdestoweniger ging sie als stärkste Arbeiterpartei aus dem Rennen hervor. Knapp die Hälfte der Arbeiter*innen, die zur Wahl gingen, gab der rechtspopulistischen Partei ihre Stimme.[4] Der Arbeiterüberhang im Elektorat der FPÖ ist keine Überraschung. So sorgte die FPÖ bereits mit ihren Ergebnissen nach der bundesweiten Wahl von 1999 – bei der sie zur zweitstärksten Kraft im Land avancierte – und der daran anschließenden Regierungsbeteiligung für internationales Aufsehen (erste ÖVP-FPÖ-Koalition). In der Alpenrepublik sprechen die Entwicklungen für eine Verflochtenheit zwischen dem Aufstieg der Rechten und dem Niedergang der Sozialdemokratie. Die politischen Umbrüche zugunsten der parlamentarischen Rechten lassen sich speziell auf eine

---

3   Die Niederlage der FPÖ ist dem sogenannten Ibiza-Skandal geschuldet, der die Korruptionsversuche durch die federführenden Parteiobmänner Heinz-Christian Strache und Johann Gudenus auf Ibiza aufgedeckte. Kurze Zeit später wurde zusätzlich die Veruntreuung von Steuergeldern durch die Familie Strache publik (vgl. Standard vom 01.10.2019: Wien-Favoriten: Blaue Hoffnung, wieder enttäuscht. https://www.derstandard.at/story/2000109289875/wien-favoriten-blaue-hoff-nung-wieder-enttaeuscht. Zugegriffen: November 2019).

4   Wahlanalyse 2019 auf https://www.sora.at/themen/wahlverhalten/wahlanalysen.html. Zugegriffen: Juni 2020.. Ich spreche im Nachfolgenden von der FPÖ als einer rechtspopulistischen Partei. Nichtsdestoweniger darf bei dieser Etikettierung der vielschichtige Diskurs über den Parteiencharakter nicht aus den Augen verloren werden. So heben Autor*innen des Dokumentationsarchivs für Österreichischen Widerstand hervor, dass der Begriff Rechtspopulismus für die FPÖ „nur die Form der Agitation umschreiben [kann], die ideologischen Kernelemente sind hingegen auf den Begriff des Rechtsextremismus hin zu untersuchen. (...). Die FPÖ ist im Kern eine rechtsextreme Partei, ohne dass deshalb alle ihre Wähler und Wählerinnen diese Ideologie teilen oder als rechtsextrem zu bezeichnen wären." (Bailer, Brigitte (2016): Rechtsextremes im Handbuch Freiheitlicher Politik – Eine Analyse. https://www.doew.at/cms/download/6gq4g/bailer_handbuch_fp.pdf. Zugegriffen: Juni 2020). Auch der Politikwissenschaftler Anton Pelinka betont für die FPÖ die Gleichzeitigkeit von Rechtsextremismus und Rechtspopulismus. Neben einer rechtspopulistischen Programmatik wird die historisch gewachsene Verflochtenheit der Partei mit dem Nationalsozialismus von der Parteispitze bewusst im Raum stehen gelassen. Vor diesem Hintergrund gleicht die Freiheitliche Partei eher den weit rechts stehenden Parteien Mittel- und Osteuropas als den westeuropäischen Rechtspopulisten (vgl. Pelinka, Anton (2013): Der Preis der Salonfähigkeit. Österreichs Rechtsextremismus im internationalen Vergleich. http://www.doew.at/erkennen/rechtsextre-mismus/rechtsextremismus-in-oesterreich/der-preis-der-salonfaehigkeit. Zugriffen: August 2019, S. 3; Pelinka, Anton (2019): Rechtspopulismus in Österreich. In: Brinkmann, Heinz Ulrich/Panreck, Isabelle Christine (Hg.), Rechtspopulismus in Einwanderungsgesellschaften. Die politische Auseinandersetzung um Migration und Integration. Wiesbaden: Springer, S. 133-158, S. 152).

Wählerwanderung von der traditionellen Arbeiterpartei, der Sozialdemokratischen Partei, zum rechtspopulistischen Lager zurückführen. Verlor die SPÖ im Jahr 1999 zehn Prozent an die Rechtspopulisten, war es bei den Nationalratswahlen 2017 sogar ein zwölfprozentiger Anteil, der zur FPÖ wechselte. Aus Umfragedaten lässt sich entnehmen, dass vor allem Arbeiter*innen von der SPÖ zur FPÖ konvertierten[5] und somit über die letzten Jahre sukzessive den Aufstieg der Rechten befeuerten, während die Sozialdemokratie bis dato in eine immer tiefere Misere zu geraten scheint.

Diese Entwicklungen wurden in der wissenschaftlichen Debatte anhand dreier Themen diskutiert. Erstens stellte sich die Frage, ob der FPÖ eine europäische Vorreiterrolle bei den rechtspopulistischen Formationen zufiele. Ausgangspunkt dafür war die Diagnose, der zufolge der FPÖ unter Jörg Haider eine „moderne Adaption rechtsextremer Positionen" zu gelingen schien.[6] Mit vielseitigen Kritikpunkten an der politischen Elite – den Altparteien SPÖ und ÖVP – und dem damit verbundenen Status quo griff die FPÖ zunächst Themen wie Reformstillstand, Parteibuch- und Privilegienwirtschaft sowie Korruptionsaffären auf.[7] In den 1990er Jahren kamen eine Anti-EU-Haltung sowie ein harter Migrationskurs hinzu; gleichzeitig fand eine Imageverschiebung vom Deutschnationalismus zum Österreich-Patriotismus statt. Zudem schaffte es die FPÖ, die Balance zwischen *insider-* und *outsider-*Partei zu halten:[8] Durch ihre traditionelle Verankerung in der Parteienlandschaft und ihre Nähe zum deutschnationalen Lager war sie schon seit Ende der 1940er Jahre Teil des politischen Geschehens. Wegen ihrer langanhaltenden Exklusion aus dem politischen Nachkriegskonsens konnte sie sich dennoch als Opponentin der Großen Koalition etablieren. In den 1990er Jahren transformierte Haider das Bild der bürgerlich-mittelständischen FPÖ zu einer Partei des 'kleinen Mannes' mit stark proletarischen Elementen, was sich im Zusatznamen der „sozialen Heimatpartei" widerspiegelte.[9] Dieser Wandel der Selbstinszenierung fand seither auch im Wähler-

---

5   Wahlanalyse 1999, 2017 auf https://www.sora.at/themen/wahlverhalten/wahlanalysen.html. Zugegriffen: Juni 2020.

6   Bailer-Galanda, Brigitte/Neugebauer, Wolfgang (1997): Haider und die Freiheitlichen in Österreich. Berlin: Elefanten Press, S. 55.

7   Pelinka, Anton (2017): FPÖ: Von der Alt-Nazi-Partei zum Prototyp des europäischen Rechtspopulismus. Bundeszentrale für politische Bildung. http://www.bpb.de/politik/extremismus/rechtspopulismus/239915/fpoe-prototyp-des-europaeischen-rechtspopulismus. Zugegriffen: November 2019, S. 4.

8   Pelinka, Anton (2002): Die FPÖ in der vergleichenden Parteienforschung: zur typologischen Einordnung der Freiheitlichen Partei Österreichs. In: Österreichische Zeitschrift für Politikwissenschaft 31(3)/2002, S. 281-290, S. 283.

9   Fallend, Franz/Habersack, Fabian/Heinisch, Reinhard (2018): Rechtspopulismus in Österreich. Zur Entwicklung der Freiheitlichen Partei Österreichs. In: Aus Politik und Zeitgeschichte 34-35/2018, S. 33-40, S. 33.

pool der Partei Widerhall. Wandten sich zuvor primär unzufriedene ÖVP-Anhänger der FPÖ zu, so gewann sie unter Haiders Führung mehr und mehr ehemalige SPÖ-Wähler*innen.[10] 2005 kam es zur Spaltung der Freiheitlichen, aus der das Bündnis Zukunft Österreich (BZÖ) hervorging, das unter der Führung von Haider bis 2006 die Koalition hielt. Nach dem unerwarteten Tod des Obmanns im Jahr 2008 reduzierte sich das BZÖ auf eine Kleinpartei und schaffte auch keinen Einzug in den Nationalrat mehr. Zwischenzeitlich wurde Heinz-Christian Strache zum neuen Parteiobmann der FPÖ gewählt. Insbesondere die Besetzung der Themen Migration und die österreichische Integration in die europäische Gemeinschaft werden in der Literatur als die erfolgreichen Kampagnensujets der FPÖ vor der Jahrtausendwende ausgewiesen.[11] Unter Strache vertiefte sich der Anspruch, das 'Volk' gegenüber dem 'Establishment' zu vertreten und 'Gerechtigkeit' zu fordern.[12] Auf der anderen Seite gewann die 'Anti-Islam'-Kritik noch deutlicher an Konturen. Sie markiert gegenwärtig den Schwerpunkt rassistischer Feindbildinszenierung in der Öffentlichkeit – insbesondere im Zusammenhang mit der Migrationsbewegung im Sommer 2015. Ein Forschungsteam der Universität Wien arbeitete auf Basis der Parteiprogramme und politischen Positionierungen die Axiomatik der Freiheitlichen Partei heraus und nennt fünf Grundpfeiler ihrer Ideologie:[13] Ethnozentrismus, der Appell an eine (homogene) Volksgemeinschaft, Sündenbockkonstruktionen, Autoritarismus und Antipluralismus sowie nationalistische Perspektiven auf die österreichische Geschichte, insbesondere einen verharmlosenden Bezug auf die Zeit des Nationalsozialismus. Die Nähe zu rechtsextremen Gruppierungen, wie zum Beispiel der *Identitären Bewe-*

---

10 Frölich-Steffen, Susanne (2004): Die Identitätspolitik der FPÖ: vom Deutschnationalismus zum Österreich-Patriotismus. In: Österreichische Zeitschrift für Politikwissenschaft 33(3)/2004, S. 281-295, S. 282.

11 Pelinka, Anton (2019): Rechtspopulismus in Österreich. In: Brinkmann, Heinz Ulrich/Panreck, Isabelle Christine (Hg.), Rechtspopulismus in Einwanderungsgesellschaften. Die politische Auseinandersetzung um Migration und Integration. Wiesbaden: Springer, S. 133-158, S. 143; Aichholzer, Julian/Kritzinger, Sylvia/Wagner, Markus/Zeglovits, Eva (2014): How has the Radical Right Support Transformed Established Political Conflicts? The Case of Austria. In: West European Politics 37/2014, S. 113-137, S. 114; Hartleb, Florian (2011): Extremismus in Österreich. In: Jesse, Eckhard/Thieme, Tom (Hg.), Extremismus in den EU-Staaten. Wiesbaden: VS, S. 265-281, S. 272.

12 Hannig, Alma (2017): Was kann die Rechte dafür, wenn ihr Populismus bei den Massen besser ankommt als der linke?: Populismus in Österreich. In: Beigel, Thomas/Eckert, Georg (Hg.), Populismus. Varianten der Volksherrschaft in Geschichte und Gegenwart. Münster: Aschendorff, S. 223-240, S. 237.

13 Grajczjar, István/Nagy, Zsófia/Örkény, Antal/Hofmann, Julia (2018): Routes to right-wing extremism in times of crisis. An Austrian-Hungarian comparison based on the SOCRIS survey. https://socio.hu/uploads/files/2018eng_culther/2018eng_grajcz-jar. pdf. Zugegriffen: Dezember 2019, S. 102.

gung Österreich (IB), und zahlreiche Skandale in rassistischen, antisemitischen oder NS-nahen Zusammenhängen, befeuerten eine öffentlichkeitswirksame Debatte über die Regierungsfähigkeit der Freiheitlichen während der gesamten Koalitionszeit des Kabinetts Kurz I sowohl in der österreichischen Medienwelt, als auch im Ausland.[14] Aber erst der sogenannte Ibiza-Skandal, ein dokumentierter Korruptionsversuch des Vize-Kanzlers H.C. Strache und des geschäftsführenden Klubobmanns Johann Gudenus, erregte genug öffentliches Aufsehen, um die Koalition zu sprengen.

Zweitens entzündete sich in den letzten Jahren eine tiefgehende Debatte am fortschreitenden Niedergang der Sozialdemokratie in Österreich.[15] Gemeinsam ist der Mehrheit der Beiträge die Diagnose, dass die SPÖ seit den 1990er Jahren Fragen sozialer Gerechtigkeit zunehmend aus den Augen verlor. Als „Neoliberalismus light"[16] wurde die soziale Frage mehr und mehr durch Effizienzkriterien strukturiert, während flexible Löhne und Arbeitsbedingungen als Standortvorteile in Kauf genommen wurden. Dadurch bietet die Wirtschafts- und Sozialpolitik der Sozialdemokratie in den Augen vieler ehemaliger Stammwähler keine glaubwürdige Alternative zum Marktradikalismus. Als Folge eines eigentümlichen programmatischen Schwebezustands scheint die SPÖ seither an Flügelkämpfen zwischen dem sozialkonservativen und dem liberalen Lager zu zerbrechen. Ihr Versuch, durch abstrakte Modernisierungsperspektiven und die losen Wertebezüge zu „sozialer

---

14 Zum Beispiel: Süddeutsche Zeitung vom 22.02.2018: Die FPÖ ist nicht regierungsfähig. https://www.sueddeutsche.de/politik/oesterreich-fpoe-nicht-regierungsfaehig-1.3876688. Zugegriffen: September 2019.

15 Leser, Nobert (2008): Der Sturz des Adlers. 120 Jahre Sozialdemokratie. Wien: Kremayr & Scherau KG; Micus, Matthias (2011): Die Macht der Autosuggestion. Reale Krise und gefühlte Stärke in der österreichischen Sozialdemokratie. In: Butzlaff, Felix/Micus, Matthias/Walter, Franz (Hg.), Genossen in der Krise? Europas Sozialdemokratie auf dem Prüfstand. Göttingen: Vandenhoeck & Ruprecht, S. 31-48; Nowotny, Thomas (2016): Das Projekt Sozialdemokratie. Gescheitert? Überholt? Zukunftsweisend? Innsbruck/Wien/Bozen: Studien Verlag; Puller, Armin (2019): Grenzen der postblairischen Konstellation. Das Beispiel der österreichischen Sozialdemokratie. In: PROKLA – Zeitschrift für kritische Sozialwissenschaft 49(196)/2019, S. 387-406; Beispiele aus der Nachrichtenpresse: Die Presse vom 29.11.2019: Wie kommt die Sozialdemokratie aus der Krise? https://www.diepresse.com/5730852/wie-kommt-die-sozialdemokratie-aus-der-krise. Zugegriffen: Juni 2020; Der Standard vom 19.05.2020: Glanz und Elend der SPÖ. https://www.derstandard.at/story/2000117561025/glanz-und-elend-der-spoe. Zugegriffen: Juni 2020; Misik, Robert (2019b): Wie der freie Fall der Sozialdemokratie aufzuhalten ist. In: Der Standard vom 26.11.2019. https://www.derstandard.at/story/2000111550738/wie-der-freie-fall-der-sozialdemokratie-aufzuhalten-ist. Zugegriffen: Juni 2020.

16 Dworzak, Hermann (2006): Modernisierter Rechtsextremismus und Rechtspopulismus am Beispiel Österreichs. In: Bathke, Peter/Spindler, Susanne (Hg.), Neoliberalismus und Rechtsextremismus in Europa. Zusammenhänge – Widersprüche – Gegenstrategien. Berlin: Karl Dietz, S. 84-87, S. 86.

Gerechtigkeit" einen innerparteilichen Kompromiss zu finden, scheitert letztlich an fehlender politischer Glaubwürdigkeit, wie Armin Puller treffend feststellt: „[Die] rein symbolische Adressierung der sozialen Fragen in vagen politischen Bezugnahmen auf 'soziale Gerechtigkeit' weisen kaum noch politische Anziehungskraft auf, können kaum stabile Parteiprojekte hervorbringen und haben sukzessive die Strategiefähigkeit der Sozialdemokratie unterminiert."[17] Die innerparteiliche Krise hält bis in die Gegenwart an und äußert sich in andauernden Personaldebatten, fehlender inhaltlicher Diskussionskultur und einer Schwäche der Parteistrukturen. Auffällig an den intellektuellen Debatten über die Krise der SPÖ ist, dass die Beiträge in ihrer Mehrheit den zerschlissenen Korporatismus kritisieren, ohne dass es darin gelingt, einer nostalgischen Aufwertung der „goldenen Kreisky-Ära" zu entgehen.[18]

Der dritte Diskussionsstrang dreht sich um die Frage nach der Verknüpfung von sozio-ökonomischen Strukturverschiebungen der letzten Jahrzehnte und deren politischen Konsequenzen. Neben publizistischen Arbeiten, die durchaus ein breites Publikum erreichen,[19] haben auch einige wissenschaftliche Studien den Zusammenhang von Erwerbssituation und rechtspopulistischen Orientierungen für Österreich untersucht. Quantitativ belegen Wolfgang Schulze und Hilde Weiss, dass die mit dem „sanften Neoliberalismus" etablierte gesellschaftliche Prekarisierung in Österreich einen erheblichen Einfluss auf die politischen Orientierungen und das kulturelle Klima nimmt.[20] Der Glaube an die individuelle Leistung als zentralen gesellschaftlichen Maßstab fördert durchaus autoritär-ausgrenzende politische Vorstellungen und soziale Praktiken. Daran thematisch anknüpfend untersucht Martina Zandonella mittels der Daten der siebten Untersuchungswelle des European Social Survey (ESS7) aus dem Jahr 2014 auf Grundlage des Castel'schen Zonenmodells die potentiellen

---

17 Puller, Armin (2019): Grenzen der postblairischen Konstellation. Das Beispiel der österreichischen Sozialdemokratie. In: PROKLA – Zeitschrift für kritische Sozialwissenschaft 49(196)/2019, S. 387-406, S. 402.

18 Das gilt vor allem für die Debattenbeiträge (ehemaliger) SPÖ-Mitglieder vgl. Maderthaner, Wolfgang/Mattl, Siegfried/Musner, Lutz/Penz, Otto (2008): Die Ära Kreisky und ihre Folgen. Fordismus und Postfordismus in Österreich. Mit einem Vorwort von Hannes Androsch. Wien: Löcker; Nowotny, Thomas (2016): Das Projekt Sozialdemokratie. Gescheitert? Überholt? Zukunftsweisend? Innsbruck/Wien/Bozen: Studien Verlag. Ausnahmen bestätigen aber die Regel: So etwa die Werke von Norbert Leser und, aktueller, der in Fußnote 17 zitierte Beitrag von Armin Puller in der Prokla, der etwa für einen Neosozialismus plädiert.

19 Misik, Robert (2019a): Die falschen Freunde der einfachen Leute. Berlin: Suhrkamp.

20 Schulz, Wolfgang/Weiss, Hilde (2005): Ausländerfeindlichkeit und Neoliberalismus als Elemente populistischer Politik? Zum Wandel der Einstellungen der ÖsterreicherInnen zwischen 1998 und 2003. In: Österreichische Zeitschrift für Politikwissenschaft, 34(4)/2005, S. 395-412.

Einflüsse von prekären Lebens- und Arbeitsbedingungen auf die politische Kultur in Österreich.[21] Dabei kommt sie zu dem Ergebnis, dass sich die Prekarisierung negativ auf den gesellschaftlichen Zusammenhalt auswirkt, indem der wahrgenommene Ausschluss aus dem politischen und öffentlichen Diskurs Menschenfeindlichkeit in der Gesellschaft verstärkt. Darüber hinaus führt die Erfahrung von prekären Arbeits- und Lebensbedingungen bei den Befragten dazu, dass sie die Funktionsweise und Legitimität des politischen Systems zunehmend in Frage stellen, Misstrauen gegenüber der Demokratie äußern und zu Nichtbeteiligung an Wahlen etc. tendieren.

Die im Kontext politischer Umbrüche der Jahrtausendwende von Jörg Flecker und Mitarbeiter*innen erhobenen qualitativen Daten (SIREN, 2001–2004) setzen sich explizit mit dem Zusammenhang von rechtspopulistischen Orientierungen und Umbrüchen in der Arbeitswelt auseinander.[22] Die Autor*innen stellen drei Muster politischer Konversion heraus, die eine Neujustierung lebensweltlicher Deutungsmuster unter dem Eindruck der Betroffenheit durch den sozioökonomischen Wandel beinhalten. Die Ausbreitung prekärer Beschäftigung, steigender Leistungsdruck, Privatisierungen und Umstrukturierungen von Unternehmen fördern Abstiegsängste sowie Ungerechtigkeitsempfinden, die nicht selten zu Formen exklusiver Solidarität führen.[23]

Hinzukommend lieferten die jüngsten Ergebnisse des Nachfolgeprojekts (SOCRIS, 2017–2019), welches Solidaritätskonzepte in der österreichischen und ungarischen Bevölkerung untersucht, weitere wichtige Anhaltspunkte zur Klärung dieses Zusammenhangs. Wohlfahrtschauvinistische Einstellungen innerhalb der Bevölkerung, so ein zentrales Ergebnis, besitzen ein ausgeprägtes Mobilisierungspotential für die Wahl der FPÖ – zunehmend aber auch der ÖVP.[24] Als eine „nach innen" gerichtete Solidarität zum Zwecke der Aufrechterhaltung sozialstaatlicher Leistungen für die Mehrheitsbe-

---

21 Zandonella, Martina (2017): Auswirkungen prekärer Lebens- und Arbeitsbedingungen auf die politische Kultur in Österreich. In: Wirtschaft und Gesellschaft 43(2), S. 263-296.
22 Flecker, Jörg/Kirschenhofer, Sabine (2007): Die populistische Lücke. Umbrüche in der Arbeitswelt und Aufstieg des Rechtspopulismus am Beispiel Österreichs. Berlin: Edition Sigma.
23 Flecker, Jörg/Altreiter, Carina/Schindler, Saskja (2018): Erfolg des Rechtspopulismus durch exkludierende Solidarität? Das Beispiel Österreich. In: Becker, Karina/Dörre, Klaus/Reif-Spirek, Peter (Hg.), Arbeiterbewegung von rechts? Ungleichheit – Verteilungskämpfe – populistische Revolte. Frankfurt a. Main/New York: Campus, S. 245-255.
24 Flecker, Jörg/Hentges, Gudrun/Grajczjar, István/Altreiter, Carina/Schindler, Saskja (2019): Extreme und populistische Rechtsparteien und die soziale Frage. Entwicklungen in Frankreich, Österreich, Ungarn und den Niederlanden. In: WSI-Mitteilungen 72(3)/2019, S. 212-219; Altreiter, Carina/Flecker, Jörg/Papouschek, Ulrike/Schindler, Saskja/Schönauer, Annika (2019): Umkämpfte Solidaritäten. Spaltungslinien in der Gegenwartsgesellschaft. Wien: Promedia.

völkerung, orientiert sich der Wohlfahrtschauvinismus entlang nationaler Zugehörigkeit. Anders als im Fall von Formen exklusiver Solidarität, bei denen Leistung und die Anpassung an die Anforderungen des Marktes als zentraler gesellschaftlicher Maßstab fungieren,[25] spielt für diese Variante rechtspopulistischer Affinität die wirtschaftliche Nützlichkeit der Leistungsempfänger keine zentrale Rolle.[26]

2. Material und Methode

An dieser Debatte anknüpfend beschäftigte sich meine eigene explorative Studie, deren zentrale Ergebnisse im Folgenden vorgestellt werden sollen, mit der Frage, warum die SPÖ nicht mehr als Repräsentantin der Interessen von Arbeiter*innen und Angestellten identifiziert wird und welche gesellschaftspolitischen Themen für die politische Konversion eine Rolle spielen. Zusätzlich fragte ich danach, in welchem Zusammenhang die (Des-)Integrationspotentiale von Erwerbsarbeit mit den Mustern politischer Konversion, insbesondere der Affinität zur FPÖ, stehen.

Als Ausgangspunkt der empirischen Untersuchung diente die Stimmenabgabe für die Parlamentswahlen von 2017. Ich suchte gezielt nach Arbeiter*innen und Angestellten, die sich als enttäuschte SPÖ-Wähler*innen verstanden und bei der genannten Wahl nicht der SPÖ ihre Stimme gegeben hatten. Die Fallbeispiele basieren auf Interviews, die im Frühjahr 2018 von mir geführt wurden. Alle Befragten leben zum Zeitpunkt der Interviews in Wien, sind ihrem Selbstverständnis nach „Arbeiter*innen", ehemalige „Rote" und sehen sich kulturell im Arbeitermilieu verwurzelt. Da die Befragung vor dem Hintergrund einer zuvor diagnostizierten Krise der traditionellen Arbeiterpartei Österreichs stattfand und zugleich die Funktion einer empirischen Ergänzung der primär theorieorientierten Forschung innehatte, bot sich ein problemzentriertes, leitfadengestütztes Interview an. Meine Forschungsstrategie beruhte auf der Überlegung, dass die Analyse der Verarbeitungsmuster von Erwerbsbiographien der Rekonstruktion einer rechten deep story vorausgehen muss, um einen Bezugsrahmen zu schaffen, in welchem Gerechtigkeitsvorstellungen und deren Verletzungen verständlich werden. Die zentralen Motive für die Abkehr von der SPÖ werden nachfolgend anhand von vier Fallbeispielen vorgestellt.

---

25 Zum Thema „Leistung als zentraler gesellschaftlichen Maßstab" im Kontext der arbeitssoziologischen Rechtspopulismusforschung vgl. Menz, Wolfgang/Nies, Sarah (2019): Fragile Sicherheiten und Legitimationsprobleme. Rechtspopulismus aus arbeitssoziologischer Perspektive. In: WSI-Mitteilungen 72(3)/2019, S. 177-184.

26 Flecker, Jörg/Hentges, Gudrun (2004): Rechtspopulistische Konjunktur in Europa – sozio-ökonomischer Wandel und politische Orientierungen. In: Bischoff, Joachim/Dörre, Klaus/Gauthier, Elisabeth (Hg.), Moderner Rechtspopulismus. Ursachen, Wirkungen, Gegenstrategien. Hamburg: VSA, S. 119-149, S. 135.

3. Motive der Abkehr von der SPÖ

3.1 Klasseninstinkt, Benachteiligungsgefühle und Vertrauensverlust

„Ich hab in meinem Leben noch nie eine Unterstützung vom Staat bekommen, noch nie. Und das sind halt dann diese Sachen, was mich in den letzten Jahren gegen die SPÖ getrieben hat." (Industrieangestellte, FPÖ-Wählerin)

Persönliche Benachteiligungsgefühle, die in Verbindung mit der Reduktion staatlicher Unterstützungsleistungen explizit werden, wirken bei der zitierten Angestellten als ein zentrales Motiv für die Abkehr von der SPÖ. Die eigene Hilfsbedürftigkeit bleibt unter dem Deckmantel der persönlichen Leistung unausgesprochen. Aufgegriffen wird stattdessen ein vermeintlicher Wandel der sozialdemokratischen Adressierung – weg von den Österreicher*innen und hin zu Geflüchteten und Migrant*innen: Insbesondere die Wohnraumkonkurrenz innerhalb des Wiener Gemeindebauwesens entfaltet sich als Triebfeder gesellschaftlichen Ressentiments. Damit verknüpft ist der Vorwurf der Missachtung von Problemen und Interessen der roten Stammklientel. Aufgrund eines fehlenden Erfahrungsvergleichshorizonts, so der Vorwurf, werden gesellschaftliche Konflikte von den Sozialdemokraten nicht wahrgenommen. Es besteht keine gemeinsame Lebenswelt mehr, wodurch alltagsweltliche Schwierigkeiten und Problemkonstellationen keinen Platz in der öffentlichen Auseinandersetzung finden: „[W]eil manchmal denk' ich mir irgendwie, weiß ich nicht, führen die [Politiker*innen, d.A.] ein anderes Leben wie wir, dass die da nicht so reinfühlen können?"

Der Vertrauensverlust in staatlich konsolidierte Versorgungsleistungen, die traditionell mit der sozialdemokratischen Partei verbunden waren, wird zusätzlich im Hinblick auf das Gesundheits- und Pensionswesen deutlich. Für die Befragte spiegelt sich die Klassengesellschaft so etwa in der Zwei-Klassen-Medizin wider, die sie trotz ihrer Kritik als unveränderbar ausweist. Die Enttäuschung über die erlebten Grenzen sozialstaatlicher Auffangnetze resultiert in dem Plädoyer für private Absicherungsmethoden anstelle solidarischer und auf Sozialeigentum basierender Grundversorgung. Die Erfahrung, auf die eigene Person und das eigene Können zurückgeworfen zu sein sowie die Wahrnehmung, seit Jahren keine staatliche Unterstützung erfahren zu haben, wird auf das Versagen der SPÖ zurückgeführt. Die Partei habe die heute präsenten Probleme zu lange ignoriert, erst die Überlastung des Wohlfahrtsstaats habe zu ausgrenzenden Forderungen der Einheimischen geführt – der Fremdenhass der Österreicher*innen sei somit primär der fehlerhaften Politik der SPÖ geschuldet.

Besonders deutlich wird, dass es sich bei dieser Verarbeitungsvariante um eine konformistische Bearbeitung[27] der Probleme gesellschaftlicher (Klassen-)Verhältnisse

---

27 Allgemein zum Begriff der konformistischen Rebellion vgl. Hentges, Gudrun/Meyer, Malte (2002): Right-Wing Extremist Attitude in Germany: Consequences of Competitive

handelt. Das Verhältnis zu der Zwei-Klassen-Medizin steht sinnbildlich für die Überanpassung an hegemoniale Erfordernisse: Einerseits wird Kritik an den gesellschaftlichen Verhältnissen geäußert, soziale Ungleichheit benannt und auf Ebene wichtiger Institutionen sichtbar gemacht. Andererseits greift die Befragte aber nicht die Bedingungen gesellschaftlicher Benachteiligung an. Sie akzeptiert hingegen die scheinbar schicksalhafte soziale Ungleichheit und unterwirft sich den Erfordernissen des Markts – in der Konsequenz dienen sozialdarwinistische Deutungsmuster der Legitimierung sozialer Hierarchien. Das Vertrauen in staatliche Versorgungs- und Verteilungsorgane scheint grundlegend zerstört. An dessen Stelle greifen nun individualistische Gesellschaftsprinzipien. Nichtsdestoweniger ist ein rudimentärer Klasseninstinkt auszumachen, der sich in der – wenn auch oberflächlichen – Kritik an der Klassengesellschaft zeigt. Politische Forderungen, wie die Verringerung der Einkommensungleichheit oder Finanzierung der Pensionen und des Gesundheitssystems, werden als drängendste Probleme in Österreich beschrieben; Arbeiter*innen als wichtigste Interessensgemeinschaft genannt.

Die Folgen einer Politik der „Eigeninitiative"[28] werden an dem Fallbeispiel besonders deutlich: Trotz des eigenen sozialen Aufstiegs verweist die Angestellte wiederholt auf den frühen und verarmten Tod ihrer Eltern, die ihr ganzes Leben lang „geleistet hatten". Zum Vorschein kommt dadurch eine – wie ich es nennen möchte – „persönliche Wunde sozialer Ungerechtigkeit". Sie erzählt von der schmerzhaften Erinnerung, dass die Aussicht auf eine kollektive Lebensverbesserung für die Arbeiterklasse nicht eingelöst wurde. Die gesammelten Erfahrungen münden in einer Huldigung des Individualismus, der in seinen schwerwiegendsten Konsequenzen exkludierende Solidarität für Leistungsträger fordert und dabei bereits im Vorhinein bestimmte Personengruppe anhand ethnischer oder kultureller Merkmale zu 'nichts Leistenden' erklärt.

Nationalism and Neoliberalism, SIREN Country Report. Köln; sowie Dörre, Klaus/ Kraemer, Klaus/Frederic, Speidel (2006): Prekäre Beschäftigungsverhältnisse Ursache von sozialer Desintegration und Rechtsextremismus? Abschlussbericht. Forschungsverbund „Desintegrationsprozesse – Stärkung von Integrationspotenzialen einer modernen Gesellschaft"- Projekt 2. Online unter: https://www.uni-bielefeld.de/ikg/ Forschungsverbund_Desintegration/Abschlussberichte/Projekt02_Endbericht_Doerre. pdf. Zugegriffen: Dezember 2019, S. 93; für Österreich vgl. Flecker, Jörg/Kirschenhofer, Sabine (2007): Die populistische Lücke. Umbrüche in der Arbeitswelt und Aufstieg des Rechtspopulismus am Beispiel Österreichs. Berlin: Edition Sigma, S. 149ff.

28 SPÖ (1998): Parteiprogramm. https://www.renner-institut.at/uplo-ads/media/1998_ SPOE-Parteiprogramm_01.pdf. Zugegriffen: September 2019, S. 10.

3.2 Demokratiedefizit und Berufsstolz

„Ich würd wirklich gerne die SPÖ wählen, aber es kommt mir nicht in den Sinn."
(Prekär beschäftigter Facharbeiter, ehemaliger SPÖ-Wähler)

Eine Strategie, den dauerhaften Zustand der Prekarität zu verarbeiten, liegt in einem optimistischen 'schon irgendwie Zurechtkommen'. Die damit einhergehenden Ängste werden nicht offen artikuliert, Sorgen macht sich der zitierte junge Arbeiter viel eher um die nachkommende Generation, um Frauen, um Kinder. Schwierig ist dabei einzuschätzen, ob es sich um eine Verlagerung der eigenen Ängste handelt, die dann auf (vermeintlich) sozial Schwache übertragen werden. Diese Interpretation liegt deswegen nahe, da an manchen Stellen die vor dem Hintergrund sozialer Verwundbarkeit wachsende Wut und Verzweiflung zum Vorschein kommt. Die Empfindung, in einer Endlosschleife der aktivierungspolitischen Arbeitsmarktmaßnahmen festzustecken und nicht voranzukommen, steht im deutlichen Widerspruch mit einem artikulierten Arbeiterstolz, der sich auf Arbeitserfahrung und Fachausbildung gründet. In diesem Kontext wird die Technologisierung der Industriebranche als ein einflussreicher Faktor genannt. Ein Widerspruch zwischen der Qualität des Arbeitsprozesses und der wirtschaftlichen Produktivitätsorientierung wird deutlich, der sich in einer wahrgenommenen Geringschätzung menschlicher Arbeit ausdrückt.

Die Entwertung der Berufsidentität und die damit einhergehende gesellschaftliche Missachtung lassen Gefühle der Demütigung entstehen. Diese Erkenntnis möchte ich als ein „Moment sozialer Entwürdigung" hervorheben. Ein großer Teil der Identität scheint gesellschaftlich entwertet zu sein. Das Gefühl gesellschaftlicher Geringschätzung manifestiert sich auch auf Ebene der politischen Repräsentation. In der Kritik an der Zusammensetzung der SPÖ zeigt sich die Wahrnehmung der fehlenden Interessenvertretung der eigenen Statusgruppe: „Sie [die Sozialdemokraten, d. A.] nennen sich die Arbeiterpartei, wo ist der einzige Arbeiter in dieser Partei? Das sind alles gelernte Politiker, ein Politiker ist kein Arbeiter. Wie soll der meine Interessen vertreten können, wenn der Politikwissenschaft studiert hat?"

Den expliziten Wandel der Partei zeigt der junge Facharbeiter entlang personeller Rocharden auf. Obwohl keiner der von ihm positiv hervorgehobenen sozialdemokratischen Politiker dezidiert Arbeiter war, scheinen diese doch zumindest eine (Arbeiter-)Tradition verkörpert zu haben, die auf eine symbolische Repräsentation der Statusgruppe abzielte. Dies habe sich nun grundlegend geändert: Die SPÖ sei von einer Partei der Arbeiter zu einer Partei der Akademiker*innen, der „Globalisten" konvertiert.

Bezogen auf die repräsentative Demokratie ist der Befragte der Meinung, dass die Politik weder etwas tut, um die Lage des Befragten zu verbessern, noch dass die Parteien tatsächlich an der Einlösung gerechtigkeitsherstellender Maßnahmen interessiert sind. Politik wird als ein sich über die Jahre verhärtetes Machtgefüge wahrgenommen. Ein überaus ausgeprägt empfundenes Demokratiedefizit wird sichtbar: Der junge Facharbeiter glaubt nicht, mit der Wahlstimme wirklich etwas verändern zu können. Er wünscht sich dementsprechend mehr Einfluss in Form direkterer Beteiligung. Obwohl er an den Partizipationsinstrumenten der parlamentarischen Demokratie praktisch festhält, ist die Enttäuschung über den derzeitigen Zustand groß: „Also ich fühl mich von unserer Politik verlassen. Es wirkt für mich alles wie Schein und Trug, es ist nur Gelaber. Die Leute glauben, es wird sich was tun, es tut sich auch was, aber meistens in die falsche Richtung."

3.3 Repräsentationsdefizit und kulturelle Identität

> „Die SPÖ vertritt offiziell den Sozialismus, aber ganz so einfach ist das dann in Wahrheit doch nicht." (Arbeitsloser Facharbeiter, ehemaliger SPÖ-Wähler)

Die durch die SPÖ geschaffenen Unterstützungsleistungen – Kindergeld, Wohnungszugang oder Arbeitslosengeld – werden von dem Befragten als Elemente eines „sozialistischen Systems" beschrieben, auf die er großen Wert legt. Er hebt sie als zentrale Aspekte österreichischer Lebensqualität hervor. Mit dem Verweis, dass der Sozialstaat durch Migration und liberale Kürzungen zunehmend herausgefordert wird, attestiert der Befragte eine steigende Gefährdung des Sozialeigentums. Seiner Meinung nach werden die sich daraus ergebenden Probleme und Konkurrenzkämpfe, die sich ihm zufolge vor allem auf dem Arbeitsmarkt widerspiegeln, von der SPÖ missachtet. Der Partei fehle es an programmatischen Zielsetzungen und richtungsweisenden Inhalten, die sich diesen gesellschaftlichen Konfliktlinien annehmen.

Die Wahrnehmung gesellschaftlich unten und Spielball ökonomischer Kräfte zu sein, setzt in der Beziehung zum Wohlfahrtsstaat ausschlaggebende Akzente, die sich in der Angst um dessen natürliche Grenzen artikulieren. Nach Ansicht des Befragten wird der immer weiter schrumpfende Umfang sozialstaatlicher Leistungen durch Geflüchtete zusätzlich belastet. Angst als politische Emotion ist dementsprechend auch in seinen Augen für den Erfolg der FPÖ verantwortlich: Angst vor Veränderung, Angst um den eigenen Lebensstil, Angst vor der „Islamisierung des Abendlandes". Letztere hält der Befragte zwar für „übertrieben", „eine gewisse Tendenz" sei aber da.

Im Unterschied dazu wird die österreichische Lebensqualität, ähnlich einer 'Insel der Seligen', als eine schützenswerte Errungenschaft hervorgehoben. Bestimmend für die Wahl der FPÖ ist laut dem Facharbeiter – so paradox dies auf den ersten Blick erscheinen mag – die Verteidigung der Toleranz und Offenheit des eigenen Landes. Gleichzeitig wird der in Österreich herrschende Rassismus und Nationalismus aber nicht, wie es naheliegen würde, zu einer 'inneren' Gefahr erklärt, sondern konsequent ausgeblendet. Plausibel wäre es in weiterer Folge, dem Befragten wohlfahrtschauvinistische Einstellungen zu attestieren. Meiner Meinung nach griffe dieser Befund jedoch zu kurz und ließe die kulturelle Dimension unbeachtet.

Naheliegender ist die These, dass einerseits der Bezug auf die nationale Identität und damit erhoffte Privilegien an die Stelle der gesellschaftlichen Ansprüche und Rechte tritt, die mit dem Berufsstatus verknüpft waren. Der Nationalismus offenbart sich somit als Pointe des sozialen Abstiegs, der entwerteten Berufsidentität und des dadurch erfahrenen reduzierten Zugangs zu Sozialeigentum (der etwa in der Existenzbedrohung durch ein geringes Arbeitslosengeld erlebt wird). Andererseits finden die sich auflösenden identitätsstiftenden Elemente auf Basis eines Selbstverständnisses als Arbeiter, dem durch seine berufliche Profession und gesellschaftliche Stellung auf der Grundlage des Klassenkompromisses bestimmte soziale Leistungen zugesprochen werden, durch die Zuflucht in die nationale Kultur einen stabilisierenden Ersatz. Das bedeutet, dass die nationale Identität eine Doppelfunktion einnimmt: Einmal mit dem Ergebnis, ein Anrecht auf bestimmte Versorgungsleistungen entlang nationaler Grenzziehungen zu formulieren. Sie tritt somit als Facette wohlfahrtschauvinistischer Einstellungen in Erscheinung. Zweitens wird die Relevanz einer identitätsstiftenden Solidargemeinschaft sichtbar: Die nationale Verbundenheit nimmt hier den Platz der entwerteten Berufsidentität und der damit einhergehenden Exklusion aus dem Sicherheitsnetz der 'Arbeitsgemeinschaft' ein. Anhand der Erzählung des Befragten wird deutlich, dass soziokulturelle und ökonomische Begründungen ineinander verwoben sind und als Ausdruck einer spezifischen Interpretation der gesellschaftlichen Stellung und des damit verbundenen Ressourcenzugangs auftreten. Die Erfahrung, den Status der Eltern nicht erhalten zu können, die Destabilisierung der eigenen Lage und die Beschneidung des Sozialeigentums generiert einen dezidierten Bruch mit dem Glauben an einen Ausweg aus dem Zustand politischer Unsichtbarkeit.

3.4 Enttäuschung und Neid

„Die FPÖ hat die Stimmen nicht bekommen, weil sie so gut sind, sondern weil die SPÖ so viele Fehler gemacht hat." (Pensionierter Handwerker, FPÖ-Wähler)

Die Enttäuschung über die Roten ist bei diesem Befragten unzertrennlich mit der Wahl der FPÖ verbunden, die er seit Mitte der 1990er Jahre wählt. Der Grund für den Wahlerfolg der Freiheitlichen liegt für ihn ganz klar im Regierungskurs der SPÖ. Durch das Interview zieht sich eine breit gefächerte Abhandlung sozialdemokratischer Politik, die von tiefer Enttäuschung erzählt und über die Hypokrisie der Partei klagt. Die Missachtung von Problemen und Interessen durch die SPÖ und die selbstgerechte Darstellung ihrer Funktionäre[29] rufen bei dem Pensionisten tiefe Verbitterung hervor. Er ist „auch nicht mit den Blauen zufrieden, mit ihren depperten Aussagen", verteidigt deren Reformen aber gegenüber der Kritik von sozialdemokratischer Seite. Trotzdem lässt er durchblicken, dass die Beschlüsse der

---

29 Es werden nur männliche SPÖ-Politiker von dem hier zitierten FPÖ-Wähler genannt.

ÖVP-FPÖ-Regierung nicht in seinem Interesse liegen. Daran anschließend drängt sich die Frage auf, unter welchen Bedingungen die Enttäuschung über die SPÖ ein so starkes Vakuum entfalten konnte, dass der Pensionist eine Regierung befürwortet, die nach eigenen Angaben seine gesellschaftlichen Ansprüche gezielt übergeht?

Meine These ist, dass die Entwicklung der SPÖ gewissermaßen zum verzerrten Spiegelbild der eigenen sozialen Laufbahn wird. Wirtschaftswachstum, Sozialpartnerschaft und Wohlfahrtsstaat haben zahlreichen Arbeiter*innen die Annäherung an einen bürgerlichen Lebensstil erlaubt. Die Wahrnehmung ist hier präsent, unter den schützenden Händen der traditionellen Arbeiterpartei den Mittelstand erreicht, den individuellen Leistungsglauben hochgehalten und sogar die Arbeiteridentität bis zu einem gewissen Grad abgelegt zu haben. Unter der Fahne der Klassensolidarität – 'im Schulterschluss' aufgestiegen – haben die wirtschaftlichen Krisenentwicklungen seit den späten 1980er Jahren jedoch völlig unterschiedliche Konsequenzen für die Arbeitnehmer gefordert. Diesem Problem wurde dann schließlich durch Neuorientierung und Hinwendung der SPÖ zu den aufsteigenden Fraktionen begegnet, während sich die absteigenden Gruppen der Arbeiterschaft mit wachsendem Druck und sozialem Abstieg konfrontiert sahen. Es kam zu einer massiven Entwertung zahlreicher Biographien ihrer alten Stammklientel. Das heißt eben jener, die sich als die 'kleinen Leute' wahrnahmen. Ausgehend von einer Programmatik, die lange Zeit eine gemeinsame Richtung vorgab, wurde nun deutlich, dass die SPÖ nicht alle ihrer Wegbegleiter in eine bessere Statusposition zu führen vermochte. Die Idee eines kollektiven Aufstiegs ging nicht auf. In einer von dem Befragten beobachteten „Abgehobenheit" zahlreicher sozialdemokratischer Politiker*innen, die den kulturellen Überbau dieses Kontaktverlusts zur Klassenbasis bildet, wird die Scheidung der SPÖ von ihren 'Hinterbliebenen' offenkundig:

> „Also eigentlich, die Roten stehen für die, die ihre Wurzeln vergessen haben. Schau dir den Gusenbauer an oder den Kern,[30] der ist doch ein Aufsteiger. Der kommt auch aus dem Gemeindebau, der hat auch studiert und hat irgendwo halt den Kontakt verloren. Wenn du in der Politik bist oder im Gehobenem…wenn du nur noch in diesen Kreisen bist, dann vergisst du die Basis, nämlich die, die da unten arbeiten."

Darüber hinaus wird die gegenwärtige parlamentarische Demokratie im starken Kontrast zur Vergangenheit wahrgenommen. Während die Politiker*innen bis in die 1980er Jahre noch vermeintlich verantwortungsbewusst und am Wohlergehen der gesamten Bevölkerung orientiert waren, sei die Politik heute überwiegend auf

---

30 Alfred Gusenbauer war von 2000 bis 2008 Bundesparteivorsitzender der SPÖ und bekleidete ein Jahr lang das österreichische Bundeskanzleramt. Später war er als Lobbyist für Bau-, Immobilien- und Bankkonzerne tätig. Christian Kern, lange Zeit Vorstandsmitglied der ÖBB, wurde kurzzeitig als große Hoffnung der SPÖ gefeiert und amtierte von 2016 bis 2017 als Bundeskanzler. Auch er zog sich in die Privatwirtschaft zurück.

wirtschaftliche Interessen ausgerichtet – wofür figurativ die Europäische Union steht. Insbesondere die EU-Erweiterung ermögliche Lohndumping, erhöhe den Konkurrenzdruck und schädige Kleinunternehmen, womit die Probleme der Marktinternationalisierung nach unten verschoben würden. Diese verschärfte wirtschaftliche Drucksituation lässt den Befragten den Wunsch nach ehemaliger Harmonie äußern: Statt sich „nur mehr zu bekriegen" sollten die Parteien „eigentlich fürs österreichische Volk arbeiten". Implizit wird dabei eine Revitalisierung der Wirtschafts- und Sozialpolitik der Nachkriegsjahre favorisiert. Wie die beiden jungen Facharbeiter auch, äußert der Pensionist Unverständnis und Unterlegenheitsgefühle gegenüber der Komplexität aktueller realpolitischer Zusammenhänge. Nichtsdestoweniger wird der regelmäßige Urnengang als elementarste Voraussetzung demokratischer Partizipation bewertet. Im deutlichen Kontrast zu seinen SPÖ-treuen Jahren stimmt der Befragte in der Gegenwart aber nicht mehr für ein politisches Ziel, sondern gegen den Status quo.

4. Fazit: Selektiver Korporatismus und rechte deep story in Österreich

Aus den empirischen Befunden lassen sich drei zentrale Bestandteile der rechten deep story in Österreich rekonstruieren: Erstens werden in der Wahrnehmung der Befragten die Maschen der sozialstaatlichen Auffangnetze immer enger gezogen. Das Gefühl, in einer Abstiegsgesellschaft zu leben, ist bei den Befragten subjektiv vorherrschend. Zweitens ist dieser politische Prozess durch einen Kurswechsel der SPÖ bestimmt, die das Versprechen an die Arbeiterschaft, ihren Status zu verbessern bzw. zumindest zu erhalten, gebrochen hat. Die Entwertung der beruflichen Identität sowie die wahrgenommene soziale Entwürdigung sind die dazu passenden grundlegenden Erfahrungen. Darauf ist aus Sicht der Befragten nur mittels exklusiver Solidarität anhand nationaler Grenzziehung zu reagieren, um sich so einen Platz im schrumpfenden Wohlfahrtsstaat zu sichern. Auf der anderen Seite sind diejenigen, die von den – in Österreich noch immer vergleichsweise milden – marktliberalen Reformen am härtesten betroffen sind, in meinem Sample dazu bereit, auf Bewertungskriterien anhand wirtschaftlicher Nützlichkeit zurückzugreifen. Besonders stark ausgeprägt ist in dem Gesellschaftsbild der Befragten jedoch die Dichotomie zwischen Innen und Außen, die für den Großteil der Erzählungen über Verteilungskonflikte ausschlaggebend ist.

Drittens konvertiert die Erfahrung gesellschaftlicher Entwertung in einem politischen Repräsentations- und Demokratiedefizit. Während für „Unternehmen und Reiche", wie mir einer der jungen Facharbeiter erklärt, eine klare Interessenvertretung existiere, sei für die Sozialdemokratie eine unbestimmte und diffuse Adressierung charakteristisch. Was bedeuten diese Ergebnisse nun in Bezug auf die Ausgangfrage? Wie verhält sich die Tiefengeschichte rechtsaffiner Lohnabhängiger zur deep story deutscher Arbeiter*innen?

Der schon seit den 1980er Jahren vollzogene Tabubruch in Österreich – die Aufnahme der FPÖ in eine Regierungskoalition – kann auf die Spezifika der österreichischen Nachkriegspolitik und ihrem nur zögerlichen Aufräumen mit dem sogenannten „Opfer-Mythos" unter der NS-Herrschaft zurückgeführt werden. Der Freiheitlichen Partei, vormals ein Sammelbecken ehemaliger Nationalsozialisten, gelang es mit der Wirtschaftskrise der 1980er Jahre und dem Rückzug des korporatistischen Integrationsversprechens zudem, zu einer dauerhaften Alternative im politischen System aufzusteigen. Neben dieser traditionellen Facette – die Rechten als scheinbar einziges Gegenstück zur großen Koalition – ergeben sich noch andere gravierende Unterschiede zu Deutschland. Während die deutsche Sozialdemokratie mit der Agenda 2010 eine Politik maßgeblich mitverantwortete, die den alten Korporatismus teilweise aufgab, geschah in Österreich etwas anderes: Mit dem Ende der Kreisky-Ära gibt sich die Sozialdemokratie mit leichten Adaptionsprozessen der korporatistischen Ordnung zufrieden. Sie übersieht, dass sich die selektiven Wirkungen des Korporatismus verstärken und versäumt es, wirksame Gegenmaßnahmen einzuleiten.

Allgemein gesprochen ähneln die Ausgangsbedingungen für die Arbeiterschaft Österreichs denen in Deutschland. Blicken wir auf die Entwicklung des letzten Jahrzehnts, so verbleibt der Industriesektor bei einer relativ konstanten Größe von etwa 25 Prozent der Lohnabhängigen.[31] Unter der in der offiziellen Bundesanstalt für Statistik in Österreich gebrauchten Arbeiterdefinition ist ein Zuwachs dieser Beschäftigungsgruppe in absoluten Zahlen in den letzten drei Jahren abzulesen.[32] Obwohl die Gruppe der Industriebeschäftigten einen massiven Schrumpfungsprozess hinter sich hat, ist sie wie in Deutschland zahlenmäßig noch immer eine statistisch relevante und gesellschaftlich einflussreiche Gruppe. Allerdings nehmen Ungleichheiten in der nationalen Arena zu, die auch die Arbeiterschaft betreffen: Bis 2016 stieg die Arbeitslosigkeit kontinuierlich an und markierte mit einer Arbeitslosenquote von 9,1 Prozent einen Rekordwert.[33] Daneben sind Prekarisierung und die

---

31 International Labour Organisation (ILO) (2019): Verteilung der Erwerbstätigen in Österreich nach Wirtschaftssektoren von 2008 bis 2018. https://de.sta-tista.com/statistik/daten/studie/217608/umfrage/erwerbstaetige-nach-wirtschaftssekto-ren-in-oesterreich/. Zugegriffen: September 2019.
32 Statistik Austria (2019): Beschäftigung und Arbeitsmarkt. http://www.statistik.at/web_de/services/stat_uebersichten/beschaeftigung_und_arbeits-markt/index.html. Zugegriffen: Dezember 2019.
33 Arbeitsmarktservice (AMS) (2016): Arbeitsmarktlage Dezember 2016. https://www.ams.at/content/dam/dokumente/berichte/001_spezialthema_1216.pdf. Zugegriffen: September 2019. Neben den Konsequenzen der Corona-Krise für den Arbeitsmarkt

Ausbreitung atypischer Beschäftigungsformen zu beobachten. Obgleich Österreich eine Tarifdeckung für 98 Prozent der Beschäftigungsverhältnisse aufweist und der Niedriglohnsektor im europäischen Vergleich nur geringfügig wächst, umfasst er im Jahr 2017 offiziell etwa 15 Prozent der abhängig Beschäftigten. Gleichzeitig steigt vor allem die Teilzeitbeschäftigung.[34] Für die Dynamik gesellschaftlicher Statusgruppen bedeuten diese Entwicklungen, dass eine Vielzahl der Lohnabhängigen in immer größerem Ausmaß damit beschäftigt ist, die Konsequenzen dieser Prozesse abzuwehren, während ein immer kleinerer Teil tatsächlich davon profitiert – auf abstrakter Ebene spiegelt sich das im ungleichen Kapital-Einkommen-Verhältnis und den divergierenden Einkommensgruppen wider.[35]

Der Wohlfahrtsstaat und die dazugehörigen Institutionen werden von den Befragten, wie wir anhand der Abkehrmotive gesehen haben, als gesamt-österreichische Errungenschaften betrachtet, die im Interesse des Volkes von der Politik eingesetzt werden sollen. Die Betonung der österreichischen Nation als (schützenswerten) Ort hoher Lebensqualität und wohlfahrtsstaatlicher Erfolge findet sich in den Erzählungen aller Befragten. Es sind daher insbesondere Konfliktlinien um das Terrain sozialstaatlicher Verantwortlichkeit, die verstärkt ressentimentgeladene Einstellungen und Abwehrhaltungen bei den Befragten offenbaren. Die Einstellung, wohlfahrtsstaatliche Errungenschaften entlang bestimmter Grenzziehungen und somit anhand exklusiver Solidarität verteidigen zu müssen, erweist sich als Agitationspotential rechter Politik. Der Wohlfahrtschauvinismus wird zum dominierenden Mobilisierungselement.

Wirtschaftsliberale Gegenprogramme und innerstaatliche (Klassen-)Konflikte werden von den Befragten überwiegend ausgeblendet; von Interessens- oder gar Klassengegensätzen innerhalb der Bevölkerung wird nahezu vollkommen abstrahiert. Fehlentwicklungen werden primär auf einen Widerspruch zwischen 'dem Volkswillen' und 'der Politik' zurückgeführt. Fragmentierungsprozesse und fehlende Interessensgemeinschaften äußern sich darüber hinausgehend in Entfremdungs- und Ohnmachtsgefühlen, die in der Dichotomie von 'Volk' und 'politischer Elite' vermeintlich aufgelöst werden. Vor dem Hintergrund eines Repräsentationsdefizits und dem damit einhergehenden Fehlen von politischen Narrativen, die bei der Bewertung derartiger Konfliktlinien hilfreiche Begriffe und Deutungsrahmen zur Verfügung stellen, kann eine Interpretation von sozialen Widersprüchen als Klassen- oder In-

---

verlieren diese Zahlen an Dramatik. Momentan liegt der Anteil der erwerbslosen Unselbstständigen etwa bei 12 Prozent.

34 Statistik Austria (2018): Statistische Nachrichten Dezember 2018. http://www.statistik.at/web_de/services/stat_nachrichten/119876.html#index5. Zugriffen: Dezember 2019.

35 Verteilung.at – Das Informationsportal für Verteilungsfragen in Österreich (2019): https://www.verteilung.at. Zugegriffen: Januar 2020.

teressensdivergenzen nicht stattfinden. Soziale Fragmentierung und Prekarisierung erschweren (klassen-)politische Mobilisierungen zusätzlich. Diese Erkenntnis deckt sich mit der von Klaus Dörre für die Bundesrepublik formulierten These einer demobilisierten Klassengesellschaft: „Demobilisiert sind Klassen, sofern sie nicht über angemessene aktive Repräsentationen von ökonomisch-sozialen und politischen Klasseninteressen verfügen und deshalb wechselseitige Konkurrenz, Distinktion und soziale Abwertung dominieren".[36] Einiges spricht dafür, dass auch die österreichische Gesellschaft als eine demobilisierte Klassengesellschaft bezeichnet werden kann.

Dazu zählen insbesondere die Beobachtungen, die eng mit der Rolle der traditionellen Interessenvertretung der Arbeiterschaft verflochten sind. Während die korporatistische Ordnung in Österreich trotz oder gerade wegen des „sanften Neoliberalismus" beinahe unverändert weitergeführt wird, werden aus ihr herausfallende Gruppen und deren Kämpfe nur unzureichend eingebunden. Prekarisierung, der Zuwachs gering bezahlter Teilzeitarbeit und atypischer Beschäftigung, steigender Qualifizierungsdruck und wachsende Konkurrenz unter gering qualifizierten Arbeitskräften wird – nicht zuletzt unter dem politischen Deckmantel des 'Altbewährten' und 'mühsam Erkämpften' – mittels Symptombehandlung begegnet. Die Inklusion anderer Schauplätze des Klassenantagonismus, wie etwa vom Rechtspopulismus aufgegriffene Konfliktlinien zwischen (neuen) migrantischen und alteingesessenen Arbeiterkräften in stark von Prekarisierung betroffenen Berufsgruppen, werden auf *Diversity-Policy*-Richtlinien und Verweise auf bereits vorhandene (Kollektiv-)Regelungen reduziert, wodurch in der Auseinandersetzung zunehmend von der sozio-ökonomischen Dimension der Konflikte abstrahiert wird. Stehen Forderungen der Belegschaft den Strategien der (sozialdemokratisch geführten) Gewerkschaften entgegen oder entziehen sich spezifische Anliegen dem traditionellen Verhandlungsformat, so wird, anstatt der aktiven Einbindung von außerhalb der eigenen Reihen stehenden Beschäftigten und Bedürfnissen, eine paternalistische Burgfriedenspolitik praktiziert. Eine Folge ist sinkendes Vertrauen in die Gewerkschaften.[37] Ein prominentes Beispiel für einen solchen, von den italienischen Sozialwissenschaftlern

---

36 Dörre, Klaus (2019d): Umkämpfte Globalisierung und soziale Klassen. 20 Thesen für eine demokratische Klassenpolitik. In: Candeias, Mario/Dörre, Klaus/Goes, Thomas E. (Hg.), Demobilisierte Klassengesellschaft und Potenziale verbindender Klassenpolitik. Beiträge zur Klassenanalyse (2). Rosa-Luxemburg-Stiftung, Manuskripte – Neue Folge 23. Berlin, S. 11-56.

37 Als beispielgebender Schauplatz kann die Protestbewegung im Gesundheitswesen genannt werden, vgl. Mosaik Blog vom 01.04.2020: Nur Brösel für die Heldinnen: Fataler Abschluss im Sozialbereich. https://mosaik-blog.at/sozialbereich-kollektivvertrag/. Zugegriffen: Juni 2020.

Bolaffi und Maramao[38] einst als Klassenkampf-Nebenschauplatz bezeichneten Hort antagonistischer Interessen ist die Wohnraumdebatte innerhalb des Wiener Gemeindebauwesens. Aus der Arena öffentlicher Auseinandersetzung verdrängt, erweisen sich darin enthaltene Konflikte als Triebfeder gesellschaftlichen Ressentiments, die auf dem Vorwurf beruhen, die SPÖ missachte die Probleme und Interessen der roten Stammklientel. Ferner darf nicht aus dem Blick geraten, dass soziapolitische Errungenschaften und wohlfahrtsstaatliche Leistungen nicht per se vor ungünstigen Kräfteverhältnissen geschützt sind. Sie erweisen sich im Gegenteil als gefährdete Zugeständnisse an die Lohnabhängigen und bleiben auch in der Gegenwart umkämpft. Das ist insbesondere durch die Forcierung wirtschaftlicher Liberalisierungsmaßnahmen sowie den intensivierten Abbau sozialstaatlicher Leistungen unter der ÖVP-FPÖ-Regierung klargeworden. Diese Koalition, die von 2017 bis zum Frühjahr 2019 unter Bundeskanzler Sebastian Kurz regierte, setzte mit der Legalisierung eines 12-Stunden-Arbeitstages und der Kürzung der Mindestsicherung ein unübersehbares Zeichen gegen die tradierte sozialpartnerschaftliche Wirtschaftsharmonisierung. Am 30. Juni 2018 gingen daher unter der Fahne des ÖGBs über 100.000 Menschen gegen die Einführung des 12-Stunden-Tages in Wien auf die Straße, der trotzdem gesetzlich verankert wurde.[39]

Zusammenfassend lässt sich festhalten, dass sich die Motive für die Abkehr von der Sozialdemokratie im Kern um Erfahrungen und Gefühle gesellschaftlicher Ab- und Entwertung drehen. Diese Wahrnehmungen zeigen sich entlang der Merkmale einer, auch in Österreich, „demobilisierten Klassengesellschaft". Das politische Repräsentationsdefizit und die Angst, den Platz im selektiv agierenden Wohlfahrtsstaat zu verlieren, machen sich in den Erfolgen der populistischen Rechten bemerkbar. Als österreichisches Spezifikum erweist sich das breite Mobilisierungspotential der Innen-Außen-Dichotomie, die den gesellschaftlichen Gegensatz zwischen Oben und Unten klar dominiert. Während den „einheimischen" Arbeitslosen noch immer überwiegend der Anspruch auf sozialstaatliche Fürsorge zugesprochen wird, sollen sich Geflüchtete und Migrant*innen „hinten anstellen". Nichtsdestoweniger gewinnt die extreme und populistische Rechte in Österreich auch abseits von Wohlfahrtschauvinismus an Stimmen – inwiefern die kulturelle Tradition dafür eine ergänzende Rolle spielt, muss Aufgabe zukünftiger Forschung sein.

---

38 Bolaffi, Angelo/Maramao, Giacomo (1982): Die deutsche Sozialdemokratie heute – oder die Paradoxa einer Geschäftsführung der Arbeiterklasse. In: PROKLA – Zeitschrift für kritische Sozialwissenschaft 12(47)/1982, S. 35-54.

39 Der Standard vom 30.06.2018: Rund 100.000 demonstrierten in Wien gegen 12-Stunden-Tag. https://www.derstandard.at/story/2000082576227/rund-100-000-de-monstrierten-in-wien-gegen-den12-stunden-tag. Zugegriffen: Juni 2020.

VI. Ausnahmeform Bonapartismus: Arbeiterschaft, Zangenkrise und Revolte von rechts

Um erklären zu können, weshalb sich die radikale Rechte auch für Teile der lohnabhängigen Klassen erfolgreich als Kraft der Veränderung verkaufen kann, muss der Blick auf gesellschaftliche Kräfteverhältnisse, auf Machtkonstellationen und die Funktionsweise von Staat und Demokratie gerichtet werden. Anleihen bei Marx' Bonapartismustheorie sind gegenwärtig en vogue. Meist bleibt es jedoch bei oberflächlichen Analogien unter Ausblendung (neo)marxistischer Staatstheorie. Der nachfolgende Beitrag bezieht sich dehalb bewusst auf den griechischen Staatstheoretiker Nicos Poulantzas.[1] Sicher ist es ungewöhnlich, dass ein Soziologe, dessen Forschungsschwerpunkte auf den ersten Blick wenig mit Staat und Politik zu tun haben, aus aktuellem Anlass eine solche Perspektive wählt. Daher sei mir erlaubt, mit einer Selbstverortung im Feld der kritischen Sozialwissenschaften zu beginnen. Nicos Poulantzas bin ich, zwar nicht persönlich, wohl aber in Gestalt einiger seiner Bücher, erstmals als junger Student und linker Aktivist begegnet.[2] Poulantzas' Werk „Der Staat, die Macht, der Sozialismus"[3] hat mich damals stark beeinflusst. Wer Poulantzas gelesen hatte, dem war klar: Der Staat ist kein bloßes Instrument in den

---

1 Der Beitrag beruht auf einer Poulantzas-Lecture, die ich im Dezember 2019 zu meiner großen Freude am Poulantzas-Institut in Athen halten durfte.

2 Den Hinweis auf Poulantzas verdankte ich damals meinem Lehrer und Freund, dem marxistischen Politikwissenschaftler Frank Deppe. Siehe auch Frank Deppes politiktheoretisches Opus Magnum: Deppe, Frank (1999ff.): Politisches Denken im 20. Jahrhundert. 5 Bde. Hamburg: VSA. Wichtige Impulse kamen auch von der um Joachim Hirsch und Alex Demirović versammelten „Frankfurter Schule" sowie später von Bob Jessop. Siehe zuletzt: Demirović, Alex/Hirsch, Joachim/Jessop, Bob (2017): Einleitung. In: Poulantzas, Nicos (2017 [1978]), Staatstheorie. Politischer Überbau, Ideologie, Autoritärer Etatismus. Hamburg: VSA, S. 7-34.

3 Poulantzas, Nicos (2002[1978]: Der Staat, die Macht und der Sozialismus. Hamburg: VSA. Ein wichtiges Kapitel dieses Buchs ist wieder abgedruckt in: Ciftci, Ridvan/Fisahn, Andreas (Hg.) (2019): Nach-Gelesen. Ein- und weiterführende Texte zur materialistischen Theorie von Staat, Demokratie und Recht. Hamburg: VSA, S. 199-217. Zur Poulantzas-Rezeption in Deutschland siehe auch: Bretthauer, Lars/Gallas, Alexander/ Kannakulam, John/Stützle, Ingo (Hg.) (2006): Poulantzas lesen. Hamburg: VSA.

Händen herrschender Klassen. Er ist – relativ – autonom.[4] Wie das Kapital, so ist auch der Staat ein soziales Verhältnis. Er beruht auf der materiellen Verdichtung von historisch-spezifischen Kräfteverhältnissen zwischen Klassen und Klassenfraktionen, die sich in unterschiedlichen Staatsformen ausdrücken können.

In diesem Beitrag möchte ich mich mit einem Staatstypus befassen, den Poulantzas als Ausnahmeform bezeichnet hat – mit dem Bonapartismus.[5] Meine These ist, dass sich in der Revolte einer radikalen Rechten, wie wir sie gegenwärtig weltweit erleben, eine Tendenz zu bonapartistischen Demokratien[6] ausdrückt. Unfähig, ihre Anliegen im organisierten demokratischen Klassenkampf durchzusetzen, tendieren Teile der beherrschten Klassen, allen voran Arbeiter, dazu, ihre Interessen an die radikale Rechte zu delegieren. In der Programmatik teilweise marktliberal, präsentieren sich rechtspopulistische oder rechtsradikale Formationen[7] in ihrer gegenwärtigen Gestalt als volksnahe Kraft, die Lohnabhängigen wirksamen Schutz, gesellschaftliche Anerkennung und Bewahrung ihrer kulturellen Identität verspricht. „Wir holen uns unser Land zurück!", lautet die Parole für eine Revolte gegen das Establishment. Diese Rebellion muss eine imaginäre bleiben, weil sie auf die Wiederherstellung von Verhältnissen zielt, die so nicht wiederherstellbar sind. Genau das macht sie besonders gefährlich.

Nachfolgend möchte ich meine These in mehreren Schritten begründen. Ich beginne mit der Überrepräsentanz von Arbeiter*innen im Elektorat und unter den Sympathisierenden der radikalen Rechten (1.). Anschließend beschäftige ich mich mit der „Ausnahmeform Bonapartismus" (2.), der – fehlenden – Nachhaltigkeitsrevolution (3.), dem politischen Interregnum in demobilisierten Klassengesellschaften und der Herausbildung eines sozialen Blocks der radikalen Rechten (4.). Es folgen

---

4   Bob Jessop hat vorgeschlagen, auf das „relativ" zu verzichten. Diesem Vorschlag folge ich nicht, denn der Staat als Verdichtung von Kräfteverhältnisse beruht auf etwas, was er nicht vollständig inkludiert – auf Klassenbeziehungen. Vgl. Jessop, Bob: (1990): State Theory. Putting the Capitalist State in Its Place. Cambridge: Polity Press, S. 102.

5   Dazu grundlegend: Poulantzas, Nicos (1973): Faschismus und Diktatur. Die Kommunistische Internationale und der Faschismus. München: Trikont. Vgl. auch: Hall, Stuart (2014a): Nicos Poulantzas: Staatstheorie. In: Ders., Populismus. Hegemonie. Globalisierung. Ausgewählte Schriften 5. Hamburg: Argument, S. 89-100, S. 92.

6   Den Begriff der Bonapartistischen Demokratie übernehme ich von Stefano Azzarà; vgl. Ders. (2019): Italien: Populistische Revolte und postmoderne bonapartistische Demokratie. In: Z. Zeitschrift Marxistische Erneuerung 117/2019, S. 36-47.

7   Wie sich zeigen wird, liefe die Bezeichnung rechtspopulistisch beispielsweise im Falle der Alternative für Deutschland (AfD) auf eine Verharmlosung hinaus. Gewaltsame Systemveränderung ist für Teile der radikalen Rechten kein Tabu mehr. Vgl. dazu: Heitmeyer, Wilhelm (2018a): Autoritärer Nationalradikalismus. Ein neuer Erfolgstypus zwischen konservativem Rechtspopulismus und gewaltförmigem Rechtsextremismus. In: Becker, Karina/Dörre, Klaus/Reif-Spirek, Peter (Hg.), Arbeiterbewegung von rechts? Ungleichheit – Verteilungskämpfe – populistische Revolte. Hamburg: Campus, S. 117-134.

Ergebnisse aus Untersuchungen zu rechten Orientierungen unter Arbeiter*innen und aktiven Gewerkschaftsmitgliedern (5.). Ich plädiere für die Wiederbelebung einer inklusiven Klassenpolitik, die geeignet ist, die Mechanismen bonapartistischer Demokratien zu überwinden und verorte sie im Kontext von Zangenkrise und sozialökologischem Transformationskonflikt. (6.). Abschließend präsentiere ich eine Heuristik für eine erneuerte Klassenanalyse und befasse mich mit Strategien des Übergangs hin zu transformativen Demokratien (7.).

1. Rechte Sammlungsbewegungen und Arbeiterschaft

Beginnen wir mit der sozialen Basis der radikalen Rechten. „Von diesem Moment an heißt es: Amerika zuerst. Jede Entscheidung über Handel, Steuern, Zuwanderung oder Außenpolitik wird danach getroffen, ob sie amerikanischen Arbeitern oder amerikanischen Familien nutzt", ließ US-Präsident Donald Trump in seiner Antrittsrede verlauten. Trump sei die AfD der USA, echote es in bemerkenswerter Selbstüberschätzung seitens deutscher Bewunderer.[8] Die Botschaft, nationale Arbeiterinteressen schützen zu wollen, kommt an. Zwar rekrutieren rechtspopulistische oder radikal rechte Parteien ihre Wähler*innen grundsätzlich aus allen Klassen und Schichten der Bevölkerung, doch Trump verdankt sein Amt neben bürgerlichen Wähler*innen nicht zuletzt – vorwiegend männlichen[9] – Produktionsarbeitern aus dem deindustrialisierten *rust belt* der USA. Mit 10 Mio. Stimmen aus dem Gewerkschaftslager legte er in dieser Wählergruppe besonders stark zu.[10] Die Brexit-Kampagne unter Federführung der rechtspopulistischen UKIP fand ebenfalls überdurchschnittliche Zustimmung in der Arbeiterschaft.[11] In Frankreich erzielte der Front National seit den 1990ern Spitzenwahlergebnisse in ehemaligen Hochburgen der Kommunisti-

---

8 AfD (2017): Epochenwende. Eintrag vom 20. Januar 2017. http://www.afd-nb.de. Zugegriffen: März 2017.
9 Aussagen zu den Geschlechtern müssen allerdings mit Vorsicht betrachtet werden, da Frauen innerhalb der Arbeiterschaft generell unterrepräsentiert sind.
10 Vgl. Moody, Kim (2017): Wer hat Trump ins Weiße Haus gewählt. In: Express. Zeitung für sozialistische Betriebs- und Gewerkschaftsarbeit 1-2/2017. https://express-afp.info/wpcontent/uploads/2017/02/2017-01_moody_wer-hat-trump.pdf. Zugegriffen: Juni 2020.; vgl. auch: Der Spiegel vom 12.11.2016: Trump-Wähler: Es waren nicht nur alte, weiße Männer. http://www.spiegel.de/politik/ausland/donald-trump-und-seine-wähler-es-waren-nicht-nur-alte-weisse-maenner- a-1120865.html. Zugegriffen: Juni 2017.
11 Gumbrell-McCormick, Rebecca/Hyman, Richard (2017): What about the workers? The implications of Brexit for British and European labour. In: Competition and Change 21(3)/2017, S. 169-184.

schen Partei (PCF),[12] auch die Nachfolgeorganisation Rassemblement National (RN) rekrutiert innerhalb der Arbeiterschaft mit überdurchschnittlichem Erfolg. Noch spektakulärer wirkt das Ergebnis der österreichischen Bundespräsidentenwahl, bei der sage und schreibe 86 Prozent der Arbeiter*innen für den knapp unterlegenen FPÖ-Kandidaten Hofer votierten.[13] Zwar hat die FPÖ bei den Parlamentswahlen 2019 erheblich verloren; in der Arbeiterschaft ist sie aber noch immer mit großem Abstand stärkste Partei.[14] Auch die italienische Lega mit ihrem offen rassistischen Anführer Salvini verzeichnet innerhalb der Arbeiterschaft hohe Sympathiewerte.[15]

Die Wahlerfolge der AfD fügen sich ebenfalls in dieses Muster. Das Saarland ausgenommen, war die radikale Rechte in den Regionalwahlen seit 2016 bei Arbeiter*innen und Arbeitslosen regelmäßig die Partei mit den größten Stimmenanteilen.[16] Seit der Bundestagswahl im September 2017 ist die AfD stärkste Oppositionskraft im nationalen Parlament. Während die Partei im Durchschnitt 12,6 Prozent der Stimmen erhielt, votierten 19 Prozent der Arbeiter*innen und 15 Prozent der Gewerkschaftsmitglieder (14 Prozent West, 22 Prozent Ost) für die rechte Formation. Die meisten AfD-Wähler*innen haben die mittlere Reife oder den Hauptschulabschluss, nur sieben Prozent der Akademiker*innen stimmten für die Rechtspartei. Frauen sind in der Wählerschaft der Partei deutlich unterrepräsentiert; dafür erzielt die AfD in ländlichen und strukturschwachen Regionen besonders hohe Wahlergebnisse. Bei den jüngsten Landtagswahlen in ostdeutschen Bundesländern zeichnete sich der Arbeiterüberhang in der Wählerschaft der AfD noch deutlicher ab als auf der Bundesebene. In Brandenburg haben 44 Prozent der

---

12 Perrineau, Pascal (2001): Die Faktoren der Wahldynamik des Front National. In: Loch, Dietmar/Heitmeyer, Wilhelm (Hg.), Schattenseiten der Globalisierung. Frankfurt a. Main: Suhrkamp, S. 186-205.

13 Die Presse vom 05.12.2016: Norbert Hofer, der Präsident der Männer und Arbeiter. https://www.diepresse.com/5129839/norbert-hofer-der-prasident-der-manner-und-arbeiter. Zugegriffen: Juni 2020.

14 Die FPÖ erzielte bei den Arbeiter*innen 48 Prozent der Stimmen, es folgten SPÖ und ÖVP mit 23 bzw. 21 Prozent.

15 Neben Kleinunternehmern, Arbeitslosen und prekäre Beschäftigten stieß die Regierungsallianz aus Lega und Fünf-Sterne-Bewegung auch „bei abhängig Beschäftigten im öffentlichen und privaten Sektor" auf hohe Zustimmung. Vgl. Azzarà, Stefano (2019): Italien: Populistische Revolte und postmoderne bonapartistische Demokratie. In: Z. Zeitschrift Marxistische Erneuerung 117/2019, S. 36-47, S. 36. Zur Problematik insgesamt: Mudde, Cas (2019): The 2019 EU Elections: Moving the Center. In: Journal of Democracy 30(4)/2019, S. 313-334; Ders. (2019): The Far Right Today. Cambridge: Polity Press.

16 Dörre, Klaus (2016): Die national-soziale Gefahr. PEGIDA, neue Rechte und der Verteilungskonflikt – sechs Thesen. In: Rehberg, Karl-Siegbert/Kunz, Franziska/Schlinzig, Tino (Hg), PEGIDA – Rechtspopulismus zwischen Fremdenangst und „Wende"-Enttäuschung? Bielefeld: Transcript, S. 259-288.

Arbeiter*innen AfD gewählt, in Thüringen waren es 39 Prozent der betriebsaktiven Arbeiter*innen. Im Bundesland Sachsen hat jeder dritte, in Brandenburg jeder vierte männliche Gewerkschafter AfD gewählt; nur in Thüringen wurde die Linke unter Gewerkschafter*innen stärkste Kraft.[17]

Betrachtet man anstelle des von taktischen Kalkülen beeinflussten Wahlverhaltens die aussagekräftigeren Parteipräferenzen, ergibt sich ein ähnliches Bild. Im Vergleich zu allen anderen Parteien weist die AfD die größte Einkommensspreizung, aber auch die höchsten Anteile an Arbeiter*innen sowie abhängig Beschäftigten mit einfachen Arbeitstätigkeiten auf. Das Sozialprofil der ebenfalls rechtspopulistischen Pegida-Bewegung, die in Dresden zeitweilig Zehntausende auf die Straße brachte und Ableger in der gesamten Republik hat, ist ebenfalls von Arbeiter*innen und Angestellten mit niedrigen bis mittleren Einkommen geprägt. In Selbstdarstellungen präsentiert sich die Bewegung als Bündnis des Mittelstands und der Arbeiterschaft. Ähnlich agiert die AfD, wenn sie die sogenannten „kleinen Leute" als wichtige Zielgruppe ihrer Wahlkämpfe adressiert.

Teile der radikalen Rechten gehen mittlerweile noch einen Schritt weiter. Bei den zurückliegenden Betriebsratswahlen haben sie – teils mit oppositionellen Organisationsformen, teils durch Infiltrierung gewerkschaftlicher Listen – versucht, betriebliche Positionen zu erringen. Rechtsoppositionelle Splitterorganisationen wie das Zentrum Automobil geben sich im Betrieb globalisierungskritisch-kämpferisch und vermeiden rassistische Töne.[18] Es kann aber kein Zweifel bestehen, dass Spitzenleute des Zentrums tief in der militanten Rechten verankert sind. Der Einfluss rechtsoppositioneller Betriebsräte ist quantitativ bislang gering. Geländegewinne beschränken sich auf wenige Vorzeigewerke (u.a. Daimler Untertürkheim, Sindelfingen, Rastatt, BMW Leipzig, Porsche Leipzig, Opel Rüsselsheim, VW Motorenwerk Zwickau) vor allem in der Automobilindustrie. Gefährlicher ist eine andere Entwicklung. Es gibt gewerkschaftlich organisierte Betriebsräte, die sich im Unternehmen vorbildlich engagieren, bei politischen Fragen jedoch mit Pegida und der AfD sympathisieren, ohne dass dies im Betrieb überhaupt auffallen würde. Verlässliche Zahlen über die Größe dieser Gruppe existieren nicht.[19]

---

17 Kahrs, Horst (2020): Zum Wahlverhalten von Gewerkschaftsmitgliedern. Berlin: Arbeitsmaterialien zur Klassenanalyse. Rosa-Luxemburg-Stiftung. https://www.rosalux.de/fileadmin/rls_uploads/pdfs/Themen/Klassen_und_Sozialstruktur/2020-02-14_Ka_Wahlverhalten_Gewerkschafter.pdf.

18 Theurer, Marcus (2020): Der rechte Arbeiterführer. In: Frankfurter Allgemeine Sonntagszeitung vom 30.03.2020. https://www.faz.net/aktuell/wirtschaft/ein-rechter-gewerkschafter-macht-der-ig-metall-konkurrenz-16700899.html. Zugegriffen: April 2020.

19 Es gibt jedoch Anhaltspunkte. Während einer Betriebsrätekonferenz mit 400 Teilnehmer*innen in Erfurt stieß ein kritisches Referat zur AfD auf starke Zustimmung; 20 Prozent der Anwesenden klatschten jedoch demonstrativ nicht.

Nun ist das Vorhandensein rechtspopulistischer oder rechtsradikaler Orientierungen unter Arbeiter*innen und Gewerkschaftsmitgliedern seit langem bekannt.[20] Allerdings galt in der Forschung bisher als gesichert, dass der aktive Kern der Gewerkschaftsmitglieder für rechtsradikale Anrufungen weitgehend immun ist. Diese vermeintliche Gewissheit, so der irritierende Befund einer empirischen Erhebung, die wir 2017–2019 durchgeführt haben, muss ad acta gelegt werden.[21] Aktive Gewerkschafter*innen, die in ihren Betrieben für steigende Organisationsgrade sorgen, sind teilweise auch bereit, eigenständig die Busse zu beschaffen, mit denen sie zu Pegida-Demonstrationen fahren. In der Selbstwahrnehmung handelt es sich um einander ergänzende Facetten demokratischen Aufbegehrens – mit der Gewerkschaft in Betrieb und Unternehmen, in der Gesellschaft mit Pegida und der AfD.

Solche Phänomene vor Augen, sprechen manche Interpreten von der AfD bereits als neuer Arbeiterpartei.[22] Das halte ich für irreführend. Die AfD und auch andere radikal rechte Formationen sind keine verkappten Klassenparteien. Es handelt sich um Formationen nicht des Marx'schen, sondern des Polanyi'schen Typs. Bewegungen Polanyi'schen Typs richten sich gegen eine expansive Marktmacht, die den Akteuren diffus und abstrakt erscheint. Diese ökonomische Macht lässt sich selten eindeutig zuordnen, und die Kritik an ihr kann in unterschiedliche Richtungen politisiert werden. Möglich ist, dass solche interklassistischen Sammlungsbewegungen reaktiv-

---

20 Bibouche, Seddik/Held, Josef/Merkle, Gudrun (2009): Rechtspopulismus in der Arbeitswelt. Eine Analyse neuerer Studien. Düsseldorf: Edition der Hans-Böckler-Stiftung.
21 Die Ergebnisse der Studie sind u.a. veröffentlich in: Dörre, Klaus (2019e): „Take Back Control!". Marx, Polanyi and Right-Wing Populist Revolt. In: Österreichische Zeitschrift für Soziologie. 44(2)/2019, S. 225-243; Dörre, Klaus (2019c): „Land zurück!" Arbeiter, Abwertung, AfD. In: WSI-Mitteilungen 72(3)/2019, S. 168-176; Becker, Karina/Dörre, Klaus/Reif-Spirek, Peter (Hg.) (2018): Arbeiterbewegung von rechts? Ungleichheit – Verteilungskämpfe – populistische Revolte. Frankfurt a. Main/New York: Campus; Dörre, Klaus (2019f): Auf der Suche nach dem wahren Kern der deep story. Rechtspopulismus bei Lohnabhängigen als Herausforderung für die politische Bildung. In: Journal für politische Bildung 9(1)/2019, S. 28-33; Dörre, Klaus/Becker, Karina (2019): Völkisch populism: a Polanyian-type movement? In: Atzmüller, Roland/Aulenbacher, Brigitte/Brand, Ulrich/Décieux, Fabienne/Fischer, Karin/Sauer, Birgit (Hg.), Capitalism in Transformation. Movements and Countermovements in the 21th Century. Cheltenham/Northampton: Edward Elgar Publishing, S. 152-168; Dörre, Klaus (2018): A Right-Wing Workers' Movement? Impressions from Germany. In: Global Labour Journal 9(3)/2018, S. 339-347. Siehe auch als Grundlage für Kapitel V und als dessen Grundlage: Dörre, Klaus/Bose, Sophie/Lütten, John/Köster, Jakob (2018): Arbeiterbewegung von rechts? Motive und Grenzen einer imaginären Revolte. In: Berliner Journal für Soziologie 28(1-2)/2018. https://link.springer.com/article/10.1007%2Fs11609-018-0352-z. Zugegriffen: Mai 2018.
22 Nachtwey, Oliver/Jörke, Dirk (2017). Die rechtspopulistische Hydraulik der Sozialdemokratie. In: Dies. (Hg.), Das Volk gegen die liberale Demokratie. Leviathan Sonderband 32. Baden-Baden: Nomos, S. 163-186.

nationalistische oder gar faschistisch-terroristische Züge annehmen. Im Unterschied zu den Implikationen des Marx'schen Klassenuniversalismus, der unterstellte, die „Exploitation des Weltmarktes" werde „die Produktion und Konsumtion aller Länder kosmopolitisch" gestalten,[23] muss nach Polanyi stets mit dem Gegenteil gerechnet werden. Denn nivellierende Marktmacht kann eine „endemische Tendenz" unter Lohnabhängigen bestärken, „klassenunspezifische Grenzen abzustecken, auf deren Basis sie [die Lohnabhängigen, KD] beanspruchen können, vor dem Mahlstrom [des Marktes, KD] geschützt zu werden".[24] Wie sich zeigen wird, hängt die Entstehung solcher Bewegungen eng mit der Funktionsweise bonapartistischer Demokratien zusammen, die es genauer zu analysieren gilt.

2. Bonapartismustheorien

Um dies leisten zu können, müssen wir uns zunächst in gebotener knapper Form mit dem Spannungsverhältnis von Kapitalismus und Demokratie sowie dessen besonderer Bearbeitung in bonapartistischen Herrschaftsvarianten befassen. Marx, dessen Demokratieverständnis häufig auf die missverständliche und oft missbrauchte Formel von der revolutionären „Diktatur des Proletariats"[25] reduziert wird, hat dieses Spannungsverhältnis hellsichtig mit der systemisch bedingten Unvollständigkeit der Demokratie in bürgerlich-kapitalistischen Gesellschaften begründet. Demokratie als „das aufgelöste Rätsel aller Verfassungen"[26] besitzt für ihn eine Doppelgestalt. Logisch betrachtet eignet sich die demokratische Staatsform bestens, um subalterne Klassen zu integrieren und die Bourgeois-Herrschaft sicherzustellen. Die Demokratie gewährt Spielräume für kreatives unternehmerisches Handeln. Sie trägt damit dem konkurrenzgetriebenen Zwang zur fortwährenden Revolutionierung der Produktionsmittel angemessen Rechnung und fördert zugleich die Mystifikation der kapitalistischen Ausbeutung.[27] Demokratie besitzt jedoch selbst in ihrer unvollständigen bürgerlichen Form stets auch etwas Überschießendes, denn sie beruht auf einer

---

23 Marx, Karl/Engels, Friedrich (1959 [1848]): Das Manifest der kommunistischen Partei. In: MEW 4. Berlin: Dietz, S. 459-493, S. 466.
24 Silver, Berverly J. (2005): Forces of Labor. Arbeiterbewegungen und Globalisierung seit 1870. Berlin: Assoziation A, S. 41.
25 Marx, Karl (1962 [1875]): Kritik des Gothaer Programms. In: MEW 19. Berlin: Dietz, S. 28.
26 Marx, Karl (1973 [1843]): Zur Kritik der Hegelschen Rechtsphilosophie. In: MEW 1. Berlin: Dietz, S. 231.
27 Marx, Karl (1973 [1867]): Das Kapital, Erster Band. In: MEW 23. Berlin: Dietz, S. 562.

antagonistischen Vergesellschaftung von Politik.[28] Einerseits eine integrative Herrschaftsform, bietet die Demokratie andererseits einen institutionellen Rahmen, der für die Emanzipation beherrschter Klassen, die Reform oder gar die Überwindung des Kapitalismus genutzt werden kann.[29]

Historisch betrachtet waren es denn auch keineswegs die bürgerlichen Klassen, die Parlamentarismus und liberale Demokratie durchsetzten. Das Bürgertum fürchtete die Dynamik demokratischer Bewegungen und hörte spätestens während des europäischen Revolutionszyklus von 1848 auf, „eine revolutionäre Kraft zu sein".[30] Allerdings mussten die Verteidiger der sozialen Ordnung fortan lernen, „Politik mit Rücksicht auf das Volk zu machen".[31] Es bedurfte der Pariser Kommune mit ihren sozialistischen Zielsetzungen, um die herrschenden Klassenfraktionen der europäischen Kernländer allmählich dazu zu bringen, Parlamente und ein allgemeines Wahlrecht als unvermeidliche Übel zu akzeptieren.[32] Das Spannungsverhältnis von Kapitalismus und Demokratie vor Augen, lässt sich präzisieren, worin das Besondere der „bonapartistischen Ausnahmeform" besteht.

Bonapartismus, so meine Interpretation, ist eine Herrschaftsform, die aus demokratischen Verhältnissen hervorgeht und das Spannungsverhältnis von Kapitalismus und Demokratie in einem politischen Interregnum stillstellt. Als Grundlage von Bonapartismustheorien dient Marx' berühmte Analyse der Klassenkämpfe in Frankreich. In seiner brillanten Schrift „Der achtzehnte Brumaire des Louis Bonaparte" hatte Marx den Aufstieg des späteren Monarchen aus einem Gleichgewicht der Klassenkräfte heraus erklärt.[33] Die Kräfte des Neuen waren noch zu schwach, als dass sie die Revolution hätten weiterführen können, die Kräfte der Restauration erwiesen sich hingegen als nicht mehr stark genug, um die alten Verhältnisse vollständig wiederherstellen zu können. In dieser Zeit des Interregnums und der ausbleibenden sozialen Revolution neigten die Angehörigen beherrschter Klassen, die nicht über die

---

28 Dieser Gedanke ist für Frank Deppes „Geschichte politischen Denkens im 20. Jahrhundert" konstitutiv. Siehe Fußnote 2.
29 „Wir, die 'Revolutionäre', die 'Umstürzler'", schrieb Friedrich Engels angesichts der sozialdemokratischen Erfolge bei den Reichstagswahlen, „wir gedeihen weit besser bei den gesetzlichen Mitteln als bei den ungesetzlichen und dem Umsturz. Die Ordnungsparteien [...] gehen zugrunde an dem von ihnen selbst geschaffenen gesetzlichen Zustand." Engels, Friedrich (1974 [1895]): Einleitung zu Karl Marx' „Klassenkämpfe in Frankreich 1848 bis 1850". In: MEW 22. Berlin: Dietz, S. 525.
30 Hobsbawm, Eric J. (2017): Das lange 19. Jahrhundert. Band 2: Die Blütezeit des Kapitals 1848–1875. Darmstadt: Theiss Verlag, S. 33.
31 Ebd., S. 39.
32 Vgl. ebd., S. 15.
33 Marx, Karl (1982 [1852]): Der achtzehnte Brumaire des Louis Bonaparte. In: MEW 8. Berlin: Dietz, S. 11-207.

Fähigkeit zur Selbstorganisation verfügten, zur Delegation ihrer Interessen. Wegen fehlender Organisationen und Kommunikationsmittel zu bewusster Klassenbildung unfähig, votierten die Parzellbauern – damals die große Mehrheit der französischen Bevölkerung – überwiegend für den Repräsentanten einer Partei, die ihnen neben sozialen Vergünstigungen die Wiederherstellung gesellschaftlicher Ordnung versprach. Auf demokratischem Weg zu Macht gelangt, machte sich Louis Bonaparte alsbald daran, die demokratische Herrschaftsform zugunsten einer neuen Monarchie zu liquidieren. Möglich war ihm das aber nur, weil er wichtige Errungenschaften der bürgerlichen französischen Revolution unangetastet ließ.[34]

Lange nach Marx hat der kommunistische Häretiker August Thalheimer[35] die Bonapartismusanalyse genutzt, um den Faschismus seiner Zeit zu erklären. In Deutschland war die Novemberrevolution von 1918 nötig gewesen, um die Monarchie zu stürzen und elementare Freiheiten wie das Frauenwahlrecht durchzusetzen. Selbiges erfolgte im Gleichklang mit der Institutionalisierung elementarer sozialer Rechte wie dem Acht-Stunden-Tag und getragen von organisierten sozialistischen und kommunistischen Arbeiterbewegungen. Während der Entstehung der Weimarer Republik wurden allgemeine, gleiche, freie und geheime Wahlen zur Rückfallposition herrschender Eliten, um die Transformation in Richtung einer Räterepublik aufzuhalten.[36] Das war einer der Gründe, weshalb die demokratischen Institutionen instabil blieben, um schließlich einer nationalsozialistischen Herrschaft zu weichen,

---

34 Aus heutiger Sicht hält Marx' Analyse einem historischen Faktencheck nicht mehr in allem stand. Das betrifft auch die Haltung der Parzellbauern, die in Teilen durchaus gegen den neuen Bonapartismus rebellierten, vgl. Schmidt, Dorothea (2018): Marx' Analyse der Klassenbasis von Louis Bonaparte. Ein Faktencheck. In: Beck, Martin/Stützle, Ingo (Hg.), Die neuen Bonapartisten. Mit Marx den Aufstieg von Trump und Co. verstehen. Berlin: Dietz, S. 38-55.

35 Bei Leo Trotzki und Antonio Gramsci finden sich ähnliche Überlegungen. Vgl. Trotzki, Leo (1999): Portrait des Nationalsozialismus. In: Ders., Ausgewählte Schriften 1930–1934. Essen: Mehring-Verlag; Gramsci, Antonio (1991ff.): Gefängnishefte, Band 2. Hg. v. Wolfgang Fritz Haug. Hamburg: Argument, z.B. S. 354f. Dort heißt es: „Der Aspekt der modernen Krise, der als 'Materialismuswelle' beklagt wird, ist mit dem verbunden, was 'Autoritätskrise' heißt. Wenn die herrschende Klasse den Konsens verloren hat, das heißt nicht mehr 'führend, sondern einzig herrschend' ist, Inhaberin der reinen Zwangsgewalt, bedeutet das gerade, daß die großen Massen sich von den traditionellen Ideologien entfernt haben, nicht mehr an das glauben, woran sie zuvor glaubten etc. Die Krise besteht gerade in der Tatsache, daß das Alte stirbt und das Neue nicht zur Welt kommen kann: in diesem Interregnum kommt es zu den unterschiedlichsten Krankheitserscheinungen [...]"

36 Rosenberg, Arthur (1962): Demokratie und Sozialismus. Zur politischen Geschichte der letzten 150 Jahre. Frankfurt a. Main: EVA.

in welcher selbst das Großbürgertum einem – nunmehr faschistischen – Bonaparte unterworfen war.[37]

Wie zuvor der italienische, beendete der deutsche Faschismus gewaltsam ein Interregnum, das aus der Sicht kapitalistischer Eliten eine Revitalisierung von Wirtschaft und Gesellschaft behinderte. Die autoritäre Herrschaftsvariante kam freilich keiner proletarischen Revolution zuvor, wie Thalheimer meinte. Der deutsche Faschismus reagierte eher auf einen mehr oder minder erfolgreichen sozialistischen Reformismus. Innerhalb des demokratischen Rahmens konnte nur noch „unter dem ständigen Druck der Arbeiterklasse"[38] regiert werden. Dieser Masseneinfluss auf die Politik sollte rückgängig gemacht werden. Als sich die Gelegenheit ergab, die Institutionen einer – embryonalen – sozialen Demokratie zu liquidieren, wurden mit teils stiller, teils aktiver Zustimmung eines erheblichen Teils der Großbourgeoisie gewaltsam Fakten geschaffen. Der New Deal in den USA und die industrielle Demokratie in Schweden belegten indes, dass andere Wege aus der Krise durchsetzbar waren. Zudem hatte die russische Revolution die Möglichkeit zur Überwindung des Kapitalismus unter Beweis gestellt – dies allerdings bei gleichzeitiger Ausschaltung des Parlaments, der drastischen Einschränkung bürgerlicher Freiheiten, Okkupation der Sowjets durch die Bolschewiki und der schrittweisen Errichtung einer Einparteienherrschaft.

Die – liberale – Massendemokratie, so lässt sich resümieren, ist Produkt und Medium einer antagonistischen Vergesellschaftung von Politik. Sie öffnet politische Entscheidungen für die Einflussnahme breiter Bevölkerungsschichten.[39] Deshalb gibt es weder in kapitalistischen noch in nachkapitalistischen Klassengesellschaften eine Bestandsgarantie für demokratische Institutionen und Verfahren. Die Demo-

---

37 Thalheimer, August (1967): Über den Faschismus. In: Abendroth, Wolfgang (Hg.), Faschismus und Kapitalismus. Theorien über die sozialen Ursprünge und die Funktionen des Faschismus. Frankfurt a. Main/Wien: Europa Verlag, S. 19-38.

38 Bauer, Otto (1976): Der Faschismus. In: Ders., Werkausgabe. Band 4. Wien: Europa Verlag, S. 147.

39 Hier unterscheide ich mich wahrscheinlich von Nicos Poulantzas, der – in kritischer Auseinandersetzung mit Theoretikern des damaligen PCI – betont: „Es wäre falsch – ein Fehler mit schwerwiegenden Konsequenzen –, aus der Präsenz der Volksklassen im Staat zu schließen, dass sie ohne eine radikale Transformation des Staates dort Macht besitzen oder auf lange Sicht behalten könnten." Poulantzas, Nicos (2017[1978]): Staatstheorie. Politischer Überbau, Ideologie, Autoritärer Etatismus. Mit einer Einleitung von Alex Demirović, Joachim Hirsch und Bob Jessop. Hamburg: VSA, S. 174. Es mag zutreffen, dass der Staat „keine Doppelherrschaft in seinem Inneren" aufweist (ebd.), den Eigenwert demokratischer Institutionen darf man analytisch dennoch nicht geringschätzen. Siehe dazu auch Habermas' Auseinandersetzung mit Marx in: Habermas, Jürgen (2019): Auch eine Geschichte der Philosophie. Band 2. Vernünftige Freiheit. Spuren des Diskurses über Glauben und Wissen. Berlin: Suhrkamp, S. 624-667, zum „Eigensinn des Rechtsmediums" besonders S. 664.

kratie ist für kapitalistische Eliten dann besonders wertvoll, wenn es antagonistische Kräfte zu integrieren gilt.[40] Demokratietheoretisch gewendet bedeutet dies, dass sich Kapitalismus und bürgerliche Demokratie nicht im Gleichklang entwickeln. Abhängig von den jeweiligen gesellschaftlichen Kräfteverhältnissen, Kämpfen und politischen Konflikten gehen sie mehr oder minder feste, von Zufällen beeinflusste Synthesen ein, die sich aber durchaus als revidierbar erweisen.

Bonapartismustheorien werden interessant, sobald das Spannungsverhältnis zwischen Kapitalismus und Demokratie offen hervortritt, ohne dass eine Auflösung dieser Spannungen in Sicht wäre. Allerdings darf nicht jede autoritäre oder diktatorische Herrschaftsform als Bonapartismus klassifiziert werden. Zudem verbieten sich einfache Übertragungen der Marx'schen Analyse auf die Gegenwart.[41] Selbiges in Rechnung gestellt, beinhalten Bonapartismustheorien immer dann ein großes Anregungspotential für die Staatsanalyse, wenn sie auf historische Konstellationen angewendet werden, in denen die Demokratie gewissermaßen von innen heraus entdemokratisiert wird, weil den subalternen Klassen progressive Wege zur Interessendurchsetzung verstellt sind. So verstanden, lassen sich Bonapartismustheorien durchaus für die Erklärung des zeitgenössischen Rechtspopulismus und -radikalismus nutzen.[42] Soll die „Ausnahmeform Bonapartismus" in ihrer Besonderheit inspiziert werden, müssen indes mindestens drei konstitutive Bausteine einer solchen Theorie in den Blick genommen werden: die ausgebliebene Revolution, das politische Interregnum samt der zugrunde liegenden Kräfteverhältnisse sowie ein „transformismo"[43] (rechter) Ordnungsparteien, der letztendlich in die Vergangenheit gerichtet ist.

3. Repulsive Globalisierung, Zangenkrise und blockierte Nachhaltigkeits-Revolution

Beginnen wir mit der fehlenden Revolution. Die zeitgenössische radikale Rechte inszeniert sich als politische Antwort auf eine zeithistorische Konstellation, die ich als ökonomisch-ökologische Zangenkrise bezeichne. Ursprünglich stammt die Idee

---

40 Vermutlich ist die Leugnung antagonistischer und die Relativierung gegensätzlicher Klasseninteressen einer der Gründe für die Geringschätzung liberal-demokratischer Institutionen und Verfahren im staatsbürokratischen Sozialismus.

41 Dazu kritisch: Deppe, Frank (2018): Bonapartismus reloaded. In: Beck, Martin/Stützle, Ingo (Hg.), Die neuen Bonapartisten. Mit Marx den Aufstieg von Trump und Co verstehen. Berlin: Dietz, S. 243-259.

42 Siehe die Beiträge in: Beck, Martin/Stützle, Ingo (Hg.) (2018): Die neuen Bonapartisten. Mit Marx den Aufstieg von Trump und Co verstehen. Berlin: Dietz.

43 Gramsci, Antonio (1991ff.): Gefängnishefte, Band 1. Hg. v. Wolfgang Fritz Haug. Hamburg: Argument, S. 98, S. 101-116.

einer Zangenkrise aus der ökosozialistischen Debatte. In der von mir gewählten Verwendung besagt der Begriff, dass das wichtigste Mittel zur Überwindung ökonomischer Krisen im Kapitalismus, die Generierung von Wirtschaftswachstum auf der Grundlage von hohem Emissionsausstoß, Ressourcen- und Energieverbrauch, ökologisch zunehmend destruktiv und deshalb gesellschaftszerstörend wirkt. Die alten kapitalistischen Zentren stehen vor einer grundlegenden Richtungsentscheidung. Entweder gelingt es ihnen, das Wirtschaftswachstum ökologisch und sozial nachhaltig zu gestalten, oder sie müssen Wege finden, gesellschaftliche Stabilität ohne rasches Wachstum zu gewährleisten.[44]

Diese historisch neuartige Konstellation ist das Ergebnis einiger Jahrzehnte der Hyperglobalisierung, besser: einer Kette innerer wie äußerer Landnahmen,[45] Marktexpansion im globalen Maßstab beinhalteten. Genau jene Selbststabilisierungsmechanismen, die grenzüberschreitende Marktverflechtungen überhaupt erst möglich machen – Kreditwirtschaft, Innovationssystem, organisierte Arbeitsbeziehungen und wohlfahrtsstaatliche Sicherungen sowie care work und die Institutionen sozialer Reproduktion – sind zum Objekt von Landnahmen geworden, die wesentlich auf der Enteignung von Sozialeigentum[46] sowie der Kommodifizierung von Arbeit, Geld, Wissen und Natur beruhten und noch immer beruhen.

In einer vornehmlich über den internationalen Handel und die Finanzmärkte, grenzüberschreitende Unternehmensnetzwerke, internationale Staatenblöcke, Handelszonen, digitale Kommunikation, aber auch über Massenkultur und internationalen Tourismus verflochtenen Weltwirtschaft wurde das Wachstum des Bruttoinlandsprodukts (BIP) bei sinkenden Arbeitseinkommen lange über die zunehmende Verschuldung von Staaten und Privathaushalten vorangetrieben.

---

44 Jackson, Timothy (2009): Prosperity without growth. Economics for a finite Planet. London: Earthscan, S. 128.

45 Kapitalistische Gesellschaften beruhen auf einem Expansionsparadoxon. Sie können sich nicht reproduzieren, ohne fortwährend ein nichtkapitalistisches Anderes zu okkupieren, in Besitz zu nehmen und allmählich zu absorbieren. Deshalb lässt sich die Dynamik moderner kapitalistischer Gesellschaften als – krisenhafte – Abfolge von Landnahmen verstehen. Land meint in diesem Zusammenhang aber nicht unbedingt Grund und Boden. Gemeint sind Produktionsweisen, Lebensformen und Wissensbestände, die noch nicht oder zumindest nicht vollständig dem kapitalistischen Warentausch unterworfen sind. Vgl. Dörre, Klaus (2015): Social Capitalism and Crisis: From the Internal to the External Landnahme. In: Dörre, Klaus/Lessenich, Stephan/Rosa, Hartmut (Hg.), Sociology – Capitalism – Critique. London/New York: Verso, S. 247-277.

46 Castel, Robert (2005): Die Stärkung des Sozialen. Leben im neuen Wohlfahrtsstaat. Hamburg: Hamburger Edition, S. 42f.: „Das soziale Eigentum ließe sich als Produktion äquivalenter sozialer Sicherungsleistungen bezeichnen, wie sie zuvor allein das Privateigentum lieferte." Dazu gehören tarifliche Normen, soziale Sicherungssysteme, Arbeits- und Mitbestimmungsrechte.

Während Investitionen außerhalb des Finanzsektors in den frühindustrialisierten Ländern stagnierten oder doch auf einem relativ geringen Level verharrten, haben Verschuldung, Ungleichheit und klimaschädliche Emissionen ein Rekordniveau erreicht. An dieser Grundkonstellation hat sich auch nach dem globalen Crash von 2007–09 wenig geändert. Im Gegenteil, die – vornehmlich marktgetriebene – Globalisierung ist nunmehr deutlich spürbar repulsiv geworden,[47] das heißt sie tendiert dazu, jene sozialen Mechanismen, die grenzüberschreitende Marktvergesellschaftung überhaupt erst ermöglicht haben, mehr und mehr zu untergraben. Die Repulsionen intensivierter Globalisierung schlagen auf die verursachenden Zentren zurück, wirken strukturbildend und erzwingen dort weitreichende Transformationen. Zu den wichtigsten Repulsionen gehören anhaltende Wachstumsschwäche (1), geopolitische Verschiebungen (2), zunehmende vertikale Ungleichheit innerhalb nationaler Gesellschaften (3), weltweite Fluchtbewegungen (4) sowie eine Kumulation ökologischer Großgefahren (5). Betrachten wir die genannten Metatrends genauer.

(1) Wirtschaftswachstum: Bis zur Jahrtausendwende war die (finanz)marktgetriebene Globalisierung eines der erfolgreichsten Wachstumsprojekte in der Geschichte des Kapitalismus. Allerdings ließ die Wachstumsdynamik schon vor Beginn der großen Krise 2007–09 nach. Zwar ist die Weltwirtschaft nach dem Crash rasch auf einen Wachstumspfad zurückgekehrt, doch in den alten kapitalistischen Zentren sind die Wachstumsraten vergleichsweise niedrig geblieben. Das gilt insbesondere für die Staaten der Europäischen Union, die im Durchschnitt erst 2011 das Vorkrisenniveau erreichten. In wichtigen Ländern wie Italien stagniert die Wirtschaft seit langem. Griechenland, dessen Ökonomie im Jahrzehnt nach Krisenbeginn um ca. ein Viertel schrumpfte, wird – sofern das überhaupt gelingt – noch Jahrzehnte benötigen, um die Folgen des brutalen Austeritätsdiktats auch nur annähernd hinter sich zu lassen. Selbst außerhalb Europas und in Hochwachstumsgesellschaften wie der Chinas sinken oder stagnieren die Wachstumsraten. Das verweist auf strukturelle Wachstumsblockaden in der Weltwirtschaft. Tatsächlich war die außergewöhnlich lange Prosperitätsphase, die sich seit Anfang 2019 ihrem Ende zuneigt, in den alten industriellen Zentren eine ohne Hochkonjunktur und Inflation. Die Zinssätze blieben niedrig und der Investitionsmotor ist nie richtig angesprungen. Über die Gründe wird innerhalb der Ökonomik gerätselt.

Angebotsseitig zählen Bevölkerungsentwicklung bzw. Arbeitskräftepotential und Arbeitsproduktivität zu den entscheidenden Wachstumstreibern. In alternden Gesellschaften, in denen das Volumen bezahlter Arbeitsstunden trotz Einwanderung nicht wächst oder im Verhältnis zur Erwerbstätigkeit sogar abnimmt, fällt die Bevöl-

---

47 Nicht jede Globalisierungsfolge kann als Repulsion bezeichnet werden. Repulsionen sind nur solche Wirkungen der Globalisierung, die Bestandsvoraussetzungen grenzüberschreitender Verflechtungen untergraben.

kerungsentwicklung als Wachstumsmotor aus. Deshalb bleiben als Wachstumstreiber auf der Angebotsseite hauptsächlich die Arbeitsproduktivität und die hinter ihr verborgene Innovationsdynamik. Doch trotz des hohen Technikeinsatzes sind die Steigerungsraten bei der Arbeitsproduktivität seit geraumer Zeit rückläufig. Das ist der Grund, weshalb Ökonomen wie Richard J. Gordon für die alten kapitalistischen Zentren eine säkulare Stagnation mit vergleichsweise niedrigen Wachstumsraten diagnostizieren.[48] Wenig spricht dafür, dass sich an den stagnativen Tendenzen auf absehbare Zeit etwas ändern wird. Da sich die Zeit der Billig-Ressourcen – billige Natur, billiges Geld, billige Arbeit, Fürsorge, Nahrung und Energie – ihrem Ende zuneigt,[49] ist eher davon auszugehen, dass die Epoche raschen, permanenten Wirtschaftswachstums in den frühindustrialisierten Ländern für immer vorüber ist. Ökonomen wie James Galbraith prognostizieren gar einen Würgehalsband-Effekt. Damit ist gemeint, dass sich die Effizienz einer ressourcen- und energieintensiven Wirtschaft nur steigern lässt, solange „die Ressourcen billig bleiben".[50] Ressourcenintensität bedeutet zumeist hohe Fixkosten, die nur zu rechtfertigen sind, wenn „das System [...] über längere Zeit einen Gewinn erzielt".[51] Politische und gesellschaftliche Stabilität ist daher eine zentrale Funktionsbedingung dieser Art des Wirtschaftens. Wenn die Zeiten unsicher werden und die Rohstoff- und Energiepreise zumindest auf längere Sicht steigen,[52] verkürzt sich hingegen der Zeithorizont für Gewinne und Investitionen: „[...] der gesamte Überschuss oder Profit eines Unternehmens

---

48 Gordon, Robert J. (2016): The Rise and Fall of American Growth. The U.S. Standard of Living Since the Civil War. Princeton: University Press.
49 Vgl. Patel, Raj/Moore, Jason (2018): Entwertung. Eine Geschichte der Welt in sieben billigen Dingen. Berlin: Rowohlt.
50 Galbraith, James K. (2016): Wachstum neu denken. Was die Wirtschaft aus der Krise lernen muss. Zürich: Rotpunkt, S. 136.
51 Ebd.
52 Es gibt keinen direkten Zusammenhang zwischen der Fördermenge von Erdöl und dessen Preis; Erdöl ist, wie jede andere natürliche Ressource auch, Spekulationsobjekt und sein Preis unterliegt den Machtspielen im internationalen Staatensystem. Das Erreichen einer maximalen Fördermenge beim Erdöl bewirkt gegenwärtig allenfalls, dass zuvor unrentable Vorkommen oder sogenannte „unkonventionelle Öle" mit gesteigertem Risiko (Fracking) erschlossen und ausgebeutet werden. Neue Fördermethoden ermöglichen eine zeitweilige Ölschwemme, die Benzinpreise fallen und die USA als wichtigster Nutznießer nutzen sinkende Energiepreise für eine Re-Industrialisierung. Generell gilt: Knappheiten, die sich nicht in Preisen niederschlagen, bleiben, sofern nicht andere Regulierungen greifen, im Akkumulationsprozess unbeachtet, ihre Kosten werden von den Unternehmen externalisiert und der Gemeinschaft aufgebürdet. Ein Grundproblem dieses Externalisierungsmechanismus ist, dass er das Überschreiten der Belastungsgrenzen natürlicher Systeme über längere Zeiträume hinweg unsichtbar macht. Vgl. dazu: Harvey, David (2014): Das Rätsel des Kapitals entschlüsseln. Hamburg: VSA, S. 81f.

fällt geringer aus als in stabilen Zeiten. Weil die Gewinne schrumpfen, nehmen Verteilungskonflikte – zwischen Arbeitern, Management, Eigentümern und Steuerbehörden – an Intensität zu. Das Vertrauen in eine positive Entwicklung beginnt zu wanken. Unter diesen Umständen werden weniger große Projekte angegangen, vielleicht gar keine",[53] fasst Galbraith einen wesentlichen Grund für das Ausbleiben wichtiger sozial-ökologischer Infrastrukturinvestitionen zusammen. Man könnte ergänzen: Großprojekte kann es geben, sofern der Staat das langfristige Risiko trägt.

(2) Geoökonomische Verschiebungen: Stagnative Ökonomien ändern nichts daran, dass sich der weltwirtschaftliche Wachstumspol von den frühindustrialisierten Ländern in Richtung der bevölkerungsreichen Schwellenländer verschoben hat. Was sich zunächst als spannungsvolle Kooperation im pazifischen Raum (China-Amerika) etabliert hatte und nun in einen Handelskrieg der beiden führenden Industriestaaten umgeschlagen ist, bedroht Europa in Teilen mit einer Abstiegsperspektive. Nach 1989 durch marktradikale Regime in Osteuropa im Sinne einer „Ko-Transformation"[54] beeinflusst, haben die veränderten internationalen Kräfteverhältnisse auch die europäische Integration geprägt. Ursprünglich als Antwort auf die deregulierende Tendenz der Hyperglobalisierung (Europäischer Binnenmarkt) und als Versicherung gegen deutsches Vormachtstreben (transnationales Euro-Geld) gedacht, haben sich die Europäische Union (EU) und insbesondere die Eurozone sozioökonomisch mehr und mehr zu einem politischen Deregulierungstreiber entwickelt. Statt die Größe des europäischen Binnenmarktes zu nutzen, um über die Gewährung von Marktzugängen soziale Standards in der Weltökonomie durchzusetzen, bildete sich ein staatenübergreifender Konstitutionalismus heraus, der die Ungleichheiten innerhalb und zwischen den Mitgliedsstaaten verstärkte und Gefolgschaft immer häufiger mit autoritären Mitteln erzwingen wollte. Dieser Konstitutionalismus und seine Kernprojekte (Binnenmarkt, Wirtschafts- und Währungsunion, Finanzmarktintegration, Osterweiterung) haben die politische Ausrichtung der EU einer demokratischen Willensbildung mehr und mehr entzogen und so eine Transformation vorangetrieben, die den Marktliberalismus in den Institutionen des EU-Imperiums fest verankert hat. Institutionelle Heterogenität macht sich daher weniger als Schutz vor, sondern primär als Variation von Krisenfolgen und Repulsionen der Globalisierung bemerkbar.

Die globale Finanzkrise von 2007–09 und das kostenintensive staatliche Krisenmanagement haben die Ungleichheiten zwischen den Ländern der Eurozone zusätzlich verstärkt. Mitverantwortlich ist ein Europäischer Stabilitätsmechanismus (ESM), der mit seiner prozyklischen Finanzpolitik Wachstumsbarrieren erzeugt und die schwächeren Ökonomien einer Zins-Risiko-Spirale ausliefert, weil es den Krisenstaaten schwerfällt, die nötigen Mittel zur Refinanzierung von Haushalts-

---

53 Ebd., S. 140.
54 Ther, Philipp (2014): Die neue Ordnung auf dem alten Kontinent. Berlin: Suhrkamp.

defiziten und Schulden aufzubringen. Die von der deutschen Regierung und den zuständigen europäischen Gremien federführend durchgesetzte Austeritätspolitik hat besonders an der südeuropäischen Peripherie Arbeitslosigkeit, Armut und Prekarität dramatisch ansteigen lassen. Insbesondere im griechischen Fall haben die öffentlichen Schulden im Verhältnis zur Wirtschaftsleistung dennoch zugelegt. Mit kollektiven Sicherungssystemen, Tarifverträgen, Kündigungsschutz und Mitbestimmung hat die europäische Austeritätspolitik ausgerechnet solche Institutionen geschwächt, die sich in ihrer Schutzfunktion zumindest für Teile der Lohnabhängigen als krisenrobust erwiesen haben. Hinzu kommt, dass der Austeritätskurs auch die Niedrigzinspolitik der EZB konterkariert hat. Das billige Geld konnte nicht in die Produktionskreisläufe gelangen und dringend benötigte Infrastrukturinvestionen stimulieren, weil die Nachfrage einschließlich des produktiven Staatskonsums durch die aufgezwungene Sparpolitik beeinträchtigt wurde.[55] Verwerfungen vor Augen, die Hyperglobalisierung und europäische Austeritätspolitik angerichtet haben, ist innerhalb und zwischen herrschenden Klassenfraktionen und auch innerhalb der kapitalistischen Funktionseliten umstritten, ob und wie die Globalisierung als ökonomisches Wachstumsprojekt fortgesetzt werden kann. Das britische Ausscheiden aus der Europäischen Union stellt den bislang schwersten Rückschlag für den europäischen Integrationsprozess dar, der sich einer Negativkoalition aus nationalistischen Eliten sowie schutzsuchenden Mittel- und Arbeiterklassen verdankt.[56]

---

55 Blyth, Mark (2013): Wie Europa sich kaputtspart. Die gescheiterte Idee der Austeritätspolitik. Bonn: Dietz, S. 40: „'Wir haben über unsere Verhältnisse gelebt', sagen die an der Spitze, während sie unbekümmert verschweigen, dass man mit den 'übermäßigen Ausgaben' ihre Besitztümer gerettet hat. Gleichzeitig wird dem Rest der Bevölkerung gesagt, er müsse 'die Gürtel enger schnallen' – und das von Leuten, die selbst viel größere Hosen tragen und keinerlei Willen erkennen lassen, an der Lösung des Problems mitzuwirken. Wenn ärmere Bevölkerungsschichten unverhältnismäßig für ein Problem zur Kasse gebeten werden, das von jenen an der Spitze verursacht wurde, und wenn letztere energisch jede Verantwortung von sich weisen und sie dem Staat zuschieben, dann werden dem Staat nicht nur die Mittel zur Behebung des Problems fehlen, dann wird sich auch die Polarisierung der Gesellschaft verschärfen, und es werden sich die ohnehin schon geringen Chancen einer durchhaltbaren Politik verschlechtern, die der doppelten Herausforderung hoher Schulden und geringen Wachstums gewachsen wären. Populismus, Nationalismus und Forderungen nach einem neuen Gleichgewicht zwischen 'Gott und Geld' sind das Ergebnis ungerechter Austeritätspolitik. Keiner profitiert davon, nicht einmal die Reichen."

56 Zwar versuchen europafeindliche Parteien wie die UKIP ein *working-class*-Profil zu pflegen, jedoch resultiert ihre Attraktivität für die *working class* größtenteils aus der Thematisierung von kulturellen Identitäten, aber nicht auf der Grundlage tatsächlicher Klassenpolitik: „Rather than being based on economic issues of redistribution and public ownership, it is based on issues that, while linked to economic factors, are about cultural

(3) Ungleichheit: Im Elitenstreit geht häufig verloren, dass die Wirkung struktureller Wachstumsblockaden und der mit ihr verbundenen Verteilungskonflikte erst in vollem Umfang sichtbar werden, wenn man auf der Nachfrageseite Löhne, Einkommen und den produktiven Staatskonsum in den Blick nimmt. Folgt man Thomas Piketty, so bedingt geringes Wachstum zunehmende Ungleichheit. Da dauerhaft niedrige Wachstumsraten nur zeitverzögert auf die Renditen durchschlagen, wirkt schwaches Wachstum, sofern umverteilende Maßnahmen ausbleiben, als Ungleichheitsverstärker. Die Vermögens- und Einkommenskonzentration nimmt zu, klassenspezifische Ungleichheiten prägen sich noch stärker aus, die Marktmacht der Vermögensbesitzer wächst und die Wahrscheinlichkeit, diese in politische Lobbymacht zu transformieren, erhöht sich deutlich.[57] Die Wirkungen dieses sozialen Mechanismus lassen sich mittlerweile empirisch nachweisen. So entwickelten sich die Profite der Top-2000 unter den transnationalen Unternehmen und die Anteile der Arbeitseinkommen am weltweiten Bruttoinlandsprodukt der Tendenz nach umgekehrt proportional. Während die Gewinne der transnationalen Unternehmen seit der Jahrtausendwende bis 2013 mit Ausnahme des Krisenjahres 2009 permanent gestiegen sind, befanden sich die Anteile der Lohneinkommen am BIP, die Krisenjahre ausgenommen, bis 2013 im Sinkflug. Seither sind sie leicht gestiegen, verharren aber auf relativ niedrigem Niveau.[58]

Im Klartext bedeutet dies, dass die Früchte des Wirtschaftswachstums, so es sich überhaupt einstellt, höchst ungleich verteilt werden. Eine winzige Minderheit der erwachsenen Weltbevölkerung erhält einen überproportionalen Anteil vom Wachstumskuchen, während die untersten 50 Prozent der Einkommensbezieher stark unterdurchschnittlich partizipieren oder gar verlieren. Das einkommensstärkste eine Prozent der erwachsenen Weltbevölkerung konnte zwischen 1980 und 2016 27 Prozent des Wachstums für Wohlstandszuwächse verbuchen, die untere Hälfte verfügte lediglich über 12 Prozent der Wachstumsanteile. Hauptverlierer der Entwicklung sind die Unter- und Arbeiterklassen der USA und Westeuropas, deren Anteile am Wirtschaftswachstum zumindest relativ, teilweise auch absolut sinken. Die Gründe hat der Internationale Währungsfonds mit technologischem Wandel, daraus resultierender Ersetzbarkeit von Beschäftigten, der Marktmacht großer Unternehmen und der zunehmenden Schwäche von Gewerkschaften einigermaßen präzise benannt.[59]

---

identities as well. It is not a mobilizing form of class politics". Vgl. Evans, Geoffrey/Tilley, James (2017): The New Politics of Class. Oxford: University Press, S. 186.
57 Vgl. zuletzt: Piketty, Thomas (2019): Capital et Idéologie. Paris: Éditions du Seuil.
58 Gallagher, Kevin P./Kozul-Wright, Richard (2019): A New Multilateralism for Shared Prosperity. Geneva Principles for a Global Green New Deal. Genf: UNCTAD, S. 12.
59 International Monetary Fund (IMF) (2017): World Economic Outlook. Gaining Momentum. Washington: IMF Publication Services.

Hinzuzufügen ist, dass die zunehmende Vermögens- und Einkommensungleichheit innerhalb der nationalen Gesellschaften seit etwa drei Jahrzehnten mit einer Abnahme der Ungleichheiten zwischen Staaten zusammenfällt. Die Zeiten, in denen die Ärmsten der reichen Länder noch immer wohlhabender waren als die Bevölkerungen der sich entwickelnden Länder, sind seit langem vorbei. Hinzu kommt, dass sich die Welt der noch immer reichen und verhältnismäßig sicheren Staaten ebenfalls mehr und mehr in Zentrum und (Semi-)Peripherie teilt. Nicht allein hinsichtlich Einkommen und Vermögen, sondern auch beim Wohnen, der Gesundheit, Bildung und der sozialen Distinktion ist das wohlhabende Deutschland mittlerweile zu einer der ungleichsten Gesellschaften Europas und der OECD-Welt geworden.[60] Vertikale, überwiegend klassenspezifische Ungleichheiten haben (nicht nur) in der Bundesrepublik ein solches Ausmaß angenommen, dass sie zu einer ernsthaften Wachstumsbremse geworden sind.[61] So gelten gerade in der Arbeiterschaft Privatausgaben für Bildung als riskant, weil längst nicht mehr sicher ist, dass Bildungstitel sich in sozialem Aufstieg niederschlagen. Blockierte Bildungsaufstiege tragen zur Verfestigung von Klassenschranken bei und schwächen mittelfristig auch die Innovationsdynamik betroffener Gesellschaften, weil „schöpferischen Unternehmern" die Aufstiegsperspektive fehlt.

(4) Fluchtmigration: Stagnative Grundtendenzen und die mit ihr verbundenen Verteilungskonflikte bilden ein bevorzugtes Terrain für Migrationskritik. Von ökologischer Zerstörung sowie von Kriegen, Hunger und despotischen Regimen ausgelöst, haben Fluchtbewegungen seit 2011 ein Ausmaß angenommen, das einige Migrationsforscher freilich mit erheblicher Übertreibung von einem neuen Exodus sprechen lässt.[62] Weltweit befanden sich 2015, dem Jahr der sogenannten Flüchtlingskrise, gut 62 Millionen, 2017 ca. 68 Millionen Menschen auf der Flucht. Das Gros der Geflüchteten bleibt aber im eigenen Land oder findet in Staaten des globalen Südens zumindest vorübergehend Aufnahme. In relativer Nähe zu den europäischen Außengrenzen müssen Staaten wie Jordanien, der Libanon und die Türkei schon seit Jahren an der eigenen Bevölkerung gemessen unverhältnismäßig große Flüchtlingszahlen aufnehmen. Nur ein Bruchteil der Geflüchteten erreicht die wohlhabenden kapitalistischen Zentren im Norden. 2019 passierten im Durchschnitt monatlich etwa 30 Personen illegal die EU-Außengrenzen – eine Zahl, die für die Staatengemeinschaft eigentlich keinerlei Problem darstellen dürfte. Schon deshalb kann von einer europäischen Flüchtlingskrise im Grunde keine Rede sein. Eher

---

60 Kaelble, Hartmut (2017): Mehr Reichtum, mehr Armut: soziale Ungleichheit in Europa vom 20. Jahrhundert bis zur Gegenwart. Frankfurt a. Main/New York: Campus, S. 176.
61 Fratzscher, Marcel (2016): Verteilungskampf. Warum Deutschland immer ungleicher wird. München: Hanser.
62 Collier, Paul (2014): Exodus. Warum wir Einwanderung neu regeln müssen. München: Siedler.

handelt es sich um eine Krise der europäischen Flüchtlingspolitik, die den Staaten an der südeuropäischen Peripherie die Hauptverantwortung für die Bewältigung der Fluchtmigration zuschiebt und es zulässt, dass sich autoritäre Regime wie die in Polen und Ungarn aus der Verantwortung stehlen.

Wegen der brutalen Abwehrmaßnahmen an den EU-Außengrenzen, in deren Folge selbst Seenotretter wie Kriminelle behandelt werden, sind sowohl die Flüchtlingszahlen als auch die Anträge auf Asyl kontinuierlich gesunken. Im Vergleich zum Rekordjahr 2016 hat sich die Zahl der Asylanträge in Europa 2017 halbiert. Allein in Deutschland ist sie von 700.000 (2016) auf etwa 198.000 (2017) zurückgegangen. Allerdings darf nicht übersehen werden, dass sich Geflüchtete durchaus als politisches Druckmittel einsetzen lassen, um – wie es die türkische Regierung vorexerziert – Zugeständnisse seitens der EU zu erreichen. Ungeachtet dessen gilt, dass nur die mit Ressourcen besser Ausgestatteten, die Jungen, Gebildeteren den Sprung nach Europa schaffen. Gleichwohl war die Nettozuwanderung in der Bundesrepublik bereits 2016 wieder auf 500.000 Personen gesunken (2015: 1,14 Mio.). Die Hälfte der Migrant*innen kam aus der EU, 26 Prozent waren Asiat*innen, fünf Prozent hatten eine afrikanische Staatsbürgerschaft. 2017 lebten in Deutschland 10,6 Millionen Ausländer*innen ohne deutschen Pass.

Von einer Massenzuwanderung, die angeblich alles überrollt und deshalb harte Abwehrmaßnahmen nötig macht, kann aber keine Rede sein. Eher trifft das Gegenteil zu. Nach der globalen Finanzkrise hat die deutsche Wirtschaft eine der längsten Prosperitätsphasen ihrer Geschichte durchlaufen. Mit mehr als 45 Millionen bewegt sich die Zahl der Erwerbstätigen auf Rekordniveau. Selbst in vielen östlichen Regionen ist die Arbeitslosigkeit unter die Sechs-Prozent-Marke gesunken. Seit 2013 sind die Löhne wieder gestiegen und in vielen Branchen macht sich nicht nur Fach-, sondern auch Arbeitskräftemangel bemerkbar. In den neuen Ländern ist dieser Mangel ohne Zuwanderung kaum zu beheben.

Aus der Perspektive von Klassenfraktionen, die das deutsche Exportmodell verteidigen und an ihm partizipieren,[63] wäre eine Rückkehr zu nationaler Abschottung innerhalb Europas daher fatal. Tatsächlich ist das Thema Migration eines, das die kapitalitischen Eliten spaltet. Seitens der herrschenden Klassenfraktionen innerhalb des hegemonialen sozialen Blocks, der das deutsche Exportmodell trägt, wird Zuwanderung zumindest unter dem Gesichtspunkt der Arbeitskräftemobilisierung in einer regulierten Form für sinnvoll erachtet. Über die genaue Zusammensetzung dieses Blocks lässt sich wenig sagen, da entsprechende Forschungen Mangelware sind.

---

63 Über die politische Ausrichtung herrschender Klassen ist insgesamt wenig bekannt. Einen guten Überblick über die Diskussion gibt: Wienold, Hans (2010): Die Gegenwart der Bourgeoisie. Umrisse einer Klasse. In: Thien, Hans-Günter (Hg.), Klassen im Postfordismus. Münster: Westfälisches Dampfboot, S. 235-283.

An seiner Spitze finden sich die führenden Vertreter*innen der Exportwirtschaft, Eigentümer*innen und hohe Manager*innen, aber auch die liberal orientierten Teile der neuen Mittelklassen und akademisch qualifizierten Lohnabhängigen. Die Integration eines Teils der Lohnabhängigen in diesen Block ist jedoch fragil und kann rasch erodieren. Politisch repräsentiert der hegemoniale Block eine „große Partei für Industrie und Arbeit", die in Deutschland durch unionsgeführte Koalitionen repräsentiert wird und neben den Kapitalverbänden auch große Teile der Gewerkschaften integriert. Diese „große Partei für Industrie und Arbeit" ist auch in den wichtigsten Staatsapparaten (Wirtschaft, Finanzen) dominant.

Die Gegenspieler innerhalb der kapitalistischen Eliten betrachten die Migration mit anderen Augen.[64] Für sie haben sich Globalisierung und Europäisierung als hegemoniale Wachstumsprojekte, wenn nicht erledigt, so doch erschöpft. Bei der Regulierung der Migrationsbewegungen spielen konterhegemoniale Eliten die nationale Karte. Wie beim bereits angesprochenen Brexit zielen sie auf Bündnisse mit Teilen der lohnabhängigen Klassen(fraktionen), deren Lebensqualität und Lebensstile wesentlich vom Schutz durch den nationalen Wohlfahrtsstaat und der Verfügung über Sozialeigentum abhängen. Der gegenhegemoniale Teil der herrschenden Klassen ist in den repressiven Staatsapparaten – Polizei, Militär, Justiz, Inneres – deutlich überrepräsentiert. Ihm gehören Repräsentant*innen von Kleinkapitalen, Selbstständigen und ländliche Bevölkerungsgruppen ebenso an wie Teile der Ausgegrenzten, Prekarisierten und der Arbeiterschaft. Politisch entwurzelt und ohne feste Parteibindung können die zuletzt genannten sozialen Gruppen zu erheblichen Teilen dem Spektrum der Nichtwählenden zugerechnet werden.

In Deutschland muss strikt zwischen einem neonationalistischen Block mit Elitenakzeptanz in seiner Gesamtheit und dessen kleinerem, rechtsoppositionellen Bewegungslager unterschieden werden. Politisch wird der neonationalistische Block in seiner Gesamtheit keineswegs allein durch die AfD repräsentiert. Die AfD verkörpert jedoch den oppositionellen Geist des nationalitischen transformismo besonders klar. Unterstützung findet er aber auch bei Teilen der Liberalen und Christdemokraten (Werteunion) sowie bei Sympathisierenden von Sozialdemokratie und Linkspartei.

---

64 Folgt man Michael Hartmann, so differiert die Haltung zur Integration der migrantischen Bevölkerung innerhalb der Eliten nach Sektoren: „Die Eliten in den gesellschaftlichen Organisationen, in der Politik und in der Justiz waren mit den Problemen der Integration unmittelbar konfrontiert und sind es auch in ihren aktuellen Positionen noch. Als Gewerkschaftsvorstand, hoher kirchlicher Würdenträger. Spitzenpolitiker oder Bundesrichter muss man sich mit den Schwierigkeiten, die mit der mangelnden Integration vor allem der Migranten verbunden sind, immer wieder beschäftigen.Für Topmanager und hohe Verwaltungsbeamte besteht diese Anforderungen deutlich seltener." Hartmann, Michael (2013): Soziale Ungleichheit. Kein Thema für die Eliten? Frankfurt a. Main/New York: Campus, S. 134.

Die offen neonazistische Rechte bildet seinen äußersten Rand.[65] Wenn statt von einem weiten, neonationalistischen von einem enger gefassten Block der radikalen Rechten die Rede ist, dann schließt dies interne Abgrenzungskämpfe ein. Solange die AfD nicht in das Spektrum regierungsfähiger Parteien integriert ist, muss sich der radikale Rechtsblock in Deutschland auf eine oppositionelle Rolle beschränken. Beim Thema Migration, Flucht und Asyl ist sein Masseneinfluß besonders groß. Die Nähe zu neonazistischen und faschistischen Positionen schränkt die politische Bündnisfähigkeit der radikalen Kräfte des Rechtsblocks jedoch erheblich ein.

Die neonationalistische Fraktion innerhalb der herrschenden Klassen und Eliten, so können wir festhalten, ist nicht die erste und schon gar nicht die einzige soziale Kraft hinter dem Aufstieg der radikalen Rechten. Sie lässt sich jedoch von deren Erfolgen treiben, übernimmt Themen der AfD und erweitert so die öffentlich-politische wie auch die soziale Basis eines rechten transformismo. Einwanderung und Fluchtmigration werden zum Treiber eines Verteilungskonflikts erklärt, den noch halbwegs geschützte Lohnabhängigengruppen in den Exportindustrien mit teilweise exklusiver Solidarität beantworten. Die Arbeiter*innen verhalten sich durchaus solidarisch, das jedoch bevorzugt innerhalb ihres Betriebs und in den Grenzen der Stammbelegschaften. Diese selektive Solidarität, die auch das Ergebnis jahrzehntelanger gewerkschaftlicher Standortsicherungspolitiken ist, macht Arbeiter*innen für die Botschaften einer radikalen Rechten empfänglich, die Statuserhalt mittels Ab- und Ausgrenzung Fremder, Anderer, nicht Integrationswilliger, Unproduktiver und vermeintlich Leistungsunwilliger verspricht.[66] In diesem Zusammenhang ist bemerkenswert, dass die Sympathie für die AfD dort am größten ist, wo die migrantischen Anteile an der Bevölkerung besonders gering sind.[67]

(5) Ökologischer Bruch: Während die Europäische Union arbeits(markt)politisch für Deregulierung steht und in Sachen Ungleichheit und Fluchtmigration zu wirksamer Regulation kaum fähig scheint, wird sie in ökologischer Hinsicht zumindest in den Karbonbranchen und der mittelständischen Wirtschaft teilweise als bürokratisches Kontrollmonster wahrgenommen. In solchen Bewertungen geht

---

65 Überlegungen zur sozialen Zusammensetzung u.a. des Rechtsblocks finden sich in: Sablowski, Thomas/Thien, Hans-Günter (2018): Die AfD, die ArbeiterInnenklasse und die Linke – kein Problem? Der Aufstieg der Partei Alternative für Deutschland (AfD). In: PROKLA – Zeitschrift für kritische Sozialwissenschaft 48(190)/2018, S. 55-71.

66 Dazu ausführlich: Dörre, Klaus/Happ, Anja/Matuschek, Ingo (Hg.) (2013): Das Gesellschaftsbild der LohnarbeiterInnen. Soziologische Untersuchungen in ost- und westdeutschen Industriebetrieben. Hamburg: VSA.

67 Becker, Kim Björn (2019): Neue Studie: Wer die AfD wählt, kennt kaum Ausländer. In: Frankfurter Allgemeine Zeitung vom 26.11.2019. https://www.faz.net/aktuell/politik/inland/neue-studie-wer-die-afd-waehlt-kennt-kaum auslaender-16505033.html. Zugegriffen: Juni 2020.

zumeist verloren, dass die Zunahme klassenspezifischer Ungleichheiten selbst zu einem wichtigen Treiber ökologischer Großgefahren geworden ist, weil sie irreversible Störungen des Gesellschafts-Natur-Metabolismus auslöst.[68] Nehmen wir die klimaschädlichen Emissionen als Beispiel. Während die reichsten zehn Prozent der Weltbevölkerung mit ihren luxuriösen Lebensstilen 2015 sage und schreibe 49 Prozent dieser Emissionen verursachen, sind die untersten 50 Prozent gerade einmal für zehn Prozent verantwortlich. Die Anteile der reichsten Bevölkerungsgruppen an den Emissionen steigen überproportional, bei den ärmsten Teilen der Weltbevölkerung sind sie dagegen rückläufig. Die einkommensstärksten zehn Prozent mit dem höchsten Emissionssaustoß leben auf allen Kontinenten, 30 Prozent in Schwellenländern. Die Zunahme der CO_2-Emissionen wird in immer größerem Ausmaß durch die Einkommensungleichheit innerhalb der Staaten verursacht. 1998 erklärten diese Ungleichheiten etwa 30 Prozent der globalen Emission; 2013 waren es bereits 50 Prozent.[69] Das wohlhabendste eine Prozent in den USA, Luxemburg, Singapur und Saudi-Arabien produziert jährlich 200 Tonnen CO_2 pro Kopf und damit zweitausendmal mehr als die untersten Einkommensgruppen in Honduras, Ruanda und Malawi (0,1 Tonnen pro Person jährlich). Im mittleren Bereich mit ca. sechs bis sieben Tonnen CO_2 bewegen sich unter anderem das reichste eine Prozent der Tansanier, das siebte chinesische, das zweite französische und das dritte deutsche Einkommensdezil.[70] Durchschnittlich ist jede und jeder Deutsche jährlich für 11,5 Tonnen Treibhausgase verantwortlich; Der Weltdurchschnitt liegt bei ca. sieben Tonnen, jener der EU bei 8,5 Tonnen. Abhängig von Einkommen, Klassenposition und Lebensstil, schwankt der Ausstoß allerdings zwischen fünf und 20 Tonnen.

Zugespitzt formuliert bedeutet dies, dass Produktion und Konsum von Luxusartikeln für die Ober- und Mittelklassen sich zunehmend als Hauptursache von ökologischen Großgefahren erweisen, unter denen weltweit hauptsächlich die ärmsten Bevölkerungsgruppen leiden. Zwischen 1980 und 2016 haben sich die klimaschädlichen

---

68 Der Metabolismus-Begriff, den Marx von Justus von Liebig entlehnt hat, erfasst „den komplexen biochemischen Austauschprozess, durch den ein Organismus (oder eine bestimmte Zelle) Material und Energie aus seiner Umgebung bezieht und diese durch verschiedene metabolische Reaktionen in Bausteine des Wachstums verwandelt". Marx nutzte den Begriff, um Arbeit als lebensspendenden Prozess zu begreifen, der die Reproduktion natürlicher Ressourcen einschließt. Der dem rastlosen Streben nach Mehrarbeit eingeschriebene Zwang zur erweiterten Reproduktion des Kapitals bedingt ein expansives Verhältnis zu Naturressourcen, das die absoluten Grenzen negiert, die jeder metabolischen Ordnung eigen sind. Vgl.: Foster, John B. (2000): Marx's Ecology. Materialism and Nature. New York: Monthly Review Press, S. 160.
69 Chancel, Lucas/Piketty, Thomas (2015): Carbon and inequality: From Kyoto to Paris. http://piketty.pse.ens.fr/files/ChancelPiketty2015.pdf. Zugegriffen: Juni 2020, S. 10.
70 Ebd., S. 9.

Emissionen weltweit verdoppelt.[71] Absolut gesunken sind die Emissionen während der jüngeren Vergangenheit nur im Krisenjahr 2009, weil damals die industrielle Produktion eingebrochen war. Der Energieverbrauch ist letztmalig in den 1980er Jahren zurückgegangen und auch die Ressourcenbilanzen tendieren gegenwärtig zu einer irreversiblen Schädigung nahezu geschlossener ökologischer Kreislaufsysteme. Ist all das seit langem bekannt, erlangt der ökologische Gesellschaftskonflikt derzeit eine neue Qualität, weil die Zeit für ein Gegensteuern knapp zu werden beginnt. Nach einer Studie des IPCC für ein 1,5-Grad-Erderwärmungsszenario müssen, um den Klimawandel zumindest einigermaßen unter Kontrolle zu halten, die Wirtschaftssysteme der frühindustrialisierten Länder bis spätestens 2050 vollständig dekarbonisiert sein. Ein solches Ziel zu realisieren, ist gleichbedeutend mit Veränderungen, die in ihren historischen Ausmaßen mit jenen der ersten industriellen Revolution zu vergleichen sind. Dies jedoch mit dem gravierenden Unterschied, dass es nunmehr um die dringliche Suche nach einem Notausstieg geht, der die gesellschaftszerstörenden Konsequenzen des mit der ersten industriellen Revolution in Gang gesetzten raschen, permanenten Wirtschaftswachstums korrigieren muss.

Schwindende Zukunftsfähigkeit vor Augen, kann präzisiert werden, worin das historisch Neuartige der ökologisch-ökonomischen Zangenkrise besteht. Zumindest die frühindustrialisierten und noch immer reichen Länder des globalen Nordens sind zu Postwachstumskapitalismen geworden. Ihre Ökonomien wachsen, sofern überhaupt, nur noch langsam und der produzierte Reichtum wird höchst ungleich verteilt. Es handelt sich um eine Zäsur, die weit mehr beinhaltet als bloße Störungen der Kapitalakkumulation. Zangenkrise bedeutet, dass das zuvor wichtigste Mittel zur Überwindung ökonomischer Krisen, die Erzeugung von Wirtschaftswachstum nach den Kriterien des Bruttoinlandsprodukts (BIP), auf der Grundlage fossiler Energieträger sowie bei steigendem Ressourcen- und Energieverbrauch unweigerlich zu einem Aufschaukeln ökologischer Großgefahren führt.

Die begrenzten Zeitbudgets, die für eine Nachhaltigkeitsrevolution noch zur Verfügung stehen, rechtfertigen die analytische Verwendung des Krisenbegriffs. Krisen können lange andauern, und sicherlich ist die ökonomisch-ökologische Zangenkrise auch eine Krise des Weiter-so. Doch wie jede Krise ist sie im wahrsten Sinne des Wortes endlich. Nimmt man die wichtigsten Klimastudien als wissenschaftliche Grundlage, wird sich schon in wenigen Jahren entscheiden, ob es möglich sein wird, den menschengemachten Klimawandel noch einigermaßen zu beherrschen. Gelingt es nicht, die Emissionen weltweit jährlich um mindestens 7,6 Prozent zu senken, drohen

---

71 Gallagher, Kevin P./Kozul-Wright, Richard (2019): A New Multilateralism for Shared Prosperity. Geneva Principles for a Global Green New Deal. Genf: UNCTAD, S. 7.

große Teile der Erde unbewohnbar zu werden.[72] Weil sich die vorherrschende Form des Wirtschaftswachstums von einem ökonomischen Segen zunehmend in einen ökologischen Fluch verwandelt, sind künftig Nachhaltigkeitsziele der Lackmustest für alle Konzeptionen und Gesellschaftsentwürfe, die einen Ausweg aus der Zangenkrise versprechen. Dafür gibt es einfache Kriterien. Erstens: Reduziert sich der ökologische Fußabdruck, also sinken Emissionen, Ressourcen und Energieverbrauch? Zweitens: Steigt für jede und jeden frei zugänglich und auch für künftige Generationen die Lebensqualität?[73] Die Nachhaltigkeitsziele der UNO (Sustainable Development Goals/SDGs) lassen sich – trotz aller berechtigten Kritik am Zustandekommen, dem Kompromisscharakter und ihrer relativen Unverbindlichkeit – politisch operationalisieren. Sie sind ein Maßstab, anhand dessen sich das reale Handeln von Unternehmen, Regierungen und herrschenden Klassen bewerten lässt. Je weiter Ziele und reale Ergebnisse auseinanderklaffen, desto wahrscheinlicher wird eine Delegitimation der vorherrschenden Produktions- und Lebensweisen. Die Zangenkrise erweitert sich dann zu einer „Autoritätskrise",[74] in welcher der Glaube an die alten Ideologien schwindet, ohne dass klar wäre, welche Orientierungen an ihre Stelle treten könnten.

4. Politisches Interregnum, Rechtsblock und demobilisierte Klassengesellschaft

Dieses politisch-ideologische Vakuum macht sich die radikale Rechte zunutze. Ihr Aufstieg verdankt sich weder der Abwehr revolutionärer Arbeiterbewegungen, noch ist er eine Antwort auf erfolgreichen sozialistischen Reformismus. Der zeitgenössische

---

72 Rogelji, Joeri/Forster, Piers M./Kriegler, Elmar/Smith, Christopher J./Séférian, Roland (2019): Estimating and tracking the remaining carbon budget for stringent climate targets. In: Nature 571/2019, S. 335-342; IPCC (2018): Special Report. Global Warming of 1.5 °C. Bonn: UN Climate Change; UNEP (2019): Emissions Gap Report 2019. Nairobi.

73 Grober, Ulrich (2013): Die Entdeckung der Nachhaltigkeit. Kulturgeschichte eines Begriffs. München: Verlag Antje Kunstmann, S. 269.

74 Vgl. Antonio Gramsci in Fn. 35. Demoskopische Daten, wie sie in regelmäßigem Turnus anlässlich des Weltwirtschaftsforums von Davos veröffentlicht werden, vermitteln einen Eindruck vom Ausmaß der „Autoritätskrise": 55 Prozent der repräsentativ Befragten meinen, der Kapitalismus in seiner jetzigen Gestalt schade mehr als dass er helfe. Nur noch 12 Prozent glauben, dass ihnen das Wirtschaftssystem nütze und sie vom Wirtschaftswachstum ausreichend profitierten. Die ökonomischen Zukunftsaussichten beurteilen nur noch 23 Prozent positiv. Das war vor der Corona-Pandemie. Vgl.: Agentur Edelmann (2019): Trust Barometer. Global Report. https://www.edelman.com/sites/g/files/aatuss191/files/2019-02/2019_Edelman_Trust_Barometer_Global_Report.pdf. Zugegriffen: März 2020.

rechte Bonapartismus stellt eine Reaktion auf die Unfähigkeit des herrschenden sozialen Blocks[75] dar, die Repulsionen der marktgetriebenen Globalisierung halbwegs zu kompensieren oder – weitreichender – im Sinne eines transformismo der politischen Mitte zu verarbeiten, der einer schon lange überfälligen ökologischsozialen Nachhaltigkeitsrevolution zum Durchbruch verhilft. Der transformismo des oppositionellen Rechtsblocks attackiert ein politisches Interregnum, das zustande kommt, weil alte und neue Eliten – das lange hegemoniale Wirtschaftsbürgertum und dessen Verbündete, aufsteigende Eliten aus der digitalen Ökonomie, aber auch Außenseiterfraktionen der herrschenden Klassen aus der ökologisch orientierten Wirtschaft – bislang erfolglos um Auswege aus der Krise konkurrieren. Die Attacke der radikalen Rechten zielt jedoch gerade nicht auf die beschleunigte Durchsetzung einer ökologisch-sozialen Nachhaltigkeitsrevolution. Das Gegenteil ist der Fall. Neuer Rechtspopulismus und Rechtsradikalismus stellen eine rückwärtsgewandte, eine autoritäre politische Verarbeitungsform der ökologisch-ökonomischen Zangenkrise dar. Auf die repulsive Globalisierung antwortet die radikale Rechte mit Nationalismus, auf zunehmende Ungleichheit mit einer Ethnisierung der sozialen Frage, auf die ökologische Krise und den Klimawandel mit Leugnung oder Relativierung der Bedrohungen, auf die Fluchtmigration mit Abschottung und Abschiebung und auf eine Ausbreitung liberal-libertärer Werte mit Antifeminismus, Rückbesinnung auf ein sozialdarwinistisch gewendetes Leistungsethos und eine exkludierende Nationalkultur. Betrachten wir exemplarisch einige Kräfteverhältnisse genauer, die das politische Interregnum verursachen – die Formierung eines oppositionellen Rechtsblocks im engeren Sinne (4.1), den das politische Vakuum demobilisierter Klassengesellschaften befördert (4.2), weil es die Arbeiterschaft politisch marginalisiert (4.3), den Integrationsbedarf herrschender Klassenfraktionen minimiert und so dem neurechten transformismo den Boden bereitet (4.4).

4.1 Der national-marktliberal-soziale Rechtsblock

Beginnen wir mit der Formierung eines „geschichtlichen Blocks"[76] der radikalen Rechten. Was genau ist unter einem solchen Block zu verstehen? Ich bezeichne mit diesem Begriff in Anlehnung an Antonio Gramsci Formationen – Parteien, Bewe-

---

75 Als – geschichtlichen oder gesellschaftlichen – Block bezeichnet Antonio Gramsci Allianzen und Bündnisse unterschiedlicher Klassenfraktionen, die Loyalität der Geführten gegenüber den Führenden sicherstellen – ein Verhältnis, das neben Zwang stets Kompromissbildung sowie Hegemonie und Konsens als notwendige Form umfasst. Vgl. Gramsci, Antonio (1991ff.): Gefängnishefte. Hg. v. Wolfgang Fritz Haug. Hamburg: Argument, Band 6, S. 1228, S. 1380f. und Band 7, S. 1586f.

76 Ebd., Band 6, S. 1389.

gungen und Institutionen, aber auch intellektuelle Zirkel und im Alltagsbewusstsein abgelagerte Orientierungen. Historische Blöcke verbinden politische Philosophien mit organisierten politischen Praktiken und alltagsweltlichen Haltungen, Handlungs- und Deutungsschemata. Solche Syntheseleistungen können nur gelingen, wenn sie, und sei es in verzerrter Form, zumindest teilweise sozialer Realität entsprechen. Rechtspopulistische oder rechtsradikale Orientierungen von Lohnabhängigen dürfen daher keinesfalls auf falsches Bewusstsein reduziert werden. Wichtiger ist der rationale Kern, den solche Ideologien enthalten. Als populistisch können entsprechende Formationen gelten, sofern sie den Problemrohstoff, den die Gesellschaft erzeugt, nach einem binären Schema bearbeiten. Einem korrupten Establishment wird ein unverdorbenes Volk gegenübergestellt, dessen Wille im Zweifelsfall mit dem der Populist*innen übereinstimmt.

Rechts wird der neue Populismus durch die Verwendung eines ethnopluralistischen[77] Ideengebäudes, das ein Grundrecht auf Verschiedenheit aller Menschen und Kulturen an die Stelle früherer Vorstellungen von nationaler oder rassischer Überlegenheit setzt. Bei oberflächlicher Betrachtung ein zeitgemäßes Konzept kultureller Autonomie, können mit Hilfe dieses Ideengebäudes wahlweise die Kolonisierung des globalen Südens, Bedrohungen durch den Amerikanismus, die Unterdrückung von Regionalismen in Europa oder eine Einwanderung in die Sozialsysteme attackiert werden. All das geschieht im Namen einer mehr oder minder homogenen Nationalkultur. Folgt man diesem „Rassismus ohne Rassebegriff",[78] sind nur unvermischte Kulturen stark, der melting pot kann hingegen nicht funktionieren. Deshalb sollen alle Menschen ihre Kultur leben können – und zwar am besten dort, wo die jeweilige Kultur ursprünglich beheimatet ist. Unversehens verwandelt sich ein attraktiv klingendes Plädoyer für kulturelle Autonomie in eine Rechtfertigung von Abschottung, die, würde sie konsequent angewendet, eine Welt voller Apartheidsstaaten hervorbringen müsste.

Rechtsradikal oder – analytisch weniger präzise – rechtsextrem nenne ich Formationen, die Konstruktionen eines kulturellen Antagonismus mit der Perspektive eines auch gewaltsam herbeizuführenden Systemwechsels verknüpfen. Als ideologisches Bindeglied zwischen populistischer und radikaler Rechter fungiert derzeit das Ideologem des „großen Austauschs", wie es stilbildend von intellektuellen Außenseitern

---

77 Einige Stichwortgeber der radikalen Rechten sind gerade dabei, sich vom Ethnopluralismus zu verabschieden, weil er ihnen als intellektuell diskreditiert erscheint. Der neorassistische Kern dieser Ideologie bleibt jedoch unangetastet.
78 Balibar, Etienne (1993): Die Grenzen der Demokratie. Hamburg: Argument, S. 148; Taguieff, Pierre-André (1991): Die Metamorphosen des Rassismus und die Krise des Antirassismus. In: Bielefeld, Ulrich (Hg.), Das Eigene und das Fremde. Neuer Rassismus in der alten Welt? Hamburg: Junius, S. 221ff.

wie Renaud Camus formuliert[79] und seither in zahllosen Variationen popularisiert wurde. Dieses Ideologem radikalisiert ethnopluralistisches Denken. Es behauptet ein Verschwinden der Völker durch Massenmigration, die seitens kosmopolitischer Eliten bewusst herbeigeführt werde. Wo „großer Austausch" und „Volkstod"[80] drohen, ist es nur noch ein kleiner Schritt, Gewalt gegen eingedrungene „Barbaren" als Notwehr auszulegen und im Rechtsstaat ein Hindernis für den „gerechten Volkszorn" zu sehen. So plädiert Björn Höcke, eine der rechtsradikalen Führungsgestalten in der AfD, für „ein großangelegtes Remigrationsprojekt": „Und bei dem wird man, so fürchte ich, nicht um eine Politik der 'wohltemperierten Grausamkeit', wie es Peter Sloterdijk nannte, herumkommen. Das heißt, dass sich menschliche Härten und unschöne Szenen nicht immer vermeiden lassen werden."[81]

Offener kann man ein Plädoyer zugunsten exekutiver Gewalt kaum formulieren. In Deutschland umfasst der Block der radikalen Rechten neben der AfD außerparlamentarische Vorfeldbewegungen wie Pegida und deren extreme Ableger (Thügida, Legida etc.). Er reicht von nationalkonservativen Kreisen über die identitäre Jugendbewegung bis hin zu offen neonazistischen Organisationen. Seine intellektuellen Fürsprecher wirken mit Leitfiguren wie dem ehemaligen SPD-Mitglied Thilo Sarrazin und dessen Islam-Kritik bis weit in die politische Mitte der Gesellschaft hinein. Längst verfügt der oppositionelle Rechtsblock über Think Tanks (z.B. das Institut für Staatspolitik), eigene Medien, Verlage, Zeitungen und Zeitschriften. Noch bedeutsamer ist, dass sich seine Akteure in den sozialen Netzwerken als enorm kampagnenfähig erweisen. Allerdings ist die heterogene Blockformation weit davon entfernt, dem Ideal einer „Mosaikrechten"[82] zu entsprechen, die sich mit einander ergänzenden Strategien zu einem vielfältigen Ganzen zusammenfügen würde. Stattdessen gehören permanente Abgrenzungskämpfe, Parteiausschlüsse, Cliquenbildungen und wechselseitige Denunziationen zum Alltagsgeschäft. Bei der Analyse des Rechtsblocks sind zudem die unterschiedlichen „Stockwerke" zu beachten, die jeder gesellschaftliche Block umfasst. Dabei handelt es sich (a) um Ideensysteme, die den wissenschaftlichen Theorietyp zumindest nachahmen, (b) um organisiertes

---

79 Camus, Renaud (2019): Revolte gegen den großen Austausch. Schnellroda: Verlag Antaios.
80 Höcke, Björn (2018): Nie zweimal in denselben Fluss. Björn Höcke im Gespräch mit Sebastian Henning. Mit einem Vorwort von Frank Böckelmann. Lüdinghausen: Manuscriptum.
81 Ebd., S. 291. Der Philosoph Sloterdijk verwendet diese Formulierung für ein Plädoyer zugunsten eines Einwanderungssystems nach kanadischem Vorbild, was Höcke explizit ablehnt. Höcke schwebt etwas anderes vor: Erwünschte Arbeitsmigration für drei Jahre, dann „Remigration".
82 Stein, Philipp (2018): Vorwort. In: Kaiser, Benedikt/de Benoist, Alain/Fusaro, Diego (Hg.), Marx von rechts, Dresden: Jungeuropa, S. 7-12.

politisches Handeln in Bewegungen, Vorfeldorganisation und der Parteiform sowie (c) um das Alltagsbewusstsein von Sympathisierenden. Diese „Stockwerke" des sozialen Blocks der radikalen Rechten müssen von den handelnden Akteuren immer wieder neu in Übereinstimmung gebracht werden.

Das ist umso schwerer, als sich innerhalb des Rechtsblocks nach wie vor marktaffine und national-soziale Strömungen gegenüberstehen. Hatten zahlreiche rechtspopulistische Formationen zunächst auf neoliberale Rhetorik und Programmatik gesetzt, so bestimmt inzwischen ein völkischer Sozialpopulismus, der sich gezielt an reale oder vermeintliche Verlierer*innen wirtschaftlicher Internationalisierung wendet, die Selbstpräsentationen vieler dieser Parteien.[83] Die AfD hat diese Entwicklung im Zeitraffer nachgeholt. Zunächst als marktradikale Partei gegründet,[84] hat vor allem in den östlichen Landesverbänden eine national-soziale Strömung immer mehr an Boden gewonnen, die gezielt darauf setzt, die soziale Frage, das einstige „Kronjuwel der Linken",[85] von rechts zu besetzen.[86]

Syntheseleistungen, die den Rechtspopulismus/-radikalismus scheinbar zu einer transformativen Bewegung machen, werden im Stockwerk der Ideenkämpfe unter anderem von Repräsentanten einer mittlerweile alt gewordenen neuen Rechten erbracht, die mit der sozialen Frage gern „in einen Topf geworfen" werden möchte.[87] Beim Versuch, die soziale Frage von rechts zu besetzten, soll selbst Karl Marx helfen. Ein von Klassenkampf und Arbeiterbewegungstraditionalismus befreiter Marx wird als Kritiker der „Kommerzialisierung des gesamten gesellschaftlichen Lebens" und der „Globalisierung des Kapitals samt des Überflüssigwerdens der Nationen"[88] neu entdeckt. Oberflächlicher Antikapitalismus, kombiniert mit einem skeptisch-

---

83 Bieling, Hans-Jürgen (2017): Aufstieg des Rechtspopulismus im heutigen Europa. Umrisse einer gesellschaftstheoretischen Erklärung. In: WSI-Mitteilungen 8/2017, S. 557-565.

84 Helmut Kellershohn attestiert der AfD-Programmatik, einen nationalen Wettbewerbsstaat auf völkischer Basis anzustreben (Kellershohn, Helmut (2016): Vorbürgerkrieg. In: Gießelmann, Bente/Heun, Robin/Kerst, Benjamin/Suermann, Lenard/Virchow, Fabian (Hg.), Handwörterbuch rechtsextremer Kampfbegriffe. Schwalbach: Wochenschau Verlag, S. 326-339).

85 Kubitschek, Götz (2018): Markenimitate, Kronjuwelen – Seehofer, Wagenknecht. In: Sezession vom 17.06.2018. https://sezession.de/58674/markenimitate-kronjuwelen-seehofer-wagenknecht. Zugegriffen: März 2019.

86 Mit dem Parteiausschluss von Andreas Kalbitz, einem radikal rechten Führer des sogenannten Flügels in der AfD, ist der Machtkampf zwischen den Strömungen in der Partei offen ausgebrochen.

87 Stein, Philipp (2018): Vorwort. In: Kaiser, Benedikt/de Benoist, Alain/Fusaro, Diego (Hg.), Marx von rechts. Dresden: Jungeuropa, S. 7-12, S. 7.

88 Kaiser, Benedikt/Benoist, Alain de/Fusaro, Diego (2018): Marx von rechts. Dresden: Jungeuropa, S. 54.

rechten Menschenbild, soll ermöglichen, was seriös nur als vollständige Umkehrung Marx'scher Ideen betrachtet werden kann. So wird etwa Marx' Konzept der industriellen Reservearmee in neurechter Diktion zu einem Vehikel für Migrationskritik. Der Topos habe „durch die Masseneinwanderung gering qualifizierter 'Überflüssiger' eine neue Bedeutung erlangt".[89] Was Marx als Kategorie für die strukturelle Produktion von Erwerbslosigkeit und Armut in kapitalistischen Gesellschaften eingeführt hat, wird von den national-sozialen Vordenkern in eine Anklage vorgeblich migrationsgetriebener Konkurrenz überführt. Das alles geschieht im Namen eines höheren Ideals, das angeblich über den Klassen schwebt. Statt an antiquierte Vorstellungen von Klassenkampf anzuschließen, müsse man „endlich wieder auf das hinarbeiten, was unser aller Ziel sein sollte: die Einheit".[90] Es sei ein entscheidender Vorteil der Neuen Rechten, dass sie „dieses höhere Gefühl, dieses zeitlose Ideal, das über Klassen, Parteien und anderen mechanischen Konflikten steht", kenne.[91]

Den Vorrang nationaler Einheit vorausgesetzt, kann eine kapitalismuskritische Rhetorik leicht ins Völkische transformiert werden. Nationale Gemeinschaften – ein Konstrukt, das auch paneuropäisch gedacht werden kann – sind berufen, Klassengegensätze zu versöhnen. Folgerichtig ist die „Verteilung des Volksvermögens von oben nach unten, oder von unten nach oben, oder von jung nach alt", „nicht mehr die primäre soziale Frage". Vielmehr gilt die Attacke „Altparteien-Politikern", die „unsere Sozialversicherungssysteme Millionen von Menschen öffnen, die niemals in unsere Systeme eingezahlt haben" und so „mutwillig die Grundlagen unserer gewachsenen Solidargemeinschaft" zerstören.[92] Kurzum: Ein klassenspezifischer Oben-unten-Konflikt wird in eine Auseinandersetzung zwischen anspruchsberechtigten Inländern und parasitären Eindringlingen umgedeutet. Lässt man sich auf solche Umdefinitionen ein, erscheint es plausibel, den Erhalt einer Vielfalt der Völker zum zentralen Anliegen einer nationalen Revolution zu erklären.

---

89 Ebd., S. 55.
90 Stein, Philipp (2018): Vorwort. In: Kaiser, Benedikt/de Benoist, Alain/Fusaro, Diego (Hg.), Marx von rechts. Dresden: Jungeuropa, S. 7-12, S. 11: „Wo das Gemeinwohl im Vordergrund stehen soll, kann nicht fortwährend in einem von der Zeit überholten binären Klassensystem gedacht und gekämpft werden. Denn 'Teilung bedingt Haß. Haß und Teilung aber sind unvereinbar mit Brüderlichkeit. Und so erlischt in den Gliedern ein und desselben Volkes das Gefühl, Teil eines höheren Ganzen, einer hohen, allumfassenden, geschichtlichen Einheit zu sein' (José Antonio Primo de Rivera)."
91 Ebd.
92 Höcke, Björn (2016): Die neue soziale Frage. Rede in Schweinfurt am 28.04.2016. Zitiert nach: Hentges, Gudrun (2018): Die populistische Lücke: Flucht, Migration und Neue Rechte. In: Becker, Karina/Dörre, Klaus/Reif-Spirek, Peter (Hg.), Arbeiterbewegung von rechts? Frankfurt a. Main/New York: Campus, S. 101-115, S. 111.

Man mag einwenden, dass es sich bei der kapitalismuskritischen Neuen Rechten und ihren Vordenkern allenfalls um extreme, randständige Positionen innerhalb des Rechtsblocks handelt. Doch der Einfluss von Rechtsintellektuellen auf Führungsgruppen der AfD und vor allem auf ihren national-sozialen Flügel lässt sich kaum übersehen. Im Anspruch, das Erbe der alten sozialistischen Arbeiterbewegungen antreten zu wollen,[93] wird er deutlich sichtbar. Besonders klar kommt dieser Einfluss auch in der Propagierung eines neuen, kulturellen Klassenkampfs zum Ausdruck, den etwa der Ehrenvorsitzende der AfD, Alexander Gauland, offen propagiert. Gauland greift auf das simplizierende Konzept kultureller Metaklassen zurück, das von dem britischen Journalisten und Ex-Linken David Goodhart stammt. Es verortet den neuen Klassenkampf zwischen universalistischen Anywheres und deren angeblichem Widerpart, den in lokale Gemeinschaften eingebundenen Somewheres.[94] Das empirisch fragwürdige, dafür aber bildgewaltige Metaklassenschema vor Augen, fällt es dem Führungspersonal der AfD überaus leicht, sich ohne jeglichen Vorbehalt auf die Seite jener Somewheres zu schlagen, die angeblich noch immer die Mehrheit der Bevölkerung ausmachen.[95] Ihre Polemik zielt auf eine „urbane Elite", die zum „Jobwechsel von Berlin nach London oder Singapur" ziehe und deshalb nur noch schwache Bindungen an ihr Heimatland habe.[96] Dieser vermeintliche „Klassenkampf von rechts"[97] operiert in erster Linie mit Klischees. Er reproduziert das Bild einer Arbeiterschaft, die bevorzugt als wenig gebildet, immobil, kulturell traditionalistisch und deshalb in besonderem Maße heimatverliebt wahrgenommen wird. Dabei geht verloren, was der Kulturwissenschaftler Kaspar Maase treffend als das „Massenschöne" bezeichnet

---

93 Höcke, Björn (2017): Widerstand gegen den Raubtierkapitalismus. Die AfD muss auch den sozialen Auftrag übernehmen, den die Linke verraten hat. In: Ders. (2018): Höcke. Interviews, Reden, Tabubrüche. Compact Edition 1/2018, S. 25-29.

94 Zu den Metaklassen vgl.: Goodhart, David (2017): The Road to Somewhere. The New Tribes Shaping British Politics. London: C. Hurst & Co. Goodhart argumentiert freilich etwas differenzierter als die meisten seiner deutschen Interpreten. Immerhin kennt er auch die *Inbetweens*, die zwischen den Metaklassen stehen.

95 Kienholz, Kim (2019): „Die Fahnen Hoch". In: Der Freitag, Ausgabe 48/2019. https://digital.freitag.de/4819/die-fahne-hoch/. Zugegriffen: Juni 2020: „Wir sind mit und nach David Goodhart die Somewheres", schlussfolgert Höcke. Ihm nach würden die Somewheres, „die Vergessenen, die Geschmähten, die Verlachten, die Verachteten der Gesellschaft", in Deutschland 80 Prozent der Bevölkerung ausmachen. Darin sieht er das tatsächliche Potenzial der AfD.

96 Gauland, Alexander (2018): Warum muss es Populismus sein? In: Frankfurter Allgemeine Zeitung vom 06.10.2018. https://www.faz.net/aktuell/politik/inland/alexander-gaulandwarum-muss-es-populismus-sein-15823206.html. Zugriff: Juni 2020.

97 Mrozek, Bodo (2019): Klassenkampf von rechts. In: Merkur 843/2019; erneut veröffentlicht in: Zeit online vom 28.07.2019. https://www.zeit.de/kultur/2019-07/rechtspopulismus-identitaetspolitik-alexander-gauland-heimat-rechte-afd. Zugegriffen: Juni 2020.

hat. Beim Reisen, Essen, der Musik oder der Kleidung kommen transnationale Impulse seit Jahrzehnten wesentlich „von unten",[98] während sich Großbürgertum und Wirtschaftseliten bevorzugt noch immer aus nationalen Netzwerken rekrutieren.[99]

4.2 Demobilisierte Klassengesellschaft

Dass der „Klassenkampf von rechts" überhaupt Masseneinfluss gewinnen kann, hängt eng mit einer Entwicklung zusammen, die ich als Tendenz zu demobilisierten Klassengesellschaften bezeichnet habe. Dieser Begriff charakterisiert Ursachen des politischen Interregnums auf Seiten der Beherrschten und hier vor allem die Bindungs- und Mobilisierungsschwäche von linken Parteien und Gewerkschaften bei Arbeiter*innen und einfachen Angestellten. Während horizontale, überwiegend klassenspezifische Ungleichheiten in allen Gesellschaften sowohl des globalen Nordens wie des Südens stark zugenommen haben, sind um den Gegensatz von Kapital und Arbeit gebaute politische und gewerkschaftliche Organisationen im europäischen Maßstab so schwach, wie es nach 1949 wohl noch nie der Fall gewesen ist. Schauen wir auf einige empirische Fakten. Der gewerkschaftliche Netto-Organisationsgrad (Anteil der berufsaktiven Gewerkschaftsmitglieder an abhängig Beschäftigten) ist in zahlreichen europäischen Staaten seit Jahren rückläufig. Während er in Schweden noch bei etwa 67 Prozent liegt, ist er in vielen Staaten unter die 20-Prozent-Marke gesunken. In Frankreich beträgt er nur noch acht Prozent. Parallel dazu ist auch die Tarifbindung der Unternehmen in den meisten EU-Ländern rückläufig. Während in Österreich immerhin 98 Prozent der Beschäftigten in Unternehmen mit Tarifbindung arbeiten, sind es in Griechenland nur noch 40 Prozent, in Ungarn 23 Prozent und in Polen lediglich 15 Prozent. Entscheidend ist jedoch die Gesamttendenz, die sich in den meisten EU-Staaten über viele Jahre hinweg in Richtung Desorganisation und Entkollektivierung der Arbeitsbeziehungen bewegt hat.[100]

---

98 Ebd.; vgl. auch: Maase, Kaspar (Hg.) (2008): Die Schönheit des Populären. Ästhetische Erfahrung der Gegenwart. Frankfurt a. Main/New York: Campus.

99 Hartmann, Michael (2016): Die Globale Wirtschaftselite. Eine Legende. Frankfurt a. Main/New York: Campus.

100 Als Maßnahmen aus der jüngeren Vergangenheit, die den Druck auf die organisierten Arbeitsbeziehungen erhöhen, sind zu nennen: Abschaffung des Günstigkeitsprinzips, das Abweichungen vom Tarifvertrag nur bei Besserstellung der Lohnabhängigen zulässt (Spanien, Griechenland), Vorrang für unternehmens- und betriebsbezogene Haustarifverträge vor Branchenvereinbarungen, Abkehr oder Einschränkung von Allgemeinverbindlichkeitserklärungen tariflicher Regelungen (Griechenland, Ungarn, Portugal, Rumänien); legale Abweichungen von Tarifverträgen nach unten, stark rückläufige Deckungsraten von flächen- und branchenbezogenen Regelungen (Spanien, Griechenland, Portugal). Auch die Aufweichung des Kündigungsschutzes und Absenkungen des gesetzlichen

Auf den ersten Blick stellt Deutschland in dieser Hinsicht keine Ausnahme dar. Zwischen 1991 und 2012 hat der DGB ca. 48 Prozent seiner Mitglieder verloren; der durchschnittliche gewerkschaftliche Organisationsgrad lag 2018 noch bei etwa 18 Prozent. Obwohl sich der Mitgliederbestand einiger Gewerkschaften und hier insbesondere der IG Metall wieder konsolidiert hat, schwindet der Organisationsanreiz auf der Kapitalseite. Arbeitgeberverbände ermöglichen Unternehmen eine Mitgliedschaft ohne Tarifbindung. Das hat die Verbindlichkeit tariflicher Normen zusätzlich geschwächt. Die Prägekraft von Flächentarifverträgen und der Tarifbindung allgemein hat in nationalem Maßstab seit den 1990er Jahren kontinuierlich abgenommen und ist in den ostdeutschen Bundesländern besonders schwach. 2017 arbeiteten 43 Prozent der Beschäftigten im Westen und 56 Prozent der Ost-Arbeitnehmer in Betrieben, in denen es keine Tarifbindung mehr gab. 71 Prozent der westdeutschen und 81 Prozent der ostdeutschen Betriebe werden nicht mehr über Kollektivvereinbarungen reguliert. Teilweise sind die Tarifparteien gar nicht mehr handlungsmächtig und die Gewerkschaften benötigen, wie beim allgemeinen gesetzlichen Mindestlohn, den interventionistischen Staat, um überhaupt noch verbindliche soziale Regeln setzen zu können. Gewerkschaftliche Interessenspolitik findet zunehmend in zwei Welten der Arbeitsbeziehungen statt. Handlungsfähig sind die Interessensorganisationen der Lohnabhängigen vornehmlich in der ersten Welt tariflicher Regulation, in welcher branchenbezogene Vereinbarungen und betriebliche Mitbestimmung noch immer die Norm darstellen. Jenseits davon, in der zweiten Welt unsicherer, schlecht entlohnter, wenig anerkannter und deshalb prekärer Arbeit, müssen die Gewerkschaften ihre Handlungsfähigkeit mühsam, das heißt Betrieb für Betrieb und Unternehmen für Unternehmen, erstreiten.

Das Grenzregime zwischen den beiden Welten ist strukturell konfliktträchtig. In deutlichem Kontrast zur Entwicklung in den meisten europäischen Staaten kam es in Deutschland 2015 zu einer Serie von Arbeitskämpfen. Rund zwei Millionen Streiktage (2014: 392.000) mit etwa 1,1 Mio. Beteiligten (2014: 345.000 Streikende) zeugten von neu erwachtem gewerkschaftlichem Selbstbewusstsein. Zwar ist die Konfliktträchtigkeit der Arbeitsbeziehungen im europäischen Vergleich noch immer unterdurchschnittlich ausgeprägt und sie hat – wenig überraschend – nach 2015, zumindest was die Zahl der großen Arbeitskämpfe angeht, wieder etwas nachgelassen, um im Streik der Industriegewerkschaft Metall (IG Metall) für eine kurze Vollzeit von 28 Wochenstunden als individuelle Wahlmöglichkeit wieder an Dynamik zu gewinnen. Von Bewegungen zwischen schrumpfender erster und expandierender zweiter Regulationswelt zeugen jedoch vor allem zahlreiche kleinere Auseinandersetzungen um Firmen- und Haustarife, die einer eigenen Logik folgen, nur in be-

---

Mindestlohns gehören zum Standardarsenal des arbeitspolitischen Interventionismus in Europa.

sonders spektakulären Fällen überhaupt in die Schlagzeilen gelangen und nur selten von der Streikstatistik erfasst werden. Allein 2016 wurden 199 Arbeitskonflikte mit insgesamt 404 Streiks registriert, davon 184 außerhalb der Flächentarifauseinandersetzungen. Ein Jahr später konnten 199 Konflikte mit 446 Streiks und 198 Auseinandersetzungen außerhalb der Fläche gezählt werden. Galt der industrielle Friede lange Zeit als Produktivitätsfaktor, der von den Akteuren der organisierten Arbeitsbeziehungen gehegt und gepflegt wurde, so gleichen die Arbeitsbeziehungen nun auch in Deutschland in wichtigen Unternehmen und Branchen mehr und mehr dezentralen Auseinandersetzuungen, in welchen teilweise mit harten Bandagen wieder um basale Arbeitsstandards gerungen werden muss.[101]

In der demobilisierten Klassengesellschaft wird also durchaus gekämpft. Fakt ist aber auch, dass soziale Konflikte, Arbeitskämpfe und Streiks schon seit langem keine politische „Verdichtung"[102] erfahren. Dieses Problem ist auch ein hausgemachtes. Es hängt eng mit der sogenannten Entproletarisierung sozialdemokratischer und sozialistischer Parteien zusammen. Entproletarisierung ist das Ergebnis einer politischen Neuausrichtung vieler Mitte-Links-Parteien, ihrer Öffnung für neue Wählergruppen und der dadurch bedingten Neuzusammensetzung ihrer Anhänger*innen. So ist der Arbeiteranteil bei den Wahlberechtigten mit SPD-Präferenzen zwischen 2000 und 2016 von 44 auf 17 Prozent gesunken. Zwar ist im gleichen Zeitraum auch der Arbeiteranteil an allen Wähler*innen deutlich gesunken, als Faktum bleibt dennoch, dass die einstige Arbeiterpartei SPD nun in Arbeiterklassenlagen unterdurchschnittlich repräsentiert ist. Sowohl bei Beschäftigten mit einfachen Tätigkeiten (24 Prozent) als auch bei Gewerkschaftsmitgliedern (19 Prozent) liegen die Sozialdemokraten deutlich hinter der AfD (36 Prozent einfache Tätigkeiten, 24 Prozent Gewerkschaftsanteil) und der Linkspartei (23 Prozent einfache Tätigkeiten, 27 Prozent Gewerkschaftsmitglieder).[103] In Österreich zeichnet sich eine regelrechte Wählerwanderung von der Sozialdemokratie zur populistischen Rechten ab. Bei den Parlamentswahlen 2002 hatte die SPÖ noch 44 Prozent der Arbeiter- und 38 Prozent der Angestelltenstimmen erhalten, die FPÖ lag in diesen Gruppen bei zehn und vier Prozent. 2017 hatte sich das Verhältnis umgekehrt. Die SPÖ erzielte 19 Prozent bei

---

101 Dörre, Klaus/Goes, Thomas/Schmalz, Stefan/Thiel, Marcel (2017): Streikrepublik Deutschland? Die Erneuerung der Gewerkschaften in Ost und West. Frankfurt a. Main/New York: Campus.

102 Zum Begriff der Verdichtung: Bretthauer, Lars (2006): Materialität und Verdichtung bei Nicos Poulantzas. In: Bretthauer, Lars/Gallas, Alexander/Kannakulam, John/Stützle, Ingo (Hg.), Poulantzas lesen. Hamburg: VSA, S. 82-100, sowie: Buckel, Sonja: Die juridische Verdichtung von Kräfteverhältnissen. In: Ebd., S. 171-187.

103 Brenke, Karl/Kritikos, Alexander S. (2017): Wählerstruktur im Wandel. In: DIW-Wochenbericht 29, S. 595-606.

den Arbeiter*innen und 26 Prozent bei den Angestellten; die FPÖ kam auf 59 und ebenfalls 26 Prozent.[104]

Die Verluste der Mitte-links-Parteien in der einstigen Stammwählerschaft hängen offenkundig mit der Hinwendung zu einem „dritten Weg" à la Tony Blair und New Labour oder der Agenda-2010-Politik der deutschen Sozialdemokratie zusammen. Sozialdemokratische und sozialistische Formationen hatten die marktgetriebene Globalisierung als eine Art Sachzwang akzeptiert, dem nur mit Anpassung zu begegnen sei. Die Selbstunterwerfung unter die „Macht globaler Märkte" läuft auf produktivistische Blockbildungen hinaus. Neben den Eliten gelten Mittel- und Arbeiterklassenfraktionen als „eigentliche Leistungsträger" der Gesellschaft, denen vermeintlich „unproduktive", „überflüssige" Unterklassen gegenübergestellt werden. Letzteren soll Solidarität und Schutz aufgekündigt werden, um das Sozialschmarotzertum dieser vermeintlichen Lazarusschicht zu beenden. Blockbildungen dieser Art erfolgen mittels staatlicher Grenzziehungspolitiken, die – sei es bewusst, sei es implizit – auf eine kollektive Abwertung der verwundbarsten gesellschaftlichen Gruppen hinauslaufen.

Die deutschen Arbeitsmarktreformen verdanken sich einer solchen Blockbildung. Als ungesehene Nebenfolge bewirkten sie Klassenbildung mittels negativer Klassifikationen. Wer lange im Leistungsbezug der Grundsicherung (Hartz IV) verbleibt, gerät unweigerlich unter die Schwelle gesellschaftlicher Respektabilität. Leistungsbezieher werden zu Halbbürgern mit minderen sozialen Rechten. Das Abdrängen auf einen Fürsorgestatus und die damit verbundene Unterklassenbildung wirken – was die sozialdemokratischen Initiatoren der Reformen bis heute völlig unterschätzen – disziplinierend auch auf jene Lohnabhängigen zurück, die sich noch in halbwegs gesicherter Beschäftigung befinden. Nichts fürchten Arbeiter*innen, einfache Angestellte und deren Familien mehr als einen Abstieg auf Fürsorgeniveau. Auch deshalb betrachten Stammbeschäftigte eine Festanstellung als ein Privileg, das es mit Zähnen und Klauen zu verteidigen gilt. Selbst die Ausübung eines prekären Jobs erscheint abstiegsbedrohten Gruppen allemal besser als ein Absinken unter die Schwelle gesellschaftlicher Respektabilität.

Das Beispiel „Hartz IV" illustriert, wie der Staat, der in entwickelten Kapitalismen direkt oder indirekt 40 bis 60 Prozent des BIP verteilt, mittels Zuweisung oder Beschneidung von Sozialeigentum Einfluss auf die Klassenstrukturierung der Gesellschaft nimmt. Grenzziehungen, die mit der Enteignung von Sozialeigentum verbunden sind, fördern Klassenbildung mittels Stigmatisierung sozialer Großgruppen. Sie konstituieren einen Modus negativer Klassenbildung, der Klassen nur als Kollektive im Wettbewerb, eben als Wettbewerbsklassen kennt. Um der Erfahrung kollektiver Abwertung mit demokratischen Mitteln entgegen zu wirken, genügt es

---

104 Wahlanalysen 2002–2017 auf https://www.sora.at/themen/wahlverhalten/wahlanalysen.html. Zugegriffen: Juni 2020.

daher nicht, gesellschaftlichen Zusammenhalt zu beschwören, wie das im öffentlichen Diskurs der politischen Eliten derzeit geschieht. Entsprechende Versuche verhalten sich alles andere als trennscharf zu jenen Wehklagen über den Verlust vermeintlich harmonischer Gemeinschaften, die durchaus eine emotionale Brücke zwischen dem Alltagsbewusstsein Lohnabhängiger und dem organisierten Rechtspopulismus/-radikalismus bilden können.[105]

4.3 Die vergessene Arbeiterschaft

Neben der politischen Abwertung besitzt Entproletarisierung auch eine kulturelle Dimension – die Abkoppelung der gesellschaftlichen Öffentlichkeiten von den Lebensweisen der Industrie- und Produktionsarbeitern. Der Anteil der Arbeiterschaft an allen abhängig Beschäftigten war lange Zeit rückläufig, ist seit der Jahrtausendwende in Deutschland jedoch relativ stabil. Arbeiter*innen stellen, an ihrer statistischen Häufigkeit gemessen, nur noch eine Minderheit der Lohnabhängigen dar, sind aber noch immer eine bedeutsame soziale Großgruppe. Das trifft auch für andere europäische Länder zu (Schaubild 12).

So unterschiedlich die diversen Untersuchungen zur Arbeiterschaft auch angelegt sein mögen,[106] sie alle stimmen darin überein, dass die Arbeiterschaft als noch immer relevante soziale Großgruppe mit ihren besonderen Arbeitsweisen, Lebensformen, Einstellungen und Problemen in der Öffentlichkeit kaum noch Beachtung findet. Beim hauptamtlichen Personal der politischen Parteien sind Arbeiter*innen kaum noch vertreten, in den Medien kommen sie nicht vor und selbst die Wahlkampfbüros der Parteizentralen schenken ihnen kaum noch Beachtung. Letzteres aus gutem Grund: Arbeiter*innen tendieren in überdurchschnittlichem Ausmaß zu Wahlenthaltungen. Eine Folge gelockerter oder suspendierter Parteibindungen ist, dass sich Teile der Arbeiterschaft auch von jenen moralischen Wertorientierungen entfernen, die das Alltagsleben zumindest der organisierten Arbeiterschaft lange Zeit bestimmt hat.

Arbeitermilieus haben sich, darauf hat Didier Eribon hingewiesen,[107] seit jeher durch eine lose Kombination aus locker-hedonistischen Lebensformen vor allem für Männer und einer offiziellen, rigide-konservativen Moral besonders für Frauen

---

105 Siehe dazu Kapitel IV.
106 Vgl. Schmidt, Jürgen (2015): Arbeiter in der Moderne. Arbeitsbedingungen, Lebenswelten, Organisationen. Frankfurt a. Main/New York: Campus; van der Linden, Marcel (2017): Workers of the World. Eine Globalgeschichte der Arbeit. Frankfurt a. Main/New York: Campus; Vester, Michael (1998): Klassengesellschaft ohne Klassen. Auflösung und Transformation der industriegesellschaftlichen Sozialstruktur. In: Berger, Peter A./Vester, Michael (Hg.), Alte Ungleichheiten. Neue Spaltungen. Opladen: Leske + Budrich.
107 Eribon, Didier (2016): Rückkehr nach Reims. Berlin: Suhrkamp.

SCHAUBILD 12: Klassenzugehörigkeit von Befragten in europäischen Ländern

	Endgültige Oesch-Klassenposition – 5 Klassen					
	Höhere Dienstleis-tungsklasse	Niedrigere Dienstleis-tungklasse	Kleinunter-nehmer*innen	Fach-arbeiter*innen	Ungelernte Arbeiter*innen	Gesamt
Österreich	89 (12,4%)	121 (16,9%)	68 (9,5%)	301 (42,0%)	137 (19,1%)	716 (100%)
Belgien	177 (20,7%)	194 (22,6%)	99 (11,6%)	239 (27,9%)	148 (17,3%)	857 (100%)
Bulgarien	72 (13,2%)	58 (10,6%)	35 (6,4%)	210 (38,4%)	172 (31,4%)	547 (100%)
Schweiz	182 (26,5%)	120 (17,5%)	69 (10,1%)	236 (34,4%)	79 (11,5%)	686 (100%)
Zypern	10 (15,9%)	6 (9,5%)	10 (15,9%)	23 (36,5%)	14 (22,2%)	63 (100%)
Tschechien	135 (16,9%)	110 (13,8%)	81 (10,1%)	344 (43,0%)	130 (16,2%)	800 (100%)
Deutschland	1549 (23,0%)	1537 (22,8%)	598 (8,9%)	2144 (31,8%)	908 (13,5%)	6736 (100%)
Estland	22 (21,0%)	18 (17,1%)	8 (7,6%)	31 (29,5%)	26 (24,8%)	105 (100%)
Finnland	99 (22,1%)	84 (18,8%)	50 (11,2%)	143 (31,9%)	72 (16,1%)	448 (100%)
Frankreich	840 (16,5%)	973 (19,1%)	504 (9,9%)	1633 (32,1%)	1132 (22,3%)	5082 (100%)
England	1192 (22,9%)	911 (17,5%)	792 (15,2%)	1316 (25,3%)	1000 (19,2%)	5211 (100%)
Ungarn	72 (9,9%)	119 (16,4%)	48 (6,6%)	302 (41,7%)	183 (25,3%)	724 (100%)
Irland	73 (20,7%)	58 (16,4%)	47 (13,3%)	111 (31,4%)	64 (18,1%)	353 (100%)
Italien	441 (10,6%)	613 (14,7%)	825 (19,8%)	1260 (30,3%)	1018 (24,5%)	4157 (100%)
Niederlande	322 (23,0%)	274 (19,6%)	176 (12,6%)	378 (27,0%)	249 (17,8%)	1399 (100%)
Norwegen	160 (38,3%)	73 (17,5%)	31 (7,4%)	112 (26,8%)	42 (10,0%)	418 (100%)
Polen	506 (17,7%)	479 (16,8%)	476 (16,7%)	878 (30,7%)	517 (18,1%)	2856 (100%)
Serbien	55 (11,3%)	71 (14,6%)	56 (11,5%)	179 (36,8%)	125 (25,7%)	486 (100%)
Slowenien	22 (14,1%)	34 (21,8%)	18 (11,5%)	51 (32,7%)	31 (19,9%)	156 (100%)
Gesamt	6018 (18,9%)	5853 (18,4%)	3991 (12,6%)	9891 (31,1%)	6047 (19,0%)	31800 (100%)

Das vorliegende Schaubild zeigt das von 16 auf fünf Erwerbsklassen gekürzte Oesch-Modell im europäischen Vergleich für England, Schweiz, Slowenien, Serbien, Polen, Norwegen, Niederlande, Italien, Ungarn, Deutschland, Frankreich, Finnland, Estland, Tschechien, Zypern, Bulgarien, Belgien, Österreich. Die Befragten des ESS lassen sich mehr als 60 Berufsgruppen zuweisen. Auf dieser Basis ordnet Oesch die Befragten seinem 5-Klassenmodell zu. Die Berechnung gilt für 2018. Die dazugehörigen Fragen (abrufbar unter: https://www.europeansocialsurvey.org/data/country.html?c=germany) lauten: (1) Was ist/war die genaue Bezeichnung Ihres Hauptberufes? (2) Welche Tätigkeiten üben/übten Sie überwiegend in Ihrem Hauptberuf aus? (3) Welche Ausbildung oder Qualifikationen sind/waren für Ihren Hauptberuf erforderlich? Quelle: eigene Berechnungen im Anschluss an Oesch auf Basis des ESS_9, Klassenberechnung nach Oesch, Daniel (2007): Zur Analyse der Klassenstruktur von Dienstleistungsgesellschaften: soziale Schichtung in Deutschland und der Schweiz, Widerspruch 52/2007, S. 59–74.

ausgezeichnet. In dieser Alltagskultur war die Abwertung des Anderen, Fremden, Unproduktiven stets angelegt. Sexismus und Rassismus hat es in diesen Milieus immer gegeben, aber die spontane Tendenz zu exklusiver, ausschließender Solidarität wurde durch organisierte Arbeiterbewegungen, Gewerkschaften und politische Parteien, in gewisser Weise domestiziert. In Frankreich bestimmte „die Partei", bis in die 1980er Jahre der PCF, wo in der Arbeiterschaft moralische Grenzen verliefen. Wer zur Klasse, zum politischen Lager und damit zu den angesehenen Arbeiter*innen gehören wollte, musste sich zumindest offiziell den moralischen Codes von Partei, Gewerkschaften und Vorfeldorganisationen fügen. „Die Partei", in Italien der PCI, oder, mit politisch anderen Vorzeichen und ohne militante Klassenideologie die SPÖ in Österreich und in Deutschland die SPD, vermittelten eine Kollektividentität, verliehen dem Leben der einfachen Leute Würde, die Hoffnung auf eine bessere Gesellschaft und damit Lebenssinn. Vor allem der PCI, der seine Massenverankerung dem antifaschistischen Widerstand verdankte, war „sowohl eine selbst gewählte wie vom Gegner aufgezwungene Lebensgemeinschaft". Wer ausgeschlossen wurde oder austrat, „wurde Opfer einer erdrückenden menschlichen Isolierung, die über lange Zeit gegenseitige Animosität nährte".[108]

In den sozialdemokratischen Arbeitermilieus mag dieser Druck weniger ausgeprägt gewesen sein. Doch auch hier setzte man, etwa in Österreich oder im Ruhrgebiet, dem industriellen Herzen Westdeutschlands, die Karriere im Staatsbetrieb oder in der Verwaltung aufs Spiel, wenn man das richtige Parteibuch nicht besaß. All das disziplinierte – auch moralisch. Mit dem Zerfall sozialistischer und (euro)kommunistischer Parteien ist dieses moralische Regulativ, das bis weit hinein in die untersten Klassensegmente und die nicht organisierte Arbeiterschaft ausstrahlte, verschwunden. Lucio Magri hat diesen Zerfallsprozess, die Entlassung der Unter- und Arbeiterklassen in eine Welt ohne moralische Bindung und Klassenidentitäten, in seiner „möglichen Geschichte der KPI" beschrieben. Schon mit dem Verzicht auf das „C" im Namen und damit auf die kommunistische Kollektividentität verlor der PCI in kurzer Zeit 400.000 Mitglieder.[109] Die faktische Selbstauflösung der Partei und ihre Verwandlung in eine sozialliberale Formation vom Typus der amerikanischen Demokraten hat zugleich jene Gemeinschaft beseitigt, die dem Leben der Beherrschten Sinn verlieh und klassenspezifische Distinktionsmechanismen zumindest domestizierte.

Der PCI ist jedoch nur ein besonders tragisches Beispiel für solche kulturellen Auflösungsprozesse, wie sie beschleunigt nach 1989 überall in Europa und auch in anderen Teilen der Welt stattgefunden haben. Diese Erosionsprozesse ändern jedoch nichts daran, dass sich Arbeiter*innen bei Einkommen, Bildung, beruflicher Situation, sozialen Risiken, Verkehrskreisen, Lebensstilen und politischen Orientie-

---

108 Magri, Lucio (2015): Der Schneider von Ulm. Berlin: Argument, S. 24.
109 Ebd., S. 397.

rungen noch immer deutlich von den Mittelklassen unterscheiden. Ihre sozialstrukturelle und soziokulturelle Relevanz und Besonderheit steht in einem deutlichen Missverhältnis zur öffentlichen Missachtung und politischen Marginalisierung, die diese soziale Großgruppe erfährt. Doch für die vergessene Arbeiterschaft gilt, was Eribon so eindrucksvoll beschrieben hat. Klassenverhältnisse wirken auch dann, wenn es Bewegungen und politischen Organisationen nicht gelingt, Erfahrungen so zu bündeln, dass sie in kollektives Engagement zur Verbesserung der gemeinsamen Lebenssituation münden. Sofern man „'Klassen' und Klassenverhältnisse einfach aus den Kategorien des Denkens und Begreifens und damit aus dem politischen Diskurs entfernt, verhindert man [...] noch lange nicht, dass sich all jene kollektiv im Stich gelassen fühlen, die mit den Verhältnissen hinter diesen Wörtern objektiv zu tun haben".[110] Werden politische Überzeugungen geschwächt oder destruiert, deren Verankerung im Alltagsbewusstsein dazu beigetragen hat, vertikale Ungleichheiten in solidarisches Handeln zu übersetzen, wirken Klassenverhältnisse auf andere Weise. Dann macht sich ein Kausalmechanismus bemerkbar, der das Sozialverhalten vorzugsweise über das Klassenunbewusste steuert – über Distinktion, Abgrenzung und Selbstüberhöhung mittels Abwertung anderer.

4.4 Interregnum und rechter transformismo

Fassen wir zusammen: Die unbewältigten Repulsionen der neoliberalen Globalisierung, der Legitimationsverlust von globalisierungsaffinen Fraktionen der herrschenden Klassen, die Konkurrenz durch aufsteigende oder Außenseiterfraktionen kapitalistischer Eliten und die Herausbildung demobilisierter Klassengesellschaften haben – in Deutschland wie in vielen anderen europäischen Staaten – zu einem politischen Interregnum geführt, das den Aufstieg eines radikalen, interklassistisch zusammengesetzten Rechtsblocks begünstigt. Trotz der längsten Prosperitätsphase seit dem Golden Age haben sich die frühindustrialisierten Länder zu Postwachstumskapitalismen entwickelt, in denen der erzeugte Wohlstand – angeblich – nicht mehr für alle und alles reicht. Innerhalb des politischen Systems findet die soziale Polarisierung keine angemessene Repräsentation. Zwar gibt es in der Bundesrepublik eine Fülle an Auseinandersetzungen und Streiks, ja man kann geradezu von einer „neuen Konfliktformation" sprechen. Es fehlt aber ein öffentlicher Resonanzraum, der es ermöglichen würde, den angehäuften Problemrohstoff mittels demokratischer Klassenpolitik von unten produktiv zu verarbeiten.

Jürgen Habermas hat das Fehlen demokratischen Streits um grundlegende Weichenstellungen für die gesellschaftliche Zukunft als Ursache für den Aufstieg der radikalen Rechten treffend benannt:

---

110 Eribon, Didier (2016): Rückkehr nach Reims. Berlin: Suhrkamp, S. 122.

„Im Schrumpfen der sozialdemokratischen Parteien verkörpert sich [...] der ganze Jammer einer politischen Klasse, die sich von der tatsächlich gewachsenen gesellschaftlichen Komplexität einschüchtern lässt; sie gibt ihren kleinteiligen Opportunismus der Machterhaltung als Pragmatismus aus, beschränkt sich auf das Klein-Klein der additiven Befriedigung von Gruppeninteressen und verzichtet auf eine Gestaltungsperspektive, die die wachsende Konkurrenz der Einzelinteressen einer immer weiter ausdifferenzierten Gesellschaft übergreift. Zulauf haben im Augenblick die beiden Parteien, die den globalen Kampf gegen den Klimawandel beziehungsweise die regressive Beschwörung der nationalen Identität als ein alles andere überragendes politisches Ziel propagieren."[111]

Bei Habermas klingt implizit bereits an, weshalb der Komplexitäts- und Entfremdungsdiagnose eine klassenanalytische Einsicht hinzugefügt werden muss. Der Zerfall positiv besetzter Klassenidentitäten besonders in der Arbeiterschaft und die Ablösung von entsprechenden moralischen Bindungen haben den Weg für einen rechten Populismus/Radikalismus frei gemacht, der das klassenpolitische Vakuum mit völkischen Ideologemen auszufüllen in der Lage ist. Das spontane Wissen der Beherrschten „hat keine stabile Bedeutung oder politische Bindung".[112] Deshalb wirken klassenspezifische Ungleichheiten aus sich heraus in keine bestimmte politische Richtung. Die Produktionsmodi politischer Meinungen – Klassenethos, explizite politische Prinzipien sowie Urteile zweiten Grades[113] – funktionieren grundsätzlich relativ unabhängig von sozialen Lagen. Sie erzeugen Gesellschaftsbilder, Weltsichten oder Alltagsphilosophien, die zwischen der „kleinen Welt" des eigenen Erfahrungshorizonts in Betrieb, Familie und Freundeskreis sowie der „großen Welt" politischer Konflikte und historischer Ereignisse vermitteln.[114] Lebensgeschichtlich angeeignete Weltsichten schließen einfache Erklärungen nach dem Muster „je größer der Problemdruck, desto wahrscheinlicher die Aufgeschlossenheit für rechtspopulistische Orientierungen" aus. Es sind je besondere, empirisch aufzuklärende Umstände, die dazu führen, dass sich das Aufbegehren gegen soziale Unsicherheit und Ungleichheit bei Teilen der Lohnabhängigen mit völkisch-nationalistischen Weltsichten verbindet.

---

111 Habermas, Jürgen (2020): Moralischer Universalimus in Zeiten politischer Regression. In: Leviathan 48(1)/2020, S. 7-28, S. 9.
112 Eribon, Didier (2016): Rückkehr nach Reims. Berlin: Suhrkamp, S. 142.
113 Bourdieu, Pierre (1988): Die feinen Unterschiede. Kritik der gesellschaftlichen Urteilskraft. 2. Aufl. Frankfurt a. Main: Suhrkamp, S. 655-659.
114 Popitz, Heinrich/Bahrdt, Hans Paul/Jüres, Ernst August/Kesting, Hanno (1957): Das Gesellschaftsbild des Arbeiters. Soziologische Untersuchungen in der Hüttenindustrie. Tübingen: Mohr, S. 163ff.

5. Alltagsbewusstsein und rechte Tiefengeschichte

Wie sehen die Gesellschaftsbilder aus, die selbst gewerkschaftlich aktive Arbeiter*innen dazu bringen, ihre Interessen an Parteien der radikalen Rechten zu delegieren? Wir sind dieser Frage im Rahmen einer qualitativen Erhebung nachgegangen, die inhaltlich und methodisch an eine frühere Untersuchung zu Prekarität und Rechtspopulismus anschließt.[115] Empirische Basis der aktuellen Studie zum „Gesellschaftsbild des Prekariats" sind themenzentrierte Interviews (n = 98),[116] die 2017–2019 in ost- und westdeutschen Industrie- und Dienstleistungsbetrieben[117] stattgefunden haben. Befragt wurden Erwerbslose, Beschäftigte in der Metall- und Elektroindustrie, im Versandhandel, bei der Post, in der Logistik und in Sozialdienstleistungen.

Ein Großteil der Interviews beinhaltet eine Tiefengeschichte, die sich für die befragten Arbeiter*innen anfühlt, als sei sie die eigentliche Wahrheit.[118] Gleich ob links oder rechts, wähnen sich befragte Lohnabhängige in einer Schlange, die am Fuße eines Bergs der Gerechtigkeit auf Fortschritte beim Aufstieg wartet. Mit Globalisierung, deutscher Vereinigung und Massenarbeitslosigkeit hat diese Tiefengeschichte beständig neuen Problemrohstoff zugeführt bekommen, der allen, die sich in der Warteschlange anstellen müssen, immer neue Opfer abverlangt. Das gilt insbesondere für Lohnabhängige in den neuen Ländern, die den Zusammenbruch der DDR-Wirtschaft und einen radikalen Strukturwandel miterlebten, um geduldig darauf zu warten, dass sich die versprochene Angleichung an das Westniveau einstellt. Europäische Finanz- und sogenannte Flüchtlingskrise haben ihrer deep story jeweils neue Wendungen verliehen. Über Jahrzehnte daran gewöhnt, dass es angeblich nicht mehr für alle und alles reicht, war im Zuge des Krisenmanagements scheinbar Geld im Überfluss vorhanden – zunächst zur Rettung maroder Banken und kriselnder Staatsfinanzen an der südeuropäischen Peripherie, sodann für mehr als eine Million Geflüchteter, die 2015 deutsches Staatsgebiet erreichten. Seither ist das Schlangestehen aus der Sicht vieler Befragter sinnlos geworden. Das auch, weil

---

115 Siehe die Kapitel II und IV in diesem Buch.

116 Die unterschiedlichen Fallzahlen (siehe „Arbeiterbewegung von rechts?") erklären sich daraus, dass die Untersuchung nach der Veröffentlichung von Zwischenergebnissen weitergeführt wurde.

117 Zur Methodenauswahl ausführlich: Dörre, Klaus/Bose, Sophie/Lütten, John/Köster, Jakob (2018): Arbeiterbewegung von rechts? Motive und Grenzen einer imaginären Revolte. In: Berliner Journal für Soziologie 28(1-2)/2018, S. 55-90. https://link.springer.com/article/10.1007%2Fs11609-018-0352-z. Zugegriffen: Mai 2018.

118 Hochschild, Arlie (2018): Warum Trump? Fremd in ihrem Land: Interview mit Arlie Russell Hochschild. In: Becker, Karina/Dörre, Klaus/Reif-Spirek, Peter (Hg.), Arbeiterbewegung von rechts? Ungleichheit – Verteilungskämpfe – populistische Revolte. Frankfurt a. Main/New York: Campus, S. 25-33, S. 27.

sich die wirtschaftliche Gesamtlage deutlich verbessert hat. Zahlreiche Unternehmen haben im Jahrzehnt nach der globalen Finanzkrise gut verdient, die Arbeitslosigkeit ist offiziell unter die Sechs-, teilweise unter die Fünf-Prozent-Marke gesunken und die Zahl der Erwerbstätigen erreicht 2019 ein Rekordniveau. Das hat nicht zuletzt bei den jüngeren Lohnabhängigen gerade auch im Osten der Republik ein Ende der Bescheidenheit ausgelöst. Vom wirtschaftlichen Boom kommt bei vielen, die so lange gewartet haben, jedoch wenig an. Das schlägt sich in den subjektiven Weltsichten nieder.

5.1 Die soziale Frage als Innen-Außen-Konflikt

Die allgemeine Unzufriedenheit mit ungerechten Verteilungsverhältnissen macht sich in einer typischen Denkform[119] bemerkbar, die sich unschwer als verzerrte Klassenproblematik deuten lässt. Für diese Denkform sind dichotomisches Bewusstsein, ein nationalistischer Kausalmechanismus und die Umdefinition der Sicherheitsproblematik konstitutiv. Die erste Denkform reflektiert eine Statusproblematik. Arbeiter*in zu sein, bedeutet in der Selbstwahrnehmung von Befragten, in einer prosperierenden Gesellschaft festzustecken. Man erlebt den Rückgang der Arbeitslosigkeit und glaubt dennoch nicht daran, dass sich das eigene Leben grundlegend bessern wird. Stattdessen findet sich auch und gerade bei jüngeren Beschäftigten ein Gesellschaftsbild, das strikt zwischen oben und unten unterscheidet. Arbeiter*in zu sein bedeutet, mit einem festen Job und einem halbwegs guten Einkommen alles erreicht zu haben, was man erreichen kann. Mehr geht nicht. Arbeiter*in zu sein ist aber kein Status, auf den man stolz sein könnte, denn wer kann, „studiert oder geht ins Büro" (Arbeiterin, politisch links stehend). Obwohl abgewertet und ungerecht behandelt, ist man aber nicht „ganz unten". Man hat etwas zu verlieren und kennt andere, etwa Leiharbeiter oder Langzeitarbeitslose, denen es deutlich schlechter geht.

Das dichotomische Grundbewusstsein, auf das wir unabhängig von der politischen Orientierung bei vielen Befragten treffen, zeugt von einem klassenspezifischen Verteilungskonflikt. Als sozialer Mechanismus, der die ungerechte Verteilung erklären soll, gilt rechtsaffinen Arbeiter*innen aber nicht Ausbeutung, sondern die vermeintliche Benachteiligung deutscher Staatsangehöriger. Das Deutschsein enthält einen Anspruch auf Gleichwertigkeit, auf einen angemessenen Lohn und ein gutes Leben. Dieser Anspruch wird zu einem exklusiven Begehren, wenn er soziale Standards nur für deutsche Staatsbürger einklagt. Befragte, die so argumentieren, bezeichnen sich keineswegs als arm oder prekär. Sie wollen „normal" sein und unternehmen viel, um

---

119 Als Denkform bezeichne ich typische, gesellschaftlich vor- und mitproduzierte Schemata, die eine fallübergreifende Relevanz besitzen. Zum empirischen Material siehe auch Kapitel III.

Normalität zu demonstrieren. Ihre Selbstverortung in der sozialen Mitte entspricht diesem Bemühen. Trotz Schlangestehen am Berg der Gerechtigkeit ist „Normalität" für sie aber nur schwer zu erreichen. In dem Maße, wie die Hoffnung schwindet, in den Verteilungskämpfen zwischen Kapital und Arbeit erfolgreich zu sein, tendieren rechtsaffine Arbeiter*innen deshalb dazu, diese Konflikte in Auseinandersetzung zwischen innen und außen umzudeuten. Leistungsbereite Inländer sollen vor kulturell nicht integrierbaren Eindringlingen geschützt werden, die sich ohne Anspruchsberechtigung am nationalen Volksvermögen bereichern wollen. Gewerkschaftliches Engagement für mehr Verteilungsgerechtigkeit und Plädoyers für Flüchtlingsabwehr werden subjektiv als unterschiedliche Achsen ein und desselben Verteilungskonflikts begriffen (oben versus unten, innen versus außen). In ihren Begründungen für eine „Politik mit den Grenzen" neigen selbst aktive Gewerkschafter*innen zu einer Radikalität, die in ihrer Schärfe und latenten Gewaltbereitschaft überrascht.

Flüchtlinge und Migranten, die sich nicht anpassen, gelten Befragten mit rechtspopulistischer Orientierung als Teil einer „gefährlichen Klasse", von der sich „normale" Bürger abgrenzen müssen. Abgrenzungen funktionieren offenbar dort besonders gut, wo der migrantische Anteil an der Bevölkerung gering ist. Verbreitete Sorgen um soziale Sicherheit, die durchaus auf real Erlebtem beruhen können, schlagen in ein Bedürfnis nach Schutz vor den Bedrohungen durch „unzivilisierte Eindringlinge" um. Diese Elemente des Alltagsbewusstseins radikal rechter Lohnabhängiger verweisen auf einen sozialen Mechanismus, der Klassenbildung mittels Abwertung und Ausschluss anderer ermöglicht. Während man selbst lange Zeit vergeblich angestanden hat, wird anpassungsunwilligen, ja gefährlichen Flüchtlingen anscheinend „alles" gegeben (Techniker, freigestellter Betriebsrat). Nun dürften sich, so die Wahrnehmung, Menschen in der Reihe der Anspruchsberechtigten vordrängeln, die selbst keinen Beitrag zum „Volksvermögen" geleistet haben. Nicht nur im Osten, auch in Niederbayern und dem Ruhrgebiet empfinden Lohnabhängige das als zusätzliche Abwertung der eignen sozialen Position. In wohlhabenden Regionen wie dem Ingolstädter Speckgürtel, wo es als besonderer Makel gilt, im Prosperitätszug nicht mitfahren zu können, stößt man auf ein ähnliches Lebensgefühl.

Entsprechende Dispositionen finden sich keineswegs nur bei Beschäftigten mit vergleichsweise niedrigen Einkommen. Das Empfinden sozialer Abwertung bezieht sich auf den gesamten Lebenszusammenhang – die strukturschwache Region; den Stadtteil, in den man nicht geht; hohe Mieten in der Stadt; bröckelnde soziale Infrastruktur und Mobilitätsbarrieren auf dem Lande. Deshalb ist die Wahrnehmung sozialer Abwertung auch unter hoch qualifizierten Angestellten verbreitet, die überdurchschnittlich gut verdienen. Persönlich kennt auch ein Ingenieur aus den neuen Ländern, der über ein hohes Gehalt verfügt, „Leute, die im gleichen Beruf deutlich weniger kriegen oder vielleicht sogar noch mehr, je nachdem, wo man eben ist" (Ingenieur). Weniger Geld für die gleiche Leistung, nur weil man im falschen

Bundesland lebt – das ist eine verbreitete Quelle für soziale Unzufriedenheit, deren Wirkung weit über die Arbeiterschaft hinausreicht.

Entsprechende Erfahrungen verbinden gut situierte Befragte mit Geringverdienern und Erwerbslosen. Und sie wiegen subjektiv umso schwerer, als der Abwertungsmodus nicht nur über den sozialen Status, sondern auch territorial wirkt. Wer immer wieder zum Objekt negativer Klassifikation wird, neigt zu Unduldsamkeit gegenüber jenen, die in der sozialen Hierarchie noch weiter unten stehen. Selbstaufwertung mittels Abwertung anderer ist nicht die einzig mögliche, aber immerhin eine subjektiv naheliegende Reaktion.[120] Deutet all das auf fehlgeleiteten Sozialprotest blockierter Klassenbewegungen hin, so lassen sich im Alltagsbewusstsein der Befragten aber auch Denkformen entdecken, die dem Polanyi'schen Bewegungstyp unmittelbar entsprechen, weil sie auf eine Ökonomisierungs- und Entfremdungsproblematik verweisen.

5.2 Sehnsucht nach der intakten Gemeinschaft

Besonders radikal rechte Befragte betrachten sich als Opfer doppelter Bewertungsstandards. Diejenigen, so die Wahrnehmung, die beständig Toleranz mit Minderheiten, Homosexuellen, Migranten, Flüchtlingen usw. fordern, finden nichts dabei, wenn die Herabsetzung z.B. Osteuropäer oder ostdeutsche Landsleute trifft. Selbst Objekte kollektiver Abwertung, haben die Befragten wenig Verständnis für die in ihren Augen übermäßige Toleranz gegenüber Muslimen und anderen angeblich „anpassungsunwilligen" Fremden:

> „Über Polen kann man mal einen Witz machen oder über Polen wird gewitzelt, dass die angeblich Autos klauen oder dass die gerne mal was einstecken oder Ossi-Wessi-Witze, da wird gestichelt und sowas. Aber [...] sagt mal was Negatives oder macht mal einen blöden Witz über Muslime oder speziell diese Religion, dann heißt es, ach nee, das sollte man lieber sich verkneifen. Das gehört sich nicht und [...] dass auch dieses Temperament in dieser Religion so ist, dass die auch alles sofort so ernst nehmen und man sich nicht negativ äußern darf und sofort [...] ja wutartig wird man beschimpft als Nazi und solche Sachen. Also diese Religion ist intolerant, finde ich." (Gewerkschafter, Protestwähler AfD)

Die Klage über „anpassungsunwillige" Migranten verbindet sich in der Wahrnehmung mit dem Verlust intakter Gemeinschaften. Für die Weltsichten radikal rechter Lohnabhängiger ist diese Denkform zentral. Das binäre Schema ihrer Weltbilder kennt nur Volk und System, Gesellschaft kommt darin gar nicht vor. System fungiert wahlweise als Sammelbezeichnung für die Finanzwirtschaft, die Europäische Union, für „faule Griechen", den Euro, unfähige Eliten oder das Kapital, aber auch für „abgehobene Gewerkschaftsbonzen" (Gewerkschaftssekretär). Auf seltsame Weise

---

120 Rommelspacher, Birgit (1995): Dominanzkultur. Texte zu Fremdheit und Macht. Berlin: Orlanda.

entspricht die Ansammlung negativer Mächte scheinbar der menschlichen Neigung, egoistisch nach Geld und Macht zu streben. Gut wäre es aus Sicht rechtaffiner Befragter, wenn den Egoismen Grenzen gesetzt würden. Gelänge dies, könnte sich der Volkswille optimal entfalten.

Nation, verstanden als kulturell homogene Gemeinschaft, dient in radikal rechten Weltbildern als Gegenbegriff zu einem zerstörerischen System, das Konkurrenz und Ellenbogenmentalität an die Stelle intakter Gemeinschaften rückt. Migranten und Geflüchtete, so die Behauptung, belasten die nationale Gemeinschaft zusätzlich. Man muss gar nicht auf die Abwertung anderer zielen, um die anwachsenden Migrationsbewegungen als Ursache für weiteren Kontrollverlust zu identifizieren: „Ich bin bekennender AfD-Wähler [...] ich sage, jeder, der halbwegs intelligent ist, der einen Bildungsgrad hat und einmal in Afrika war, ja, der weiß, was dort für ein Potential [existiert, KD], ein berechtigtes Potential, in dem Migrationsdruck herrscht. Und wer vor diesem Hintergrund sagt 'Wir schaffen das, Bleiberecht für alle', der ist entweder völlig umnachtet irgendwo oder er lügt sich selbst in die Tasche", begründet ein hochqualifizierter Angestellter seine Sympathie für die AfD (Ingenieur, Optoelektronik). Für ihn wie auch für andere rechtsaffine Befragte sind die Fluchtmigranten ein Synonym für Kontrollverlust, den es rückgängig zu machen gilt. Ungefragt sieht man sich einer Zuwanderung ausgesetzt, die als nicht beherrschbar erscheint. Deshalb möchte man das eigene, subjektiv durchaus für gut befundene Leben vor zusätzlichem Kontrollverlust schützen und lehnt deshalb „Masseneinwanderung" ab.

Da sie sich mit ihrer Haltung in der Mehrheit wähnen, positionieren sich rechtsaffine Befragte als Anwälte direkter Demokratie. Eine Demokratie nach Schweizer Vorbild können sich radikal rechte Befragte gut vorstellen. Allerdings reduzieren sie demokratisches Regieren auf das Mehrheitsprinzip. Das Volk soll unmittelbar herrschen und dem Volkswillen auf direktem Weg zum Durchbruch verhelfen. Volk ist in diesem Denken identisch mit gesundem Menschenverstand. Kann sich das populare Vernunftprinzip unverfälscht äußern, steht für die Befragten fest, dass sich die „richtigen" Auffassungen schon durchsetzen werden. Nur ein kulturell einheitliches Volk ist in der Wahrnehmung der Befragten wirklich stark und kann autonom über seine Geschicke entscheiden. Dieses – eingeschränkte – Demokratieverständnis ist rebellisch und konformistisch zugleich. Es attackiert die nationalen Eliten nur, um von eben diesen Eliten eine autoritative Führung einzufordern, die den wahrgenommenen Kontrollverlust über das eigene Leben sofort und möglichst für immer rückgängig zu machen hat.

Alles in allem steht die zweite Denkschablone eher für Entfremdungserfahrungen und kulturelle Motive als für einen verdrängten Klassenkonflikt. Ungleiche Bewertungsmaßstäbe werden mit einer Zerstörung von Gemeinschaftlichkeit in Verbindung gebracht, deren realer Kern in der zunehmenden Ökonomisierung von Lebensbereichen wurzelt, die eigentlich anderen Rationalitätsprinzipien gehorchen.

Diese Erfahrung wird über die Beschwörung vergangener Gemeinschaftlichkeit in Migrationskritik überführt und zur Konstruktion eines kulturellen Antagonismus („nicht integrierbare Kulturkreise") genutzt, der mit Hilfe direkter Demokratie im Sinne des Volkes bearbeitet werden soll.

5.3 Die Doppelstruktur des Alltagsbewusstseins

Entscheidend ist jedoch, dass sowohl verteilungsorientierte als auch das gemeinschaftszentrierte Denkschemata im Alltagsbewusstsein befragter Arbeiter*innen und Angestellter in unterschiedlichen Gewichtungen tief verankert sind. Deshalb macht es analytisch keinen Sinn, kulturelle gegen sozioökonomische Erklärungen des Rechtspopulismus/-radikalismus ausspielen zu wollen. Im Alltagsbewusstsein befragter Arbeiter*innen und Angestellter finden sich stets beide Dimensionen; subjektive Relevanzen von Verteilungs- und Anerkennungskonflikten bilden gewissermaßen eine kognitive Doppelstruktur. Nur deshalb kann die organisierte neue Rechte mit ihrem Bemühen, die soziale Frage als kulturellen Antagonismus zu reformulieren, überhaupt erfolgreich sein. Die ideologische Leistung der rechten Vordenker besteht ja gerade darin, sozioökonomische Disparitäten in eine Semantik ethnischer, kultureller oder nationaler Spaltungen zu übersetzen. Charakteristisch für die skizzierten Denkformen ist denn auch, dass ihr Gegnerbezug relativ diffus bleibt. Er wird überwiegend ins Politische verschoben und an Personen adressiert („Merkel muss weg!"). Positive Forderungen richten sich bevorzugt an Staat und Regierung. Wer als Protestwähler für die AfD votiert, betont zudem, dass es vor allem darum geht, die „großen Parteien" aufzuwecken, damit sie sich der Anliegen „normaler" Bürger und ihrer Familien annehmen. Dieses Einklagen von staatlichem Schutz vor Ungleichheit, Ungerechtigkeit und Gemeinschaftsverlust legt nahe, von Bewegungen Polanyi'schen Typs zu sprechen.

Kontrollverlust[121] ist eine treffende Bezeichnung, die sozioökonomische, kulturelle und politische Motive der rechtspopulistischen Revolte in geeigneter Weise zusammenfasst. Für die hier rekonstruierten Denkschemata trifft zu, dass sie sich in ein bipolares Weltbild einfügen lassen, das „System" und „Volk" ausschließlich als Ganze kennt. System und Establishment stehen für „oben", Volk für nationale Gemeinschaft und „unten". Eine solchermaßen justierte Oben-Unten-Semantik bringt Klassenhierarchien zum Verschwinden. Oben sind die liberalen, „kosmopolitischen" Eliten, die vom Broker an der Börse über den Vorstandsvorsitzenden eines Automobilkonzerns bis hin zu Gewerkschaftsfunktionären, freigestellten Betriebsräten und linken Politikern reichen. Unten steht für ein bodenständiges „Volk", dessen Wollen zufälligerweise mit

---

[121] Diese Kategorie ist zentral in: Heitmeyer, Wilhelm (2018b): Autoritäre Versuchung. Signaturen der Bedrohung. Berlin: Suhrkamp.

dem der Rechtspopulisten und Rechtsradikalen zusammenfällt. Die Ähnlichkeiten dieses Weltbilds mit dem simplen Modell kultureller Metaklassen[122] ist frappierend.

Wer dem „Klassenkampf von rechts"[123] etwas entgegensetzen will, benötigt daher ein analytisches Instrumentarium, das es erlaubt, die soziale Frage nicht auf einen bloßen Kulturkampf zu reduzieren. Rechtspopulistische Alltagsphilosophien korrespondieren mit Ungerechtigkeitserfahrungen, sie sind jedoch – zumindest in den Betrieben und unter festangestellten Arbeiter*innen – kein Ausdruck von Verelendung, immer weiter fortschreitender Prekarisierung oder extremer Armut. Es muss eben nicht alles immer schlechter werden, um die Wahrnehmung einer ungerechten Gesellschaft hervorzubringen. Gerade der Rückgang der Arbeitslosigkeit kann dazu führen, dass diejenigen, die hinter der medial vermittelten Welt des Jobwunderlandes Deutschland zurückbleiben, nun beginnen, ihre Ansprüche an gute Arbeit und ein gutes Leben selbstbewusster, teilweise aber auch mit Verbitterung vorzutragen. Der Abstand zu einer fiktiven, einer inszenierten gesellschaftlichen Realität, erzeugt Frustration und provoziert zum Aufbegehren. Nicht allein die Angst vor Statusverlust, sondern die Unzufriedenheit damit, dass man einen Status, den man selbst als angemessen betrachtet und der der eigenen Leistung entspricht, nicht erreichen kann, ist Quelle von Verdruss. Man empfindet sich als unverschuldet anormal, als abgewertet und genau das bereitet einer radikalen Rechten das Terrain.

6. Populäre Klassenpolitik versus imaginäre Revolte von rechts

Was bedeutet diese Feststellung für die Auseinandersetzung mit dem oppositionellen Rechtsblock? Müssen wir damit rechnen, dass sich das Interregnum, das bonapartistischen Demokratien zugrunde liegt, zugunsten autoritärer Kontrollvarianten auflöst? Oder sind progressive Übergänge von bonapartistischen zu transformativen Demokratien möglich? Nachfolgend beschränke ich mich auf drei Überlegungen. Das sind populäre Klassenpolitik als „Gegengift" zum Aufstieg der radikalen Rechten, die Beharrungskraft konservierender Klassenpolitik in sozialökologischen Transformationskonflikten sowie die Perspektive einer emanzipatorischen Nachhaltigkeitsrevolution.

6.1 Populäre Klassenpolitik statt Rechtspopulismus/-radikalismus

Zunächst müssen wir uns eingestehen: In Deutschland gibt es, wie wohl in vielen europäischen und nicht-europäischen Staaten auch, eine ernst zu nehmende national-

---

122 Goodhart, David (2017): The Road to Somewhere. The New Tribes Shaping British Politics. London: C. Hurst & Co, S. 27-47.
123 Mrozek, Bodo (2019): Klassenkampf von rechts. In: Merkur Heft 843/2019.

soziale Gefahr. Der „Saatboden für einen neuen Faschismus"[124] existiert tatsächlich. Er entsteht, weil die völkische Rechte soziale Verwerfungen erfolgreich als Mobilisierungsressource zu nutzen vermag. Das deutet auf eine Verfestigung und Radikalisierung rechter Orientierungen hin. Neben der Gewaltaffinität muss von einer national-sozialen Gefahr auch deshalb gesprochen werden, weil damit die grundsätzliche Offenheit des Rechtsblocks für NS-Ideologeme kenntlich gemacht werden kann. Vorstellungen vom Volk als nationaler Gemeinschaft sind der ideologische Kitt, der radikal rechte Weltbilder zusammenhält. Die Radikalisierungstendenzen unter rechten Lohnabhängigen deuten darauf hin, dass Arbeit am Begriff notwendig ist. Unser empirisches Material legt es tatsächlich nahe, statt von Rechtspopulismus von Ansätzen zu einem neuen Faschismus zu sprechen, den gemäßigte Demokrat*innen wie Madeleine Albright längst für eine reale Bedrohung halten.[125] Ohne die Gefahr einer Verfestigung rechtsradikaler Orientierungen in irgendeiner Weise zu relativieren, ist dennoch festzustellen, dass das betriebliche und gewerkschaftliche Engagement radikal rechter Arbeiter*innen – auch – von legitimen sozialen Protestmotiven getrieben wird. Freilich fehlt es den Befragten an einem Wissen über Kausalmechanismen, das die Unzufriedenheit mit ungerechten Verteilungsverhältnissen gegen die aneignenden Klassen, vor allem aber auf strukturelle Ausbeutungs- oder Entfremdungsmechanismen richten könnte. Deshalb bleibt das Ungerechtigkeitsempfinden diffus. Sein rationaler Kern besteht in der Wahrnehmung, am gesellschaftlichen Wohlstand nicht angemessen beteiligt zu sein – materiell wie kulturell. Den darin angelegten Sozialprotest stark zu relativieren oder generell in Frage zu stellen,[126] liefe deshalb darauf hinaus, empirische Fakten zu ignorieren.

---

124 Habermas, Jürgen (2016): Für eine demokratische Polarisierung. In: Blätter für deutsche und internationale Politik 61(11)/2016. https://www.blaetter.de/archiv/jahrgaenge/2016/november/fuer-eine-demokratische-polarisierung. Zugegriffen: Dezember 2017.

125 Zu warnen sei vor einer ernst zu nehmenden faschistischen Gefahr. Einen Grund verkörpere der US-Präsident Donald Trump, der – selbst kein Faschist, aber doch ein Anti-Demokrat – durch sein Wirken erheblich dazu beitrage, dass eine solche Gefahr im Zentrum der westlichen Welt neu entstehe. Der neue Faschismus sei weniger Ideologie, als „Mittel zur Erringung von Macht und deren Erhalt", vor allem jedoch werde er von Ängsten hervorgetrieben: „Die Angst ist der Grund, warum der Faschismus emotional alle gesellschaftlichen Ebenen durchdringen kann. Eine politische Bewegung kann nicht ohne Unterstützung aus der Bevölkerung heranwachsen, aber der Faschismus ist von den Reichen und Mächtigen ebenso abhängig, wie von dem Mann und der Frau auf der Straße von jenen, die viel zu verlieren haben, und jenen, die überhaupt nichts haben." Albright, Madeleine (2018): Faschismus. Eine Warnung, Köln: Dumont, S. 18.

126 van Dyk, Silke/Dowling, Emma/Graefe, Stefanie (2017). Rückkehr des Hauptwiderspruchs? Anmerkungen zur aktuellen Debatte um den Erfolg der Neuen Rechten und das Versagen der „Identitätspolitik". In: PROKLA – Zeitschrift für Kritische Sozialwissenschaft 47/2017, S. 411-420.

Der oft gehörte Einwand, beim Gros der AfD-Wählerschaft handele es sich nicht um Arbeiter*innen, weshalb Gerechtigkeitsmotive nachgeordnet zu behandeln seien, führt ebenfalls nicht weiter. Einkommensungleichheit gehört auch für gutverdienende Lohnabhängige zu den wichtigsten Einschränkungen selbstbestimmter Lebensführung.[127] Man opfert „Basisgüter wie Muße", um diese Einschränkung individuell zu überwinden.[128] Da die Gewerkschaften nur begrenzt durchsetzungsfähig sind und die politische Linke bei vielen unserer Befragten als ernst zu nehmende Alternative nicht oder nicht mehr in Betracht kommt, kann die radikale Rechte sich als Adressatin verletzten Gerechtigkeitsempfindens empfehlen. Eine Stimme für die AfD gilt subjektiv als härtest möglicher Schlag gegen ein selbstzufriedenes Establishment, zu dem man teilweise auch die Gewerkschaftsspitzen rechnet. Die Attraktivität der imaginären Revolte von rechts beruht wesentlich auf ihrer symbolischen Kraft. Alltagsweltlich etabliert der „rechte Klassenkampf" Kausalmechanismen, die das eigene Wohlergehen mit der Abwertung anderer verknüpfen. Solche Mechanismen lassen sich individuell leicht handhaben. Anders als solidarisches Klassenhandeln benötigen sie keine gemeinsame Aktion der Subalternen. In Akten der Selbstüberhöhung können sie subjektiv entlasten und ihre Betätigung erscheint, sofern damit erfolgreich ins politische System hineingewirkt wird, durchaus als Akt rationaler Interessendurchsetzung.[129]

Statt rechten Arbeiter*innen Gerechtigkeits- und Demokratisierungsmotive pauschal abzusprechen, ist es wissenschaftlich wie politisch sinnvoll, dem rationalen Kern populistischer Anschauungen größere Aufmerksamkeit zu widmen. Eine kritische Soziologie/Sozialwissenschaft, die an der Überwindung gesellschaftlicher Klassenvergessenheit zu arbeiten beabsichtigt, findet hier eine Aufgabe. Sie hätte, ebenso wie die politische Linke, Klassen- und Ausbeutungsverhältnisse wieder öffentlich zu thematisieren. Von einer intakten Öffentlichkeit, die dergleichen leisten könnte, sind wir gegenwärtig aber meilenweit entfernt. Anders als während der 1980er Jahre lösen selbst Streiks für Arbeitszeitverkürzung mit 1,5 Mio. Beteiligten, die den Einstieg in eine verkürzte Vollzeit von 28 Stunden und mehr individuelle Zeit für Pflege, Erziehung und Erholung von Schichtarbeit durchgesetzt haben, in der gesamten akademischen Linken der Bundesrepublik allenfalls ein schwaches Echo aus. Um Mittelklassen-Ressentiments zu überwinden, die harte Arbeitskämpfe als Aktivität privilegierter Arbeiteraristokraten einordnen, müssen wissenschaftlich wie politisch

---

127 Wilkinson, Richard/Pickett, Kate (2009): The spirit level. Why more equal societies almost always do better. London: Allen Lane, S. 301.

128 Skidelsky, Edward/Skidelsky, Robert (2014): Wie viel ist genug? Vom Wachstumswahn zu einer Ökonomie des guten Lebens. München: Goldmann, S. 260.

129 Nachtwey, Oliver/Jörke, Dirk (2017): Die rechtspopulistische Hydraulik der Sozialdemokratie. In: Dies. (Hg.), Das Volk gegen die liberale Demokratie. In: Leviathan Sonderband 32. Baden-Baden: Nomos, S. 163-186.

dicke Bretter gebohrt werden. Dabei lässt sich von befragten Arbeiter*innen und Gewerkschafter*innen lernen, die ihre Ablehnung von AfD und Pegida öffentlich machen. In ihren eigenen Worten plädieren sie für eine – inklusive – Klassenpolitik, die gemeinsame Interessen „sagen wir: selbst chinesischer und deutscher Arbeiter" (hauptamtlicher Gewerkschaftssekretär) gegen das dominante Kapital betont. Gewerkschafter*innen, die sich so positionieren, bilden unter den Aktiven noch immer die Mehrheit. Jede gewerkschaftliche Anpassung an die rechtspopulistische Revolte liefe deshalb Gefahr, die Unterstützung dieser Aktiven aufs Spiel zu setzen.

Statt wertebasierten Zusammenhalt überzubetonen, muss deshalb darum gerungen werden, dem verbreiteten Empfinden von Kontrollverlust entgegen zu wirken, indem Streit, Konflikt und Klassenkampf als Formen demokratischer Vergesellschaftung wiederentdeckt werden. Dabei kann ein an Karl Polanyi angelehnter Klassenbegriff hilfreich sein, dessen Inhalt dem Marx der Bonapartismus-Analyse allerdings nähersteht, als der österreichische Sozialist selbst vermutet: Klasseninteressen, so Polanyi, lieferten nur „eine begrenzte Erklärung für langfristige gesellschaftliche Entwicklungen",[130] denn kollektive Teilinteressen müssten letzten Endes immer „auf eine Gesamtsituation bezogen sein".[131] Zudem seien Klasseninteressen „vor allem auf Geltung und Rang, auf Status und Sicherheit" gerichtet und deshalb „in erster Linie nicht ökonomischer, sondern gesellschaftlicher Natur".[132] Ein allzu eng gefasster Interessenbegriff müsse daher zu einer „verzerrten Vorstellung der sozialen und politischen Geschichte führen".[133] Er blende aus, dass rein ökonomische Sachverhalte für das Klassenverhalten weit weniger relevant seien „als Fragen gesellschaftlicher Anerkennung".[134]

In Marx' Bonapartismusanalyse und den an sie anschließenden Arbeiten von Antonio Gramsci und Nicos Poulantzas findet man, wie gezeigt, ähnliche Überlegungen. Ein Klassenbegriff, der die Anerkennungsdimension integriert, würde es ermöglichen, die klassenspezifische Pluralität sozialer Fragen genauer in den Blick zu nehmen. Die von uns befragten rechtsaffinen Lohnabhängigen betrachten sich überwiegend weder als arm noch als prekär. Ihre sozialen Probleme sind andere. In der für kapitalistische Gesellschaften zentralen „Bewährungsprobe des Lohns"[135] und der mit ihr verbundenen Anerkennungsproblematik sehen sie sich als Angehörige von Gruppen, deren Leistung gesellschaftlich ungenügend honoriert wird. Diese Pro-

---

130 Polanyi, Karl (1995[1944]): The Great Transformation. Politische und ökonomische Ursprünge von Gesellschaften und Wirtschaftssystemen. Frankfurt a. Main: Suhrkamp, S. 210.
131 Ebd.
132 Ebd., S. 212.
133 Ebd., S. 213.
134 Ebd., S. 212.
135 Boltanski, Luc/Chiapello, Ève (2003): Der neue Geist des Kapitalismus. Konstanz: UVK.

blematik wird von einem politischen System, das soziale Verwerfungen mit Armut, Erwerbslosigkeit oder Prekarität gleichsetzt, nicht oder nur ungenügend repräsentiert. Missachtung, das ist der reale Kern der These einer neuen kulturellen Spaltung, wird ihnen auch von jenen akademisch qualifizierten und deshalb kulturell überlegenen Klassen(fraktionen) entgegen gebracht, die den pragmatischen Konservatismus, die Werthaltungen, Familienformen und Lebensstile der Industriearbeiterschaft qua Distinktion abwerten.[136]

Diese besondere Abwertungserfahrung geht als Problemstoff in die Formierung des rechtsnationalen Blocks ein. Zum kulturellen Bindemittel kann sie aber nur werden, weil es an mobilisierenden, demokratisch-inklusiven Klassenpolitiken fehlt, mit deren Hilfe sich die innere Widersprüchlichkeit des Rechtsblocks aufdecken ließe. Es sind ja gerade die favorisierten politischen Rezepte der marktradikalen Kräfte innerhalb dieses Blocks – beispielsweise die von Alexander Gauland vorgetragene Forderung nach einem Europäischen Binnenmarkt ohne regulierende europäische Institutionen – die im Falle ihrer Anwendung genau das erzeugen würden, was sich im Alltag von Lohnabhängigen als schärfere Ungleichheitserfahrung, kollektive Abwertung und Kontrollverlust bemerkbar machen würde und durch rückwärtsgewandte Re-Vergemeinschaftung im Nationalstaat kompensiert werden soll. Demokratische Klassenpolitik zersetzt hingegen jegliche Vorstellung homogener nationaler Gemeinschaften. Sie fordert zu kollektiver Selbsttätigkeit auf und sie verbindet die von Löhnen direkt oder indirekt abhängigen Klassen(fraktionen), weil sie nur über ethnische, nationale und Geschlechtergrenzen hinweg erfolgreich praktiziert werden kann.

Anders als Voten für einen neuen Linkspopulismus[137] nahelegen, muss sie zwingend darauf verzichten, Antagonismen lediglich im politischen Raum anzusiedeln und mit Hilfe eines an Carl Schmitt angelehnten Freund-Feind-Schemas zu begründen. Interessensgegensätze und Antagonismen verortet sie in den Klassen- und Herrschaftsstrukturen realer Gesellschaften. Sie begreift sich als „popular-demokratisch", nicht jedoch als „populistisch",[138] denn sie kann auf binäre Codes und bipolare Denkmuster gänzlich verzichten. Nicos Poulantzas liefert viele Argumente, die dafür sprechen, mit populistischen Vereinfachungen zu brechen. Wenn man davon ausgeht, dass „die Klassenkämpfe den Staat durchziehen und ihn gleichzeitig konstituieren",

---

136 Williams, Joan C. (2017): White Working Class. Overcoming Class Cluelessness in America. Boston: Harvard Business Review Press; Evans, Geoffrey/ Tilley, James (2017): The New Politics of Class. The Political Exclusion of the British Working Class. Oxford: University Press.

137 Mouffe, Chantal (2018): Für einen linken Populismus. Berlin: Suhrkamp.

138 Hall, Stuart (2014b): Popular-demokratischer oder autoritärer Populismus. In: Ders., Populismus. Hegemonie. Globalisierung. Ausgewählte Schriften 5. Berlin: Argument, S. 121-120.

die „Kämpfe dabei eine spezifische Form annehmen" und diese Form wiederum „von dem materiellen Gerüst des Staates abhängig ist",[139] verlieren simplifizierende kulturalistische Klassentheorien á la Goodhart, aber auch linkspopulistische Verkürzungen rasch an Plausibilität.

6.2 Konservierende Klassenpolitik – das Beispiel Braunkohle

Gleichwohl, das sei sogleich hinzugefügt, kann es sowohl ein Vorwärts, als auch ein Rückwärts zu neuer Klassenanalyse und -politik geben. Klassen, so Göran Therborn, sind keine einheitlichen Handlungssubjekte, und sie müssen auch nicht als solche angesehen werden, „um von Klassenhandeln sprechen zu können".[140] Stattdessen gilt:

> „Klassenhandeln ist nicht mehr und nicht weniger als das Handeln von Individuen und Gruppen, Netzwerken und formalen Organisationen einer Klasse zur Verteidigung und Verbesserung von Klassenpositionen (und den damit einhergehenden sozialen Bedingungen). 'Klasse' ist ein analytischer Begriff, und sollte als solcher betrachtet werden, und nicht als eine Truppe, die man durch die Straßen marschieren sehen kann."[141]

Eine solch pragmatische Definition von Klassenhandeln schließt die Möglichkeit zu konservierender Klassenpolitik ein, die einzig und allein auf Erhalt des Status Quo gerichtet ist. Was konservierende Klassenpolitik ausmacht und wie sie wirkt, lässt sich anhand der – ausstehenden – Nachhaltigkeitsrevolution trefflich darstellen. Diese Revolution wird nicht zuletzt deshalb blockiert, weil aus den Spannungen, die zwischen sozialer und ökologischer Nachhaltigkeit bestehen, politische Zielkonflikte erwachsen.

Derartige Konflikte haben mittlerweile überall in Europa und auch in Deutschland Schlüsselbranchen der nationalen Industrie- und Wirtschaftsmodelle erreicht. Zunächst Vorreiterin bei der Umstellung auf erneuerbaren Energien, haben die klimaschädlichen Treibhausgasemissionen in der Bundesrepublik bis 2017 wieder zugenommen. Hauptverursacher ist neben dem Energiesektor, den Gebäudeemissionen und der Landwirtschaft der Verkehr. Als einziger Wirtschaftssektor hat dieser Bereich mit der Auto- und Zulieferindustrie als Zentrum bislang nichts zur Emissionsreduktion beigetragen. Die Emissionen der Fahrzeugflotte steigen seit Jahren. Verbindliche Dekarbonisierungsziele sorgen nun für Veränderungsdruck.

---

139 Poulantzas, Nicos (2017[1978]): Staatstheorie. Politischer Überbau, Ideologie, Autoritärer Etatismus. Mit einer Einleitung von Alex Demirović, Joachim Hirsch und Bob Jessop. Hamburg: VSA, S. 185.

140 Therborn, Göran (1987): Auf der Suche nach dem Handeln. Geschichte und Verteidigung der Klassenanalyse. In: PROKLA – Zeitschrift für Kritische Sozialwissenschaft 7(66)/1987, S. 128-160, S. 143.

141 Ebd.

Europäische Kommission und Europaparlament haben sich – zunächst gegen den Widerstand deutscher Unternehmen und deutscher Industriegewerkschaften im Dezember 2019 darauf geeinigt, dass die Neuwagenflotten 2030 durchschnittlich 37,5 Prozent weniger CO_2 (Nutzfahrzeuge, leichte Lieferwagen 31 Prozent) emittieren dürfen als 2021. Diese Zielsetzung reicht keineswegs aus, um das Szenario einer 1,5-Grad-Erderwärmungswelt, das der Weltklimarat begründet hat, auch nur annähernd zu erreichen. Dennoch sind die Automobilhersteller noch weit davon entfernt, auch nur die gültigen EU-Normen zu erfüllen.

In Deutschland befinden sich Wirtschaft, Politik und zuständige Gewerkschaften daher in einem strategischen Dilemma. Ein radikaler Umbau der Geschäftsmodelle von Fahrzeugherstellern, wie ihn die Klimaziele implizieren, ist mit hohen Beschäftigungsrisiken in einer Branche mit 2018 mehr als 830.000 Direktbeschäftigten (plus 100.000 seit 2011) verbunden. 510.00 IGM-Mitglieder sprechen dafür, dass es sich zudem um eine der letzten verbliebenen Hochburgen gewerkschaftlicher Organisationsmacht handelt. Trotz der noch immer starken gewerkschaftlichen Positionen zeichnet sich schon jetzt ab, dass der Strukturwandel bevorzugt auf dem Rücken der Beschäftigten ausgetragen werden könnte. Zwar werden im Zuge des Wandels auch neue Arbeitsplätze in der Produktion und im Forschungs- und Entwicklungsbereich entstehen, Politik und Gewerkschaften wären dennoch schlecht beraten, würden sie die Beschäftigungsrisiken ignorieren. In den Belegschaften und bei einem Teil der Betriebsräte setzen diese Risiken verständlicherweise Beharrungskräfte frei. Je näher man an betroffene Belegschaften heranrückt, desto lauter werden Stimmen, die vor „Klimahysterie" warnen, die Geschwindigkeit des Wandels drosseln wollen und ökologische Zielsetzungen mit dem Hinweis auf das technologisch Machbare kontern. Wie bei radikalen Strukturbrüchen häufig der Fall, tendieren Sicherheitsinteressen von Beschäftigten zur Konservierung des Bestehenden.

Was das bedeuten kann, lässt sich exemplarisch anhand der Auseinandersetzungen in den deutschen Braunkohlerevieren verdeutlichen. Für die Beschäftigten im Lausitzer Revier haben die Braunkohle und das Förderunternehmen LEAG (Braunkohleförderung und -verstromung) eine herausragende Bedeutung. Von den „leuchtturmartigen" Arbeitsbedingungen und dem vergleichsweise hohen Lohnniveau über die guten Arbeits- und Ausbildungsbedingungen und die Abhängigkeit nicht nur der Zulieferbetriebe, sondern auch von Handwerk und Dienstleistungen, bis hin zur Förderung des kulturellen Lebens und der Bedeutung für die kommunalen Finanzen ist in der Lausitz (Region in den östlichen Bundesländern Brandenburg und Sachsen) vieles mit der LEAG verbunden. Deshalb können sich die Beschäftigten, ihre Familien und Freund*innen eine positive Zukunft jenseits der Braunkohle kaum vorstellen. Der ökologisch notwendige und politisch beschlossene Ausstieg aus der Braunkohleförderung wird deshalb als Bedrohung der eigenen Zukunft und Verlust an Kontrolle über den eigenen Lebenszusammenhang wahrgenommen. Nichts fürchten die Befragten mehr als eine „zweite Wende", die sie mit De-Industrialisierung gleichsetzen. In dieser Haltung werden sie durch eine Unternehmens- und Gewerkschaftspolitik bestärkt, die alles daransetzt, den Kohleausstieg so lange wie möglich hinauszuzögern.

Im Resultat entsteht eine Wagenburg-Mentalität der noch immer achttausendköpfigen LEAG-Belegschaft. Zur unsicheren Zukunftsperspektive gesellt sich das Gefühl kollektiver Abwertung: „In DDR-Zeiten, da waren wir die Helden der Nation [...] Und jetzt sind wir die Deppen oder die Bösewichter der Nation, weil wir mussten uns ja schon beschimpfen lassen als Nazis, als Mörder, als Umweltverpester und ich weiß nicht, was alles! [...] Und das schmerzt." (LEAG-Arbeiter). Braunkohlegegner setzen darauf, dass mit der Regierungsbeteiligung der Grünen ein Ende der Braunkohleförderung schon 2030 möglich werden könnte. Umgekehrt drohen Teile der LEAG-Belegschaft, der „Klimahysterie" mit Hilfe der AfD begegnen zu wollen. Entsprechenden Ankündigungen sind bei den zurückliegenden Landtagswahlen Taten gefolgt. Die AfD ist in der Lausitz zur stärksten Partei avanciert. Ihre – ökologisch unverantwortliche – Leugnung des menschengemachten Klimawandels und die zur Schau gestellte Pro-Braunkohlehaltung dürfte dazu maßgeblich beigetragen haben.

Am Beispiel des Lausitzer Braunkohlereviers wird sichtbar, was eine transformierende emanzipatorische Klassenpolitik unter den Bedingungen der ökonomisch-ökologischen Zangenkrise nicht mehr ignorieren kann. Der alte industrielle Klassenkonflikt verwandelt sich zunehmend in einen sozialökologischen Transformationskonflikt. Anders als der Soziologe Ulrich Beck in seiner „Risikogesellschaft"[142] vermutet hatte, speist sich dieser Konflikt jedoch nicht aus zwei getrennten Logiken, denen die Tendenz innewohnt, dass die „Probleme der dicken Bäuche" (Logik der Reichtumsverteilung) zunehmend von globalen ökologischen Gefahren überlagert und verdrängt werden (Logik der Risikoverteilung). Soziale Verteilungskonflikte und ökologischer Gesellschaftskonflikt lassen sich nicht aufeinander reduzieren; sie sind aber in hohem Maße miteinander verwoben und können gerade deshalb als sozialökologischer Transformationskonflikt beschrieben werden. Gleich ob Auseinandersetzungen auf der sozialen oder auf der ökologischen Konfliktachse angesiedelt sind, die jeweils andere Perspektive kann, oder besser: darf nicht mehr ausgeblendet werden. Als inkludierende Auseinandersetzungen sind solche Konflikte nur um soziale *und* ökologische Nachhaltigkeit zu führen. Eine ausschließliche Bearbeitung der ökologischen Konfliktachse ignoriert in der Tendenz soziale Nachhaltigkeitsziele. Umgekehrt bedeutet eine ausschließliche Fokussierung auf die soziale Konfliktachse, dass ökologische Zielsetzungen ins Hintertreffen geraten. In beiden Fällen verselbstständigen sich die Konflikte so, dass Akteure, die jeweils eine der Konfliktlinien bearbeiten, hauptsächlich gegeneinander agieren. Exakt dies ist in der Lausitz of-

---

142 Beck, Ulrich (1986): Risikogesellschaft. Auf dem Weg in eine andere Moderne. Frankfurt a. Main: Suhrkamp.

fenbar der Fall. Einiges spricht dafür, dass die maßgeblichen Repräsentanten*innen beider Seiten nicht oder nicht mehr miteinander sprechen. Im Ergebnis könnten alle demokratischen Konfliktparteien verlieren, während sich die radikale Rechte anschickt, als eigentlicher Triumphator aus der Auseinandersetzung hervorzugehen. Auffällig ist, dass die soziale Dimension von Klimagerechtigkeit im Lausitzkonflikt offenkundig keine Rolle spielt.

Selbiges trägt dazu bei, dass sich bei den Beschäftigten der LEAG eine besondere Tiefengeschichte verfestigt. Man selbst hat es durchaus und mit erheblichen Mühen ein Stück weit hinauf auf den Berg der Gerechtigkeit geschafft. Doch diese Leistung wird von der Gesellschaft nicht mehr anerkannt. Im Gegenteil, es werden verschiedenste Abwertungsmechanismen eingesetzt, um jene, die es geschafft haben, nun wieder zum Abstieg zu bewegen. Diese besondere Tiefengeschichte lässt sich nicht einfach entkräften, denn sie beruht sowohl auf realen Erfahrungen als auch auf antizipierten Fehlentwicklungen, die sich keineswegs von der Hand weisen lassen. Während der Nachwendezeit haben viele Befragte einen dramatischen Strukturwandel in der Lausitz miterlebt. An die gebrochenen Versprechen der Wendejahre und die gescheiterten strukturpolitischen Projekte der letzten Jahrzehnte erinnert man sich in der Region noch genau, entsprechend skeptisch werden die Pläne zum erneuten Strukturwandel im Zuge des Kohleausstiegs betrachtet. Gleichzeitig sehen die Beschäftigten der Braunkohleindustrie ihre Arbeits- und Lebensleistung (die zuverlässige Versorgung des Landes mit Energie) missachtet und fühlen sich gesellschaftlicher Abwertung ausgesetzt – nicht zuletzt wegen der Klimaproteste, die als gegen die Beschäftigten gerichtete wahrgenommen werden.

In der Öffentlichkeit kommen die Braunkohle und die im Braunkohlebereich Beschäftigten nicht mehr gut weg. Braunkohle gilt als schmutziger Energieträger der Vergangenheit und in den Auseinandersetzungen um Klimaschutz und Kohleausstieg wird bisweilen wenig zimperlich mit den Betroffenen umgegangen. Die auf einem Transparent abgebildete und von einer grünen Politikerin verbreitete Botschaft „Ob Nazis oder Kohle – braun ist immer Scheiße", hat sich tief im kollektiven Gedächtnis der LEAG-Beschäftigten eingegraben.[143] Zugespitzt formuliert: Anhänger*innen der ökologischen Bewegungen verstärken – teilweise sicherlich unbeabsichtigt, mitunter aber durchaus gewollt – das Empfinden sozialer Missachtung und Abwertung auf Seiten der LEAG-Beschäftigten. Das Ergebnis ist Sprachlosigkeit, wechselseitiges Abschotten und konservierende Klassenpolitik einer besonderen Arbeiterfraktion.

Was sich in der Lausitz und anderen deutschen Braunkohlerevieren bereits ereignet hat, könnte beim Versuch, einen europäischen Green Deal durchzusetzen, alsbald zu

---

143 Die betreffende Politikerin hat sich öffentlich entschuldigt.

einer der bestimmenden Konfliktachsen in Europa werden.[144] Das staatenübergreifende Netzwerk der radikalen Rechten ist auf die Auseinandersetzung vorbereitet. In nahezu allen Ländern bestreiten rechtspopulistische oder rechtsextreme Parteien den menschengemachten Klimawandel und verweigern sich übernationalen Programmen, die auf eine Dekarbonisierung von Wirtschaft und Gesellschaft zielen. Es kann daher nicht ausgeschlossen werden, dass sich die radikale Rechte mit ihrem rückwärtsgewandten transformismo europaweit gegen die Durchsetzung ökologischer Nachhaltigkeitsziele positioniert.

Dies vor Augen sei darauf aufmerksam gemacht, dass die Auseinandersetzung mit der radikalen Rechten – ganz wie es Nicos Poulantzas antizipierte – längst zu einer Auseinandersetzung in und zwischen Staatsapparaten geworden ist. Nicht nur die Parteien, auch Justiz, Polizei, Schulen, Universitäten und Rundfunkanstalten ringen um ihre Haltung zur AfD. Diese Auseinandersetzung ist nicht zu gewinnen, wenn die Linke sich immer weiter in die politische Mitte bewegt. Im kleinen deutschen Bundesland Thüringen hat die Linkspartei zwar die Landtagswahl gewonnen, die rot-rot-grüne Koalition hat jedoch ihre Mehrheit verloren. Das auch, weil die Linkspartei im Wahlkampf nur einen Programmpunkt kannte – ihren Ministerpräsidenten Bodo Ramelow. Als Garant für Verlässlichkeit und Stabilität wurde er selbst von bürgerlichen Kreisen gewählt. Doch dieser Bonapartismus von links hatte einen Preis – den Aufstieg einer faschistoiden Rechten, deren Wähler*innen glauben, dass „etwas mit dem System nicht stimmt". Kurzzeitig schien es, als könnte erstmals in der deutschen Nachkriegsgeschichte eine Wahlallianz unter Einschluss der radikalen Rechten einen Ministerpräsidenten wählen und entscheidenden Einfluss auf die Regierungspolitik eines Bundeslandes erlangen. Tatsächlich wurde der FDP-Politiker Thomas Kemmerich mit den Stimmen der AfD zum Ministerpräsidenten gewählt. Kemmerich selbst ist Vorstandsvorsitzender der Friseur Masson AG, eine Kette von Frisiersalons, die als Billiganbieter für ihre tiefen Löhne bekannt ist. Kemmerich versteht sich als politischer Anwalt jener Kleinkapitale, die aufgrund einer geradezu sozialdarwinistischen Interpretation der Unternehmerrolle und ihres Wertekonservatismus zum sozialen Block der Rechten tendieren. Es ist einem Aufstand der demokratischen Zivilgesellschaft zu verdanken, dass er zurücktreten und den alten Ministerpräsidenten Ramelow, Mitglied der Linkspartei, wieder ins Amt lassen musste.[145] Der Protest gegen die Wahl Kemmerichs wurde auch von jenen Teilen der

---

144 Vgl.: Busch, Klaus/Bischoff, Joachim/Funke, Hajo (2020): Der Rechtspopulismus gefährdet die EU – ist der European Green Deal eine Alternative? In: SPW. Zeitschrift für sozialistische Politik und Wirtschaft 236/2020, S. 19-26.
145 Dörre, Klaus (2019g): Bonapartismus von links – die Bedeutung der Thüringenwahl für progressive Politik. In: SPW. Zeitschrift für sozialistische Politik und Wirtschaft 235/2019, S. 12-16; Dörre, Klaus (2020): Thüringen: Vom Tabubruch zum Ramelow-

Wirtschaft gestützt, die wegen dieses Vorgangs wirtschaftliche Nachteile fürchten mussten. Der Protest gegen einen Ministerpräsidenten von Gnaden der AfD wurde neben dem antirassistischen Bündnis #unteilbar von den Gewerkschaften angeführt. Die gesellschaftliche Breite des Protests machte deutlich, dass einer politischen Integration der äußersten Rechten in Deutschland noch immer Grenzen gesetzt werden können. Das Thüringer Beispiel veranschaulicht aber auch, dass die politische Linke die Systemfrage nicht der radikalen Rechten überlassen darf. Ohne glaubwürdige Vision einer besseren und das heißt für mich noch immer: einer neo- oder ökosozialistischen Gesellschaft hat die europäische Linke auf Dauer keine Chance. Diese Schwäche, der Verlust an Zukunftsfähigkeit, muss überwunden werden. Das ist nach meiner Auffassung die wichtigste Erkenntnis, zu der uns die imaginäre Revolte der radikalen Rechten derzeit verhilft.

6.3 Inklusive Klassenpolitik und transformierende Demokratie

Halten wir fest: Um dem gesellschaftlichen Rechtsblock seine kohäsive Kraft nehmen und seine Ausstrahlung auf Lohnabhängige, insbesondere auf Arbeiter*innen, reduzieren zu können, ist es sinnvoll, wissenschaftlich wie politisch wieder über Ausbeutung und Klassenverhältnisse zu sprechen. Es genügt jedoch nicht, allein auf die performative Wirkung solcher Begriffe zu vertrauen. Klasse und Ausbeutung sind analytische Kategorien, aber keine Begriffe, die für politische Mobilisierungen taugen. Eine popular-demokratische, aber nicht populistische Klassenpolitik, die mit Emotionen und Leidenschaft betrieben wird, kann nur Wirkung entfalten, indem sie klassenpolitischen Themen zu einer hegemonialen Ausstrahlung verhilft, um so das Interregnum bonapartistischer Demokratien auf progressive Weise zu überwinden. In der gegenwärtigen ökonomisch-ökologischen Zangenkrise kann das nur gelingen, wenn Klassenpolitik an soziale und ökologische Nachhaltigkeitsziele rückgebunden wird.

Nachhaltigkeitsziele werfen zumindest implizit die Frage auf, ob sie sich innerhalb kapitalistischer (Re-)Produktions- und Eigentumsverhältnisse überhaupt realisieren lassen. Die wachstumskritische Literatur bleibt in diesem Punkt zwiegespalten. Einerseits wird ein Kapitalismus ohne Wachstum für unmöglich erklärt, andererseits erscheint eine Überwindung des Kapitalismus auch wegen der knappen Zeitbudgets für Veränderungen wenig wahrscheinlich. Beides führt mit schöner Regelmäßigkeit zu einer argumentativen Quadratur des Kreises. Entweder fehlt der gewünschten „Postwachstumsgesellschaft" jeder Bezug zu realen Machtkonstellationen und den

---

Comeback und darüber hinaus. In: SPW. Zeitschrift für sozialistische Politik und Wirtschaft 1/2020, S. 49-54.

Möglichkeiten ihrer Überwindung,[146] oder es soll doch möglich werden, Wirtschaftswachstum, Kapitalismus und Nachhaltigkeit zu versöhnen.[147]

So plädieren Autoren wie Helmuth Wiesenthal für eine institutionelle Transformation, die den Kapitalismus nicht überwinden, sondern auf ökologische Nachhaltigkeitsziele programmieren soll. Wiesenthal vergleicht die anstehende Transformation mit der Herausbildung des Wohlfahrtsstaates, die Liberale wie Marxisten gleichermaßen für unmöglich gehalten hatten.[148] Die Gesellschaftsbildung im Anschluss an die deutsche Einheit gilt ihm als weiteres Beispiel einer sanften, politisch nur partiell gesteuerten Transformation. Nun wird man der These, bei gesellschaftlichen Transformationen handele es sich um kontingente Prozesse ohne homogenes strategisches Subjekt mit häufig nicht intendierten Resultaten, kaum widersprechen können. Doch Wiesenthal ignoriert einen wichtigen Sachverhalt. Parlamentarische Demokratie und Wohlfahrtsstaat waren stets zumindest mittelbar Reaktionen auf gesellschaftlich-politische Antagonisten, die auf eine Überwindung des Kapitalismus zielten. Mit umgekehrten Vorzeichen kann man Ähnliches für die Transformation der staatsbürokratischen Sozialismen behaupten. Ohne systemoppositionellen Druck und ein entsprechendes Problembewusstsein innerhalb von herrschenden Klassen und Staatsapparaten sind weitreichende Veränderungen, die auf eine Einschränkung von Machtressourcen der – in unserem Fall kapitalistischen – Eliten hinauslaufen, nicht zu erreichen.

Nehmen wir als Beispiel den nachhaltigen, dezentralen Kapitalismus, den James Galbraith als Vision empfiehlt. Ein solcher Kapitalismus hätte den Umfang von Institutionen, Sektoren und Organisationen, allen voran dem Militär, zu deren Fixkosten

---

146 Hartmut Rosas Resonanzphilosophie kommt völlig ohne eine Soziologie von Macht und Herrschaft aus und bleibt in ihren Konsequenzen selbst dann harmlos, wenn sie für Umverteilung und Wirtschaftsdemokratie plädiert. Rosa erkennt das Problem durchaus, scheut aber vor radikalen Konsequenzen für seine Theoriebildung zurück, denn diese würden wahrscheinlich tragende Säulen seines Theoriekonzeptes infrage stellen. Vgl. Rosa, Hartmut (2016). Resonanz. Eine Soziologie der Weltbeziehung. Berlin: Suhrkamp, S. 757-759; Vgl auch: Kontroverse: ein Gespräch zwischen Klaus Dörre, Nancy Fraser, Stephan Lessenich, Hartmut Rosa und Karina Becker und Hanna Ketterer. In: Ketterer, Hanna/Becker, Karina/Dörre, Klaus/Fraser, Nancy/Lessenich, Stephan/Rosa, Harmut (Hg.) (2019): Was stimmt nicht mit der Demokratie? Eine Debatte mit Klaus Dörre, Nancy Fraser, Stephan Lessenich und Hartmut Rosa. Berlin: Suhrkamp, S. 205-253.

147 Ein schönes Beispiel bietet: Binswanger, Mathias (2019): Der Wachstumszwang. Warum die Volkswirtschaft immer weiterwachsen muss, selbst wenn wir genug haben. Weinheim: WILEY-VCH.

148 Wiesenthal, Helmut (2019): Institutionelle Transformation gestern – und morgen? In: Dörre, Klaus/Rosa, Hartmut/Becker, Karina/Bose, Sophie/Seyd, Benjamin (Hg.), Große Transformation? Zur Zukunft moderner Gesellschaften. Sonderband des Berliner Journals für Soziologie. Wiesbaden: VS, S. 367-382.

eine expansive materielle Ressourcennutzung gehört, deutlich zu reduzieren. Der Bankensektor müsste auf sein Kerngeschäft schrumpfen und zu einer öffentlichen Angelegenheit werden. Ein solcher Kapitalismus hätte allen Bürger*innen einen angemessenen Lebensstandard zu sichern, Frühpensionierungen zu ermöglichen, den Mindestlohn stark anzuheben, den Faktor Arbeit von Steuern zu befreien, dafür aber Erbschafts- und Schenkungssteuern deutlich zu erhöhen. Vor allem würde er Anreize setzen, um passive Akkumulation im Finanzsektor in aktive Ausgaben für sozial und ökologisch nachhaltige Infrastruktur zu gewährleisten.

Doch welche sozialen und politischen Kräfte sollten einen derart reformierten Kapitalismus realisieren? Die Hauptursache der Zangenkrise besteht ja gerade darin, dass die finanzkapitalistische Landnahme die systemischen Selbststabilisierungsmechanismen unterminiert hat.[149] Der zentrale Destabilisierungsmechanismus beruht auf der erfolgreichen Ausbreitung kapitalistischer (Re-)Produktionsverhältnisse. Kapitalistische Systeme können sich nicht ausschließlich aus sich selbst heraus reproduzieren. Sie müssen expandieren, um zu existieren. Dabei zerstören sie allmählich, was sie für ihre Reproduktion benötigen. Je erfolgreicher die Akkumulations- und Wachstumsmaschine arbeitet und je umfassender die Landnahmen nicht-kapitalistischer Produktionsweisen, Lebensstile, Wissensbestände und natürlicher Ressourcen ausfällt, desto stärker untergräbt der Kapitalismus die Selbstreproduktionsfähigkeit sozialer und natürlicher Ressourcen, ohne die er nicht überlebensfähig ist.[150]

Die expansiven Kräfte des Kapitalismus beruhen auf zahlreichen Treibern in den unterschiedlichsten sozialen Feldern. Ihr letzter und wichtigster Grund ist jedoch das kapitalistische Eigentum an Produktionsmitteln. Karl Marx, Rosa Luxemburg, aber auch die Anti-Marxistin Hannah Arendt haben das scharfsinnig herausgearbeitet. Die Stellung der herrschenden Klassen im Kapitalismus basiert auf dem Besitz als einem dynamischen Prinzip; der kapitalistische Privatbesitz an Produktionsmitteln muss sich ständig vermehren.[151] Die Begrenztheit menschlichen Lebens widerlegt

---

149 Vgl. Dörre, Klaus (2017c): Kritische Theorie und Krise: Landnahme an den Grenzen kapitalistischer Dynamik. In: Bittlingmayer, Uwe/Demirović, Alex/Freytag, Tatjana (Hg.), Handbuch kritische Theorie. Wiesbaden: Springer, S. 1-29; Dörre, Klaus (2019a): Social Capitalism is a Thing of the Past: Competition-driven Landnahme and the Metamorphosis of the German Model. In: Chiocchetti, Paolo/Allemand, Frédéric (Hg.), Competitiveness and Solidarity in the European Union: Interdisciplinary Perspectives. London: Routledge, S. 149-181.

150 Vgl. Dörre, Klaus (2019h): Risiko Kapitalismus. Landnahme, Zangenkrise, Nachhaltigkeitsrevolution. In: Dörre, Klaus/Rosa, Hartmut/Becker, Karina/Bose, Sophie/Seyd, Benjamin (Hg.), Große Transformation? Zur Zukunft moderner Gesellschaften. Sonderband des Berliner Journals für Soziologie. Wiesbaden: VS, S. 3-34.

151 Vgl. Arendt, Hannah (2006): Elemente und Ursprünge totaler Herrschaft. Antisemitismus, Imperialismus, totale Herrschaft. 11. Aufl. München: Piper, S. 328.

jedoch jedes expansive Besitzverhältnis als Konstitutionsprinzip des Zusammenlebens, und die Begrenztheit des Erdballs widerlegt, so Arendt, die Möglichkeit zu fortgesetzter, grenzenloser ökonomischer wie politischer Expansion.[152] In anderen Worten: Einen nachhaltigen Kapitalismus, der ohne die fortgesetzte Landnahme eines nichtkapitalistischen Anderen auskommt, kann es nicht geben. Soziale und ökologische Nachhaltigkeit bedeutet daher letztendlich, den kapitalistischen Besitz als dynamisches, expansives Prinzip in Frage zu stellen. Sich dies einzugestehen, führt zur Relevanz neosozialistischer Optionen. In bewusster Beschränkung nenne ich als Kernbestand solcher Optionen drei Projekte, die aus Nachhaltigkeitsgründen die Eigentumsfrage stellen.

(1) Entwicklung: Dieses Projekt zielt darauf, Wachstum nach den Kriterien des BIP durch Kriterien für sozial und ökologische nachhaltige Entwicklung zu ersetzen. Auf diese Weise können gesellschaftliche Regulationsweisen so verändert werden, dass soziale und ökologische Nachhaltigkeitsziele die Rechtsverhältnisse und mit ihnen das Staatshandeln bestimmen. Eine Voraussetzung wäre, Nachhaltigkeitszielen einen Verfassungsrang zu geben. Sie müssen im deutschen Grundgesetz, in den Länderverfassungen und in der europäischen Grundrechtecharta verankert werden. Und sie sollten auch Eingang in das Arbeitsrecht, die Betriebs- und Unternehmensverfassung und möglichst in Tarifverträge finden. Für die Aufnahme von Nachhaltigkeitszielen ins Grundgesetz plädieren inzwischen selbst konservative Politiker.[153] Entscheidend ist jedoch, wie eine solche Verankerung realisiert wird. Nehmen wir als Beispiel das deutsche Grundgesetz (GG). Durch eine Aufnahme von Nachhaltigkeitszielen in Artikel 13 (2), GG würde die Sozialbindung des Eigentums erweitert. Wirtschaftsakteure, die das Nachhaltigkeitsgebot missachten, hätten mit Sozialisierung, vor allem aber mit der Umverteilung und Demokratisierung wirtschaftlicher Entscheidungsmacht zu rechnen. Auf diese Weise entstünden Institutionen einer transformativen Demokratie, die wirtschaftliche Strukturen einschlössen. Ihre Einführung ließe bewusst Spielraum für die Erprobung nicht- und nachkapitalistischer Wirtschaftsweisen. Sie würde eine Abkehr vom BIP als herausragender wirtschaftlicher Steuerungsgröße und deren Ersetzung durch Entwicklungsindikatoren befördern, die ökologische Schäden des Wirtschaftswachstums transparent machen. Die Nachhaltigkeitsrevolution wäre damit noch lange nicht Wirklichkeit, es gäbe aber rechtliche und institutionelle Spielräume, die faktisch auf eine Erweiterung nicht nur von Lohnabhängigen, sondern auch von gesellschaftlicher Reproduktionsmacht hinausliefen.

---

152 Vgl. ebd., S. 329.
153 In Deutschland beispielsweise der CSU-Vorsitzende und bayrische Ministerpräsident Markus Söder.

(2) Rückverteilung: Eine Nachhaltigkeitsrevolution verlangt nach einer angemessenen Balance ökologischer und sozialer Zielsetzungen. Substanzielle Gleichheit der Verschiedenen ist ein Nachhaltigkeitsziel ersten Ranges. Eine derartige Zielsetzung bedeutet zugleich, dass dem Klimawandel nicht ausschließlich mit marktkonformen Mitteln (CO_2-Bepreisung, Emissionshandel) begegnet werden kann. Obwohl im Klimapaket der deutschen Regierung nicht vorgesehen, führt an einer CO_2-Steuer wohl kein Weg vorbei. Auch die Bewegung Fridays for Future fordert die rasche Einführung einer solchen Steuer. Doch selbst wenn diese Abgabe mit Ausgleichszahlungen verbunden wäre, handelte es sich weder um eine ökologisch zureichende, noch um eine sozial nachhaltige Maßnahme. Die Schweiz hat bereits beides – eine CO_2-Steuer und einen sozialen Ausgleich. Nachhaltig sind das Wirtschaftsmodell und die Lebensweisen des Landes dennoch nicht. Der ökologische Fußabdruck der Schweiz bewegt sich auf dem Niveau von drei Planeten und die Emissionen lassen soziale Bewegungen nach einem Klimanotstand rufen.

Generell gilt, dass die Realisierung ökologischer Nachhaltigkeitsziele viele Preise z.B. für Naturressourcen und Lebensmittel in die Höhe treiben wird. Schon deshalb sind Plädoyers zugunsten einer ökologischen Austerität oder Verzichtsappelle, die Gewerkschaften zur Mäßigung bei Löhnen und Einkommen mahnen, schlicht kontraproduktiv. Unter kapitalistischen Bedingungen würden sie allenfalls eine Steigerung der Unternehmensgewinne bewirken, das Ungerechtigkeitsempfinden bei großen Teilen der Lohnabhängigen steigern und Beschäftigte einer radikalen Rechten in die Arme treiben, die den menschengemachten Klimawandel leugnet. Sozial und ökologisch nachhaltig wäre das genaue Gegenteil. Löhne und Einkommen eines Großteils der abhängig Beschäftigten müssen steigen, damit faire Preise für Ressourcen oder Lebensmittel aus ökologischem Anbau für große Mehrheiten bezahlbar bleiben oder überhaupt bezahlbar werden. Gute, ökologisch nachhaltige Arbeitsbedingungen entlang von Wertschöpfungsketten, die bis in die Länder des globalen Südens reichen, sind leichter durchzusetzen, wenn Schmutzkonkurrenz aus dem Norden unterbunden wird. Nötig sind deshalb – national wie international – Löhne zum Leben, die deutlich oberhalb der Niedriglohngrenze liegen.[154] Löhne zum Leben müssten für wichtige gesellschaftliche Sektoren mit einer gesellschaftlichen Aufwertung wenig anerkannter Tätigkeiten verbunden sein. In jeder Krise zeigt

---

154 *Living wages* sollen es erlauben, Ansprüche an Kultur und Bildung zu verwirklichen. Sie stellen eine arbeitgeberseitige Selbstverpflichtung dar, keinen rechtlichen Anspruch. Dennoch gewinnen sie z.B. in Großbritannien seit Jahren an Bedeutung. Regionale Kommissionen könnten ermitteln, wie solche Löhne vor Ort zu gestalten sind. In Großbritannien liegt der *living wage* 23 Prozent (in London 40 Prozent) über dem gesetzlichen Mindestlohn. Regionale Kommissionen könnten Unternehmen auch über Zertifizierungen (*living wage employer*) für solche Löhne gewinnen. Vgl. G.I.B. (Gesellschaft für Innovative Beschäftigungsförderung mbH) (2018): G.I.B.-Info 2/2018, S. 76-105.

sich, dass die kapitalistische Wirtschaft auf die Funktionsfähigkeit von Sektoren angewiesen ist, die weder nach Wachstumsimperativen funktionieren noch dem Profitmotiv gehorchen. So ist die Inwertsetzung von zunehmend flexibler Produktionsarbeit im engeren Sinne auf ein immer größeres Volumen von ernährenden, erziehenden, bildenden, pflegenden und sorgenden Tätigkeiten angewiesen. Diese Tätigkeiten, häufig Domänen von Frauen und Migrant*innen, werden überwiegend schlecht bezahlt oder gar gratis genutzt. Sie sind Sphären von Überausbeutung und Diskriminierung. Für die entsprechenden Sektoren gilt, dass ein bestimmter Wachstumstyp, der die Wegrationalisierung menschlicher Arbeitskraft impliziert, zwangsläufig zu Lasten der Dienstleistungsqualität geht. Deshalb sind diese Sektoren relativ rationalisierungsresistent. Sie lassen sich automatisieren und digitalisieren – das jedoch häufig um den Preis einer Verschlechterung der Dienstleistungsqualität. Wenn überhaupt, so sind es jedoch diese Sektoren, die in den fortgeschrittenen Kapitalismen langsam wachsen können. Aufwertung und bessere Bezahlung dieser Tätigkeiten, Finanzierung über Steuern, neue Eigentumsformen wie genossenschaftlich organisierte Dienstleister, innovative Verzahnungen von Öffentlichem und Privatem, Demokratisierung von Dienstleistungsarbeit durch Mitbestimmung von Produzent*innen und Klient*innen, geschlechtergerechte Arbeitszeitverkürzungen und Zeit für Arbeit an der Demokratie lauten einige wichtige Stichworte für eine Transformationsperspektive, welche die Frage nach sinnvoller Arbeit ins Zentrum rückt.

Da fraglich ist, ob die Gewerkschaften noch genügend Kraft besitzen, bessere Arbeitsstandards außerhalb ihrer verbliebenen Hochburgen durchzusetzen, benötigt qualitative Arbeitspolitik Unterstützung aus Politik und Zivilgesellschaft. Kommissionen, die unter wissenschaftlicher Beteiligung regionale Standards für *living wages* ermitteln sowie eine Stiftung mit Gütesiegel für beteiligte Unternehmen, die nach britischem Vorbild zunächst auf Freiwilligkeitsbasis agiert, könnten erste kleine Schritte in diese Richtung sein. Dass sich Löhne zum Leben mit qualitativen Forderungen nach guter Arbeit und Arbeitszeitverkürzung verbinden lassen, liegt auf der Hand, denn je besser die Einkommen sind, desto wichtiger werden auch subjektiv Zeitwohlstand und qualitativ gute Arbeitsbedingungen.[155] Bei all dem geht es zunächst darum, mithilfe von Arbeits-, Lohn- und Steuerpolitik lange ausschließlich für privates Gewinnstreben genutzten gesellschaftlichen Reichtum zurückzuholen und den Enteigneten zurückzugeben; anstelle von Umverteilung ist Rückverteilung das Programm neosozialistischer Klassenpolitik.

---

155 Viele anregende Ideen für die Realisierung ökologischer Nachhaltigkeit in der Arbeitswelt finden sich in: Schröder, Lothar/Urban, Hans-Jürgen (Hg.) (2018): Gute Arbeit. Ausgabe 2018. Ökologie der Arbeit – Impulse für einen nachhaltigen Umbau. Frankfurt a. Main: Bund Verlag.

(3) Wirtschaftsdemokratie: Allerdings, das sollte bereits deutlich geworden sein, lässt sich eine Nachhaltigkeitsrevolution mit einer bloßen Rückkehr zu klassischer wohlfahrtsstaatlicher Umverteilungspolitik nicht bewerkstelligen. Nötig ist eine Systemtransformation, die den Besitz an Produktionsmitteln als konstitutives dynamisches Prinzip kapitalistischer Gesellschaften überwindet und die Entscheidungsmacht in Wirtschaft und Großunternehmen zugunsten zuvor ausgeschlossener Klassen neu verteilt. Um es zugespitzt zu formulieren: Besser als auf das Fahren von SUVs zu verzichten, ist, sie gar nicht erst zu produzieren. Dabei ist der SUV aber nur ein gut skandalisierbares Symbol für die anstehende Revolution bei Produkten und Produktionsverfahren. Daneben gibt es – angefangen bei der High-Tech-Rüstung bis hin zu Privatjachten von 163 Meter Länge, ausgestattet mit Raketenwerfer und Mini-U-Boot, vieles andere, was nicht hergestellt werden müsste.

Ökologisch sinnvoll ist hingegen eine Umstellung von Wirtschaft und Produktionsmodellen auf langlebige Güter und nachhaltige Dienstleistungen, die sich an sozialen Bedürfnissen orientieren. Angesichts ihrer lebensbedrohenden Konsequenzen dürfen Entscheidungen über das Was, das Wie und das Wozu der Produktion von Gütern und Dienstleistungen nicht länger kleinen Managereliten in Großunternehmen vorbehalten bleiben. Soziale und ökologische Nachhaltigkeit benötigt Wirtschaftsdemokratie, und Wirtschaftsdemokratie ist mehr als Mitbestimmung. Sie muss alle relevanten gesellschaftlichen Gruppen an Produktionsentscheidungen beteiligen. Der Ökonom Anthony Atkinson schlägt deshalb die Einrichtung von Wirtschafts- und Sozialräten vor, die aber nicht mehr nur mit Vertreter*innen aus Wirtschaft, Politik und Gewerkschaften besetzt sein sollen, sondern zivilgesellschaftliche Akteure wie Umweltverbände, ökologische Bewegungen, Fraueninitiativen etc. einbeziehen, um ein annäherndes Kräftegleichgewicht zwischen Kapitalmacht und Zivilgesellschaft überhaupt erst wiederherzustellen. Eine Aufgabe solcher Räte könnte es sein, die Umsetzung von Nachhaltigkeitszielen zu überwachen, die Produktion langlebiger Güter zu fordern und neue Formen eines kollektiven Selbsteigentums zu erproben, die vom Gewinnmotiv als Hauptzweck abgekoppelt sind, individuelle Verantwortung für öffentliche Güter aber beibehalten.

So verstanden bedeutet Wirtschaftsdemokratie sehr viel mehr als eine bloße Reform kapitalistischer Vergesellschaftung. Wie schon in den klassischen Konzepten zielt die radikale Demokratisierung wirtschaftlicher Entscheidungsmacht auf eine Überwindung von kapitalistischem Besitz als dynamischem Prinzip. Wie sich die dazu nötige Sozialisierung marktbeherrschender transnationaler Unternehmen bewerkstelligen lässt, ist derzeit eine offene Frage. Ein Weg könnte sein, diese Unternehmen für die öffentliche Infrastruktur, die sie nutzen, mit Eigentumsrechten bezahlen zu lassen. Staatshilfe im Krisenfall könnte ebenfalls mit Eigentumsrechten für Mitarbeiter*innen oder über die öffentliche Hand entgolten werden. Sobald dies geschähe, wäre die Sozialisierung von Entscheidungsmacht mittels Internalisierung von Sozialkosten ein allmählicher Prozess, der einer Revolution ohne einmalen Akt der Machtergreifung gleichkäme.[156]

Große Unternehmen würden auf diesem Wege allmählich zu Mitarbeitergesellschaften, in denen öffentliches Eigentum ebenfalls eine bedeutende Rolle spielen könnte. Diese schleichende Revolutionierung der Besitzverhältnisse müsste mit einer institutionellen Erneuerung des klein- und mittelbetrieblichen Sektors einhergehen. Klein- und Mittelbetriebe, darauf haben bereits die Prager Reformer der späten 1960er Jahre hingewiesen, dürfen nicht enteignet werden. In diesen Sektoren wäre eine echte Marktwirtschaft, die solche Betriebe vom Druck der großen Industrie und des Finanzsektors entlastet, überhaupt erst herzustellen. Neosozialistische Konzepte wenden sich daher nicht gegen den Markt- und Preismechanismus als solchen. Sie schaffen Anreize, um die Kooperation zwischen – ansonsten konkurrierenden – Klein- und Mittelbetrieben zu stärken. Die Vernetzung flexibler Spezialist*innen in Oberitalien hat gezeigt, wie dergleichen erfolgreich zu praktizieren ist.[157]

Der Übergang zu einer dekarbonisierten, ressourcenschonenden Wirtschaft erfordert indes langfristige gesellschaftliche Planung. Ein Grundproblem aller bislang bekannten Spielarten des Kapitalismus ist, dass die dominanten Akteure langfristige Planungen nur in gesellschaftlichen Teilbereichen realisieren – auf Kosten großer Mehrheiten und zulasten des großen Ganzen. Das ist der Grund, weshalb freiwillige Klimaziele gegenwärtig vor allem dazu da sind, von kurzfristig kalkulierenden Unternehmen und Akteuren unterlaufen zu werden. Demgegenüber gilt: Die Zukunft der Umwelt hängt von langfristigen Entscheidungen ab. Diese führen erst nach längerer Zeit zu Ergebnissen, die nur global zu bewerten sind. Es bedarf einer Macht, die in der Lage ist, präventiv zu handeln, die Forschung zu planen, strategische Entscheidungen für Investitionen und Ansiedlungen zu treffen und die internationale Arbeitsteilung danach auszurichten.[158]

Nachhaltig zu regulieren bedeutet freilich auch die Vermeidung einer zentralistischen Planung, die vorsieht, ökonomische Akteure direkt zu steuern. Anzuvisieren ist eine makroökonomische Verteilungsplanung, die, anders als im Staatssozialismus, auf detaillierte Produktionsvorgaben verzichtet, aber doch Einfluss auf die Wirtschaftspolitik und die Unternehmensstrategien nimmt. Eine makroökonomische Verteilungsplanung könnte mit demokratisch zusammengesetzten Planungskom-

---

156 Überlegungen dazu finden sich in: Urban, Hans-Jürgen (2019): Gute Arbeit in der Transformation. Hamburg: VSA; siehe auch: Demirović, Alex (Hg.) (2018): Wirtschaftsdemokratie neu denken. Münster: Westfälisches Dampfboot.
157 Piore, Michael J./Sabel, Charles F. (1985): Das Ende der Massenproduktion. Studie über die Requalifizierung der Arbeit und die Rückkehr der Ökonomie in die Gesellschaft. Berlin: Wagenbach.
158 Magri, Lucio (2014): Der Schneider von Ulm. Berlin: Argument.

missionen kombiniert werden. Dabei ist eine Konkurrenz von Planvarianten denkbar, die der Bevölkerung periodisch zur Abstimmung vorgelegt werden. Die jeweils beschlossene Variante setzt Präferenzen bei den öffentlichen Ausgaben. Sie hat für Regierungen, jedoch nicht für einzelne Betriebe oder Unternehmen verbindlich zu sein. Innerhalb der Betriebe und Unternehmen müsste diese Rahmenplanung mit transparenten, demokratischen Entscheidungsstrukturen verbunden werden, die den Belegschaften umfangreiche Partizipationsmöglichkeiten eröffnen. Neben materieller Beteiligung der Beschäftigten an den Geschäftsergebnissen ist eine selbstbestimmte Arbeitsorganisation entscheidende Voraussetzung für die Teilhabe an betrieblichen Entscheidungsprozessen.[159]

Mögliche Einwände gegen die hier nur grob skizzierten neosozialistischen Kernprojekte liegen auf der Hand. Sind gesellschaftliche Mehrheiten für neosozialistische Projekte zu mobilisieren? Wie können Übergangsstrategien aussehen, die sich dem Ziel einer ökologisch und sozial nachhaltigen Gesellschaft nähern und das politische Interregnum bonapartistischer Demokratien überwinden? Und vor allem: Wo bleibt die Machtfrage?

7. Zum Schluss: Green New Deal – ein Klassenprojekt?

Ohne diese Frage erschöpfend beantworten zu können, scheinen mir einige analytische und strategische Überlegungen unverzichtbar.

7.1 Exkurs: Eine Klassenheuristik

Das Wünschbare ist das eine, das machtpolitisch Durchsetzbare etwas anderes. Generell gilt: Nachhaltigkeitsziele sind nur mit Hilfe gesellschaftlicher Mehrheiten durchzusetzen. Potentielle Mehrheiten lassen sich sozialstrukturell bestimmen, wenn wir mit einem dynamischen Klassenbegriff operieren. In diesem Zusammenhang sei an eine Stärke vom Marx' Klassentheorie erinnert, die in Vergessenheit geraten ist. Marx' Theorie zeichnet sich dadurch aus, dass sie mit Klassenhandeln zugleich gesellschaftlichen Wandel erklären will. Konflikte zwischen Kapital und Arbeit, die um die Verfügung über und die Verteilung des Mehrprodukts geführt werden, sind in kapitalistischen Gesellschaften noch immer eine strukturprägende Achse gesellschaftlicher Auseinandersetzungen.

Vor mehr als einem halben Jahrhundert hat der liberale Soziologe Ralf Dahrendorf diese Stärke von Marx' Klassentheorie präzise benannt:

---

159 Sik, Ota (1979): Humane Wirtschaftsdemokratie. Ein dritter Weg. Hamburg: Knaus.

„Es geht mir um eine Sache: um den bemerkenswerten Tatbestand nämlich, daß soziale Strukturen zum Unterschied von den meisten anderen Strukturen aus sich selbst die Elemente ihrer Überwindung, ihres Wandels zu erzeugen vermögen. [...] Zumindest ein bedeutender Soziologe, Karl Marx, hat den Begriff der Klassen im hier angedeuteten Sinne verwendet [...]. 'Schicht' ist ein deskriptiver Ordnungsbegriff. Der Begriff der 'Klasse' dagegen ist eine analytische Kategorie, die nur im Zusammenhang einer Klassentheorie sinnvoll sein kann. 'Klassen' sind aus bestimmten Strukturbedingungen hervorgehende Interessengruppierungen, die als solche in soziale Konflikte eingreifen und zum Wandel sozialer Strukturen beitragen."[160]

Dahrendorfs Marx-Interpretation ist für eine zeitgemäße Klassentheorie noch immer unverzichtbar. Für eine bloße Beschreibung sozialer Ungleichheiten wird der Klassenbegriff nicht benötigt. Wenn es darum geht, vertikale Ungleichheiten möglichst genau abzubilden oder Klassifikationskämpfe zu analysieren, sind Schichtmodelle, Habituskonzepte oder Milieustudien wahrscheinlich leistungsfähiger als eine an Marx angelehnte Klassentheorie. Anders ist das, wenn Klassenanalyse betrieben wird, um sozialen Wandel zu erklären. Eine Klassentheorie, die beim Klassenhandeln ansetzt, vermeidet sowohl strukturalistische Fehlschlüsse als auch poststrukturalistische Beliebigkeit. Klassenstrukturen und -verhältnisse existieren auch dann, wenn es in den subalternen Klassen an politischem Klassenbewusstsein fehlt. Es macht aber wenig Sinn, eine große Klasse der Lohnabhängigen zu beschwören, wenn diese in ihrer großen Mehrheit immer wieder gegen das vermeintlich objektive Klasseninteresse handelt.[161] Sicher ließe sich die Mehrzahl der 45 Millionen Erwerbstätigen samt ihrer Familien in der Bundesrepublik statistisch einer einzigen Lohnarbeiterklasse zurechnen. Doch nicht einmal bei der Minderheit dieser abhängig Beschäftigten, die überhaupt noch gewerkschaftlich organisiert ist, entstehen Ansätze von Klassenbewusstsein heute noch spontan.

Mit dem bloßen Verweis auf die Dialektik der Einheit und Spaltung innerhalb der Klasse oder dem Nachweis sowohl konvergierender als auch fragmentierender Arbeitserfahrungen kommt man an dieser Stelle nicht viel weiter. Es bleibt dann bei bloßen Klassen auf dem Papier, mit deren Beschwörung man sich einhandelt, was als poststrukturalistischer Fehlschluss bezeichnet werden kann. Aus den Schwierigkeiten, Klasseninteressen im politischen Handeln nachweisen zu können, hatten Chantal Mouffe und Ernesto Laclau einst den Schluss gezogen, auf die Analyse von Klassenstrukturen und -verhältnissen generell zu verzichten. Beide verwandelten die Kritik an einem ökonomistischen Marxismus, wie sie von Antonio Gramsci bis

---

160 Vgl. Dahrendorf, Ralf (1957): Soziale Klassen und Klassenkonflikt in der industriellen Gesellschaft. Stuttgart: Ferdinand Enke, S. IX.
161 Eine klug begründete Gegenposition findet sich in: Thien, Hans-Günter (2018): Die verlorene Klasse – ArbeiterInnen in Deutschland. 2. Aufl. Münster: Westfälisches Dampfboot.

zu Stuart Hall vorgetragen wurde, in einen „diskursiven Idealismus",[162] der das, was Gramscis Hegemonietheorie noch voraussetzt – die Analyse und Kritik von politischer Ökonomie und Klassenbeziehungen – völlig preisgibt. Untersuchten die Arbeiten von Stuart Hall und des CCCS Birmingham noch die Klassenspezifik von Massenkultur und subkulturellen Stilen Jugendlicher, geriet im Anschluss an den linguistic turn in den Sozialwissenschaften die gesellschaftliche Topographie sozialer Klassen, auf der Diskurse aufruhen, vollständig aus dem Blick. Was als – berechtigte – Kritik an Ökonomismus und Klassenreduktionismus begonnen hatte, ist seither zu einer neuen deutschen Ideologie geronnen, die Kapitalismus, Sexismus oder Rassismus überwinden zu können glaubt, indem sie deren textuelle Repräsentationen möglichst artifiziell dekonstruiert.

Perry Anderson hat diesen modischen Trend jüngst einer scharfen Kritik unterzogen. Es sei zu einem *linguistic turn* auch der Hegemonietheorie gekommen, der „in Übereinstimmung mit der allgemeinen Mode Ende des 20. Jahrhunderts einen diskursiven Idealismus propagiert, in dem jede feste Verbindung von Signifikanten und Referenten aufgehoben wird".[163] Als Folge würden „Ideen und Forderungen so vollständig aus ihren sozioökonomischen Verankerungen gelöst", dass „sie im Grundsatz jeder beliebige Akteur für jegliches beliebige politische Konstrukt verwenden kann. Die Bandbreite der möglichen Kombinationen und Artikulationen ist prinzipiell unbegrenzt",[164] das heißt sie ist nahezu beliebig und damit willkürlich.

Um zu vermeiden, dass Ökonomismus und Klassenreduktionismus durch poststrukturalistische Beliebigkeit ersetzt werden, bietet sich ein Klassenverständnis an, das an der Relevanz von sozialem und politischem Klassenhandeln festhält und Klassenverhältnisse dynamisch als Triebkraft gesellschaftlichen Wandels betrachtet. Eine prozessorientierte Klassenanalyse kommt normativ-politisch nicht umhin, jene Herrschaftsmechanismen aufzudecken, die mit den Klassenverhältnissen in modernen kapitalistischen Gesellschaften eng verkoppelt sind. Ihr Anliegen muss noch immer die Überwindung, zumindest die Einhegung und Begrenzung von Ausbeutung und Klassenherrschaft sein. Schon deshalb kann sie auf die Frage nach sozialen Kräften, die Interessen beherrschter Klassen repräsentieren und entsprechende Transformationen anstreben, nicht verzichten.

7.2 Mehrheiten gewinnen, aber wie?

An dieser Stelle ist es nicht möglich, eine empirisch fundierte Klassenanalyse auch nur der Bundesrepublik vorzunehmen. Ich möchte jedoch in gebotener knapper Form

---

162 Anderson, Perry (2019): Hegemonie. Berlin Suhrkamp, S. 127.
163 Ebd.
164 Ebd.

begründen, weshalb sich die Vorstellung einer großen, wenngleich intern fraktionierten und fragmentierten Klasse aller Lohnabhängigen auch in den kapitalistischen Zentren analytisch nicht (mehr) aufrechterhalten lässt. Eine Anerkennung der Pluralität von Ausbeutungsformen und Ungleichheitsachsen, wie sie im Theorem kapitalistischer Landnahmen angelegt ist,[165] impliziert, dass (Lohn-)Arbeiterklasse im Plural buchstabiert werden muss. Die Lohnabhängigen und ihre Familien, die noch immer die große Mehrheit der Gesellschaft ausmachen, spalten sich in mindestens drei Klassen auf, die sich hinsichtlich der Ausbeutungsformen, der Verfügung über Machtressourcen und Sozialeigentum, ihrer Stellung in Unternehmenshierarchien und gesellschaftlicher Arbeitsteilung sowie den daraus resultierenden Chancen am Arbeitsmarkt gravierend unterscheiden.

Arbeiter*innen und auch kleine Angestellte mit überwiegend mittleren Qualifikationen in kommandierten Arbeitstätigkeiten bilden nur eine der drei Lohnabhängigenklassen. Diese Großgruppe ist, wie schon gezeigt, im Finanzmarktkapitalismus in die Defensive geraten. Ihre organisationalen und institutionellen Machtressourcen reichen jedoch zumindest im Exportsektor noch immer aus, um Einkommensverluste und Einbußen bei der Arbeits- und Lebensqualität in Grenzen zu halten. In ihren Handlungsstrategien und subjektiven Orientierungen ist diese Arbeiterklasse dennoch primär am Erhalt ihres sozialen Status interessiert. Wer ihr angehört, verteidigt sein verbliebenes Sozialeigentum gegen finanzkapitalistische Landnahmen „von oben", aber auch gegen Konkurrenz aus dem prekären Sektor, der in jeder Arbeiterklassenlage eine spezifische Gestalt annimmt. Die defensive Grundhaltung kann eine exklusive, nicht nur gegen oben, sondern auch gegen fremd und anders gerichtete Solidarität einschließen. Angehörige dieser konventionellen Arbeiterklasse, die häufig das Gefühl haben, in einer dynamischen Gesellschaft festzustecken, tendieren teilweise dazu, Konkurrenzen mit dem Mittel des Ressentiments auszutragen, ohne dass dies als naturwüchsiges, unumkehrbares Verhaltensmuster zu interpretieren wäre.

Akademisch gebildete Lohnabhängige ohne Kontrollmacht bilden eine weitere, expandierende Klasse von Lohnabhängigen. Diese Klasse verfügt über Positionen am Arbeitsmarkt und im (Re-)Produktionsprozess, die von der alltäglichen Sorge um Einkommens- und Beschäftigungssicherheit dauerhaft entlasten. Im Zuge der Digitalisierung dürfte die quantitative und qualitative Bedeutung dieser Klasse noch wachsen. Zugleich wird sie aber auch zum Objekt von Rationalisierung und Kommodifizierung. Der Zugang zu dieser Klasse erfolgt teilweise über Formen akademischer Prekarität. Kennzeichnend sind Berufsstolz, Fachkenntnisse und teilweise ein ausgeprägtes Expertentum. In ihren sozialen Positionierungen entsprechen diese sehr gut qualifizierten und überwiegend akademisch gebildeten Arbeitskräfte jener

---

165 Dörre, Klaus (2012a): Landnahme, das Wachstumsdilemma und die „Achsen der Ungleichheit". In: Berliner Journal für Soziologie 22(1)/2012, S. 101-128.

expandierenden Großgruppe, die vor Jahrzehnten als „neue Arbeiterklasse"[166] von sich reden machte und der teilweise eine besondere Militanz attestiert wurde.

Von beiden Lohnarbeitsklassen zu unterscheiden sind Angehörige der neuen Unterklasse, die kaum über institutionelle und organisationale Machtressourcen verfügen, um ihre Lage mittels kollektiver Aktion zu beeinflussen. Zur Unterklasse zählen teils prekär, teils informell Beschäftigte, Langzeiterwerbslose, illegale Migrant*innen, Obdachlose und andere Außenseiter. Für sie alle ist charakteristisch, dass sie sich in sozialer Nähe zu einem Fürsorgestatus bewegen, der zugleich die Schwelle gesellschaftlicher Respektabilität darstellt. Der Überlebenshabitus dieser sozial heterogenen Unterklasse unterscheidet sich deutlich vom Kollektivhabitus der Beschäftigten in anderen Lohnarbeitsklassenlagen. Unterklassen sind kein neues Proletariat und sie sind auch nicht mit einem auf unsichere Beschäftigung angewiesenen Prekariat identisch, das sich aus unterschiedlichen Klassenfraktionen rekrutiert und einen Exklusionsbereich bildet, der die Klassenstruktur von unten nach oben durchzieht. Vielmehr handelt es sich um eine Klasse, die sich aufgrund der Enteignung von Sozialeigentum, wegen sozialem Ausschluss, Stigmatisierung und systematischer Abwertung sowohl der Klassenposition als auch des räumlichen Umfelds herausbildet. Bei den neuen Unterklassen ist völlig offen, ob sie ein positives, auf kollektive Veränderung des Status quo gerichtetes Klassenbewusstsein überhaupt entwickeln können. Die bloße Existenz von aus der Kapitalperspektive wirtschaftlich vermeintlich Überflüssigen wirkt indes disziplinierend auf andere beherrschte Klassen zurück. Nichts fürchten Lohnabhängige mehr als einen Absturz unter die Schwelle gesellschaftlicher Respektabilität. Deshalb tendieren viele von ihnen beim drohenden Verlust eines halbwegs gesicherten Status dazu, eine niedrig entlohnte, wenig anerkannte Erwerbstätigkeit der Erwerbslosigkeit vorzuziehen.

Wir können diese Überlegungen zu einer Klassenheuristik verdichten, deren Relevanz durch weitere empirische Forschungen erst noch zu erhärten ist. Die Grundidee dieser Heuristik besteht darin, eine an kapitalistischem Eigentum beziehungsweise Besitz orientierte, ausbeutungstheoretisch fundierte Klassenhierarchie mit macht- und gerechtigkeitstheoretischen Überlegungen zu kombinieren und diese in einem – modifizierten – Konzept der Klassenbildung durch Bewährungsproben zusammenzuführen. Ein solches Konzept lässt ein dynamisches Verständnis der De- und Rekomposition von Klassenverhältnissen zu. Es erschöpft sich nicht in der Beschrei-

---

166 Touraine, Alain (1964): Une nouvelle classe ouvriére. In: Sociologie du Travaille. Bd. 6, S. 80-84; Mallet, Serge (Hg.) (1965): La nouvelle classe ouvrière en France. In: Cahiers Internationaux de Sociologie 38/1965, S. 57-72; Deppe, Frank (1971): Das Bewußtsein der Arbeiter. Studien zur politischen Soziologie des Arbeiterbewußtseins. Mit einem Anhang von Helga Deppe-Wolfinger: Gewerkschaftliche Jugendbildung und politisches Bewußtseins. Köln: Pahl Rugenstein.

bung von Distinktionsmechanismen, sozialen Auf- und Abwertungen, sondern nimmt Übergänge von demobilisierten zu mobilisierten Klassenfraktionen analytisch in den Blick. Für dieses Klassenverständnis sind drei Dimensionen konstitutiv:

(1) Besitz an und Verfügung über Produktionsmittel, die mit dem primären Ziel eingesetzt werden, zusätzlich erzeugten Gewinn so zu investieren, dass noch mehr

SCHAUBILD 13: Heuristik eigentumsbasierter Klassenpositionen

Klassen(fraktionen)	Struktur und Volumen von Eigentum	Exklusionsbereiche
Herrschende Klassen-(fraktionen): Finanzsektor, Realwirtschaft, Staatsadel; Leben oberhalb der Schwelle von Luxusproduktion und -konsum; Gerecht ist, was investierbaren Gewinn (Maximalrendite) verspricht. Als nachhaltig kann nur gelten, was unternehmerische Entscheidungsfreiheit gewährleistet	Privateigentum an und/oder Verfügung über Produktivkapital und Kontrollmacht, die zu Letztentscheidungen befähigt	Verlust der Klassenposition; Individueller „Klassenverrat", Künstlerprekarität
Alte Mittelklassen: Weder ausgebeutet noch ausbeutend; **Neue Mittelklassen:** Ausgebeutete Ausbeuter*innen **Alle Mittelklassen:** Beherrschte Herrschende; Leben an oder oberhalb einer Schwelle der Berechenbarkeit; Gerecht ist, was den Aufstieg durch Leistung ermöglicht. Nachhaltig ist, was Aufstiegsorientierungen fördert oder zumindest nicht beeinträchtigt	Verfügung über Kleinkapital und/ oder abgeleiteter Kontrollmacht, die zu Letztentscheidungen nicht befähigt	Blockierte Reproduktion der Klassenposition im Familienverbund; Kapitalverluste und Geschäftsschließungen; sozialer Abstieg; temporäre Prekarität im Bildungs- und Erwerbsverlauf
Neue Arbeiterklasse: Akademisch gebildete Lohnabhängige ohne Kontrollmacht; Leben an oder oberhalb einer Schwelle der Berechenbarkeit; Gerecht ist eine Gesellschaft, die qualifikationsadäquate berufliche Perspektiven mit Möglichkeiten zur Selbstentfaltung in der Arbeit bietet. Nachhaltigkeit ist, was professioneller Expertise standhält	Sozialeigentum, bevorzugt in der Verfügung über besondere Qualifikationen und damit korrespondierend über strukturelle Lohnabhängigenmacht, die sich aus besonderen Stellungen am Arbeitsmarkt / im Arbeitsprozess speist	Akademische Prekarität auf Zeit, Qualifikationsverluste und psychische Gesundheitsrisiken, Beschneidung von Primärmacht durch Automatisierung und Digitalisierung

FORTSETZUNG SCHAUBILD 13: Heuristik eigentumsbasierter Klassenpositionen		
Klassen(fraktionen)	Struktur und Volumen von Eigentum	Exklusionsbereiche
Konventionelle Arbeiterklasse: alte und Industriearbeiterschaft/ angelernte und Facharbeiter, (industrienahe und neue); kleine Angestellte und Arbeiter*innen in Dienstleistungsbranchen; Leben an oder über einer Schwelle der Sicherheit; Gerecht ist, was das Leben längerfristig planbar macht. Nachhaltig ist nur, was den Lebensstandard nicht dramatisch nach unten korrigiert und Statussicherheit garantiert	Sozialeigentum, bevorzugt als „zweite Lohntüte" und Absicherung durch kollektive Sicherungssysteme; organisationale und institutionelle Machtressourcen	Proletarische Prekarität, prekärer Wohlstand und die Gefahr sozialer Abwertung (Produktionsarbeiter)
Neue Unterklasse: informell Beschäftigte, Langzeiterwerbslose, illegale Migrant*innen, Obdachlose und sozial Verachtete; Leben an oder unter der Schwelle gesellschaftlicher Respektabilität; Gerecht ist, was sozialbürgerliche Normalität herstellt. Nachhaltigkeit bietet keine Orientierung, so dass eine längerfristige Lebensplanung unmöglich geworden ist	Sozialeigentum auf Fürsorgeniveau; Verlust des Status von Sozialbürger; Leben als „denizen". Arrangement mit Ohnmachtserfahrungen, politische Abstinenz gepaart mit situativer Bereitschaft zu riots, Aufständen und regelbrechendem Verhalten	Sekundäre Lohnleistungen / Grundsicherung, informelle Einkommensquellen

Gewinn erzielt wird, den es zumindest teilwiese erneut zu investieren gilt. Besitz und Verfügung über kapitalistisches Privateigentum entscheiden über den Zugang zu herrschenden Klassen. Sie legen den Platz in einer auf Ausbeutung basierenden sozialen Ordnung fest und scheiden Ausbeuter von Ausgebeuteten. Für die Differenz von primärer und sekundärer Ausbeutung ist in wohlfahrtsstaatlichen Kapitalismen eine andere Dimension von Eigentum ausschlaggebend. (2) Besitz an und Verfügung über Sozialeigentum, das – gemeinsam mit der Platzierung in der gesellschaftlichen Arbeitsteilung und der beruflichen Hierarchie über die Positionierung beherrschter Klassen(fraktionen) entscheidet. Als soziales Eigentum kann im Anschluss an Robert Castel die „Produktion äquivalenter sozialer Sicherungsleistungen" bezeichnet werden, wie sie zuvor „allein das kapitalistische Privateigentum lieferte".[167] Es handelt

---

167 Castel, Robert (2005): Die Stärkung des Sozialen. Leben im neuen Wohlfahrtsstaat. Hamburg: Hamburger Edition, S. 42f.

sich um ein wohlfahrtsstaatlich hergestelltes Kollektiveigentum zu individueller Existenzsicherung, das in Gestalt von sozialen Sicherungssystemen, tariflichen Normen und Partizipationsrechten besitzlose Lohnabhängige zu Eigentümer*innen macht, die im Idealfall ihr Leben in relativer Sicherheit längerfristig planen können.

(3) Gerechtigkeitsvorstellungen, die Besitz/Eigentum, aber auch den Einsatz von Machtressourcen bewerten und die jeweiligen Positionen in der Ausbeutungs- und Herrschaftsordnung über spezifische Legitimationen verbinden.

Ohne die Heuristik im Detail zu erläutern, seien ihre konstitutiven Elemente in knapper Form zusammenfasst: (a) Struktur und Volumen des Eigentums an und der Verfügung über Produktivkapital und Kontrollmacht trennen herrschende Klassen von beherrschten Klassen. (b) Mittelklassen verfügen neben Kleinkapital vor allem über abgeleitete Kontrollmacht. (c) Struktur und Volumen verfügbaren Sozialeigentums hierarchisieren beherrschte Klassen, die im Plural buchstabiert werden müssen. (d) Die Verfügung über mondäne soziale Beziehungen (soziales Kapital) und durch Titel legitimierte Qualifikationen (Bildungskapital) können dem Sozialeigentum zugerechnet werden. Gleiches gilt für die Machtressourcen, über die beherrschte Klassen verfügen. (e) Jede Klassenlage umfasst Exklusionsbereiche, die sich durch Unterbietung klassenspezifischer Normalitätsstandards, Überausbeutung und rassistisch oder sexistisch motivierte Dominanz auszeichnen. (f) Der Sektor abgewerteter Sorgearbeiten überspannt Inklusions- und Exklusionsbereiche. (g) Im Übergang zu Kollektiven mit manifesten Klasseninteressen sind Bilder einer gerechten Gesellschaft bedeutsam, die zumindest implizit auch die hegemoniale Eigentumsordnung berühren. (h) Kapitalistisches Privat- und kollektives Sozialeigentum korrespondiert abhängig von Struktur und Volumen mit gesellschaftlichen Schwellen, die den sozialen Raum teilen und ähnliche Klassenlagen konstituieren. Wir unterscheiden die Schwellen der Respektabilität, Sicherheit, Berechenbarkeit und die Schwelle von Luxusproduktion und -konsum. Mit Hilfe unserer Heuristik können Gruppen, aber auch Personen bestimmten Klassenpositionen zugeordnet werden. Die Rekonstruktion eigentumsbasierter Klassenverhältnisse ist notwendig, um einen klassenanalytischen Perspektivwechsel zu ermöglichen. Erst vor dem Hintergrund einer auch subjektiv relevanten Klassenhierarchie können Transformationskonflikte und deren Auswirkungen auf hegemoniale Eigentumsordnungen in ihrer sozialen Differenziertheit betrachtet werden.

Die in der Heuristik angelegte Pluralisierung lohnabhängiger Klassen besitzt analytisch einen doppelten Vorteil. Erstens kann die soziale Mitte deutlich enger gefasst werden als dies in den meisten schichttheoretisch angelegten Klassenmodellen der Fall ist. Selbst akademisch qualifizierte Lohnabhängige sind eine – unter das Kapital und/oder den Staat subsumierte – Lohnarbeiterklasse und nicht einfach „soziale Mitte". Zweitens lässt sich die politische Arbeit besser begründen, die nötig ist, um einen gesellschaftlichen Block der lohnabhängigen Klassen zu formieren.

Wenn eine große Klasse aller Lohnabhängigen als strukturiertes und zugleich strukturierendes Kollektiv nicht mehr existiert, kann „Einheit" der von Löhnen abhängigen und bürokratischer Kontrolle unterworfenen Großgruppen eben nur noch als temporärer, politisch immer wieder neu herzustellender sozialer Block diverser von Löhnen abhängiger Klassen gedacht werden. Der Zusammenhalt eines solchen Blocks ist ausschließlich politisch herzustellen. Das heißt Zusammenhalt muss über hegemoniefähige Projekte und unter Berücksichtigung von realen Interessenunterschieden immer wieder neu begründet werden. Was auf den ersten Blick spitzfindig erscheinen mag, besitzt praktische Relevanz. So reicht es beispielsweise nicht aus, rückläufigen Einfluss der politischen Linken in der gewerkschaftlich organisierten Industriearbeiterschaft mit dem Hinweis relativieren zu wollen, dass der Zustrom an neuen Mitgliedern bei Linkspartei, SPD oder Grünen ohnehin aus den urbanen, akademisch gebildeten Milieus, man könnte auch sagen: aus der neuen Lohnabhängigenklasse heraus erfolgt. Noch weitaus problematischer wäre es indes, wollte man Klassenpolitik auf die Interessen von Stammbelegschaften in den Karbonbranchen reduzieren. Stattdessen käme es darauf an, Interessengemeinsamkeiten der von Löhnen abhängigen Klassen auszuloten, die eine progressive Blockbildung überhaupt erst ermöglichen könnten.

Nehmen wir das Beispiel Verkehr und Mobilität. Wie wir schon jetzt wissen, reicht die Umstellung auf Elektromobilität keineswegs aus, um den Klimawandel wirksam zu bekämpfen. Benötigt werden völlig neue Mobilitätssysteme. Es geht um eine allmähliche Abkehr vom privaten PKW und den Ausbau des öffentlichen Nah- und Fernverkehrs, um einen vollständigen Bruch mit langen hegemonialen Verkehrskonzepten. Ohne die Rückkehr zu öffentlichem Eigentum, etwa bei der Bahn, ohne staatliche Finanzierungen von Mobilität und eine an solchen Zielen orientierte Industriepolitik dürfte eine nachhaltige Verkehrswende nicht zu haben sein. Mit Blick auf die Automobil- und Zulieferindustrie sprechen selbst Wirtschaftsvertreter deshalb nicht mehr nur über Transformation, sondern über Konversion, über alternative Produkte und Produktionen, Arbeits- und Lebensweisen.

Gesellschaftliche Mehrheiten von einem solch radikalen Wandel zu überzeugen, bedarf neben einer neuen Aufklärung über globale Risiken besonderer Sicherheitsgarantien für alle, die wegen der Dekarbonisierung der Wirtschaft ihre Arbeitsplätze verlieren werden. Sicherheitsgarantien benötigen unter anderem Beschäftigte im öffentlichen Dienst, die wegen reduzierter Fahrpreise im öffentlichen Personenverkehr Druck auf Gehälter und Arbeitsbedingungen fürchten. Dergleichen zu leisten, beanspruchen beispielsweise Varianten eines Green New Deal, wie er von der UNCTAD oder den Democratic Socialists in den USA vorgeschlagen wird. So fordern die Demokratin Ocasio-Cortez und ihre Verbündeten eine rasche, radikale Dekarbonisierung der Wirtschaft, verbunden mit Job- und Sicherheitsgarantien für Beschäftigte aus den Karbon-Branchen, die ihren Arbeitsplatz verlieren. Verlangt werden nicht schlecht bezahlte Bullshit-Jobs, sondern gesellschaftlich sinnvolle Arbeitstätigkeiten, die gut bezahlt sind und ohne Statusverlust ausgeübt werden können. Solche Beschäftigungsmöglichkeiten wären mit öffentlichen Geldern zu schaffen – und zwar in allen Bereichen, die für eine soziale Infrastruktur systemrelevant sind. Noch scheuen die deutschen Gewerkschaften und selbst die politische Linke vor solchen Forderungen zurück, weil, so heißt es, entsprechende Garantien im Kapitalismus nicht zu realisieren seien. Macht aber nicht gerade dieser utopische Überschuss, die implizite Thematisierung der Grenzen eines auf Besitzakkumulation beruhenden expansiven Gesellschafts- und Wirtschaftssystems, das letztendlich nicht nachhaltig sein kann, den eigentlichen Reiz solcher Forderungen überhaupt erst aus? Ich würde diese Frage mit einem klaren Ja beantworten.

Durchsetzen lässt sich ein progressiver Green New Deal nur in neuen Bündniskonstellationen, durch Ausbau von Bündnisbeziehungen von Gewerkschaften, ökologischen und Klimaschutz-Bewegungen wie Fridays for Future, also mittels Erweiterung gesellschaftlich-diskursiver Machtressourcen beherrschter Klassen und Gruppen. Wird dieser Weg konsequent beschritten, kann er, ähnlich wie etwa im Gefolge der 1968er-Bewegungen, über die Förderung sozialer Bewegungen auch wieder zur Stärkung gewerkschaftlich-politischer Organisations- und Klassenmacht beitragen. Gewerkschaften und Linksparteien, die konfliktfähig sein wollen, haben solch belebende Impulse aus den Klimaschutzbewegungen jedenfalls bitter nötig. Aber auch die Umwelt- und Klimabewegungen könnten profitieren, wenn sie soziale Nachhaltigkeit stärker als bisher zu ihrem ureigenen Thema machen würden.

Nichts liegt Anhänger*innen einer neo- oder ökosozialistischen Option ferner als eine unfruchtbare Frontstellung zu fördern, die Klassen- und sogenannte Identitätspolitiken gegeneinander ausspielt. Selbstbewusst können sie davon ausgehen, dass Bewegungen gegen sexistische und rassistische Diskriminierung ihre größten Erfolge immer dann erzielt haben, wenn auch der demokratische Klassenkampf zugunsten der Lohnabhängigen einigermaßen erfolgreich war. Gegen die diversen Spielarten des Neonationalismus kann inklusive Klassenpolitik geltend machen, dass ein nachhaltiger Green New Deal letztendlich nur im inter- und transnationalen Rahmen durchzusetzen ist. Dazu wird ein neuer Multilateralismus erforderlich sein, der Kriege ächtet, friedliche Kooperation als unhintergehbaren Standard internationaler Beziehungen etabliert, faire Handels- und Produktionsbeziehungen durchsetzt und auf diese Weise die Ungleichheiten zwischen Staaten allmählich weiter abbaut.

Im internationalen Staatensystem sind derzeit vielleicht die dicksten Bretter zu bohren.[168] Bereits jetzt ist offenkundig, dass die Gefahr von bewaffneten Auseinandersetzungen und Kriegen steigt. Die Regierungen Trump und Putin setzen gültige

---

168 Brandt, Peter/Braun, Rainer/Müller, Michael (Hg.) (2019): Frieden! Jetzt! Überall! Frankfurt a. Main: Westend.

Abrüstungs-Verträge außer Kraft. Dadurch wächst die Gefahr eines neuen Wettrüstens mit atomaren Mittelstreckenwaffen. An den Grenzen rivalisierender Imperien werden – wie etwa im Fall der Ukraine – bereits asymmetrische Kriege geführt. In gewisser Weise ähnelt die Situation der Spätphase des klassischen Imperialismus zu Beginn des 20 Jahrhunderts. Diesmal konkurrieren imperiale Mächte nicht um Kolonien, wohl aber um Absatzmärkte, Rohstoffe und Technologieführerschaft. Und sie sind bestrebt, die – im Inneren äußerst ungleichen – Wohlfahrtszonen gegen Migrationsbewegungen und vor ökonomischer Konkurrenz abzuschotten.

In einer Welt ohne eindeutig hegemoniale Führungsmacht ist nationale (oder transnationale, europäische) militärische Stärke noch mehr als zuvor ein zentrales Mittel der Außenpolitik. Struktur gewordener Militarismus, das wusste bereits Rosa Luxemburg, treibt letztendlich zur Erprobung seiner Waffen und damit zum Krieg. Es gehört zu den Paradoxien der neobonapartistischen Konstellation, dass sich in der Gegenwart ausgerechnet Rechtspopulisten zum Sprachrohr einer „Friedensbewegung" erklären, die sich eine Versöhnung des Westens mit Putins Russland auf die Fahnen geschrieben hat. Eine progressive Entspannungspolitik lässt sich unter den veränderten Bedingungen nicht einfach wiederholen. Und doch wird eine realistische Außenpolitik, die auf Kriegsvermeidung und Abrüstung zielt, mehr denn je benötigt. In einer Zeit neuer Handelskriege und gebrochener Abrüstungsverträge ist ein an sozialen und ökologischen Nachhaltigkeitszielen ausgerichteter neuer Multilateralismus eine Grundvoraussetzung, um Weichenstellungen für einen globalen Green New Deal überhaupt zu ermöglichen.

Und wo bleibt bei alldem die Machtfrage? Eine sozialistische Option wird sich, sofern überhaupt realisierbar, vermutlich über einen Formationswandel durchsetzen, der sich, wie schon der Übergang vom Feudalismus zum Kapitalismus, als kontingenter, vielschichtiger, auch von externen Schocks und Naturkatastrophen vorangetriebener Prozess vollziehen wird, bei dem sich wissenschaftliche Aufklärung, Etablierung neuer Produktions- und Lebensweisen sowie politische Revolutionen zunächst relativ unabhängig voneinander entwickeln, um schließlich in qualitativ neuen Gesellschaften zu konvergieren. Heranwachsen des Neuen in Nischen des alten Systems, systemtransformierende Reformen von oben und unten, wo nötig aber auch der Bruch mit eingeschliffenen Herrschaftsverhältnissen sind notwendige Bestandteile eines solchen Übergangs. Dafür, dass eine nachhaltige und deshalb auch neosozialistische Transformation Wirklichkeit wird, gibt es keine Gewissheit. Klar ist aber: Der expansive Kapitalismus wird nicht von selbst verschwinden, er muss vom Thron gestoßen werden, wenn er seinen Platz für gesellschaftliche Alternativen räumen soll.

Ausblick: Nach Corona – was wird aus der Arbeiterschaft?
Klaus Dörre und Livia Schubert

Ein gutes Jahrzehnt ist seit der globalen Finanzkrise vergangen und wieder müssen Staaten milliardenschwere Konjunktur- und Rettungsprogramme auf den Weg bringen, um die krisengeschüttelte Wirtschaft zu stützen. Auslöser der tiefen Rezession sind diesmal nicht die Funktionsmechanismen des internationalen Finanzsystems. Das Virus Sars-CoV-2 hat die Staaten zu Abwehrmaßnahmen veranlasst, in deren Folge es zu dramatischen wirtschaftlichen Einbrüchen gekommen ist.

1. Von Krise zu Krise

Der Internationale Währungsfonds (IWF) spricht von einer Jahrhundertkrise, die noch weitaus heftiger ausfallen könnte als der Crash an den Weltfinanzmärkten 2007–09. In der Europäischen Union wird mit der stärksten Rezession seit 1945 gerechnet. Laut International Labour Organisation (ILO) waren schon zu Beginn der Rezession 81 Prozent der *global workforce* (2,7 Milliarden Menschen) vom Lockdown ganz oder teilweise betroffen. Allein in den USA hatten binnen weniger Wochen ca. 44 Millionen Beschäftigte ihre Jobs verloren. Besonders verwundbar sind – wenig überraschend – informell und prekär Arbeitende sowie die Belegschaften kleiner und mittlerer Unternehmen. In Ländern mit geringen oder mittleren Einkommen sind Jobverlust und Reduktion von Arbeitszeit gleichbedeutend mit Existenzgefährdung.

Auch die bundesdeutsche Wirtschaft ist von der Krise hart getroffen. Bis Juni 2020 wurde für mehr als 11 Millionen Beschäftigte Kurzarbeit beantragt. Krisengeschüttelt sind vor allem die für Mobilität zuständigen Wirtschaftsbereiche sowie jene Branchen, die für das „Massenschöne", für Kultur, Reisen und Tourismus stehen. Der öffentliche Personennahverkehr leidet wegen Fahrgast- und Einnahmeverlusten stark unter den Folgen der Pandemie. Die Metall- und Elektroindustrie, noch immer Herzstück der deutschen Wirtschaft, muss einen drastischen Einbruch der Exporte verkraften. Nach einer Umfrage des IG-Metall-Bezirks Mitte wurde im Juni 2020 in über 70 Prozent der Betriebe kurzgearbeitet oder es drohte Kurzarbeit; bei 42 Prozent betraf das die kompletten Belegschaften. Mehr als 30 Prozent der Betriebe rechneten mit einer Kurzarbeitsphase von mehr als sechs Monaten.

Selbst wenn es gelingen sollte, die Pandemie rasch zu überwinden, werden die gesellschaftlichen Folgen der ökonomischen Krise vermutlich lange anhalten. Das Ausmaß der Rezession vor Augen, beginnt die gesellschaftliche Stimmung zu kippen: „Ganz am Anfang, als es los ging mit Corona, gab es Menschen, die verzaubert von der 'Entschleunigung' der Gesellschaft sprachen. Nun wird da gerade etwas sehr stark entschleunigt", heißt es.[1] Man ahnt, was folgen könnte. Je länger die Krise anhält und je dramatischer ihre Auswirkungen sein werden, desto größer wird die Gefahr, dass sich das euphorische „Build Back Better" der Anfangsphase stimmungsmäßig in sein Gegenteil verkehrt. Entscheidend ist, wie rasch der Wirtschaftsmotor nach dem Ende von Lock- und Shutdown wieder anspringt. Die starke Abhängigkeit von der Exportwirtschaft erweist sich nun als Achillesferse des deutschen Wirtschaftsmodells. Solange sich die Ökonomien der wichtigsten Handelspartner nicht erholt haben, bleibt unklar, ob dem wirtschaftlichen Einbruch, wie nach der globalen Finanzkrise, ein rasches Anziehen der Konjunktur folgen wird. Ungeachtet dessen ist sichtbar geworden, wie grenzüberschreitend verflochtene Wertschöpfungsketten, Handels- und Arbeitskräfteströme die Verletzlichkeit von Wirtschaft und Gesellschaft steigern.

Diese Aussage gilt uneingeschränkt auch für die ökologische Dimension der Krise. Erneut ereignet sich *degrowth by disaster*. Wie schon 2009 sind die klimaschädlichen Emissionen zunächst zurückgegangen, doch seit den ersten Lockerungen des *social distancing* steigen sie rascher an, als es die Internationale Umweltagentur (IEA) vermutete. Auf dem Höhepunkt der Pandemie waren die CO_2-Emissionen weltweit um etwa 17 Prozent zurückgegangen, im Frühsommer 2020 erreichten sie jedoch schon fast wieder das Vorkrisenniveau. Doch selbst wenn die Treibhausgasemissionen, wie von der IEA prognostiziert, im Jahresdurchschnitt 2020 um etwa acht Prozent sinken würden, wären dies keine Weichenstellungen zugunsten einer ökologisch nachhaltigen Gesellschaft. Auch ein vorübergehendes Absinken der Emissionen würde nichts daran ändern, dass die Treibhausgas-Konzentration in der Atmosphäre ein neues Rekordniveau erreicht. Trotz Wirtschaftskrise geht der menschengemachte Klimawandel nahezu ungebremst weiter. Das verdeutlicht, was hinter der Pandemie lauert – die Gefahr einer weiteren Zuspitzung der ökonomisch-ökologischen Zangenkrise.

Für die Zeit nach der Pandemie ist deshalb höchst bedeutsam, worauf staatliche Investitions- und Konjunkturprogramme ausgerichtet werden. Staaten, die es sich leisten können, haben offenkundig aus der Krise von 2007–09 gelernt. Von Schuldenbremse und schwarzer Null in öffentlichen Haushalten ist seit Ausbruch

---

[1] Fromm, Thomas/Hägler, Max (2020): Wo es besonders wehtut. Die Krise erfasst zunehmend die Großen wie BMW oder Karstadt-Kaufhof. Aber am härtesten trifft es Kneipen und Hotels. In: Süddeutsche Zeitung vom 20./21.06.2020. https://www.sueddeutsche.de/wirtschaft/corona-schaeden-wo-es-der-wirtschaft-besonders-wehtut-1.4941749. Zugegriffen: Juni 2020.

der Seuche keine Rede mehr. Selbst unter den deutschen Wirtschaftsweisen ist die Notwendigkeit staatlicher Hilfsprogramme unbestritten. Ob das so bleiben wird, ist ungewiss. Kontroversen entstehen bereits an der Frage, wohin die staatlichen Gelder fließen sollen und welchem Zweck sie zu dienen haben. Absehbar ist, dass auch reichen Gesellschaften wie der Bundesrepublik eine Periode harter Verteilungskämpfe bevorsteht. Die Wirtschaftsverbände plädieren bereits für rigide Sparmaßnahmen, die in erster Linie zulasten des Sozialen gehen sollen.[2] Entsprechende Forderungen werden in einer Zeit laut, in der mit Digitalisierung und Dekarbonisierung der Wirtschaft ohnehin Veränderungen anstehen, die ein hohes Maß an Unsicherheit mit sich bringen werden. Was bedeutet das für die von Lohnarbeit abhängigen Klassen, insbesondere für die Arbeiterschaft und die Auseinandersetzung mit der radikalen Rechten? Und was können wir aus mehr als 30 Jahren Forschung für die kommenden Auseinandersetzungen um Wege aus der Krise lernen? Nachfolgend beschränken wir uns auf drei abschließende Bemerkungen, in denen wir die Überlegungen aus „Sehnsucht nach der alten Republik" noch einmal aufgreifen.

2. Umgang mit der radikalen Rechten

Die *erste* Bemerkung betrifft den Umgang der Gewerkschaften mit der radikalen Rechten. Über die Jahrzehnte hinweg zeigt sich: Bleiben rechtspopulistische und rechtsradikale Orientierungen unter Lohnabhängigen unbeachtet, wächst das Problem. Ein tradierter gewerkschaftlicher Antifaschismus, der die äußerste Rechte vornehmlich „außen" sieht, ist de facto nicht mehr existent. Heute finden sich die Probleme auf einer ganz anderen Ebene. Ein Beispiel mag das verdeutlichen. Anlässlich des 75. Jahrestages der Befreiung des Konzentrationslagers Buchenwald wurde in den überregionalen Tageszeitungen eine Anzeige geschaltet, in welcher der politische Widerstand im KZ nur noch mit dem Halbsatz „und alle, die Widerstand geleistet haben", Erwähnung fand. Unterzeichnet hat federführend auch der Thüringer Ministerpräsident Bodo Ramelow, ehemals Gewerkschaftssekretär und nun führendes Mitglied der Linkspartei. Im KZ Buchenwald saßen Menschen wie Willi Bleicher.

---

2 So fordert der Branchenverband Gesamtmetall Reformprojekte wie die Grundrente und die Eingrenzung sachgrundloser Befristung zu stoppen sowie Erreichtes rückabzuwickeln (Rente mit 63, paritätische Finanzierung der Krankenversicherungsbeiträge, Begrenzung der Leiharbeit) und Mitbestimmungsrechte der Betriebsräte einzuschränken. Radikale Teile der Wirtschaft gehen noch deutlich weiter und verlangen die Aussetzung der ILO-Kernarbeitsnormen. Vgl. z.B.: IHK et al. (2020): WIRtschaft in Thüringen. Fünf-Punkte-Programm zur Abfederung der Folgen der Corona-Pandemie. Ms., o.O., S. 5. https://www.erfurt.ihk.de/blueprint/servlet/resource/blob/4793458/9bddb75f0ec82bc0e22f4e0f78 3e24e1/fuenf-punkte-programm-wirtschaft-data.pdf. Zugegriffen: Juni 2020.

Bleicher vereinte als Person alles, was der Halbsatz in der Anzeige verdeckt. Während der Weimarer Republik Mitglied der Kommunistischen Partei-Opposition (KPO), war Bleicher in Buchenwald interniert, als einer von 500 Kapos in der Lagerverwaltung tätig und durch diese Funktion auch an der Rettung von inhaftierten Kindern beteiligt. Bruno Apitzsch diente er als Vorbild für eine Romanfigur in „Nackt unter Wölfen". Nach dem Krieg wurde Bleicher zunächst Mitglied der KPD, wechselte aber wegen deren sektiererischer Gewerkschaftspolitik zur SPD und wurde schließlich Leiter im traditionsreichen Stuttgarter Bezirk der IG Metall.

In der Anzeige werden Persönlichkeiten wie Willi Bleicher unsichtbar gemacht. So richtig es ist, die Mythologisierung des politischen Widerstandes aus DDR-Zeiten zu überwinden, so wenig verständlich ist die Konzession an die antikommunistische Instrumentalisierung der Lagergeschichte: „Die Erinnerungspolitik, die vor allem von der Bundesstiftung zur Aufarbeitung der SED-Diktatur gefördert wird, bestätigt, dass der Antikommunismus die Staatsreligion der BRD geblieben ist, wie es für die DDR der Antifaschismus war. Dieser Ansatz ist Wasser auf die Mühlen der AfD, diesem auf den Ruinen der DDR erstarkten Produkt von Rechtsextremen aus der alten Bundesrepublik", heißt es dazu in einem bezeichnenden Artikel aus *Le Monde diplomatique*.[3] In Deutschland blieb ein solcher Aufschrei aus. Vermutlich ist den meisten, die die Buchenwald-Anzeige gelesen haben, am Text gar nichts aufgefallen.[4] Der Vorgang deutet jedoch an, was künftig auf dem Spiel stehen könnte. Ramelow verdankt seine Rückkehr ins Amt wesentlich einem Aufstand der Zivilgesellschaft, der nur wenige Wochen vor dem Jahrestag der Buchenwald-Befreiung einen FDP-Politiker hinweggefegt hatte, der mit den Stimmen der AfD zum Ministerpräsidenten gewählt worden war.

Dass die radikale Rechte mit ihrem Versuch gescheitert ist, sich zunächst in einem Bundesland als „normale" bürgerliche Kraft zu etablieren, illustriert exemplarisch, was die Bedeutung von antifaschistischen Tabus und Tabubrüchen eigentlich ausmacht. Lange Zeit beinhaltete der politische Grundkonsens in der Bundesrepublik, dass Parteien, die sich nicht glaubwürdig vom NS distanzierten, keine Chance hatten, politische Mehrheits- oder gar Regierungsbildungen zu beeinflussen. Auf nationaler Ebene blieb ihnen – gleich ob NPD, DVU oder Republikaner – der Einzug ins Parlament stets verwehrt. Das hat sich mit der AfD geändert. Im Zuge der Wahl des FDP-Politikers Kemmerich sollte, so jedenfalls das Kalkül auch in Teilen von FDP und CDU, der nächste Akt vollzogen werden. Wäre es bei einem Ministerpräsidenten von Gnaden des AfD-Rechtsaußen Höcke geblieben, hätte sich die AfD fortan als Partei

---

3 Als deutsche Übersetzung: Geschichte der KZ-Gedenkstätte: Erinnerungspolitik in Buchenwald. In: TAZ vom 11.04.2020. https://taz.de/Geschichte-einer-KZ-Gedenkstaette/!5635806/. Zugegriffen: Juni 2020.

4 Ich selbst verdanke den Hinweis dem ehemaligen IG-Metall-Bevollmächtigten von Köln, Witich Roßmann.

der bürgerlichen Mitte präsentieren dürfen.[5] FDP- und CDU-Repräsentant*innen waren offenbar zur Wahlallianz mit einer politischen Kraft bereit, deren Spitzenmann gerichtsfest als Faschist bezeichnet werden darf. Weder die Dresdener Rede Höckes zum Holocaust-Mahnmal als angeblichem „Denkmal der Schande", noch der Geschichtsrelativismus eines Alexander Gauland, der den NS als „Vogelschiss" der deutschen Geschichte bezeichnet hatte, wären fortan ein Hinderungsgrund gewesen, die AfD als Teil der bürgerlichen Mitte zu begreifen. De facto hätte das die antifaschistische Essenz des Artikels 139 GG endgültig eliminiert. Regierungsbildungen unter Einschluss der AfD wären die logische Folge gewesen. Das Interregnum einer bonapartistischen Demokratie wäre aufgelöst, indem man die radikale Rechte hoffähig macht und ihr indirekt Definitionsmacht für den neuen Grundkonsens einer „Erfurter Republik" überantwortet. Weil so viele dieses Manöver sofort durchschaut haben, war ein Aufstand der demokratischen Zivilgesellschaft die Folge. Von der Dienstleitungsgewerkschaft ver.di bis zur Gewerkschaft der Polizei (GdP), von der IG Metall über die kleine Gewerkschaft Nahrung, Genuss, Gaststätten (NGG) und die IG Bergbau Chemie Energie (IG BCE) bis hin zum Dachverband DGB hatten die Arbeitnehmerorganisationen an der erfolgreichen Mobilisierung maßgeblichen Anteil. Das zeugt von einem mobilisierungsfähigen antifaschistischen Grundkonsens, den es zu erhalten, auszubauen und auf neue Verhältnisse auszurichten gilt. Das Beispiel Österreich veranschaulicht, wie wichtig ein solcher Grundkonsens ist. Sind politische Formationen wie die rechtspopulistische FPÖ erst einmal für koalitionsfähig erklärt, ist es fortan nur schwer möglich, sie im politischen System wirksam zu bekämpfen oder gar zu marginalisieren.

3. Klassenpolitik, Nachhaltigkeitsräte und sozialökologische Transformation

Das Grundproblem der Gewerkschaften im Umgang mit der äußersten Rechten ist heute (und war im Grunde auch schon in der alten Bundesrepublik) auf einer anderen Ebene angesiedelt als auf der des tradierten Antifaschismus. Es sind vor allem radikal rechte Tendenzen unter den eigenen Mitgliedern und die Angst vor Mitgliederverlusten, von denen sich die gewerkschaftlichen Führungsgruppen lähmen lassen. Das auch, weil es ein Patentrezept gegen die radikale Rechte in den Betrieben und der Arbeitswelt nach wie vor nicht gibt. Wie schon vor 30 Jahren

---

5 Die intellektuellen Stichwortgeber der radikalen Rechten setzen indes alles daran, eben diese politische Mitte als „Verschiebemasse ohne eigene Standfestigkeit" zu desavouieren. Siehe Kaiser, Benedikt (2020): Notizen zur Wahl in Thüringen (2). In: Sezession vom 07.02.2020. https://sezession.de//62128/notizen-zur-wahl-in-thüringen-2. Zugegriffen: Juni 2020.

wird noch immer nach einer wirkungsvollen Politik gegen rechts gesucht. Neben allem, was in den Texten bereits gesagt ist, bleibt als zentrale Erkenntnis: Die radikale Rechte ist zu schlagen, wenn die demokratischen Kräfte glaubwürdig um Auswege aus der Zangenkrise und die Überwindung des politischen Interregnums ringen, um der überfälligen Nachhaltigkeitsrevolution den Weg zu ebnen. Für die Gewerkschaften heißt dies *zweitens*, sich als Akteure gesellschaftlich wirkmächtiger Allianzen zugunsten sozialer und ökologischer Nachhaltigkeit neu zu erfinden. Ohne gesellschaftliche Bündnisse, die thematisch Rotes und Grünes verbinden, wird es mit der Durchsetzung von Nachhaltigkeitszielen, aber auch mit der wirksamen Bekämpfung des Rechtsradikalismus schwer.

> „In der Auseinandersetzung mit dem Rechtsextremismus", so heißt es im Schlüsseltext dieses Buchs, „wird entscheidend sein, inwieweit es den Gewerkschaften gelingt, eine überzeugende, an Gerechtigkeitsprinzipien orientierte Antwort auf den neuen, mehrdimensionalen Verteilungskonflikt zu finden. Dabei ist zu beachten, dass sich die aktuellen sozialen Konflikte nicht ausschließlich als Ressourcenkämpfe entschlüsseln lassen. Hinter Konkurrenz- und Interessenkonflikten verbirgt sich eine moralische Dimension des Kampfs. Den porträtierten jungen Arbeitern geht es auch um eine adäquate Würdigung ihres persönlichen Beitrags zum gesellschaftlichen Ganzen, um soziale Wertschätzung. Gerade die Blockierung des Bedürfnisses nach Anerkennung und die damit verbundenen Missachtungserfahrungen erzeugen Unzufriedenheit, die von der extremen Rechten instrumentalisiert wird. Hier hätte eine gewerkschaftliche Strategie anzusetzen, die klassische Schutzfunktionen durch eine qualitative Arbeitspolitik erweitert und den Sinn der Erwerbsarbeit ins Zentrum ihrer Forderungen rückt. Eine solche Politik müsste auf die vorsichtige Transformation produktivistischer Arbeiteridentitäten zielen, ohne zu verkennen, dass sich Anerkennung gerade in den unteren Einkommensgruppen wesentlich über den Lohn und die Verfügung über materielle Ressourcen vermittelt. Es würde also darum gehen, die absolute Priorität einkommensbezogener Verteilungspolitik durch eine allmähliche Ausweitung der zu bearbeitenden Verteilungsdimensionen (z.B. Verfügung über Zeit, Qualifizierungsmöglichkeiten, Geschlechterverhältnisse, Beteiligung an Entscheidung über das 'Wie' und 'Wozu' der Produktion) zu ersetzen."

An dieser Aufgabenstellung hat sich zu Beginn des 21. Jahrhunderts kaum etwas geändert. Sicher, klassenspezifische Verteilungskämpfe müssen wieder stärker gewichtet werden, doch sie können nur erfolgreich sein, sofern sie in eine sozialökologische Transformationsstrategie eingebettet werden. Die Auseinandersetzung um eine neue Kaufprämie mit Verbrennungsmotoren bietet dafür ein anschauliches Beispiel. Anders als während der Finanzkrise 2007–09 war eine solche Prämie im Auto-Deutschland der Corona-Krise nicht mehr durchsetzbar. Umso problematischer wirkt der Aufschrei aus den Führungsspitzen von DGB und IG Metall, der vor allem den Sozialdemokraten Unzuverlässigkeit vorwirft.[6] Dieser Aufschrei ist fatal,

---

6 Vgl: Gewerkschaftsbund-Chef warnt SPD vor Erstarken der AfD. In: Der Spiegel vom 14.06.2020. https://www.spiegel.de/politik/deutschland/dgb-chef-reiner-hoffmann-

denn er wird in der Öffentlichkeit als Indiz für konservierende Interessenpolitik wahrgenommen. Der größten Industriegewerkschaft scheint es demnach um bloße Besitzstandswahrung auf Kosten der Klimaziele zu gehen. Als konservierende Kraft geoutet, bleiben gewerkschaftliche Forderungen selbst dann auf der Strecke, wenn sie ökologisch sinnvoll sind.[7] Umgekehrt wird aber auch deutlich, worin die Schwäche ökologischer Bewegungen besteht. So wurde seitens der Umweltverbände viel argumentativer Aufwand betrieben, um eine erneute Abwrackprämie abzuwehren; Überlegungen zu den – legitimen – Beschäftigungsinteressen der Belegschaften in der Auto- und Zulieferindustrie gibt es in den ökologischen Bewegungen jedoch so gut wie nicht. Exemplarisch zeigt sich daran erneut eine fatale Dynamik, die im sozialökologischen Transformationskonflikt angelegt ist. Soziale und ökologische Frage drohen sich gegeneinander zu verselbständigen – und dies obwohl sämtliche genannten Akteure nicht nur Klima- und Dekarbonisierungsziele, sondern auch die Notwendigkeit sozialer Nachhaltigkeit im Prinzip anerkennen. Im Ergebnis werden beide Lager geschwächt.

Aus unserer Sicht lässt sich das nur ändern, wenn die überfällige Nachhaltigkeitsrevolution auch durch institutionelle, soziale Innovationen gefördert wird. Transformations- und Nachhaltigkeitsräte könnten zu Akteuren werden, die eine solche Aufgabe in den Regionen wahrzunehmen hätten. Solche Räte dürfen sich nicht allein aus den Repräsentationen von Arbeit, Kapital und Staat zusammensetzen. Um korporative Verkrustungen zu durchbrechen, wäre es ihre Aufgabe, auch Graswurzelbewegungen, Umweltverbände, Frauenorganisationen, Stadtteilinitiativen, Menschenrechtsgruppen und ähnliche zivilgesellschaftliche Organisationen an grundlegenden politischen Weichenstellungen zu beteiligen. Die Räte würden dazu beizutragen, Transparenz bei den regionalen Lebensbedingungen herzustellen und Investitionsentscheidungen anhand von Nachhaltigkeitskriterien zu überprüfen. Sie könnten zur Hälfte aus allgemeinen, freien, gleichen Wahlen hervorgehen, zur anderen Hälfte hätten sie sich aus Expert*innen zusammenzusetzen, die von zivilgesellschaftlichen Akteuren benannt werden. Der Gründungsprozess lässt sich jederzeit einleiten – durch Initiative von unten und im besten Falle mit Unterstützung durch lokale Gewerkschaftsgliederungen. Die Gründung solcher Räte wäre nicht nur ein

---

warnt-spd-vor-erstarken-der-afd-a-20a41f9f-2c97-49f8-9afd-4403f5a8d7ac. Zugegriffen: Juni 2020; Verzicht auf Autokaufprämie verschärft Konflikt zwischen SPD und Gewerkschaft. In: Der Spiegel vom 05.06.2020. https://www.spiegel.de/wirtschaft/soziales/ig-metall-zum-corona-konjunkturpaket-verzicht-auf-autokaufpraemie-verschaeft-konflikt-mit-spd-a-57f98920-f770-4fbf-b702-4e951b049607. Zugegriffen: Juni 2020.

7 Deutlich differenzierter als die IG-Metall-Spitze: Burmeister, Kai (2020): Für ein Transformationspaket – Aufgaben für linke Politik und Gewerkschaften rund ums Auto. In: SPW. Zeitschrift für sozialistische Politik und Wirtschaft 3/2020. https://www.spw.de/data/burmeister_konjunktur.pdf. Zugegriffen: Juni 2020.

Ziel, sondern auch die geeignete institutionelle Form für eine transformierende Klassenpolitik, die an jenem ökologischen Produzentenwissen ansetzt, das, wie gezeigt, in der Arbeiterschaft und den subalternen Klassen durchaus vorhanden ist.

Für entsprechende Strategien ist es wichtig, unterschiedliche Klassenpositionen zu beachten. Rechtsaffine Arbeiter*innen sind auch in ihrer eigenen Klassenfraktion (oder Schicht) in den meisten bundesdeutschen Regionen – noch – in der Minderheit. Ihnen mit Hilfe von Migrationskritik politisch entgegen zu kommen, würde darauf hinauslaufen, andere Teile der Arbeiterschaft zu verprellen. Hinzu kommt: Arbeiterpolitik ist noch keine inklusive Klassenpolitik. Selbstverständlich muss alles getan werden, um den Abwertungserfahrungen von Industrie- und Produktionsarbeitern entgegen zu wirken. Zur ausgebeuteten und kontrollierten Arbeiterklasse gehören neben dieser Fraktion aber auch Berufsgruppen wie Krankenschwestern, Erzieherinnen, Altenpfleger, Lagerarbeiter, Busfahrer und viele andere mehr. Nehmen wir als Beispiel die überwiegend weiblichen Beschäftigten in den Sozial- und Erziehungsdiensten, die 2015 in einem sechswöchigen Streik einen exemplarischen Kampf für die Aufwertung professioneller Reproduktionsarbeit führten. In diesem Bereich konstituierte professionelle Sorgearbeit, die auf Zuwendung, Emotionalität und Engagement beruht, ein neues Facharbeiter-Bewusstsein. Ausgerechnet eine berufliche Identität, die lange als Organisierungshemmnis galt, verwandelte sich in eine Quelle von Reproduktions- und gewerkschaftlicher Organisationsmacht. Angesichts geringer gewerkschaftlicher Organisationsgrade und einer zerklüfteten Tariflandschaft stellen berufliche Identitäten von Sorgearbeitern trotz ihrer Partikularität eine mögliche Sinnressource dar, die durchaus in Organisationsmacht und Konfliktfähigkeit überführt werden kann. Statt sich auf eine bestimmte Klassenfraktion wie die Industriearbeiterschaft zu fixieren, muss es daher ein Anliegen demokratischer Klassenpolitik sein, das kollektive Selbstbewusstsein aller Lohnabhängigen zu stärken. Das ist nur möglich, wenn Klassenpolitik der Intersektionalität von Klassenverhältnissen, ihrer Verschränkung mit den Konfliktachsen Natur, Ethnie/Nationalität und Geschlecht Rechnung trägt.

4. Reflexionsräume für eine neue Aufklärung

In diesem Zusammenhang gilt *drittens*: Nicht nur die Gewerkschaften, sondern alle demokratisch-zivilgesellschaftlichen Akteure benötigen – in der Bildungsarbeit, aber auch in den Betrieben, Verwaltungen, Organisationen, Schulen und Universitäten – noch immer neue Foren der Selbstreflexion. Nachhaltigkeitsziele gehören thematisiert. Sie müssen zum konstitutiven Bestandteil einer zweiten Aufklärung und damit zu einem emanzipatorischen Lehr- und Lernziel werden. Der Umgang mit der äußersten Rechten gehört in diesen Kontext. Gewerkschaften und Zivilgesellschaft benötigen arbeitsfähige Strukturen, die die Tabuisierung rechtspopulistischer oder rechtsradikaler Tendenzen in der Arbeitswelt und auch in den eigenen Reihen beenden und die internen Diskursregeln verändern. Alle, die Präsenz und Wirken rechtspopulistischer Orientierungen in Betrieben und Gewerkschaften offen ansprechen, sind selbstverständlich keineswegs Nestbeschmutzer, sondern sie agieren als verantwortungsbewusste Aufklärer*innen. Die Organisierung eines Erfahrungsaustauschs quer über Betriebs-, Unternehmens- und Organisationsgrenzen hinweg, der die Bedingungen erfolgreicher Gegenpolitik klärt, wäre ein notwendiger und längst überfälliger Schritt. Bleibt er aus, kann Sympathie für die extreme Rechte weiter im Verborgenen gedeihen. Zerstörerische Folgen für die Fundamente gewerkschaftlicher und zivilgesellschaftlicher Solidarität sind dann absehbar.

Insgesamt sollte man die Möglichkeiten politischer Bildung nicht unter- aber auch nicht überschätzen. Was gesellschaftlich entsteht, lässt sich nicht allein durch Bildungsarbeit beseitigen. Für gewerkschaftliche und betriebliche Interessenpolitik gilt Ähnliches. Man kann betrieblich (fast) alles richtig machen, ohne beim Kampf gegen die radikale Rechte jederzeit erfolgreich zu sein. Die Revolte von rechts ist ein gesellschaftliches Phänomen und nur der erfolgreiche Kampf für eine bessere Gesellschaft vermag ihr letztendlich Grenzen zu setzen. Dies zu vermitteln, hätte Aufgabe einer emanzipatorischen politischen Bildung zu sein, die sich offen und vorurteilsfrei, aber auch kritisch und offensiv mit der deep story rechtsaffiner Arbeiter*innen befasst. Zugegeben, wie vieles andere im Buch enthaltene, wäre diese Empfehlung auch schon vor 30 Jahren richtig gewesen. Prüft man die Vorschläge und Prognosen der versammelten Artikel, so hat sich überwiegend das Negative, kritisch Beäugte durchgesetzt. Allzu viel Grund für überschießende Hoffnungen besteht daher wohl nicht.

Doch Optimismus zu verbreiten ist Sache der Praktiker, nicht die der Wissenschaft. Letztere hat aufzudecken, worin der rationale und sogleich wieder verzerrte Kern rechter Orientierungen unter Lohnabhängigen besteht. Sie hat sichtbar zu machen, was die verdrängte Klassenproblematik solcher Orientierungen ausmacht. Eine zeitgemäße Klassentheorie und -analyse, die auf die Gegenwartsgesellschaften und deren Arbeiterschaft angewendet werden kann, ist hierfür unentbehrlich. Sonst könnte erneut gelten, was Mike Savage in seiner Begründung für eine Neuinterpretation der Klassenverhältnisse in Großbritannien im Anschluss an den Wahlsieg der Tories ironisch kommentiert: „Klassenpolitik hat stattgefunden, aber leider für die falschen Klassen."[8]

---

8 Savage, Mike (2015): Social Class in the 21st Century. London: Penguin Books. Ob Savages Klassenanalyse für das deutlich bessere Wahlergebnis von Labour 2017 mitverantwortlich ist, können wir leider nicht klären. Gleiches gilt für die Wahlniederlage von 2020.

Literatur

A

Abendroth, Wolfgang (Hg.) (1967): Faschismus und Kapitalismus. Theorien über die sozialen Ursprünge und die Funktionen des Faschismus. Frankfurt a. Main/Wien: Europa Verlag.

Adorno, Theodor/Frenkel-Brunswik, Else/Levinson Daniel J./Sanford, R. Nevitt (1973) [1950]: The Authoritarian Personality. New York: Harper & Brothers.

AfD (2017): Epochenwende. Eintrag vom 20. Januar 2017. http://www.afd-nb.de. Zugegriffen: März 2017.

– (2018): Die Produktivitätsrente. Es geht um Wertschätzung. Ein Konzept der AfD-Fraktion im Thüringer Landtag. Erfurt. https://afd-thl.de/wp-content/uploads/sites/20/2018/06/Rentenpapier-1.pdf. Zugegriffen: Juni 2020.

Agentur Edelmann (2019): Trust Barometer. Global Report. https://www.edelman.com/sites/g/files/aatuss191/files/2019-02/2019_Edelman_Trust_Barometer_Global_Report.pdf. Zugegriffen: März 2020.

Aichholzer, Julian/Kritzinger, Sylvia/Wagner, Markus/Zeglovits, Eva (2014): How has the Radical Right Support Transformed Established Political Conflicts? The Case of Austria. In: West European Politics 37/2014, S. 113-137.

Albert, Michel (1992): Kapitalismus contra Kapitalismus. Frankfurt a. Main: Campus.

Albright, Madeleine (2018): Faschismus. Eine Warnung. Köln: Dumont.

Altreiter, Carina (2019): Woher man kommt, wohin man geht. Über die Zugkraft der Klassenherkunft am Beispiel junger IndustriearbeiterInnen. Frankfurt a. Main/New York: Campus.

Altreiter, Carina/Flecker, Jörg/Papouschek, Ulrike/Schindler, Saskja/Schönauer, Annika (2019): Umkämpfte Solidaritäten. Spaltungslinien in der Gegenwartsgesellschaft. Wien: Promedia.

Altvater, Elmar/Mahnkopf, Brigitte (1993): Gewerkschaften vor der europäischen Herausforderung. Tarifpolitik nach Mauer und Maastricht. Münster: Westfälisches Dampfboot.

–(1996): Grenzen der Globalisierung. Ökonomie, Ökologie und Politik in der Weltgesellschaft. Münster: Westfälisches Dampfboot.

Anderson, Perry (1993): Zum Ende der Geschichte. Berlin: Rotbuch.

– (2019): Hegemonie. Berlin: Suhrkamp.

Arbeitsmarktservice (AMS) (2016): Arbeitsmarktlage Dezember 2016. https://www.ams.at/content/dam/dokumente/berichte/001_spezialthema_1216.pdf. Zugegriffen: September 2019.

Arendt, Hannah (2006): Elemente und Ursprünge totaler Herrschaft. Antisemitismus, Imperialismus, totale Herrschaft. 11. Aufl. München: Piper.

Arenz, Horst/Peter, Horst (1993): Anpassung oder Alternative – die SPD auf dem Weg zu „Petersberg II"? In: SPW. Zeitschrift für sozialistische Politik und Wirtschaft 72/1993, S. 53-58.

Atzmüller, Roland/Aulenbacher, Brigitte/Brand, Ulrich/Décieux, Fabienne/Fischer, Karin/Sauer, Birgit (Hg.) (2019): Capitalism in Transformation. Movements and Countermovements in the 21th Century. Cheltenham/ Northampton: Edward Elgar Publishing.

Aulenbacher, Brigitte/Funder, Maria/Jacobsen, Heike/Völker, Susanne (Hg.) (2007): Arbeit und Geschlecht im Umbruch der modernen Gesellschaft – Forschung im Dialog. Wiesbaden: VS.

Aulenbacher, Brigitte/Burawoy, Michael/Dörre Klaus/Sittel, Johanna (Hg.) (2017): Öffentliche Soziologie. Wissenschaft im Dialog mit der Gesellschaft. Public Sociology – Wissenschaft und gesellschaftsverändernde Praxis. Frankfurt a. Main/New York: Campus.

Azzará, Stefano (2019): Italien: Populistische Revolte und postmoderne bonapartistische Demokratie. In: Z. Zeitschrift Marxistische Erneuerung 117/2019, S. 36-47.

B

Bach, Stefan/Thiemann/Andreas/Zucco, Aline (2015): The Top Tail of the Wealth Distribution in Germany, France, Spain, and Greece. In: DIW Discussion Papers (2). Berlin.

Baethge, Martin/Hantsche, Brigitte/Pelull, Wolfgang (1989): Jugend: Arbeit und Identität. Lebensperspektiven und Interessenorientierung von Jugendlichen. Opladen: Leske + Budrich.

Baethge, Martin/Holger, Alda (2005): Berichterstattung zur sozioökonomischen Entwicklung in Deutschland: Arbeit und Lebensweisen. Erster Bericht. Soziologisches Forschungsinstitut. Wiesbaden: VS.

Bailer, Brigitte (2016): Rechtsextremes im Handbuch Freiheitlicher Politik – Eine Analyse. https://www.doew.at/cms/download/6gq4g/bailer_handbuch_fp.pdf. Zugegriffen: Juni 2020.

Bailer-Galanda, Brigitte/Neugebauer, Wolfgang (1997): Haider und die Freiheitlichen in Österreich. Berlin: Elefanten Press.

Balhorn, Loren/Bhaskar, Sunkara (Hg.) (2018): Jacobin. Die Anthologie. Berlin: Suhrkamp.

Balibar, Étienne (1990): Der „Klassen-Rassismus". In: Balibar, Étienne/Wallerstein, Immanuel, Rasse, Klasse, Nation. Ambivalente Identitäten. Hamburg: Argument, S. 247-260.

– (1993): Die Grenzen der Demokratie. Hamburg: Argument.

– (2013): Demokratie durch Widerstand: Der Staatsbürger als Rebell. In: Blätter für deutsche und internationale Politik 3/2013, S. 41-51.

Balibar, Étienne/Wallerstein, Immanuel (1990): Rasse, Klasse, Nation. Ambivalente Identitäten. Hamburg: Argument.

Bartels, Charlotte (2018). Einkommensverteilung in Deutschland von 1871 bis 2013: Erneut steigende Polarisierung seit der Wiedervereinigung. In: DIW-Wochenbericht 3/2018, S. 51-62.

Bartlett, Christopher A./Ghoshal, Sumantra (1990): Internationale Unternehmensführung. Innovation, globale Effizienz, differenziertes Marketing. Frankfurt a. Main: Campus.

Bathke, Peter/Spindler, Susanne (Hg.) (2006): Neoliberalismus und Rechtsextremismus in Europa. Zusammenhänge – Widersprüche – Gegenstrategien. Berlin: Dietz.

Bauman, Zygmunt (2017): Die Angst vor den anderen. Ein Essay über Migration und Panikmache. 4. Aufl. Frankfurt a. Main: Suhrkamp.

Bauer, Otto (1976): Der Faschismus. In: Werkausgabe, Band 4. Wien: Europa Verlag.

Beaud, Stéphane/Pialoux, Michel (2004) [1999]: Die verlorene Zukunft der Arbeiter. Die Peugeot-Werke von Sochaux-Montbéliard. Konstanz: UVK.

Beck, Ulrich (1986): Risikogesellschaft. Auf dem Weg in eine andere Moderne. Frankfurt a. Main: Suhrkamp.

– (1993): Die Erfindung des Politischen. Frankfurt a. Main: Suhrkamp.

– (1997): Was ist Globalisierung? Frankfurt a. Main: Suhrkamp.

Beck, Ulrich/Giddens, Anthony/Lash, Scott (Hg.) (1996): Reflexive Modernisierung. Eine Kontroverse. Frankfurt a. Main: Suhrkamp.

Beck, Martin/Stützle, Ingo (Hg.) (2018): Die neuen Bonapartisten. Mit Marx den Aufstieg von Trump und Co. verstehen. Berlin: Dietz.

Becker, Karina/Dörre, Klaus/Reif-Spirek, Peter (Hg.) (2018): Arbeiterbewegung von rechts? Ungleichheit – Verteilungskämpfe – populistische Revolte. Frankfurt a. Main/New York: Campus.

Becker, Kim Björn (2019): Neue Studie: Wer die AfD wählt, kennt kaum Ausländer. In: Frankfurter Allgemeine Zeitung vom 26.11.2019. https://www.faz.net/aktuell/politik/inland/neue-studie-wer-die-afd-waehlt-kennt-kaum-auslaender-16505033.html. Zugegriffen: Juni 2020.

Becker, Steffen/Sablowsky, Thomas/Schumm, Wilhelm (Hg.) (1997): Jenseits der Nationalökonomie? Weltwirtschaft und Nationalstaat zwischen Globalisierung und Regionalisierung. Hamburg: Argument.

Beigel, Thomas/Eckert, Georg (Hg.) (2017): Populismus. Varianten der Volksherrschaft in Geschichte und Gegenwart. Münster: Aschendorff.

Berger, Peter A./Vester, Michael (Hg.) (1998): Alte Ungleichheiten. Neue Spaltungen. Opladen: Leske + Budrich.

Bergmann, Joachim/Brückmann, Erwin/Dabrowski, Hartmut (1997): Reform des Flächentarifvertrages? Berichte aus den Betrieben. Hamburg: VSA.

Bibouche, Seddik/Held, Josef/Merkle, Gudrun (2009): Rechtspopulismus in der Arbeitswelt. Eine Analyse neuerer Studien. Düsseldorf: Hans-Böckler-Stiftung.

Bielefeld, Ulrich (Hg.) (1991): Das Eigene und das Fremde. Neuer Rassismus in der alten Welt? Hamburg: Junius.

Bieling, Hans-Jürgen (2017): Aufstieg des Rechtspopulismus im heutigen Europa. Umrisse einer gesellschaftstheoretischen Erklärung. In: WSI-Mitteilungen 8/2017, S. 557-565.

Binswanger, Mathias (2019): Der Wachstumszwang. Warum die Volkswirtschaft immer weiterwachsen muss, selbst wenn wir genug haben. Weinheim: WILEY-VCH.

Birsl, Ursula (1992): Frauen und Rechtsextremismus. In: Aus Politik und Zeitgeschichte, 3-4/1992, S. 22-30.

Birsl, Ursula/Lösche, Peter (2001): (Neo)Populismus in der deutschen Parteienlandschaft, oder: Erosion der politischen Mitte. In: Loch, Dietmar/Heitmeyer, Wilhelm (Hg.), Schattenseiten der Globalisierung. Frankfurt a. Main: Suhrkamp, S. 346-377.

Bischoff, Joachim/Dörre, Klaus/Gauthier, Elisabeth (Hg.) (2004): Moderner Rechtspopulismus. Ursachen, Wirkungen, Gegenstrategien. Hamburg: VSA.

Bittlingmayer, Uwe/Demirović, Alex/Freytag, Tatjana (Hg.) (2017): Handbuch kritische Theorie. Wiesbaden: Springer.

Bloch, Ernst (1973 [1959]): Das Prinzip Hoffnung. Erster Band. Frankfurt a. Main: Suhrkamp.

Blyth, Mark (2013): Wie Europa sich kaputtspart. Die gescheiterte Idee der Austeritätspolitik. Bonn: Dietz.

Bogner, Alexander/Littig, Beate/Menz, Wolfgang (2005): Das Experteninterview. Theorie, Methode, Anwendung. Wiesbaden: VS.

Bohnsack, Ralf (1993): Rekonstruktive Sozialforschung: Einführung in die Methodologie und Praxis qualitativer Forschung. Opladen: Leske + Budrich.

Bolaffi, Angelo/Maramao, Giacomo (1982): Die deutsche Sozialdemokratie heute – oder die Paradoxa einer Geschäftsführung der Arbeiterklasse. In: PROKLA – Zeitschrift für kritische Sozialwissenschaft 12(47)/1982, S. 35-54.

Boltanski, Luc/Chiapello, Ève (2003): Der neue Geist des Kapitalismus. Konstanz: UKV.

Bourdieu, Pierre (1988): Die feinen Unterschiede. Kritik der gesellschaftlichen Urteilskraft. 2. Aufl. Frankfurt a. Main: Suhrkamp.

– (Hg.) (1997[1993]): Das Elend der Welt. Zeugnisse und Diagnosen des alltäglichen Leidens an der Gesellschaft. Konstanz: UVK.

– (1998): Gegenfeuer. Wortmeldungen im Dienste des Widerstands gegen die neoliberale Invasion. Konstanz: UVK.

– (1993): „Aufruf zur Wachsamkeit": Initiative französischer Intellektueller gegen die Legitimierung der extremen Rechten. In: Blätter für deutsche und internationale Politik 10/1993, S. 1286-1288.

– (2000): Die zwei Gesichter der Arbeit. Interdependenzen von Zeit- und Wirtschaftsstrukturen am Beispiel einer Ethnologie der algerischen Übergangsgesellschaft. Konstanz: UVK.

Boyer, Robert/Drache, Daniel (1996): States against Markets. The limits of globalization. London/New York: Routledge.

Boyer, Robert/Durand, Jean-Pierre (1997): After Fordism. London: Macmillan.

Brandt, Peter, Braun, Rainer/Müller, Michael (Hg.) (2019): Frieden! Jetzt! Überall! Frankfurt a. Main: Westend.

Brinkmann, Ulrich/Dörre, Klaus/Röbenack, Silke/Kraemer, Klaus/Speidel, Frederic (2006): Prekäre Arbeit. Ursachen, Ausmaß, soziale Folgen und subjektive Verarbeitungsformen unsicherer Beschäftigungsverhältnisse. Expertise, herausgegeben vom Wirtschafts- und sozialpolitischen Forschungs- und Beratungszentrum der Friedrich-Ebert-Stiftung. Abteilung Arbeit und Sozialpolitik. Bonn: Friedrich-Ebert-Stiftung.

Brinkmann, Ulrich/Choi, Hae-Lin/Detje, Richard/Dörre, Klaus/Holst, Hajo/Karakayali, Serhat/Schmalstieg, Catharina (2008): Strategic Unionism: Aus der Krise zur Erneuerung? Umrisse eines Forschungsprogramms. Wiesbaden: VS.

Brinkmann, Heinz Ulrich/Panreck, Isabelle Christine (Hg.) (2019): Rechtspopulismus in Einwanderungsgesellschaften. Die politische Auseinandersetzung um Migration und Integration. Wiesbaden: Springer.

Brenke, Karl/Kritikos, Alexander S. (2017): Wählerstruktur im Wandel. In: DIW-Wochenbericht 29/2017, S. 595-606.

Bretthauer, Lars (2006): Materialität und Verdichtung bei Nicos Poulantzas. In: Bretthauer, Lars/Gallas, Alexander/Kannakulam, John/Stützle, Ingo (Hg.), Poulantzas lesen. Hamburg: VSA, S. 82-100.

Bretthauer, Lars/Gallas, Alexander/Kannakulam, John/Stützle, Ingo (Hg.) (2006): Poulantzas lesen. Hamburg: VSA.

Bröckling, Ulrich (2007): Das unternehmerische Selbst. Soziologie einer Subjektivierungsform. Frankfurt a. Main: Suhrkamp.

Bröckling, Ulrich/Krasmann, Susanne/Lemke, Thomas (Hg.) (2000): Gouvernementalität der Gegenwart. Studien zur Ökonomisierung des Sozialen, Frankfurt a. Main: Suhrkamp.

Buci-Glucksmann, Christine/Therborn, Göran (1982): Der sozialdemokratische Staat. Die Keynesianisierung der Gesellschaft. Hamburg: VSA.

Buckel, Sonja (2006): Die juridische Verdichtung von Kräfteverhältnissen. In: Bretthauer, Lars/Gallas, Alexander/Kannakulam, John/Stützle, Ingo (Hg.), Poulantzas lesen. Hamburg: VSA, S. 171-187.

Burawoy, Michael (2015): Public Sociology. Öffentliche Soziologie gegen Marktfundamentalismus und globale Ungleichheit. Hg. v. Aulenbacher, Brigitte/Dörre, Klaus, Nachwort v. Urban, Hans-Jürgen. Weinheim: Beltz Juventa.

Burmeister, Kai (2020): Für ein Transformationspaket – Aufgaben für linke Politik und Gewerkschaften rund ums Auto. In: SPW. Zeitschrift für sozialistische Politik und Wirtschaft 3/2020. https://www.spw.de/data/burmeister_konjunktur.pdf. Zugegriffen: Juni 2020.

Busch, Klaus/Bischoff, Joachim/Funke, Hajo (2020): Der Rechtspopulismus gefährdet die EU – ist der European Green Deal eine Alternative? In: SPW. Zeitschrift für sozialistische Politik und Wirtschaft 236/2020, S. 19-26.

Butzlaff, Felix/Micus, Matthias/Walter, Franz (Hg.) (2011): Genossen in der Krise? Europas Sozialdemokratie auf dem Prüfstand. Göttingen: Vandenhoeck & Ruprecht.

C

Camus, Renaud (2019): Revolte gegen den großen Austausch. Schnellroda: Verlag Antaios.

Candeias, Mario (2017): Eine Frage der Klasse. Neue Klassenpolitik als verbindender Antagonismus. In: LuXemburg, Sonderausgabe 2017, S. 1-12. www.zeitschrift-luxemburg.de/eine-frage-der-klasse-neue-klassenpolitik-als-verbindender-antagonismus/. Zugegriffen: 10.11.2019.

Candeias, Mario/Brie, Michael (2017): Linkspartei: Gegen das politische Vakuum. In: Blätter für deutsche und internationale Politik 11/2017, S. 81-86.

Castel, Robert (2000): Die Metamorphosen der sozialen Frage. Eine Chronik der Lohnarbeit. Konstanz: UKV.

– (2005): Die Stärkung des Sozialen. Leben im neuen Wohlfahrtsstaat. Hamburg: Hamburger Edition.

– (2011): Die Krise der Arbeit. Neue Unsicherheiten und die Zukunft des Individuums. Hamburg: Hamburger Edition.

Castel, Robert/Dörre, Klaus (Hg) (2009): Prekarität, Abstieg, Ausgrenzung. Die soziale Frage am Beginn des 21. Jahrhunderts. Frankfurt a. Main/New York: Campus.

Chancel, Lucas/Piketty, Thomas (2015): Carbon and inequality: From Kyoto to Paris. http://piketty.pse.ens.fr/files/ChancelPiketty2015.pdf. Zugegriffen: Juni 2020.

Chiocchetti, Paolo/Allemand, Frédéric (Hg.) (2018): Competitiveness and Solidarity in the European Union: Interdisciplinary Perspectives. London: Routledge.

Ciftci, Ridvan/Fisahn, Andreas (Hg.) (2019): Nach-Gelesen. Ein- und weiterführende Texte zur materialistischen Theorie von Staat, Demokratie und Recht. Hamburg: VSA.

Claussen, Detlev (1992): If you can't beat them, join them? In: Frankfurter Rundschau vom 19.09.1992.

Cohen, Phil (1991): Wir hassen Menschen, oder: Antirassismus und Antihumanismus. In: Bielefeld, Ulrich (Hg.), Das Eigene und das Fremde. Hamburg: Junius, S. 311-335.

Collier, Paul (2014): Exodus. Warum wir Einwanderung neu regeln müssen. München: Siedler.

Connell, Raewyn W./Wood, Julian (2005): Globalization and Business Masculinities. In: Men and Masculinities 7/2005, S. 347-364.

Credit Suisse Research Institute (2016): Global Wealth Report 2016. https://www.credit-suisse.com/about-us/en/reports-research/studies-publications.html. Zugegriffen: Dezember 2017.

Crouch, Colin (1993): Industrial Relations and European State Traditions. Oxford: Clarendon Press.

Crouch, Colin/Streeck, Wolfgang (1997): Political Economy of Modern Capitalism. Mapping Convergence & Diversity. London: Sage.

D

Dahrendorf, Ralf (1957): Soziale Klassen und Klassenkonflikt in der industriellen Gesellschaft. Stuttgart: Ferdinand Enke.

Decker, Frank (2004): Der neue Rechtspopulismus. 2. Aufl. Opladen: Budrich + Leske.

Demirović, Alex (1992): Vom Vorurteil zum Neorassismus. Das Objekt „Rassismus" in Ideologiekritik und Ideologietheorie. In: Institut für Sozialforschung (Hg.), Aspekte der Fremdenfeindlichkeit. Frankfurt a. Main: Campus.

– (Hg.) (2018): Wirtschaftsdemokratie neu denken. Münster: Westfälisches Dampfboot.

Demirović, Alex/Hirsch, Joachim/Jessop, Bob (2017): Einleitung. In: Poulantzas, Nicos (2017 [1978]): Staatstheorie. Politischer Überbau, Ideologie, Autoritärer Etatismus. Hamburg: VSA.

Denzin, Norman K. (1989): The research act: A theoretical introduction to sociological methods. New Jersey: Prentice-Hall.

Deppe, Frank (1971): Das Bewußtsein der Arbeiter. Studien zur politischen Soziologie des Arbeiterbewußtseins. Mit einem Anhang von Helga Deppe-Wolfinger. Gewerkschaftliche Jugendbildung und politisches Bewußtseins. Köln: Pahl Rugenstein.

– (1997): Fin de Siécle. Am Übergang ins 21. Jahrhundert. Köln: PapyRossa.

– (1999ff.): Politisches Denken im 20. Jahrhundert, 5 Bde. Hamburg: VSA Verlag.

– (2018): Bonapartismus reloaded. In: Beck, Martin/Stützle, Ingo (Hg.), Die neuen Bonapartisten. Mit Marx den Aufstieg von Trump und Co verstehen, Berlin: Dietz, S. 239-255.

Destatis (2016): Datenreport 2016. Ein Sozialbericht für die Bundesrepublik Deutschland. https://www.destatis.de/GPStatistik/servlets/MCRFileNodeServlet/DEHeft_derivate_00021684/Datenreport2016.pdf%3Bjsessionid%3DE5C94A0A9F27899774E66A2BE50E59FF. Zugegriffen: März 2018.

Detje, Richard/Menz, Wolfgang/Nies, Sarah/Sauer, Dieter (2011): Krise ohne Konflikt? Interessen- und Handlungsorientierungen im Betrieb – die Sicht von Betroffenen. Hamburg: VSA.

Detje, Richard/Menz, Wolfgang/Nies, Sarah/Sauer, Dieter/Bischoff, Joachim (2013): Krisenwahrnehmung. Neue Befunde zum Betriebs-, Alltags- und Gesellschaftsbewusstsein. In: Sozialismus 4/2013, S. 8-13.

DGB (Deutscher Gewerkschaftsbund) (2017): Bundestagswahl 2017. So haben GewerkschafterInnen gewählt. https://www.dgb.de/++co++1aca2e9e-a209-11e7-99c0-525400e5a74a. Zugegriffen: November 2017.

Dörre, Klaus (1992): Vom Klassenindividuum zum Aktivbürger? 2 Bde. Dissertation. Marburg.

Dörre, Klaus (1995): Junge GewerkschafterInnen. Vom Klassenindividuum zum Aktivbürger? Gewerkschaftliches Engagement im Leben junger Lohnabhängiger. Münster: Westfälisches Dampfboot (Veröffentlichte Fassung der Dissertation von 1992).
- (1997): Globalisierung – eine strategische Option. Internationalisierung von Unternehmen und industrielle Beziehungen in der Bundesrepublik. In: Industrielle Beziehungen. Zeitschrift für Arbeit, Organisation und Management 4/1997, S. 265- 290.
- (2006): Prekarisierung der Arbeitsgesellschaft – Ursache einer rechtspopulistischen Unterströmung? In: Bathke, Peter/Spindler, Susanne (Hg.), Neoliberalismus und Rechtsextremismus in Europa. Zusammenhänge – Widersprüche – Gegenstrategien. Berlin: Dietz, S. 153-166.
- (2007): Prekarisierung und Geschlecht. Ein Versuch über unsichere Beschäftigung und männliche Herrschaft in nachfordistischen Arbeitsgesellschaften. In: Aulenbacher, Brigitte/Funder, Maria/Jacobsen, Heike/Völker, Susanne (Hg.), Arbeit und Geschlecht im Umbruch der modernen Gesellschaft – Forschung im Dialog. Wiesbaden: VS, S. 285-301.
- (2009a): Prekarität im Finanzmarkt-Kapitalismus. In: Castel, Robert/Dörre, Klaus (Hg), Prekarität, Abstieg, Ausgrenzung. Die soziale Frage am Beginn des 21. Jahrhunderts. Frankfurt a. Main/New York: Campus, S. 35-64.
- (2009b): Die neue Landnahme. Dynamiken und Grenzen des Finanzmarktkapitalismus. In: Dörre, Klaus/Rosa, Hartmut/Lessenich, Stephan (Hg.), Soziologie – Kapitalismus – Kritik. Eine Debatte, Frankfurt a. Main: Suhrkamp, S. 21-86.
- (2012a): Landnahme, das Wachstumsdilemma und die „Achsen der Ungleichheit". In: Berliner Journal für Soziologie 1/2012, S. 101-128.
- (2012b): Schluss. Was ist Kapitalismus, was Arbeit? Resümee und Ausblick. In: Dörre, Klaus/Sauer, Dieter/Wittke, Volker (Hg.), Kapitalismustheorie und Arbeit. Neue Ansätze soziologischer Kritik. Frankfurt a. Main/New York: Campus, S. 488-508.
- (2013): Arbeitssoziologie und Industriegesellschaft. Der Göttinger Ansatz im Rück- und Ausblick. Schlussteil. In: Schumann, Michael (Hg.), Das Jahrhundert der Industriearbeit. Soziologische Erkenntnisse und Ausblicke. Weinheim/Basel: Beltz Juventa, S. 163-194.
- (2015): Social Capitalism and Crisis: From the Internal to the External Landnahme. In: Dörre, Klaus/Lessenich, Stephan/Rosa, Hartmut (Hg.), Sociology – Capitalism – Critique. London/New York: Verso, S. 247-277.
- (2016): Die national-soziale Gefahr. PEGIDA, neue Rechte und der Verteilungskonflikt – sechs Thesen. In: Rehberg, Karl-Siegbert /Kunz, Franziska/Schlinzig, Tino (Hg.), PEGIDA – Rechtspopulismus zwischen Fremdenangst und „Wende"-Enttäuschung? Analysen im Überblick. Bielefeld: Transcript, S. 259-288.
- (2017a): Prekarität. In: Hirsch-Kreinsen, Hartmut/Minssen, Heiner (Hg.), Lexikon der Arbeits- und Industriesoziologie. 2. Aufl. Baden-Baden: Nomos, S. 258-261.
- (2017b): Nach dem schnellen Wachstum: Große Transformation und öffentliche Soziologie. In: Aulenbacher, Brigitte/Burawoy, Michael/Dörre, Klaus/Sittel, Johanna (Hg.), Öffentliche Soziologie. Wissenschaft im Dialog mit der Gesellschaft. Public Sociology – Wissenschaft und gesellschaftsverändernde Praxis. Frankfurt a. Main/New York: Campus, S. 33-67.

– (2017c): Kritische Theorie und Krise: Landnahme an den Grenzen kapitalistischer Dynamik. In: Bittlingmayer, Uwe/Demirović, Alex/Freytag, Tatjana (Hg.), Handbuch kritische Theorie. Wiesbaden: Springer, S. 1-29.
– (2018): A Right-Wing Workers' Movement? Impressions from Germany. In: Global Labour Journal 9(3)/2018, S. 339-347.
– (2019a): Social Capitalism is a Thing of the Past: Competition-driven Landnahme and the Metamorphosis of the German Model. In: Chiocchetti, Paolo/Allemand, Frédéric (Hg.), Competitiveness and Solidarity in the European Union: Interdisciplinary Perspectives. London: Routledge, S. 149-181.
– (2019b): Vorwort. In: Heyder, Uta (Hg.), Born in the GDR. angekommen in Deutschland. 30 Lebensberichte nach Tonbandprotokollen aus Sachsen, Sachsen-Anhalt und Thüringen. Quedlinburg: Verlag Bussert & Stadeler, S. 9-12.
– (2019c): „Land zurück!" Arbeiter, Abwertung, AfD. In: WSI-Mitteilungen 72(3)/2019, S. 168-176.
– (2019d): Umkämpfte Globalisierung und soziale Klassen. 20 Thesen für eine demokratische Klassenpolitik. In: Candeias, Mario/Dörre, Klaus/Goes, Thomas E. (Hg.), Demobilisierte Klassengesellschaft und Potenziale verbindender Klassenpolitik. Beiträge zur Klassenanalyse (2). Rosa-Luxemburg-Stiftung, Manuskripte – Neue Folge 23. Berlin, S. 11-56.– (2019e): „Take Back Control!". Marx, Polanyi and Right-Wing Populist Revolt. In: Österreichische Zeitschrift für Soziologie 44(2)/2019, S. 225-243.
– (2019f): Auf der Suche nach dem wahren Kern der deep story. Rechtspopulismus bei Lohnabhängigen als Herausforderung für die politische Bildung. In: Journal für politische Bildung 9(1)/2019, S. 28-33.
– (2019g): Bonapartismus von links – die Bedeutung der Thüringenwahl für progressive Politik. In: SPW. Zeitschrift für sozialistische Politik und Wirtschaft 235/2019, S. 12-16.
– (2019h): Risiko Kapitalismus. Landnahme, Zangenkrise, Nachhaltigkeitsrevolution. In: Dörre, Klaus/ Rosa, Hartmut/Becker, Karina/Bose, Sophie/Seyd, Benjamin (Hg.), Große Transformation? Zur Zukunft moderner Gesellschaften. Sonderband des Berliner Journals für Soziologie. Wiesbaden: VS, S. 3-34.
– (2020): Thüringen: Vom Tabubruch zum Ramelow-Comeback und darüber hinaus. In: SPW. Zeitschrift für sozialistische Politik und Wirtschaft 1/2020, S. 49-54.
Dörre, Klaus/Baethge, Martin/Grimm, Andrea/Pelull, Wolfgang (1993): Weder „geduldige Lohnarbeiter" noch „individualistische Yuppies". Eine Studie über junge Angestellte und Gewerkschaften im privaten Dienstleistungssektor. Forschungsbericht. Göttingen.
Dörre, Klaus/Elk-Anders, Rainer/Speidel, Frederic (1997): Globalisierung als Option. Internationalisierungspfade von Unternehmen, Standortpolitik und industrielle Beziehungen. In: SOFI Mitteilungen Nr. 25, S. 43-71.
Dörre, Klaus/Röttger, Bernd (2006): Im Schatten der Globalisierung. Strukturpolitik, Netzwerke und Gewerkschaften in altindustriellen Regionen. Wiesbaden: VS.
Dörre, Klaus/Kraemer, Klaus/Speidel, Frederic (2006): Prekäre Beschäftigungsverhältnisse – Ursache von sozialer Desintegration und Rechtsextremismus? Abschlussbericht. Forschungsverbund „Desintegrationsprozesse – Stärkung von Integrationspotenzialen einer modernen Gesellschaft" – Projekt 2. Online unter: https://www.uni-bielefeld.de/ikg/

Forschungsverbund_Desintegration/Abschlussberichte/Projekt02_Endbericht_Doerre. pdf. Zugegriffen: Dezember 2019.

Dörre, Klaus/Lessenich, Stephan/Rosa, Hartmut (2009): Soziologie – Kapitalismus – Kritik: Eine Debatte. Frankfurt a. Main: Suhrkamp.

Dörre, Klaus/Sauer, Dieter/Wittke, Volker (Hg.) (2012): Kapitalismustheorie und Arbeit. Neue Ansätze soziologischer Kritik. Frankfurt a. Main/New York: Campus.

Dörre, Klaus/Scherschel, Karin/Booth, Melanie/Haubner, Tine/Marquardsen, Kai/Schierhorn, Karin (2013): Bewährungsproben für die Unterschicht? Soziale Folgen aktivierender Arbeitsmarktpolitik. International Labour Studies – Internationale Arbeitsstudien. Band 3. Frankfurt a. Main/New York: Campus.

Dörre, Klaus/Happ, Anja/Matuschek, Ingo (Hg.) (2013): Das Gesellschaftsbild der LohnarbeiterInnen. Soziologische Untersuchungen in ost- und westdeutschen Industriegebieten. Hamburg: VSA.

Dörre, Klaus/Lessenich, Stephan/Rosa, Hartmut (Hg.) (2015): Sociology – Capitalism – Critique. London/New York: Verso.

Dörre, Klaus/Goes, Thomas/Schmalz, Stefan/Thiel, Marcel (2017): Streikrepublik Deutschland? Die Erneuerung der Gewerkschaften in Ost und West. Frankfurt a. Main/New York: Campus.

Dörre, Klaus/Bose, Sophie/Lütten, John/Köster, Jakob (2018): Arbeiterbewegung von rechts? Motive und Grenzen einer imaginären Revolte. In: Berliner Journal für Soziologie 28(1-2)/2018, S. 55-90. https://link.springer.com/article/10.1007%2Fs11609-018-0352-z. Zugegriffen: Mai 2018.

Dörre, Klaus/Becker, Karina (2019): Völkisch populism: a Polanyian-type movement? In: Atzmüller, Roland/Aulenbacher, Brigitte/Brand, Ulrich/Décieux, Fabienne/Fischer, Karin/Sauer, Birgit (Hg.), Capitalism in Transformation. Movements and Countermovements in the 21th Century. Cheltenham/ Northampton: Edward Elgar Publishing, S. 152-168.

Dörre, Klaus/Rosa, Hartmut/Becker, Karina/Bose, Sophie/Seyd, Benjamin (Hg.) (2019): Große Transformation? Zur Zukunft moderner Gesellschaften. Sonderband des Berliner Journals für Soziologie. Wiesbaden: VS.

Dubet, François (2008): Ungerechtigkeiten. Zum subjektiven Ungerechtigkeitsempfinden am Arbeitsplatz. Hamburg: Hamburger Edition.

Duhm, Dieter (1972): Angst im Kapitalismus, Lampertheim: Küpler.

van Dyk, Silke/Dowling, Emma/Graefe, Stefanie (2017): Rückkehr des Hauptwiderspruchs? Anmerkungen zur aktuellen Debatte um den Erfolg der Neuen Rechten und das Versagen der „Identitätspolitik". In: PROKLA – Zeitschrift für Kritische Sozialwissenschaft 47(188)/2017, S. 411-420.

Dworzak, Hermann (2006): Modernisierter Rechtsextremismus und Rechtspopulismus am Beispiel Österreichs. In: Bathke, Peter/Spindler, Susanne (Hg.), Neoliberalismus und Rechtsextremismus in Europa. Zusammenhänge – Widersprüche – Gegenstrategien. Berlin: Dietz, S. 84-87.

E

Eagleton, Terry (2011): Warum Marx recht hat. Berlin: Ullstein.

Ehrenberg, Alain (2008): Das erschöpfte Selbst. Depression und Gesellschaft in der Gegenwart. Frankfurt a. Main: Suhrkamp.

Elfferding, Wieland (1992): Das Unheimliche in der gegenwärtigen Kritik am linken Antifaschismus. In: Widerspruch 24/1992, S. 179-184.

Engels, Friedrich (1990 [1895]): Einleitung zu Karl Marx' „Klassenkämpfe in Frankreich 1848 bis 1850". In: Marx-Engels-Werke (MEW) 22. Berlin: Dietz, S. 459-493.

Engler, Wolfgang (2004): Die Ostdeutschen als Avantgarde. Berlin: Aufbau.

Eribon, Didier (2016): Rückkehr nach Reims. Berlin: Suhrkamp.

– (2019): Betrachtungen zur Schwulenfrage. Berlin: Suhrkamp.

Esping-Andersen, Gøsta (1996): The Three Worlds of Welfare Capitalism. Cambridge: John Wiley & Sons.

Evans, Geoffrey/Tilley, James (2017): The New Politics of Class. Oxford: University Press.

F

Fallend, Franz/Habersack, Fabian/Heinisch, Reinhard (2018): Rechtspopulismus in Österreich. Zur Entwicklung der Freiheitlichen Partei Österreichs. In: Aus Politik und Zeitgeschichte 34-35/2018, S. 33-40.

FAZ (Frankfurter Allgemeine Zeitung) vom 29.08.2018: AfD-Fraktionschef: Gauland bezeichnet Krawalle als „Selbstverteidigung". https://www.faz.net/aktuell/politik/inland/afd-chef-gauland-nennt-krawalle-in-chemnitz-selbstverteidigung-15761753.html. Zugegriffen: Oktober 2018.

Feier, Tobias (2011): Flexibel Arbeiten – Flexibel Leben? Flexibilitätsanforderungen und die Bewältigung des Alltags. Masterarbeit. Jena.

Fiedler, Maria (2018): Rechte Kandidaten streben in die Betriebsräte. In: Der Tagesspiegel. 16.01.2018. https://www.tagesspiegel.de/themen/agenda/betriebsratswahlen-im-fruehjahr-rechte-kandidaten-streben-in-die-betriebsraete/20849470.html. Zugegriffen: März 2018.

Fischer, Gabriele/Gundert, Stefanie/Kawalec, Sandra/Sowa, Frank/Stegmaier, Jens/Tesching, Karin/Theuer, Stefan (2015): Situation atypisch Beschäftigter und Arbeitszeitwünsche von Teilzeitbeschäftigten. Quantitative und qualitative Erhebung sowie begleitende Forschung. IAB-Forschungsprojekt im Auftrag des Bundesministeriums für Arbeit und Soziales. Endbericht 2015. http://doku.iab.de/grauepap/2015/Forschungsprojekt_Atypik_V2_35.pdf. Zugegriffen: März 2018.

Flecker, Jörg (2004): Die populistische Lücke: Umbrüche in der Arbeitswelt und ihre politische Verarbeitung. FORBA-Schriftenreihe 1/2004. Wien.

Flecker, Jörg/Hentges, Gudrun (2004): Rechtspopulistische Konjunktur in Europa – sozioökonomischer Wandel und politische Orientierungen. In: Bischoff, Joachim/Dörre, Klaus/Gauthier, Elisabeth (Hg.), Moderner Rechtspopulismus. Ursachen, Wirkungen, Gegenstrategien. Hamburg: VSA, S. 119-149.

Flecker, Jörg/Krenn, Manfred (2004): Abstiegsängste, verletztes Gerechtigkeitsempfinden und Ohnmachtsgefühle – zur Wahrnehmung und Verarbeitung zunehmender Unsicherheit und Ungleichheit in der Arbeitswelt. In: Zilian, Hans-Georg (Hg.), Insider und Outsider. Mering: Hampp, S. 158-181.

Flecker, Jörg/Kirschenhofer, Sabine (2007): Die populistische Lücke. Umbrüche in der Arbeitswelt und Aufstieg des Rechtspopulismus am Beispiel Österreichs. Berlin: Edition Sigma.

Flecker, Jörg/Altreiter, Carina/Schindler, Saskja (2018): Erfolg des Rechtspopulismus durch exkludierende Solidarität? Das Beispiel Österreich. In: Becker, Karina/Dörre, Klaus/Reif-Spirek, Peter (Hg.), Arbeiterbewegung von rechts? Ungleichheit – Verteilungskämpfe – populistische Revolte. Frankfurt a. Main/New York: Campus, S. 245-255.

Flecker, Jörg/Hentges, Gudrun/Grajczjar, István/Altreiter, Carina/Schindler, Saskja (2019): Extreme und populistische Rechtsparteien und die soziale Frage. Entwicklungen in Frankreich, Österreich, Ungarn und den Niederlanden. In: WSI-Mitteilungen 72(3)/2019, S. 212-219.

Flick, Uwe (2008): Qualitative Forschung. Ein Handbuch. Berlin: Rowohlt.

Forschungsgruppe Wahlen e.V. (2017): Wahlanalyse Bundestagswahl. http://www.forschungsgruppe.de/Wahlen/Wahlanalysen/Newsl_Bund_170928.pdf. Zugegriffen: März 2018.

Foster, John B. (2000): Marx's Ecology. Materialism and Nature. New York: Monthly Review Press.

Foucault, Michel (2000): Die Gouvernementalität. In: Bröckling, Ulrich/Krasmann, Susanne/Lemke, Thomas (Hg.), Gouvernementalität der Gegenwart. Studien zur Ökonomisierung des Sozialen. Frankfurt a. Main: Suhrkamp, S. 41-67.

Fraser, Nancy (2017): Für eine neue Linke oder: Das Ende des progressiven Neoliberalismus. In: Blätter für deutsche und internationale Politik 62(2)/2017. https://www.blaetter.de/ausgabe/2017/februar/fuer-eine-neue-linke-oder-das-ende-des-progressiven-neoliberalismus. Zugegriffen: Dezember 2017.

Fratzscher, Marcel (2016): Verteilungskampf. Warum Deutschland immer ungleicher wird. München: Hanser.

v. Freyberg, Thomas (1992): Anmerkungen zur aktuellen Welle von Fremdenhaß. In: Institut für Sozialforschung (Hg,), Aspekte der Fremdenfeindlichkeit. Frankfurt a. Main: Campus, S. 71-89.

Friedrich, Sebastian (2016): Falsche Alternativen: Warum breite Bündnisse gegen die AfD keine Perspektive für Linke sind. In: Kellershohn, Helmut/Kastrup, Wolfgang (Hg.), Kulturkampf von rechts. AfD, Pegida und die Neue Rechte. Münster: Unrast, S. 230-234.

– (Hg.) (2018): Neue Klassenpolitik. Linke Strategien gegen Rechtsruck und Neoliberalismus. Berlin: Bertz und Fischer.

Frölich-Steffen, Susanne (2004): Die Identitätspolitik der FPÖ: vom Deutschnationalismus zum Österreich-Patriotismus. In: Österreichische Zeitschrift für Politikwissenschaft 33(3)/2004, S. 281-295.

Fromm, Erich (1936): Sozialpsychologischer Teil. In: Horkheimer, Max (Hg.), Studien über Autorität und Familie. Forschungsberichte aus dem Institut für Sozialforschung. Librairie Félix Alcan, S. 77-136.

– (2018[1976]): Haben oder Sein. Die seelischen Grundlagen einer neuen Gesellschaft. München: dtv.

Fromm, Thomas/Hägler, Max (2020): Wo es besonders wehtut. Die Krise erfasst zunehmend die Großen wie BMW oder Karstadt-Kaufhof. Aber am härtesten trifft es Kneipen und Hotels. In: Süddeutsche Zeitung vom 20./21. 06. 2020. https://www.sueddeutsche.de/wirtschaft/corona-schaeden-wo-es-der-wirtschaft-besonders-wehtut-1.4941769. Zugegriffen: Juni 2020.

Fukuyama, Francis (2019): Identität. Wie der Verlust der Würde unsere Demokratie gefährdet. Hamburg: Hoffmann und Campe.

Funk, Rainer (2007): Das Leben selbst ist eine Kunst. Einführung in das Leben und Werk von Erich Fromm. Freiburg: Herder.

G

Galbraith, James K. (2016): Wachstum neu denken. Was die Wirtschaft aus den Krisen lernen muss. Zürich: Rotpunkt.

Gallagher, Kevin P./Kozul-Wright, Richard (2019): A New Multilateralism for Shared Prosperity. Geneva Principles for a Global Green New Deal. Genf: UNCTAD.

Gauland, Alexander (2018): Warum muss es Populismus sein? In: Frankfurter Allgemeine Zeitung vom 06.10.2018. https://www.faz.net/aktuell/politik/inland/alexander-gauland-warum-muss-es-populismus-sein-15823206.html. Zugriff: Juni 2020.

Geiges, Lars/Marg, Stine/Walter, Franz (2015): Pegida. Die schmutzige Seite der Zivilgesellschaft? Bielefeld: Transcript.

Geiselberger, Heinrich (Hg.): Die große Regression. Eine internationale Debatte über die geistige Situation der Zeit. Berlin: Suhrkamp.

Gertz, Holgar (2017): Superstar. In: Süddeutsche Zeitung vom 30./31.12.2017.

Gerybadze, Alexander/Meyer-Krahmer, Frieder/Reger, Guido (1997): Globales Management von Forschung und Entwicklung. Stuttgart: Schäffer-Poeschel.

G.I.B. (Gesellschaft für Innovative Beschäftigungsförderung mbH) (2018): G.I.B.-Info 2/2018, S. 76-105.

Giddens, Anthony (1995): Konsequenzen der Moderne. Frankfurt a. Main: Suhrkamp.

– (1997): Jenseits von Links und Rechts. Frankfurt a. Main: Suhrkamp.

Gießelmann, Bente/Heun, Robin/Kerst, Benjamin/Suermann, Lenard/Virchow, Fabian (Hg.) (2016): Handwörterbuch rechtsextremer Kampfbegriffe. Schwalbach: Wochenschau Verlag.

Gläser, Joche/Laudel, Grit (2004): Experteninterviews und qualitative Inhaltsanalyse als Instrumente rekonstruktiver Untersuchungen. Stuttgart: UTB.

Glaser, Barney G./Strauss, Anselm L. (1998): Grounded Theory. Strategien qualitativer Forschung. Bern: Huber.

Goldthorpe, John H./Lockwood, David/Bechhofer, Frank/Platt, Jennifer (1967): The affluent worker and the thesis of embourgeoisement: Some preliminary research findings. In: Sociology 1/1967, S. 11-31.

Goodhart, David (2017): The Road to Somewhere. The New Tribes Shaping British Politics. München: Penguin.

Goodwyn, Lawrence (1978): The populist moment. A short history of the agrarian revolt in America. Oxford: University Press.

Gordon, Robert J. (2016): The Rise and Fall of American Growth. The U.S. Standard of Living Since the Civil War. Princeton: University Press.

Gorz, André (1989): Kritik der ökonomischen Vernunft. Sinnfragen am Ende der Arbeitsgesellschaft. Zürich: Rotpunkt.

Göttinger Institut für Demokratieforschung (2017): Rechtsextremismus und Fremdenfeindlichkeit in Ostdeutschland. Ursachen und Hintergründe für Rechtsextremismus, Fremdenfeindlichkeit und fremdenfeindlich motivierte Übergriffe in Ostdeutschland sowie die Ballung in einzelnen ostdeutschen Regionen. Abschlussbericht des Forschungsprojekts. Studie im Auftrag der Beauftragten der Bundesregierung für die neuen Bundesländer. http://www.demokratie-goettingen.de/content/uploads/2017/07/ studie-rechtsextremismus-in-ostdeutschland-kurzfassung_offiziell.pdf. Zugegriffen: September 2017.

Götze, Karl-Heinz (2017): Er fehlt. Heiner Müllers Kritik des Kapitalismus. In: Das Argument 323/2017, S. 288-292.

Graham, Andrew (1997): The UK 1979–95: Myths and Realities of Conservative Capitalism. In: Crouch, Colin/Streeck, Wolfgang (Hg.), Political Economy of Modern Capitalism. Mapping Convergence & Diversity. London: Sage, S. 117-133.

Grajczjar, István/Nagy, Zsófia/Örkény, Antal/Hofmann, Julia (2018): Routes to right-wing extremism in times of crisis. An Austrian-Hungarian comparison based on the SOCRIS survey. https://socio.hu/uploads/files/2018eng_culther/2018eng_grajcz-jar.pdf. Zugegriffen: Dezember 2019.

Gramsci, Antonio (1967): Philosophie der Praxis. Eine Auswahl. Hg. u. übers. von Riechers, Christian. Frankfurt a. Main: Fischer.

– (1991ff.): Gefängnishefte. Band 1-10. Hg. v. Wolfgang Fritz Haug. Hamburg: Argument.

Grober, Ulrich (2013): Die Entdeckung der Nachhaltigkeit. Kulturgeschichte eines Begriffs. München: Verlag Antje Kunstmann.

Gumbrell-McCormick, Rebecca/Hyman, Richard (2017): What about the workers? The implications of Brexit for the British and European labour. In: Competition and Change 21(3)/2017, S. 169-184.

H

Habermas, Jürgen (1987): Theorie des kommunikativen Handelns. Frankfurt a. Main: Suhrkamp.

– (1992): Faktizität und Geltung. Beiträge zur Diskurstheorie des Rechts und des demokratischen Rechtsstaats. Frankfurt a. Main: Suhrkamp.

– (2016): Für eine demokratische Polarisierung. In: Blätter für deutsche und internationale Politik 61(11)/2016. https://www.blaetter.de/ausgabe/2016/november/fuer-eine-demokratische-polarisierung. Zugegriffen: Dezember 2017.

– (2019): Auch eine Geschichte der Philosophie. Band 2. Vernünftige Freiheit. Spuren des Diskurses über Glauben und Wissen. Berlin: Suhrkamp.

– (2020): Moralischer Universalimus in Zeiten politischer Regression. In: Leviathan 48(1)/2020, S. 7-28.

Hall, Stuart (1989a): Rassismus als ideologischer Diskurs. In: Das Argument 178/1989, S. 913-922.

– (1989b): Ausgewählte Schriften. Ideologie, Kultur, Medien, Neue Rechte, Rassismus. Hamburg: Argument.

– (2014a): Nicos Poulantzas: Staatstheorie. In: Ders.: Populismus. Hegemonie. Globalisierung. Ausgewählte Schriften 5. Hamburg: Argument.

– (2014b): Popular-demokratischer oder autoritärer Populismus. In: Ders.: Populismus. Hegemonie. Globalisierung. Ausgewählte Schriften 5. Hamburg: Argument.

– (2014c): Ausgewählte Schriften 5. Hamburg: Argument.

Hamburger Abendblatt vom 17.06.2005: Fremdarbeiter – Lafontaine erntet Kritik für ein Wort. https://www.abendblatt.de/politik/deutschland/article107006753/Fremdarbeiter-Lafontaine-erntet-Kritik-fuer-ein-Wort.html. Zugegriffen: Juni 2020.

Hamilton, Richard F. (1968): Einkommen und Klassenstruktur. Der Fall der Bundesrepublik. In: Kölner Zeitschrift für Soziologie und Sozialphilosophie 20/1968, S. 250-287.

Handelsblatt vom 20. 06.2018: USA verzeichnen die meisten Asylanträge – Großer Rückgang in der EU. https://www.handelsblatt.com/politik/deutschland/migration-usa-verzeichnen-die-meisten-asylantraege-grosser-rueckgang-in-eu/22713714.html?ticket=ST-1944411-fDbugbWfOiydbzqp5MLR-ap2. Zugegriffen: Juli 2018.

Hannig, Alma (2017): Was kann die Recht dafür, wenn ihr Populismus bei den Massen besser ankommt als der linke?: Populismus in Österreich. In: Beigel, Thomas/Eckert, Georg (Hg.), Populismus. Varianten der Volksherrschaft in Geschichte und Gegenwart. Münster: Aschendorff, S. 223-240.

Hardt, Michael/Negri, Antonio (2000): Empire. Cambridge/MA: Harvard University Press.

Härtel, Hans-Hagen/Jungnickel, Rolf/Keller, Dietmar/Feber, Heiko/Borrmann, Christine/Winkler-Büttner, Diana/Lau, Dirk (1996): Grenzüberschreitende Produktion und Strukturwandel – Globalisierung der deutschen Wirtschaft. Baden-Baden: Nomos.

Hartleb, Florian (2011): Extremismus in Österreich. In: Jesse, Eckhard/Thieme, Tom (Hg.), Extremismus in den EU-Staaten. Wiesbaden: VS, S. 265-281.

Hartmann, Michael (2013): Die Globale Wirtschaftselite. Eine Legende. Frankfurt a. Main/New York: Campus.

– (2016): Hartmann, Michael (2013): Soziale Ungleichheit. Kein Thema für die Eliten? Frankfurt a. Main/New York: Campus

Harvey, David (2014): Das Rätsel des Kapitals entschlüsseln. Hamburg: VSA.

Haubner, Tine (2013): Bewährungsproben im Ost-West-Vergleich, Netzwerkintegration, Sozialkritik. Exkurs: Körpereigensinn und die Grenzen der Aktivierbarkeit. In: Dörre, Klaus/Scherschel, Karin/Booth, Melanie/Haubner, Tine/Marquardsen, Kai/Schierhorn, Karen, Bewährungsproben für die Unterschicht? Soziale Folgen aktivierender Arbeitsmarktpolitik. International Labour Studies – Internationale Arbeitsstudien. Band 3. Frankfurt a. Main/New York: Campus, S. 322-344.

Hauptmann, Andreas/Schmerer, Hans-Jürgen (2012): Lohnentwicklung im Verarbeitenden Gewerbe. Wer profitiert vom deutschen Exportboom? In: IAB Kurzberichte. Aktuelle Analysen aus dem Institut für Arbeitsmarkt- und Berufsforschung 20/2012. http://doku.iab.de/kurzber/2012/kb2012.pdf. Zugegriffen: März 2018.

Häusler, Alexander (2016): Die AfD – eine rechtspopulistische Bewegungspartei? In: Häusler, Alexander/Virchow, Fabian (Hg.), Neue soziale Bewegung von rechts? Zukunftsängste. Abstieg der Mitte. Ressentiments. Hamburg: VSA, S. 42-51.

Häusler, Alexander/Virchow, Fabian (Hg.) (2016): Neue soziale Bewegung von rechts? Zukunftsängste. Abstieg der Mitte. Ressentiments. Hamburg: VSA.

Heisterhagen, Nils (2018): Die liberale Illusion. Warum wir einen linken Realismus brauchen. Bonn: Dietz.

Heitmeyer, Wilhelm (1993): Gesellschaftliche Desintegrationsprozesse als Ursachen fremdenfeindlicher Gewalt und politischer Paralysierung. In: Aus Politik und Zeitgeschichte 2-3/1993, S. 3-13.

- (Hg.) (1997): Bundesrepublik Deutschland: Auf dem Weg von der Konsens- zur Konfliktgesellschaft. 2 Bde. Frankfurt a. Main: Suhrkamp.
- (2001): Autoritärer Kapitalismus, Demokratieentleerung und Rechtspopulismus. Eine Analyse von Entwicklungstendenzen. In: Loch, Dietmar/Heitmeyer, Wilhelm (Hg.), Schattenseiten der Globalisierung, Rechtsradikalismus, Rechtspopulismus und separatistischer Regionalismus in westlichen Demokratien Frankfurt a. Main: Suhrkamp, S. 497-534.
- (2005): Deutsche Zustände. Folge 3. Frankfurt a. Main: Suhrkamp.
- (2017): Öffentliche Soziologie zu gruppenbezogener Menschenfeindlichkeit. In: Aulenbacher, Brigitte/Burawoy, Michael/Dörre, Klaus/Sittel, Johanna (Hg.), Öffentliche Soziologie. Wissenschaft im Dialog mit der Gesellschaft. Public Sociology – Wissenschaft und gesellschaftsverändernde Praxis. Frankfurt a. Main/New York: Campus, S. 213-227.
- (2018a): Autoritärer Nationalradikalismus. Ein neuer Erfolgstypus zwischen konservativem Rechtspopulismus und gewaltförmigem Rechtsextremismus. In: Becker, Karina/Dörre, Klaus/Reif-Spirek, Peter (Hg.), Arbeiterbewegung von rechts? Frankfurt a. Main/New York: Campus, S. 117-134.
- (2018b): Autoritäre Versuchung. Signaturen der Bedrohung. Berlin: Suhrkamp.

Heitmeyer, Wilhelm/Buhse, Heike/Liebe-Freund, Joachim/Möller, Kurt/Müller, Joachim/Ritz, Helmut/Siller, Gertrud/Vossen, Johannes (1992): Die Bielefelder Rechtsextremismus-Studie. Weinheim: Juventa.

Held, Josef/Horn, Hans-Werner/Marvakis, Athanasios (1996): Gespaltene Jugend. Politische Orientierungen jugendlicher Arbeitnehmer. Opladen: Leske + Budrich.

Hentges, Gudrun (2018): Die populistische Lücke: Flucht, Migration und Neue Rechte. In: Becker, Karina/Dörre, Klaus/Reif-Spirek, Peter (Hg.), Arbeiterbewegung von rechts? Frankfurt a. Main/New York: Campus, S. 101-115.

Hentges, Gudrun/Meyer, Malte (2002): Right-Wing Extremist Attitude in Germany: Consequences of Competitive Nationalism and Neoliberalism, SIREN Country Report. Köln.

Henwood, Doug (1997): Wall Street. London: Verso.

Henzler, Herbert A./Späth, Lothar (1995): Countdown für Deutschland. Berlin: Siedler.

Hilmer, Richard/Kohlrausch, Bettina/Müller-Hilmer, Rita/Gagné, Jérémie (2017): Einstellung und soziale Lebenslage. Eine Spurensuche nach Gründen für rechtspopulistische Orientierung, auch unter Gewerkschaftsmitgliedern. Düsseldorf: Hans-Böckler-Stiftung.

Hirsch, Joachim/Roth, Roland (1986): Das neue Gesicht des Kapitalismus. Vom Fordismus zum Postfordismus. Hamburg: VSA.

Hirsch-Kreinsen, Hartmut/Minssen, Heiner (Hg.) (2017): Lexikon der Arbeits- und Industriesoziologie. 2. Aufl. Baden-Baden: Nomos.

Hirst, Paul/Thompson, Grahame/Bromley, Simon (1996): Globalization in Question. Cambridge: Polity Press.

Hobsbawm, Eric J. (1991): Nationen und Nationalismus. Mythos und Realität seit 1780. Frankfurt a. Main: Campus.
- (2017): Das lange 19. Jahrhundert. Band 2: Die Blütezeit des Kapitals 1848–1875. Darmstadt: Theiss Verlag.

Hochschild, Arlie (2017a): „Linke müssen erkennen, dass sie sich selbst ins Abseits gestellt haben". In: Ruhrbarone vom 12.12.2017. https://www.ruhrbarone.de/linke-muessen-

erkennen-dass-sie-sich-selbst-ins-abseits-gestellt-haben/149955. Zugegriffen: März 2018.
- (2017b): Fremd im eigenen Land. Eine Reise ins Herz der amerikanischen Rechten. Frankfurt a. Main/New York: Campus.
- (2018): Warum Trump? Fremd in ihrem Land: Interview mit Arlie Russell Hochschild. In: Becker, Karina/Dörre, Klaus/Reif-Spirek, Peter (Hg.), Arbeiterbewegung von rechts? Ungleichheit – Verteilungskämpfe – populistische Revolte. Frankfurt a. Main Becker, Karina/Dörre, Klaus/Reif-Spirek, Peter: Campus, S. 25-33.
Höcke, Björn (2017): Widerstand gegen den Raubtierkapitalismus. Die AfD muss auch den sozialen Auftrag übernehmen, den die Linke verraten hat. In: Ders. (2018), Höcke. Interviews, Reden, Tabubrüche. Compact Edition 1/2018, S. 25-29.
- (2018): Höcke. Interviews, Reden, Tabubrüche. Compact Edition 1/2018.
- (2018): Nie zweimal in denselben Fluss. Björn Höcke im Gespräch mit Sebastian Henning. Mit einem Vorwort von Frank Böckelmann. Lüdinghaussen: Manuscriptum.
Hollingsworth, Joseph Rogers (1996): Die Logik der Koordination des verarbeitenden Gewerbes in Amerika. In: Kenis, Patrick/Schneider, Volker (Hg), Organisation und Netzwerk. Institutionelle Steuerung in Wirtschaft und Politik. Frankfurt a. Main: Campus, S. 273-312.
- (1997): The Institutional Embeddedness of American Capitalism. In: Crouch, Colin/Streeck, Wolfgang (Hg.), Political Economy of Modern Capitalism. Mapping Convergence & Diversity. London: Sage, S. 133-147.
Honneth, Axel (1993): Kampf um Anerkennung. Zur moralischen Grammatik sozialer Konflikte. Frankfurt a. Main: Suhrkamp.
Hopf, Christel/Rieker, Peter/Schmidt, Christiane (1995): Familie und Rechtsextremismus – Analyse qualitativer Interviews mit jungen Männern. Weinheim: Juventa.
Hopf, Wulf (1999): Ethnozentrismus und Ökonomismus. Die „Leistungsgesellschaft" als Deutungsmuster für soziale Ausgrenzung. In: PROKLA – Zeitschrift für Kritische Sozialwissenschaft 26(102)/1999, S. 107-130.
Horkheimer, Max (Hg.) (1936): Studien über Autorität und Familie. Forschungsberichte aus dem Institut für Sozialforschung. Librairie Félix Alcan.
Hörning, Karl H. (Hg.) (1971): Der 'neue' Arbeiter. Zum Wandel sozialer Schichtstrukturen. Frankfurt a. Main: Fischer.
Hutton, Will (1997): An Overview of Stakeholding. In: Kelly, Gavin/Kelly, Dominic/Gamble, Andrew (Hg.), Stakeholder Capitalism. London: Macmillan, S. 3-9.
Hyman, Richard (1996): Die Geometrie des Gewerkschaftsverhaltens: Eine vergleichende Analyse von Identitäten und Ideologien. In: Industrielle Beziehungen 3(1)/1996, S. 5-35.

I

IHK et al. (2020): WIRtschaft in Thüringen. Fünf-Punkte-Programm zur Abfederung der Folgen der Corona-Pandemie. Ms., o.O. https://www.erfurt.ihk.de/blueprint/servlet/resource/blob/4793458/9bddb75f0ec82bc0e22f4e0f783e24e1/fuenf-punkte-programm-wirtschaft-data.pdf. Zugegriffen: Juni 2020.
Ingrao, Pietro/Rossanda, Rossana (1996): Verabredungen zum Jahrhundertende. Eine Debatte über die Entwicklung des Kapitalismus und die Aufgaben der Linken. Hamburg: VSA.

Institut für Sozialforschung (Hg.) (1992): Aspekte der Fremdenfeindlichkeit. Frankfurt a. Main: Campus.

International Labour Organisation (ILO) (2019): Verteilung der Erwerbstätigen in Österreich nach Wirtschaftssektoren von 2008 bis 2018. https://de.sta-tista.com/statistik/daten/studie/217608/umfrage/erwerbstaetige-nach-wirtschaftssekto-ren-in-oesterreich/. Zugegriffen: September 2019.

IPCC (2018): Special Report. Global Warming of 1.5 º C. Bonn: UN Climate Change.

IMF (International Monetary Fund) (2017): World Economic Outlook. Gaining Momentum. Washington: IMF Publication Services. https://www.imf.org/en/publications/weo/issues/2017/04/04/world-economic-outlook-april-2017. Zugegriffen: März 2018.

IW (Institut der Deutschen Wirtschaft) (2017): Die AfD: eine unterschätzte Partei. Soziale Erwünschtheit als Erklärung für fehlerhafte Prognosen. https://www.iwkoeln.de/fileadmin/publikationen/2017/332686/IW-Report_7_2017_Die_AfD_Eine_unterschaetzte_Partei.pdf. Zugegriffen: Februar 2018.

J

Jackson, Timothy (2009): Prosperity without growth. Economics for a finite Planet. London: Earthscan.

Jacobin Deutschland (2020): Jenseits der Sozialdemokratie. 1/2020.

Jesse, Eckhard/Thieme, Tom (Hg.) (2017): Extremismus in den EU-Staaten. Wiesbaden: VS.

Jessop, Bob (1990): State Theory. Putting the Capitalist State in Its Place. Cambridge: Polity Press.

– (1997): Die Zukunft des Nationalstaates – Erosion oder Reorganisation? Grundsätzliche Überlegungen zu Westeuropa. In: Becker, Steffen/Sablowsky, Thomas/Schumm, Wilhelm (Hg.), Jenseits der Nationalökonomie? Weltwirtschaft und Nationalstaat zwischen Globalisierung und Regionalisierung. Hamburg: Argument, S. 50-95.

Jörke, Dirk/Nachtwey, Oliver (2017): Die rechtspopulistische Hydraulik der Sozialdemokratie. In: Dies. (Hg.), Das Volk gegen die liberale Demokratie. Leviathan Sonderband 32. Baden-Baden: Nomos, S. 163-186.

Jongen, Marcel (2014): Das Märchen vom Gespenst der AfD. In: Cicero vom 22.01.2014. https://www.cicero.de/innenpolitik/afd-ein-manifest-fuer-eine-alternative-fuer-europa/56894. Zugegriffen: Februar 2018.

Joseph, Jamal (2020): Es ist dieselbe Maschinerie. Interview in der Süddeutschen Zeitung vom 04.06.2020. https://www.sueddeutsche.de/kultur/proteste-usa-blackout-tuesday-1.4925557?reduced=true. Zugegriffen: Juni 2020.

Jugendwerk der Deutschen Shell (Hg.) (1997): Jugend '97. Zukunftsperspektiven, gesellschaftliches Engagement, politische Orientierungen. Gesamtkonzeption und Koordination: Arthur Fischer und Richard Münchmeier. Opladen: Leske + Budrich.

Jung, Matthias/Roth, Dieter (1993): Reichlich Ohrfeigen. In: Die Zeit vom 24.11.1993. https://www.zeit.de/1993/39/reichlich-ohrfeigen. Zugegriffen: Juni 2020.

K

Kadritzke, Ulf (2017): Mythos „Mitte". Oder: Die Entsorgung der Klassenfrage. Berlin: Bertz und Fischer.

Kaelble, Hartmut (2017): Mehr Reichtum, mehr Armut: soziale Ungleichheit in Europa vom 20. Jahrhundert bis zur Gegenwart. Frankfurt a. Main/New York: Campus.

Kahrs, Horst (2020): Zum Wahlverhalten von Gewerkschaftsmitgliedern. Berlin: Arbeitsmaterialien zur Klassenanalyse. Rosa-Luxemburg-Stiftung. https://www.rosalux.de/fileadmin/rls_uploads/pdfs/Themen/Klassen_und_Sozialstruktur/2020-02-14_Ka_Wahlverhalten_Gewerkschafter.pdf.

Kaiser, Benedikt (2020): Notizen zur Wahl in Thüringen (2). In: Sezession vom 07.02.2020. https://sezession.de//62128/notizen-zur-wahl-in-thüringen-2. Zugegriffen: Juni 2020.

Kaiser, Benedikt/de Benoist, Alain/Fusaro, Diego (Hg.) (2018): Marx von rechts. Dresden: Jungeuropa.

Kann, Mark E. (1983): The New Populism and the New Marxism. A Response to Carl Boggs. In: Theory and Society 12, S. 365-373.

Kaufmann, Jean-Claude (1999): Das verstehende Interview. Theorie und Praxis. Konstanz: UVK.

Kelle, Udo/Kluge, Susann (2010): Vom Einzelfall zum Typus. Fallvergleich und Fallkontrastierung in der qualitativen Sozialforschung. 2. überarbeitete Aufl. Wiesbaden: VS.

Kellershohn, Helmut (2016): Vorbürgerkrieg. In: Gießelmann, Bente/Heun, Robin/Kerst, Benjamin/Suermann, Lenard/Virchow, Fabian (Hg.), Handwörterbuch rechtsextremer Kampfbegriffe. Schwalbach: Wochenschau Verlag, S. 326-339.

Kellershohn, Helmut/Kastrup, Wolfgang (Hg.) (2016): Kulturkampf von rechts. AfD, Pegida und die Neue Rechte. Münster: Unrast.

Kelly, Gavin/Kelly, Dominic/Gamble, Andrew (Hg.) (1997): Stakeholder Capitalism. London: Macmillan.

Kenis, Patrick/Schneider, Volker (Hg) (1996): Organisation und Netzwerk. Institutionelle Steuerung in Wirtschaft und Politik. Frankfurt a. Main: Campus.

Kern, Horst/Schumann, Michael (1984): Das Ende der Arbeitsteilung? München: C.H.Beck.

Kern, Peter (2018): AfD schockt die Gewerkschaften. In: Sozialismus 45/2018, S. 48-49.

Ketterer, Hanna/Becker, Karina/Dörre, Klaus/ Fraser, Nancy/Lessenich, Stephan/Rosa, Harmut (Hg.) (2019): Was stimmt nicht mit der Demokratie? Eine Debatte mit Klaus Dörre, Nancy Fraser, Stephan Lessenich und Hartmut Rosa. Berlin: Suhrkamp.

Kienholz, Kim (2019): „Die Fahnen Hoch". In: Der Freitag, Ausgabe 48/2019. https://digital.freitag.de/4819/die-fahne-hoch/. Zugegriffen: Juni 2020.

Klönne, Arno (2002): Thesen zum Rechtspopulismus. Frankfurt a. Main: Ms.

Koppetsch, Cornelia (2013): Die Wiederkehr der Konformität. Streifzüge durch die gefährdete Mitte. Frankfurt a. Main/New York: Campus.

– (2017): Rechtspopulismus, Etablierte und Außenseiter: emotionale Dynamiken sozialer Deklassierung. In: Jörke, Dirk/Nachtwey, Oliver (Hg.), Das Volk gegen die (liberale) Demokratie. Leviathan Sonderband 32. Baden-Baden: Nomos, S. 208-232.

– (2019): Die Gesellschaft des Zorns: Rechtspopulismus im globalen Zeitalter. Bielefeld: transcript.

– (2020): Soziale Klassen und Literatur? In: Stahl, Enno/Kock, Klaus/Palm, Hannelore/Solty, Ingar (Hg.), Literatur in der neuen Klassengesellschaft. Paderborn/Boston: Brill/Wilhelm Fink, S. 13-32.

Korpi, Walter (1983): The Democratic Class Struggle. London/Boston: Routledge & K. Paul.
Kotthoff, Hermann (1994): Betriebsräte und Bürgerstatus: Wandel und Kontinuität betrieblicher Mitbestimmung. München: Hampp.
Kotthoff, Hermann/Reindl, Josef (1990): Die soziale Welt kleiner Betriebe: Wirtschaften, Arbeiten und Leben im mittelständischen Industriebetrieb. Göttingen: Schwartz.
Kowalsky, Wolfgang (1992): Rechtsaußen und die verfehlten Strategien der deutschen Linken. Frankfurt a. Main: Ullstein.
Kronauer, Martin/Vogel, Berthold/Gerlach, Frank (1993): Im Schatten der Arbeitsgesellschaft. Frankfurt a. Main: Campus.
Kubitschek, Götz (2018): Markenimitate, Kronjuwelen – Seehofer, Wagenknecht. In: Sezession vom 17.06.2018. https://sezession.de/58674/markenimitate-kronjuwelen-seehofer-wagenknecht. Zugegriffen: März 2019.
Kudera, Werner/Mangold, Werner/Ruff, Konrad/Schmidt, Rudi/Wentzke, Theodor (1979): Gesellschaftliches und politisches Bewußtsein von Arbeitern. Eine empirische Untersuchung. Köln: EVA.
Kurz-Scherf, Ingrid (1992): Die Ungleichheit materieller Lebenschancen. In: SPW. Zeitschrift für sozialistische Politik und Wirtschaft 4/1992, S. 32-40.
Küttler, Wolfgang (2013): Der Kapitalismus als transitorische Formation. In: Z. Zeitschrift Marxistische Erneuerung 93/2013, S. 28-47.

L

Lang, Klaus/Schauer, Helmut (1992): Modernisierung als Fetisch, abseits von Moralität. In: Frankfurter Rundschau am 13.11.1992.
Lasch, Christopher (1995): Die blinde Elite. Macht ohne Verantwortung. Hamburg: Hoffmann und Campe.
Lash, Scott (1996): Reflexivität und ihre Doppelungen: Struktur, Ästhetik und Gemeinschaft. In: Beck, Ulrich/Giddens, Anthony/Lash, Scott (Hg), Reflexive Modernisierung. Eine Kontroverse. Frankfurt a. Main: Suhrkamp, S. 195-288.
Lash, Scott/Urry, John (1988): The End of Organized Capitalism. Cambridge: Polity Press.
Leiulfsrud, Håkon/Bison, Ivano/Jensberg, Heidi (2005): Social class in Europe. European Social Survey 2002/3. Trondheim. https://www.europeansocialsurvey.org/docs/methodology/ESS1_social_class.pdf. Zugegriffen: Juni 2020.
Lempert, Wolfgang (2011): Soziologische Selbstaufklärung als moralische Passion: Pierre Bourdieu. Wiesbaden: Springer.
Lengfeld, Holger (2017): Die „Alternative für Deutschland": Eine Partei für Modernisierungsgewinner. In: Kölner Zeitschrift für Soziologie und Sozialpsychologie 69/2017, S. 209-232.
Leser, Nobert (2008): Der Sturz des Adlers. 120 Jahre Sozialdemokratie. Wien: Kremayr & Scherau KG.
Lessenich, Stephan (2017): Grenzen der Ausbeutung? Wie der globale Norden über die Verhältnisse des Südens lebt. In: ISW Report 109/2017, S. 56-64.
– (2018): Der Klassenkampf der Mitte. In: Süddeutsche Zeitung vom 02.01.2018. https://www.sueddeutsche.de/kultur/gesellschaft-der-klassenkampf-der-mitte-1.3811316?reduced=true. Zugegriffen: Juni 2020.

van der Linden, Marcel (2017): Workers of the World. Eine Globalgeschichte der Arbeit. Frankfurt a. Main/New York: Campus.

Lipietz, Alain (1993): Towards a New Economic Order. Postfordism, Ecology and Democracy. Cambridge: Polity Press.

Loch, Dietmar/Heitmeyer, Wilhelm (Hg.) (2001): Schattenseiten der Globalisierung. Rechtsradikalismus, Rechtspopulismus und separatistischer Regionalismus in westlichen Demokratien. Frankfurt a. Main: Suhrkamp.

Lorey, Isabell (2012): Die Regierung der Prekären. Wien: Verlag Turia + Kant.

Luttwak, Edward N. (1994): Weltwirtschaftskrieg. Export als Waffe – aus Partnern werden Gegner. Reinbek: Rowohlt.

M

Maase, Kaspar (Hg.) (2008): Die Schönheit des Populären. Ästhetische Erfahrung der Gegenwart. Frankfurt a. Main/New York: Campus.

Maddison, Angus (2006): The world economy, Volume 2: Historical statistics. Development Centre Studies, Organisation for Economic Co-operation and Development (OECD). Paris.

Maderthaner, Wolfgang/Mattl, Siegfried/Musner, Lutz/Penz, Otto (2008): Die Ära Kreisky und ihre Folgen. Fordismus und Postfordismus in Österreich. Mit einem Vorwort von Hannes Androsch. Wien: Löcker.

Magri, Lucio (2015): Der Schneider von Ulm. Berlin: Argument.

Mahnkopf, Brigitte (1988): Der gewendete Kapitalismus. Kritische Beiträge zur Theorie der Regulation. Münster: Westfälisches Dampfboot.

Mallet, Serge (1964): La nouvelle classe ouvrière. Paris: Éditions du Seuil.

– (Hg.) (1965): La nouvelle classe ouvrière en France. In: Cahiers Internationaux de Sociologie 38/1965, S. 57-72.

Marquardsen, Kai (2013): Die Regionalstudie. In: Dörre, Klaus/Scherschel, Karin/Booth, Melanie/Haubner, Tine/Marquardsen, Kai/Schierhorn, Karen, Bewährungsproben für die Unterschicht? Soziale Folgen aktivierender Arbeitsmarktpolitik. International Labour Studies – Internationale Arbeitsstudien. Band 3. Frankfurt a. Main/New York: Campus, S. 59-122.

Marx, Karl/Engels, Friedrich (1959 [1848]): Das Manifest der kommunistischen Partei. In: Marx-Engels-Werke (MEW) 4. Berlin: Dietz , S. 459-493.

Marx, Karl (1960): Der achtzehnte Brumaire des Louis Bonaparte. In: MEW 8. Berlin: Dietz.

– (1962 [1875]): Kritik des Gothaer Programms. In: MEW 19. Berlin: Dietz.

– (1973 [1843]): Zur Kritik der Hegelschen Rechtsphilosophie. In: MEW 1. Berlin: Dietz.

– (1973 [1867]): Das Kapital, Erster Band. In: MEW 23. Berlin: Dietz.

McCarthy, Thomas/Müller, Michael (2015): Rassismus, Imperialismus und die Idee menschlicher Entwicklung. Deutsche Erstausgabe. 1. Aufl. Berlin: Suhrkamp.

Mayring, Philipp (2003): Qualitative Inhaltsanalyse. Weinheim: Beltz.

Merkel, Wolfgang (2017): Die populistische Revolte. In: Kulturpolitische Mitteilungen 157/2017, S. 53-56.

Mény, Yves/Sure, Yves (2002): Democracies and the populist challenge. Basingstoke: Palgrave Macmillan.

Menz, Wolfgang/Nies, Sarah (2019): Fragile Sicherheiten und Legitimationsprobleme. Rechtspopulismus aus arbeitssoziologischer Perspektive. In: WSI-Mitteilungen 72(3)/2019, S. 177-184.

Meuser, Michael (2010): Geschlecht, Macht, Männlichkeit – Strukturwandel von Erwerbsarbeit und hegemoniale Männlichkeit. In: Erwägen – Wissen – Ethik 3/2010, S. 325-336.

Micus, Matthias (2011): Die Macht der Autosuggestion. Reale Krise und gefühlte Stärke in der österreichischen Sozialdemokratie. In: Butzlaff, Felix/Micus, Matthias/Walter, Franz (Hg.), Genossen in der Krise? Europas Sozialdemokratie auf dem Prüfstand. Göttingen: Vandenhoeck & Ruprecht, S. 31-48.

Milanovic, Branko (2016): Die ungleiche Welt. Migration, das Eine Prozent und die Zukunft der Mittelschicht. Berlin: Suhrkamp.

– (2017): Haben und Nichthaben. Eine kurze Geschichte der Ungleichheit. Stuttgart: Theiss.

Miles, Robert (1991): Rassismus. Einführung in die Geschichte und Theorie eines Begriffs. Hamburg: Argument.

Minssen, Heiner (Hg.) (2000): Begrenzte Entgrenzungen. Wandlungen von Organisation und Arbeit. Berlin: Edition Sigma.

Misik, Robert (1997): Mythos Weltmarkt. Vom Elend des Neoliberalismus. Berlin: Aufbau-Tb.

– (2019a): Die falschen Freunde der einfachen Leute. Berlin: Suhrkamp.

– (2019b): Wie der freie Fall der Sozialdemokratie aufzuhalten ist. In: Der Standard vom 26.11.2019. https://www.derstandard.at/story/2000111550738/wie-der-freie-fall-der-sozialdemokratie-aufzuhalten-ist. Zugegriffen: Juni 2020.

Moody, Kim (2017): Wer hat Trump ins Weiße Haus gewählt. In: Express. Zeitung für sozialistische Betriebs- und Gewerkschaftsarbeit 1-2/2017. https://express-afp.info/wp-content/uploads/2017/02/2017-01_moody_wer-hat-trump.pdf. Zugegriffen: Juni 2020.

Mosaik Blog vom 01.04.2020: Nur Brösel für die Liddinnen. Fataler Abschluss im Sozialbereich. https://mosaik-blog.at/sozialbereich-kollektivvertrag/. Zugegriffen: Juni 2020.

Mouffe, Chantal (2007): Über das Politische: Wider die kosmopolitische Illusion. Frankfurt a. Main: Suhrkamp.

– (2018): Für einen linken Populismus. Berlin: Suhrkamp.

Mrozek, Bodo (2019): Klassenkampf von rechts. In: Merkur Heft 843/2019; erneut veröffentlicht in: Zeit online vom 28.07.2019. https://www.zeit.de/kultur/2019-07/rechtspopulismus-identitaetspolitik-alexander-gauland-heimat-rechte-afd. Zugegriffen: Juni 2020.

Mudde, Cas (2019): The 2019 EU Elections: Moving the Center. In: Journal of Democracy 30(4)/2019, S. 313-334.

– (2019): The Far Right Today. Cambridge: Polity Press.

Müller, Heiner (2017): „Für alle reicht es nicht". Texte zum Kapitalismus. Berlin: Suhrkamp.

Müller, Jan-Werner (2016): Was ist Populismus? Ein Essay. Berlin: Suhrkamp.

N

Neckel, Sighard/Wagner, Greta (2013): Leistung und Erschöpfung – Burnout in der Wettbewerbsgesellschaft. Berlin: Suhrkamp.

Negt, Oskar/Kluge, Alexander (1993): Geschichte und Eigensinn. Frankfurt a. Main: Suhrkamp.

Nowotny, Thomas (2016): Das Projekt Sozialdemokratie. Gescheitert? Überholt? Zukunftsweisend? Innsbruck/Wien/Bozen: Studien Verlag.

O

Oesch, Daniel (2007): Zur Analyse der Klassenstruktur von Dienstleistungsgesellschaften: soziale Schichtung in Deutschland und der Schweiz. In: Widerspruch 52/2007, S. 59-74.

Offe, Claus (2013): Europa in der Falle. In: Blätter für deutsche und internationale Politik. 1/2013, S. 67-80.

P

Paech, Niko (2013): Befreiung vom Überfluss. Auf dem Weg in die Postwachstumsökonomie. München: Oekom.

Patel, Raj/Moore, Jason (2018): Entwertung. Eine Geschichte der Welt in sieben billigen Dingen. Berlin: Rowohlt.

Patzelt, Werner J. (2016): Neun unorthodoxe Thesen zu PEGIDA. In: Rehberg, Karl-Siegbert/Kunz, Franziska/Schlinzig, Tino (Hg.), PEGIDA. Rechtspopulismus zwischen Fremdenangst und „Wende"-Enttäuschung. Analysen im Überblick. Bielefeld: Transcript, S. 69-83.

Patzelt, Werner J./Klose, Joachim (2016): PEGIDA. Warnsignale aus Dresden. Dresden: Thelem.

Paulus, Stefan (2017): Eine Geschichte der Gegenwart. Zur Sozialen Frage im 21. Jahrhundert. http://www.theoriekritik.ch/?p=2920. Zugegriffen: März 2018.

Pegida (2015): Programm. Dresdner Thesen. www.pegida.de/programm.html. Zugegriffen: März 2018.

Pelinka, Anton (2002): Die FPÖ in der vergleichenden Parteienforschung: zur typologischen Einordnung der Freiheitlichen Partei Österreichs. In: Österreichische Zeitschrift für Politikwissenschaft 31(3)/2002, S. 281-290, S. 283.

– (2013): Der Preis der Salonfähigkeit. Österreichs Rechtsextremismus im internationalen Vergleich. http://www.doew.at/erkennen/rechtsextre-mismus/rechtsextremismus-in-oesterreich/der-preis-der-salonfaehigkeit. Zugriffen: August 2019.

– (2017): FPÖ: Von der Alt-Nazi-Partei zum Prototyp des europäischen Rechtspopulismus. Bundeszentrale für politische Bildung. http://www.bpb.de/politik/extremismus/rechtspopulismus/239915/fpoe-prototyp-des-europaeischen-rechtspopulismus. Zugegriffen: November 2019.

– (2019): Rechtspopulismus in Österreich. In: Brinkmann, Heinz Ulrich/Panreck, Isabelle Christine (Hg.), Rechtspopulismus in Einwanderungsgesellschaften. Die politische Auseinandersetzung um Migration und Integration. Wiesbaden: Springer, S. 133-158.

Perraton, Jonathan (1997): The Global Economy. In: Kelly, Gavin/Kelly, Dominic/Gamble, Andrew (Hg.), Stakeholder Capitalism. London: Macmillan, S. 226-238.

Perrineau, Pascal (2001): Die Faktoren der Wahldynamik des Front National. In: Loch, Dietmar/Heitmeyer, Wilhelm (Hg.), Schattenseiten der Globalisierung. Frankfurt a. Main: Suhrkamp, S. 186-205.

Pierson, Paul/Leibfried, Stephan (1988): Mehrebenen-Politik und die Entwicklung des Sozialen Europa. In: Dies., Standort Europa. Europäische Sozialpolitik. Frankfurt a. Main: Suhrkamp, S. 1-57.

Pierson, Paul/Leibfried, Stephan (1988): Standort Europa. Europäische Sozialpolitik. Frankfurt a. Main: Suhrkamp.

Piore, Michael J./Sabel, Charles F. (1985): Das Ende der Massenproduktion. Studie über die Requalifizierung der Arbeit und die Rückkehr der Ökonomie in die Gesellschaft. Berlin: Wagenbach.

Piketty, Thomas (2014): Das Kapital im 21. Jahrhundert. München: C.H.Beck.

– (2019): Capital et Idéologie. Paris: Éditions du Seuil.

Polanyi, Karl (1995[1944]): The Great Transformation. Politische und ökonomische Ursprünge von Gesellschaften und Wirtschaftssystemen. 3. Aufl. Frankfurt a. Main: Suhrkamp.

Pongratz, Hans J./Voß, G. Günter (2000): Vom Arbeitnehmer zum Arbeitskraftunternehmer – Zur Entgrenzung der Ware Arbeitskraft. In: Minssen, Heiner (Hg.), Begrenzte Entgrenzungen. Wandlungen von Organisation und Arbeit. Berlin: Edition Sigma, S. 225-247.

Popitz, Heinrich/Bahrdt, Hans P./Jüres, Ernst A./Kesting, Hanno (1957): Das Gesellschaftsbild des Arbeiters. Soziologische Untersuchungen in der Hüttenindustrie. Tübingen: Mohr.

Porter, Michael E. (1993): Nationale Wettbewerbsvorteile. Erfolgreich konkurrieren auf dem Weltmarkt. Wien: Ueberreuter.

Poulantzas, Nicos (1973): Faschismus und Diktatur. Die Kommunistische Internationale und der Faschismus. München: Trikont.

– (2002[1978]): Der Staat, die Macht und der Sozialismus. Hamburg: VSA.

– (2017[1978]): Staatstheorie. Politischer Überbau, Ideologie, Autoritärer Etatismus. Hamburg: VSA.

Preiss, Hans (1993): Vorwärts und vergessen! Die Gewerkschaften 60 Jahre nach ihrer Liquidierung durch die Nazis. In: Z. Zeitschrift für marxistische Erneuerung 15/1993, S. 8-22.

Die Presse vom 05.12.2016: Norbert Hofer, der Präsident der Männer und Arbeiter. https://www.diepresse.com/5129839/norbert-hofer-der-prasident-der-manner-und-arbeiter Zugegriffen: Juni 2020.

– vom 29.11.2019: Wie kommt die Sozialdemokratie aus der Krise? https://www.diepresse.com/5730852/wie-kommt-die-sozialdemokratie-aus-der-krise. Zugegriffen: Juni 2020.

Priester, Karin (2012): Rechter und linker Populismus. Annäherung an ein Chamäleon. Frankfurt a. Main/New York: Campus.

Puller, Armin (2019): Grenzen der postblairischen Konstellation. Das Beispiel der österreichischen Sozialdemokratie. In: PROKLA – Zeitschrift für kritische Sozialwissenschaft 49(196)/2019, S. 387-406.

R

Reckwitz, Andreas (2017): Die Gesellschaft der Singularitäten. Berlin: Suhrkamp.

– (2019): Das Ende der Illusionen. Politik, Ökonomie und Kultur in der Spätmoderne. Berlin: Suhrkamp.

Rehberg, Karl-Siegbert /Kunz, Franziska/Schlinzig, Tino (Hg.) (2016): PEGIDA – Rechtspopulismus zwischen Fremdenangst und „Wende"-Enttäuschung? Analysen im Überblick. Bielefeld: Transcript.

Reich, Robert (1993[1991]): Die neue Weltwirtschaft: Das Ende der nationalen Ökonomie. Frankfurt a. Main: Ullstein.

Reitz, Tilman/Draheim, Susanne (2007): Neoliberalisierung der Hochschule – Streit der Exzellenzen. Die konservative Kritik des deutschen Bologna-Prozesses. In: Das Argument 49/2007, S. 491-501.

Riexinger, Bernd (2018): Neue Klassenpolitik. Solidarität der Vielen statt Herrschaft der Wenigen. Hamburg: VSA.

Rödel, Ulrich/Frankenberg, Günter/Dubiel, Helmut (1989): Die demokratische Frage. Frankfurt a. Main: Suhrkamp.

Rogelji, Joeri/Forster, Piers M./Kriegler, Elmar/Smith, Christopher J./Séférian, Roland (2019): Estimating and tracking the remaining carbon budget for stringent climate targets. In: Nature 571/2019, S. 335-342.

Rommelspacher, Birgit (1995): Dominanzkultur. Texte zu Fremdheit und Macht. Berlin: Orlanda.

Rosa, Hartmut (2013): Beschleunigung und Entfremdung: Auf dem Weg zu einer kritischen Theorie spätmoderner Zeitlichkeit. Berlin: Suhrkamp.

– (2016): Resonanz. Eine Soziologie der Weltbeziehung. Berlin: Suhrkamp.

Rosenberg, Arthur (1962): Demokratie und Sozialismus. Zur politischen Geschichte der letzten 150 Jahre. Frankfurt a. Main: EVA.

Ruigrok, Winfried/van Tulder, Rob (1995): The Logic of International Restructuring. London/New York: Routledge.

S

Sarrazin, Thilo (2015): Deutschland schafft sich ab. Wie wir unser Land aufs Spiel setzen. München: Deutsche Verlags-Anstalt.

Sauer, Dieter/Nies, Sarah (2012): Arbeit – mehr als Beschäftigung? Zur arbeitssoziologischen Kapitalismuskritik. In: Dörre, Klaus/Sauer, Dieter/Wittke, Volker (Hg.), Kapitalismustheorie und Arbeit. Neue Ansätze soziologischer Kritik. Frankfurt a. Main/New York: Campus, S. 34-62.

Sauer, Dieter/Stöger, Ursula/Bischoff, Joachim/Detje, Richard/Müller, Bernhard (2018): Rechtspopulismus und Gewerkschaften. Eine arbeitsweltliche Spurensuche. Hamburg: VSA.

Savage, Mike (2015): Social Class in the 21st Century. London: Penguin Books.

Schabedoth, Hans-Joachim/Schröder, Wolfgang (1992): Nichts ist so lähmend wie überholte Orientierungen. Wider einen linken Fundamentalismus in der Asyl- und Blauhelmdebatte. In: Frankfurter Rundschau vom 07.11.1992.

Scherschel, Karin (2013): Die Wettkampfpraxis: Strenge Zumutbarkeit und sozialer Eigensinn. In: Dörre, Klaus/Scherschel, Karin/Booth, Melanie/Haubner, Tine/Marquardsen, Kai/Schierhorn, Karen, Bewährungsproben für die Unterschicht? Soziale Folgen aktivierender Arbeitsmarktpolitik. International Labour Studies – Internationale Arbeitsstudien. Band 3. Frankfurt a. Main/New York: Campus, S. 209-256.

Schmalz, Stefan/Dörre, Klaus (Hg.) (2013): Comeback der Gewerkschaften? Machtressourcen, innovative Praktiken, internationale Perspektiven. Frankfurt a. Main/New York: Campus.

Schmidt, Dorothea (2018): Marx' Analyse der Klassenbasis von Louis Bonaparte. Ein Faktencheck. In: Beck, Martin/Stützle, Ingo (Hg.), Die neuen Bonapartisten. Mit Marx den Aufstieg von Trump und Co. verstehen. Berlin: Dietz, S. 38-55.

Schmidt, Jürgen (2015): Arbeiter in der Moderne. Arbeitsbedingungen, Lebenswelten, Organisationen. Frankfurt a. Main/New York: Campus.

Schröder, Lothar/Urban, Hans-Jürgen (Hg.) (2018): Gute Arbeit. Ausgabe 2018. Ökologie der Arbeit – Impulse für einen nachhaltigen Umbau. Frankfurt a. Main: Bund Verlag.

Schultheis, Franz/Schulz, Kristina (Hg.) (2005): Gesellschaft mit begrenzter Haftung. Zumutungen und Leiden im deutschen Alltag. Konstanz: UVK.

Schumann, Michael (Hg.) (2013): Das Jahrhundert der Industriearbeit. Soziologische Erkenntnisse und Ausblicke. Weinheim/Basel: Beltz Juventa.

Schumann, Michael/Einemann, Edgar/Siebel-Rebell, Christa/Wittemann, Klaus P. (1982): Rationalisierung, Krise, Arbeiter. Eine empirische Untersuchung der Industrialisierung auf der Werft. Frankfurt a. Main: EVA.

Schumann, Michael/Wittemann, Klaus P. (1985): Entwicklungstendenzen der Arbeit im Produktionsbereich. In: Alvater, Elmar/Baethge, Martin (Hg.), Arbeit 2000. Zukunft der Arbeitsgesellschaft. Hamburg: VSA, S. 32-50.

Schulz, Wolfgang/Weiss, Hilde (2005): Ausländerfeindlichkeit und Neoliberalismus als Elemente populistischer Politik? Zum Wandel der Einstellungen der ÖsterreicherInnen zwischen 1998 und 2003. In: Österreichische Zeitschrift für Politikwissenschaft 34(4)/2005, S. 395-412.

Schwarz, Hans Peter (1994): Die Zentralmacht Europas. Deutschlands Rückkehr auf die Weltbühne. Berlin: Siedler.

Schwingel, Markus (1993): Analytik der Kämpfe. Macht und Herrschaft in der Soziologie Bourdieus. Hamburg: Argument.

Sik, Ota (1979): Humane Wirtschaftsdemokratie. Ein dritter Weg. Hamburg: Knaus.

Silver, Beverly J. (2005): Forces of Labor. Arbeiterbewegungen und Globalisierung seit 1870. Hamburg: Assoziation A.

Skidelsky, Edward/Skidelsky, Robert (2014): Wie viel ist genug? Vom Wachstumswahn zu einer Ökonomie des guten Lebens. München: Goldmann.

Sloterdijk, Peter (2006): Zorn und Zeit. Politisch-psychologischer Versuch. Frankfurt a. Main: Suhrkamp.

Der Spiegel vom 12.11.2016: Trump-Wähler: Es waren nicht nur alte, weiße Männer. http://www.spiegel.de/politik/ausland/donald-trump-und-seine-wähler-es-waren-nicht-nur-alte-weisse-maenner- a-1120865.html. Zugegriffen: Juni 2017.

– vom 05.06.2020: Verzicht auf Autokaufprämie verschärft Konflikt zwischen SPD und Gewerkschaft. https://www.spiegel.de/wirtschaft/soziales/ig-metall-zum-corona-konjunkturpaket-verzicht-auf-autokaufpraemie-verschaeft-konflikt-mit-spd-a-57f98920-f770-4fbf-b702-4e951b049607. Zugegriffen: Juni 2020.

– vom 14.06.2020: Gewerkschaftsbund-Chef warnt SPD vor Erstarken der AfD. https://www.spiegel.de/politik/deutschland/dgb-chef-reiner-hoffmann-warnt-spd-vor-erstarkender-afd-a-20a41f9f-2c97-49f8-9afd-4403f5a8d7ac. Zugegriffen: Juni 2020.

SPÖ (1998): Parteiprogramm. https://www.renner-institut.at/uplo-ads/media/1998_SPOE-Parteiprogramm_01.pdf. Zugegriffen: September 2019.

Stahl, Enno/Kock, Klaus/Palm, Hannelore/Solty, Ingar (Hg.) (2020): Literatur in der neuen Klassengesellschaft. Paderborn/Boston: Brill/Wilhelm Fink.

Der Standard vom 30.06.2018: Rund 100.000 demonstrierten in Wien gegen 12-Stunden-Tag. https://www.derstandard.at/story/2000082576227/rund-100-000-de-monstrierten-in-wien-gegen-den12-stunden-tag. Zugegriffen: Juni 2020.

– vom 01.10.2019: Wien-Favoriten: Blaue Hoffnung, wieder enttäuscht. https://www.derstandard.at/story/2000109289875/wien-favoriten-blaue-hoff-nung-wieder-enttaeuscht. Zugegriffen: November 2019.

– vom 19.05.2020: Glanz und Elend der SPÖ. https://www.derstandard.at/story/2000117561025/glanz-und-elend-der-spoe. Zugegriffen: Juni 2020.

Statistik Austria (2018): Statistische Nachrichten. Dezember 2018. http://www.statistik.at/web_de/services/stat_nachrichten/119876.html#index5. Zugegriffen: Dezember 2019.

– (2019): Beschäftigung und Arbeitsmarkt. http://www.statistik.at/web_de/services/stat_uebersichten/beschaeftigung_und_arbeits-markt/index.html. Zugegriffen: Dezember 2019.

Strange, Susan (1997): The Future of Global Capitalism; or, Will Divergence Persist Forever? In: Crouch, Colin/Streeck, Wolfgang (Hg.), Political Economy of Modern Capitalism. Mapping Convergence & Diversity. London: Sage, S. 182-192.

Stein, Philipp (2018): Vorwort. In: Kaiser, Benedikt/de Benoist, Alain/Fusaro, Diego (Hg.), Marx von rechts. Dresden: Jungeuropa, S. 7-12.

Steil, Armin (1984): Die imaginäre Revolte. Untersuchungen zur faschistischen Ideologie und ihrer theoretischen Vorbereitung bei Georges Sorel, Carl Schmitt und Ernst Jünger. Marburg: Arbeiterbewegung und Gesellschaftswissenschaft.

Stopford, John M./Strange, Susan/Henley, John S. (1995): Rival States, Rival Firms. Competition for World Market Shares. Cambridge: University Press.

Streeck, Wolfgang (1997a): German Capitalism: Does it exist? Can it survive? In: Crouch, Colin/Streeck, Wolfgang (Hg.), Political Economy of Modern Capitalism. Mapping Convergence & Diversity. London: Sage, S. 33-54.

– (1997b): Öffentliche Gewalt jenseits des Nationalstaates? Das Beispiel der Europäischen Gemeinschaft. In: Jahrbuch Arbeit und Technik 1997: Globalisierung und institutionelle Reform. Bonn: Dietz, S. 311-325.

– (2013): Gekaufte Zeit. Die vertagte Krise des demokratischen Kapitalismus. Berlin: Suhrkamp.

– (2017): Die Wiederkehr der Verdrängten als Anfang vom Ende des neoliberalen Kapitalismus. In: Geiselberger, Heinrich (Hg.), Die große Regression. Eine internationale Debatte über die geistige Situation der Zeit. Berlin: Suhrkamp, S. 253-274.

Süddeutsche Zeitung vom 22.02.2018: Die FPÖ ist nicht regierungsfähig. https://www.sueddeutsche.de/politik/oesterreich-fpoe-nicht-regierungsfaehig-1.3876688. Zugegriffen: September 2019.

T

Taguieff, Pierre-André (1991): Die Metamorphosen des Rassismus und die Krise des Antirassismus. In: Bielefeld, Ulrich (Hg.), Das Eigene und das Fremde. Neuer Rassismus in der alten Welt? Hamburg: Junius, S. 221-268.

TAZ vom 11.04.2020: Geschichte der KZ-Gedenkstätte: Erinnerungspolitik in Buchenwald. https://taz.de/Geschichte-einer-KZ-Gedenkstaette/!5635806/. Zugegriffen: Juni 2020.

Thalheimer, August (1967): Über den Faschismus. In: Abendroth, Wolfgang (Hg.), Faschismus und Kapitalismus. Theorien über die sozialen Ursprünge und die Funktionen des Faschismus. Frankfurt a. Main/Wien: Europa Verlag, S. 19-38.

Ther, Philipp (2014): Die neue Ordnung auf dem alten Kontinent. Berlin: Suhrkamp.

Therborn, Göran (1987): Auf der Suche nach dem Handeln. Geschichte und Verteidigung der Klassenanalyse. In: PROKLA – Zeitschrift für Kritische Sozialwissenschaft 7(66)/1987, S. 128-160.

– (2012): Class in the 21st Century. In: New Left Review 78, S. 5–29.

– (2013): The killing fields of inequality. London: Polity Press.

Theurer, Marcus (2020): Der rechte Arbeiterführer. In: Frankfurter Allgemeine Sonntagszeitung vom 30.03.2020. https://www.faz.net/aktuell/wirtschaft/ein-rechter-gewerkschafter-macht-der-ig-metall-konkurrenz-16700899.html. Zugegriffen: April 2020.

Thien, Hans-Günter (2018): Die verlorene Klasse – ArbeiterInnen in Deutschland. 2. Aufl. Münster: Westfälisches Dampfboot.

– (Hg.) (2020): Klassen im Postfordismus. Münster: Westfälisches Dampfboot.

Thurow, Lester (1996): Die Zukunft des Kapitalismus. Düsseldorf: Metropolitan.

Touraine, Alain (1964): Une nouvelle classe ouveriére. In: Sociologie du Travaille, Band 6, S. 80-84.

Trotzki, Leo (1999): Portrait des Nationalsozialismus. In: Ders., Ausgewählte Schriften 1930–1934. Essen: Mehring-Verlag.

U

Uellenberg-van Dawen, Wolfgang (2013): Gute Arbeit in den Dienstleistungen – Interessen, Macht, Beteiligung. In: Schmalz, Stefan/Dörre, Klaus (Hg.), Comeback der Gewerkschaften? Machtressourcen, innovative Praktiken, internationale Perspektiven. Frankfurt a. Main/New York: Campus, S. 289-296.

Ueltzhöffer, Jörg (1993): Wir sollten in Zukunft von Menschenfeindlichkeit reden. In: Frankfurter Rundschau vom 16.03.1993.

UNEP (United Nations Environment Programme) (2019): Emissions Gap Report 2019. Nairobi.

Urban, Hans-Jürgen (2013): Gewerkschaftsstrategien in der Krise. Zur Handlungsfähigkeit der Gewerkschaften im Gegenwartskapitalismus. In: Schmalz, Stefan/Dörre, Klaus (Hg.), Comeback der Gewerkschaften? Machtressourcen, innovative Praktiken, internationale Perspektiven. Frankfurt a. Main/New York: Campus, S. 269-289.

– (2019): Gute Arbeit in der Transformation. Hamburg: VSA.

V

Verteilung.at – Das Informationsportal für Verteilungsfragen in Österreich (2019): https://www.verteilung.at. Zugegriffen: Januar 2020.

Vester, Michael (1993): Das Janusgesicht sozialer Modernisierung. Sozialstrukturwandel und soziale Desintegration in Ost- und Westdeutschland. In: Aus Politik und Zeitgeschichte 26-27/1993, S. 3-19.

– (1998): Klassengesellschaft ohne Klassen. Auflösung und Transformation der industriegesellschaftlichen Sozialstruktur. In: Berger, Peter A./Vester, Michael (Hg.), Alte Ungleichheiten. Neue Spaltungen. Opladen: Leske + Budrich, S. 109-147.

Vogl, Joseph (2010): Das Gespenst des Kapitals. Zürich: diaphanes.

W

Wacquant, Loïc J.D. (1997[1993]): Über Amerika als verkehrte Utopie. In: Bourdieu, Pierre (Hg), Das Elend der Welt. Zeugnisse und Diagnosen des alltäglichen Leidens an der Gesellschaft. Konstanz: UVK, S. 169-178.

Wahlanalysen auf sora.at (1999–2019): https://www.sora.at/themen/wahlverhalten/wahlanalysen.html. Zugegriffen: Juni 2020.

Walther, Rudolf (2013): Zur vollendeten Edition eines unvollendeten Projektes. In: Neue Gesellschaft/Frankfurter Hefte 3/2013, S. 12-15.

Weiß, Volker (2017): Die autoritäre Revolte. Die Neue Rechte und der Untergang des Abendlandes. Stuttgart: Klett-Cotta.

West, Klaus-W. (2013): Solidarität in zwei Richtungen. In: Mitbestimmung 57(6)/2013, S. 52-54.

Wienold, Hans (2010): Die Gegenwart der Bourgeoisie. Umrisse einer Klasse. In: Thien, Hans-Günter (Hg.), Klassen im Postfordismus. Münster: Westfälisches Dampfboot, S. 235-283.

Wiesenthal, Helmut (2019): Institutionelle Transformation gestern – und morgen? In: Dörre, Klaus/Rosa, Hartmut; Becker, Karina/Bose, Sophie/Seyd, Benjamin (Hg.), Große Transformation? Zur Zukunft moderner Gesellschaften. Sonderband des Berliner Journals für Soziologie. Wiesbaden: VS.

Wikipedia-Seite „Angst": Wikipedia – Die freie Enzyklopädie. Bearbeitungsstand: 10.06.2023, https://de.wikipedia.org/wiki/Angst. Zugegriffen: 24.08.2023.

de Wilde, Pieter/Koopmans, Ruud/Strijbis, Oliver/Merkel, Wolfgang/Zürn, Michael (Hg.) (2020): The Struggle Over Borders. Cosmopolitanism and Communitarianism. Cambridge: University Press.

Wilkinson, Richard/Pickett, Kate (2009): The spirit level. Why more equal societies almost always do better. London: Allen Lane.

Willems, Helmut/Wirtz, Stefanie/Eckert, Roland (1993): Fremdenfeindliche Gewalt: Eine Analyse von Täterstrukturen und Eskalationsprozessen. Forschungsbericht. Bonn.

Williams, Joan C. (2017): White Working Class. Overcoming Class Cluelessness in America. Boston: Harvard Business Review Press.

Witzel, Andreas (2000): Das problemzentrierte Interview. Forum Qualitative Sozialforschung 1. http://www.qualitative-research.net/index.php/fqs/article/view/1132/2519. Zugegriffen: März 2018.

Wortmann, Michael/Dörrenbächer, Christoph (1997): Multinationale Konzerne und der Standort Deutschland. In: Jahrbuch Arbeit und Technik 1997: Globalisierung und institutionelle Reform. Bonn: Dietz, S. 28-42.

Wright, Erik O. (1985a): Wo liegt die Mitte der Mittelklasse? In: PROKLA – Zeitschrift für kritische Sozialwissenschaft 15(58)/1985, S. 35-62.

– (1985b): Classes. London: Verso.
– (1997): Class counts. Comparative studies in class analysis. Cambridge: University Press.
– (2010): Envisioning Real Utopias. London: Verso.
– (2015): Understanding Class. London: Verso.

Z

Zandonella, Martina (2017): Auswirkungen prekärer Lebens- und Arbeitsbedingungen auf die politische Kultur in Österreich. In: Wirtschaft und Gesellschaft 43(2), S. 263-296.

Zeuner, Bodo/Gester, Jochen/Fichter, Michael/Kreis, Joachim/Stöss, Richard (2007): Gewerkschaften und Rechtsextremismus. Münster: Westfälisches Dampfboot.

Zick, Andreas/Küpper, Beate (Hg.) (2015): Wut, Verachtung, Abwertung. Rechtspopulismus in Deutschland. Bonn: Dietz.

Zilian, Hans-Georg (Hg.) (2004): Insider und Outsider. Mering: Hampp.

Originalquellen

Kapitel 1: Nachwendezeit: Sehnsucht nach der alten Republik. Vor- und Nachwendezeit
Dörre, Klaus (1994): Sehnsucht nach der alten Republik? Von den Schwierigkeiten einer gewerkschaftlichen Politik gegen Rechtsextremismus. In: Heitmeyer, Wilhelm (Hg.), Das Gewalt-Dilemma. Frankfurt a. Main: Suhrkamp, S. 166-194. Der Originaltext wurde übernommen.

Kapitel 2: Jahrtausendwende: Kapital global, Arbeit national
Dörre, Klaus (2001): Globalisierung – Ende des rheinischen Kapitalismus? In: Loch, Dietmar/ Heitmeyer, Wilhelm (Hg.), Schattenseiten der Globalisierung. Rechtsradikalismus, Rechtspopulismus und separatistischer Regionalismus in westlichen Demokratien. Frankfurt a. Main: Suhrkamp, S. 63-90. Der Originaltext wurde übernommen.

Kapitel 3: Nullerjahre: Prekarisierung der Arbeitsgesellschaft und neuer Rechtspopulismus
Dörre, Klaus (2008): Prekarisierung der Arbeit. Fördert sie einen neuen Autoritarismus? In: Butterwegge, Christoph/Gudrun, Hentges (Hg.), Rechtspopulismus, Arbeitswelt und Armut. Befunde aus Deutschland, Österreich und der Schweiz. Opladen: Budrich, S. 241-254. Der Text ist in die Buchversion eingeflossen, die in der vorliegenden Fassung noch nicht veröffentlich wurde. An der Studie waren als wissenschaftliche Mitarbeiter Klaus Kraemer und Frederic Speidel beteiligt.

Kapitel 4: Finanzkrise 2007–09: Exklusive Solidarität und heimatloser Antikapitalismus
Dörre, Klaus/Holst, Hajo/Matuschek, Ingo (2013): Zwischen Firmenbewusstsein und Wachstumskritik. Subjektive Grenzen kapitalistischer Landnahmen. In: Dörre, Klaus/ Hänel, Anja/Matuschek, Ingo (Hg.), Das Gesellschaftsbild der LohnarbeiterInnen. Soziologische Untersuchungen in ost- und westdeutschen Industriebetrieben. Hamburg: VSA, S. 198-275. Auszüge des Textes wurden übernommen, neu gruppiert und mit Ergänzungen versehen.

Kapitel 5: Verlorene Jahre: Fremd im eigenen Land
Dörre, Klaus/Bose, Sophie/Lütten, John/Köster, Jakob (2018): Arbeiterbewegung von rechts? Motive und Grenzen einer imaginären Revolte. In: Berliner Journal für Soziologie 28(1-2)/2018, S. 55-90. Der Text wurde in gekürzter Fassung übernommen.

Exkurs I: Angst im Kapitalismus – Rohstoff einer autoritären Revolte
Dörre, Klaus (2018): Angst im Kapitalismus – Rohstoff einer autoritären Revolte. In: Dürnberger, Martin (Hg.), Angst? Salzburger Hochschulwochen 2018. Innsbruck: Tyrolia, S. 65-97. Der Text beruht auf einem Vortrag, der anlässlich der Salzburger Festspielwochen gehalten wurde. Er wurde in Auszügen übernommen, aber auch mit neuen Passagen versehen.

Kapitel 6: Ausnahmeform Bonapartismus: Die Arbeiterschaft im Transformationskonflikt
Dörre, Klaus (2020): The Bonapartist Exception: workers, pincer crisis and revolt from the right. Der Text beruht auf der Poulantzas-Lecture vom Dezember 2019. Ungekürzt erscheint er in griechischer und englischer Sprache im Rahmen einer Schriftenreihe des Poulantzas-Instituts in Athen.

Slave Cubela
Wortergreifung, Worterstarrung, Wortverlust
Industrielle Leidarbeit und die Geschichte der modernen Arbeiterklassen
2023 – 424 Seiten – 48,00 € – ISBN 978-3-89691-070-7

„Dieses Buch ist nur schon auf Grund der zahlreichen eindrücklichen Beispiele von Arbeitsleid und Leidarbeit lesenswert"
Peter Streckeisen in: Widerspruch 80

Carina Book / Nikolai Huke / Norma Tiedemann / Olaf Tietje (Hrsg.)
Autoritärer Populismus
herausgegeben im Auftrag der Assoziation für kritische Gesellschaftsforschung
2020 – 189 Seiten – 22,00 € – ISBN 978-3-89691-257-2

3. Auflage

Hans-Günter Thien (Hrsg.)
Klassen im Postfordismus
(Nachdruck der 2., korrigierten Auflage)
2020 – 381 Seiten – 35,00 € – ISBN 978-3-89691-781-2

2. Auflage

Hans-Günter Thien
Die verlorene Klasse – ArbeiterInnen in Deutschland
2., korrigierte und erweiterte Auflage
2018 – 235 Seiten – 25,00 € – ISBN 978-3-89691-782-9

Peter Kern
Die Angestellten zwischen Büroalltag und Fluchtphantasie
2019 – 152 Seiten – 15,00 € – ISBN: 978-3-89691-267-1

WESTFÄLISCHES DAMPFBOOT
Nevinghoff 14 · 48147 Münster · Tel. 0251-38440020 · Fax 0251-38440019
E-Mail: info@dampfboot-verlag.de · http://www.dampfboot-verlag.de